# Estatística aplicada
# à gestão empresarial

O GEN | Grupo Editorial Nacional – maior plataforma editorial brasileira no segmento científico, técnico e profissional – publica conteúdos nas áreas de ciências sociais aplicadas, exatas, humanas, jurídicas e da saúde, além de prover serviços direcionados à educação continuada e à preparação para concursos.

As editoras que integram o GEN, das mais respeitadas no mercado editorial, construíram catálogos inigualáveis, com obras decisivas para a formação acadêmica e o aperfeiçoamento de várias gerações de profissionais e estudantes, tendo se tornado sinônimo de qualidade e seriedade.

A missão do GEN e dos núcleos de conteúdo que o compõem é prover a melhor informação científica e distribuí-la de maneira flexível e conveniente, a preços justos, gerando benefícios e servindo a autores, docentes, livreiros, funcionários, colaboradores e acionistas.

Nosso comportamento ético incondicional e nossa responsabilidade social e ambiental são reforçados pela natureza educacional de nossa atividade e dão sustentabilidade ao crescimento contínuo e à rentabilidade do grupo.

Adriano Leal Bruni

# Estatística aplicada à gestão empresarial

4ª Edição

O autor e a editora empenharam-se para citar adequadamente e dar o devido crédito a todos os detentores dos direitos autorais de qualquer material utilizado neste livro, dispondo-se a possíveis acertos caso, inadvertidamente, a identificação de algum deles tenha sido omitida.

Não é responsabilidade da editora nem do autor a ocorrência de eventuais perdas ou danos a pessoas ou bens que tenham origem no uso desta publicação.

Apesar dos melhores esforços do autor, do editor e dos revisores, é inevitável que surjam erros no texto. Assim, são bem-vindas as comunicações de usuários sobre correções ou sugestões referentes ao conteúdo ou ao nível pedagógico que auxiliem o aprimoramento de edições futuras. Os comentários dos leitores podem ser encaminhados à **Editora Atlas Ltda.** pelo e-mail editorialcsa@grupogen.com.br.

Direitos exclusivos para a língua portuguesa
Copyright © 2007 by
**Editora Atlas Ltda.**
**Uma editora integrante do GEN | Grupo Editorial Nacional**

Reservados todos os direitos. É proibida a duplicação ou reprodução deste volume, no todo ou em parte, sob quaisquer formas ou por quaisquer meios (eletrônico, mecânico, gravação, fotocópia, distribuição na internet ou outros), sem permissão expressa da editora.

Rua Conselheiro Nébias, 1384
Campos Elísios, São Paulo, SP – CEP 01203-904
Tels.: 21-3543-0770/11-5080-0770
editorialcsa@grupogen.com.br
www.grupogen.com.br

Designer de capa: Leonardo Hermano
Editoração Eletrônica: Set-up Time Artes Gráficas

**Dados Internacionais de Catalogação na Publicação (CIP)**
**(Câmara Brasileira do Livro, SP, Brasil)**

---

Bruni, Adriano Leal
  Estatística aplicada à gestão empresarial / Adriano Leal Bruni. – 4. ed. – São Paulo: Atlas, 2017.

  Bibliografia.
  ISBN 978-85-224-8090-6

  1. Administração de empresas  2. Estatísticas  I. Título.

CDD-519.5024658
07-1579

---

**Índice para catálogo sistemático:**

1. Estatística aplicada à gestão empresarial: Estatística matemática  519.5024658

# Sumário

*Prefácio*, xi

**1 Estatística e análise exploratória de dados, 1**
Objetivos do capítulo, 1
Definições e conceitos sobre Estatística, 2
Dados, casos, variáveis e informações, 4
Ordenando e contando os dados, 8
Agrupando em classes, 11
Analisando as informações tabuladas, 16
*Exercícios*, 16

**2 Gráficos, 23**
Objetivos do capítulo, 23
Lendo as informações das figuras, 24
Gráfico de ramo e folha, 25
Histograma, 25
    Para dados não agrupados em classes, 26
    Para dados agrupados em classes, 26
Diagrama ou gráfico de colunas, 26
Diagrama ou gráfico de barras, 27
Diagrama ou gráfico de Pareto, 28
Diagrama ou gráfico de ogiva, 28
Diagrama ou gráfico *boxplot*, 29
Gráfico ou diagrama de setores, 30
Gráfico ou diagrama de dispersão, 30
Gráficos pictóricos ou pictogramas, 31
Falhas na elaboração de gráficos, 31
*Exercícios*, 33

**3 Medidas de posição central, 40**
Objetivos do capítulo, 40
Os centros dos dados, 41
Médias, 41
    Média aritmética simples para dados não agrupados, 42
    Média aritmética ponderada para dados tabulados, porém não agrupados em classes, 43
    Média aritmética ponderada para dados agrupados em classes de frequência, 44
    Média geométrica, 46
    Média harmônica, 47

Entendendo o uso da média harmônica, 47
Mediana, 48
    Mediana para dados não agrupados, 48
    Mediana para dados agrupados, 49
    Mediana para dados agrupados em classes, 49
    Vantagens e desvantagens da mediana, 50
Moda, 50
    Outras formas de calcular a moda para dados agrupados em classes de frequência, 51
    Fórmula de Czuber para a moda, 52
    Fórmula de King para a moda, 52
    Fórmula de Pearson para a moda, 53
    Vantagens e desvantagens da moda, 53
Relação entre média, moda e mediana, 53
*Exercícios*, 54

**4 Medidas de dispersão, 60**
Objetivos do capítulo, 60
Analisando a dispersão dos dados, 61
Amplitude total, 61
Desvio médio absoluto, 62
Variância, 62
Desvio padrão, 63
    Desvio padrão e variância amostrais, 64
    Fórmula simplificada do desvio padrão, 65
    Medidas de dispersão para dados agrupados, 66
    Medidas de dispersão para dados agrupados em classes de frequência, 67
    Significado do desvio padrão, 68
Coeficiente de variação, 70
*Exercícios*, 71

**5 Medidas de ordenamento e forma, 75**
Objetivos do capítulo, 75
Medidas de ordenamento, 75
Sinos, assimetrias e curtoses, 79
Curvas achatadas ou alongadas, 80
Curvas simétricas e assimétricas, 81
*Exercícios*, 83

## 6 Probabilidade, 86
Objetivos do capítulo, 86
Lidando com múltiplos eventos possíveis, 86
História da probabilidade, 88
Definição de probabilidade, 89
Terminologia e conceitos, 90
Uniões e interseções, 91
Excludentes e exaustivos, 92
Princípios básicos de probabilidades, 93
Representando probabilidades em
   diagramas de Venn, 94
Principais teoremas, 96
Arranjos, permutações e combinações, 102
Valores esperados e desvios, 109
   Desvio padrão com probabilidades, 110
Árvores de decisão, 111
O valor com a informação perfeita, 113
*Exercícios*, 115

## 7 Variáveis aleatórias e distribuições de probabilidades, 127
Objetivos do capítulo, 127
Entendendo as incertezas, 127
Distribuição binomial, 131
   Média e variância da distribuição binomial, 133
Distribuição de Poisson, 134
   Utilidades e aplicações, 134
Média e variância de Poisson, 137
   Simplificando a distribuição binomial através
      da distribuição de Poisson, 137
Distribuição normal, 138
   Uso de tabelas padronizadas, 140
   Calculando probabilidades a partir de valores, 140
   Calculando valores a partir de probabilidades, 145
   Aproximação da distribuição binomial
      pela distribuição normal, 149
   Aproximação da distribuição de Poisson
      pela distribuição normal, 150
   Diferentes distribuições ao mesmo tempo, 151
*Exercícios*, 151

## 8 Amostragem, 162
Objetivos do capítulo, 162
Os porquês da amostragem, 163
População e amostra, 163
O estudo do todo e a análise de uma parte, 163
Vantagens e desvantagens da
   amostragem e do censo, 165
Como selecionar amostras, 166
Modelos probabilísticos, 166
   Amostragem aleatória simples, 166
   Amostragem com e sem reposição, 168
   Amostragem sistemática, 169
   Amostragem estratificada, 169
   Amostragem por conglomerados, 170
Modelos não probabilísticos, 170
   Amostragem acidental ou por conveniência, 170
   Amostragem por julgamento, 171
   Amostragem intencional ou proposital, 171
   Amostragem por quotas, 171
*Exercícios*, 172

## 9 Estimação, 174
Objetivos do capítulo, 174
Teoria elementar da amostragem, 175
Inferência estatística e estimação, 175
Estimativa pontual e intervalar, 177
Distribuições amostrais e o teorema
   do limite central, 177
Entendendo o erro inferencial, 179
A lei dos grandes números, 181
Estimação da média de uma população, 182
   Inferência da média populacional – desvio padrão
      populacional conhecido e população infinita, 183
   Inferência da média populacional – desvio
      padrão populacional desconhecido
      e população infinita, 185
Amostragem de populações finitas, 188
Intervalos de confiança unilaterais, 189
Estimação da proporção em uma população, 191
Determinação do tamanho da amostra, 192
   Variáveis quantitativas, desvio conhecido
      e população infinita, 192
   Variáveis quantitativas, desvio desconhecido
      e população infinita, 193
   Variáveis quantitativas, desvio conhecido
      e população finita, 193
   Variáveis quantitativas, desvio desconhecido
      e população finita, 194
Variáveis qualitativas e população infinita, 195
Variáveis qualitativas e população finita, 196
*Exercícios*, 198

## 10 Testes paramétricos, 209
Objetivos do capítulo, 209
Estimação e hipóteses, 210
Alegações sobre parâmetros populacionais
   *versus* estimativas amostrais, 212
Os procedimentos dos testes de hipóteses, 214
Teste bicaudal ou bilateral, 220
Teste unicaudal ou unilateral, 221
Tipos de erros associados aos testes de hipóteses, 223
Teste de uma amostra para médias, 224
Teste de uma amostra para proporção, 225
Testes com duas amostras, 226
Teste de igualdade de médias populacionais, 226
Diferença de médias populacionais, 228
Igualdade de proporções populacionais, 230
Duas amostras para diferença de proporções, 230
*Exercícios*, 231

## 11 Testes não paramétricos, 243
Objetivos do capítulo, 243
Populações com distribuições variadas
   e amostras pequenas, 244
Teste do qui-quadrado, 244
Teste do qui-quadrado para independência
   ou associação, 247
Teste dos sinais, 249
Teste de Wilcoxon, 251
Teste de Mann-Whitney, 253
Teste da Mediana, 256
Teste de Kruskal-Wallis, 258
*Exercícios*, 260
Teste de Mann-Whitney, 264

## 12 Correlação e regressão linear, 265
Objetivos do capítulo, 265

Definindo regressão e correlação, 266
Análise de regressão, 267
    Modelos matemáticos *versus* modelos estatísticos, 267
    Regressão linear simples, 268
Análise de correlação, 274
Faixa de variação de $r$: $-1 \leq r \leq 1$, 275
    O coeficiente de determinação, 276
Modelos não lineares, 278
Testes de hipóteses aplicados aos modelos de regressão e correlação, 279
    Erro padrão da estimativa, 279
    Erro padrão do coeficiente angular, 280
    Intervalo de confiança do coeficiente angular, 280
    Teste de hipótese para a nulidade do coeficiente angular, 280
    Erro padrão do coeficiente linear, 281
    Intervalo de confiança do coeficiente linear, 281
    Teste de hipótese para a nulidade do coeficiente linear, 282
    Erro padrão do coeficiente de correlação, 282
    Intervalo de confiança do coeficiente de correlação, 282
    Teste de hipótese para a nulidade do coeficiente de correlação, 282
    Intervalo de confiança para a projeção, 283
    Análise de variância, 283
Cuidados necessários na análise de regressão e correlação, 284
*Exercícios*, 286

**13 Números-índices, 293**
Objetivos do capítulo, 293
Introdução, 294
Números-índices simples, 295
    Propriedades dos preços relativos, 296
Números-índices agregativos, 297
*Exercícios*, 302

**14 Séries e previsões temporais, 303**
Objetivos do capítulo, 303
Dados coletados ao longo do tempo, 304
Componentes de séries temporais, 304
Tendência com médias móveis, 307
    Médias móveis simples, 307
    Médias móveis ponderadas, 309
    Alisamento exponencial, 310
Sazonalidade, 313
    Sazonalidade em modelos de médias móveis, 315
    Sazonalidade em modelos de regressão, 316
*Exercícios*, 322

**15 Conhecendo os recursos do Excel, 327**
Objetivos do capítulo, 327
Conhecendo o Excel, 327
Análise exploratória de dados no Excel (Cap. 1), 329
Gráficos no Excel (Cap. 2), 339
Medidas de posição central no Excel (Cap. 3), 341
Medidas de posição central (Cap 03), 342
Medidas de dispersão no Excel (Cap. 4), 344
Medidas de ordenamento e forma no Excel (Cap. 5), 344
Probabilidade no Excel (Cap. 6), 345
Variáveis aleatórias no Excel (Cap. 7), 345
Amostragem no Excel (Cap. 8), 346
Estimação no Excel (Cap. 9), 348
Testes paramétricos no Excel (Cap. 10), 349
Testes não paramétricos no Excel (Cap. 11), 350
Correlação e regressão no Excel (Cap. 12), 351

**Respostas, 354**
Capítulo 1, 354
Capítulo 2, 357
Capítulo 3, 361
Capítulo 4, 362
Capítulo 5, 362
Capítulo 6, 363
Capítulo 7, 367
Capítulo 8, 369
Capítulo 9, 371
Capítulo 10, 374
Capítulo 11, 377
Caítulo 12, 378
Capítulo 13, 380
Capítulo 14, 380

*Anexo*, 383

*Bibliografia*, 391

# Declaração do Autor e da Editora

O Autor e a Editora declaram que é expressamente proibida a duplicação, ou reprodução, das páginas deste livro, ou dos *softwares* e modelos fornecidos, seja de maneira total seja parcial, de qualquer forma, ou por qualquer meio, salvo com autorização por escrito do Autor e da Editora. Entende-se que os modelos e os arquivos elaborados como suporte ao livro serão de uso exclusivo do primeiro comprador ou usuário.

É importante também destacar que os modelos apresentados nas planilhas ilustradas ao longo do livro destinam-se, exclusivamente, a dar suporte didático ao texto. Embora os melhores esforços tenham sido colocados na sua elaboração, o Autor e a Editora não dão nenhum tipo de garantia, implícita ou explícita, sobre todo o material, incluindo modelos, textos, documentos e programas. O Autor e a Editora não se responsabilizam por quaisquer incidentes ou danos decorrentes da compra, da *performance*, ou do uso dos modelos, teorias e/ou exemplos apresentados nos *softwares* ou neste livro.

Todos os nomes próprios de programas e sistemas operacionais mencionados neste livro são marcas registradas de suas respectivas empresas ou organizações.

### www.MinhasAulas.com.br

O *site* de apoio ao livro (<www.MinhasAulas.com.br>) apresenta uma grande variedade de recursos gratuitos complementares, como planilhas do Excel, exercícios eletrônicos, textos extras, atividades adicionais de aprendizagem, *slides* e soluções integrais de questões e exercícios. Visite-o, sempre!

# Prefácio

A obra transmite os principais conceitos associados à Estatística, disciplina cada vez mais relevante no competitivo ambiente dos negócios. Por se tratar de um texto aplicado, os objetivos derivados e os tópicos abordados tentam ilustrar o uso da Estatística no processo de tomada de decisões, os cuidados e eventuais desafios e soluções existentes.

Com o avanço da informática e dos recursos computacionais aplicáveis à Estatística, cálculos e rotinas algébricas foram bastante simplificados. Cada vez mais, torna-se importante conhecer as regras do processo e saber interpretar os resultados gerados. Máquinas e *softwares* cuidam de aplicação das fórmulas e dos procedimentos anteriormente braçais, possibilitando que o pesquisador e o analista sejam liberados para o nobre propósito da interpretação dos resultados obtidos.

Por se tratar de um livro destinado a um público formado por profissionais relacionados às áreas de negócios – administradores, economistas, contadores, analistas de sistemas, dentre outros –, algumas ferramentas auxiliares são comentadas e discutidas no texto. Dentre os recursos computacionais ou eletrônicos disponíveis, optei pelo uso no texto de exemplos e aplicações da calculadora HP 12C e no Excel. Em dois outros livros da série, podem ser encontradas diversas outras aplicações da planilha eletrônica Microsoft Excel e do pacote estatístico SPSS.

A HP 12C é a máquina de calcular mais vendida em todo o mundo e, embora já bastante antiga, continua sendo a calculadora-padrão ainda vigente no ambiente de negócios. A planilha Excel é a ferramenta quantitativa mais usada em microcomputadores. Seu uso em Estatística é bastante difundido. O SPSS é, possivelmente, o pacote estatístico mais difundido entre profissionais de ciências sociais aplicadas. Para auxiliar no processo de transmissão de conteúdo dos livros da série, foram elaborados diversos arquivos para uso no Excel e no SPSS, todos disponíveis para *download* no *site* de apoio ao livro (<www.MinhasAulas.com.br>).

Docentes que adotem o texto como referência bibliográfica podem empregar complementarmente ou durante as aulas qualquer dos dois recursos. As calculadoras são mais limitadas, porém apresentam um valor mais acessível e dispensam o uso de laboratórios de informática. O Excel e o SPSS possuem uma variedade muito maior de aplicações, com a execução muito mais rápida dos cálculos. Porém, requerem a disponibilidade de laboratórios de informática para que os alunos possam desenvolver os exemplos e de equipamentos de projeção para que o professor possa ilustrar os procedimentos.

Os arquivos disponíveis para *download* trazem inúmeros exemplos, exercícios e bases de dados didáticas para a exploração do Excel e do SPSS. Para os professores, dentre os arquivos para *download* encontram-se diversos conjuntos de *slides* que poderão ser utilizados nas aulas com o livro. De forma adicional, o leitor, aluno ou professor poderá encontrar inúmeros recursos dos meus outros livros, publicados pela Editora Atlas. Para isso, basta acessar o *site* de apoio aos livros (<www.MinhasAulas.com.br>).

A elaboração dos meus livros somente tem sido possível graças à ajuda de importantes colaboradores. Durante o início da formatação do projeto deste texto, recebi contribuições importantes de professores e inúmeros alunos de graduação de diferentes cursos e instituições, a quem gostaria de registrar meus sinceros agradecimentos, ainda que de forma não identificada, já que muitas foram as contribuições recebidas e o risco da falha do esquecimento da menção de algum nome seria imperdoável.

Continuo sempre à disposição dos leitores para o esclarecimento de quaisquer dúvidas necessárias. Meu *e-mail* é <albruni@minhasaulas.com.br> e o endereço do *site* de apoio aos livros é <www.MinhasAulas.com.br.> No *site*, estou sempre disponibilizando recursos didáticos e complementares aos meus livros.

São Paulo, julho de 2011.

*Adriano Leal Bruni*

# 1
# Estatística e análise exploratória de dados

> *A estatística nada mais é do que o bom senso expresso em números.*
>
> Pierre Simon, marquês de Laplace, matemático francês do século XVIII

**Objetivos do capítulo**

A Estatística representa o conjunto de técnicas que tem por objetivo primordial possibilitar a análise e a interpretação das informações contidas em diferentes conjuntos de dados.

O Capítulo 1 deste livro apresenta os conceitos básicos associados à Estatística, seus objetivos, utilidades e funções. Posteriormente, traz as principais subdivisões da Estatística, como a estatística descritiva, a probabilidade e a estatística inferencial.

O capítulo destaca que o propósito maior da Estatística consiste em analisar dados com o objetivo de extrair informações. Os dados, por sua vez, podem ser apresentados sob a forma de variáveis e casos. A depender da classificação das variáveis, diferentes são os procedimentos sugeridos para a síntese dos dados em informações. Variáveis classificadas como qualitativas costumam apresentar procedimentos simples de análise, geralmente envolvendo a construção de tabelas de frequência.

Ao final do capítulo, são apresentadas e discutidas as metodologias empregadas na organização, tabulação e apresentação de dados, notadamente formados por variáveis qualitativas.

## GRANDES NOMES E GRANDES HISTÓRIAS[1]

★ 24 de setembro de 1501, em Milão, Itália
† 21 de setembro de 1576, em Roma, Itália

Girolamo Cardano nasceu em 1501, filho ilegítimo de Fazio Cardano e Chiara Micheria. Fazio Cardano era advogado em Milão, porém com grande habilidade para a Matemática, a quem Leonardo da Vinci costumava consultar sobre questões relacionadas à geometria.

Ainda jovem, Cardano tornou-se assistente do pai, de quem aprendeu os conhecimentos e herdou a habilidade para a Matemática. Gradualmente, tornou-se um importante acadêmico.

Com o falecimento do pai, Cardano recebeu uma pequena herança, que esbanjou rapidamente. Como forma de tentar recuperar as economias perdidas, Cardano devotou-se aos jogos de azar, especialmente dados e xadrez, que se tornaram suas fontes de renda. O seu conhecimento de probabilidades representou uma vantagem sobre seus oponentes, permitindo que seu número de vitórias

*Girolamo Cardano*

---

[1] Adaptado do *The MacTutor history of mathematics archive*. Disponível em: <http://www-groups.dcs.st-and.ac.uk/~history/index.html>. Acesso em: 3 dez. 2006.

> superasse seu número de derrotas. O jogo tornou-se um vício, roubando de Cardano muitos anos de vida, dinheiro e reputação.
>
> Suas maiores contribuições à ciência relacionaram-se à probabilidade, à hidrodinâmica, à mecânica e à geologia. Seus estudos sobre os lances de dados são considerados pioneiros no estudo da teoria de probabilidades.

## Definições e conceitos sobre Estatística

A Estatística pode ser formalmente conceituada como a ciência que tem por objetivo a coleção, a análise e a interpretação de dados qualitativos ou numéricos a respeito de fenômenos coletivos ou de massa. Também é propósito da Estatística a indução de leis a que fenômenos cabalmente obedecem, além da representação numérica e comparativa, em tabelas ou gráficos, dos resultados da análise desses fenômenos.[2]

Acredita-se que o termo *estatística* tenha sido primeiramente empregado para designar o conjunto de dados referentes a assuntos do Estado, geralmente com finalidade de controle fiscal ou de segurança nacional. Por esse motivo, o uso da palavra, segundo estudiosos, teria a sua origem na expressão latina *status*, que significa **Estado**, podendo assumir diferentes significações, dependendo de como é utilizado. Objeto de longas polêmicas, o termo *estatística* até hoje é controvertido. Existem dúvidas se ele deriva, de fato, de Estado, entidade política, ou de estado, modo de ser.

Os dados do Estado referiam-se, particularmente, à população, às transações comerciais internas ou com outros Estados, ao controle da mortalidade em geral ou provocada por uma epidemia, endemia ou doença particular e aos problemas de taxação e de proporcionalidade de tarifas e impostos. Além de estudar as maneiras mais eficientes de organizar as informações obtidas, tratava também do problema mais importante: de interpretação de dados e da possibilidade de realizar previsões.

A palavra *estatística*[3] teria sido cunhada, possivelmente, por Gottfried Achenwall, acadêmico alemão, por volta da metade do século XVIII, sendo que seu verbete em inglês, *statistics*, apareceu na *Enciclopédia Britânica* pela primeira vez em 1797.

Porém, a origem das aplicações das técnicas da Estatística é bem mais antiga, sendo possível fornecer alguns exemplos.[4]

a) indícios encontrados sugerem a existência de censos[5] muito antigos, realizados por volta de 3000 a.C., na Babilônia, China e Egito. A Bíblia ilustra esta constatação histórica. O Livro Quarto (Números) do *Velho Testamento* começa com uma instrução a Moisés: fazer um levantamento dos homens de Israel que estavam aptos para guerrear;

b) outro fato estatístico bíblico relevante ocorreu na época do imperador romano César Augusto: um edito solicitou a realização de censo em todo o Império. Segundo a Bíblia, por essa razão Maria e José viajaram ao Egito;

c) em 1085, Guilherme, o Conquistador, ordenou a realização de um levantamento estatístico da Inglaterra, que deveria incluir informações sobre terras, proprietários, uso da terra, animais e empregados. Este levantamento serviria de base para o cálculo de impostos. O estudo originou um volume, conhecido como *Domesday*[6] *book*;

d) no século XVII, a Estatística ganhou destaque na Inglaterra a partir das tábuas de mortalidade, a aritmética política, de John Graunt, que consistiu na análise extensa de nascimentos e mortes.

Três grandes etapas na história formal da estatística poderiam ser apresentadas:

a) o período mais antigo, caracterizado pela simples organização de informações de interesse estatal, do qual é típico o famoso

---

[2] Michaelis (1998).
[3] Costa (1992, p. 6).
[4] Costa (1992, p. 4).
[5] A palavra censo deriva de *censere*, que, traduzido do latim, significa taxar.
[6] *Domesday*, em português, pode ser traduzido como dia do juízo final.

*Domesday book*, que se estende até meados do século XVII;

b) o segundo período ocorre entre o meio do século XVII e princípio do século XIX, caracterizado pelas inúmeras tentativas de analisar as tabelas e os conjuntos de dados com a finalidade de obter conclusões que pudessem interessar à organização do Estado ou ter aplicação específica através de previsões para o futuro. São particularmente importantes nesse período os trabalhos de Conring, John Graunt, William Petty, Halley e dos inúmeros matemáticos que se dedicaram à chamada aritmética política. No século XVIII, a Universidade de Viena promoveu, pela primeira vez, um curso avançado de estatística. Gottfried Achenwall, da Universidade de Göttingen, publicou uma série de estudos em que define os objetos material e formal da estatística, pouco depois do aparecimento do trabalho de Süssmilch sobre as mutações no gênero humano, que dá feição científica aos problemas estatísticos. No século XIX, Adolphe Quételet realizou cuidadoso estudo estatístico dos fatos demográficos e sociais, imprimindo um tratamento dominantemente matemático;

c) o terceiro período, iniciado com o Congresso Internacional de Estatística, reunido em 1853, que se estende aos nossos dias, caracteriza-se não somente pelos extraordinários avanços e aperfeiçoamentos tecnológicos da Estatística em si, como, principalmente, pelas múltiplas aplicações que ela vem tendo, particularmente no campo da investigação científica. Pode-se afirmar que o método estatístico constitui um dos mais seguros, eficientes e necessários instrumentos da ciência moderna.

De forma mais recente, a Estatística sofreu importantes contribuições através do avanço da tecnologia dos computadores, permitindo aplicações cada vez mais sofisticadas. Alguns autores[7] argumentam que, atualmente, seria possível distinguir duas concepções para a palavra *Estatística*:

a) no plural, a palavra *estatísticas* indica qualquer coleção consistente de dados numéricos, reunidos com a finalidade de fornecer informações acerca de um objetivo. Assim, por exemplo, as estatísticas demográficas referem-se aos dados numéricos sobre nascimentos, falecimentos, matrimônios, desquites etc. As estatísticas econômicas consistem em dados numéricos relacionados com emprego, produção, preço, vendas e com outras atividades ligadas aos vários setores da vida econômica;

b) no singular, a expressão *Estatística* indica a atividade humana especializada ou um corpo de técnicas, ou, ainda, uma metodologia desenvolvida para a coleta, a classificação, a apresentação, a análise e a interpretação de dados quantitativos e a utilização desses dados para a tomada de decisões.

Atualmente, pode-se definir Estatística como a ciência que se preocupa com a organização, descrição, análise, e interpretação de dados.[8] Ou seja, por meio da análise de dados brutos, a Estatística preocupa-se com a extração de informações – que permitem o processo posterior de tomada de decisões.

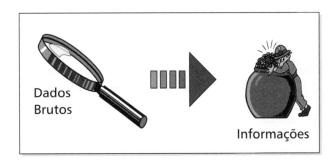

Figura 1.1  *O objetivo da estatística.*

Em linhas gerais, a Estatística poderia ser dividida em três grandes grupos:

a) **estatística descritiva:** muitas vezes apresentada como Estatística, simplesmente. Sua principal função consiste em resumir dados e informações investigadas, expondo-os da maneira mais prática e simples possível. Em muitos casos, há um grande número de da-

---

[7] Toledo e Ovalle (1985).

[8] Costa Neto (2002).

dos e informações coletados que poderiam atrapalhar o desenvolvimento das pesquisas e suas conclusões. Para simplificar, os dados são resumidos sob a forma de estatísticas. Ela está presente em diversas situações do nosso cotidiano, como, por exemplo, as pesquisas eleitorais. Para os pesquisadores descreverem os resultados de suas pesquisas de campo, eles criam tabelas e gráficos, dispondo seus dados de forma que possam ser interpretados mais facilmente;

b) **estatística das probabilidades:** seu uso surgiu com o intuito de planejar jogadas ou estratégia em jogos de azar. Posteriormente, suas aplicações se ampliaram, alcançando pesquisas como as realizadas pelo Instituto Brasileiro de Geografia e Estatística e por outras organizações e empresas. A probabilidade estuda o risco e o acaso em eventos futuros e determina se é provável ou não seu acontecimento;

c) **estatística inferencial ou indutiva:** representa o estudo dos dados de amostras com o objetivo de entender o comportamento do universo. Em algumas ocasiões, representa o complemento da estatística descritiva, visto que ela parte da interpretação de uma amostra para a caracterização de todo um grupo.

A estatística inferencial consiste em trabalho que pode ser difícil e exigir razoável capacidade técnica dos pesquisadores. As conclusões são trabalhadas em cima de incertezas por não se obter todo o conjunto de informações necessárias. Existe a necessidade de fazer generalizações. Usa-se o método indutivo para generalizar e tornar a pesquisa mais acessível à leitura, interpretação e compreensão dos dados. Nesta etapa, é comum calcular o erro tolerável e apresentá-lo nas pesquisas. Na medição e compreensão dos erros associados ao processo de generalizações, conceitos e técnicas de probabilidades costumam ser empregados.

### Dados, casos, variáveis e informações

O objeto de trabalho da estatística é formado pelo conjunto de dados que serão analisados. Dados são apresentados para diferentes casos, nos quais diferentes variáveis são coletadas.

Os casos representam os elementos para os quais os valores expostos foram extraídos. Os casos são também chamados de indivíduos e correspondem aos objetos descritos por um conjunto de dados. Casos ou indivíduos podem ser pessoas, animais, objetos, questionários etc. Convencionalmente, nas tabelas das bases de dados os casos costumam ser apresentados em linhas.

Por outro lado, as variáveis representam as características dos indivíduos ou casos. Uma variável pode assumir valores diferentes para indivíduos distintos. Convencionalmente, costumam ser expostas nas bases de dados em diferentes colunas. Veja a ilustração da base fictícia exposta na Figura 1.2.

| | | Variável | | | |
|---|---|---|---|---|---|
| | Cod. | Modelo | Ano | Cilindradas | Preço |
| Casos | 1 | Carango | 2005 | 4000 | $ 4 |
| | 2 | Fobica | 2004 | 6000 | $ 5 |
| | 3 | Calhambeque | 2005 | 5000 | $ 3 |

Figura 1.2 *Base de dados de automóveis fictícia.*

A depender dos dados coletados, as variáveis podem ser classificadas de diferentes formas. Se a informação contida refere-se a uma categoria, como sexo: masculino ou feminino, ou nome: Márcio, Juliana, Diogo e outros, diz-se que essa variável é qualitativa. Variáveis qualitativas não podem ser operadas matematicamente. Não é possível calcular, por exemplo, qual é a média entre Márcio, Juliana e Diogo.

As variáveis qualitativas podem ser subclassificadas em nominais – que não permitem comparações –, e ordinais – que permitem comparações. Como exemplo de variável nominal pode-se apresentar o gênero do indivíduo ou o seu próprio nome. Não é possível estabelecer uma gradação, definindo qual o prioritário ou mais importante: masculino ou feminino, João ou Maria.

Variáveis qualitativas ordinais, por outro lado, permitem comparações. Como exemplo de variáveis ordinais pode-se apresentar a atribuição do *status* alto, médio ou baixo para um indivíduo. Embora nenhuma razão quantitativa possa ser estabelecida entre o indivíduo alto e o baixo, como, por exemplo, quantas vezes o alto é maior que o baixo ou o médio, comparações de intensidade e ordenamento podem ser feitas.

Outro exemplo de variáveis qualitativas ordinais costuma ser fornecido pelo uso de escalas de intensidade, conforme ilustrado na Figura 1.3. Para uma pergunta, o respondente poderia dar a intensidade na resposta.

> [5] Sempre [4] Quase sempre [3] Às vezes [2] Quase nunca [1] Nunca
>
> [5] Completamente [4] Quase completamente [3] Normalmente [2] Quase nunca [1] Nunca
>
> [5] Muito satisfeito [4] Um pouco satisfeito [3] Neutro [2] Um pouco insatisfeito [1] Muito insatisfeito

Figura 1.3 *Exemplos de escalas de intensidade.*

Um exemplo comum de escalas de intensidade é apresentado por meio de escalas de Likert, em que, em resposta a determinada afirmação, o respondente deve dizer se concorda totalmente ou discorda totalmente, possibilitando ainda o uso de alternativas intermediárias.

Variáveis quantitativas, como Idade, Renda e outras permitem comparações e operações matemáticas. Por exemplo, é possível dizer que quem possui 26 anos possui o dobro da idade de quem possui 13 anos. Ou que a média da renda de quem ganha $ 10,00 e quem ganha $ 12,00 é igual a $ 11,00.

As variáveis quantitativas podem ser subclassificadas em discretas ou contínuas. Variáveis discretas são aquelas resultantes de contagens e apresentadas sob a forma de números inteiros. Exemplos: número de filhos de um casal, quantidade de voos feitos por uma aeronave. Variáveis contínuas são aquelas que podem assumir qualquer valor em determinado intervalo. Exemplos: peso (pode ser representado com a precisão desejada, como 3 kg, 3,12 kg, 3,1215655663 kg), comprimento e outras. Note que muitas variáveis contínuas podem ser apresentadas sob a forma de número inteiros, como a idade de um indivíduo apresentada em anos. Porém, essa mesma idade poderia ser exposta de forma fracionária, como 12,4563 anos. Assim, não poderia ser entendida como uma variável discreta.

## VALORES EXTREMOS E VALORES AUSENTES

A análise de dados, na prática, costuma ser marcada pela presença de situações que trazem desafios ao processo de extração de informações. Alguns destes desafios dizem respeito a valores ausentes – atributos que não foram ou não puderam ser coletados para determinados casos e variáveis – e valores extremos – valores destoantes dos demais elementos analisados que interferem de forma negativa na obtenção de medidas sobre as variáveis estudadas.

É importante destacar, também, que nem toda variável expressa sob a forma de números é uma variável quantitativa. Por exemplo, o número de matrícula de um estudante em uma escola nada mais é do que a representação simplificada dos dados daquele aluno específico no sistema da instituição. Assim, embora apresentada sob a forma de número, a matrícula do aluno é uma variável qualitativa.

Em outro exemplo, um pesquisador poderia atribuir os códigos numéricos 1 e 2 para respondentes homens e mulheres, respectivamente. Assim, embora a base de dados para essa resposta fosse apresentada com valores numéricos, esses números estariam representando atributos, que não poderiam sofrer operações algébricas.

Destaca-se que, em relação à informação contida, esta aumenta na direção da variável qualitativa nominal em relação à variável quantitativa. Variáveis quantitativas são marcadas pela presença de maior informação.

Para ilustrar, imagine a situação de um pesquisador que deseja estudar o uso semanal da Internet por alunos de uma escola do ensino fundamental. Diferentes perguntas poderiam ser feitas aos alunos. Veja os exemplos apresentados a seguir.

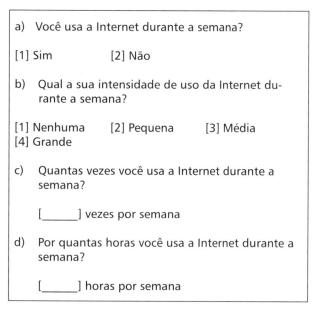

Figura 1.4  *Diferentes perguntas.*

A primeira pergunta (a) é qualitativa nominal. Apenas duas categorias de respostas seriam obtidas: se o entrevistado usa ou não a Internet. A informação contida nesta resposta seria muito baixa.

A segunda pergunta (b) é qualitativa ordinal. Nesta situação, quatro categorias de respostas seriam obtidas. O entrevistado deveria declarar sua intensidade de uso, que poderia ser nenhuma, pequena, média ou grande. Naturalmente, o entrevistado nesta situação poderia ter dúvidas na interpretação dos atributos. O que a intensidade média representa especificamente, por exemplo? Se eu uso x horas por semana, isso revela uma intensidade pequena, média ou grande? Porém, a informação contida em uma variável qualitativa ordinal seria maior que a contida em uma nominal. Agora, uma gradação da intensidade do uso poderia ser estabelecida.

A terceira pergunta (c) aborda o número de vezes que o entrevistado usa a Internet durante a semana. Nesta situação, é uma variável quantitativa discreta. A informação contida na variável será maior que nas duas situações anteriores. Não existirão dúvidas de interpretação de atributos, como no caso anterior.

A quarta pergunta (d) aborda quantas horas o entrevistado usa a Internet durante a semana. É uma variável quantitativa contínua. A informação contida será máxima em relação às quatro perguntas propostas.

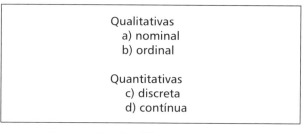

Figura 1.5  *Classificação das variáveis.*

Para ilustrar o uso de base de dados formada por diferentes variáveis, a tabela seguinte apresenta os dados da fictícia loja Estilo Modas. A base é formada por dados referentes a 25 casos que representam compras feitas na loja para cada uma das quais foram coletadas oito variáveis.

As oito variáveis apresentadas na base de dados são:

**Código da compra:** apresenta um valor numérico que corresponde à compra feita na empresa.

**Nome do cliente:** apresenta o prenome do cliente que realizou a compra.

**Bairro onde mora:** bairro onde o cliente reside.

**Gênero:** apresenta o gênero do cliente que fez a compra. Dois códigos distintos são utilizados: 1 para representar clientes de gênero Masculino e 2 para Feminino.

**Idade em anos:** apresenta a idade do cliente em anos inteiros completos no momento da compra.

**Renda em $:** apresenta a renda mensal do cliente em unidades monetárias.

**Número de itens comprados:** apresenta a quantidade de itens comprados pelo cliente.

**Valor da compra em $:** corresponde ao valor da compra feita pelo cliente em unidades monetárias.

| Código da compra | Nome do cliente | Bairro onde mora | Gênero (1 – Masculino, 2 – Feminino) | Idade em anos | Renda em $ | Número de itens comprados | Valor da compra em $ |
|---|---|---|---|---|---|---|---|
| 1 | Márcio | Colina | 1 | 26 | 1.890,00 | 3 | 41,00 |
| 2 | Juliana | Centro | 2 | 17 | 1.090,00 | 5 | 58,00 |
| 3 | Diogo | Bom Descanso | 1 | 22 | 2.030,00 | 5 | 55,00 |
| 4 | Thaís | Prainha | 2 | 16 | 920,00 | 2 | 26,00 |
| 5 | Arnaldo | Colina | 1 | 43 | 2.045,00 | 2 | 30,00 |
| 6 | Tiago | Prainha | 1 | 49 | 2.235,00 | 3 | 35,00 |
| 7 | Arthur | Centro | 1 | 37 | 1.955,00 | 2 | 26,00 |
| 8 | Mariana | Bom Descanso | 2 | 15 | 950,00 | 3 | 28,00 |
| 9 | Vítor | Centro | 1 | 45 | 2.175,00 | 3 | 39,00 |
| 10 | Marina | Centro | 2 | 18 | 910,00 | 1 | 25,00 |
| 11 | Gustavo | Bom Descanso | 1 | 36 | 1.940,00 | 2 | 20,00 |
| 12 | Marília | Prainha | 2 | 20 | 950,00 | 1 | 10,00 |
| 13 | Maria | Colina | 2 | 60 | 930,00 | 1 | 14,00 |
| 14 | Neila | Prainha | 2 | 21 | 1.120,00 | 4 | 50,00 |
| 15 | Pedro | Prainha | 1 | 37 | 2.155,00 | 4 | 50,00 |
| 16 | José | Colina | 1 | 16 | 1.640,00 | 2 | 23,00 |
| 17 | Vanessa | Prainha | 2 | 22 | 1.040,00 | 2 | 22,00 |
| 18 | Samanta | Centro | 2 | 17 | 940,00 | 2 | 23,00 |
| 19 | Ana | Prainha | 2 | 18 | 910,00 | 1 | 10,00 |
| 20 | Lise | Bom Descanso | 2 | 18 | 960,00 | 2 | 30,00 |
| 21 | Paula | Colina | 2 | 18 | 1.010,00 | 3 | 36,00 |
| 22 | Rejane | Prainha | 2 | 17 | 940,00 | 2 | 22,00 |
| 23 | Sérgio | Centro | 1 | 21 | 1.615,00 | 1 | 8,00 |
| 24 | Lauro | Colina | 1 | 26 | 1.690,00 | 1 | 16,00 |
| 25 | Vinícius | Bom Descanso | 1 | 32 | 1.980,00 | 3 | 41,00 |

A classificação das oito variáveis apresentadas pode ser vista na tabela seguinte.

| Variável | Classificação |
|---|---|
| Código da compra | Qualitativa nominal. O código numérico apresentado se refere à compra feita. Logo, um atributo qualitativo. |
| Nome do cliente | Qualitativa nominal. A variável apresenta o atributo nome do cliente. |
| Bairro onde mora | Qualitativa nominal. A variável apresenta o atributo bairro onde o cliente reside. |
| Gênero | Qualitativa nominal. A variável apresenta o atributo gênero do cliente. Note que os códigos numéricos apresentados se referem aos atributos de gênero. |
| Idade em anos | Quantitativa contínua. Embora apresentada em números inteiros, a variável permitiria a mensuração com valores fracionários. |
| Renda em $ | Quantitativa contínua. A variável permite a mensuração com valores fracionários. |
| Número de itens comprados | Quantitativa discreta. Os números decorrem de contagens. São valores obrigatoriamente inteiros e a variável é discreta. |
| Valor da compra em $ | Quantitativa contínua. A variável permite a mensuração com valores fracionários. |

## Ordenando e contando os dados

Variáveis qualitativas são caracterizadas pelo fato de não poderem sofrer operações algébricas. Assim, o procedimento mais usual empregado na extração de informações de variáveis qualitativas costuma ser apresentado sob a forma de tabulação ou construção de tabelas de frequências, em que as repetições dos códigos e valores diferentes associados às variáveis são apresentados.

Por exemplo, na base de dados da Estilo Modas a variável Bairro onde mora é qualitativa. Os 25 casos apresentados poderiam ser sintetizados por meio de uma tabela de frequência, onde as repetições de cada um dos bairros poderiam ser expostas. Assim, a seguinte tabela de frequência poderia ser:

| Bairro onde mora | $F_i$ |
|---|---|
| Bom Descanso | 5 |
| Centro | 6 |
| Colina | 6 |
| Prainha | 8 |
| Soma | 25 |

A construção da tabela de frequências permitiu reduzir o volume de valores analisados. No lugar dos 25 valores originais, bastaria analisar as repetições distribuídas por apenas quatro bairros.

As contagens dos diferentes bairros são expostas sob a forma de frequências simples, apresentadas por $F_i$ (frequência do elemento i). Geralmente, a última linha de uma tabela de frequências apresenta a soma dos dados analisados. A soma ou o somatório costuma ser representado pela letra grega sigma maiúscula, $\Sigma$. Veja o quadro seguinte.

---

### A IMPORTÂNCIA DA NOTAÇÃO SIGMA

A notação sigma, $\Sigma$, é muito comum em Estatística. Se, por exemplo, fossem fornecidos os números {2, 5, 7}, a soma destes números poderia ser representada pela notação $\Sigma x$. Assim, $\Sigma x = 2 + 5 + 7 = 14$.

Por outro lado, a soma dos números elevados ao quadrado poderia ser representada pela notação $\Sigma x^2$. Assim, $\Sigma x^2 = 2^2 + 5^2 + 7^2 = 4 + 25 + 49 = 78$.

Convém destacar que a soma dos números ao quadrado, $\Sigma x^2$, é completamente diferente da soma elevada ao quadrado dos números, $(\Sigma x)^2$. Esta última pode ser apresentada como $(\Sigma x)^2 = 14^2 = 196$.

Quando apenas uma parte dos números é analisada, pode-se usar um índice para representar os números que serão processados. Geralmente, o índice é representado pela letra *i*. Veja o exemplo da base de dados exposta a seguir.

| I | $X_i$ |
|---|---|
| 1 | 2 |
| 2 | 8 |
| 3 | 10 |
| 4 | 15 |
| Soma | 35 |

Assim, caso apenas os elementos de 1 a 3 fossem somados, a representação dessa soma poderia ser feita por meio da notação $\sum_{i=1}^{3}(x_i)$. O valor da soma seria igual a $\sum_{i=1}^{3}(x_i) = 2 + 8 + 10 = 20$. Em outra notação, $\sum_{i=1}^{2}(x_i + 2) = (2 + 2) + (8 + 2) = 4 + 10 = 14$.

O objetivo maior da construção de tabelas de frequência envolve facilitar a extração de informações das diferentes bases de dados analisadas. Porém, como saber se uma frequência simples igual a oito unidades é significativa ou não? Oito unidades extraídas de uma amostra formada por um milhão de unidades é um número inexpressivo. Porém, oito unidades de um total igual a 25 unidades já é considerável.

Assim, em relação às frequências apresentadas, pode-se auxiliar a interpretação das informações mediante o fornecimento das frequências relativas simples. As frequências relativas simples apresentam a relação existente entre a frequência simples e a soma das frequências. Geralmente, costumam ser expostas em percentuais.

Frequência Relativa Simples:

$$F_i\% = \frac{F_i}{\sum_{i=1}^{n} F_i} \cdot 100\%$$

Assim, para a tabulação de frequências da variável Bairro onde mora, uma terceira coluna poderia ser apresentada, com as frequências relativas simples, expostas em forma percentual.

| Bairro onde mora | $F_i$ | $F_i\%$ |
|---|---|---|
| Bom Descanso | 5 | 5/25 = 20* |
| Centro | 6 | 6/25 = 24* |
| Colina | 6 | 6/25 = 24* |
| Prainha | 8 | 8/25 = 32* |
| Soma (Σ) | 25 | 25/25 = 100* |

* O símbolo % foi omitido com o objetivo de deixar a leitura da coluna mais fácil.

Os procedimentos aplicados para o processamento de variáveis qualitativas também podem ser aplicados em variáveis quantitativas com baixa dispersão – isto é, variáveis que apresentam poucos valores diferentes.

O objetivo da análise exploratória de dados consiste em fornecer um primeiro *insight* sobre os dados a serem analisados. Em um outro exemplo, são apresentadas as notas de um grupo de estudantes, conforme a tabela seguinte.

| 2,1 | 7,1 | 4,3 | 3,3 |
|---|---|---|---|
| 4,7 | 6,9 | 6,1 | 5,2 |
| 5,8 | 7,8 | 1,1 | 9,5 |
| 2,4 | 8,5 | 5,3 | 2,1 |

Da forma como os dados estão apresentados, sem nenhuma ordenação, fica difícil extrair alguma informação. Buscando facilitar o entendimento dos dados, um primeiro passo poderia ser ordená-los. Em estatística, esta etapa consiste na elaboração do rol ou conjunto ordenado de dados. Assim, a série de dados brutos exposta poderia ser melhor apresentada de forma ordenada.

O rol da série seria: {1,1; 2,1; 2,1; 2,4; 3,3; 4,3; 4,7; 5,2; 5,3; 5,8; 6,1; 6,9; 7,1; 7,8; 8,5; 9,5}.

Além de facilitar a visualização ordenada dos dados, a construção do rol permite evidenciar um dos maiores problemas da Estatística: a presença de valores extremos ou *outliers*. Valores extremos distorcem a maior parte das medidas estatísticas obtidas e serão discutidos com maior profundidade mais adiante.

Quando os valores apresentam-se repetidos diversas vezes, podem-se agrupar os valores em tabelas, de forma similar à tabulação de variáveis qualitativas. Imagine, por exemplo, que as idades de um grupo de alunos pudessem ser representadas pelo seguinte rol: 17; 17; 17; 18; 18; 20; 21; 21.

Note que os valores 17, 18, 20 e 21 aparecem de forma repetida 3, 2, 1 e 2 vezes, respectivamente. Sendo assim, uma forma mais fácil de representar os dados seria através de uma tabela de frequência:

| Idade | $F_i$ |
|---|---|
| 17 | 3 |
| 18 | 2 |
| 20 | 1 |
| 21 | 2 |
| Soma (Σ) | 8 |

De forma similar ao processamento feito para a variável Bairro onde mora da Estilo Modas, uma forma, ainda mais fácil, para analisar os dados poderia ocorrer se, além das frequências simples, fossem fornecidas as frequências relativas percentuais.

| Idade | $F_i$ | $F_i\%$ |
|---|---|---|
| 17 | 3 | 37,5 |
| 18 | 2 | 25 |
| 20 | 1 | 12,5 |
| 21 | 2 | 25 |
| Soma (Σ) | 8 | 100 |

Quando variáveis quantitativas são tabuladas, outras frequências podem ser fornecidas, a exemplo da frequência cumulativa simples, $FAc_i$, e da frequência cumulativa relativa, $FAc_i\%$.

Usando a notação sigma, a frequência cumulativa simples representa a soma de todas as frequências simples até o elemento analisado. Algebricamente, pode ser representada por meio da seguinte equação.

Frequência Cumulativa Simples:

$$FAc_i = \sum_{j=1}^{i} F_i$$

Inserindo a coluna na tabela anterior, tem-se a nova coluna das frequências cumulativas simples.

| Idade | $F_i$ | $F_i\%$ | $FAc_i$ |
|---|---|---|---|
| 17 | 3 | 37,5 | 3 |
| 18 | 2 | 25 | 3 + 2 = 5 |
| 20 | 1 | 12,5 | 5 + 1 = 6 |
| 21 | 2 | 25 | 6 + 2 = 8 |
| Soma (Σ) | 8 | 100 | |

Podem-se também representar as frequências cumulativas relativas, $FAc_i\%$. Neste caso, é preciso encontrar para cada elemento $i$ a sua frequência acumulada relativa.

Frequência Cumulativa Relativa:

$$FAc_i\% = \frac{FAc_i}{\sum_{i=1}^{n} F_i} \cdot 100\%$$

Inserindo uma nova coluna na tabela anterior, tem-se a nova coluna das frequências cumulativas relativas. Destaca-se que o símbolo % foi omitido em $F_i\%$ e $FAc_i\%$ com o objetivo de deixar a leitura das colunas mais fácil.

| Idade | $F_i$ | $F_i\%$ | $FAc_i$ | $FAc_i\%$ |
|---|---|---|---|---|
| 17 | 3 | 37,5 | 3 | 37,5 |
| 18 | 2 | 25 | 5 | 37,5 + 25 = 62,5 |
| 20 | 1 | 12,5 | 6 | 62,5 + 12,5 = 75 |
| 21 | 2 | 25 | 8 | 100 |
| Soma (Σ) | 8 | 100 | | |

Em relação aos dados da Estilo Modas, a tabulação da variável **Nº de itens comprados** permitiria construir a seguinte tabela de frequências:

| Nº de itens comprados | $F_i$ | $F_i\%$ | $FAc_i$ | $FAc_i\%$ |
|---|---|---|---|---|
| 1 | 6 | 24 | 6 | 24 |
| 2 | 9 | 36 | 15 | 60 |
| 3 | 6 | 24 | 21 | 84 |
| 4 | 2 | 8 | 23 | 92 |
| 5 | 2 | 8 | 25 | 100 |
| Soma (Σ) | 25 | 100 | | |

Naturalmente, quando múltiplas variáveis são apresentadas em uma base de dados, tabulações cruzadas de frequência podem ser empregadas no processo de geração de informações. Tabulações cruzadas representam a análise conjunta de duas ou mais variáveis.

Em relação aos dados da Estilo Modas, um analista poderia desejar efetuar uma tabulação cruzada entre as variáveis **Bairro** e a variável **Gênero**. Veja o exemplo na tabela seguinte.

| Bairro onde mora | Masculino | Feminino | Total |
|---|---|---|---|
| Bom Descanso | 3 | 2 | 5 |
| Centro | 3 | 3 | 6 |
| Colina | 4 | 2 | 6 |
| Prainha | 2 | 6 | 8 |
| Soma | 12 | 13 | 25 |

Em tabulações cruzadas, diferentes frequências relativas podem ser apresentadas. Pode-se calcular a frequência relativa em relação ao total geral, em relação ao total da coluna ou em relação ao total da linha.

Assim, a leitura do percentual da linha permite obter a distribuição por gêneros nos diferentes bairros. Por exemplo, em relação aos moradores do bairro Prainha, a leitura do percentual da linha permite verificar que 25% são do gênero masculino, enquanto 75% são do gênero feminino. Naturalmente, a soma dos percentuais para o bairro é igual a 100%.

| Bairro onde mora | | Masculino | Feminino | Total |
|---|---|---|---|---|
| Bom Descanso | $F_i$ | 3 | 2 | 5 |
| | % linha | 60 | 40 | 100 |
| | % coluna | 25 | 15,38 | 20 |
| | % total | 12 | 8 | 20 |
| Centro | $F_i$ | 3 | 3 | 6 |
| | % linha | 50 | 50 | 100 |
| | % coluna | 25 | 23,08 | 24 |
| | % total | 12 | 12 | 24 |
| Colina | $F_i$ | 4 | 2 | 6 |
| | % linha | 66,67 | 33,33 | 100 |
| | % coluna | 33,33 | 15,38 | 24 |
| | % total | 16 | 8 | 24 |
| Prainha | $F_i$ | 2 | 6 | 8 |
| | % linha | 25 | 75 | 100 |
| | % coluna | 16,67 | 46,15 | 32 |
| | % total | 8 | 24 | 32 |
| Soma | $F_i$ | 12 | 13 | 25 |
| | % linha | 48 | 52 | 100 |
| | % coluna | 100 | 100 | 100 |
| | % total | 48 | 52 | 100 |

A leitura do percentual da coluna permite obter a distribuição por bairros nos diferentes gêneros. A leitura da coluna do gênero feminino permite verificar que 15,38% das mulheres moram no bairro Colina.

A leitura do percentual total é a mais simples. Revela a frequência relativa sobre o total da amostra. É possível saber, por exemplo, que o percentual de clientes de gênero masculino e que moram no Centro é igual a 12%.

Na prática, procedimentos que envolvem tabulações simples ou cruzadas costumam ser feitos com o auxílio de programas de computador, como o Excel ou o SPSS, também apresentados em outros livros da Série Métodos Quantitativos na Prática.

## Agrupando em classes

A elaboração de tabelas de frequência para dados quantitativos que apresentam grande dispersão pouco pode ajudar no processo de síntese dos dados. Por exemplo, em relação à tabulação da variável Renda em $ da base de dados da Estilo Modas, o resultado da tabulação das frequências pode ser visto a seguir.

| Renda em $ | $F_i$ |
|---|---|
| 910,00 | 2 |
| 920,00 | 1 |
| 930,00 | 1 |
| 940,00 | 2 |
| 950,00 | 2 |
| 960,00 | 1 |
| 1.010,00 | 1 |
| 1.040,00 | 1 |
| 1.090,00 | 1 |
| 1.120,00 | 1 |
| 1.615,00 | 1 |
| 1.640,00 | 1 |
| 1.690,00 | 1 |
| 1.890,00 | 1 |
| 1.940,00 | 1 |
| 1.955,00 | 1 |
| 1.980,00 | 1 |
| 2.030,00 | 1 |
| 2.045,00 | 1 |
| 2.155,00 | 1 |
| 2.175,00 | 1 |
| 2.235,00 | 1 |
| Soma (Σ) | 25 |

Os 25 casos originais foram agrupados em 22 categorias de rendas. A síntese resultante da tabulação de frequências foi mínima. A redução de 25 casos para 22 categorias é, de fato, muito pequena.

Quando variáveis quantitativas com alta dispersão, marcadas pela presença de muitos valores diferentes, são analisadas, um melhor resultado pode ser obtido por meio do agrupamento em classes, isto é, a criação de classes de frequência, seguida da posterior tabulação.

Em outro exemplo, suponha que os pesos de um grupo de estudantes possa ser dado pelo seguinte rol:

**Rol:** {36; 40; 49; 49; 49; 50; 50; 51; 52; 52; 52; 52; 54; 59; 60; 60; 60; 60; 61; 61; 61; 61; 62; 62; 63; 64; 64; 65; 65; 65; 67; 68; 74; 77; 77; 81; 81; 83; 87; 90}

Representando o rol em uma tabela de frequências, seria possível obter o seguinte resultado:

| Peso | $F_i$ | $F_i\%$ | $FAc_i$ | $FAc_i\%$ |
|---|---|---|---|---|
| 36 | 1 | 2,5 | 1 | 2,5 |
| 40 | 1 | 2,5 | 2 | 5,0 |
| 49 | 3 | 7,5 | 5 | 12,5 |
| 50 | 2 | 5,0 | 7 | 17,5 |
| 51 | 1 | 2,5 | 8 | 20,0 |
| 52 | 4 | 10,0 | 12 | 30,0 |
| 54 | 1 | 2,5 | 13 | 32,5 |
| 59 | 1 | 2,5 | 14 | 35,0 |
| 60 | 4 | 10,0 | 18 | 45,0 |
| 61 | 4 | 10,0 | 22 | 55,0 |
| 62 | 2 | 5,0 | 24 | 60,0 |
| 63 | 1 | 2,5 | 25 | 62,5 |
| 64 | 2 | 5,0 | 27 | 67,5 |
| 65 | 3 | 7,5 | 30 | 75,0 |
| 67 | 1 | 2,5 | 31 | 77,5 |
| 68 | 1 | 2,5 | 32 | 80,0 |
| 74 | 1 | 2,5 | 33 | 82,5 |
| 77 | 2 | 5,0 | 35 | 87,5 |
| 81 | 2 | 5,0 | 37 | 92,5 |
| 83 | 1 | 2,5 | 38 | 95,0 |
| 87 | 1 | 2,5 | 39 | 97,5 |
| 90 | 1 | 2,5 | 40 | 100 |
| Soma (Σ) | 40 | 100 | | |

Note que a tabela de frequências pouco facilita no processo de compreensão dos dados que se apresentam muito dispersos. Um resultado melhor poderia ser alcançado através do agrupamento dos dados, com a construção de classes de frequência.

Embora a criação de classes de frequência seja muito mais uma questão de bom senso do que de matemática, a estatística apresenta uma série de procedimentos sugeridos para a construção de classes de frequência. Após construído o rol, os passos para elaborar classes de frequência consistem em: determinar o número de classes a serem criadas, estimar o intervalo (ou a amplitude de cada classe) e reagrupar os dados nestas classes.

Naturalmente, as classes de frequência construídas deverão ser sempre mutuamente excludentes (um elemento poderá pertencer a apenas uma das classes criadas) e coletivamente exaustivas (todos os elementos estudados deverão ser representados nas classes de frequência criadas).

**Procedimento formal:** alguns textos e autores mais conservadores de Estatística ainda sugerem procedimentos *formais* para a construção de classes de frequência. Nesta situação, a determinação do número de classes, representado pela letra $K$, depende, fundamentalmente, do número de elementos estudados, representado pela letra $n$.

Os procedimentos formais envolvem:

a) Se $n \leq 25$: devem ser criadas cinco classes de frequência;
b) Se $n > 25$: o número de classes de frequência pode ser obtido mediante dois procedimentos distintos: $K = \sqrt{n}$ ou $K = 1 + 3{,}32 \log(n)$. Esta última fórmula é apresentada como fórmula de Sturges.

Os intervalos das classes, representados pela letra $h$, são consequências diretas da amplitude total dos dados (isto é, da diferença entre o maior dos dados e o menor, também denominada intervalo ou *range*) e do número de classes que devem ser criadas. Expressando matematicamente:

$h$ = (maior dos dados − menor dos dados) / (número de classes que devem ser criadas)

$$h = \frac{Maior - Menor}{K}$$

Com o número de classes definido e o intervalo entre classes calculado, pode-se construir o agrupamento em classes de frequência. Partindo do menor valor, soma-se gradualmente o intervalo obtido para cada uma das classes até incluir o último valor.

Neste caso, é importante estabelecer a notação dos limites envolvidos em cada uma das classes.

---

### ESTABELECENDO LIMITES PARA CADA CLASSE

O processo de construção de classes de frequência demanda o estabelecimento de convenções que representem os limites de cada uma das classes construídas. Assim, por exemplo, se no agrupamento em classes de um grupo de idades o pesquisador resolver construir uma classe que compreenda as idades entre 10 e 14 anos, ele precisará estabelecer se os limites inferior e superior serão do tipo inclusive ou exclusive.

Limites do tipo inclusive, como o próprio nome revela, incluem o valor representado. Limites do tipo exclusive não incluem o valor representado.

Uma das convenções mais usuais empregadas na representação dos limites de classes de frequência envolve a colocação de barras verticais (simbolizadas por "|") e horizontais (simbolizadas por "−") na representação dos limites. A barra horizontal representa o intervalo entre os limites. A presença de uma barra vertical próxima ao número indica se tratar de um limite do tipo inclusive. A ausência desta barra caracteriza limites do tipo exclusive.

Alguns exemplos estão apresentados a seguir.

| Representação da classe | Comentário sobre os limites |
|---|---|
| 15 \|−\| 21 | A presença de barras verticais próximas aos limites inferior e superior indica que ambos são do tipo inclusive. Logo, os elementos 15 e 21 devem ser incluídos na classe representada. |
| 14 \|− 18 | A barra vertical está presente apenas no limite inferior. Assim, o elemento 14 faz parte da classe. Porém, o limite 18 é do tipo exclusive. O elemento 18 não será incluído nesta classe. |
| 7 − 9 | A ausência da barra em ambos os limites os caracteriza como do tipo exclusive. Nem o elemento 7 nem o elemento 9 serão incluídos nesta classe. |
| 20 −\| 23 | A barra vertical está presente apenas no limite superior. Assim, o elemento 23 faz parte da classe. Porém, o limite inferior 20 é do tipo exclusive. O elemento 20 não será incluído nesta classe. |

Além da representação com as barras vertical e horizontal, outras representações de classes podem ser empregadas. Veja os exemplos apresentados a seguir.

| Representação da classe | Comentário sobre os limites |
|---|---|
| [12; 16[ | O colchete fechado sobre o limite inferior indica tratar-se de um limite do tipo inclusive. Assim, o limite "[12" é do tipo inclusive. O elemento 12 será incluído na classe. O colchete não fechado no limite superior indica limite exclusive. Assim, o limite "16[" é do tipo exclusive. O elemento 16 não será incluído nesta classe. |
| ]12; 16[ | Nesta situação, os dois limites são do tipo exclusive. Nenhum dos dois elementos deve ser incluído na classe. |
| [12; 16] | Nesta situação, os dois limites são do tipo inclusive. Os dois elementos devem ser incluídos na classe. |
| 12 •–o 16 | O círculo sem estar preenchido indica um limite exclusive. O círculo preenchido indica um limite inclusive. Neste caso, o limite inferior 12 é do tipo inclusive, enquanto o limite superior 16 é do tipo exclusive. |
| 12 o–o 16 | Nesta situação os dois limites são do tipo exclusive. |
| 12 •–• 16 | Nesta situação os dois limites são do tipo inclusive. |

Em relação ao exemplo dos pesos do grupo de estudantes, os passos necessários ao agrupamento poderiam ser apresentados da seguinte forma:

**Passo 1.** Obter o valor de $K$ (número de classes)

Neste caso, o número de elementos analisados é igual a 40. Como $n = 40$, $n > 25$, assim o número de classes pode ser definido pela raiz quadrada de $n$ ou pela fórmula de Sturges.

$K = \text{Raiz}(N) = 6,32$, ou aproximadamente 6 ou

$K = 1 + 3,32 \cdot \log(N) = 6,32$, ou aproximadamente 6

Naturalmente, o número de classes considerado sempre deverá ser igual a um número inteiro.

**Passo 2.** Calcular a amplitude de cada classe ($h$)

Para isso, é preciso considerar o intervalo total ou *range* da amostra e o número de classes a construir. O intervalo total é igual à diferença existente entre o maior e o menor valor dos dados analisados.

O maior peso é igual a 90 kg e o menor é igual a 36 kg. Assim, o intervalo total da amostra ou *range* será igual a 54 kg.

Range = Maior – Menor = 90 – 36 = 54

Como serão criadas 6 classes de frequência, a amplitude ($h$) de cada classe será igual a 9 kg.

$h = Range \div K = 54 \div 6 = 9$

Neste exemplo, o valor obtido para $h$ foi inteiro. Porém, em muitas outras situações o valor obtido para $h$ poderá ser um número fracionário. Nestas situações, recomenda-se evitar aproximações muito expressivas do valor de $h$. Alguns autores costumam sugerir o uso de quatro casas decimais com o objetivo de amenizar os problemas decorrentes da aproximação.

**Passo 3.** Montar as classes e tabular os dados.

Como o menor valor é 36, devem-se construir as classes a partir do menor valor; a partir daí são somadas as amplitudes das classes. Obviamente, o limite superior da primeira classe deve ser o limite inferior da segunda classe.

Para que não existam dúvidas quanto à classificação do valor correspondente aos limites, é empregada a seguinte notação:

|–: limite inferior incluído na classe, limite superior não

|–| : limite superior e inferior incluídos na classe

Como o último valor (limite superior da classe mais alta) deve estar incluído no último grupo, deve-se tomar o cuidado de incluí-lo na última classe de frequências.

A tabela de frequências para os pesos poderia ser apresentada da seguinte forma:

| Classe do peso (kg) | $F_i$ | $F_i\%$ | $FAc_i$ | $FAc_i\%$ |
|---|---|---|---|---|
| 36 \|– 45 | 2 | 5 | 2 | 5 |
| 45 \|– 54 | 10 | 25 | 12 | 30 |
| 54 \|– 63 | 12 | 30 | 24 | 60 |
| 63 \|– 72 | 8 | 20 | 32 | 80 |
| 72 \|– 81 | 3 | 7,5 | 35 | 87,5 |
| 81 \|–\| 90 | 5 | 12,5 | 40 | 100 |
| Soma (Σ) | 40 | 100 | | |

O reagrupamento dos dados nas classes deve se iniciar pelo limite inferior, ao qual deve ser sucessivamente adicionado o intervalo de cada classe até o limite superior das classes de frequência construídas. Em algumas situações, o pesquisador pode optar por criar um agrupamento maior na primeira ou na última classe, quando existirem valores baixos ou altos muito dispersos. Veja o exemplo apresentado a seguir.

| Idade (Anos) | $F_i$ | $F_i\%$ | $FAc_i$ | $FAc_i\%$ |
|---|---|---|---|---|
| Até 12 anos | 3 | 6 | 3 | 6 |
| 12 \|– 14 | 12 | 24 | 15 | 30 |
| 14 \|– 16 | 20 | 40 | 35 | 70 |
| 16 \|– 18 | 8 | 16 | 43 | 86 |
| 18 \|– 20 | 5 | 10 | 48 | 96 |
| 20 ou mais anos | 2 | 4 | 50 | 100 |
| Soma (Σ) | 50 | 100 | | |

Na tabela, o pesquisador optou por fazer um agrupamento mais extenso dos valores mais baixos, criando a classe "Até 12 anos" e outro agrupamento mais extenso dos valores mais altos, criando a classe "20 ou mais anos".

Em relação aos dados da Estilo Modas, a variável **Renda** poderia ser agrupada em classes de frequência, considerando o procedimento formal.

O tamanho da amostra analisado é igual a 25. Assim, 5 classes de frequência devem ser criadas. O maior valor é $ 2.235,00 e o menor é $ 910,00. Assim, o intervalo total é igual a $ 1.325,00. Como cinco classes serão criadas, o intervalo de cada classe é igual a 1.325/5 ou $ 265,00.

O resultado da construção de classes formais e a tabulação das frequências está apresentado a seguir.

| Renda | $F_i$ | $F_i\%$ | $FAc_i$ | $FAc_i\%$ |
|---|---|---|---|---|
| 910 \|– 1175 | 13 | 52 | 13 | 52 |
| 1175 \|– 1440 | 0 | 0 | 13 | 52 |
| 1440 \|– 1705 | 3 | 12 | 16 | 64 |
| 1705 \|– 1970 | 3 | 12 | 19 | 76 |
| 1970 \|–\| 2235 | 6 | 24 | 25 | 100 |
| Soma (Σ) | 25 | 100 | | |

**Procedimento informal:** alguns textos e autores mais contemporâneos de Estatística desprezam os procedimentos sugeridos anteriormente. Recomendam, basicamente, o uso do bom senso, ingrediente sempre indispensável nas análises feitas em Estatística, e a criação de um número de classes entre 3 e 20.

A parcimônia na criação das classes é essencial. Neste caso, alguns autores ainda sugerem a construção de classes com mesma amplitude.

Em relação aos dados da Estilo Modas, a variável **Renda** poderia ser agrupada em classes de frequência, considerando o procedimento informal. Poderiam ser construídas classes com intervalos iguais a $ 500,00, iniciando com o valor $ 500,00.

O resultado da construção de classes informais e a tabulação das frequências são apresentados a seguir.

| Renda | $F_i$ | $F_i\%$ | $FAc_i$ | $FAc_i\%$ |
|---|---|---|---|---|
| 500 \|– 1000 | 9 | 36 | 9 | 36 |
| 1000 \|– 1500 | 4 | 16 | 13 | 52 |
| 1500 \|– 2000 | 7 | 28 | 20 | 80 |
| 2000 \|–\| 2500 | 5 | 20 | 25 | 100 |
| Soma (Σ) | 25 | 100 | | |

Quando classes de frequência são construídas e apresentadas, é comum a exposição em algumas tabelas do ponto médio da classe. O ponto médio representa a média do limite inferior e do limite superior.

Ponto médio da classe = (limite superior + limite inferior) ÷ 2

Assim, a tabela anterior poderia ter os seus pontos médios apresentados. Veja a tabela seguinte.

| Renda | Ponto Médio | $F_i$ | $F_i\%$ | $FAc_i$ | $FAc_i\%$ |
|---|---|---|---|---|---|
| 5.00 \|– 1.000 | 750 | 9 | 36 | 9 | 36 |
| 1.000 \|– 1.500 | 1.250 | 4 | 16 | 13 | 52 |
| 1.500 \|– 2.000 | 1.750 | 7 | 28 | 20 | 80 |
| 2.000 \|–\| 2.500 | 2.250 | 5 | 20 | 25 | 100 |
| Soma (Σ) |  | 25 | 100 |  |  |

## Analisando as informações tabuladas

A extração de informações de tabelas de frequência é simples. As frequências apresentam as intensidades de concentração de determinado atributo. A interpretação das frequências revela os atributos mais presentes e os de menor concentração.

Por exemplo, imagine que a tabela seguinte apresentasse a distribuição de renda dos habitantes de uma cidade do Nordeste do país. Note que, nesta situação, o pesquisador optou por criar uma classe de frequência mais ampla para os maiores valores, representados na classe "Mais que 9".

| Renda em salários-mínimos | $F_i$ | $F_i\%$ | $FAc_i$ | $FAc_i\%$ |
|---|---|---|---|---|
| 0 \|– 3 | 58 | 72,5 | 58 | 72,5 |
| 3 \|– 6 | 10 | 12,5 | 68 | 85 |
| 6 \|– 9 | 7 | 8,75 | 75 | 93,75 |
| Mais que 9 | 5 | 6,25 | 80 | 100 |
| Soma (Σ) | 80 | 100 |  |  |

A análise da distribuição das frequências seria simples: muitos ganham pouco e poucos ganham muito. Existe uma concentração muito grande das frequências na menor classe, formada pelos indivíduos que ganham entre 0 a 3 salários-mínimos. Esta classe apresentou uma frequência simples de 58 indivíduos, ou 72,5% do total da amostra. Consequentemente, é baixa a frequência das classes com valores mais altos. Por exemplo, apenas 6,25% da amostra possui renda superior a nove salários-mínimos.

Neste caso específico, a alta concentração de frequência na menor classe remete ao questionamento da possibilidade de um detalhamento mais específico dos menores valores. Um pesquisador mais criterioso poderia tentar analisar com maior profundidade a distribuição dos valores na menor classe, criando intervalos menores para os valores mais baixos.

> **Sugestão:** Leia no Capítulo 15 como usar o Excel na análise exploratória de dados.

## Exercícios

1. Em uma pesquisa com seres humanos, um cientista social pensou em fazer as perguntas relacionadas a seguir. Classifique as variáveis formadas a partir das respostas fornecidas às perguntas em quantitativas (discreta ou contínua) ou qualitativas (nominal ou ordinal).

   a) Qual o seu nome? [_____]
   b) Qual a sua idade em anos? [_____]
   c) Qual o seu gênero? [1] Masculino    [2] Feminino
   d) Qual o seu CPF? [___.___.___ – __]
   e) Em que cidade você nasceu? [_____]
   f) Quantos filhos você tem? [__]
   g) Qual a sua renda familiar em R$? [_____]
   h) Classifique a seguinte afirmação: "O presidente da república atual está desempenhando bem as suas funções":
      [1] Concordo totalmente
      [2] Concordo parcialmente
      [3] Discordo totalmente

2. Construa o rol das seguintes séries e, posteriormente, tabule as frequências. Na construção das tabelas de frequência, use duas casas decimais nas colunas onde os percentuais forem apresentados.

   a) Série A: {1; 3; 1; 5; 1; 4; 4; 2; 3; 4; 5; 1; 1; 5; 5; 2; 3}

   b) Série B: {3,2; 3,2; 3,0; 1,1; 2,8; 0,3; 0,0; 8,5; 2,1; 0,7; 7,4; 3,4; 5,8; 5,5; 3,2; 10,0; 7,6}

3. Considere os dados apresentados a seguir. Empregando a notação sigma, calcule o que se pede:

   (a) $\sum(x)$; (b) $\sum(x^2)$; (c) $\sum_{i=1}^{5}(x-1)$; (d) $\sum_{i=1}^{2}(x+1)^2$; (e) $\left[\sum_{i=1}^{4}(x)\right]^2 - 7$

| I | $X_i$ |
|---|---|
| 1 | 3 |
| 2 | 2 |
| 3 | 5 |
| 4 | 1 |
| 5 | 6 |
| 6 | 0 |
| 7 | 7 |
| 8 | 4 |
| Soma | 28 |

4. A gerência industrial da indústria de cimentos Gruda Bem Ltda. coletou uma amostra formada por 64 sacos produzidos na semana passada. A quantidade de impurezas contidas em cada saco foi contada. Os valores obtidos variaram de 3 a 51 impurezas. Os resultados obtidos foram tabulados em classes de frequência, construídas conforme os procedimentos formais da estatística. Pede-se calcular: (a) o intervalo total da amostra; (b) o número de classes que foram criadas; (c) o intervalo de cada classe; (d) os limites da terceira classe.

5. A tabela seguinte representa os salários pagos a um grupo de administradores de empresas em $ mil. Com base nos valores apresentados, encontre: (a) frequência simples da 5ª classe; (b) soma das frequências; (c) o limite inferior da 6ª classe; (d) o limite superior da 4ª classe; (e) a amplitude ou o intervalo de cada classe; (f) a amplitude total; (g) o ponto médio da 3ª classe; (h) o número de classes; (i) a frequência cumulativa simples até a 6ª classe; (j) a porcentagem de valores iguais ou maiores que 3,20.

| Classe | $F_i$ |
|---|---|
| 2,75 \|– 2,80 | 2 |
| 2,80 \|– 2,85 | 3 |
| 2,85 \|– 2,90 | 10 |
| 2,90 \|– 2,95 | 11 |
| 2,95 \|– 3,00 | 24 |
| 3,00 \|– 3,05 | 14 |
| 3,05 \|– 3,10 | 9 |
| 3,10 \|– 3,15 | 8 |
| 3,15 \|– 3,20 | 6 |
| 3,20 \|–\| 3,25 | 3 |
| Soma (Σ) | 90 |

6. Complete as informações ausentes na tabela seguinte.

| $X_i$ | $F_i$ | $F_i\%$ | $FAc_i$ | $FAc_i\%$ |
|---|---|---|---|---|
| 12 | 5 | | | |
| 16 | 13 | | | |
| 17 | | 32 | | |
| 34 | 8 | | | |
| 45 | | | 47 | |
| 56 | 3 | | | |
| Soma (Σ) | 50 | 100 | | |

7. A tabela seguinte apresenta a tabulação cruzada de uma pesquisa feita na Universidade do Saber sobre o fato de o estudante possuir habilitação ou não. Encontre o que se pede: (a) tamanho da amostra analisada; (b) número de alunos habilitados analisados; (c) número de alunos de enfermagem analisados; (d) o percentual de alunos habilitados do curso de direito; (e) percentual dos alunos não habilitados que cursam engenharia; (f) o percentual dos alunos de enfermagem que possuem habilitação.

| Curso | | Possui habilitação Sim | Possui habilitação Não | Total |
|---|---|---|---|---|
| Direito | $F_i$ | 3 | 2 | 5 |
| | % linha | 60 | 40 | 100 |
| | % coluna | 30 | 20 | 25 |
| | % total | 15 | 10 | 25 |
| Enfermagem | $F_i$ | 3 | 6 | 9 |
| | % linha | 33,33 | 66,67 | 100 |
| | % coluna | 30 | 60 | 45 |
| | % total | 15 | 30 | 45 |
| Engenharia | $F_i$ | 4 | 2 | 6 |
| | % linha | 66,67 | 33,33 | 100 |
| | % coluna | 40 | 20 | 30 |
| | % total | 20 | 10 | 30 |
| Soma | $F_i$ | 10 | 10 | 20 |
| | % linha | 50 | 50 | 100 |
| | % coluna | 100 | 100 | 100 |
| | % total | 50 | 50 | 100 |

8. Uma amostra de vendas diárias registradas no ano passado para o Supermercado Pague e Leve Ltda. está apresentada na tabela seguinte. Construa o agrupamento em classes de frequência, empregando o procedimento: (a) formal (calcule h com quatro casas decimais); (b) informal, começando em $ 0,00 e com intervalos de classe iguais a $ 50,00. Use duas casas decimais nas colunas com percentuais.

| 40,00 | 69,98 | 109,85 | 141,39 |
| --- | --- | --- | --- |
| 41,22 | 72,91 | 110,41 | 146,09 |
| 42,91 | 74,02 | 111,04 | 149,56 |
| 45,53 | 75,95 | 112,17 | 150,17 |
| 49,78 | 80,49 | 115,90 | 154,04 |
| 53,66 | 82,05 | 116,37 | 157,41 |
| 56,14 | 84,08 | 118,50 | 160,56 |
| 56,89 | 88,62 | 123,10 | 161,45 |
| 61,11 | 90,98 | 127,67 | 163,22 |
| 61,23 | 94,95 | 129,42 | 163,34 |
| 62,11 | 96,38 | 129,67 | 165,09 |
| 63,78 | 97,69 | 132,05 | 170,04 |
| 63,85 | 99,76 | 134,15 | 170,30 |
| 64,42 | 102,41 | 136,54 | 173,77 |
| 67,93 | 106,73 | 137,10 | 177,67 |

9. Os comprimentos de um grupo de tábuas produzidas pela Movelaria Campestre estão apresentados na tabela seguinte. Com base nos valores expostos, construa o agrupamento em classes empregando o procedimento: (a) formal, usando quatro casas decimais para o valor de h; (b) informal, começando em 130 e com intervalos de classes iguais a 20. Use duas casas decimais nas colunas com percentuais.

| 135,00 | 147,82 | 162,11 | 176,55 |
| --- | --- | --- | --- |
| 135,22 | 149,26 | 162,35 | 176,75 |
| 135,96 | 150,45 | 162,68 | 178,69 |
| 136,51 | 151,27 | 162,77 | 179,12 |
| 138,34 | 152,87 | 163,26 | |
| 140,22 | 153,04 | 164,71 | |
| 140,91 | 153,36 | 165,54 | |
| 140,95 | 154,92 | 167,33 | |
| 141,87 | 155,84 | 169,03 | |
| 142,35 | 156,73 | 170,85 | |
| 144,06 | 157,73 | 171,07 | |
| 145,52 | 158,59 | 172,78 | |
| 146,48 | 158,98 | 174,42 | |
| 147,37 | 160,05 | 176,13 | |
| 147,68 | 160,99 | 176,15 | |

10. O gerente da Loja de Bugingangas Ltda. verificou que, em 45 dias, o número de clientes que entraram no estabelecimento comercial poderia ser apresentado na tabela seguinte. Construa o agrupamento em classes de frequência para os dados expostos. Empregue o procedimento: (a) formal (calculando $h$ com quatro casas decimais); (b) informal, começando em 0 e com intervalos de classe iguais a 5.

| 1 | 6 | 15 |
|---|---|---|
| 1 | 7 | 16 |
| 1 | 7 | 17 |
| 2 | 7 | 18 |
| 2 | 8 | 19 |
| 2 | 9 | 19 |
| 2 | 10 | 19 |
| 3 | 10 | 21 |
| 3 | 11 | 21 |
| 3 | 12 | 21 |
| 4 | 13 | 21 |
| 5 | 13 | 25 |
| 5 | 13 | 25 |
| 5 | 14 | 25 |
| 6 | 15 | 27 |

11. Construa o rol da série dada a seguir, agrupando em classes de frequência. Use o procedimento formal.

| 220 | 180 | 190 | 10 | 70 | 50 |
|---|---|---|---|---|---|
| 130 | 70 | 140 | 210 | 200 | 130 |
| 120 | 60 | 50 | 30 | 20 | 70 |
| 40 | 80 | 200 | 190 | 70 | 30 |
| 110 | 70 | 120 | 30 | 80 | 140 |

12. Uma amostra de vendas diárias de uma mercearia coletadas durante o mês de janeiro do ano passado revelou números iguais a: {68,98; 72,92; 89,19; 98,57; 123,34; 134,80; 141,34; 153,59; 158,59; 165,92; 169,21; 175,76; 177,79; 178,07; 180,38; 181,99; 185,95; 188,83; 194,88; 208,09; 214,66; 251,94; 265,70; 271,90; 276,59; 280,56; 303,99; 318,33}. Com base nos dados fornecidos, construa a tabela de classes de frequência, empregando o procedimento formal. Calcule $h$ com duas casas decimais.

13. Os salários pagos em determinada empresa da cidade estão apresentados na tabela seguinte. Agrupe os dados em classes de frequência. O que poderia ser dito sobre as remunerações pagas na empresa?

| 381,00 | 389,00 | 389,00 | 418,00 | 429,00 | 430,00 | 472,00 | 486,00 | 568,00 | 623,00 |
|---|---|---|---|---|---|---|---|---|---|
| 669,00 | 682,00 | 699,00 | 728,00 | 821,00 | 821,00 | 822,00 | 856,00 | 866,00 | 904,00 |
| 904,00 | 912,00 | 924,00 | 926,00 | 968,00 | 973,00 | 989,00 | 996,00 | 1.006,00 | 1.007,00 |
| 1.028,00 | 1.084,00 | 1.109,00 | 1.112,00 | 1.148,00 | 1.149,00 | 1.168,00 | 1.175,00 | 1.201,00 | 1.209,00 |

14. A tabela seguinte mostra as vendas das 120 maiores empresas nacionais em 1995, segundo uma revista de grande circulação nacional. Com base nos dados apresentados, agrupe-os em classes de frequência, empregando os procedimentos formais da Estatística. Considere: (a) as 40 maiores empresas, apenas; (b) as 70 maiores empresas, apenas; (c) todas as empresas. As raízes quadradas de 40, 70 e 120 são, respectiva

e aproximadamente, iguais a 6,32, 8,94 e 10,95. Calcule $h$ com três casas decimais e use apenas uma casa decimal nas colunas que apresentam percentuais.

| Nome da empresa | Vendas em $ milhões |
|---|---|
| Volkswagen (SP) | 7.222,20 |
| GM (SP) | 6.390,70 |
| Fiat Automóveis (MG) | 6.228,90 |
| Souza Cruz (RJ) | 5.670,10 |
| Shell (RJ) | 5.300,20 |
| Carrefour (SP) | 4.133,80 |
| Ipiranga (SP) | 3.861,00 |
| Mercedes-Benz (SP) | 3.398,00 |
| Nestlé (SP) | 3.372,30 |
| Gessy Lever (SP) | 3.369,10 |
| Pão de Açúcar (SP) | 3.260,60 |
| Varig (RS) | 3.207,30 |
| Texaco (RJ) | 2.911,80 |
| Brahma (RJ) | 2.831,30 |
| Esso (RJ) | 2.829,20 |
| Ford (SP) | 2.811,60 |
| CSN (RJ) | 2.636,10 |
| Lojas Americanas (RJ) | 2.371,70 |
| Usiminas (MG) | 2.166,00 |
| Copersucar (SP) | 2.071,30 |
| Multibrás (SP) | 1.997,20 |
| IBM (RJ) | 1.914,90 |
| Casas Bahia (SP) | 1.754,50 |
| Coimex (ES) | 1.741,00 |
| Ceval (SC) | 1.735,00 |
| Xerox (ES) | 1.581,00 |
| Santista Alimentos (SP) | 1.572,20 |
| Sadia Concórdia (SC) | 1.532,10 |
| Cosipa (SP) | 1.501,90 |
| Sendas (RJ) | 1.480,70 |
| Makro (SP) | 1.480,50 |
| Copene (BA) | 1.433,00 |
| Bompreço (PE) | 1.341,70 |
| Arapuã (SP) | 1.324,20 |
| Alcoa (MG) | 1.315,20 |
| Ponto Frio (RJ) | 1.257,90 |
| Armazém Martins (MG) | 1.234,60 |
| Cargill (SP) | 1.234,30 |
| Philip Morris (SP) | 1.176,60 |
| Coca-Cola/Spal (SP) | 1.165,00 |
| Vasp (SP) | 1.154,00 |
| Basf (SP) | 1.135,70 |

| Nome da empresa | Vendas em $ milhões |
|---|---|
| Prosdócimo/Refripar | 884,30 |
| Philips (SP) | 875,10 |
| Hoechst (SP) | 874,40 |
| Pirelli Pneus | 868,20 |
| Goodyear | 858,80 |
| Aracruz Celulose (ES) | 855,10 |
| Rhodia (SP) | 833,50 |
| Acesita (MG) | 833,20 |
| RMB (SP) | 830,70 |
| Copesul (RS) | 820,20 |
| NEC do Brasil (SP) | 787,00 |
| Lojas Colombo (RS) | 760,50 |
| Suzano (SP) | 752,50 |
| Iochpe-Maxion (SP) | 746,70 |
| Lojas Mesbla (RJ) | 735,60 |
| Cosigua (RJ) | 724,50 |
| Semp Toshiba Amazônia (AM) | 719,60 |
| SuperMar (BA) | 719,30 |
| Alcan (SP) | 712,20 |
| Kibon (SP) | 711,90 |
| Açominas (MG) | 709,90 |
| Andrade Gutierrez (MG) | 697,20 |
| Antarctica RJ (RJ) | 696,50 |
| Belgo-Mineira (MG) | 692,90 |
| Abril (SP) | 679,40 |
| Aços Villares (SP) | 672,70 |
| NacionalSupermercados (RS) | 663,60 |
| CBA (SP) | 661,40 |
| Bayer (SP) | 659,70 |
| Coamo (PR) | 641,20 |
| FIC (SP) | 639,20 |
| Bridgestone/Firestone (SP) | 636,40 |
| Distr. Petróleo Ipiranga (RS) | 635,90 |
| Caraíba Metais (BA) | 629,80 |
| Sharp do Brasil (AM) | 628,70 |
| White Martins (RJ) | 618,70 |
| Volvo (PR) | 603,00 |
| Kodak (SP) | 601,70 |
| Leite Paulista (SP) | 598,10 |
| Johnson & Johnson (SP) | 594,30 |
| Petroquímica União (SP) | 584,70 |
| Eldorado (SP) | 578,40 |

| | | | | |
|---|---|---|---|---|
| Avon (SP) | 1.080,30 | | Norberto Odebrecht (RJ) | 571,40 |
| Encol (DF) | 1.068,10 | | Azaléia (RS ) | 558,70 |
| Mappin (SP) | 1.058,60 | | Cofap (SP) | 557,50 |
| Paes Mendonça (BA ) | 1.023,00 | | CPC (BA) | 551,90 |
| Bosch (SP) | 1.018,50 | | Zaffari (RS) | 550,90 |
| CST (ES) | 995,10 | | Central Itambé (MG) | 545,30 |
| Antarctica Paulista (SP) | 982,30 | | Champion (SP) | 535,60 |
| CCE da Amazônia (AM) | 966,20 | | Embraco (SC) | 531,80 |
| Perdigão (SP) | 959,90 | | 3M (SP) | 531,50 |
| Klabin Fabricadora (SP) | 956,50 | | CRD (RS) | 530,50 |
| Saab-Scania (SP) | 949,40 | | Gradiente Eletrônica (AM) | 528,90 |
| Parmalat (SP) | 943,20 | | Pirelli Cabos (SP) | 519,50 |
| Philips da Amazônia (AM) | 941,60 | | São Paulo Alpargatas (SP) | 517,20 |
| Kaiser (SP) | 932,60 | | Ericsson (SP) | 513,20 |
| Itautec Philco (AM) | 921,50 | | Glencore (SP) | 512,10 |
| Casas Pernambucanas (SP) | 918,30 | | Alpargatas-Santista (SP) | 511,80 |
| Sadia Frigobrás PR | 916,10 | | Atacadão (SP) | 510,10 |
| Transbrasil (DF) | 895,30 | | Brasimac (SP) | 507,00 |

**Sugestão:** resolva os exercícios propostos no Excel. Leia as sugestões do Capítulo 15.

### AVISO IMPORTANTE

O *site* <www.MinhasAulas.com.br> apresenta um importante conjunto de complementos ao livro, como tabelas, respostas, *slides*, listas extras de exercícios e casos. Para enriquecer o seu aprendizado, consulte todo o material de apoio disponível na Internet!

# 2

# Gráficos

*Uma imagem vale por mil palavras.*
Antigo provérbio chinês

*Se você não fizer um gráfico, você não vai entender o que está acontecendo.*
Anônimo

**Objetivos do capítulo**

Os gráficos representam uma das mais simples formas de transmissão das informações contidas em diferentes conjuntos de dados. Permitem compreender de maneira simples e eficiente diferentes aspectos e relações numéricas. Como diz o velho ditado chinês, o gráfico ou figura consegue transmitir a ideia de mil palavras.

Diferentes tipos de gráficos costumam ser utilizados nas análises estatísticas, como o histograma, os diagramas de barras e de colunas, os *boxplots*, os diagramas de dispersão e tantos outros. Ao construir um gráfico, o objetivo maior da transmissão da informação deve estar sempre claro.

Este capítulo possui o objetivo de apresentar e discutir a transmissão de informações estatísticas através de gráficos. São expostas e ilustradas algumas das principais formas de representação de dados em estatística.

## GRANDES NOMES E GRANDES HISTÓRIAS[1]

★ 16 de junho de 1915, em New Bedford, EUA
✝ 26 de julho 2000 em New Brunswick, New Jersey, EUA

John Tukey nasceu em 1915, no Estado de Massachusetts. Seus pais, professores universitários, perceberam seu grande potencial enquanto ainda criança e o incentivaram. Tukey recebeu toda a sua educação básica em casa. Sua educação formal apenas teve início quando ingressou na Brown University para estudar matemática e química.

*John Wilder Tukey*

Após receber o título de Mestre em Química, na mesma universidade, Tukey ingressou no curso de doutorado em matemática na Universidade Princeton, no ano de 1937, tendo recebido o título de doutor em 1939.

Com o advento da Segunda Guerra Mundial, Tukey devotou seus esforços na melhoria da precisão de detectores e da artilharia de bombardeiros, entre outros desafios. Com o fim da guerra, dividiu suas atividades entre Princeton e a Bell Labs – um dos mais destacados grupos de pesquisas industriais de todo o mundo.

---

[1] Adaptado do *The MacTutor history of mathematics archive*. Disponível em: <http://www-groups.dcs.st-and.ac.uk/~history/index.html>. Acesso em: 3 dez. 2006.

> Boa parte do seu tempo foi dedicada ao estudo estatístico de problemas relativamente confusos que envolviam o emprego de dados relativamente complexos, como a segurança de anestésicos medicinais, estudos de Kinsey sobre o comportamento sexual humano, qualidade do ar e poluição ambiental.
>
> Sua experiência com problemas verdadeiros e dados reais permitiu que Tukey desenvolvesse a análise exploratória de dados, inventando instrumentos simples e bastante aplicados, como o diagrama de ramo e folha e o *boxplot* (diagrama da caixa de dados). De forma significativa e influente, modificou a maneira de tratar os dados, enfatizando a necessidade de abordagens flexíveis, exploratórias, que não apenas respondam às questões específicas, mas também permitam formular outros questionamentos acerca do significado dos dados.
>
> Muitas das ideias deste capítulo receberam as influências de John Wilder Tukey, um dos mais expressivos nomes da história da estatística.

## Lendo as informações das figuras

Uma forma lúdica e bastante interessante de apresentar dados consiste no uso de gráficos. Como diz o velho provérbio chinês, um gráfico transmite conteúdo expresso por muitas palavras. Embora todo gráfico resulte em processo de perda parcial de informações, já que os valores originais são geralmente omitidos, sendo, muitas vezes, apenas o gráfico apresentado, a concisão e a facilidade de interpretação dos gráficos costumam compensar a informação perdida.

A representação de uma série de dados através de gráficos permite, ao mesmo tempo, uma visão ampla e alguma caracterização particular de um conjunto de dados por meio de uma correspondência entre as categorias ou os valores de determinada figura geométrica, como retângulos, círculos, triângulos e outras, de forma que cada valor ou categoria seja representado por uma figura proporcional.

Por motivos estéticos – e para facilitar a transmissão da informação desejada – alguns aspectos devem ser considerados na elaboração de um gráfico:

a) em seu conjunto, o gráfico deve possuir dimensões que o tornem agradável à vista;

b) as formas geométricas ou figuras empregadas não devem ser nem muito largas, nem muito estreitas, devendo obedecer a um sentido estético;

c) com o objetivo de simplificar a transmissão de informações, quando representarem frequências ou valores, apenas algumas divisões das escalas verticais ou horizontais deverão ser exibidas, facilitando a leitura e a interpretação do gráfico.

Um gráfico, geralmente, deve indicar:

a) um título geral, indicativo da situação estudada, época e local;

b) as escalas e as respectivas unidades de medida;

c) as convenções adotadas;

d) a fonte de informação de onde foram retirados os valores.

Quanto[2] à sua forma, os gráficos poderiam ser classificados em três tipos básicos:

a) **diagramas:** consistem em gráficos geométricos dispostos em duas dimensões. São, geralmente, os gráficos mais empregados em estatística, apresentando uma grande variedade de tipos;

b) **cartogramas:** representam ilustrações relativas a cartas geográficas e são amplamente difundidos e utilizados em Geografia, História e Demografia;

c) **estereogramas:** correspondem a gráficos volumétricos, sendo apresentados em três dimensões.

Quanto ao uso,[3] os gráficos podem ser agrupados em:

a) **gráficos de informação:** destinam-se, comumente, ao público em geral e possuem o objetivo de fornecer uma visualização rápida e clara dos fenômenos observados. Possuem o caráter tipicamente expositivo, devendo ser os mais completos e claros possível;

b) **gráficos de análise:** possuem o propósito de auxiliar o técnico que conduz a análise

---
[2] Toledo e Ovalle (1985, p. 75).
[3] Toledo e Ovalle (1985, p. 75).

dos dados, sem deixar de ser informativos. Geralmente, são acompanhados de tabelas e, algumas vezes, de textos explicativos, que chamam a atenção do leitor para os pontos principais revelados pelo gráfico ou pela tabela. Convém ressaltar que boa parte dos relatórios administrativos ou econômicos costuma apresentar gráficos, tabelas e textos. A depender das características do leitor, diferente será a fonte principal das informações – públicos leigos preferirão extrair informações dos textos e dos gráficos, especialmente destes últimos. Leitores com maior qualificação técnica e quantitativa gostarão de analisar as tabelas.

A seguir, são apresentados alguns dos principais tipos de gráficos empregados em Estatística.

## Gráfico de ramo e folha

O gráfico de ramo e folha consiste em uma das mais elementares representações empregadas em estatística. Sua aparência e utilização equivalem ao histograma ou diagrama de barras – porém sua elaboração é mais simples. Trata-se, na verdade, de uma nova disposição do rol (série ordenada), com base no isolamento de um algarismo mais significativo, denominado galho (por exemplo, dezena), de algarismos menos significativos, denominados folhas (por exemplo, unidades).

Para ilustrar a construção de um diagrama de ramo e folha, imagine que o conjunto de valores seguintes represente as idades coletadas de um grupo de indivíduos.

Rol: {21; 23; 25; 30; 31; 33; 33; 34; 38; 39; 41; 41; 42; 42; 42; 43; 44; 44; 45; 46; 46; 47; 47; 48; 48; 48; 49; 49; 50; 50; 51; 52; 52; 53; 53; 54; 55; 55; 57; 57; 58; 59; 64; 64; 65; 68; 69; 70; 75}

Com base nos dados fornecidos, seria possível rearrumá-los sob a forma de um diagrama de ramo e folha. Na primeira coluna se colocam os algarismos que representam as dezenas e na segunda coluna se colocam os algarismos das unidades de todos os dados. Por exemplo, existem três dados começados pela dezena 20 (21; 23 e 25). A representação no gráfico de ramo e folha deve ser feita colocando-se a dezena (2) na primeira coluna, e os algarismos das unidades na segunda coluna (135). Ver o gráfico seguinte.

| 2 | 135 |
|---|---|
| 3 | 0133489 |
| 4 | 112223445667788899 |
| 5 | 00122334557789 |
| 6 | 44589 |
| 7 | 05 |

A interpretação do gráfico de ramo e folha permite visualizar onde estão concentradas as maiores e as menores frequências. No exemplo anterior, existe uma grande concentração de frequências nos valores centrais, notadamente na dezena 40.

Se as variáveis analisadas forem quantitativas, expressas com um número muito grande de casas decimais, por exemplo, 12,5648; 10,4256 e 15,8942, os dados podem ser arredondados, segundo os critérios da estatística. Por exemplo, 12,56; 10,43 e 15,89.

Se o número de dados analisados for muito grande, podem-se dividir os ramos, duplicando-os, por exemplo. Dessa forma, os algarismos 0, 1, 2, 3 e 4 devem ser colocados na primeira parte do ramo e os algarismos 5, 6, 7, 8, e 9 devem ser colocados na segunda parte do galho. Ver o exemplo seguinte, para o gráfico de ramo e folha anterior:

| 2 | 13 |
|---|---|
| 2 | 5 |
| 3 | 01334 |
| 3 | 89 |
| 4 | 11222344 |
| 4 | 5667788899 |
| 5 | 00122334 |
| 5 | 557789 |
| 6 | 44 |
| 6 | 589 |
| 7 | 0 |
| 7 | 5 |

As dezenas foram divididas em duas partes. A primeira parte apresenta as dezenas com algarismos finais entre 0 e 4. A segunda parte expõe algarismos finais entre 5 e 9.

## Histograma

O histograma é um dos mais simples e úteis gráficos empregados na estatística. Representa as frequências simples ou relativas dos elementos tabulados (contados) ou agrupados em classes.

### Para dados não agrupados em classes

O histograma construído para dados quantitativos não agrupados em classes costuma representar as frequências simples ou relativas de cada dado sob a forma de um segmento de reta vertical.

| Idades (em anos) | $F_i$ | $F_i\%$ | $Fac_i$ | $Fac_i\%$ |
|---|---|---|---|---|
| 16 | 4 | 10 | 4 | 10 |
| 17 | 5 | 12,5 | 9 | 22,5 |
| 18 | 8 | 20 | 17 | 42,5 |
| 19 | 10 | 25 | 27 | 67,5 |
| 20 | 13 | 32,5 | 40 | 100 |
| Soma | 40 | 100 | | |

A representação da tabela de frequências anterior pode ser vista na Figura 2.1. As frequências simples estão representadas sob a forma de segmentos de reta.

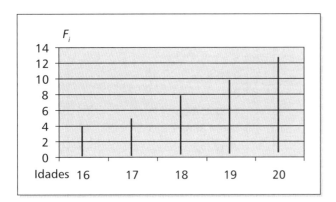

Figura 2.1  *Histograma para dados não agrupados.*

A interpretação da Figura 2.1 indica que quanto maior a idade, maior a frequência. À medida que aumenta a idade, aumenta a frequência.

### Para dados agrupados em classes

Quando os dados estão agrupados em classes, o histograma apresenta as frequências das classes em colunas. Algumas características do gráfico consistem em:

a) as frequências representadas podem ser simples ou relativas;
b) as colunas possuem bases com mesma largura;
c) inexiste espaços entre as classes.

Para ilustrar a construção de um histograma para dados agrupados em classes, ver a tabela de frequências de idades em anos completos apresentada a seguir.

| Classe | $F_i$ |
|---|---|
| 0 ⊢ 10 | 2 |
| 10 ⊢ 20 | 3 |
| 20 ⊢ 30 | 9 |
| 30 ⊢ 40 | 4 |
| 40 ⊢⊣ 50 | 1 |

O histograma representa as frequências simples das classes, com base em barras com mesma largura de base. Vide a Figura 2.2.

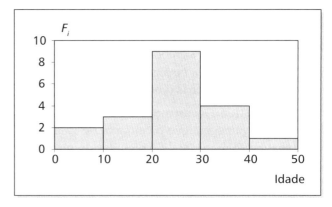

Figura 2.2  *Histograma para dados agrupados.*

### Diagrama ou gráfico de colunas

Similar ao histograma, o diagrama ou gráfico de colunas apresenta as frequências sob a forma de colunas verticais. Muitas vezes, os gráficos de colunas são denominados, erroneamente, histogramas. São empregados, geralmente, para representar as frequências de dados categóricos ou nominais.

Para ilustrar, considere o exemplo de uma amostra formada por 55 estudantes universitários. Os cursos feitos por cada um deles estão apresentados na Tabela 2.1.

Tabela 2.1  Amostra com 55 estudantes universitários.

| Curso | $F_i$ |
|---|---|
| Administração | 3 |
| Biologia | 6 |
| Direito | 9 |
| Economia | 10 |
| Engenharia | 12 |
| Medicina | 15 |
| Soma | 55 |

A representação da Tabela 2.1 está feita no gráfico apresentado na Figura 2.3.

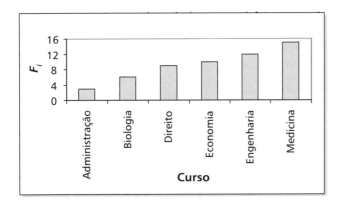

Figura 2.3  *Diagrama de colunas.*

A análise da Figura 2.3 é simples: existem mais alunos de Engenharia e Medicina e menos alunos de Administração e Biologia.

## Diagrama ou gráfico de barras

O gráfico ou diagrama de barras é similar ao histograma, possuindo o objetivo de apresentar as frequências sob a forma de barras horizontais, separadas entre si. As frequências representadas podem ser simples ou relativas e os dados podem ser nominais ou quantitativos (agrupados em classes ou não).

A Figura 2.4 ilustra um exemplo de gráfico de barras, que representa as frequências simples do grupo de alunos expostos na Tabela 2.1.

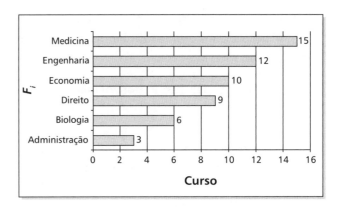

Figura 2.4  *Exemplo de diagrama de barras.*

O gráfico de barras também pode ser usado para representar frequências de dados agrupados. Considere os dados apresentados na Tabela 2. 2.

Tabela 2.2  *Idades de uma amostra de indivíduos.*

| Idade (em anos completos) | $F_i$ |
|---|---|
| 0 \|– 10 | 2 |
| 10 \|– 20 | 3 |
| 20 \|– 30 | 9 |
| 30 \|– 40 | 4 |
| 40 \|–\| 50 | 1 |

Os dados da Tabela 2.2 podem ser representados na Figura 2.5. A análise é simples: existe uma grande concentração de frequências na classe central (20 |– 30 anos).

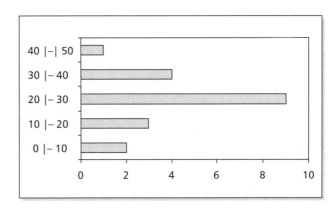

Figura 2.5  *Diagrama de barras para dados agrupados em classes de frequência.*

Algumas orientações gerais[4] a serem observadas na construção de um gráfico de barras horizontais podem ser mencionadas, como:

a) a largura das barras horizontais deve ser constante;

b) as barras devem estar separadas pelo mesmo espaço, que deve ter tamanho suficiente para que as inscrições que identificam as diferentes barras não tragam confusão ao leitor. De um modo geral, os espaços costumam ser representados por metade ou dois terços da largura das barras horizontais;

c) quando representativas de dados nominais ou categóricos, as barras devem ser desenhadas segundo sua ordem de grandeza – geralmente da maior, na posição superior, para a menor, na posição inferior;

d) o ponto zero deve estar sempre presente no gráfico, para não distorcer a interpretação.

## Diagrama ou gráfico de Pareto

O diagrama ou gráfico de Pareto, de forma similar ao diagrama de colunas, também representa as frequências simples ou relativas das classes ou dos valores analisados, porém representando-os de forma ordenada, geralmente da classe de maior frequência para a de menor frequência.

O gráfico de Pareto pode ser empregado tanto para dados quantitativos, agrupados em classe ou não, como para dados qualitativos (nominais ou categóricos). Ver o exemplo seguinte.

| Causas dos defeitos na produção | $F_i$ |
|---|---|
| Falhas na matéria-prima | 16 |
| Falhas no fornecimento de energia | 12 |
| Falhas no processo de elaboração | 7 |
| Falhas na embalagem | 5 |
| Outras falhas | 3 |

---

[4] Toledo e Ovalle (1985, p. 79).

A tabela anterior representa as razões de defeitos na produção de uma indústria moveleira. O gráfico de Pareto construído para as frequências simples da tabela anterior pode ser visto na Figura 2.6.

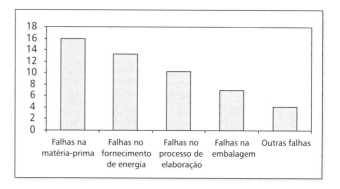

Figura 2.6  *Exemplo de gráfico de Pareto.*

As causas estão representadas seguindo a ordem da de maior frequência para a de menor frequência. Com base no gráfico, a gerência industrial pode centralizar seus esforços na resolução das falhas com maior representatividade: as falhas na matéria-prima e no fornecimento de energia.

## Diagrama ou gráfico de ogiva

O diagrama ou gráfico de ogiva representa as frequências geralmente mostradas no histograma. As frequências podem ser simples ou relativas, acumuladas ou não. Os gráficos de ogiva são também denominados polígonos de frequência ou diagramas de frequência.

Quando o histograma representa dados agrupados em classes de frequência, os pontos assinalados representam as frequências simples ou relativas dos **pontos** médios de cada classe. É importante observar que o diagrama de frequências inicia e termina sempre no eixo horizontal.

| Classe | Ponto Médio | $F_i$ |
|---|---|---|
| 0 \|– 10 | 5 | 2 |
| 10 \|– 20 | 15 | 3 |
| 20 \|– 30 | 25 | 9 |
| 30 \|– 40 | 35 | 4 |
| 40 \|–\| 50 | 45 | 1 |

Para os dados da tabela anterior, o gráfico de ogiva ou polígono de frequências representa as frequências dos pontos médios das classes. Ver a Figura 2.7.

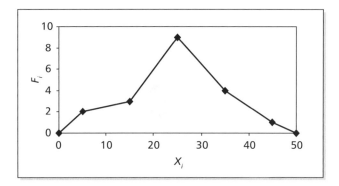

Figura 2.7  *Diagrama de frequências simples.*

Uma outra forma de representar as frequências seria através do uso da tabela de frequências acumuladas. Nesta situação, o diagrama de frequências recebe a denominação **Ogiva de Galton**. Ver o exemplo seguinte.

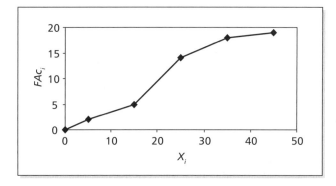

Figura 2.8  *Diagrama de frequências relativas acumuladas.*

## Diagrama ou gráfico *boxplot*

O *boxplot*, ou caixa de dados, é um dos mais usuais gráficos da estatística. Representa a dispersão dos dados, revelando a mediana e os quartis – medidas de posição que serão apresentadas e discutidas com maior profundidade no Capítulo 5 deste livro.

A Figura 2.9 ajuda a ilustrar a aplicabilidade do *boxplot*. Através de uma representação simples – basicamente um retângulo e dois segmentos de reta –, é possível verificar a posição central do conjunto ordenado dos dados, denominado mediana, e as subdivisões das metades das séries ordenadas, denominadas quartis.

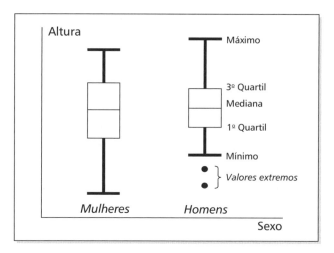

Figura 2.9  *Exemplo de* boxplot, *separado por grupos.*

A base do retângulo central é representada pelo primeiro quartil. Abaixo deste ponto estão situadas 25% das observações na série ordenada. A caixa costuma ser dividida por um segmento de reta, que representa exatamente a mediana – separatriz ou medida de ordenamento, que deixa 50% das observações da série ordenada abaixo e 50% acima. O topo da caixa corresponde ao terceiro quartil – abaixo deste ponto situam-se 75% das observações e acima 25%. Os segmentos de reta horizontais representam os valores máximos e mínimos da série ordenada.

Quando alguns dados apresentam-se de forma irregular em relação aos demais – com valores muito altos ou muito baixos – também denominados valores extremos,[5] ou *outliers*, estes pontos específicos são destacados dos demais. O destaque do *outlier* possibilita uma análise posterior mais aprofundada destes valores – e a sua eventual exclusão dos estudos.

A Figura 2.10 apresenta o *boxplot* dos pontos obtidos por uma amostra de candidatos em um exame vestibular. Os candidatos foram agrupados conforme sua escolha em primeira opção. Nota-se que os candidatos de Ciência da Computação apresentam uma menor mediana, bem como uma menor dispersão.

---

[5] A definição algébrica de valor extremo ou *outlier* pode ser feita de diferentes formas. No caso do *boxplot*, costuma-se considerar como *outlier* os valores dispersos com mais de 1,5 intervalo interquartílico em relação à mediana – informação extraída do SPSS.

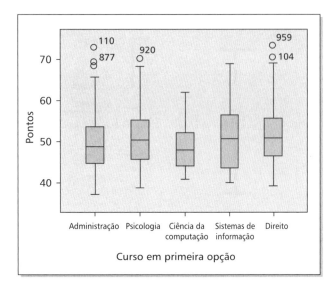

Figura 2.10  Boxplot *da performance de um grupo de vestibulandos*.

De modo geral, o *boxplot* não é disponibilizado pela maioria das planilhas eletrônicas, como no caso do Excel, embora esteja presente em quase todos os *softwares* estatísticos, como o SPSS. O quarto livro da Série Métodos Quantitativos na Prática ilustra a construção de diferentes tipos de gráficos com o SPSS.

### Gráfico ou diagrama de setores

O gráfico ou diagrama de setores representa frequências relativas ou simples sob a forma de setores de círculo. Geralmente, sua aplicação somente deve ser feita quando todos os dados analisados correspondem ao universo de observações. Não se deve usar, por exemplo, um diagrama de setores para representar dados distribuídos ao longo do tempo, como séries temporais.

Para elaborar o gráfico, encontrando os ângulos da divisão de cada setor, basta aplicar uma regra de três, do tipo:

> 100% está para 360°
> *assim como*
> x% está para y°

O resultado do gráfico de setores para os dados da Tabela 2.1 está apresentado na Figura 2.11.

A Figura 2.11 ilustra um exemplo de gráfico de setores. Pelos setores, nota-se que o mais representativo é o grupo formado pelos alunos de Medicina, seguido pelos alunos de Engenharia e Economia.

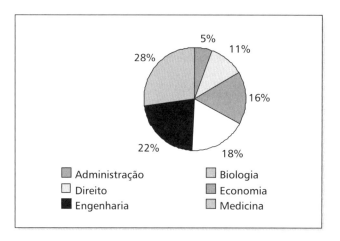

Figura 2.11  *Gráfico de setores*.

### Gráfico ou diagrama de dispersão

O gráfico ou diagrama de dispersão mostra a relação gráfica existente entre duas variáveis numéricas, como, por exemplo, custos e vendas. Sua análise é fundamental para a compreensão de algumas técnicas estatísticas, como a análise de regressão e correlação. O estudo dos diagramas de dispersão está discutido com maior profundidade no Capítulo 12 deste livro.

Tabela 2.3  *Vendas e custos da Mercearia Pague Pouco*.

| Vendas ($) | Custos ($) |
|---|---|
| 480 | 240 |
| 640 | 320 |
| 320 | 200 |
| 440 | 260 |
| 730 | 350 |
| 820 | 390 |
| 390 | 210 |

Para ilustrar, o diagrama de dispersão para os dados apresentados na Tabela 2.3 pode ser visto na Figura 2.12. De um modo geral, nota-se que, quanto maior o valor das Vendas (eixo x), maior o valor dos Custos (eixo y).

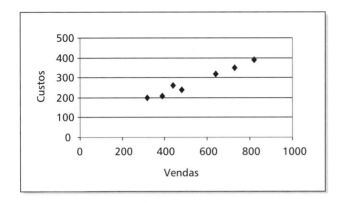

Figura 2.12  *Diagrama de dispersão.*

### Gráficos pictóricos ou pictogramas

Os gráficos pictóricos ou pictogramas são construídos a partir de figuras ou conjuntos de figuras representativas da intensidade ou das modalidades do fenômeno. Jornais e revistas costumam apresentá-los com relativa frequência. Alguns aspectos relacionados aos pictogramas devem ser sempre observados:[6]

a) os símbolos devem ser autoexplicativos;
b) as diferentes quantidades devem expressar-se mediante maior ou menor número de símbolos, e não mediante um aumento ou diminuição do símbolo básico;
c) os gráficos devem proporcionar uma visão geral do fenômeno, e não detalhes minuciosos;
d) os pictogramas estabelecem comparações gerais, devendo ser evitados para interpretar afirmações ou dados isolados.

Tabela 2.4  *Vendas de lanches por região (em 1.000 unidades)*

| Região | Vendas |
|---|---|
| Norte | 4 |
| Sul | 5 |
| Leste | 6 |
| Oeste | 3 |

Por exemplo, a Figura 2.13 apresenta um pictograma para os dados presentes na Tabela 2.4.

---
[6] Toledo e Ovalle (1985, p. 85).

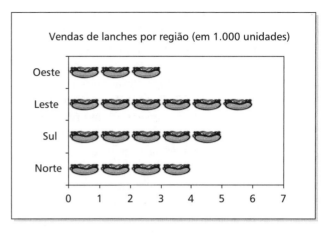

Figura 2.13  *Exemplo de pictograma.*

### Falhas na elaboração de gráficos

Os gráficos simplificam e agilizam o processo de análise de um conjunto de dados. Embora a visualização de informações em gráficos seja mais simples e fácil, em determinadas situações, os gráficos podem representar uma armadilha, transmitindo um conteúdo nem sempre verdadeiro.

Entre os principais erros na elaboração de gráficos, podem-se mencionar:

a) **gráfico sucata:** figura demais, informação "de menos". Às vezes, o uso excessivo de figuras pode ocultar a informação que se deseja transmitir. Por exemplo, a evolução do salário-mínimo exibida na primeira parte da Figura 2.14 com cédulas mascara a verdadeira evolução (aumento de 280%). A informação referente ao aumento é muito melhor transmitida no gráfico em forma de linha;

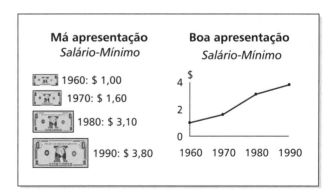

Figura 2.14  *Gráfico sucata versus representação melhorada.*

b) **ausência de base relativa:** os gráficos podem ocultar a verdadeira informação transmitida em função da base empregada ou sugerida na análise. Por exemplo, os gráficos da Figura 2.15 mostram a repetência em quatro classes distintas: FR, SO, JR e SR. No gráfico à esquerda, nota-se que a repetência na primeira classe foi maior. No primeiro gráfico, está exibida, apenas, a frequência simples dos alunos que perderam. Se as classes possuírem tamanhos diferentes, uma melhor transmissão de informação é feita através do uso de base relativa. Em relação à repetência, nota-se que, em termos percentuais e relativos, não existiram diferenças entre as classes;

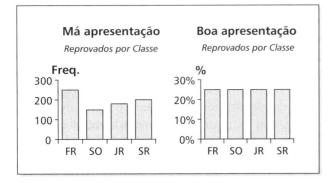

Figura 2.15  *Apresentação melhorada com base em $F_i\%$.*

c) **eixo vertical comprimido:** um gráfico deve ser utilizado para transmitir a informação da melhor maneira possível. As escalas empregadas devem ser coerentes com o tamanho da figura exibida. Na Figura 2.16, na parte exibida à esquerda estão apresentadas as evoluções de vendas quadrimestrais de determinada empresa. Em função da escala utilizada, números variando entre 0 e 200, as diferenças de vendas pouco podem ser percebidas. Porém, uma análise mais detalhada e melhor percepção pode ser vista na figura à direita, que adotou uma escala mais apropriada, entre 0 e 50;

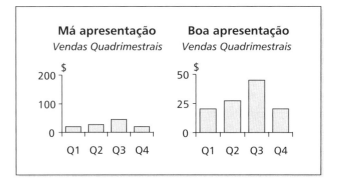

Figura 2.16  *Eixo vertical comprimido.*

d) **ausência do ponto zero:** a ausência do ponto zero em uma figura pode disfarçar a análise, aumentando demasiadamente eventuais variações. Ver a Figura 2.17.

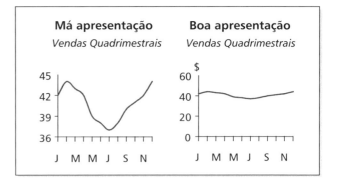

Figura 2.17  *Ausência do ponto zero.*

**Sugestão:** Leia no Capítulo 15 como construir gráficos com o uso do Excel.

# Exercícios

1. Construa o gráfico de ramo e folha para os dados apresentados a seguir.

| 5,5 | 7,7 | 6,1 | 5,8 | 4,2 | 3,6 | 4,8 | 5,9 | 5,7 | 5,3 |
|---|---|---|---|---|---|---|---|---|---|
| 8,1 | 4,9 | 9,4 | 4,1 | 6,6 | 6,2 | 7,6 | 5,5 | 5,1 | |

2. Construa o gráfico de ramo e folha para as idades apresentadas a seguir. Em cada galho, devem ser representados apenas cinco algarismos (0 a 4 em um galho, 5 a 9 em outro galho).

| 23 | 19 | 25 | 30 | 29 |
|---|---|---|---|---|
| 22 | 32 | 28 | 34 | 22 |
| 31 | 16 | 24 | 29 | 20 |
| 31 | 18 | 27 | 28 | 32 |
| 22 | 18 | 17 | 21 | 21 |
| 24 | 22 | 27 | 23 | 28 |
| 16 | 22 | 23 | 25 | 23 |
| 19 | 21 | 18 | 23 | 24 |
| 23 | 23 | 30 | 24 | 24 |
| 25 | 23 | 33 | 18 | 22 |

3. Para a tabela de frequências seguinte, construa o histograma.

| $x_i$ | $F_i$ | $F_i\%$ | $Fac_i$ | $Fac_i\%$ |
|---|---|---|---|---|
| 5 | 2 | 10% | 2 | 10% |
| 8 | 3 | 15% | 5 | 25% |
| 12 | 6 | 30% | 11 | 55% |
| 15 | 5 | 25% | 16 | 80% |
| 19 | 4 | 20% | 20 | 100% |
| Soma | 20 | 100% | | |

4. A seguir, estão apresentados os salários pagos por determinada empresa nacional. Com base no histograma destes salários, o que poderia ser dito sobre a política de remuneração da empresa?

| Classe | $F_i$ | $F_i\%$ | $Fac_i$ | $Fac_i\%$ |
|---|---|---|---|---|
| 200|– 300 | 80 | 62% | 80 | 62% |
| 300|– 400 | 20 | 15% | 100 | 77% |
| 400|– 500 | 14 | 11% | 114 | 88% |
| 500|– 600 | 12 | 9% | 126 | 97% |
| 600|–|700 | 4 | 3% | 130 | 100% |
| Soma | 130 | 100% | | |

5. As vendas da rede de magazines Preço Ideal Ltda. podem ser vistas na tabela seguinte. Elabore o histograma dos dados apresentados.

| Classe | $F_i$ | $F_i\%$ | $Fac_i$ | $Fac_i\%$ |
|---|---|---|---|---|
| 500 \|– 550 | 30 | 15,00% | 30 | 15,00% |
| 550 \|– 600 | 40 | 20,00% | 70 | 35,00% |
| 600 \|– 650 | 55 | 27,50% | 125 | 62,50% |
| 650 \|– 700 | 35 | 17,50% | 160 | 80,00% |
| 700 \|– 750 | 25 | 12,50% | 185 | 92,50% |
| 750 \|– 800 | 10 | 5,00% | 195 | 97,50% |
| 800 \|–\| 850 | 5 | 2,50% | 200 | 100,00% |
| Soma | 200 | 100,00% | | |

6. A área de controle de qualidade da Fábrica Manda Brasa S.A. verificou que os lotes produzidos no mês de agosto do ano passado apresentaram as quantidades de rejeitos publicadas na tabela seguinte. Pede-se construir o histograma para as frequências apresentadas.

| Rejeitos (em kg) | $F_i$ |
|---|---|
| 2 \|– 8 | 3 |
| 8 \|– 14 | 7 |
| 14 \|– 20 | 18 |
| 20 \|– 26 | 15 |
| 26 \|– 32 | 4 |
| 32 \|–\| 38 | 3 |
| Soma | 50 |

7. O setor de pessoal da Mercantil Preço Bom É Aqui Ltda. registrou o seguinte número de faltas de funcionários em uma semana do mês passado. Pede-se construir o histograma para os dados apresentados.

| Número de faltas | $F_i$ |
|---|---|
| 2 | 2 |
| 3 | 3 |
| 4 | 8 |
| 5 | 5 |
| 6 | 2 |
| Soma | 20 |

8. Um estudo com 80 passageiros que desembarcaram no aeroporto de Brasília revelou as origens apresentadas na tabela seguinte. Pede-se construir um diagrama de colunas para os dados expostos.

| Estado | $F_i$ |
|---|---|
| São Paulo | 23 |
| Rio de Janeiro | 22 |
| Bahia | 14 |
| Rio Grande do Sul | 12 |
| Paraná | 7 |
| Mato Grosso do Sul | 2 |
| Soma | 80 |

9. Um grupo formado por 78 turistas estrangeiros passou o último verão de um hotel em Maceió, Alagoas. As nacionalidades dos turistas estão apresentadas na tabela seguinte. Empregando os dados fornecidos, construa um gráfico de barras.

| País | Vendas |
|---|---|
| Argentina | 26 |
| França | 14 |
| Inglaterra | 8 |
| Estados Unidos | 23 |
| Alemanha | 7 |

10. Empregando os dados fornecidos no exercício anterior, construa um gráfico de Pareto.

11. Empregando os dados fornecidos a seguir, construa um histograma, e com base no histograma elabore um diagrama de ogiva.

| Classe | $F_i$ |
|---|---|
| 0 |– 10 | 5 |
| 10 |– 20 | 6 |
| 20 |– 30 | 19 |
| 30 |– 40 | 8 |
| 40 |–| 50 | 2 |

12. Analise os *boxplots* apresentados a seguir. Quais informações podem ser extraídas dos gráficos?

a)

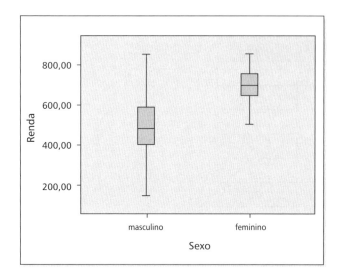

b)

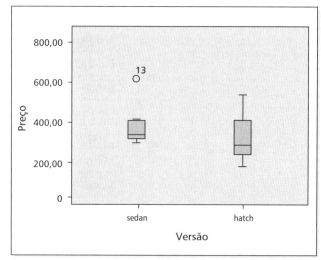

13. A tabela a seguir apresenta o número de faltas nas aulas de comunicação registradas por alunos do turno matutino e do turno vespertino. Empregando as informações apresentadas, construa o *boxplot*.

| Medida | Matutino | Vespertino |
|---|---|---|
| Maior | 12 | 6 |
| Quartil 3 | 9 | 5 |
| Quartil 2 | 8 | 4 |
| Quartil 1 | 7 | 3 |
| Menor | 1 | 2 |

14. As Indústrias Engrenagens Ltda. verificaram que uma amostra formada por 360 funcionários apresentava a seguinte distribuição de escolaridade. Com base nos dados expostos, pede-se construir um diagrama de setores para as frequências elencadas.

| Escolaridade | $F_i$ |
|---|---|
| Superior | 36 |
| Médio | 54 |
| Fundamental | 108 |
| Outras | 162 |
| Soma | 360 |

15. A tabela seguinte mostra a relação existente entre altura (x) e peso (y) de uma amostra de indivíduos. Construir um diagrama de dispersão para os dados.

| Altura | 1,72 | 1,83 | 1,56 | 1,65 | 1,74 | 1,75 | 1,68 | 1,70 |
|---|---|---|---|---|---|---|---|---|
| Peso | 65 | 79 | 54 | 62 | 84 | 70 | 62 | 65 |

16. A base de dados Dados_Calhambeque.xls apresenta dados fictícios referentes à comercialização de veículos usados. Empregando os dados reproduzidos a seguir, execute o que se pede: (a) construa um diagrama de dispersão Quilometragem (x) *versus* Preço (y). O que pode ser dito em relação ao gráfico construído? (b) construa um diagrama de dispersão Ano do Modelo (x) *versus* Preço (y). O que pode ser dito em relação ao gráfico construído?

| Quilometragem | Ano do modelo | Versão | Preço |
|---|---|---|---|
| 172.500 | 1973 | sedan | 27.750 |
| 142.500 | 1975 | hatch | 22.000 |
| 187.500 | 1977 | hatch | 16.000 |
| 127.500 | 1979 | sedan | 29.900 |
| 115.500 | 1981 | sedan | 31.250 |
| 157.500 | 1983 | hatch | 22.600 |
| 132.000 | 1984 | hatch | 26.500 |
| 109.500 | 1986 | sedan | 33.000 |
| 82.500 | 1988 | hatch | 33.000 |
| 97.500 | 1992 | sedan | 39.000 |
| 67.500 | 1993 | hatch | 44.600 |
| 22.500 | 1993 | hatch | 51.000 |
| 34.500 | 1996 | sedan | 63.800 |

17. As idades de um grupo de alunos da Escola Bom Saber estão apresentadas a seguir. Construa: (a) o histograma; (b) o diagrama de frequências; (c) o diagrama de barras.

| Classe | $F_i$ | $F_i\%$ | $Fac_i$ | $Fac_i\%$ |
|---|---|---|---|---|
| 3 \|– 5 | 7 | 7,78% | 7 | 7,78% |
| 5 \|– 7 | 11 | 12,22% | 18 | 20,00% |
| 7 \|– 9 | 26 | 28,89% | 44 | 48,89% |
| 9 \|– 11 | 29 | 32,22% | 73 | 81,11% |
| 11 \|– 13 | 17 | 18,89% | 90 | 100% |
| Σ | 90 | 100% | | |

18. Para a tabela de frequências seguinte, construa: (a) o histograma; (b) o diagrama de frequência; (c) a ogiva de Galton; (d) o diagrama de barras.

| Classe | $F_i$ | $F_i\%$ | $Fac_i$ | $Fac_i\%$ |
|---|---|---|---|---|
| 135,0000 \|– 141,1029 | 8 | 16,00% | 8 | 16,00% |
| 141,1029 \|– 147,2058 | 4 | 8,00% | 12 | 24,00% |
| 147,2058 \|– 153,3087 | 9 | 18,00% | 21 | 42,00% |
| 153,3087 \|– 159,4116 | 4 | 8,00% | 25 | 50,00% |
| 159,4116 \|– 165,51459 | 7 | 14,00% | 32 | 64,00% |
| 165,5145 \|– 171,6174 | 9 | 18,00% | 41 | 82,00% |
| 171,6174 \|– 179,1500 | 9 | 18,00% | 50 | 100,00% |
| Soma | 50 | 100,00% | | |

19. As vendas de um dia do mês de abril da Lanchonete Mordidão estão caracterizadas na tabela seguinte. Pede-se montar um diagrama de barras para os dados apresentados.

| Produtos | Vendas |
|---|---|
| Sanduíches | 29 |
| *Pizzas* | 18 |
| Refrigerentes | 65 |
| Salgados | 37 |
| Doces | 32 |

20. A seguir, estão apresentados diferentes gráficos. Quais informações poderiam ser extraídas dos gráficos? Comente.

(a)

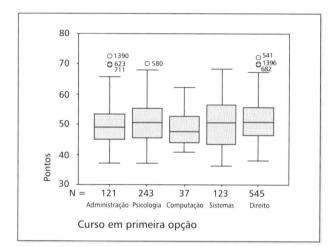

(b)

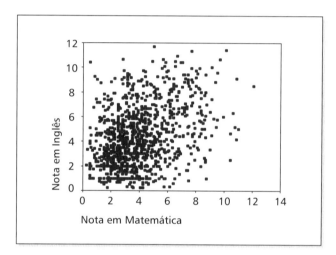

(c)

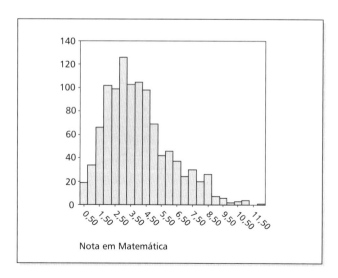

(d)

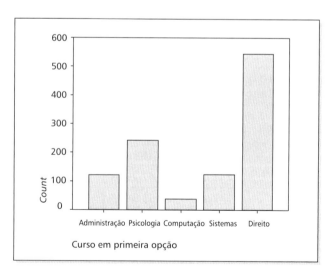

(e)
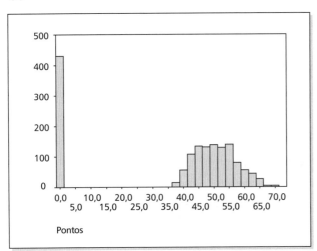

(f)
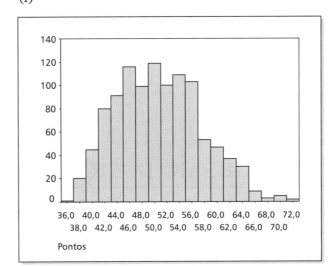

(g)
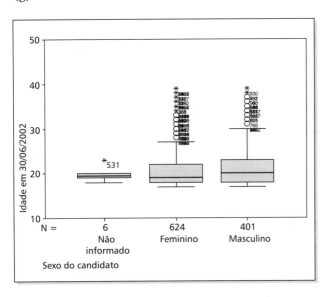

(h)
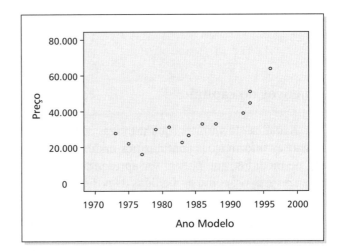

(i)
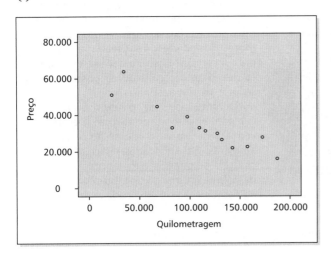

**Sugestão:** resolva os exercícios sobre construção de gráficos no Excel. Veja os passos apresentados no Capítulo 15.

# 3

# Medidas de posição central

*A estatística é a mais perversa das ciências. Se você come dois frangos e eu não como nenhum, ela diz que, na média, ambos comemos um frango.*

Anônimo

*Simplificar, eis o principal segredo dos mestres.*

A. Fauille

**Objetivos do capítulo**

A análise de variáveis quantitativas costuma sintetizar as informações contidas nos dados sob a forma de medidas, que podem ser apresentadas em diferentes grupos, como as medidas de posição central, dispersão, ordenamento e forma.

Medidas de posição central, como o próprio nome revela, preocupam-se com a caracterização e a definição do centro dos dados. Podem ser apresentadas sob diferentes tipos, como a média, a mediana ou a moda.

Este capítulo apresenta de forma clara e objetiva os conceitos associados às principais medidas de posição central. Para tornar a leitura mais agradável e facilitar a aprendizagem do conteúdo transmitido, são propostos diversos exercícios.

## GRANDES NOMES E GRANDES HISTÓRIAS[1]

★ 13 de junho de 1876, em Canterbury, Inglaterra
✝ 16 de outubro de 1937, em Beaconsfield, Inglaterra

William Gosset educou-se em Winchester, posteriormente ingressando no New College de Oxford, onde estudou Química e Matemática.

Em 1899, Gosset obteve o cargo de químico na cervejaria Guiness em Dublin, Irlanda, onde pôde desenvolver importantes trabalhos da estatística. Posteriormente, assumiu o posto de

*William Gosset*

cervejeiro-chefe – posição que lhe forçou questionar e pesquisar sobre melhorias no processo fabril. Quais seriam as melhores variedades de cevada e lúpulo para a cerveja? Como a cevada e o lúpulo deveriam ser cultivados, postos para secar e ser armazenados?

Durante as suas pesquisas, aplicou constantemente a estatística. Desenvolveu o Teste t para a análise de pequenas amostras, nas atividades relacionadas ao controle de qualidade da empresa. Gosset descobriu a forma da distribuição t através da combinação de uma série de trabalhos

---

[1] Adaptado do *The MacTutor history of mathematics archive*. Disponível em: <http://www-groups.dcs.st-and.ac.uk/~history/index.html>. Acesso em: 3 dez. 2006.

matemáticos e empíricos, envolvendo uma aplicação pioneira do método de Monte Carlo.

A cervejaria Guiness permitiu que Gosset publicasse suas descobertas, porém não em seu próprio nome. Gosset adotou, então, o pseudônimo "Student". O novo teste t passou a ser conhecido como teste "t de Student", em homenagem à Gosset.

A origem do pseudônimo é controversa. Alguns estudiosos da história da Matemática e da Estatística creditam-no à sugestão de um consultor de estatística da Guinness. Outros atribuem o surgimento do pseudônimo em razão da devoção de Gosset nas horas vagas à Estatística. Porém, ambas as origens reforçam o caráter contido na denominação Student, ou estudante: a íntima conexão entre a pesquisa teórica na estatística e suas aplicações práticas.

## Os centros dos dados

Imagine que um professor desejasse comparar a *performance* de dois alunos na sua disciplina, através dos conceitos obtidos durante o semestre. As notas dos dois alunos estão apresentadas na tabela seguinte.

| Aluno  | Notas       |
|--------|-------------|
| Pedro  | 7, 4, 8 e 5 |
| Thiago | 3, 9, 4 e 6 |

Provavelmente, a primeira ideia e o primeiro procedimento empregado para sintetizar a informação contida nas notas dos dois alunos envolveria a obtenção de médias – uma estatística que objetivasse representar o centro dos dados e se caracterizasse por ser igual à soma dos dados analisados, dividida pela contagem dos dados somados. Algebricamente, a média pode ser apresentada como:

$$\mu = \frac{\sum_{i=1}^{n} x_i}{n}$$

Calculando a média para o exemplo anterior:

$$\mu_{Pedro} = \frac{\sum_{i=1}^{n} x_i}{n} = \frac{7+4+8+5}{4} = 6{,}00 \quad \text{e}$$

$$\mu_{Thiago} = \frac{\sum_{i=1}^{n} x_i}{n} = \frac{3+4+6+9}{4} = 5{,}50$$

Os valores obtidos estão apresentados na tabela seguinte.

| Aluno  | Notas ordenadas (rol) | Média |
|--------|------------------------|-------|
| Pedro  | 4, 5, 7 e 8            | 6,00  |
| Thiago | 3, 4, 6 e 9            | 5,50  |

Segundo os valores encontrados, seria possível concluir que Pedro apresentou uma *performance* acadêmica ligeiramente superior a Thiago. Enquanto a média de Pedro foi igual a 6,00, a média de Thiago foi igual a 5,50.

A média, assim como as demais medidas de tendência central, correspondem a valores que resumem o comportamento central dos dados e podem representar um conjunto de dados. São assim denominadas, pois mostram os fenômenos pelos seus valores médios, em torno dos quais tendem a concentrar-se os dados.

As medidas de tendência central caracterizam os grupos como um todo, descrevendo-os de forma mais compacta do que as tabelas e gráficos. Focalizam a atenção na posição do centro dos dados medidos, implicando, muitas vezes, em um processo de perda parcial de informação e podem apresentar-se de várias formas, dependendo daquilo que se pretende conhecer a respeito dos dados estatísticos.

A moda, a média aritmética e a mediana são as mais utilizadas para resumir o conjunto de valores representativos que se deseja estudar. Elas determinam números representativos do conjunto de dados analisados, podendo, ou não, apresentar valores coincidentes.

## Médias

A média é, provavelmente, a mais usual medida empregada em estatística. Corresponde a um valor representativo do centro geométrico de um conjunto de dados, apresentando um valor único e utilizando todos os dados analisados no seu cálculo. Além disso, apresenta a importante característica, nem sempre desejável, de ser sensível aos valores discrepantes, ou seja, demasiadamente extremos em relação ao universo estudado.

A depender do critério empregado no seu cálculo, diferente poderá ser a classificação da média, que pode ser definida como harmônica, geométrica ou aritmética, sendo, esta última, geralmente, a mais utilizada em estatística. Quando os dados apresentam-se tabulados (contados) ou agrupados em classes, é preciso ponderar os valores tabulados ou os pontos médios das classes formadas por suas respectivas frequências. Nestas situações, a média é denominada média ponderada.

As principais vantagens e desvantagens decorrentes do emprego e da análise da média aritmética podem ser vistas na Figura 3.1.

| Vantagens | Desvantagens |
|---|---|
| É de fácil compreensão, podendo ser calculada diretamente usando-se calculadoras apropriadas. Depende de todos os valores da distribuição, usando todos os dados disponíveis. Evidencia bastante estabilidade de amostra para amostra. Possibilita a manipulação de dados, com o cálculo de médias combinadas. Pode ser facilmente incluída em equações matemáticas. | É afetada por valores extremos da série, não representando com precisão a distribuição em que esses valores ocorrem com frequência acentuada. É necessário conhecer todos os valores da distribuição. A média não tem, necessariamente, existência real. Pode ser obtida uma média de número de pessoas por família igual a 3,7, o que é um valor inexistente. |

Figura 3.1   *Vantagens e desvantagens da média.*

## Média aritmética simples para dados não agrupados

A média aritmética simples é denominada, geralmente, média. É definida pelo somatório dos dados dividido pela quantidade de números da série. Quando todos os dados são analisados, diz-se tratar-se de uma média populacional, convencionalmente representada pela letra grega mi, $\mu$. Quando os dados de uma amostra são processados, diz-se tratar de uma média amostral, convencionalmente representada pelo símbolo $\bar{x}$.

$$\mu = \frac{\sum_{i=1}^{n} x_i}{n} \text{ ou } \bar{x} = \frac{\sum_{i=1}^{n} x_i}{n}$$

Por exemplo, para calcular a média dos dados amostrais {1; 5; 6 e 8}, basta aplicar a fórmula anterior:

$$\bar{x} = \frac{1 + 5 + 6 + 8}{4} = \frac{20}{4} = 5$$

Algumas propriedades da média aritmética merecem ser mencionadas:

**Propriedade 1:** A soma dos desvios calculados de um conjunto de números em relação à média aritmética da distribuição é zero.

Por exemplo, a soma dos desvios dos dados {7; 8; 9; 10; 11 e 15} em relação a sua média, igual a (7 + 8 + 9 + 10 + 11 + 15) ÷ 6 = 10, pode ser vista na tabela seguinte.

| $x_i$ | $x_i$ – média = desvio |
|---|---|
| 7 | 7 – 10 = – 3 |
| 8 | 8 – 10 = – 2 |
| 9 | 9 – 10 = – 1 |
| 10 | 10 – 10 = – 0 |
| 11 | 11 – 10 =– 1 |
| 15 | 15 – 10 = – 5 |
| Soma | 0 |

**Propriedade 2:** A soma dos quadrados dos desvios em relação à média representa um valor mínimo. Caso a média seja substituída por outro valor qualquer, maior ou menor que a média, a soma dos quadrados dos desvios encontrados será superior à encontrada quando utilizamos a média real.

**Propriedade 3:** Ao somar ou subtrair uma constante a todos ou de todos os valores de uma série de dados, a média também será somada ou subtraída dessa mesma constante.

Por exemplo, ver a série de dados apresentada a seguir. Ao somar ou subtrair a série da constante 2, a média também será somada ou subtraída do mesmo valor.

| i | $x_i$ | $x_i + 2$ | $x_i - 2$ |
|---|---|---|---|
| 1 | 7 | 9 | 5 |
| 2 | 8 | 10 | 6 |
| 3 | 9 | 11 | 7 |
| 4 | 10 | 12 | 8 |
| 5 | 11 | 13 | 9 |
| 6 | 15 | 17 | 13 |
| Soma | 60 | 72 | 48 |
| n | 6 | 6 | 6 |
| Média | 10 | 12 | 8 |

**Propriedade 4:** Ao multiplicar ou dividir por uma constante todos os valores da série, a média também será multiplicada ou dividida por esse mesmo valor.

Por exemplo, ao multiplicar ou dividir a série de dados fornecida a seguir por 2, a média será igualmente multiplicada ou dividida por 2.

| i | $x_i$ | $x_i * 2$ | $x_i \div 2$ |
|---|---|---|---|
| 1 | 7 | 14 | 3,5 |
| 2 | 8 | 16 | 4 |
| 3 | 9 | 18 | 4,5 |
| 4 | 10 | 20 | 5 |
| 5 | 11 | 22 | 5,5 |
| 6 | 15 | 30 | 7,5 |
| Soma | 60 | 120 | 30 |
| n | 6 | 6 | 6 |
| Média | 10 | 20 | 5 |

## *Média aritmética ponderada para dados tabulados, porém não agrupados em classes*

Quando os dados analisados estiverem tabulados, isto é, contados, torna-se preciso ponderar as somas dos dados por suas frequências. Nestas situações, a média aritmética é denominada média ponderada, sendo obtida através do produto dos valores da variável pelas suas respectivas frequências, posteriormente dividido pela soma das frequências.

Algebricamente, a média ponderada é representada pelo símbolo $\bar{x}_w$, e pode ser obtida através da seguinte equação:

$$\bar{x}_w = \frac{\sum_{i=1}^{n}(x_i . F_i)}{\sum_{i=1}^{n} F_i}$$

As frequências empregadas no cálculo da média ponderada podem ser as frequências simples ($F_i$) ou as frequências relativas ($F_{i\%}$). Neste caso, como a soma das frequências relativas é igual a 100% ou 1, a fórmula pode ser simplificada.

$$\bar{x}_w = \frac{\sum_{i=1}^{n}(x_i . F_{i\%})}{\sum_{i=1}^{n} F_{i\%}} = \frac{\sum_{i=1}^{n}(x_i . F_{i\%})}{1} = \sum_{i=1}^{n}(x_i . F_{i\%})$$

Por exemplo, uma escola coletou os seguintes dados referentes às idades de seus alunos.

| $x_i$ | $F_i$ | $x_i . F_i$ |
|---|---|---|
| 17 | 1 | 17 |
| 18 | 11 | 198 |
| 19 | 8 | 152 |
| 20 | 7 | 140 |
| 21 | 10 | 210 |
| 22 | 2 | 44 |
| 23 | 1 | 23 |
| Soma | 40 | 784 |

Para calcular a média, já que os dados estão tabulados, com as suas frequências simples contadas, bastaria aplicar a fórmula para a média ponderada:

$$\bar{x}_w = \frac{\sum_{i=1}^{n}(x_i . F_i)}{\sum_{i=1}^{n} F_i} = \frac{784}{40} = 19,60$$

Ou seja, os 40 alunos analisados possuem, em média, 19,60 anos.

Outro exemplo: o consumo mensal de embalagens de sacos de farinha de trigo de uma fábrica de biscoitos nos últimos 20 meses pode ser visto na tabela seguinte. Empregando as frequências relativas ($F_{i\%}$), qual foi a média mensal do consumo?

| Consumo | $F_i$ | $F_i\%$ | $X_i \cdot F_i\%$ |
|---|---|---|---|
| 150 | 3 | 15 | 22,5 |
| 180 | 2 | 10 | 18 |
| 230 | 5 | 25 | 57,5 |
| 270 | 7 | 35 | 94,5 |
| 350 | 3 | 15 | 52,5 |
| Soma | 20 | 100 | 245 |

Aplicando a fórmula:

$$\overline{x}_w = \frac{\sum_{i=1}^{n}(x_i \cdot F_{i\%})}{\sum_{i=1}^{n} F_{i\%}} = \frac{245}{1} = 245$$

O consumo médio mensal foi igual a 245 sacos.

É interessante notar que uma propriedade da média ponderada afirma que a média de uma população é igual à média das $k$ médias de amostras que compõem o universo, ponderada pelo tamanho de cada amostra. Se uma amostra for composta por $n_1$ elementos, sua média será igual a $\overline{x}_1$. Se formada por $n_k$ elementos, sua média será representada por $\overline{x}_k$. A média da população poderá ser calculada algebricamente através da seguinte equação:

$$\overline{x}_w = \frac{\sum_{i=1}^{k}(\overline{x}_i \cdot n_i)}{\sum_{i=1}^{k} n_i}$$

Ou seja, com base nesta propriedade, através da média ponderada é possível reunir vários grupos em um grupo mais amplo, determinando a média total sem precisar recorrer aos dados originais.

Por exemplo, em uma instituição de ensino foi aplicado um teste de inteligência geral com 300 estudantes dos cursos de Administração, Processamento de Dados, Ciência da Computação e Psicologia. Os dados a respeito do número de alunos e a média aritmética dos de cada amostra estão apresentados na tabela seguinte.

| Cursos | Número de alunos (Peso ou $F_i$) | Média do grupo ($x_i$) |
|---|---|---|
| Administração | 83 | 40 |
| Ciência da Computação | 69 | 35 |
| Processamento de Dados | 73 | 33,7 |
| Psicologia | 75 | 44,2 |
| Soma | 300 | |

A média geral corresponde a uma média ponderada pelo número de elementos de cada amostra. Aplicando a fórmula anterior:

$$\overline{x} = \frac{83 \times 40 + 69 \times 35 + 73 \times 33,7 + 75 \times 44,2}{300} = 38,367$$

A média geral dos alunos foi aproximadamente igual a 38. Essa média global permite comparar de forma relativa a média dos grupos. Caso, por exemplo, fosse fornecida a informação de que alunos de Engenharia costumam apresentar média igual a 41 pontos, este valor poderia ser considerado alto, já que as médias dos demais grupos foram iguais a 38, aproximadamente.

## Média aritmética ponderada para dados agrupados em classes de frequência

A média aritmética para dados agrupados costuma ser utilizada em cálculos com amostras grandes, evitando-se tornar o processo demorado, ou quando apenas as frequências e as classes dos dados agrupados estão disponíveis.

Na primeira situação, agrupam-se os dados numa tabela de distribuição de frequência simples e determina-se a média como se fosse ponderada, com as frequências de cada resultado servindo como peso dos mesmos. A única alteração em relação ao procedimento anterior consiste em representar as classes de frequência elaboradas por seu ponto médio, resultante da soma dos limites da classe, dividida por dois. Assim, para dados agrupados em classe, a média resulta de uma ponderação dos pontos médios pelas frequências.

Algebricamente, a média aritmética ponderada para dados agrupados em classes de frequência pode ser calculada com base nas frequências simples ou relativas, através da seguintes equações:

| Classe | $F_i$ | $F_i\%$ | $PM_i$ |
|---|---|---|---|
| 3 \|– 9 | 5 | 20,83 | 6 |
| 9 \|– 15 | 4 | 16,66 | 12 |
| 15 \|– 21 | 6 | 25,00 | 18 |
| 21 \|– 27 | 5 | 20,83 | 24 |
| 27 \|–\| 33 | 4 | 16,66 | 30 |
| Soma | 24 | 100,0 | |

$$\bar{x}_w = \frac{\sum_{i=1}^{n}(PM_i \cdot F_i)}{\sum_{i=1}^{n} F_i}$$

ou

$$\bar{x}_w = \frac{\sum_{i=1}^{n}(PM_i \cdot F_{i\%})}{\sum_{i=1}^{n} F_{i\%}} = \frac{\sum_{i=1}^{n}(PM_i \cdot F_{i\%})}{1} = \sum_{i=1}^{n}(PM_i \cdot F_{i\%})$$

De acordo com a tabela de frequência, a média pode ser determinada mediante o emprego da equação descrita anteriormente:

$$\bar{x}_w = \frac{\sum_{i=1}^{n}(PM_i \cdot F_i)}{\sum_{i=1}^{n} F_i} = \frac{5 \times 6 + 4 \times 12 + 6 \times 18 + 5 \times 24 + 4 \times 30}{24} = 17,75$$

Por exemplo, pede-se determinar a média dos dados originais apresentados a seguir, porém utilizando a distribuição de classes de frequência:

Dados originais: {3; 5; 5; 6; 7; 10; 10; 12; 13; 16; 17; 18; 18; 19; 20; 21; 23; 24; 24; 25; 27; 27; 28; 33}

Dados agrupados em classes de frequência:

É importante notar que, com base nos dados originais apresentados no rol, seria possível detectar uma leve distorção no cálculo da média obtida. Com base nos dados originais, a média seria:

$$\bar{x} = \frac{\sum x_i}{n} = 17,125$$

Tal fato demonstra que a utilização da tabela de classes de frequências resulta em uma perda parcial de informação.

**CALCULANDO MÉDIAS NA HP 12C:**

Alguns recursos bastante úteis da HP 12C estão representados nas funções estatísticas da calculadora. Através de funções estatísticas simples, é possível obter algumas estatísticas básicas, como a média aritmética simples ($\bar{x}$) e a média ponderada ($\bar{x}_w$). Para serem empregadas as funções para o cálculo das médias, basta pressionar as teclas:

[g] [$\bar{x}$] – calcula a média aritmética simples dos valores de x e y armazenados no modo de somatório.
[g] [$\bar{x}_w$] – calcula a média ponderada dos valores de x e y armazenados no modo de somatório.

Exemplo para o cálculo de média simples: no mês de outubro, as vendas semanais das Lojas Barateiras Ltda. foram iguais a $ 500,00; $ 400,00; $ 300,00 e $ 250,00. Pede-se o valor da venda média semanal da empresa.

Com o auxílio da calculadora, bastaria usar a função [g] [$\bar{x}$] da HP 12C.
Veja a sequência de teclas apresentadas a seguir.

| Passo | Teclas | Descrição |
|---|---|---|
| 01 | f [Σ] | Limpam-se os registradores estatísticos. |
| 02 | 500 [Σ+] | Digita-se o primeiro dado e acrescenta-se aos registradores estatísticos da calculadora. O visor deve indicar a quantidade de registros feitos: [1,0000]. |
| 03 | 400 [Σ+] | Digita-se o segundo dado e acrescenta-se aos registradores estatísticos da calculadora. O visor deve indicar a quantidade de registros feitos: [2,0000]. |
| 04 | 300 [Σ+] | Digita-se o terceiro dado e acrescenta-se aos registradores estatísticos da calculadora. O visor deve indicar a quantidade de registros feitos: [3,0000]. |
| 05 | 250 [Σ+] | Digita-se o quarto dado e acrescenta-se aos registradores estatísticos da calculadora. O visor deve indicar a quantidade de registros feitos: [4,0000]. |
| 06 | [g] [$\bar{x}$] | Solicita-se o valor da média aritmética simples. O visor deve mostrar o valor [362,5000]. |

Exemplo para o cálculo de média ponderada: as notas obtidas por um aluno nas provas de Química foram iguais a 6, 4 e 9. Sabendo que as avaliações tinham pesos iguais a 5, 3 e 2, respectivamente, calcule a média final do aluno na disciplina.

Nesta situação, bastaria usar a função [g] [$\bar{x}_w$] da calculadora HP 12C.
Veja a sequência de teclas apresentadas a seguir.

| Passo | Teclas | Descrição |
|---|---|---|
| 01 | f [Σ] | Limpam-se os registradores estatísticos. |
| 02 | 6 [ENTER] 5 [Σ+] | Digita-se o primeiro par de dados e acrescenta-se aos registradores estatísticos. Note que a nota está no registrador $y$ e o peso no registrador $x$. |
| 03 | 4 [ENTER] 3 [Σ+] | Digita-se o segundo par de dados e acrescenta-se aos registradores estatísticos. |
| 04 | 9 [ENTER] 2 [Σ+] | Digita-se o terceiro par de dados e acrescenta-se aos registradores estatísticos. |
| 05 | [g] [$\bar{x}_w$] | Solicita-se o valor da média ponderada. O visor deve mostrar o valor [6,0000]. |

## *Média geométrica*

A média geométrica pode ser definida conceitualmente como a raiz enésima dos produtos dos números analisados. Algebricamente, pode ser representada por $\bar{x}_g$ e calculada através da equação:

$$\bar{x}_g = \sqrt[n]{x_1 . x_2 .... x_n} = \sqrt[n]{\prod_{i=1}^{n} x_n}$$

A média geométrica pode ser empregada na análise de dados agrupados ou não. Torna-se muito útil em situações que buscam analisar, por exemplo, um certo padrão ou razão de crescimento.

Por exemplo, caso fosse preciso estimar a média da razão de crescimento dos dados apresentados a seguir, a média mais apropriada seria a média geométrica.

| Mês | Vendas | Razão |
|---|---|---|
| janeiro | 10.000 | |
| fevereiro | 14.000 | 1,4 |
| março | 16.800 | 1,2 |
| abril | 21.840 | 1,3 |
| maio | 24.024 | 1,1 |

Calculando a média geométrica com base na fórmula apropriada:

$$\bar{x}_g = \sqrt[n]{\prod_{i=1}^{n} x_n} = \sqrt[4]{1,4 \times 1,2 \times 1,3 \times 1,1} = 1,2450$$

Note que, para estimar as vendas em maio com base na venda de janeiro, bastaria usar a razão média encontrada, mediante o emprego da fórmula da média geométrica. Como existe um intervalo de quatro meses entre janeiro e maio, a venda estimada para maio seria:

Vendas = 10000 × 1,2450⁴ = 24.026, o que é um valor próximo ao real, 24.024.

Outro exemplo: se uma população de um milhão de habitantes em 1970 aumentou para quatro milhões em 1990, quadruplicando seu valor em 20 anos, qual seria a cifra da população em 1980?

Neste caso, a população em 1980 poderia ser determinada mediante o cálculo da média geométrica. Aplicando a fórmula:

$$\bar{x}_g = \sqrt[n]{\prod_{i=1}^{n} x_n} = \sqrt[2]{1 \times 4} = 2$$

Logo, a população estimada para o ano de 1980 seria igual a 2 milhões de habitantes.

## Média harmônica

A média harmônica corresponde ao inverso da média dos inversos. Costuma ser representada por $\bar{x}_h$ e, algebricamente, pode ser obtida mediante o emprego da seguinte equação:

$$\bar{x}_h = \frac{n}{\frac{1}{x_1} + \frac{1}{x_2} + \ldots + \frac{1}{x_n}} = \frac{n}{\sum_{i=1}^{n} \frac{1}{x_i}}$$

A utilização prática da média harmônica concentra-se em cálculos que envolvem, por exemplo, a obtenção de velocidades ou tempos médios.

Por exemplo, para calcular a média harmônica dos dados {3, 6, 4 e 9}, bastaria aplicar a fórmula anterior:

$$\bar{x}_h = \frac{n}{\sum_{i=1}^{n} \frac{1}{x_i}} = \frac{4}{\frac{1}{3} + \frac{1}{6} + \frac{1}{4} + \frac{1}{9}} = 4,6452$$

Para valores maiores que zero, a média harmônica é sempre menor ou igual à média geométrica, que, por sua vez, é menor ou igual à média aritmética, isto é: $\bar{x}_h \leq \bar{x}_g \leq \bar{x}$.

## Entendendo o uso da média harmônica

Em algumas situações especiais, o uso da média harmônica pode ser mais indicado que o uso da média aritmética. Veja o exemplo apresentado a seguir.

Dois automóveis viajam de São Paulo para o Rio de Janeiro. O primeiro viaja a 40 Km/h e o segundo a 60 Km/h. Calcule a velocidade média: (a) sabendo que o tempo de viagem de ambos é o mesmo; (b) sabendo que a distância percorrida na viagem foi a mesma.

Para poder responder ao que se pede, é preciso entender o que é velocidade média.

A velocidade média pode ser apresentada por meio da relação entre espaço percorrido sobre tempo.

Velocidade = distância percorrida / tempo.

No primeiro caso apresentado na letra *a*, o tempo de viagem de ambos os veículos foi o mesmo, que pode ser representado por *t*. Assim, a distância percorrida pelos veículos denominados *A* e *B* pode ser apresentada em função do produto entre as velocidades e o tempo.

Distância *A* = Velocidade *A* . *t*

Distância *B* = Velocidade *B* . *t*

Em um período *t*, a distância total percorrida pelos dois automóveis será igual à soma de *A* e *B*.

Distância Total = Distância *A* + Distância *B* = Velocidade *A* . *t* + Velocidade *B* . *t*

O tempo total será a soma do tempo de *A* (igual a *t*) e do tempo de *B* (também igual a *t*). Logo, o tempo total será igual a 2*t*.

Tempo Total = Tempo *A* + Tempo *B* = *t* + *t* = 2*t*

Substituindo a distância e o tempo total na equação da velocidade média, temos:

Velocidade média = distância percorrida / tempo = (Velocidade *A* . *t* + Velocidade *B*. *t*) / 2*t* = (Velocidade *A* + Velocidade *B*)/2

Ou seja, poderíamos ter usado o conceito de média algébrica, sem problemas!

Velocidade média = (40 + 60)/2 = 50 km/h

Porém, no caso da letra *b*, o enunciado supõe que a distância percorrida na viagem foi a mesma, assumida como sendo igual a *d*. Assim, os tempos de viagem de cada um dos veículos foi diferente. Manipulando algebricamente a equação da velocidade, temos que o tempo pode ser apresentado como:

Velocidade = distância percorrida / tempo.

Assim, temos que:

Tempo = distância percorrida / velocidade

Os tempos de *A* e *B* foram:

Tempo *A* = *d* / Velocidade *A*

Tempo *B* = *d* / Velocidade *B*

Assumindo as distâncias percorridas por *A* e por *B* e considerando os tempos de *A* e *B*, podemos substituir os valores na equação da velocidade média. Assim, temos que:

Velocidade média = distância percorrida / tempo = (*d* + *d*) / (*d* / Velocidade *A* + *d* / Velocidade *B*) = 2 / (1/Velocidade *A* + 1/Velocidade *B*)

Em outras palavras, supondo que a distância percorrida fosse a mesma, a velocidade média deveria ser calculada com base na média harmônica!

Velocidade média = 2 / (1/40 + 1/60) = 48 km/h

## Mediana

### *Mediana para dados não agrupados*

A mediana é conceitualmente definida como uma medida de tendência central cujo valor localiza-se no centro **exato** da série ordenada. Ou seja, abaixo da mediana deverão estar 50% dos elementos analisados. Acima da mediana deverão estar 50% dos dados analisados.

O valor para a mediana depende da quantidade *n* de elementos presentes na série analisada:

**Se *n* for ímpar**: a mediana será igual ao elemento central.

**Se *n* for par**: a mediana será igual à média aritmética simples dos dois elementos centrais.

Por exemplo, uma amostra formada por 11 pessoas respondeu a um teste que objetivava determinar quais seriam aprovadas para determinada vaga em uma empresa multinacional. Dos candidatos, apenas 50% deveriam ser aprovados. Sabendo-se que a mediana é a nota mínima a ser atingida por aqueles que serão aprovados, pede-se determiná-la.

Notas dos candidatos: {8,3; 7,2; 9,0; 10,0; 6,7; 8,0; 7,0; 8,5; 6,5; 3,0; 6,9}

Para encontrar a mediana, é preciso ordenar os dados:

Rol: {3,0; 6,5; 6,7; 6,9; 7,0; **7,2**; 8,0; 8,3; 8,5; 9,0; 10,0}

Como o número de dados é *ímpar* (n = 11), o valor central representa a mediana, que é a nota mínima. No exemplo, a mediana é igual a 7,2.

Outro exemplo, caso o teste citado no exemplo acima tivesse sido realizado entre 12 pessoas, qual seria a nota mínima?

Notas dos candidatos: {8,3; 7,2; 9,0; 10,0; 6,7; 8,0; 7,0; 8,5; 6,5; 3,0; 6,9; 6,0}

Rol: {3,0; 6,0; 6,5; 6,7; 6,9; **7,0; 7,2**; 8,0; 8,3; 8,5; 9,0; 10,0}

Como o número de dados é *par* (n = 12), a nota mínima é representada pela mediana, que, neste caso, corresponde à média aritmética dos dois valores centrais. No exemplo, a mediana é igual a 7,1.

$$Md: \frac{7,0+7,2}{2} = 7,1$$

### Mediana para dados agrupados

O cálculo da mediana para dados agrupados é feito de forma similar àquela empregada para dados não agrupados. Porém, neste caso, é aconselhável utilizar a tabela de frequências acumuladas, o que facilita o trabalho.

Conceitualmente, a mediana corresponde ao valor que divide a série ordenada em duas partes iguais, deixando as mesmas quantidades de elementos acima e abaixo da mediana. Quando a tabela apresenta a frequência acumulada, basta localizar o elemento cuja frequência acumulada superar pela primeira vez 50% do número de elementos analisados.

Para facilitar a compreensão, pede-se calcular a mediana dos valores dispostos na tabela:

| $x_i$ | $F_i$ | $FAc_i$ |
|---|---|---|
| 3 | 5 | 5 |
| 5 | 10 | 15 |
| 6 | 1 | 16 |
| 10 | 4 | 20 |
| 13 | 7 | 27 |
| Soma | 27 | 54 |

Como a tabela apresenta 27 termos, a mediana deve ser representada pelo elemento 14 da série ordenada. O procedimento para a resolução dessa questão é o mesmo utilizado com dados não agrupados: dispõem-se os valores no rol, posteriormente identificando-se qual é o termo central.

Em relação ao exemplo, o termo central seria representado pelo elemento 5 – que apresenta, pela primeira vez, frequência acumulada $FAc_i$ superior a 14. Logo, existem 13 elementos iguais ou menores que 5 e 13 elementos iguais ou maiores que 5.

Outro exemplo, de acordo com a tabela seguinte, pede-se determinar a mediana:

| $x_i$ | $F_i$ | $FAc_i$ |
|---|---|---|
| 3 | 6 | 6 |
| 5 | 8 | 14 |
| 6 | 3 | 17 |
| 10 | 4 | 21 |
| 13 | 7 | 28 |
| Soma | 28 | 56 |

Como existem 28 elementos na série ordenada, a mediana deveria deixar 14 elementos acima e 14 abaixo. Na série ordenada, equivaleria à média dos dois elementos centrais, no caso representados pelos elementos 5 e 6.

$$Md = \frac{5+6}{2} = 5,50$$

### Mediana para dados agrupados em classes

Neste caso, para poder calcular a mediana é necessário que os valores da variável estejam dispostos numa tabela de frequência. A mediana será o valor da variável para a qual 50% da frequência total fique situada acima dela e os outros 50% abaixo, ou seja, ela divide o rol ordenado em duas partes iguais. Para encontrá-la, utilizamos a fórmula a seguir:

$$Md = I + h \cdot \frac{E_{Md} - F_{ant}}{f_{Md}}$$

Onde:

$I$ = limite inferior da classe mediana

$h$ = amplitude da classe

$E_{Md}$ = frequência total/2

$F_{ant}$ = frequência acumulada da classe anterior à classe da mediana

$f_{Md}$ = frequência da classe da mediana

Por exemplo, considerando a tabela de frequência, pede-se determinar a mediana.

| Classe | $F_i\%$ | $FAc_i\%$ |
|---|---|---|
| 3 \|– 9 | 20,83 | 20,83 |
| 9 \|– 15 | 16,67 | 37,50 |
| **15 \|– 21** | **25,00** | **62,50** |
| 21 \|– 27 | 20,83 | 83,33 |
| 27 \|–\| 33 | 16,67 | 100,0 |
| Soma | 100,0 | |

Para encontrar o valor da mediana, utiliza-se a fórmula apresentada anteriormente. A classe da mediana é a que contém $FAc_i\% = 50\%$. Aplicando a fórmula, seria possível encontrar o valor da mediana:

$$Md = 15 + 6\,[(50 - 37,5) / 25]$$

$$Md = 18$$

### Vantagens e desvantagens da mediana

As principais vantagens e desvantagens decorrentes do emprego e da análise da mediana podem ser vistas na Figura 3.2.

| Vantagens | Desvantagens |
|---|---|
| Mesmo que alguns valores da série sejam modificados, ela pode manter-se inalterada. Os valores extremos não interferem no seu resultado; por isso, é indicada quando tem valores discrepantes. Mesmo que os valores mais altos e mais baixos da série não estejam definidos, ela pode ser determinada. Pode ser utilizada para dados que têm a possibilidade de ser ordenados. | Se for determinada a mediana dos grupos separados, não será encontrada a mediana do grupo. |

Figura 3.2  *Vantagens e desvantagens da mediana.*

De todas as vantagens relacionadas para a mediana, a principal consiste no fato de não ser afetada por valores extremos. Para ilustrar, veja o exemplo seguinte.

Suponha que a renda familiar de uma amostra com 72 trabalhadores pudesse ser apresentada segundo a tabela abaixo:

| Renda Familiar (em Salários-Mínimos) | $F_i$ | $FAc_i$ |
|---|---|---|
| Até 1 | 30 | 30 |
| 1 – 5 | 35 | 65 |
| 5 – 10 | 5 | 70 |
| + de 10 | 2 | 72 |
| Soma | 72 | |

Segundo os dados da tabela, 72 indivíduos foram analisados. Esse fato significa que a mediana corresponde ao 36º indivíduo. Com base nas frequências acumuladas apresentadas na tabela, a mediana está situada na faixa salarial entre 1 e 5 salários-mínimos – faixa que contém o 36º elemento. A mediana pode ser identificada sem a necessidade de considerações dos valores extremos.

## Moda

A moda pode ser conceituada como o valor que ocorre com maior frequência na distribuição dos dados. Ou seja, é o valor que aparece repetido mais vezes.

Por exemplo, em relação ao dados {2; 3; 5; 3; 4}, a moda corresponde ao valor {3}, que aparece repetido duas vezes.

A moda pode não existir – quando não existe um valor com maior número de repetições. Nestes casos, a série é denominada **amodal**. A moda pode, também, não ser única – quando mais de um dado apresenta-se com o mesmo e maior número de repetições. Séries com mais de uma moda são denominadas **multimodais**.

Apesar de a moda ser o valor que mais se repete, ela não é obrigatoriamente a maioria no resultado final. Por exemplo, se o tipo sanguíneo mais frequente em um grupo de 20 indivíduos for A⁺, não necessariamente a maioria das pessoas o terá.

Para amostras grandes, é aconselhável formar, preliminarmente, uma distribuição de classes de frequência simples. A moda será encontrada da mesma forma que para dados não agrupados: corresponderá à classe de maior frequência.

Outra característica importante da moda consiste no fato de ela ser a única medida de tendência central que pode ser aplicada para dados quantitativos e qualitativos. Veja os exemplos seguintes:

Exemplo com dados quantitativos: foram coletados os números de filmes locados por hora de funcionamento em três locadoras, denominadas R, T e V. Os dados obtidos em um turno de seis horas foram:

Locadora R:     {0; 1; 2; 2; 2; 3}
Locadora T:     {1; 2; 2; 3; 3; 4}
Locadora V:     {0; 1; 2; 3; 4; 5}

Determinando as modas das séries de dados:

- Locadora R: a moda é igual a 2 filmes locados por hora, já que este é o valor que mais se repete.
- Locadora T: as modas são iguais a 2 e 3, já que estes são os valores mais repetidos. Conforme já apresentado, uma série pode ter mais de uma moda, sendo, nestas situações, denominadas multimodais.
- Locadora V: a moda não existe. Todos os valores aparecem com a mesma frequência. Neste caso, a série é denominada amodal.

Outro exemplo com dados qualitativos: foi feita uma pesquisa de opinião com os leitores de três revistas, denominadas A, B e C, com o objetivo de determinar a qualidade dos seus textos. As respostas coletadas foram tabuladas com os seguintes códigos: E (excelente), O (ótimo), B (bom), R (regular) e P (péssimo). A frequência com que essas respostas foram fornecidas pode ser vista a seguir. Pede-se determinar a moda de cada uma das séries.

Revista A:     {P; R; B; B; O; O; O; O; E; E}.
Revista B:     {R; R; B; B; B; B; O; O; O; O}.
Revista C:     {P; P; R; R; B; B; O; O; E; E}.

As modas estão apresentadas a seguir.

Revista A: a moda é O (opinião que mais se repete)
Revista B: as modas são B e O (a série é bimodal).
Revista C: a moda não existe (a série é amodal).

Outro exemplo com dados agrupados em classes de frequência: uma loja de calçados fez uma pesquisa com 5.000 possíveis consumidores do sexo masculino, com o objetivo de determinar qual a idade mais comum entre eles. As respostas obtidas estão apresentadas na tabela de frequência dada a seguir. Pede-se determinar a moda.

| Idade (em anos inteiros) | Frequência |
|---|---|
| 35 ou menos | 230 |
| 36 \|–\| 37 | 427 |
| 38 \|–\| 39 | 983 |
| 40 \|–\| 41 | 1790 |
| 42 \|–\| 43 | 1427 |
| 44 ou mais | 143 |
| Soma | 5.000 |

A idade mais comum é representada pela classe 40 |–| 41 anos, que corresponde à moda, ou classe com maior frequência.

## Outras formas de calcular a moda para dados agrupados em classes de frequência

Em determinadas situações, o pesquisador pode desejar calcular um ponto específico para a moda obtida através de dados apresentados em tabelas de frequência. Nestas situações específicas, podem ser empregados três procedimentos distintos para a obtenção da moda: as fórmulas de Czuber, King ou Pearson.[2]

### Fórmula de Czuber para a moda

Para calcular a moda com base no emprego da fórmula de Czuber, devem ser seguidos dois passos principais:

Passo 1: Identifica-se a classe modal (a que apresenta a maior frequência).

Passo 2: Aplica-se a seguinte fórmula:

$$M_o = l + \frac{d_1}{d_1 + d_2} \cdot h$$

Onde:

l = limite inferior da classe modal

$d_1$ = diferença entre a frequência da classe modal e a frequência da classe imediatamente anterior

$d_2$ = diferença entre a frequência da classe modal e a frequência da classe imediatamente posterior

h = amplitude da classe modal

Considerando o exemplo anterior da tabela com as frequências das idades dos consumidores da loja de calçados, a classe modal encontra-se assinalada em negrito a seguir.

| Idade em anos | Frequência |
|---|---|
| 35 ou menos | 230 |
| 36 \|−\| 37 | 427 |
| 38 \|−\| 39 | 983 |
| **40 \|−\| 41** | **1.790** |
| 42 \|−\| 43 | 1.427 |
| 44 ou mais | 143 |
| Soma | 5.000 |

---

[2] Toledo e Ovalle (1985, p. 145).

Aplicando a fórmula de Czuber para a moda, tem-se:

$$M_o + = l + \frac{d_1}{d_1 + d_2} \cdot h =$$

$$40 + \frac{1.790 - 983}{(1.790 - 983) + (1.790 - 1.427)} \cdot 1 = 40,6897$$

Assim, a moda calculada pela fórmula de Czuber é igual a 40,6897 anos.

### Fórmula de King para a moda

De fórmula similar aos passos empregados na fórmula de Czuber, para calcular a moda com base no emprego da fórmula de King devem ser seguidas duas etapas principais:

Passo 1: Identifica-se a classe modal que apresenta a maior frequência.

Passo 2: Aplica-se a seguinte fórmula:

$$M_o = l + \frac{f_{post.}}{f_{ant.} + f_{post.}} \cdot h$$

Onde:

l = limite inferior da classe modal

$f_{ant.}$ = frequência da classe imediatamente anterior

$f_{post.}$ = frequência da classe imediatamente posterior

h = amplitude da classe modal

Para o exemplo da tabela com as idades dos consumidores da loja de calçados, a moda obtida pela Fórmula de King seria:

$$M_o = l + \frac{f_{post.}}{f_{ant.} + f_{post.}} \cdot h = 40 + \frac{1.427}{983 + 1.427} \cdot 1 = 40,5921$$

Assim, a moda calculada pela fórmula de King é igual a 40,5921 anos.

## Fórmula de Pearson para a moda

A fórmula de Pearson fornece uma boa aproximação para o cálculo da moda quando a distribuição analisada apresenta uma razoável simetria em relação à média. Algebricamente, a fórmula de Pearson pode ser apresentada como:

$$Mo = 3 \cdot Med - 2 \cdot \bar{x}$$

Onde:

$Med$ = mediana

$\bar{x}$ = média

De acordo com a fórmula de Pearson, a moda é aproximadamente igual à diferença entre o triplo da mediana e o dobro da média.

### Vantagens e desvantagens da moda

As principais vantagens e desvantagens decorrentes do emprego e da análise da moda podem ser vistas na Figura 3.3.

| Vantagens | Desvantagens |
|---|---|
| Caso algum valor da série seja modificado, não necessariamente a moda alterará. Por exemplo: dada a série: {2; 4; 7; 7; 7; 7; 8; 9}, se o valor 2 for modificado para 3, a moda continuará sendo 7. Os valores extremos não interferem no resultado da moda. Por exemplo, dada a série: 2, 4, 7, 8, 8, 100, mesmo com o valor discrepante (100), a moda continua sendo 8. Podem ser calculadas em distribuições que possuam classe indeterminada, como é o caso do exemplo 3. | A moda tem que ter necessariamente um valor real, já que ela é representada por algum valor da série. Quando utilizadas para calcular distribuições de classe aberta, não se pode determinar a moda empregando algum procedimento aritmético elementar. |

Figura 3.3  *Vantagens e desvantagens da moda.*

## Relação entre média, moda e mediana

Para uma distribuição simétrica unimodal, a média, a mediana e a moda coincidem. Porém, à medida que a distribuição se afasta da simetria, os valores das três medidas de tendência central apresentam diferenças. Essas diferenças serão abordadas com maior profundidade no Capítulo 5, que trata da análise das medidas de curtose e assimetria.

De modo geral, as principais vantagens e desvantagens decorrentes do emprego e da análise da moda, da mediana e da média podem ser vistas na Figura 3.4.

| Estatística | Vantagens | Desvantagens |
|---|---|---|
| Moda | Fácil de calcular. Não é afetada por valores extremos. | Pode estar afastada do centro das observações. Difícil de incluir em equações matemáticas. A distribuição pode ter mais de uma moda. Não usa todos os dados disponíveis. |
| Mediana | Fácil de determinar. Não é afetada pelos valores extremos. Parece ser uma medida correta, pois divide a série em partes iguais a 50%. | Difícil incluir em equações matemáticas É necessário conhecer todos os valores da distribuição. |
| Média | Fácil de compreender e usar. Usa todos os dados disponíveis. Fácil de incluir em equações matemáticas. | É afetada pelos valores extremos. É necessário conhecer todos os valores da distribuição. |

Figura 3.4  *Vantagens e desvantagens das medidas de posição central.*

**Sugestão:** Leia no Capítulo 15 como calcular medidas de posição central no Excel.

# Exercícios

## Média aritmética simples

1. Calcule a média aritmética dos seguintes dados: {2; 4; 4; 6; 8; 9}.
2. Um sorveteiro vendeu, nas quatro últimas semanas, 1.500, 1.300, 1.100 e 1.800 picolés. Qual foi a quantidade média vendida na semana?
3. As notas obtidas por um aluno em história foram iguais a 5,4; 3,7 e 9,2. Qual teria sido a nota média obtida pelo aluno?
4. Os salários de quatro funcionários das Indústrias Maquinarias Ltda. são: $ 20.000,00; $ 30.000,00; $ 15.000,00; $ 10.000,00. Determine a média aritmética de seus salários.
5. Um estudante realizou uma pesquisa sobre a remuneração semanal de auxiliares financeiros em empresas de transporte. Uma amostra formada por cinco empresas revelou os seguintes dados: $ 200,00; $ 250,00; $ 280,00; $ 320,00 e $ 4.200,00. Pede-se: (a) calcule a média das remunerações; (b) uma remuneração igual a $ 330,00 pode ser considerada alta ou baixa?
6. Mário calculou a média aritmética das vendas mensais da lanchonete de sua escola no primeiro semestre deste ano. Obteve-se um valor igual a $ 500,00. Sabendo que nos cinco primeiros meses as vendas foram iguais a $ 400,00, $ 300,00, $ 250,00, $ 550,00 e $ 700,00, calcule quais foram as vendas no mês de junho.

## Média aritmética ponderada

7. Uma urna contém 100 fichas. Dez apresentam o número 5, trinta apresentam o número 10, vinte apresentam o número 15 e quarenta apresentam o número 20. Determine a média aritmética dos números apresentados nas fichas.
8. Para ser aprovado em cálculo, João precisaria obter média, no mínimo, igual a 7. Sabendo que suas notas foram iguais a 5; 8 e 6, pode-se dizer que João foi aprovado? Os pesos das provas eram iguais a 3; 5 e 1.
9. Pedro é um excelente aluno e tirou 8,0; 9,2 e 9,8 em provas de Matemática com os seguintes pesos, respectivamente: 1,5; 2 e 3. Calcule qual foi a média final de Pedro.
10. Um estudante da Faculdade Bom Saber obteve as seguintes notas das seguintes matérias. Calcule a média ponderada desse aluno.

| Matéria | Notas | Pesos |
|---|---|---|
| Estatística | 7,5 | 4 |
| Cálculo | 4,0 | 2 |
| Matemática Financeira | 5,5 | 1 |
| TGA | 6,0 | 3 |

11. Em uma fábrica que tem 100 operários, 50 recebem $ 60,00, 20 recebem $ 40,00 e 30 recebem $ 50,00 por hora. Pede-se determinar o salário médio por hora.
12. Em uma pesquisa escolar, um grupo de alunos obteve os valores tabulados apresentados a seguir. Pede-se obter a média aritmética ponderada dos números encontrados.

| $x_i$ | 4 | 6 | 7 | 8 |
|---|---|---|---|---|
| $F_i$ | 3 | 4 | 2 | 2 |

13. Um candidato obteve, no último concurso vestibular, notas iguais a 6,0; 8,0 e 5,0 nas provas de Português, Matemática e Inglês, respectivamente. Sabendo que os pesos das provas eram iguais a 8, 2 e 10, calcule a média ponderada obtida pelo candidato.

14. Uma empresa de informática pensa em instalar uma nova filial em São Paulo ou Rio de Janeiro. Sabe-se que, dentre os critérios de decisão da escolha, alguns se destacam: Proximidade do Centro Consumidor, com peso igual a 7; Benefícios Fiscais Oferecidos, com peso igual a 9,0, e Custo das Instalações, com peso igual a 4. Sabendo que as notas obtidas pelas duas cidades nos critérios mencionados estão apresentadas na tabela seguinte, estime, com base em um média ponderada, qual deveria ser a cidade escolhida.

| Critério | São Paulo | Rio de Janeiro |
|---|---|---|
| Proximidade do Centro Consumidor | 9,0 | 6,0 |
| Benefícios Fiscais Oferecidos | 2,0 | 8,0 |
| Custo das Instalações | 8,0 | 7,0 |

15. Poliana tirou notas iguais a 5, 7, 8 e 9 nas quatro avaliações mensais que realizou no último semestre. Sabendo que as três primeiras provas tinham pesos, respectivamente, iguais a 5, 2 e 4 e que a nota mínima para ser aprovada era igual a 7, calcule qual deveria ser o peso mínimo da última prova para que Poliana fosse aprovada.

16. Pede-se obter a média dos dados agrupados em classes apresentados a seguir.

| Classe | 7 |– 11 | 11 |– 15 | 15 |– 19 | 19 |– 23 | 23 |–| 27 |
|---|---|---|---|---|---|
| $F_i$ | 2 | 3 | 4 | 3 | 2 |

17. A distribuição das idades de um grupo de alunos matriculados em Teoria da Administração pode ser vista na tabela seguinte. Pede-se calcular a idade média dos alunos.

| Idade em Anos | Frequência Simples |
|---|---|
| 17 |– 19 | 13 |
| 19 |– 21 | 8 |
| 21 |– 23 | 6 |
| 23 |– 25 | 4 |
| 25 |–| 27 | 1 |

## Média geométrica e harmônica

18. Pede-se determinar a média harmônica dos números: {3; 5; 6; 6; 7; 10 e 12}.

19. Os tempos gastos na realização de uma determinada tarefa por três operários foram iguais a 3,2 h; 4,8 h e 3,7 h. Calcule a média harmônica destes tempos.

20. Detectou-se que, em uma amostra formada por cinco trabalhadores, seriam encontrados os seguintes salários semanais: {$ 56,00; $ 42,00; $ 57,00; $ 61,00 e $ 12,00}. Calcule a média harmônica destes valores.

21. Sabe-se que os multiplicadores de crescimento anual do consumo de um determinado serviço telefônico foram iguais a {1,2; 1,8; 2,7 e 0,9}. Calcule qual foi o multiplicador médio do período analisado.

22. Um homem viaja da cidade A para a cidade B à velocidade média de 40 km/h e volta de B para A pelo mesmo caminho, à velocidade média de 80 km/h. Determinar a velocidade média para a viagem completa. Suponha que a distância de A para B seja 80 km. Aplique o conceito de média harmônica.

23. Os números de faltas mensais de um funcionário na Metalúrgica Ferro Forte durante o primeiro semestre deste ano foram iguais a {5; 7; 4; 15; 8}. Qual a média aritmética, geométrica e harmônica dos dados apresentados?

24. Calcule a média geométrica e a média harmônica do seguinte conjunto de dados: {3; 4; 6}.

25. Pede-se calcular a média harmônica e geométrica das seguintes séries: A = {2; 4; 8} e B = {2; 3; 5; 6}.

## Mediana

26. Após coletar as notas da prova de geografia, um aluno apresentou a seguinte série ordenada: {7; 8; 8; 9; 9; 10 e 10}. Qual a mediana da série?

27. Calcule a mediana da seguinte amostra: {3; 4; 5; 7; 8; 10}.

28. Os números de defeitos existentes em diferentes lotes de tecidos foram iguais a: {37; 45; 52; 610; 49 e 55}. Qual a mediana destes valores?

29. Os valores referentes a sinistros ocorridos e, posteriormente, pagos por uma seguradora no mês passado foram iguais a {$ 400,00; $ 1.300,00; $ 700,00; $ 950,00 e $ 8.000,00}. Calcule a média e a mediana. O que pode ser dito em relação aos valores encontrados?

30. A seguir estão apresentados os números de funcionários de empresas que prestam serviços de limpeza. Qual a mediana dos valores apresentados?

| Classe | $F_i$ | $F_i\%$ | $FAc_i$ | $FAc_i\%$ |
|---|---|---|---|---|
| 1 ⊢ 11 | 9 | 9,89% | 9 | 9,89% |
| 11 ⊢ 21 | 14 | 15,38% | 23 | 25,27% |
| 21 ⊢ 31 | 35 | 38,46% | 58 | 63,73% |
| 31 ⊢ 41 | 22 | 24,18% | 80 | 87,91% |
| 41 ⊢⊣ 51 | 11 | 12,09% | 91 | 100% |
| Soma | 91 | 100% | | |

## Moda

31. Calcule a moda para o seguinte conjunto de dados: {1; 6; 9; 0; 9; 5; 5; 1; 7; 5; 9}.

32. Calcule a moda dos seguintes dados: {3; 3; 4; 6; 7; 7; 9}.

## Média, mediana e moda

33. As vendas diárias de automóveis usados da Calhambeques e Carangos Ltda. nos meses de junho e julho estão apresentadas a seguir. Para os valores fornecidos, encontre a média, a mediana e a moda. Vendas em junho: {12; 8; 5; 12; 4; 3; 15}. Vendas em julho: {60; 51; 60; 14; 14; 48}.

34. Com base no seguinte conjunto de dados ordenados, calcule a média, a moda e a mediana: {2; 2; 4; 5; 7; 8; 8; 10; 11}.

35. Uma pesquisa com 36 funcionários da rede de lojas Preço de Banana Ltda. revelou os salários apresentados na tabela seguinte. Para os dados fornecidos, calcule: (a) a média; (b) a mediana; (c) a moda. Efetue os cálculos considerando um processo sem perda de informação, empregando os dados da série bruta.

| 497 | 497 | 499 | 500 | 501 | 504 |
|---|---|---|---|---|---|
| 505 | 506 | 508 | 508 | 508 | 508 |
| 510 | 511 | 511 | 511 | 511 | 512 |
| 512 | 513 | 513 | 513 | 514 | 516 |
| 518 | 520 | 520 | 523 | 524 | 524 |
| 525 | 526 | 528 | 529 | 530 | 533 |

36. Refaça a questão anterior, agrupando os dados em classes de frequência. Existem diferenças, comparando os dados sem agrupamento e agrupados? Em caso afirmativo, qual poderia ser a justificativa?

| Classe | $F_i$ | | | | | |
|---|---|---|---|---|---|---|
|  |  |  |  |  |  |  |
|  |  |  |  |  |  |  |
|  |  |  |  |  |  |  |
|  |  |  |  |  |  |  |
|  |  |  |  |  |  |  |
|  |  |  |  |  |  |  |
| Soma |  |  |  |  |  |  |

37. Com base na tabela de classe de frequência abaixo, calcule a média, a moda e a mediana.

| Classe | $F_i$ | $F_i\%$ | $FAc_i$ | $FAc_i\%$ | P. Médio |
|---|---|---|---|---|---|
| 2,0 \|– 4,4 | 3 | 30 | 3 | 30 | 3,2 |
| 4,4 \|– 6,8 | 1 | 10 | 4 | 40 | 5,6 |
| 6,8 \|– 9,2 | 2 | 20 | 6 | 60 | 8,0 |
| 9,2 \|– 11,6 | 2 | 20 | 8 | 80 | 10,4 |
| 11,6 \|–\| 14 | 2 | 20 | 10 | 100 | 12,8 |
| Σ | 10 | 100 |  |  |  |

38. Dada a amostra seguinte, calcule a média, a moda e a mediana.

    Série bruta: {23; 21; 18; 11; 12; 10; 15; 23; 15; 12; 18; 15; 15; 16; 14; 14}

39. Trinta alunos foram submetidos a uma prova de matemática, obtendo as notas apresentadas a seguir. Calcule a moda, a média e a mediana dessas notas.

| 84 | 90 | 80 | 94 | 77 |
|---|---|---|---|---|
| 83 | 91 | 92 | 92 | 86 |
| 99 | 83 | 76 | 70 | 76 |
| 88 | 78 | 89 | 95 | 81 |
| 87 | 83 | 90 | 77 | 86 |
| 93 | 94 | 98 | 81 | 87 |

40. Calcule a moda, a média e a mediana dos seguintes dados: {25; 18; 23; 27; 17; 18; 17; 17; 23; 29; 27; 16; 16; 27; 24; 17; 26; 29; 19; 18}

41. As alturas de um conjunto de modelos que estão participando de um grande evento de publicidade estão ordenadas a seguir. Após construir a série ordenada, pede-se identificar a média, a moda e a mediana. Série bruta: {1,70; 1,70; 1,70; 1,72; 1,75; 1,75; 1,77; 1,79 e 1,80}.

42. Determine a média e a mediana dos seguintes números: a) {2; 3; 4; 6}; b) {7; 8; 10}; c) {12; 15; 18}.

43. As idades dos jogadores de dois times de vôlei estão apresentadas a seguir.

    Time A: {16; 15; 18; 15; 16; 16; 17; 18; 19; 17; 16}

    Time B: {15; 17; 19; 19; 17; 18; 19; 18; 18; 17; 16}

    Pede-se: (a) qual o time que apresenta a maior idade média? (b) qual é a moda das idades em cada time? (c) qual a mediana das idades?

44. As alturas de um grupo de estudantes do Colégio Nossa Senhora da Piedade estão apresentadas a seguir. Pede-se agrupar os dados em classes e, posteriormente, calcular os valores da média, da moda e da mediana.

    Alturas: {1,22; 1,26; 1,36; 1,41; 1,44; 1,45; 1,49; 1,49; 1,51; 1,51; 1,52; 1,54; 1,55; 1,55; 1,58; 1,58; 1,59; 1,59; 1,60; 1,60; 1,62; 1,63; 1,66; 1,66; 1,71; 1,74; 1,81; 1,85; 1,87; 1,88; 1,89; 1,90; 1,91; 1,91; 1,93; 1,95; 1,95; 1,97; 1,99;1,99}.

45. Os dados a seguir referem-se ao número de livros estudados por mês em uma determinada turma durante 12 meses: 10; 9; 8; 5; 5; 3; 5; 5; 6; 7; 9; 11. Calcule a moda, a média e a mediana desses dados.

46. A tabela a seguir apresenta a distribuição das importações de uma empresa de plásticos. Pede-se calcular a moda, a média e a mediana.

| Volume importado | $F_i$ |
|---|---|
| 50.000 \|– 60.000 | 5 |
| 60.000 \|– 70.000 | 10 |
| 70.000 \|– 80.000 | 20 |
| 80.000 \|– 90.000 | 10 |
| 90.000 \|–\| 100.000 | 5 |
| Soma | 50 |

47. Os dados abaixo foram constatados em uma pesquisa para obter sugestões sobre a prestação de serviços de uma empresa, durante 15 dias. Dados brutos: {3; 5; 6; 5; 4; 6; 5; 7; 5; 5; 6; 5; 6; 5; 4}. Pede-se: (a) montar uma tabela de frequências; (b) calcular a moda, a média e a mediana.

48. Com base no rol, construa o agrupamento em classes de frequências e calcule a média dos dados agrupados em classe e dos dados brutos. Rol: {3; 7; 9; 9; 10; 10; 10; 10; 11; 11; 12; 13; 13; 15; 17; 19; 19; 19; 20; 25; 25; 27; 27; 29; 29; 30; 30; 30; 31; 31; 33; 35; 36; 36; 36; 37; 38; 47; 49}.

49. Calcule a moda, a média e a mediana dos dados das tabelas apresentadas a seguir:

    (a)

| Classe | Frequência |
|---|---|
| 10 \|– 12 | 4 |
| 12 \|– 14 | 12 |
| 14 \|– 16 | 21 |
| 16 \|– 18 | 13 |
| 18 \|–\| 20 | 6 |

(b)

| Classe | Frequência |
|---|---|
| 0,50 \|– 0,55 | 5 |
| 0,55 \|– 0,60 | 11 |
| 0,60 \|– 0,65 | 14 |
| 0,65 \|– 0,70 | 21 |
| 0,70 \|– 0,75 | 18 |
| 0,75 \|– 0,80 | 10 |
| 0,80 \|–\| 0,85 | 8 |

50. Uma aluna de Economia Brasileira tirou nota 8,5 na primeira prova, 3,5 na segunda prova, 4,5 na terceira prova e 4,5 na última prova. Calcule: (a) a média aritmética simples das notas; (b) a média ponderada com peso 1 para a primeira prova, peso 2 para a segunda, peso 2 para a terceira e peso 3 para a quarta.

51. Uma amostra com oito crianças revelou as idades apresentadas a seguir. Calcule a média aritmética, geométrica e harmônica. Idades: {2; 3; 3; 4; 5; 5; 6; 7}.

52. A série apresentada a seguir é formada pelo número de funcionários de uma amostra de indústrias de Guarulhos. Calcule a moda, a média e a mediana. Série: {12; 10; 7; 11; 3; 17; 11; 9; 5; 6; 4; 1}.

53. Construa o rol da seguinte série de dados discretos, apresentando a tabela de frequências. Encontre, também, o valor da moda, da média e da mediana.

| 3 | 5 | 1 | 2 |
|---|---|---|---|
| 4 | 3 | 2 | 3 |
| 5 | 4 | 4 | 4 |
| 3 | 3 | 4 | 2 |
| 3 | 5 | 1 | 3 |

## Diversos

54. Os desvios tomados em relação à média arbitrária $X_0 = 9$, de um conjunto de números, são: {– 3; – 1; 2; 0; 4; – 2; 5; 1}. Qual é a média aritmética do conjunto?

**Sugestão:** resolva os exercícios propostos no Excel.

# 4

# Medidas de dispersão

*Como seres vivos e móveis, somos forçados a agir ... mesmo quando nosso conhecimento atual não fornece uma base suficiente para uma expectativa matemática calculada.*

Keynes

**Objetivos do capítulo**

A informação contida em variáveis quantitativas costuma ser analisada, geralmente, por meio de medidas. As mais usuais são as medidas de posição central, como a média, mediana e moda, apresentadas no Capítulo 3.

As medidas de dispersão, objeto central da análise deste capítulo, completam a informação contida nas medidas de posição central, revelando o afastamento absoluto ou relativo dos dados. Quanto maior a dispersão, menor a informação contida na medida de posição central.

Muitas das medidas de dispersão, como o desvio médio absoluto, a variância ou o desvio padrão, analisam o afastamento em relação à média, mais tradicional e utilizada medida de posição central.

Este capítulo apresenta e discute o uso das medidas de dispersão. Para facilitar a aprendizagem, são propostos inúmeros exercícios de fixação.

---

## GRANDES NOMES E GRANDES HISTÓRIAS[1]

★ 16 de maio de 1821, em Okatovo, Rússia
✝ 8 de dezembro de 1894, em São Petersburgo, Rússia

Pafnuty Chebyshev nasceu na cidade de Okatovo, Rússia, no ano de 1821. Em 1847, tornou-se professor na Universidade de São Petersburgo. Alguns anos mais tarde, tornou-se, também, membro estrangeiro associado do Instituto da França e da Royal Society.

Seus trabalhos acadêmicos incluíram estudos sobre números primos e teoria das congruências, objeto de análise de seu livro, publicado em 1849.

Chebyshev também demonstrou interesse pela mecânica, estudando problemas relacionados à conversão de movimentos rotativos em movimentos retilíneos através de junções mecânicas, e pela teoria de probabilidades – na qual elaborou o Teorema de Chebyshev, sobre as distribuições de valores associadas à média e ao número de desvios padrões da variável analisada.

*Pafnuty Lvovich Chebyshev*

---

[1] Adaptado do *The MacTutor history of mathematics archive*. Disponível em: <http://www-groups.dcs.st-and.ac.uk/~history/index.html>. Acesso em: 3 dez. 2006.

## Analisando a dispersão dos dados

Um investidor analisa a perspectiva de investimento em apenas uma de duas ações analisadas: A e B. Os retornos históricos dos últimos cinco meses para as duas ações podem ser vistos na tabela seguinte e supõe-se que o futuro poderá ser compreendido com base nos dados passados analisados.

| Mês | Retornos % da ação A | Retornos % da ação B |
|---|---|---|
| 1 | 1 | 5 |
| 2 | 15 | 11 |
| 3 | 8 | 8 |
| 4 | 13 | 9 |
| 5 | 3 | 7 |

Com base nos conteúdos apresentados no Capítulo 3, que trata das medidas de posição central, o investidor poderia tentar sintetizar as informações contidas nos dados históricos, obtendo, por exemplo, a média e a mediana. Veja a tabela seguinte.

| Mês | Série ordenada A | Série ordenada B |
|---|---|---|
| 1 | 1 | 5 |
| 5 | 3 | 7 |
| 3 | 8 | 8 |
| 4 | 13 | 9 |
| 2 | 15 | 11 |
| Soma | 40 | 40 |
| n | 5 | 5 |
| Média | 8 | 8 |
| Mediana | 8 | 8 |

Construindo o rol de ambas as ações, é possível calcular a média e encontrar a mediana. Ambas as ações obtiveram os mesmos valores: 8% ao mês para média e 8% ao mês para mediana. Ou seja, ambas possuem as mesmas medidas de posição central.

Porém, analisando o rol, nota-se a diferença do comportamento dos retornos de ambas as ações: enquanto a ação A apresentou uma variação compreendida entre 1 e 15, a ação B apresentou retornos entre 5 e 11. Logo, a variabilidade e o risco oferecidos pela ação A seriam maiores que a variabilidade e o risco de B.

O objetivo das medidas de dispersão consiste na medição dessa variabilidade. Dentre as mais usuais medidas de dispersão, destacam-se: a amplitude total ou intervalo; o desvio médio absoluto, a variância, o desvio padrão e o coeficiente de variação.

Quanto maiores os valores encontrados para as medidas de dispersão, maior o afastamento dos dados. Ou seja, menor a informação contida nas medidas de posição central calculadas, como a média ou a mediana.

A seguir, estão apresentadas as principais medidas de dispersão.

## Amplitude total

A amplitude total representa a diferença entre o maior e o menor valor numérico de um conjunto de dados analisados. Para determinar a amplitude, sugere-se que os dados estejam ordenados em um rol (números pertencentes a um conjunto dispostos em ordem crescente). A amplitude também é denominada intervalo, intervalo total ou *range* e costuma ser representado pela letra *R*.

Por exemplo, dada a amostra A = {1; 5; 11; 15; 4; 9; 11; 2; 3}, pode-se construir o rol {1; 2; 3; 4; 5; 9; 11; 11; 15}. O intervalo representa a diferença entre o maior e o menor valor do rol, ou:

Intervalo = $R$ = maior – menor = 15 – 1 = 14

Em relação aos dados das ações A e B, o cálculo do intervalo poderia ser feito segundo a tabela seguinte:

| Valor | A | B |
|---|---|---|
| Menor | 1 | 5 |
| Maior | 15 | 11 |
| Intervalo | 14 | 6 |

Em outras palavras, a variação máxima para a ação A seria igual a 14% ao mês. Para a ação B, a variação máxima seria igual a 6% ao mês. Logo, o risco de oscilação dos retornos seria maior em A do que em B.

A amplitude apresenta a vantagem de poder ser obtida de forma fácil e simples. Porém, em virtude de apenas analisar os extremos, sua interpretação pode tornar-se razoavelmente difícil, já que os extremos aberrantes (extraordinariamente grandes ou pequenos) distorcem quaisquer cálculos que os envolvam.

## Desvio médio absoluto

O desvio médio absoluto analisa a dispersão dos dados em torno de um valor central, representado pela média aritmética. Corresponde ao somatório do módulo da diferença de cada número pertencente ao conjunto e a sua média aritmética, posteriormente dividido pela quantidade de números do conjunto. Representa o afastamento médio dos pontos em relação à média.

Algebricamente, o desvio médio absoluto pode ser apresentado como:

$$DMA = \frac{\sum_{i=1}^{n}|x_i - \bar{x}|}{n}$$

Onde:

$x_i$ = elemento $i$ do conjunto

$\bar{x}$ = média aritmética

$n$ = quantidade de elementos do conjunto

Por exemplo, para calcular o desvio médio absoluto da série {4,6,16,22,12}, seria preciso construir, em um passo inicial, o rol: {4, 6, 12, 16, 22}. No passo seguinte, seria preciso encontrar a média e depois aplicar a fórmula do DMA. Para facilitar as contas e os passos necessários, os dados poderiam ser representados na tabela seguinte.

| $i$ | $x_i$ | $|x_i - \bar{x}|$ |
|---|---|---|
| 1 | 4 | 8 |
| 2 | 6 | 6 |
| 3 | 12 | 0 |
| 4 | 16 | 4 |
| 5 | 22 | 10 |
| Soma | 60 | 28 |
| $n$ | 5 | 5 |
| Soma/$n$ | 12 | 5,6 |

O valor encontrado para o desvio médio absoluto foi igual a 5,6, indicando que os números se afastam em média 5,6 da média aritmética dos dados analisados.

Para os dados referentes aos retornos das ações A e B, os cálculos dos desvios médios absolutos podem ser vistos na tabela seguinte.

| Mês | Rol da ação A | $|x_{Ai} - \bar{x}|$ | Rol da ação B | $|x_{Bi} - \bar{x}|$ |
|---|---|---|---|---|
| 1 | 1 | 7 | 5 | 3 |
| 5 | 3 | 5 | 7 | 1 |
| 3 | 8 | 0 | 8 | 0 |
| 4 | 13 | 5 | 9 | 1 |
| 2 | 15 | 7 | 11 | 3 |
| Soma | 40 | 24 | 40 | 8 |
| $n$ | 5 | 5 | 5 | 5 |
| Soma/$n$ | 8 | 4,8 | 8 | 1,6 |

↑ Média A ↑ DMA A ↑ Média B ↑ DMA B

Os valores encontrados confirmam as análises anteriores. Enquanto a ação A apresentou um desvio médio absoluto igual a 4,8% ao mês, indicando que seus retornos mensais afastam-se, em média, 4,8 pontos percentuais da média, a ação B apresentou um desvio médio absoluto igual a 1,6% ao mês. Logo, a variabilidade de B, expressa através do desvio médio absoluto, é inferior à variabilidade de A.

Embora o desvio médio absoluto apresente a vantagem de trabalhar com **todos** os valores da série, amenizando, por exemplo, os problemas da análise da amplitude, ele também possui pontos fracos, dentre os quais podem ser destacados o fato de ser sensível a valores extremos aberrantes e, computacionalmente, apresentar uma metodologia de cálculo um pouco mais complexa: na extração do módulo é preciso considerar o sinal da grandeza envolvida nos cálculos.

## Variância

Como forma de amenizar os problemas computacionais associados à extração dos módulos das diferenças para o cálculo do desvio médio absoluto, uma outra alternativa envolveria a elevação das diferenças obtidas ao quadrado. Qualquer número real, positivo ou negativo, quando elevado a expoente par, torna-se positivo.

A variância corresponde ao somatório do quadrado da diferença entre cada elemento e sua média aritmética, posteriormente dividido pela quantidade de elementos do conjunto. Algebricamente, a variância pode ser apresentada como:

$$\sigma^2 = \frac{\sum_{i=1}^{n}(x_i - \bar{x})^2}{n}$$

Onde:

$x_i$ = elemento $i$ do conjunto

$\bar{x}$ = média aritmética

$n$ = quantidade de elementos do conjunto

Por exemplo, para calcular a variância da série {4, 6, 16, 22, 12}, seria preciso construir, em um passo inicial, o rol: {4, 6, 12, 16, 22}. Nos passos seguintes, seria preciso encontrar a média aritmética, calcular as diferenças, elevá-las ao quadrado, somá-las e dividi-las pelo número de elementos analisados. Simplificando as operações na tabela seguinte:

| $i$ | $x_i$ | $(x_i - \bar{x})^2$ |
|---|---|---|
| 1 | 4 | 64 |
| 2 | 6 | 36 |
| 3 | 12 | 0 |
| 4 | 16 | 16 |
| 5 | 22 | 100 |
| Soma | 60 | 216 |
| $n$ | 5 | 5 |
| Soma/$n$ | 12 | 43,2 |

Aplicando a fórmula da variância:

$$\sigma^2 = \frac{\sum_{i=1}^{n}(x_i - \bar{x})^2}{n} = \frac{216}{5} = 43,2$$

Logo, a variância encontrada foi igual a 43,2.

Para os dados referentes aos retornos das ações A e B, os cálculos das variâncias podem ser vistos na tabela seguinte.

| Mês | Série ordenada A | $(x_{Ai} - \bar{x})^2$ | Série ordenada B | $(x_{Bi} - \bar{x})^2$ |
|---|---|---|---|---|
| 1 | 1 | 49 | 5 | 9 |
| 5 | 3 | 25 | 7 | 1 |
| 3 | 8 | 0 | 8 | 0 |
| 4 | 13 | 25 | 9 | 1 |
| 2 | 15 | 49 | 11 | 9 |
| Soma | 40 | 148 | 40 | 20 |
| $n$ | 5 | 5 | 5 | 5 |
| Soma/$n$ | 8 | 29,6 | 8 | 4 |

Enquanto a variância de A foi igual a 29,6, a variância dos retornos de B foi igual a apenas 4. Logo, a dispersão de B é bastante inferior à variância de A.

A maior desvantagem decorrente da análise da variância diz respeito à impossibilidade de comparação entre a variância e a média. Por exemplo, na análise das ações A e B, enquanto a média dos retornos está expressa em % ao mês, a variância está representada por (% ao mês)². Logo, a comparação torna-se difícil.

### Desvio padrão

O desvio padrão resolve o problema decorrente da análise da variância – representado pelo fato de esta apresentar grandezas elevadas ao quadrado. O desvio padrão corresponde à raiz quadrada da variância, ou à raiz quadrada do somatório do quadrado da diferença entre os elementos de um conjunto e a sua média aritmética, posteriormente dividido pela quantidade de números do conjunto.

Algebricamente, o desvio padrão pode ser calculado mediante a seguinte equação:

$$\sigma = \sqrt{\sigma^2} = \sqrt{\frac{\sum_{i=1}^{n}(x_i - \mu)^2}{n}}$$

Onde:

$x_i$ = elemento $i$ do conjunto

$\mu$ = média aritmética

$n$ = quantidade de elementos do conjunto

Por exemplo, para calcular o desvio padrão da série {4, 6, 16, 22, 12}, bastaria extrair a raiz quadrada da variância. Como a variância já calculada anteriormente foi igual a 43,2, o desvio padrão é igual a:

$\sigma = \sqrt{43,2} = 6,5727$.

Para os dados referentes aos retornos das ações A e B, os cálculos dos desvios padrões podem ser efetuados com base nas raízes quadradas das variâncias:

|  | A | B |
|---|---|---|
| Variância | $\sigma^2 = 29,60$ | $\sigma^2 = 4,00$ |
| Desvio padrão | $\sigma = \sqrt{29,6} = 5,44$ | $\sigma = \sqrt{4,00} = 2,00$ |

De forma similar às demais medidas de dispersão encontradas, o desvio padrão ilustra os riscos relativos das duas ações: a ação A apresenta um risco maior. Enquanto o desvio padrão de A foi igual a 5,44% ao mês, o desvio padrão de B foi igual a, apenas, 2% ao mês.

> *Observação importante*: em Finanças, o conceito de risco é, muitas vezes, representado pelo desvio padrão dos retornos passados.

Embora apresente um cálculo razoavelmente extenso, o desvio padrão tem uma praticidade e empregabilidade muito grande em estatística. Geralmente, é a medida de dispersão mais empregada.

## Desvio padrão e variância amostrais

Quando os dados analisados correspondem a uma amostra composta por menos de 30 elementos, a variância é calculada de forma polarizada, com a redução de um grau de liberdade do denominador ($n - 1$). No cálculo amostral, a variância é geralmente denominada pela letra $s$ elevada ao quadrado, ou:

$$s^2 = \frac{\sum_{i=1}^{n}(x_i - \bar{x})^2}{n-1}$$

O desvio padrão amostral é representado por $s$ e pode ser apresentado algebricamente através da seguinte equação:

$$s = \sqrt{s^2} = \sqrt{\frac{\sum_{i=1}^{n}(x_i - \bar{x})^2}{n-1}}$$

De forma resumida, o desvio padrão e a variância podem ser calculados de forma amostral (partes do todo) ou populacional (o todo), conforme apresentado na tabela seguinte:

| Forma | Desvio Padrão | Variância |
|---|---|---|
| População (Todo) | $\sigma = \sqrt{\dfrac{\sum(x_i - \mu)^2}{n}}$ | $\sigma^2 = \dfrac{\sum(x_i - \mu)^2}{n}$ |
| Amostra (Parte do todo) | $s = \sqrt{\dfrac{\sum(x_i - \bar{x})^2}{n-1}}$ | $s^2 = \dfrac{\sum(x_i - \bar{x})^2}{n-1}$ |

Para a série {4, 6, 16, 22, 12}, a soma das diferenças ao quadrado em relação à média é igual a 216 e o número de elementos analisados é igual a 5. O cálculo do desvio padrão e da variância amostrais pode ser visto a seguir.

Variância amostral:

$$s^2 = \frac{\sum (x_i - \bar{x})^2}{n-1} = \frac{216}{5-1} = 54$$

Desvio padrão amostral:

$$s = \sqrt{\frac{\sum (x_i - \bar{x})^2}{n-1}} = \sqrt{\frac{216}{5-1}} = \sqrt{54} = 7{,}3485$$

Em relação ao exemplo das ações A e B, apresentado anteriormente, o cálculo do desvio e da variância amostrais pode ser visto com o auxílio da tabela seguinte.

| Mês | $(x_{Ai} - \bar{x})^2$ | $(x_{Bi} - \bar{x})^2$ |
|---|---|---|
| Soma | 148 | 20 |
| n – 1 | 4 | 4 |
| Soma/(n – 1) | 37 | 5 |

Substituindo os valores na fórmula da variância e do desvio amostrais, há os valores apresentados a seguir.

| Estatística | Ação A | Ação B |
|---|---|---|
| Variância amostral | $s_A^2 = \dfrac{\sum (x_i - \bar{x})^2}{n-1} = \dfrac{148}{4} = 37$ | $s_B^2 = \dfrac{\sum (x_i - \bar{x})^2}{n-1} = \dfrac{20}{4} = 5$ |
| Desvio padrão amostral | $s_A = \sqrt{\dfrac{148}{4}} = \sqrt{37} = 6{,}0828$ | $s_B = \sqrt{\dfrac{20}{4}} = \sqrt{5} = 2{,}2361$ |

**Fórmula simplificada do desvio padrão**

Uma outra forma de calcular o desvio padrão, especialmente quando não se tem uma calculadora ou computador à disposição, pode ser apresentada através das seguintes fórmulas:

Populacional:

$$\sigma = \sqrt{\frac{1}{n}\left[\sum x^2 - \frac{(\sum x)^2}{n}\right]}$$

Amostral:

$$s = \sqrt{\frac{1}{n-1}\left[\sum x^2 - \frac{(\sum x)^2}{n}\right]}$$

Por exemplo, para calcular o desvio padrão amostral dos dados seguintes, dois procedimentos podem ser empregados: o procedimento completo e o simplificado.

| i | $x_i$ | $x_i^2$ | $(x_i - \text{Média})^2$ |
|---|---|---|---|
| 1 | 4 | 16 | 1 |
| 2 | 3 | 9 | 0 |
| 3 | 8 | 64 | 25 |
| 4 | –2 | 4 | 25 |
| 5 | 3 | 9 | 0 |
| 6 | 2 | 4 | 1 |
| 7 | 3 | 9 | 0 |
| Soma | 21 | 115 | 52 |

Aplicando a metodologia extensa para o cálculo do desvio padrão, seria preciso calcular os quadrados dos desvios individuais em relação à média, somá-los e, posteriormente, deveria ser aplicada a fórmula extensa. Veja a expressão seguinte:

$$s = \sqrt{\frac{\sum(x_i - \bar{x})^2}{n-1}} = \sqrt{\frac{52}{7-1}} = \sqrt{8,6667} = 2,9439$$

A fórmula breve permite uma simplificação das operações, já que apenas a soma dos elementos e a soma dos quadrados dos elementos precisariam ser calculadas. Veja a expressão seguinte.

$$s = \sqrt{\frac{1}{n-1}\left[\sum x_i^2 - \frac{(\sum x_i)^2}{n}\right]} = \sqrt{\frac{1}{7-1}\left[115 - \frac{(21)^2}{7}\right]} = \sqrt{\frac{52}{7-1}} = \sqrt{8,6667} = 2,9439$$

## Medidas de dispersão para dados agrupados

De forma similar, o desvio padrão também pode ser calculado para dados agrupados. Por exemplo, imagine que um pesquisador tenha selecionado uma amostra de jovens estudantes. Os resultados das idades obtidas estão apresentados na tabela seguinte. Com base nos números expostos pede-se calcular a média, o desvio médio absoluto, a variância populacional, a amostral, o desvio padrão populacional e o amostral.

| $x_i$ | $F_i$ |
|---|---|
| 12 | 5 |
| 14 | 4 |
| 18 | 3 |
| 22 | 10 |
| 26 | 4 |
| Soma | 26 |

Para obter as demais medidas solicitadas, é preciso calcular a média. Como a média representa uma soma ponderada dos valores por suas respectivas frequências $\left(\bar{x} = \frac{\sum x_i F_i}{\sum F_i}\right)$, podem-se construir os somatórios com o auxílio da tabela seguinte.

| $x_i$ | $F_i$ | $x_i \cdot F_i$ |
|---|---|---|
| 12 | 5 | 60 |
| 14 | 4 | 56 |
| 18 | 3 | 54 |
| 22 | 10 | 220 |
| 26 | 4 | 104 |
| Soma | 26 | 494 |

A média é igual a:

$$\bar{x} = \frac{\sum x_i F_i}{\sum F_i} = \frac{494}{26} = 19$$

Para obter o desvio médio absoluto, é preciso obter o somatório de cada valor, subtraído da média, apresentado em valor absoluto e multiplicado por sua frequência $\left(|x_i - \bar{x}_i| \cdot F_i\right)$, o que pode ser feito com o auxílio da tabela seguinte.

| $x_i$ | $F_i$ | $x_i \cdot F_i$ | $|x_i - \text{Média}| \cdot F_i$ |
|---|---|---|---|
| 12 | 5 | 60 | 35 |
| 14 | 4 | 56 | 20 |
| 18 | 3 | 54 | 3 |
| 22 | 10 | 220 | 30 |
| 26 | 4 | 104 | 28 |
| Soma | 26 | 494 | 116 |

O desvio médio absoluto é igual a:

$$DMA = \frac{\sum |x_i - \bar{x}_i| \cdot F_i}{\sum F_i} = \frac{116}{26} = 4,46$$

Para obter a variância populacional ou amostral e o desvio, raiz quadrada da variância, é preciso calcular o somatório de cada valor, subtraído da média, elevado ao quadrado e multiplicado por sua frequência $\left[(x_i - \bar{x}_i)^2 \cdot F_i\right]$, o que pode ser feito com o auxílio da tabela seguinte.

| $x_i$ | $F_i$ | $(x_i - \text{Média})^2 \cdot F_i$ |
|---|---|---|
| 12 | 5 | 245 |
| 14 | 4 | 100 |
| 18 | 3 | 3 |
| 22 | 10 | 90 |
| 26 | 4 | 196 |
| Soma | 26 | 634 |

A variância populacional pode ser obtida mediante o emprego da fórmula apropriada e das somas apresentadas na tabela anterior.

$$\sigma^2 = \frac{\sum \left[(x_i - \bar{x}_i)^2 \cdot F_i\right]}{\sum F_i} = 24,38$$

De forma similar, pode-se obter a variância amostral.

$$s^2 = \frac{\sum \left[(x_i - \bar{x}_i)^2 \cdot F_i\right]}{\sum F_i - 1} = 25,36$$

O desvio padrão populacional corresponde à raiz quadrada da variância populacional. Algebricamente:

$$\sigma = \sqrt{\sigma^2} = \sqrt{\frac{\sum \left[(x_i - \bar{x}_i)^2 \cdot F_i\right]}{\sum F_i}} = \sqrt{24,38} = 4,94$$

Empregando procedimentos idênticos, pode-se obter o desvio padrão amostral.

$$s = \sqrt{s^2} = \sqrt{\frac{\sum \left[(x_i - \bar{x}_i)^2 \cdot F_i\right]}{\sum F_i - 1}} = \sqrt{25,36} = 5,04$$

## Medidas de dispersão para dados agrupados em classes de frequência

Quando os dados estão apresentados em classes de frequência, é preciso representar cada classe por seu ponto médio e repetir os procedimentos descritos anteriormente.

Por exemplo, imagine que a tabela apresentada a seguir descreva os faturamentos mensais (em $ mil) de uma amostra formada por 15 empresas.

| Classe | $F_i$ |
|---|---|
| 15 \|– 15 | 1 |
| 15 \|– 25 | 3 |
| 25 \|– 35 | 4 |
| 35 \|– 45 | 3 |
| 45 \|–\| 55 | 4 |
| Soma | 15 |

Caso se deseje obter a média e algumas das principais medidas de dispersão, é preciso representar cada classe por seu ponto médio. A média será igual à ponderação dos pontos médios por suas respectivas frequências. Veja a tabela seguinte.

| Classe | Ponto médio | $F_i$ | $PM_{ei} \cdot F_i$ |
|---|---|---|---|
| 15 \|– 15 | 10 | 1 | 10 |
| 15 \|– 25 | 20 | 3 | 60 |
| 25 \|– 35 | 30 | 4 | 120 |
| 35 \|– 45 | 40 | 3 | 120 |
| 45 \|–\| 55 | 50 | 4 | 200 |
| Soma | | 15 | 510 |

A média pode ser obtida por meio da seguinte equação:

$$\bar{x} = \frac{\sum PM_i \cdot F_i}{\sum F_i} = 34$$

O desvio médio absoluto, a variância e o desvio padrão podem ser calculados com o apoio da tabela apresentada a seguir.

| Classe | Ponto médio | $F_i$ | $PM_i \cdot F_i$ | $\|PM_i - \text{Média}\| \cdot F_i$ | $(PM_i - \text{Média})^2 \cdot F_i$ |
|---|---|---|---|---|---|
| 15 \|– 15 | 10 | 1 | 10 | 24 | 576 |
| 15 \|– 25 | 20 | 3 | 60 | 42 | 588 |
| 25 \|– 35 | 30 | 4 | 120 | 16 | 64 |
| 35 \|– 45 | 40 | 3 | 120 | 18 | 108 |
| 45 \|–\| 55 | 50 | 4 | 200 | 64 | 1.024 |
| Soma | | 15 | 510 | 164 | 2.360 |

Cálculo do desvio médio absoluto:

$$DMA = \frac{\sum |x_i - \bar{x}_i| \cdot F_i}{\sum F_i} = \frac{164}{15} = 10{,}93$$

Cálculo da variância populacional:

$$\sigma^2 = \frac{\sum \left[(x_i - \bar{x}_i)^2 \cdot F_i\right]}{\sum F_i} = \frac{2360}{15} = 157{,}33$$

Cálculo da variância amostral:

$$s^2 = \frac{\sum \left[(x_i - \bar{x}_i)^2 \cdot F_i\right]}{\sum F_i - 1} = \frac{2360}{15 - 1} = 168{,}57$$

Cálculo do desvio padrão populacional:

$$\sigma = \sqrt{\sigma^2} = \sqrt{\frac{\sum \left[(x_i - \bar{x}_i)^2 \cdot F_i\right]}{\sum F_i}} = \sqrt{157{,}33} = 12{,}54$$

Cálculo do desvio padrão amostral:

$$s = \sqrt{s^2} = \sqrt{\frac{\sum \left[(x_i - \bar{x}_i)^2 \cdot F_i\right]}{\sum F_i - 1}} = \sqrt{168{,}57} = 12{,}98$$

A média é igual a 9, o desvio médio absoluto é igual a 3, a variância populacional é igual a 14,40, a amostral é igual a 14,77, o desvio padrão populacional é igual a 3,79 e o amostral é igual a 3,84.

## Significado do desvio padrão

De um modo geral, o desvio padrão representa a mais clássica medida de dispersão da estatística. Sua associação ao valor da média, somado ou subtraído, permite encontrar e determinar as frequências relativas dos valores analisados. Uma metodologia razoavelmente simples para entender a distribuição de um conjunto de dados é fornecida pelo Teorema de Chebyshev.

> **Teorema de Chebyshev:** para qualquer grupo de valores de uma amostra ou uma população, a proporção **mínima** de valores que se encontram dentro de k desvios padrões ao redor da média é pelo menos igual a [1 – (1/k²)], sendo k uma constante maior que 1.

Aplicando a fórmula do Teorema de Chebyshev, é possível construir a seguinte tabela de valores de k e proporções encontradas. Por exemplo, se ao valor da média for somado e subtraído 1,2 desvio padrão, a proporção mínima encontrada dos valores será igual a 0,31 ou 31%.

| Valor de k | 1,2 | 1,4 | 1,6 | 1,8 | 2 | 2,5 | 3 | 3,5 | 4 |
|---|---|---|---|---|---|---|---|---|---|
| Proporção de elementos | 0,31 | 0,49 | 0,61 | 0,69 | 0,75 | 0,84 | 0,89 | 0,92 | 0,94 |

Outro exemplo de aplicação do teorema de Chebyshev: uma empresa analisou suas vendas diárias nos dois últimos anos. Encontrou uma média igual a $ 1.700,00 e um desvio padrão igual a $ 200,00. Se a empresa desejasse construir um intervalo que contivesse pelo menos 80% dos valores das vendas, qual seria este intervalo?

Aplicando a fórmula do Teorema de Chebyshev e sabendo que o percentual mínimo desejado é de 80%:

$$P_{min.} = 1 - \frac{1}{k^2} \therefore 0,80 = 1 - \frac{1}{k^2} \therefore k = 2,2361$$

Assim, o intervalo corresponderia à média somada e subtraída de 2,2361 desvios padrões. Ou:

Média − 2,2361 × Desvio padrão < Vendas < Média + 2,2361 × Desvio padrão

1.252,78 < Vendas < 2.147,22

O Teorema de Chebyshev permite encontrar as porcentagens **mínimas** dos valores situados no intervalo construído através da média e do desvio padrão. Porém, em muito casos, a associação da média e do desvio padrão e a construção de intervalos se dão através da aplicação do modelo de De Moivre-Laplace-Gauss, expresso através de um modelo teórico de distribuição de probabilidades, conhecido como distribuição normal.

Através de uma regra prática, geralmente envolvendo a construção de limites com um, dois e três desvios padrões, determinam-se os seguintes intervalos:

a) $\bar{x} \pm 1s$: nas distribuições simétricas com distribuição de frequências em forma de sino, 68% dos valores deverão estar contidos em um intervalo de um desvio padrão em torno da média. Para distribuições assimétricas com acentuada inclinação para um dos lados, a porcentagem se aproxima de 90%;

b) $\bar{x} \pm 2s$: nas distribuições simétricas com distribuição de frequências em forma de sino, 95% dos valores deverão estar contidos em um intervalo de dois desvios padrões em torno da média. Para distribuições assimétricas com acentuada inclinação para um dos lados, a porcentagem se aproxima de 100%;

c) $\bar{x} \pm 3s$: para todas as distribuições com distribuição de frequências em forma de sino, aproximadamente 100% dos valores deverão estar contidos em um intervalo de três desvios padrões em torno da média.

---

### APLICAÇÃO CONJUNTA DA MÉDIA E DO DESVIO PADRÃO

Diversas são as aplicações práticas do uso conjunto da média e do desvio padrão. Por exemplo, o Instituto de Estudos e Pesquisas Educacionais (INEP) classificava as instituições de nível superior existentes no Brasil com base no Exame Nacional de Cursos (mais conhecido como Provão). Os critérios de classificação empregavam conceitos associados à distribuição normal.

**Conceito A**: cursos com desempenho acima de um desvio padrão (inclusive) da média geral.
**Conceito B**: cursos com desempenho entre meio (inclusive) e um desvio padrão acima da média geral.
**Conceito C**: cursos com desempenho no intervalo de meio desvio padrão em torno da média geral.
**Conceito D**: cursos com desempenho entre meio (inclusive) e um desvio padrão abaixo da média geral.
**Conceito E**: cursos com desempenho abaixo de um desvio padrão (inclusive) da média geral.

**Fonte**: Informativo do Provão 2001, p. 4.

## Coeficiente de variação

Dados quantitativos são comumente sintetizados por meio da apresentação de uma medida de posição central, comumente a média, e uma medida de dispersão, comumente o desvio padrão.

As medidas de dispersão relativa analisam a média e o desvio padrão de uma única vez, através do cálculo da razão existente entre ambos. A mais usual medida de dispersão relativa é o coeficiente de variação, representado pela razão entre o desvio padrão e a média aritmética. Algebricamente, o coeficiente de variação, ou, simplesmente, CV, pode ser apresentado como:

$$CV = \frac{\sigma}{\mu} \text{ ou } \frac{s}{\bar{x}}$$

Onde:
$\bar{x}$ ou $\mu$ = média aritmética
$\sigma$ ou $s$ = desvio padrão

Por exemplo, em uma prova de Cálculo, a nota média de uma turma formada por 40 alunos foi igual a 28 e o desvio padrão foi igual a 4. Em Física, o grau médio da turma foi igual a 25, com desvio padrão igual a 3,6. Que matéria apresentou maior dispersão relativa, expressa através do coeficiente de variação?

Calculando os coeficientes de variação:

|  | A | B |
|---|---|---|
| Desvio padrão | 4,00 | 3,60 |
| Média | 28,00 | 25,00 |
| CV | 0,143 | 0,144 |

Logo, as notas obtidas em Física apresentaram maior dispersão que as notas obtidas em Cálculo.

### CALCULANDO O DESVIO PADRÃO NA *HP 12C*:

A HP 12C permite o cálculo simples do desvio padrão amostral através das teclas [g] [s]. Embora não seja possível obter diretamente o desvio padrão populacional na HP 12C, um truque simples que viabiliza a sua obtenção consiste na inclusão da média nos registradores estatísticos [Σ+] e a posterior solicitação do desvio. Veja os exemplos apresentados a seguir.

Os registros bancários da Trelelé Indústrias Ltda. indicaram saldos bancários nos valores de: $ 1.500,00; $ 800,00; $ 300,00 e $ 3.250,00. Pede-se o desvio padrão amostral dos saldos bancários da empresa..

Com o apoio de uma HP 12C, bastaria aplicar a função [g] [s] da calculadora. Veja a sequência de teclas apresentadas a seguir.

| Passo | Teclas | Descrição |
|---|---|---|
| 01 | f [Σ] | Limpam-se os registradores estatísticos. |
| 02 | 1500 [Σ+] | Digita-se o primeiro dado e acrescenta-se aos registradores estatísticos da calculadora. O visor deve indicar a quantidade de registros feitos: [1,0000]. |
| 03 | 800 [Σ+] | Digita-se o segundo dado e acrescenta-se aos registradores estatísticos da calculadora. O visor deve indicar a quantidade de registros feitos: [2,0000]. |
| 04 | 300 [Σ+] | Digita-se o terceiro dado e acrescenta-se aos registradores estatísticos da calculadora. O visor deve indicar a quantidade de registros feitos: [3,0000]. |
| 05 | 3250 [Σ+] | Digita-se o quarto dado e acrescenta-se aos registradores estatísticos da calculadora. O visor deve indicar a quantidade de registros feitos: [4,0000]. |
| 06 | [g] [s] | Solicita-se o valor do desvio padrão amostral. O visor deve mostrar o valor [1.289,2989] |

Se fosse solicitado o cálculo do desvio padrão populacional, bastaria empregar um truque relativamente simples: incluir o valor da média [g] [$\bar{x}$] nos registradores estatísticos, solicitando, em seguida, o desvio. Dessa forma, o desvio obtido será o desvio padrão **populacional**.

Veja a sequência de teclas seguinte, empregadas para obter o desvio populacional (Σ) do exemplo anterior.

| Passo | Teclas | Descrição |
|---|---|---|
| 01 | f [Σ] | Limpam-se os registradores estatísticos. |
| 02 | 1.500 [Σ+] | Digita-se o primeiro dado e acrescenta-se aos registradores estatísticos da calculadora. O visor deve indicar a quantidade de registros feitos: [1,0000]. |
| 03 | 800 [Σ+] | Digita-se o segundo dado e acrescenta-se aos registradores estatísticos da calculadora. O visor deve indicar a quantidade de registros feitos: [2,0000]. |
| 04 | 300 [Σ+] | Digita-se o terceiro dado e acrescenta-se aos registradores estatísticos da calculadora. O visor deve indicar a quantidade de registros feitos: [3,0000]. |
| 05 | 3250 [Σ+] | Digita-se o quarto dado e acrescenta-se aos registradores estatísticos da calculadora. O visor deve indicar a quantidade de registros feitos: [4,0000]. |
| 06 | [g] [$\bar{x}$] | Solicita-se o valor da média: [1.462,5000]. |
| 07 | [Σ+] | Acrescenta-se o valor da média nos registradores estatísticos. |
| 08 | [g] [s] | Solicita-se o valor do desvio padrão populacional (já que a média foi inserida na base de dados e $n$ foi aumentado em uma unidade). O visor deve mostrar o valor [1.116,5656]. |

**Sugestão:** leia o conteúdo do Capítulo 15 que apresenta o cálculo de medidas de dispersão no Excel.

# Exercícios

1. A produção de manteiga dos últimos seis meses do Laticínio Sabor do Leite Ltda. está apresentada a seguir. Com base nos números apresentados, calcule: (a) a média; (b) o desvio médio absoluto; (c) a variância populacional; (d) o desvio padrão populacional.

   Produção mensal de manteiga em toneladas: {11; 8; 4; 10; 9; 12}

2. As notas de um determinado aluno em estatística foram iguais a 5, 2, 1 e 4. Pergunta-se: qual o desvio médio destas notas?

3. As vendas mensais em toneladas de uma fábrica de tecidos especiais estão apresentadas a seguir. Qual a variância e o desvio padrão populacional destes dados?

   Vendas mensais em toneladas: {1; 2; 2; 1; 1; 3; 1; 1; 1 e 1}.

4. Se a média diária de consumo de calorias por um indivíduo é igual a 14.000 calorias, com desvio padrão igual a 3.500 calorias, estime o coeficiente de variação destes dados.

5. As notas finais dos trabalhos de sociologia dos alunos das Faculdades Bom Saber foram iguais a {5; 5; 7; 7, 5; 8; 9, 5; 10 e 10}. A partir destes dados, calcule: (a) amplitude, média e desvio médio absoluto; (b) variância e desvio padrão populacionais; (c) coeficiente de variação.

6. A Indústria de Queijos Mineiros Ltda. extraiu uma amostra composta por 20 produtos. Os pesos encontrados (em gramas) foram iguais a: {1.040; 950; 1.100; 980; 1.100; 1.010; 1.010; 900; 1.005; 1.015; 1.030;

910; 1.010; 1.015; 1.030; 910; 1.050; 930; 950; 910}. Calcule: (a) o desvio médio absoluto; (b) a variância populacional; (c) o desvio padrão populacional; (d) o coeficiente de variação.

7. As vendas mensais registradas ao longo do ano passado pela concessionária Carango estão apresentadas a seguir. Os números se referem à quantidade de veículos comercializados em cada mês. Com base nos números apresentados, calcule: (a) a média; (b) o desvio médio absoluto; (c) a variância populacional; (d) o desvio padrão populacional.

    Vendas mensais: {10; 15; 18; 20; 16; 5; 26; 14; 10; 15; 19; 12}

8. Empregando os dados disponibilizados na tabela seguinte, pede-se obter a média, o desvio médio absoluto, a variância (amostral e populacional) e o desvio padrão (amostral e populacional).

    | $x_i$ | $F_i$ |
    |---|---|
    | 2 | 1 |
    | 4 | 3 |
    | 6 | 4 |
    | 10 | 3 |
    | 12 | 3 |
    | 16 | 6 |
    | Soma | 20 |

9. Os dados a seguir apresentam a quantidade (em milhares) de passageiros transportados em diferentes épocas do ano por uma grande empresa de transporte urbano. Com base nos números apresentados, pede-se obter: (a) a média; (b) o desvio médio absoluto; (c) a variância (amostral e populacional); (d) o desvio padrão (amostral e populacional).

    | Classe | $F_i$ |
    |---|---|
    | 1,5 \|– 4,5 | 5 |
    | 4,5 \|– 7,5 | 10 |
    | 7,5 \|– 10,5 | 12 |
    | 10,5 \|– 13,5 | 6 |
    | 13,5 \|–\| 16,5 | 7 |
    | Soma | 40 |

10. Os números do universo de alunos por turma do Colégio Luz do Saber estão apresentados na tabela seguinte. Para os dados agrupados em classes, calcule: (a) o desvio médio absoluto; (b) a variância; (c) o desvio padrão; (d) o coeficiente de variação.

    | Classe | $F_i$ |
    |---|---|
    | 10 \|– 15 | 2 |
    | 15 \|– 20 | 5 |
    | 20 \|– 25 | 7 |
    | 25 \|– 30 | 6 |
    | 30 \|–\| 35 | 3 |
    | Soma | 23 |

11. Nos meses de maio e junho do ano passado, os números de viagens diárias de avião feitas pela Planair Ltda. podem ser vistos na tabela seguinte. Calcule: (a) o desvio médio absoluto; (b) a variância populacional; (c) o desvio padrão populacional; (d) o coeficiente de variação. Empregue nos cálculos: (I) os dados brutos; (II) os dados agrupados em classes. Explique a razão das diferenças encontradas.

| 197 | 197 | 199 | 200 | 201 | 204 |
|-----|-----|-----|-----|-----|-----|
| 205 | 206 | 208 | 208 | 209 | 209 |
| 210 | 211 | 211 | 211 | 211 | 212 |
| 212 | 213 | 213 | 213 | 215 | 216 |
| 218 | 221 | 221 | 223 | 224 | 224 |
| 225 | 227 | 228 | 229 | 230 | 233 |

12. Uma concessionária verificou um notável crescimento nos últimos meses no número de veículos com defeitos na suspensão. Foram encontrados os dados apresentados na tabela seguinte.

| Mês | Nº de automóveis com defeitos na suspensão |
|-----|-----|
| Janeiro | 1 |
| Fevereiro | 2 |
| Março | 4 |
| Abril | 5 |
| Maio | 8 |

Para os dados apresentados, obtenha: (a) a variância amostral; (b) o desvio padrão populacional.

13. Um centro de saúde registrou na tabela seguinte as idades dos pacientes atendidos em uma semana do mês de outubro do ano passado. Para a tabela apresentada, encontre: (a) média; (b) moda; (c) mediana; (d) desvio médio absoluto; (e) variância populacional; (f) desvio padrão populacional.

| Classe | $F_i$ |
|--------|-----|
| 3 |– 7 | 5 |
| 7 |– 11 | 8 |
| 11 |– 15 | 17 |
| 15 |– 19 | 6 |
| 19 |–| 23 | 4 |
| Soma | 40 |

14. Os dados seguintes referem-se a uma pesquisa feita com sete clientes escolhidos ao acaso da Mercearia Compre Bem Melhor Ltda. Para os dados apresentados, calcule: (a) Média Aritmética; (b) Média geométrica; (c) Média harmônica; (d) Mediana; (e) Moda; (f) Intervalo; (g) Desvio médio absoluto; (h) Variância amostral; (i) Variância populacional; (j) Desvio padrão amostral; (k) Desvio padrão populacional.

| Cliente | Idade | Renda | Despesa Média |
|---|---|---|---|
| A | 49 | 700 | 60 |
| B | 22 | 650 | 90 |
| C | 30 | 8.000 | 60 |
| D | 31 | 350 | 50 |
| E | 74 | 650 | 80 |
| F | 49 | 840 | 90 |
| G | 31 | 420 | 40 |

15. Os dados apresentados a seguir referem-se às idades de usuários de uma *lan house* da cidade. Com base nos números fornecidos, pede-se obter a média, o desvio médio absoluto, a variância e o desvio padrão (amostral e populacional).

| Classe | $F_i$ |
|---|---|
| 15 \|– 15 | 2 |
| 15 \|– 25 | 7 |
| 25 \|– 35 | 20 |
| 35 \|– 45 | 5 |
| 45 \|– 55 | 4 |
| 55 \|–\| 65 | 2 |
| Soma | 40 |

16. Para o universo de dados apresentados a seguir, obtenha o rol, suas medidas de posição central e suas medidas de dispersão.

| 1 | 10 | 4 | 3 | 1 | 4 |
|---|---|---|---|---|---|
| 6 | 7 | 6 | 8 | 1 | 1 |
| 7 | 4 | 2 | 8 | 3 | 4 |

17. Calcule as principais medidas de posição central (média e mediana) e dispersão (amplitude, desvio médio absoluto, variância e desvio padrão) das séries de dados apresentadas a seguir. Se você precisar efetuar uma estimativa com base nestes dados, sobre qual série é mais fácil fazer estimativas precisas? Por quê?

Série A: {3,69; 3,17; 3,55; 3,61; 4,11; 4,57; 4,97; 5,91; 5,99; 5,74}

Série B: {1,46; 2,09; 3,04; 5,12; 7,8; 8,25; 9,95; 15,24; 17,4; 21,74}

18. Um dos mais importantes indicadores econômicos do Brasil é publicado em tabela que representa as negociações com Certificados de Depósitos Interfinanceiros registrados no CETIP que mostram as principais operações de captação e aplicação de recursos entre instituições financeiras. Nesta tabela, é comum, além dos valores médios, apresentar os valores mínimo, máximo e modal. Discuta as vantagens e as desvantagens da exposição destes valores.

**Sugestão:** resolva os exercícios propostos no Excel.

# 5

# Medidas de ordenamento e forma

*Bem, se você não puder medir,
meça assim mesmo.*

Frank Knight

**Objetivos do capítulo**

Os procedimentos de análise de variáveis quantitativas costumam empregar medidas de posição central, como a média, associadas a medidas de dispersão, como o desvio padrão, no processo de síntese das informações contidas em diferentes bases de dados. Porém, medidas como a média e o desvio padrão costumam ser fortemente influenciadas pela presença eventual de valores extremos.

A presença de irregularidades, como valores extremos ou distribuições de frequência não convencionais, motiva a necessidade da aplicação e interpretação de outras medidas, como as de posição e de forma da distribuição.

Este capítulo objetiva apresentar da forma mais simples e clara possível os principais conceitos referentes às medidas de ordenamento e posição e às medidas de forma da distribuição, comumente representadas pelos coeficientes de assimetria e curtose. Para tornar a leitura mais agradável e facilitar a aprendizagem do conteúdo transmitido, são propostos diversos exercícios.

**Medidas de ordenamento**

As medidas de ordenamento fornecem uma ideia sobre a distribuição dos dados ordenados. Apresentam a vantagem de não serem afetadas pela forma de distribuição dos dados analisados ou por valores extremos.

Um exemplo de medida de posição já trabalhado anteriormente é dado pela mediana, que representa o ponto central de uma série **ordenada** de dados. Em relação à mediana, 50% dos dados são superiores e 50% inferiores. A mediana é, ao mesmo tempo, medida de posição central e de ordenamento.

## GRANDES NOMES E GRANDES HISTÓRIAS[1]

*Pierre de Fermat*

★ 17 de agosto de 1601, em Beaumont-de-Lomagne, França
† 12 de janeiro de 1665, em Castres, França

Fermat nasceu na pequena cidade de Beaumont-de-Lomagne, França. Estudou Direito em Toulouse, onde teve a oportunidade de participar do Parlamento.

Estudou Literatura Clássica, Ciências e Matemática, por puro prazer. No ano de 1629, iniciou suas descobertas matemáticas depois de ter-se dedicado à restauração de obras perdidas da Antiguidade.

Descobriu o princípio fundamental da Geometria Analítica: sempre que numa equação se encontram duas variáveis, podem-se determinar os pontos que satisfazem à equação, formando uma curva. No curto ensaio *Introdução aos lugares planos e sólidos*, Fermat enfatizou o esboço de solução de equações, começando com uma equação linear e um sistema de coordenadas arbitrárias sobre o qual a esboçou. Como apêndice desta obra, escreveu "A solução de problemas sólidos por meio de lugares", observando a solução de equações cúbicas e quadráticas.

Para muitos, os trabalhos de Fermat eram muito mais sistemáticos e didáticos do que os de Descartes. Sua Geometria Analítica aproxima-se da atual, tendo em mente a existência de mais de duas ou três dimensões, o que nunca conseguiu provar.

Apesar de não conhecer o conceito de limite, em sua obra *Método para achar máximos e mínimos*, apresentou ideias que se aproximam bastante do Cálculo de hoje. Outra de suas ideias, o método de mudar a variável e considerar valores vizinhos, é considerada essencial em Análise Infinitesimal, empregada na obtenção de tangentes de curvas. Ainda neste campo do conhecimento, contribuiu com conceitos e ideias sobre quadraturas, volumes, comprimentos de curvas e centros de gravidade.

Durante as atividades de restauração do livro *A aritmética*, de Diofante, considerado muito pouco prático e com muitos algoritmos, Fermat passou a desenvolver um importante ramo da Matemática, a Teoria dos Números, da qual é considerado fundador e onde, principalmente, tratou do estudo dos números primos.

Sua elevada contribuição à matemática deu-se de forma desorganizada. Suas ideias estavam escritas em apontamentos desorganizados, em margens de livros ou em cartas que ele não tinha intenção de publicar. Por isso, para muitos, Fermat é considerado o príncipe dos amadores em Matemática. Sempre com muitas descobertas, mas que perderam sua prioridade, já que, devido a sua modéstia, quase nada foi publicado.

---

Ao analisar uma pesquisa sobre gastos feitos em determinado *shopping center*, um analista de marketing encontra uma mediana igual a $ 80,00. Assim, com base na mediana, pode-se dizer que um cliente com gasto igual a $ 170,00 encontra-se acima da mediana. É um cliente que, relativamente, gasta mais.

Porém, a mediana representa apenas o ponto central da série. Muitas vezes, é preciso aumentar a informação da análise feita. Surge a necessidade do uso de outras medidas, como quartis, decis e percentis, que dividem a série ordenada de dados em quatro, dez e cem partes, respectivamente.

**Quartis:** dividem a distribuição ordenada em quatro partes iguais. Pode ser obtido por meio da aplicação da seguinte expressão:

$$Q_{nq} = x_{\left[\frac{nq.n}{4} + \frac{1}{2}\right]}$$

Onde:

$Q$ = quartil que se deseja obter

$nq$ = número do quartil que se deseja obter (1, 2 ou 3)

---

[1] Adaptado do *The MacTutor history of mathematics archive*. Disponível em: <http://www-groups.dcs.st-and.ac.uk/~history/index.html>. Acesso em: 3 dez. 2006.

$x$ = elemento da série ordenada

$n$ = tamanho da amostra

Por exemplo: pede-se obter os quartis da seguinte série bruta de dados, que apresenta as idades de uma amostra de crianças da creche Cantinho Feliz: {1; 3; 2; 6; 5; 9}. Para encontrar os quartis, é necessária a obtenção do rol. No caso, o rol é: {1; 2; 3; 5; 6; e 9}. Atribuindo números aos elementos do rol, tem-se a representação seguinte.

| $i$ | 1 | 2 | 3 | 4 | 5 | 6 |
|---|---|---|---|---|---|---|
| $x_i$ | 1 | 2 | 3 | 5 | 6 | 9 |

Para o primeiro quartil, tem-se que:

$$Q_1 = x\left[\frac{1 \times 6}{4} + \frac{1}{2}\right] = x_2$$

Ou seja, o primeiro quartil é igual ao segundo elemento ($x_2$) da série ordenada, que é igual a 2.

Para obter o segundo quartil, basta aplicar a mesma fórmula:

$$Q_2 = x\left[\frac{2 \times 6}{4} + \frac{1}{2}\right] = x_{3,5}$$

O segundo quartil é igual ao elemento 3,5 (entre o elemento 3 e o elemento 4) da série ordenada, que é igual à média entre 3 e 5, que é igual a 4.

A obtenção do terceiro quartil também é feita mediante o emprego da fórmula:

$$Q_3 = x\left[\frac{3 \times 6}{4} + \frac{1}{2}\right] = x_5$$

O terceiro quartil é igual ao elemento 5 da série ordenada, que é igual a 6.

Em outras palavras, os números 2, 4 e 6 dividem a série ordenada em quatro partes iguais, cada uma contendo um elemento.

Para determinar medidas de ordenamento e posição, como os quartis, em algumas ocasiões é preciso aplicar uma pequena interpolação linear. Por exemplo, para encontrar o terceiro quartil da série de dados: {3, 7, 9, 11 e 15}, pode-se aplicar a fórmula anterior:

$$Q_3 = x\left[\frac{3 \times 5}{4} + \frac{1}{2}\right] = x_{4,25}$$

O terceiro quartil corresponde ao elemento 4,25 na série ordenada, situado entre os elementos 4 e 5 da série ordenada. Para encontrar este elemento, pode-se aplicar a interpolação linear apresentada na figura seguinte.

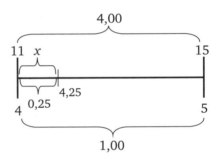

Assim, para determinar o valor do elemento 4,25, basta aplicar a interpolação: 0,25 está para 1, assim como $x$ está para quatro. Algebricamente:

$$0,25/1 = x/4$$

Como o produto dos extremos é igual ao produto dos meios, da equação anterior deduz-se que $x$ = 1. Logo, o elemento 4,25 é igual a 11 + 1 = 12. O terceiro quartil é igual a 12.

Em outro exemplo, deseja-se obter os quartis para o rol {62; 65; 76; 82; 98; 106; 110; 119; 122; 137; 140; 159; 193; 197; 201; 219}.

Atribuindo números aos elementos da série ordenada, é possível construir a representação seguinte.

| i   | 1  | 2  | 3  | 4  | 5  | 6   | 7   | 8   | 9   | 10  | 11  | 12  | 13  | 14  | 15  | 16  |
|-----|----|----|----|----|----|-----|-----|-----|-----|-----|-----|-----|-----|-----|-----|-----|
| $x_i$ | 62 | 65 | 76 | 82 | 98 | 106 | 110 | 119 | 122 | 137 | 140 | 159 | 193 | 197 | 201 | 219 |

Para obter os quartis, basta usar a equação anterior.

$$Q_1 = x\left[\frac{1 \times 6}{4} + \frac{1}{2}\right] = x_{4,5}$$

O primeiro quartil é representado pelo elemento 4,5 da série ordenada. Ou seja, a média dos elementos 4 e 5 da série ordenada, (82 + 98) ÷ 2 = 90.

$$Q_2 = x\left[\frac{2 \times 6}{4} + \frac{1}{2}\right] = x_{8,5}$$

O segundo quartil é representado pelo elemento 8,5 da série ordenada. Ou seja, a média dos elementos 8 e 9 da série ordenada, (119 + 122) ÷ 2 = 120,5.

$$Q_3 = x\left[\frac{3 \times 6}{4} + \frac{1}{2}\right] = x_{12,5}$$

O terceiro quartil é representado pelo elemento 12,5 da série ordenada. Ou seja, a média dos elementos 12 e 13 da série ordenada, (159 + 193) ÷ 2 = 176.

Os quartis ampliam a informação contida na mediana. Em relação ao exemplo anterior, sobre os gastos feitos em um determinado *shopping center*, supondo quartis iguais a $ 35,00, $ 80,00 e $ 130,00, pode-se afirmar que um cliente com gasto igual a $ 170,00 encontra-se acima do terceiro quartil. É um elemento que faz parte do grupo formado por 25% dos clientes que mais gastam.

**Decis:** dividem a distribuição ordenada em dez partes iguais. Ampliam as informações contidas na mediana e nos quartis.

Os decis podem ser obtidos por meio da aplicação da seguinte expressão:

$$D_{nd} = x\left[\frac{nd \cdot n}{10} + \frac{1}{2}\right]$$

Onde:

$D$ = decil que se deseja obter

$nd$ = número do decil que se deseja obter

$x$ = elemento da série ordenada

$n$ = tamanho da amostra

Para ilustrar, considere os dados apresentados anteriormente.

| i   | 1  | 2  | 3  | 4  | 5  | 6   | 7   | 8   | 9   | 10  | 11  | 12  | 13  | 14  | 15  | 16  |
|-----|----|----|----|----|----|-----|-----|-----|-----|-----|-----|-----|-----|-----|-----|-----|
| $x_i$ | 62 | 65 | 76 | 82 | 98 | 106 | 110 | 119 | 122 | 137 | 140 | 159 | 193 | 197 | 201 | 219 |

Para calcular, por exemplo, os decis 3 e 7, bastaria aplicar a equação.

$$D_3 = x\left[\frac{3.16 \cdot 1}{10} + \frac{1}{2}\right] = x_{5,3}$$

O terceiro decil corresponde ao elemento 5,3 da série ordenada. Aplicando uma interpolação linear, tem-se que seu valor é igual a [(106 – 98) × 0,30 + 98] = 100,4.

$$D_7 = x\left[\frac{7.16 \cdot 1}{10} + \frac{1}{2}\right] = x_{11,7}$$

O sétimo decil corresponde ao elemento 11,7 da série ordenada. Usando uma interpolação linear, tem-se que seu valor é igual a [(159 – 140) × 0,70 + 140] = 153,3.

**Percentis:** dividem a distribuição ordenada em cem partes iguais. Podem ser obtidos por meio de equação similar à usada para a obtenção de quartis e decis.

$$P_{np} = x \left[ \frac{np \cdot n}{100} + \frac{1}{2} \right]$$

Onde:

$P$ = percentil que se deseja obter

$np$ = número do percentil que se deseja obter

$x$ = elemento da série ordenada

$n$ = tamanho da amostra

Empregando os dados utilizados anteriormente, pede-se calcular os percentis 35 e 72.

| i   | 1  | 2  | 3  | 4  | 5  | 6   | 7   | 8   | 9   | 10  | 11  | 12  | 13  | 14  | 15  | 16  |
|-----|----|----|----|----|----|-----|-----|-----|-----|-----|-----|-----|-----|-----|-----|-----|
| $x_i$ | 62 | 65 | 76 | 82 | 98 | 106 | 110 | 119 | 122 | 137 | 140 | 159 | 193 | 197 | 201 | 219 |

$$P_{35} = x \left[ \frac{35.16 \cdot n}{100} + \frac{1}{2} \right] = x_{6,1}$$

O 35º percentil é igual ao elemento 6,1 da série ordenada. Seu valor é [(110 − 106) × 0,10 + 106] = 106,4.

$$P_{72} = x \left[ \frac{72.16 \cdot n}{100} + \frac{1}{2} \right] = x_{12,02}$$

O 72º percentil é igual ao elemento 12,02 da série ordenada. Seu valor é [(193 − 159) × 0,02 + 159] = 159,68.

## Sinos, assimetrias e curtoses

No processo de análise e interpretação de dados em estatística, uma das primeiras etapas consiste na tentativa da visualização das informações contidas nos dados, o que pode ser feito por meio do emprego de diferentes gráficos.

Quando o gráfico empregado for o histograma, a análise da curva de frequências exibida no gráfico pode empregar algumas medidas que analisam o formato da distribuição dos dados em relação a uma distribuição teórica de frequências ou probabilidades.

Uma das mais famosas distribuições teóricas de probabilidades apresenta uma distribuição de frequências em forma de sino. É chamada de distribuição Normal ou curva de Gauss.

A Figura 5.1 ilustra uma distribuição Normal. No caso, representa-se a distribuição das frequências das alturas de um grupo de indivíduos. Nota-se que, em torno do valor central 1,70, os indivíduos apresentam uma grande frequência ou probabilidade. À medida que nos afastamos da média, as frequências caem. Isso significa que a probabilidade de encontrar alguém deste universo com 1,10 m ou 2,30 m de altura seria muito baixa.

Diversos matemáticos analisaram a distribuição, encontrando um modelo teórico para a sua representação. A distribuição Normal é utilizada em diversas situações em Estatística e medidas de assimetrias e curtose analisam a proximidade ou o afastamento de um conjunto de dados em relação ao modelo teórico da distribuição.

Quando a análise envolve a distribuição das frequências em torno do eixo central da curva, diz-se tratar-se de uma análise de assimetrias. Quando a análise envolve o estudo do "achatamento" ou "alongamento" da curva, diz-se tratar-se de uma análise de curtoses.

As medidas de forma da distribuição possuem o propósito de comparar a distribuição de frequência dos dados analisados com o modelo teórico da distribuição gaussiana ou normal, que é analisada com maior profundidade no Capítulo 7 deste livro.

Segundo a distribuição normal, a observação das frequências de vários fenômenos resultaria em um gráfico com aspecto similar ao desenho de um sino que, de modo geral, indica que, à medida que os dados se aproximam da média, ocorre um aumento da frequência analisada. À medida que os dados se afastam da média, ocorre uma diminuição das frequências dos valores encontrados e, consequentemente, das probabilidades.

Um exemplo da curva em forma de sino pode ser visto na Figura 5.1. A figura exibida ilustra o histograma elaborado após a análise das alturas de um grupo de 1.500 estudantes. Nota-se que em torno da média observada (1,70 m) concentra-se a maior parte dos valores analisados.

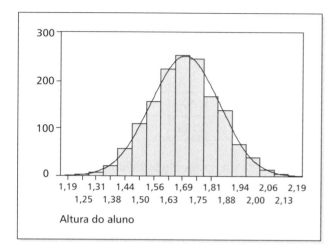

Figura 5.1  *Histograma das alturas de um grupo de alunos.*

Simplificando o exemplo anterior, é possível representar as frequências por meio de uma curva em forma de sino, conforme a Figura 5.2.

As aplicações da "mágica do sino", ou seja, da teoria desenvolvida após a modelagem da curva normal, permitem uma série de aplicações e desenvolvimentos teóricos em estatística. Podem-se, por exemplo, atribuir e calcular probabilidades mediante a aplicação de conceitos da distribuição gaussiana ou normal.

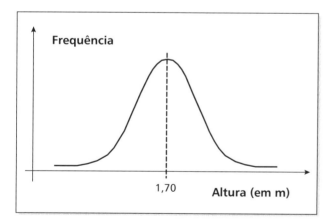

Figura 5.2  *Distribuição normal de probabilidades.*

As medidas de forma da distribuição analisam a distribuição das frequências dos dados estudados, com base na curva definida pela distribuição normal teórica com base em dois critérios distintos: simetria em relação ao eixo central – estudada pelas medidas de assimetria – e achatamento ou alongamento em relação à curva teórica – o que é feito pelas medidas de curtose.

## Curvas achatadas ou alongadas

A análise de curtoses busca estudar o grau de *achatamento* ou *alongamento* da distribuição. A depender de como isto ocorra, diferentes podem ser as classificações da distribuição e as implicações decorrentes. As diferentes formas das distribuições podem ser vistas na Figura 5.3.

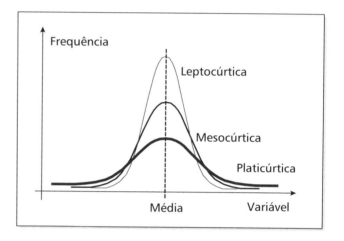

Figura 5.3  *Diferentes curtoses.*

A Figura 5.3 apresenta diferentes classificações para as curtoses. Curvas achatadas, ou também chamadas de curvas com "caudas gordas", apresentam menor curtose e são denominadas platicúrticas. Curvas perfeitas, nem achatadas, nem alongadas e de curtose mediana são chamadas de mesocúrticas. Curvas alongadas, com alta curtose, são chamadas de leptocúrticas.

O grau de curtose pode ser medido por meio da seguinte fórmula:

$$K = \frac{Q_3 - Q_1}{2 \cdot (P_{90} - P_{10})}$$

Onde:

$Q_3$ = 3º quartil

$Q_1$ = 1º quartil

$P_{90}$ = 90º percentil

$P_{10}$ = 10º percentil

A depender do valor encontrado para o coeficiente de curtose $k$, diferente será a denominação da distribuição:

a) $k = 0,263$: distribuição mesocúrtica, nem chata nem delgada.

b) $k < 0,263$: distribuição leptocúrtica, delgada.

c) $k > 0,263$: distribuição platicúrtica, achatada.

Para ilustrar, pede-se calcular a curtose do conjunto de dados apresentados a seguir.

| 1 | 2 | 3 | 4 | 5 | 6 | 7 | 8 | 9 | 10 | 11 | 12 | 13 | 14 | 15 | 16 |
|---|---|---|---|---|---|---|---|---|---|---|---|---|---|---|---|
| 62 | 65 | 76 | 82 | 98 | 106 | 110 | 119 | 122 | 137 | 140 | 159 | 193 | 197 | 201 | 219 |

O cálculo da curtose demanda, em um primeiro momento, o cálculo de quartis e percentis.

$$Q_1 = x_{\left[\frac{1 \cdot 16}{4} + \frac{1}{2}\right]} = x_{4,5} = 90$$

$$Q_3 = x_{\left[\frac{3 \cdot 16}{4} + \frac{1}{2}\right]} = x_{12,5} = 176$$

$$P_{10} = x_{\left[\frac{10 \cdot 16}{100} + \frac{1}{2}\right]} = x_{2,1} = 66,1$$

$$P_{90} = x_{\left[\frac{90 \cdot 16}{100} + \frac{1}{2}\right]} = x_{14,9} = 200,6$$

Os valores obtidos podem ser usados no cálculo da curtose.

$$K = \frac{Q_3 - Q_1}{2 \cdot (P_{90} - P_{10})} = \frac{176 - 90}{2 \cdot (200,6 - 66,1)} = 0,3197$$

O valor encontrado para o grau de curtose (0,3197) é maior que 0,263. Assim, a distribuição é considerada leptocúrtica, delgada.

## Curvas simétricas e assimétricas

A análise de assimetria mede o grau de afastamento de uma distribuição em relação a um eixo central, geralmente representado pela média. Em relação ao eixo central, as curvas podem ser simétricas – quando a média representa o próprio eixo de simetria, com iguais distribuições à esquerda e à direita – e assimétricas – quando a média não representa nenhuma simetria.

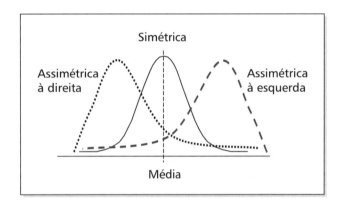

Figura 5.4 *Curvas simétricas e assimétricas.*

A Figura 5.4 ilustra as diferentes curvas. A simétrica, com eixo de simetria igual à própria média, e as assimétricas à direita – a curva pontilhada do gráfico, em que faltam dados à direita da distribuição –, e à esquerda – a curva tracejada do gráfico, em que faltam dados à esquerda.

O grau de assimetria de uma distribuição de frequências pode ser calculado por meio do primeiro ou do segundo coeficiente de Pearson.[2]

1º Coeficiente de Pearson:

$$AS = \frac{\mu - M_o}{\sigma}$$

---

[2] Martins (2001, p. 60-61). Existem outras medidas de assimetria, a exemplo das apresentadas em Silver (2000, p. 108-109).

2º Coeficiente de Pearson:

$$AS = \frac{Q_1 + Q_3 - 2Q_2}{Q_3 - Q_1}$$

Onde:

μ = média

$M_o$ = moda

σ = desvio padrão

$Q_1$ = 1º quartil

$Q_2$ = 2º quartil ou mediana

$Q_3$ = 3º quartil

Com base nos valores encontrados para o grau de assimetria, AS, as distribuições podem ser classificadas de diferentes formas, como simétrica, assimétrica negativa ou à esquerda e assimétrica positiva ou à direita.

**Distribuições simétricas:** apresentam grau de assimetria nulo, AS = 0. Nesta situação, média, moda e mediana são iguais. Veja a Figura 5.5.

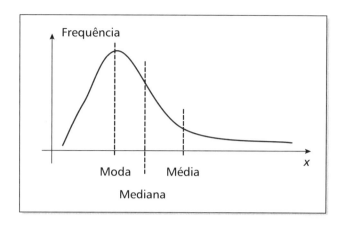

Figura 5.6 *Distribuição assimétrica positiva.*

Distribuições com assimetria positiva indicam situações com muitos valores baixos e poucos valores altos. Exemplo usuais são dados pelas distribuições de rendas ou salários, geralmente assimétricas à direita, com muitos ganhando pouco e poucos ganhando muito.

**Distribuição assimétrica negativa ou assimétrica à esquerda:** apresenta grau de assimetria negativo, AS < 0. Nesta situação, a média é menor que a mediana, que é menor que a moda. Veja a ilustração da Figura 5.7.

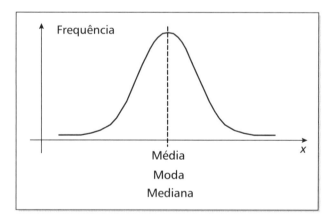

Figura 5.5 *Distribuição simétrica.*

**Distribuição assimétrica positiva ou assimétrica à direita:** apresenta grau de assimetria positivo, AS > 0. Nesta situação, a média é maior que a mediana, que é maior que a moda. Veja a ilustração da Figura 5.6.

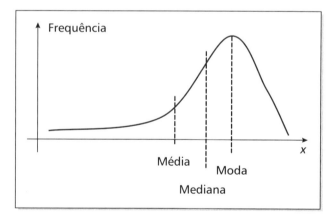

Figura 5.7 *Distribuição assimétrica negativa.*

Empregando os dados utilizados anteriormente, pede-se calcular o grau de assimetria, de acordo com o segundo coeficiente de Pearson.

| 1 | 2 | 3 | 4 | 5 | 6 | 7 | 8 | 9 | 10 | 11 | 12 | 13 | 14 | 15 | 16 |
|---|---|---|---|---|---|---|---|---|----|----|----|----|----|----|----|
| 62 | 65 | 76 | 82 | 98 | 106 | 110 | 119 | 122 | 137 | 140 | 159 | 193 | 197 | 201 | 219 |

Os quartis já foram calculados anteriormente.

$$Q_1 = x_{\left[\frac{1 \cdot 16}{4} + \frac{1}{2}\right]} = x_{4,5} = 90$$

$$Q_2 = x_{\left[\frac{2 \cdot 16}{4} + \frac{1}{2}\right]} = x_{8,5} = 120,5$$

$$Q_3 = x_{\left[\frac{3 \cdot 16}{4} + \frac{1}{2}\right]} = x_{12,5} = 176$$

$$AS = \frac{Q_1 + Q_3 - 2Q_2}{Q_3 - Q_1} = \frac{90 + 176 - 2(120,5)}{176 - 90} = 0,2907$$

O grau de assimetria encontrado foi igual a 0,2907, indicando que os dados apresentam distribuição assimétrica positiva ou à direita.

> **Sugestão:** veja no Capítulo 15 como calcular medidas de ordenamento e forma no Excel.

# Exercícios

## Medidas de posição

1. Os dados seguintes mostram o número de pedidos atendidos mensalmente pelo setor de produção da Marcenaria Arte no Traço nos anos de 2004 e 2005.

    | Ano | Pedidos Atendidos |
    |-----|-------------------|
    | 2004 | 13; 22; 29; 37; 39; 46; 51; 58 |
    | 2005 | 14; 17; 22; 22; 23; 29; 31; 35; 36; 43; 52 |

    Para os dados fornecidos, pede-se para encontrar:

    a) a mediana

    b) a média (aritmética simples)

    c) a moda

    d) o 3º quartil

    e) o 7º decil

    f) o 52º percentil

2. Os dados a seguir mostram o faturamento mensal em ($ mil) de uma amostra de pontos de vendas da rede de lojas Preços Legais. Com base nos dados fornecidos, pede-se calcular os quartis.

    | 140 | 148 | 152 | 163 | 163 | 165 | 175 | 178 | 180 |
    |-----|-----|-----|-----|-----|-----|-----|-----|-----|
    | 185 | 191 | 196 | 196 | 196 | 203 | 205 | 206 | 220 |

3. Os dados seguintes apresentam as produções diárias em unidades da Fábrica de Roupas na Moda Ltda. Com base nos números fornecidos, determine os quartis.

| 10 | 10 | 11 | 11 | 12 |
|---|---|---|---|---|
| 15 | 15 | 16 | 19 | 22 |
| 22 | 25 | 27 | 28 | 30 |
| 30 | 32 | 35 | 36 | 37 |
| 37 | 38 | 40 | 41 | 45 |

4. A tabela seguinte mostra os preços de fechamento de um grupo de ações negociadas na Bolsa de Valores de São Paulo. Com base na série, determine: (a) os quartis; (b) os decis números 2, 7 e 9; (c) os percentis números 14, 48 e 83.

| N | Ação | Preço | N | Ação | Preço | N | Ação | Preço |
|---|---|---|---|---|---|---|---|---|
| 1 | Escelsa ON | 98,99 | 25 | Aracruz ON | 2.46 | 49 | Brahma ON | 0,82 |
| 2 | Bardella PN | 63,50 | 26 | Polar ON | 2,30 | 50 | Celesc PNB | 0,78 |
| 3 | Vale Rio Doce PNA | 52,50 | 27 | Vidr. S. Maria ON | 2,25 | 51 | Kepler Weber PN | 0,77 |
| 4 | Vale Rio Doce ON | 46,55 | 28 | Brasilit | 2,12 | 52 | Celesc ON | 0,75 |
| 5 | Usiminas PNB | 34,10 | 29 | Itausa PN | 1,98 | 53 | Ambev Cia. Beb. Ameri. ON | 0,73 |
| 6 | Globex PN | 18,00 | 30 | Realpar Particip. PNB | 1.76 | 54 | Estrela PN | 0,71 |
| 7 | Souza Cruz ON | 12,70 | 31 | Real PN | 1,70 | 55 | Ren Hermann PN | 0,58 |
| 8 | Usiminas PNA | 11,40 | 32 | Confab PN | 1,63 | 56 | Copene PNA | 0,57 |
| 9 | Saraiva Livr. PN | 8,80 | 33 | Cacique PN | 1,61 | 57 | Telepar PN | 0,55 |
| 10 | Embraer PN | 7,32 | 34 | Klabin PN | 1,61 | 58 | CRT Cia. RG de Telec. PNA | 0,54 |
| 11 | Embraer ON | 7,15 | 35 | Cemat ON | 1,60 | 59 | Portobello PN | 0,52 |
| 12 | Fertibras PN | 5,40 | 36 | Trafo PN | 1,56 | 60 | Portobello ON | 0,50 |
| 13 | Guararapes PN | 5,30 | 37 | Real ON | 1,52 | 61 | Inepar Energia PNA | 0,49 |
| 14 | Petroq. União PN | 5,10 | 38 | Sadia SA PN | 1,51 | 62 | Amazonia ON | 0,49 |
| 15 | Suzano PN | 4,98 | 39 | Cemat PN | 1,40 | 63 | Santista Alimentos ON | 0,48 |
| 16 | Pirelli Pneus PN | 4,95 | 40 | White Martins ON | 1,36 | 64 | Telepar ON | 0,45 |
| 17 | Aracruz PNB | 4,67 | 41 | Ripasa PN | 1,29 | 65 | Petrobras PN | 0,43 |
| 18 | Alfa Investimentos PN | 3.60 | 42 | Brahma PN | 1,18 | 66 | CRT Cia. RG de Telec. ON | 0,40 |
| 19 | Pirelli PN | 3,32 | 43 | Unipar PNB | 1,17 | 67 | Petrobras ON | 0,36 |
| 20 | Globo Cabo PN | 3,08 | 44 | Alfa Financeira PN | 1,15 | 68 | Lix da Cunha PN | 0,34 |
| 21 | Varig PN | 2,90 | 45 | Weg PN | 1,02 | 69 | Vigor PN | 0,34 |
| 22 | Pirelli ON | 2.85 | 46 | Embarco PN | 0,96 | 70 | Eternit ON | 0,33 |
| 23 | Polar PN | 2,80 | 47 | Albarus ON | 0,90 | 71 | CRT Celular PNA | 0,32 |
| 24 | Real Holdings ON | 2,61 | 48 | Serrana ON | 0,90 | 72 | Bahia Sul PNA | 0,27 |

5. Os dados seguintes correspondem aos salários pagos pela Tatu Bola Exportadora Ltda. Com base nos valores fornecidos, pede-se obter os valores dos quartis e decis.

| 140 | 143 | 145 | 146 | 152 | 153 | 153 | 154 | 154 | 155 |
|---|---|---|---|---|---|---|---|---|---|
| 156 | 157 | 158 | 160 | 163 | 165 | 167 | 169 | 170 | 175 |
| 175 | 175 | 178 | 179 | 180 | 181 | 183 | 183 | 185 | 186 |
| 187 | 188 | 190 | 191 | 195 | 195 | 195 | 197 | 197 | 200 |

## Medidas de curtose e assimetria

6. Para a série de dados {1; 12; 14; 15; 18}, calcule os quartis números 1 e 3, os percentis de números 10 e 90, o grau de curtose e sua respectiva classificação.

7. Para as séries A e B apresentadas a seguir, pede-se encontrar a média, a moda e a mediana. Posteriormente, encontre os quartis e determine, pelo segundo coeficiente de Pearson, a assimetria de sua distribuição.

    Série A: {0; 3; 5; 17; 35}

    Série B: {1; 12; 14; 15; 18}

8. A quantidade de defeitos encontrada em lotes das Fábricas Tangará está apresentada a seguir. Com base nos números fornecidos, pede-se obter o grau de assimetria e curtose dos dados.

    Número de defeitos: {3; 5; 5; 7; 8; 15; 20}

9. Calcule o coeficiente de assimetria (primeiro coeficiente de Pearson) e curtose dos seguintes dados: {23; 23; 45; 56; 78; 81; 94}.

10. A seguir é apresentada a relação de faturamento de algumas empresas latino-americanas negociadas em bolsas de valores. Como os dados poderiam ser caracterizados com base na assimetria e na curtose? Dados: {119; 120; 123; 125; 145; 148; 152; 156; 156; 156; 177; 189; 199; 204; 315; 475}.

11. As idades de um grupo de candidatos de uma importante universidade paulistana estão apresentadas na figura a seguir. Pede-se analisar a assimetria da distribuição.

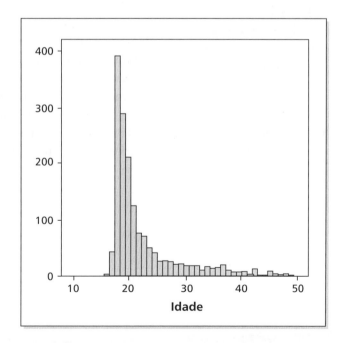

**Sugestão:** resolva os exercícios propostos no Excel.

# 6

# Probabilidade

> *Se a natureza humana não caísse na tentação de enfrentar riscos [...] talvez pouco se investisse como resultado da fria avaliação.*
>
> Keynes

**Objetivos do capítulo**

As situações marcadas pela possibilidade de ocorrência de mais de um resultado possível costumam ser analisadas em Estatística com o auxílio das probabilidades. A probabilidade estuda o risco e o acaso em eventos futuros, determinando se é provável ou não seu acontecimento.

O início do estudo formal das probabilidade começou com o objetivo de planejar jogadas ou determinar melhores estratégias em jogos de azar. Atualmente, seu uso amplia-se nas análises indutivas ou inferenciais, quando estudos de amostras são empregados na generalização para o universo dos dados.

Este capítulo possui o objetivo de explicar de forma clara e objetiva os conceitos relacionados à teoria das probabilidades e a sua aplicação prática. Para tornar a leitura mais agradável e facilitar a aprendizagem do conteúdo transmitido, são propostos diversos exercícios.

**Lidando com múltiplos eventos possíveis**

A probabilidade representa o desafio de prever um resultado futuro em função da multiplicidade dos eventos cuja possibilidade de ocorrência é estudada.

Representa o resultado obtido por meio do cálculo da intensidade de ocorrência de um evento entre múltiplos possíveis que variam de uma observação para outra, mesmo em condições normais de experimentação. Se os eventos ou tentativas ocorrerem de maneira uniforme, apesar de a probabilidade significar risco, a regularidade a longo prazo possibilita a previsão de probabilidades.

## GRANDES NOMES E GRANDES HISTÓRIAS[1]

★ 04 de janeiro de 1643, em Woolsthorpe, Inglaterra
† 31 de março de 1727, em Londres, Inglaterra

Isaac Newton nasceu em 1643, na aldeia de Woolsthorpe, filho póstumo de um pequeno sitiante da localidade. Fadado ao destino e à profissão de seu pai, Newton conseguiu sobressair-se, graças a sua habilidade para a construção de engenhos mecânicos.

Embora não revelando nenhum brilho especial na escola pública em que ingressou aos 12 anos de idade, Newton conseguiu entrar, com 19 anos, no Trinity College, Cambridge, onde se graduaria em Ciências, quatro anos mais tarde. Com o assolamento da peste bubônica em Londres, Newton viu-se obrigado a voltar, por alguns anos, para a sua aldeia natal. Nesse período, desenvolveu as bases científicas do método dos fluxos, hoje cálculo diferencial, e da teoria da gravitação universal. Em 1669,

*Sir Isaac Newton*

dois anos após ter retornado para Cambridge para receber o grau de mestre, assumiu o posto de professor no próprio Trinity College, sucedendo Isaac Barrow, seu ex-professor. Apenas em 1696, deixaria o posto para exercer funções públicas de alto nível – e muito bem pagas – em Londres.

Em monografia escrita em 1669, que por muito tempo circulou restrita entre amigos e alunos, já que foi publicada apenas em 1711, Newton expôs suas primeiras ideias sobre o cálculo. Ao que tudo indica, esta foi a primeira vez na história da Matemática que uma área foi obtida através do processo inverso da derivação. Para muitos, esse resultado contém a semente essencial do cálculo.

As obras de Newton representam um importante monumento científico, sobre o qual muitos outros se dedicariam. O seu nome é, sem sombra de dúvida, um dois maiores marcos de toda a história da Ciência.

A probabilidade surgiu como modelo explicativo para jogos de azar – dados, moedas, cartas, roleta, loteria esportiva, sena etc.

O objetivo do estudo da teoria das probabilidades é demonstrar como os resultados imprevisíveis acontecem.

## DADOS, MOEDAS E BARALHOS

Tradicionalmente, os exemplos didáticos iniciais com probabilidades costumam empregar situações que envolvem dados, moedas ou baralhos. Tais jogos constituem exemplos de situações que envolvem incertezas, permitindo discussões sobre conceitos e operações com probabilidades.

Algumas vezes, é empregada a expressão *honesto* ou *honesta* para designar moedas ou dados que apresentam a mesma probabilidade de ocorrência de uma determinada face.

| Jogo | Resultado do Experimento Aleatório |
|---|---|
| Moeda | Face cara ou coroa |
| Dado | Face 1, 2, 3, 4, 5 ou 6 |
| Baralho | Carta caracterizada por um dos quatro naipes (ouros, copas, espada ou paus) e por um dos treze valores ou figuras: A (ás), 2, 3, 4, 5, 6, 7, 8, 9, 10, J (valete), Q (dama) ou K (rei). |

---

[1] Adaptado do *The MacTutor history of mathematics archive*. Disponível em: <http://www-groups.dcs.st-and.ac.uk/~history/index.html>. Acesso em: 3 dez. 2006.

### História da probabilidade[2]

A história do estudo das probabilidades se inicia, provavelmente, com o homem das cavernas, que sentia temor e perplexidade ante os fenômenos naturais, porque não podia explicá-los. Mitos e magias dominavam o seu pensamento. Então, de forma lenta e gradual, o homem primitivo começou a compreender a natureza e aprendeu a respeitá-la e a melhor aproveitá-la. Assimilou que diversos dos fenômenos incertos poderiam ser modelados e melhor entendidos. Assim, fez nascer as primeiras aplicações práticas para as probabilidades.

Excluindo a certeza da morte e dos impostos, poucos aspectos da vida cotidiana se furtam às leis da incerteza e do acaso. A constituição física de um indivíduo é determinada por um grupamento imprevisível de genes. Um encontro não planejado pode decidir um casamento ou uma nova oportunidade de emprego. Um descuido pode ocasionar um acidente fatídico e o feliz acaso de um bilhete premiado de loteria pode ser capaz de trazer a fortuna imediata. Como revela a Bíblia,[3] "o tempo e a sorte são para todos os homens".

Incapazes de controlar o acaso, os indivíduos recorrem ao que está ao seu alcance. É comum tentar avaliar as probabilidades de ocorrências de determinados fatos. Entremeia-se a linguagem usual com advérbios de contingência: geralmente, provavelmente, possivelmente, talvez.

A compreensão das incertezas e a medição das probabilidades preocupa a humanidade desde o mais remoto dos tempos. Antigamente, os povos acreditavam que só os deuses poderiam *explicar* a ocorrência de alguns eventos sobrenaturais. A humanidade precisou de centenas de anos para se acostumar com um mundo em que alguns eventos não tinham causa ou eram determinados por causas tão remotas que somente podiam ser razoavelmente representados por modelos não causais.[4]

Na Grécia antiga, antever o futuro era privilégio de Tirésias. Triste figura, cego por vingança divina, Tirésias recebeu de Zeus, o deus mor, o dom da profecia para compensar-lhe a escuridão do presente. Os romanos atribuíam à deusa Fortuna, filha de Júpiter, a roda na qual o destino humano ia sendo decidido por seu capricho.

Porém, a partir do século XVII a incerteza passou a ser sério objeto de estudo dos matemáticos, resultando na Teoria das Probabilidades, que fornece meios para o cômputo do acaso mais rigoroso que a simples estimativa dos leigos. Para o matemático, probabilidade é percentagem: frequência com que ocorre o evento em relação às alternativas possíveis. Probabilidades de eventos específicos podem ser combinadas para avaliar a probabilidade de uma cadeia de novos eventos.

Os jogos de azar são praticados há mais de 4.000 anos. Existem, praticamente, em todo o mundo. Os primeiros estudos matemáticos desses jogos resumem-se na mera enumeração das possibilidades de se obter um dado resultado no jogo, não havendo nenhuma preocupação probabilística explícita. Porém, há pouco mais de 500 anos, começaram os estudos matemáticos para compreender os jogos de azar e os riscos dos seguros, possibilitando o nascimento da Teoria da Probabilidade.

Assim, para servir à ciência e à tecnologia, a Teoria das Probabilidades elevou-se bastante a partir de uma origem um tanto suspeita: elucubrações de jogadores em busca de informações exclusivas para sempre ganhar nos jogos de cartas ou dados. Matemáticos pouco escrupulosos da Renascença, como Tartaglia e Cardano, fizeram estudos rigorosos dos problemas associados aos jogos de azar. Porém, seus trabalhos – associados demais aos jogos para os matemáticos e associados demais à matemática para os jogadores – ficaram por muito tempo esquecidos.

Os primeiros cálculos de probabilidade foram feitos pelos italianos quinhentistas, que só tinham preocupação em comparar as frequências de ocorrência e estimar ganhos de jogos de azar, sem a preocupação de formulação de postulados ou produção de teoremas.

Um dos primeiros estudiosos da probabilidade foi Cardano, que introduziu técnicas de análise combinatória para calcular a quantidade de possibilidades favoráveis em um evento aleatório. Além deste, citam-se os trabalhos de Pacioli, Tartaglia e Galileo, este último, porém, sem muito destaque. As técnicas desenvolvidas pelos matemáticos citados eram simples e restritas a casos numéricos.

Em 1600, François Viète inventou o cálculo literal, e com a álgebra desenvolvida por Descartes em 1630 foi capaz de resolver problemas que envolvessem muitas possibilidades ou eventos de natureza genérica. Contudo, só a partir da metade do século XVII

---
[2] Para uma leitura extensa e agradável sobre a história das probabilidades, consulte Berstein (1998).
[3] *Eclesiastes*.
[4] Kendall (199?).

apareceram as condições para a abordagem geral de probabilidades.

Da forma como é conhecida e trabalhada hoje, a probabilidade surgiu em meados do século XVII, a partir dos trabalhos de estudiosos franceses: o Cavaleiro De Mére, um nobre de vida faustosa, Blaise Pascal e Pierre de Fermat, dois matemáticos de horas vagas. Pascal tinha como interesses principais a Física, a Religião, além da Geometria Projetiva. Fermat era jurista, com grande interesse em Geometria Analítica e Teoria dos Números.

Por volta dos anos 1651 ou 1652, De Mére e Pascal encontraram-se durante uma viagem à cidade de Poitou. Para passar o tempo durante o percurso, o mundano De Mére apresentou a Pascal um problema que fascinara os jogadores desde a Idade Média: como dividir os lucros de um jogo que precisa ser interrompido. Conta a história que Pascal pensou sobre o problema durante dois anos e, em 1654, passou-o a Fermat. Na famosa troca de correspondências que se seguiu sobre o questionamento feito por De Mére, Pascal e Fermat começaram concordando que em um jogo de dados interrompido as apostas sobre a mesa deveriam ser divididas de acordo com as perspectivas de vitória de cada participante.

As pesquisas de Pascal e Fermat sobre as várias situações do jogo deram origem ao desenvolvimento da Teoria de Probabilidades – as Leis do Acaso. A ideia de que o acaso possa ser governado por leis genéricas pode parecer pouco convincente para jogadores persuadidos pelos poderes absolutos da deusa da Fortuna. Porém, as leis do acaso não excluem a possibilidade de um jogador ter um golpe de sorte, nem negam o valor de experimentar os palpites. As leis começam a funcionar apenas quando há várias tentativas em jogo – muitos lances de um dado, muitas colisões de automóveis, muitas vidas e outros. Essa particularidade das probabilidades é denominada Lei dos Grandes Números.

O desenvolvimento das teorias de probabilidades permitiu uma grande evolução da ciência atuarial e das aplicações ao mercado dos seguros. O negócio de seguros surgiu com as grandes navegações, devido à possibilidade de naufrágios e roubos de cargas de navios. Posteriormente, com o término da Idade Média, começou-se a estudar um novo tipo de seguro: o seguro de vida.

O primeiro estudo demográfico atuarial foi conduzido por Cardano, porém sem muito sucesso. A partir de 1693, Halley criou o cálculo do valor da anuidade do seguro em termos da expectativa de vida da pessoa e da probabilidade de quantos anos ela sobreviveria além do esperado. Em 1730, Daniel Bernoulli pesquisou um novo modo de calcular a probabilidade de vida de uma pessoa envolvendo os riscos de doenças, com base no estudo de recém-nascidos que sobreviveriam após $t$ anos. Com os estudos atuariais e estatísticos cresceu e prosperou a indústria de seguros.

## Definição de probabilidade

A probabilidade representa a relação entre o número de eventos favoráveis ao que se estuda em relação ao número possível de eventos.

A probabilidade $P(x)$ de ocorrer um evento $x$ é igual ao número de maneiras pelas quais $x$ pode ocorrer dividido pelo número total de maneiras pelas quais o evento pode ocorrer. Expressando algebricamente:

$$P(x) = \frac{N^{\circ} \text{ de eventos favoráveis}}{N^{\circ} \text{ de eventos possíveis}} = \frac{\text{Eventos}}{\text{Espaço amostral}}$$

Para quantificar o número de eventos favoráveis e o número de eventos possíveis, diferentes métodos podem ser empregados:

**Método clássico:** quando o resultado é provável. Seu emprego é bastante comum nas situações didáticas que envolvem, por exemplo, dados, moedas ou baralhos. Nestas situações, sabe-se, previamente, quais os resultados possíveis e, destes, quantos são favoráveis. Por exemplo, a probabilidade de extrair a face cara de uma moeda é igual a 1/2; a probabilidade de extrair uma carta de paus de um baralho é igual a 1/4.

**Método empírico:** depende da frequência de ocorrer o evento, determinada a partir de uma série de observações práticas anteriores. Por exemplo, caso se conheça que dos 1.000 habitantes de um pequeno vilarejo 480 são do sexo feminino, estima-se que a probabilidade de um habitante escolhido ao acaso ser do sexo feminino é igual a 480/1.000, ou 0,48, ou 48%. Neste caso, a probabilidade está associada às frequências relativas ($F_i\%$) dos eventos analisados.

**Método subjetivo:** a probabilidade é estimada com base em opinião pessoal. Por exemplo, um cientista político pode estimar que a probabilidade de vitória da oposição na próxima eleição presidencial seja igual a 60%.

Independentemente do método empregado, aplicar probabilidade significa usá-la em situação em que não se pode prever um resultado futuro. Os resultados são incertos, regidos pelo acaso.

Os diferentes métodos de estimação de probabilidades poderiam ser utilizados em diferentes situações. Por exemplo, se falamos em extrair uma bola amarela de uma urna com dez bolas, das quais três são amarelas, estamos fazendo referência ao uso do método clássico, encontrando uma probabilidade de extrair uma bola amarela igual a 3/10 ou 30%.

Ainda em relação ao uso do método clássico, caso fosse necessário obter a probabilidade de conseguir o número sete na soma de dois dados honestos lançados simultaneamente, seria preciso analisar a relação entre o número de eventos favoráveis em relação ao número de eventos possíveis.

Assim, se dois dados são jogados simultaneamente, existem seis resultados possíveis em cada dado, ou 36 resultados possíveis no total. Destes 36 resultados possíveis, para a soma ser igual a sete, é preciso enumerar os eventos favoráveis. No caso, a soma igual a sete corresponde aos pares: {(6;1); (5;2); (4;3); (3;4); (2;5); (1;6)}. Assim, a probabilidade é igual a 6/36, ou P(Soma=7) = 6/36 = 1/6.

Caso falássemos em obter a probabilidade de encontrar um aluno maior de idade em um colégio, sabendo que uma pesquisa com uma amostra de 1.400 alunos obteve 800 maiores de idade, estaríamos nos referindo ao uso do método empírico, em que a probabilidade atribuída seria igual a 800/1.400 ou 57,14%.

Por outro lado, caso perguntássemos a um grupo de transeuntes qual a probabilidade de chover amanhã, a sua resposta seria fornecida mediante o uso do método subjetivo. Com certeza, inúmeras seriam as possíveis respostas subjetivas fornecidas.

## Terminologia e conceitos

Para poder estudar probabilidades, torna-se necessário definir alguns conceitos e terminologias usuais, como os relativos a experimento aleatório, espaço amostral e eventos.

**Experimento aleatório:** um experimento aleatório consiste em um fenômeno caracterizado por múltiplos resultados possíveis, para os quais modelos não determinísticos são apropriados. Como exemplos de experimentos aleatórios, podem ser citados:

$E_1$: Joga-se um dado e observa-se o número mostrado na face de cima.

$E_2$: Joga-se uma moeda três vezes e observa-se o número de caras obtido.

$E_3$: Em uma linha de produção, fabricam-se peças em série e conta-se o número de peças defeituosas produzidas em um período de 24 horas.

$E_4$: Um lâmpada é fabricada. Em seguida, é ensaiada quanto à duração de vida, pela colocação em um soquete e posterior anotação do tempo corrido em horas até a sua queima.

$E_5$: Um lote com dez peças contém três defeituosas. As peças são retiradas uma a uma, sem reposição da peça retirada, até que a última peça defeituosa seja encontrada. O número total de peças retiradas do lote é contado.

$E_6$: De uma urna, que só contém bolas pretas, tira-se uma bola e verifica-se sua cor.

$E_7$: Peças são fabricadas até que dez peças perfeitas sejam produzidas. O número total de peças fabricadas é contado.

É importante destacar que os experimentos mencionados possuem algumas características em comum:

a) cada experimento poderá ser repetido indefinidamente sob condições essencialmente inalteradas;

b) muito embora não seja possível afirmar que resultado particular ocorrerá, pode-se descrever o conjunto de todos os possíveis resultados do experimento;

c) quando o experimento for executado repetidamente, os resultados individuais parecerão ocorrer de forma acidental. Porém, quando o experimento for repetido um grande número de vezes, uma configuração definida ou regularidade surgirá – este fato expressa a validade da Lei dos Grandes Números, discutida no Capítulo 9 deste livro.

**Espaço amostral:** um conjunto de resultados totais pode ser obtido ao ser realizada uma experiência, embora um e somente um resultado possa ser obtido por vez. O conjunto de resultados possíveis de um experimento é chamado de espaço amostral. Ou seja, para cada experimento considerado, o espaço amostral representa o conjunto de todos os resultados possíveis do experimento.

Considerando os experimentos aleatórios anteriores, o espaço amostral para cada um deles pode ser descrito como:

$S_1$: {1; 2; 3; 4; 5; 6}

$S_2$: {0; 1; 2; 3}

$S_3$: {0; 1; 2; ...; N}, onde N é o número máximo que pode ser produzido em 24 horas

$S_4$: {t | t ≥ 0}

$S_5$: {3; 4; 5; 6; 7; 8; 9; 10}

$S_6$: {bola preta}

$S_7$: {10; 11; 12; ...}

**Eventos:** representam subconjuntos dos resultados possíveis, ou seja, subconjuntos do espaço amostral.

Em relação aos experimentos aleatórios apresentados anteriormente, podem ser citados como eventos:

$A_1$: {2; 4; 6}; isto é, um número par ocorre.

$A_2$: {2}; isto é, duas caras ocorrem.

$A_3$: {0}; isto é, todas as peças são perfeitas.

$A_4$: {t | t < 3}; isto é, a lâmpada queima em menos de 3 horas.

$A_5$: {3}; isto é, as 3 peças defeituosas foram as primeiras a serem retiradas.

$A_6$: {bola preta}; sempre ocorrerá bola preta.

$A_7$: {10}; isto é, o número total de peças extraídas é igual ao número de peças perfeitas.

Quando o espaço amostral for finito ou infinito numerável, todo subconjunto poderá ser considerado um evento. No entanto, se o espaço amostral for infinito não numerável, surgirá uma dificuldade teórica na identificação e apresentação de eventos.

Caso fosse solicitada a descrição do espaço amostral dos seguintes experimentos:

a) extrai-se uma bola de uma urna que contém bolas azuis, verdes e amarelas;
b) conta-se o número de peças produzidas em um dia numa indústria;
c) observa-se uma lâmpada até que se queime;
d) inspecionam-se duas peças para verificar se são defeituosas ou não,

os resultados obtidos seriam:

a) S = {azul; verde; amarelo}
b) S = {0; 1; 2; 4; 5; 6; ....; $n$}
c) S = {acesa; queimada}
d) S = {(defeituosa, boa); (defeituosa, defeituosa); (boa, defeituosa); (boa, boa)}

### Uniões e interseções

A consideração de mais que um evento em operações com probabilidades pode envolver análises de uniões ou interseções.

Uniões significam que um ou outro evento deve ser considerado. São representadas pela expressão "ou" e pelo símbolo "∪".

Considere os seguintes eventos:

A = {extrair a face 2 do lance de um dado honesto}

B = {extrair uma face ímpar do lance de um dado honesto}

O evento (A ∪ B) apresenta o espaço amostral S = {1, 2, 3, 5}. Todos os elementos de A e todos os elementos de B são considerados no espaço amostral.

Interseções significam que apenas elementos em comum devem ser considerados. São representadas pela expressão "e" e pelo símbolo "∩".

Considere os seguintes eventos:

A = {extrair a face 2 do lance de um dado honesto}

C = {extrair uma face par do lance de um dado honesto}

O evento (A ∩ C) apresenta o espaço amostral S = {2}. A única interseção é o elemento 2.

## Excludentes e exaustivos

Operações com probabilidades podem envolver considerações sobre eventos exaustivos ou excludentes. Veja as definições apresentadas a seguir.

**Eventos mutuamente exclusivos ou excludentes:** são aqueles que não ocorrem simultaneamente. Não existe elemento comum entre si. Quer dizer, a ocorrência de um evento impede a ocorrência de outro. Isso pode ser observado no nosso dia a dia, como comer e respirar; ouvir duas pessoas ao mesmo tempo etc. Diferenciam-se, portanto, dos não mutuamente exclusivos, em que a ocorrência de um não impede a ocorrência do outro. O cálculo da probabilidade de dois eventos ocorrerem juntos (simultaneamente) é feito pela regra da multiplicação.

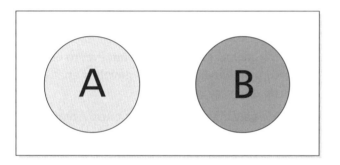

Figura 6.1   *Eventos mutuamente exclusivos.*

Se A e B são mutuamente exclusivos, sua interseção resulta em um conjunto vazio, $A \cap B$ = {vazio} e a probabilidade de ocorrência conjunta dos dois eventos é nula, P(A e B) = 0.

**Eventos coletivamente exaustivos:** são aqueles que esgotam todas as probabilidades dentro do espaço amostral. A soma das probabilidades dos eventos coletivamente exaustivos é sempre igual a 1 (ou 100%).

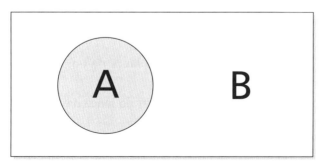

Figura 6.2   *Eventos coletivamente exaustivos.*

Se A e B são coletivamente exaustivos, a união de ambos resulta no próprio espaço amostral, A ou B = {espaço amostral}. A probabilidade da união dos dois eventos é igual a 100%, P (A ou B) = 1 = 100%.

Geralmente, quando dois eventos são coletivamente exaustivos, diz-se que um deles é complemento do outro. Assim, no caso dos eventos A e B apresentados na Figura 6.2, diz-se que B é complemento de A (ou vice-versa). O complemento de A pode ser apresentado de diferentes formas, como A', $A^c$ ou $\bar{A}$.

Veja os exemplos apresentados a seguir, em que os eventos são classificados como mutuamente exclusivos ou excludentes ou coletivamente exaustivos.

a) Extrair uma carta vermelha e extrair uma carta de ouros de um baralho.

Estes são eventos que não são mutuamente excludentes nem coletivamente exaustivos. É possível extrair uma carta que seja ao mesmo tempo vermelha e de ouros (ouros é um dos naipes vermelhos do baralho), o que impede o fato de os eventos serem mutuamente excludentes. Além disso, as cartas dos naipes pretos não seriam incluídas. Logo, também não são eventos coletivamente exaustivos.

b) Extrair uma carta vermelha e extrair uma carta de paus de um baralho.

Como paus é um naipe preto, os eventos são mutuamente excludentes. Não são coletivamente exaustivos, já que outras cartas do baralho não seriam incluídas.

c) Extrair uma carta vermelha e extrair uma carta preta de um baralho.

Estes são eventos mutuamente excludentes e coletivamente exaustivos. Não é possível que uma carta seja das duas cores ao mesmo tempo. Como no baralho só existem cartas destas duas cores, o evento é coletivamente exaustivo, também.

d) Extrair cara e extrair coroa do lance de uma moeda.

Estes também são eventos simultaneamente mutuamente excludentes e coletivamente exaustivos. Não é possível que uma face seja cara e coroa ao mesmo tempo. Como na moeda só existem estas duas faces, o evento é coletivamente exaustivo, também.

e) Extrair face par e extrair cinco do lance de um dado.

Como cinco é um número ímpar, os eventos são mutuamente excludentes. Não são coletivamente exaustivos, já que outros números do dado não seriam incluídos. Faltariam os números um e três.

f) Extrair face par e extrair face dois do lance de um dado.

Já que dois é um número par, estes são eventos que não são nem coletivamente exaustivos nem mutuamente excludentes.

**Probabilidade expressa como chance a favor:** muitas vezes, a probabilidade é expressa como chance a favor. Nestas situações, a fórmula empregada pode ser apresentada como a chance a favor do evento $x$, Chance ($x$), que corresponde ao número de eventos favoráveis dividido pelo número de eventos desfavoráveis.

Chance ($x$) = Número de eventos favoráveis: Número de eventos desfavoráveis

Para ilustrar, sabendo que a probabilidade de uma determinada empresa ganhar uma concorrência é igual a 3/5, a chance a favor de ganhar seria igual a 3:2.

Sabendo que a probabilidade de que um determinado novo produto supere o seu ponto de equilíbrio é igual a 2/3, a chance a favor de superar o ponto de equilíbrio seria igual a 2:1.

Por outro lado, sabendo que a chance a favor de um novo hotel ser lançado no centro da cidade é de 2:7, a probabilidade do lançamento ocorrer seria igual a 2/9.

No caso de um dado, a chance a favor de sair face par é de 1:1. No caso de um baralho, a chance de sair ouros é de 1:3.

## Princípios básicos de probabilidades

O entendimento das operações com probabilidades depende da compreensão do significado de alguns termos próprios, como eventos excludentes, exaustivos ou complementares, além das propriedades elementares envolvidas. Veja alguns dos conceitos apresentados a seguir.

a) **A probabilidade de um evento ocorrer deve estar entre 0 e 1**

Apresenta uma noção simples e importante. Já que a probabilidade apresenta a relação entre os números de eventos favoráveis e possíveis, o número de eventos favoráveis fica limitado entre zero e o número de eventos possíveis. Assim, pode-se dizer que a menor probabilidade de ocorrência de um determinado evento é igual a zero e o maior valor é igual a 1 ou 100%. Algebricamente, tem-se que:

$$0 \leq P(\text{Evento}) \leq 1$$

b) **A probabilidade do espaço amostral é igual a 1**

Naturalmente, o espaço amostral abrange todos os eventos possíveis. Assim, ao considerar a probabilidade do espaço amostral, observa-se que o número de eventos favoráveis é igual ao número de eventos possíveis. Assim, a probabilidade será igual a 1 ou 100%. Algebricamente, tem-se que:

$$P(S) = 1$$

c) **A probabilidade de ocorrência de eventos mutuamente excludentes é nula**

Eventos mutuamente excludentes são aqueles que não apresentam elementos em comum. A ocorrência de um determinado evento impede a ocorrência de outro evento. Por exemplo, a extração de uma carta vermelha e de uma carta preta são eventos mutuamente excludentes. Não é possível que uma carta seja vermelha e preta ao mesmo tempo.

Se dois eventos forem mutuamente excludentes, não existe interseção entre eles. Algebricamente, considerando $E_1$ e $E_2$ eventos mutuamente excludentes, tem-se que:

$$E_1 \cap E_2 = \phi$$

A probabilidade de eventos mutuamente excludentes ocorrerem ao mesmo tempo é zero, já que não há elemento comum entre eles.

$$P(E_1 \cap E_2) = 0$$

d) **A probabilidade de ocorrência de eventos coletivamente exaustivos é igual a 1**

Eventos coletivamente exaustivos são aqueles que contemplam todo o espaço amostral. Assim, a probabilidade de ocorrência destes eventos é igual à probabilidade de ocorrência do próprio espaço amostral, que é igual a 1 ou 100%.

Se dois eventos forem coletivamente exaustivos, a soma das probabilidades da ocorrência de um ou outro é igual a 1 ou 100%. Algebricamente, tem-se que:

$$P(E_1 \cup E_2) = 1$$

No lance de um dado honesto, os eventos {sair face par} e {sair face ímpar} são eventos coletivamente exaustivos. Logo, a probabilidade de {sair face par ou sair face ímpar} será sempre igual a 1 ou 100%.

### e) A probabilidade de um complemento é igual a 1 menos a probabilidade do evento

Se $A^c$ é complemento de $A$, isto é, os elementos do espaço amostral não pertencentes a A, a probabilidade de $A^c$ é igual à probabilidade de A tendo sido subtraída de 1. Algebricamente, tem-se que:

$$P(A^c) = 1 - P(A)$$

Considerando os eventos associados ao nascimento de um bebê {ser do sexo masculino} e {ser do sexo feminino}, sabendo que a probabilidade de nascimentos de homens é igual a 48%, encontra-se que a probabilidade associada ao nascimento de uma menina será igual a (1 – 48%), que resulta em 52%.

## Representando probabilidades em diagramas de Venn

Uma forma fácil e simples de representar probabilidades pode ser feita com o auxílio de gráficos que mostrem os diferentes conjuntos e subconjuntos analisados. Estes gráficos costumam ser apresentados sob a denominação de diagramas de Venn. Os diagramas consistem em uma forma lúdica e fácil de representar as probabilidades associadas a dois ou mais eventos, mutuamente exclusivos ou não.

Os diagramas de Venn representam os conjuntos analisados, apresentando elementos ou probabilidades. Por exemplo, imagine que uma classe de 20 alunos de uma escola de ensino fundamental revele 14 indivíduos do gênero masculino. A representação dos números pode ser feita com o auxílio do diagrama da Figura 6.3.

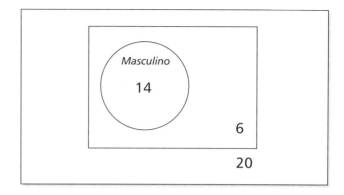

Figura 6.3  *Diagrama de Venn, apresentado com frequências.*

O diagrama da Figura 6.3 mostra o tamanho do universo considerado, igual a 20, e o subconjunto formado por indivíduos do gênero masculino, igual a 14. Naturalmente, se o universo era formado por 20 elementos, sendo 14 do gênero masculino, conclui-se que 6 não eram do gênero masculino. Neste caso, 6 indivíduos são do gênero feminino, evento considerado complementar ao gênero masculino.

As probabilidades poderiam ser apresentadas no lugar das frequências, conforme a Figura 6.4.

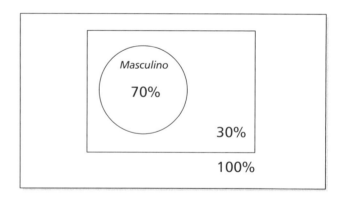

Figura 6.4  *Diagrama de Venn, apresentado com frequências relativas ou probabilidades.*

O diagrama mostra a probabilidade ou frequência relativa do universo considerado, igual a 100%, e a probabilidade do subconjunto formado por indivíduos do gênero masculino, igual a 70%. A probabilidade de indivíduos de gênero feminino é igual a 30%.

A utilidade maior do diagrama de Venn se faz presente quando mais de um evento é considerado. Nesta situação, o uso do diagrama facilita a compreensão das interseções, uniões e complementos.

Para ilustrar, um outro exemplo do diagrama de Venn está ilustrado na Figura 6.5. No retângulo está representado o universo. Em cada círculo estão reproduzidas as probabilidades de ocorrência dos eventos analisados. Na interseção dos círculos, deve ser exposta a interseção das probabilidades dos eventos.

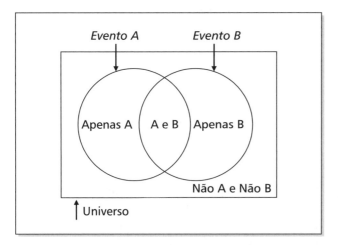

Figura 6.5 *Diagrama de Venn com eventos A e B.*

O diagrama ilustra os eventos, ou as probabilidades, ou frequências associadas a cada um dos possíveis eventos, incluindo uniões, interseções e complementos. O preenchimento do diagrama deve ser feito da maior interseção para a menor.

Ainda em relação ao exemplo anterior da classe de 20 alunos, dos quais 14 indivíduos eram do gênero masculino, pode-se admitir a presença de um segundo evento, representado pelo fato de o aluno gostar de atividades físicas. Supondo que 9 indivíduos masculinos e 3 indivíduos femininos tenham declarado gostar de atividades físicas, uma nova representação do diagrama poderia ser feita.

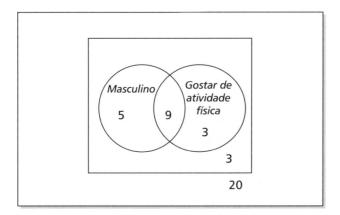

Figura 6.6 *Diagrama com dois eventos.*

A Figura 6.6 ilustra o digrama com os dois eventos. Nesta nova situação, podem-se obter de forma simples e clara as frequências simples associadas às uniões, interseções e complementos. Sabe-se, por exemplo, que três indivíduos do gênero feminino não gostam de atividades físicas. Sabe-se, também, que cinco indivíduos do gênero masculino também não gostam de atividades físicas.

Da mesma forma que as frequências foram expostas, o diagrama poderia representar as probabilidades. Veja a ilustração da Figura 6.7.

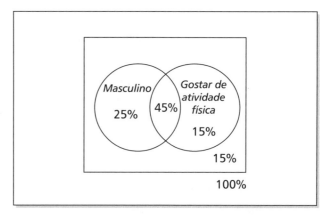

Figura 6.7 *Diagrama com probabilidades.*

Veja um outro exemplo apresentado a seguir. Em uma escola de informática com 120 alunos matriculados, 48 fazem o curso de planilha eletrônica, 82 fazem o curso de processador de textos e 30 fazem ambos os cursos. Pedem-se representar as frequências em um diagrama de Venn.

A representação no gráfico pode ser feita conforme características expostas a seguir.

Deve-se começar o preenchimento do gráfico pela maior interseção. Como no exemplo mencionado existe apenas uma interseção, esta deve ser a primeira área preenchida.

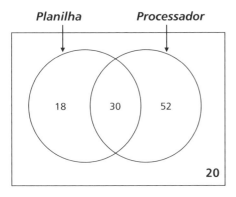

Como 48 alunos fazem o curso de planilha eletrônica e destes 30 fazem, também, o curso de processador de texto, apenas 18 fazem exclusivamente o curso de planilha eletrônica. Como 82 fazem o curso de processador de texto e destes 30 fazem o curso de planilha eletrônica, apenas 52 alunos fazem exclusivamente o curso de processador de texto.

Somando os valores das três áreas, tem-se que 18 + 30 + 52 = 100. Como a escola possui 120 alunos, deduz-se que a diferença, 120 – 100 = 20, não faz nem o curso de planilha eletrônica nem o curso de processador de texto.

Com o diagrama construído, podem-se, facilmente, obter as diferentes probabilidades associadas aos diferentes eventos. Por exemplo, a probabilidade de um aluno escolhido ao acaso:

a) fazer exclusivamente o curso de planilha eletrônica é igual a 18/120 = 15%;
b) fazer exclusivamente o curso de processador de textos é igual a 52/120 = 43,33%;
c) fazer ambos os cursos é igual a 30/120 = 25%;
d) não fazer nenhum dos dois cursos é igual a 20/120 = 16,67%.

Conforme já ilustrado anteriormente, o diagrama poderia ser utilizado para representar diretamente probabilidades, também.

Em outro exemplo, sabe-se que em determinada empresa a probabilidade de um funcionário ser fumante é igual a 40% e de ser fumante e de ter filhos é igual a 28%. Independentemente de fumar ou não, a probabilidade de um funcionário ter filhos é igual a 50%. Pedem-se representar as probabilidades no diagrama de Venn.

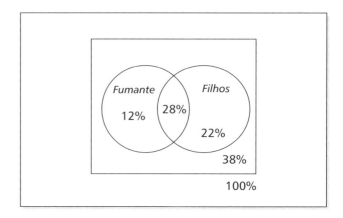

Figura 6.8  *Diagrama com probabilidades.*

Começando pela maior interseção, ser fumante e ter filhos, com probabilidade igual a 28%, deve-se ir preenchendo gradualmente as outras regiões do diagrama. O resultado está apresentado na Figura 6.8.

## Principais teoremas

Nas operações com probabilidades, torna-se necessário conhecer e aplicar dois teoremas fundamentais da álgebra das probabilidades: o teorema do produto e o teorema da soma. A compreensão e o emprego dos dois teoremas facilita em grande parte as operações algébricas com probabilidades.

*a) Teorema da soma:* aplica-se nas operações aditivas de probabilidades. Operações aditivas geralmente envolvem a expressão "ou" e são representadas pelo símbolo de união "U". Por exemplo, a aplicação do teorema da soma permite obter qual a probabilidade da extração de um rei (considerando evento $E_1$) ou de um valete (considerando evento $E_2$) de um baralho.

$$P(E_1 \text{ ou } E_2) = P(E_1 \cup E_2)$$

O teorema da soma pode ser apresentado de duas formas, a depender da existência de interseção entre os eventos analisados.

*Teorema da soma para eventos mutuamente exclusivos:* deve ser aplicado quando os eventos $E_1$ e $E_2$ não possuem elementos em comum. Neste caso, a probabilidade da união é igual à soma das probabilidades individuais. Algebricamente, a soma pode ser apresentada como:

$$P(E_1 \cup E_2) = P(E_1) + P(E_2)$$

Neste caso, deve-se lembrar que, se os eventos $E_1$ e $E_2$ são mutuamente exclusivos, sua interseção resulta em um conjunto vazio, $E_1 \cap E_2 = \phi$, e a probabilidade da interseção é igual a zero, $P(E_1 \cap E_2) = 0$.

Por exemplo, para calcular a probabilidade da extração de um rei ou de um valete de um baralho comum, pode ser aplicado o teorema anterior, já que nenhuma carta pode ser ao mesmo tempo rei e valete. A extração de um rei e um valete são eventos mutuamente exclusivos.

Considerando $E_1$ = {extrair rei} e $E_2$ = {extrair valete}, as probabilidades associadas a $E_1$ e $E_2$ são $P(E_1)$ = {4/52} e $P(E_2)$ = {4/52}. Assim, a probabilidade de ocorrência da soma poderia ser apresentada como:

$$P(E_1 \cup E_2) = P(E_1) + P(E_2) = \frac{4}{52} + \frac{4}{52} = \frac{8}{52}$$

Ou seja, a probabilidade de extrair rei ou valete é de 8/52.

**b) Teorema do produto:** aplica-se nas operações multiplicativas de probabilidades. Operações multiplicativas geralmente envolvem a expressão "e" e são representadas pelo símbolo da interseção "∩". Por exemplo, a aplicação do teorema da soma permite obter qual a probabilidade da extração de uma bola vermelha e uma bola branca de uma urna com 6 bolas vermelhas e quatro bolas brancas.

O teorema do produto pode ser apresentado de duas formas distintas, que dependem da classificação dos eventos analisados em dependentes ou independentes.

Na análise de eventos dependentes, o resultado de um evento subsequente depende dos resultados dos eventos antecedentes. Eventos independentes ocorrem, como o próprio nome já revela, de forma não associada aos resultados antecedentes.

*Teorema da soma para eventos **não** mutuamente exclusivos:* deve ser aplicado quando os eventos $E_1$ e $E_2$ possuem elementos em comum, isto é, quando existe interseção entre $E_1$ e $E_2$. Algebricamente, pode ser apresentado como:

$$P(E_1 \cup E_2) = P(E_1) + P(E_2) - P(E_1 \cap E_2)$$

Por exemplo, para calcular a probabilidade da extração de um rei ou de uma carta vermelha de um baralho comum, pode ser aplicado o teorema anterior. É preciso considerar quantas cartas podem ser rei e vermelha ao mesmo tempo. A extração de um rei e uma carta vermelha não são eventos mutuamente exclusivos – podem ocorrer ao mesmo tempo.

Considerando $E_1$ = {extrair rei} e $E_2$ = {extrair vermelha}, as probabilidades de $E_1$ e $E_2$ podem ser apresentadas respectivamente como: $P(E_1)$ = {4/52}, existem 4 reis em um baralho de 52 cartas e $P(E_2)$ = {26/52}, existem 26 cartas vermelhas em um baralho de 52 cartas. A interseção $P(E_1 \cap E_2)$ = {2/52}, existem 2 reis vermelhos em um baralho com 52 cartas.

A aplicação do teorema permite encontrar a probabilidade:

$$P(E_1 \cup E_2) =$$
$$= P(E_1) + P(E_2) - P(E_1 \cap E_2) = \frac{4}{52} + \frac{26}{52} - \frac{2}{52} = \frac{28}{52}$$

Como existem 28 cartas vermelhas ou reis em um baralho formado por 52 cartas, a probabilidade de extrair rei ou vermelha é igual a 28/52.

Para ilustrar, o evento resultante da extração de 2 bolas de uma urna com 6 bolas vermelhas e 4 bolas brancas pode ser classificado de diferentes formas:

**Independente:** quando a extração for do tipo **com** reposição. O resultado da segunda extração em nada depende do que ocorreu na primeira extração, já que existe a reposição da bola extraída na urna.

Por exemplo, considere o evento efetuar dois sorteios com reposição de uma urna com 6 bolas vermelhas e 4 bolas brancas. Naturalmente, já que existe a reposição da bola extraída após o primeiro sorteio, os sorteios são eventos **independentes**.

A probabilidade de extração de uma bola vermelha no segundo sorteio independe do que ocorreu no primeiro sorteio. Em ambos os sorteios, as probabilidades de extração de bola vermelha serão iguais a 6/10 ou 60%.

**Dependente:** quando a extração for do tipo **sem** reposição. O resultado da segunda extração depende do que ocorreu na primeira extração, já que não existe a reposição da bola extraída na urna.

Em outro exemplo, considere o evento extrair sequencialmente duas bolas de uma urna com 6 bolas vermelhas e 4 bolas brancas. Como não existe a reposição da bola extraída após o primeiro sorteio, os sorteios são eventos **dependentes**.

No primeiro sorteio, a probabilidade de extração de uma bola vermelha será igual a 6/10 ou 60%. Porém, a probabilidade de extração de uma bola vermelha no segundo sorteio depende do que ocorreu no primeiro sorteio. Ou seja, caso uma bola branca tenha sido extraída no primeiro sorteio, a probabilidade de extração de uma bola vermelha no segundo sorteio será igual a 6/9. Por outro lado, caso uma bola vermelha tenha sido extraída no primeiro sorteio, a probabilidade de extração de uma outra bola vermelha no segundo sorteio será igual a 5/9.

Para aplicar o teorema do produto, é preciso reconhecer o fato de os eventos serem dependentes ou independentes.

*Teorema do produto para eventos independentes*: deve ser empregado quando o resultado do segundo evento não estiver associado ao resultado do primeiro evento. Algebricamente, pode ser apresentado como:

$$P(E_1 \cap E_2) = P(E_1) \times P(E_2)$$

Por exemplo, pode-se empregar o teorema para calcular qual a probabilidade da extração de uma bola vermelha e uma bola branca (nesta ordem) de uma urna com 6 bolas vermelhas e 4 bolas brancas, supondo a reposição da primeira bola extraída antes da extração da segunda bola.

Considerando $E_1$ = {extrair bola branca no primeiro sorteio} e $E_2$ = {extrair bola vermelha no segundo sorteio}, as probabilidades de $E_1$ e $E_2$ são respectivamente $P(E_1)$ = {4/10} e $P(E_2)$ = {6/10}.

A aplicação do teorema permite encontrar a probabilidade de extração das 2 bolas:

$$P(E_1 \cap E_2) = P(E_1) \times P(E_2) = \frac{4}{10} \times \frac{6}{10} = \frac{24}{100} = 0{,}24$$

Em outra situação, um dado é lançado e uma carta de um baralho completo é retirada ao mesmo tempo. Qual a probabilidade de sair um número ímpar no dado e um valete do baralho?

Naturalmente, estes são eventos independentes. O resultado de um em nada interfere na probabilidade do outro.

$$P(\text{ímpar}) = 1/2$$
$$P(\text{valete}) = 4/52$$

Aplicando o teorema, tem-se que:

$$P(\text{ímpar} \cap \text{valete}) = \frac{1}{2} \times \frac{4}{52} = \frac{4}{104}$$

*Teorema do produto para eventos dependentes*: deve ser empregado quando o resultado do segundo evento estiver associado **necessariamente** ao resultado do primeiro evento. Algebricamente, pode ser apresentado como:

$$P(E_1 \cap E_2) = P(E_1) \times P(E_2 \mid E_1)$$

A expressão $P(E_2 \mid E_1)$ deve ser lida como "probabilidade de $E_2$, **dado que ocorreu** $E_1$". Ou seja, é uma probabilidade que depende do que ocorreu anteriormente com $E_1$.

Por exemplo, pode-se empregar o teorema anterior para calcular qual a probabilidade da extração de uma bola vermelha e uma bola branca (nesta ordem) de uma urna com 6 bolas vermelhas e 4 bolas brancas, supondo a não reposição da primeira bola extraída antes da extração da segunda bola.

Considerando: $E_1$ = {extrair bola branca no primeiro sorteio} e $E_2$ = {extrair bola vermelha no segundo sorteio}, a probabilidade de $E_1$ é igual a $P(E_1)$ = {4/10}. Porém, a probabilidade de $E_2$ depende do que ocorreu com $E_1$. Como se supôs que em $E_1$ se extraiu uma bola branca, restam na urna 9 bolas, sendo 3 brancas e seis vermelhas. A probabilidade de $E_2$ pode ser apresentada como $P(E_2 \mid E_1)$ = {6/9}.

A aplicação do teorema permite encontrar a probabilidade de extração das duas bolas:

$$P(E_1 \cap E_2) = P(E_1) \times P(E_2 \mid E_1) = \frac{4}{10} \times \frac{6}{9} = \frac{24}{90}$$

*Probabilidades condicionais*: o teorema do produto para eventos dependentes, apresentado anteriormente, requer considerações especiais em situações em que a ocorrência de um evento anterior afeta a probabilidade de eventos posteriores, como no caso de sorteios sem repetições.

Por exemplo: a análise do segundo sorteio sequencial de uma bola de uma urna que contém 6 bolas vermelhas e 4 brancas dependerá de qual cor de bola foi extraída no primeiro sorteio. Caso uma bola branca tenha sido extraída, a probabilidade de extrair uma bola branca no segundo sorteio será igual a 3/9. Caso uma bola vermelha tenha sido extraída, a probabilidade de extrair uma bola branca no segundo sorteio será igual a 4/9. Situações como esta são estudadas com o uso do conceito de probabilidades condicionais.

Seja $S$ um espaço amostral e considere dois eventos $A$ e $B$. Com o símbolo $P(A|B)$ indica-se a probabilidade de $A$ ocorrer, dado que o evento $B$ ocorreu. Ou seja, $P(A|B)$ corresponde à probabilidade **condicional** do evento $A$, uma vez que $B$ tenha ocorrido. O cálculo de $P(A|B)$ implica na consideração de $B$ como um novo espaço amostral reduzido, dentro do qual se deseja calcular a probabilidade de $A$.

O conceito de probabilidade condicional deve ser empregado em condições em que o universo é restringido por alguma condição preestabelecida. Geralmente, as condições vêm acompanhadas das expressões como, se, caso, dado etc.

Assim, o exemplo das bolas pode apresentar a probabilidade condicional $P$(Extrair bola branca no segundo sorteio | Foi extraída bola branca no primeiro sorteio), que pode ser lida como extrair bola branca no segundo sorteio, dado que foi extraída bola branca no primeiro sorteio. Neste caso, a probabilidade é igual a 3/9.

Em outro exemplo, considere que em uma fila existem oito adultos, sendo dois do sexo feminino e seis do sexo masculino, e seis crianças, sendo três de cada sexo. Pede-se calcular a probabilidade de uma pessoa do sexo masculino ser escolhida ao acaso.

Para calcular a probabilidade, basta verificar que existem 14 pessoas no universo, ou seja, 14 elementos possíveis no espaço amostral. Destas, 9 são do sexo masculino, sendo 6 adultos e 3 crianças. A probabilidade expressaria a relação entre o número de elementos desejados e o número de elementos possíveis. No caso: $P$(masculino) = 9/14.

Considerando probabilidades condicionais, caso fosse solicitada a probabilidade de uma pessoa do sexo masculino ser escolhida ao acaso, **dado esta pessoa ser adulta**, a situação envolveria uma alteração nos cálculos – já que o universo reduziu-se para pessoas adultas. Como existem oito pessoas adultas, das quais seis são do sexo masculino, a probabilidade obtida seria igual a: $P$(masculino | adulto) = 6/8.

A probabilidade condicional implica no cálculo da relação entre a ocorrência dos eventos $A$ e $B$ simultaneamente, em relação ao universo restrito representado pelas probabilidades de $A$ ou $B$, a depender da situação. Algebricamente, probabilidades condicionais podem ser representadas pelas seguintes equações:

$$P(A \mid B) = \frac{P(A \cap B)}{P(B)}, \text{ desde que } P(B) > 0$$

e

$$P(B \mid A) = \frac{P(A \cap B)}{P(A)}, \text{ desde que } P(A) > 0$$

Relembramos que $P(A|B)$ deve ser lido como a probabilidade de $A$, dado que ocorreu $B$.

Em outra situação, considere que, em uma cidade do Centro-Oeste, a probabilidade de amanhecer fazendo sol em um dia de verão é igual a 30%. A probabilidade de amanhecer fazendo sol e chover pela tarde em um dia de verão é igual a 15%. Pede-se calcular, em um dia de verão, a probabilidade de chover pela tarde, dado que amanheceu com sol.

Definindo os eventos: $A$ = {amanhecer com sol} e $B$ = {chover pela tarde} e aplicando a fórmula anterior tem-se que:

$$P(B \mid A) = \frac{P(B \cap A)}{P(A)} = \frac{0,15}{0,30} = 0,50 = 50\%$$

Logo, a probabilidade de chover pela tarde, dado que amanheceu com sol, é igual a 50%.

Deste modo, existem duas maneiras de calcular a probabilidade condicional $P(B|A)$:

a) diretamente, pela consideração da probabilidade de $B$ em relação ao espaço amostral reduzido $A$;
b) empregando a definição anterior, em que $P(A \cap B)$ e $P(A)$ são calculados em relação ao espaço amostral total.

*Tabelas de probabilidade condicional*: consistem em uma forma simples de representar as probabilidades de ocorrência de dois eventos estudados.

Na primeira coluna e na primeira linha, são apresentadas as legendas referentes às probabilidades de ocorrência dos eventos A e A complementar ($A^c$) e dos eventos B e B complementar ($B^c$).

| Evento | | A | | |
|---|---|---|---|---|
| | | A | $A^c$ | Soma |
| B | B | | | |
| | $B^c$ | | | |
| | Soma | | | 100% |

Convém ressaltar que a soma de **todas** as probabilidades deve ser igual a 100%.

Para ilustrar o uso da tabela de probabilidade condicional, por exemplo, considere o evento A = {ser do sexo feminino} e o evento B = {ser casado}. Imagine que, em uma determinada empresa, 40% dos funcionários sejam do sexo masculino. Dado que o funcionário é do sexo masculino, a probabilidade de ser casado é igual a 70%. Dado que é do sexo feminino, a probabilidade de ser casado é igual a 80%.

A compreensão das probabilidades associadas a ambos os eventos torna-se muito mais simples mediante o emprego da tabela de probabilidade condicional, cujo preenchimento está apresentado a seguir.

O primeiro passo consiste em considerar os dois eventos na tabela. Veja o exemplo seguinte.

| Evento | | A = {ser do sexo feminino} | | |
|---|---|---|---|---|
| | | A | $A^c$ | Soma |
| B = {ser casado} | B | | | |
| | $B^c$ | | | |
| | Soma | | | 100% |

O enunciado menciona que 40% dos funcionários são do sexo masculino – que corresponde ao complemento de A. Logo, 60% dos funcionários são do sexo feminino. Algebricamente: $P(A^c) = 40\%$ e $P(A) = 60\%$. A informação deve ser transcrita para a tabela de probabilidade condicional.

| Evento | | A = {ser do sexo feminino} | | |
|---|---|---|---|---|
| | | A | $A^c$ | Soma |
| B = {ser casado} | B | | | |
| | $B^c$ | | | |
| | Soma | 60% | 40% | 100% |

Como, dos funcionários do sexo masculino, 70% são casados, isto equivale a 70% × 40% = 28% do total. Aplicando o mesmo raciocínio, 80% dos funcionários do sexo feminino são casados, ou 80% × 60% = 48% do total. Os valores podem ser transcritos para a tabela.

| Evento | | A = {ser do sexo feminino} | | |
|---|---|---|---|---|
| | | A | $A^c$ | Soma |
| B = {ser casado} | B | 80% × 60% = 48% | 70% × 40% = 28% | |
| | $B^c$ | | | |
| | Soma | 60% | 40% | 100% |

Para finalizar, as demais células da tabela podem ser preenchidas, observando-se as somas já registradas.

| Evento | | A = {ser do sexo feminino} | | |
|---|---|---|---|---|
| | | A | $A^c$ | Soma |
| B = {ser casado} | B | 80% × 60% = 48% | 70% × 40% = 28% | 48% + 28% = 76% |
| | $B^c$ | 60% – 48% = 12% | 40% – 28% = 12% | 12% + 12% = 24% |
| | Soma | 60% | 40% | 100% |

O resultado final está apresentado a seguir.

| Evento | | A = {ser do sexo feminino} | | |
|---|---|---|---|---|
| | | A | $A^c$ | Soma |
| B = {ser casado} | B | 48% | 28% | 76% |
| | $B^c$ | 12% | 12% | 24% |
| | Soma | 60% | 40% | 100% |

Com a apresentação da tabela de probabilidade condicional, a análise de quaisquer probabilidades associadas aos eventos torna-se muito mais simples. Por exemplo:

a) a probabilidade de um funcionário ser casado é igual a 76% (soma da linha B);

b) a probabilidade de um funcionário não ser casado e ser do sexo feminino é igual a 12% (linha B$^c$ com coluna A);

c) a probabilidade de um funcionário do sexo feminino não ser casado é igual a 12%/60% = 20%.

*Teorema da probabilidade total*: pode ser representado por meio da Figura 6.9.

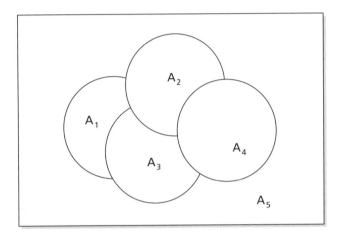

Figura 6.9 *Espaço amostral particionado.*

Considere $n$ eventos $A_1$, $A_2$, .., $A_n$. Os eventos formam uma partição do espaço amostral S, quando a probabilidade de cada evento é maior que zero, quando os eventos são mutuamente excludentes e quando a união de todos os eventos resulta no próprio espaço amostral.

a) $P(A_k) > 0$, para todo valor de $k$
b) $A_i \cap A_j = \emptyset$, para $i \neq j$
c) $\bigcup_{i=1}^{n} A_i = S$

Figura 6.10 *Características da partição do espaço amostral S em $A_k$ eventos.*

Considerando o número $n$ de eventos igual a 5, pode-se ver a partição do espaço amostral na Figura 6.9.

Agora, imagine a necessidade de se encontrar a probabilidade do evento E, representado na Figura 6.11.

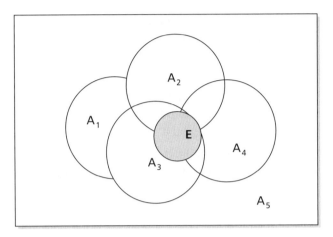

Figura 6.11 *Evento E no espaço amostral S.*

A probabilidade de E, ou P(E), pode ser encontrada por meio das partições do espaço amostral. Poderia ser apresentada como:

$$P(E) = P(A_1 \cap E) + P(A_2 \cap E) + .... + P(A_n \cap E)$$

Considerando a probabilidade condicional $P(E|A_i)$, cada termo $P(E \cap A_i)$ pode ser expresso na forma $P(E|A_j) \times P(A_j)$. Do produto, pode-se obter o que se denomina teorema da probabilidade total:

$$P(E) = P(E \mid A_1)P(A_1) + P(E \mid A_2)P(A_2) \\ + .... + P(E \mid A_n)P(A_n)$$

Esse resultado representa uma relação útil. Frequentemente, quando P(E) é pedida, pode ser difícil calculá-la diretamente. No entanto, com a informação adicional de que $A_j$ tenha ocorrido, pode-se calcular $P(E|A_j)$ e, em seguida, empregar a fórmula anterior.

Para ilustrar o uso do teorema da probabilidade total, considere o exemplo das bolas. Pode-se empregar o teorema para calcular qual a probabilidade da extração de uma urna que apresenta 6 bolas vermelhas e 4 bolas brancas. Duas bolas são extraídas, sem a reposição da primeira bola extraída, antes da extração da segunda bola.

Considera-se $E_1$ = {extrair bola branca no primeiro sorteio} e $E_2$ = {extrair bola branca no segundo sorteio}. Logo, $E_1^c$ = {não extrair bola branca no primeiro sorteio} e $E_2^c$ = {não extrair bola branca no segundo sorteio}.

Naturalmente, a probabilidade de $E_1$ é $P(E_1)$ = {4/10}.

Porém, a probabilidade de $E_2$ dependerá do que ocorreu no primeiro sorteio. Caso tenha sido extraída uma bola branca, a probabilidade de $E_2$, dado que ocorreu $E_1$, $P(E_2|E_1)$, é igual a 3/9.

Por outro lado, caso tenha sido extraída uma bola vermelha, a probabilidade de $E_2$, dado que ocorreu $E_1^c$, $P(E_2|E_1^c)$, é igual a 4/9.

Assim, a probabilidade de $E_2$ poderá ser obtida por meio do teorema da probabilidade total. A probabilidade de ocorrência de uma segunda bola branca pode ser obtida considerando a extração de (uma bola branca e outra bola branca) ou (uma bola vermelha e uma bola branca).

Algebricamente, usando o teorema da probabilidade total, tem-se:

$$P(E_2) = P(E_2 \mid E_1) \cdot P(E_1) + P(E_2 \mid E_1^c) \cdot P(E_1^c)$$

Os valores das probabilidades já foram apresentados anteriormente:

$P(E_2 \mid E_1) = 3/9$
$P(E_1) = 4/10$
$P(E_2 \mid E_1^c) = 4/9$
$P(E_1^c) = 6/10$

Substituindo na equação anterior, tem-se que:

$$P(E_2) = P(E_2 \mid E_1) \cdot P(E_1) + P(E_2 \mid E_1^c) \cdot P(E_1^c) = 3/9 \times 4/10 + 4/9 \times 6/10 = 36/90$$

Assim, a probabilidade de se obter uma bola branca no segundo sorteio é igual a 36/90.

Em outro exemplo, uma determinada peça é manufaturada por três fábricas, denominadas 1, 2 e 3. Sabe-se que 1 produz o dobro de peças que 2, e 2 e 3 produziram o mesmo número de peças (durante um período de produção especificado). Sabe-se também que 2% das peças produzidas por 1 e 2 são defeituosas, enquanto 4% daquelas produzidas por 3 são defeituosas. Todas as peças produzidas são colocadas em um depósito, e depois uma peça é extraída ao acaso. Qual é a probabilidade de que essa peça seja defeituosa?

Considerando os seguintes eventos: $E$ = {a peça é defeituosa}, $A_1$ = {a peça provém de 1}, $A_2$ = {a peça provém de 2}, $A_3$ = {a peça provém de 3}, pede-se a probabilidade de ocorrência do evento $E$, ou $P(E)$.

Empregando o teorema da probabilidade total, pode-se escrever:

$$P(E) = P(E \mid A_1)P(A_1) + P(E \mid A_2)P(A_2) + \ldots + P(E \mid A_n)P(A_n)$$

Sabe-se que $P(A_1) = 1/2$, enquanto $P(A_2) = P(A_3) = 1/4$. Também, $P(E|A_1) = P(E|A_2) = 0{,}02$, enquanto $P(E|A_3) = 0{,}04$. Substituindo-se os valores na expressão do teorema da probabilidade total, tem-se que:

$P(E) = 0{,}02 \times 1/2 + 0{,}02 \times 1/4 + 0{,}04 \times 1/4 = 0{,}025$.

Assim, a probabilidade de que uma peça seja defeituosa é igual a 0,025.

## Arranjos, permutações e combinações

Arranjos, permutações e combinações representam técnicas de contagem e enumeração aplicáveis às probabilidades. Em algumas situações, podem ser empregados na contagem de eventos favoráveis ou possíveis.

Uma técnica de uso simples em atividades de contagem e enumeração consiste na aplicação do teorema do produto e no uso de representação por meio de compartimentos e possibilidades. Os compartimentos representam os elementos analisados. Para cada elemento, deve ser apresentado o número de possibilidades correspondente. Veja a figura seguinte.

| Compartimento | I | II | III | IV | ... | N |
|---|---|---|---|---|---|---|
| Número de possibilidades | | | | | | |

Nos compartimentos devem ser colocados os números de possibilidades. O número total de possibilidade para a situação analisada será igual à multiplicação dos valores individuais de cada um dos compartimentos.

Para ilustrar, considere que em um posto bancário 11 clientes esperam em fila para serem atendidos.

São homens 6 clientes e 5 são mulheres. De quantas maneiras diferentes seria possível organizar a fila, de modo que os homens ficassem nos lugares ímpares e as mulheres nos lugares pares?

Para responder à pergunta, bastaria usar a técnica anterior. Os 6 homens devem ficar nos lugares ímpares. Assim, o lugar I apresenta 6 possibilidades diferentes. O lugar III, apenas 5, já que um homem já está no lugar I. O lugar V apresenta 4 possibilidades, já que existem 2 homens nos lugares I e III. E assim por diante.

O número de possibilidades para organização dos homens está representado na figura seguinte.

| Compartimento ou lugar na fila | I | II | III | IV | V | VI | VII | VIII | IX | X | XI |
|---|---|---|---|---|---|---|---|---|---|---|---|
| Número de possibilidades | 6 |   | 5 |   | 4 |   | 3 |   | 2 |   | 1 |

Por outro lado, as 5 mulheres devem ficar nos lugares pares. Assim, o lugar II apresenta 5 possibilidades diferentes. O lugar IV, apenas 4, já que uma mulher já está no lugar II. O lugar VI apresenta 3 possibilidades, já que existem 2 mulheres nos lugares II e IV. E assim por diante.

O número de possibilidades para a organização das mulheres está representado na figura seguinte.

| Compartimento ou lugar na fila | I | II | III | IV | V | VI | VII | VIII | IX | X | XI |
|---|---|---|---|---|---|---|---|---|---|---|---|
| Número de possibilidades |   | 5 |   | 4 |   | 3 |   | 2 |   | 1 |   |

Considerando homens e mulheres, o número de possibilidades para organização de todos os indivíduos está representado na figura seguinte.

| Compartimento ou lugar na fila | I | II | III | IV | V | VI | VII | VIII | IX | X | XI |
|---|---|---|---|---|---|---|---|---|---|---|---|
| Número de possibilidades | 6 | 5 | 5 | 4 | 4 | 3 | 3 | 2 | 2 | 1 | 1 |

Assim, usando o teorema do produto, o número total de maneiras será:

$$N_{maneiras} = 6 \times 5 \times 5 \times 4 \times 4 \times 3 \times 3 \times 2 \times 2 \times 1 \times 1 = 86.400$$

Existiriam 86.400 maneiras de arrumar a fila.

Em outro exemplo, pede-se obter quantos números de 6 algarismos podem ser formados com os 10 algarismos, em 3 situações distintas: (a) admitindo-se repetições; (b) não se admitindo repetições; (c) se o último algarismo deve ser 0.

Usando compartimentos e possibilidades, cálculos diferentes seriam desenvolvidos.

a) admitindo-se repetições: nesta situação, para que o número tenha 6 algarismos, o primeiro não pode ser zero. Já que as repetições são permitidas, os outros podem ser iguais a quaisquer dos 10 algarismos.

| Compartimento | I | II | III | IV | V | VI |
|---|---|---|---|---|---|---|
| Número de possibilidades | 9 | 10 | 10 | 10 | 10 | 10 |

Aplicando o teorema do produto, o número de possibilidades é igual a $9 \times 10 \times 10 \times 10 \times 10 \times 10 = 900.000$. Existem 900.000 algarismos possíveis.

b) não se admitindo repetições: neste caso, o primeiro deve ser diferente de zero. O segundo deve ser diferente do primeiro, o terceiro deve ser diferente dos dois primeiros, os demais devem ser sempre diferentes dos anteriores.

| Compartimento | I | II | III | IV | V | VI |
|---|---|---|---|---|---|---|
| Número de possibilidades | 9 | 9 | 8 | 7 | 6 | 5 |

Aplicando o teorema do produto, número de possibilidades igual a $9 \times 9 \times 8 \times 7 \times 6 \times 5 = 136.080$, existem 136.080 algarismos possíveis.

c) se o último algarismo deve ser zero: neste caso, o primeiro deve ser diferente de zero. O segundo deve ser diferente do primeiro e de zero, o terceiro deve ser diferente dos 2 primeiros e de zero, os demais devem ser sempre diferentes dos anteriores e de zero. O último tem que ser zero.

| Compartimento | I | II | III | IV | V | VI |
|---|---|---|---|---|---|---|
| Número de possibilidades | 9 | 8 | 7 | 6 | 5 | 1 |

Aplicando o teorema do produto, o número de possibilidades é igual a 9 × 8 × 7 × 6 × 5 × 1 = 15.120. Existem 15.120 algarismos possíveis.

**Arranjos:** corresponde ao estudo da quantidade de maneiras em que se pode organizar uma amostra de objetos, extraída de um universo naturalmente maior e em que a alteração da ordem dos objetos organizados seja relevante.

Para ilustrar, considere o exemplo da necessidade de arrumação de livros em uma prateleira. Imagine que 4 livros precisem ser escolhidos de um total de 6 livros diferentes para serem arrumados em uma prateleira. O número de maneiras diferentes em que os livros poderiam ser arrumados poderia ser obtido mediante o uso do conceito de arranjos.

Considerando $n$ objetos diferentes, caso se deseje escolher $r$ desses objetos ($n$ e $r$ inteiros, $0 \leq r \leq n$), o número de arranjos ou maneiras de fazer isso pode ser representado por $A_{n,r}$.

Em linhas gerais, arranjar $r$ objetos equivale a colocá-los dentro de uma caixa com $r$ compartimentos, em ordenações específicas e em que a alteração da ordem gera um novo resultado. Representando de forma didática os comportamentos e as possibilidades disponíveis para cada compartimento, ter-se-ia a seguinte representação.

| Compartimento | I | II | III | IV | ... | r |
|---|---|---|---|---|---|---|
| Número de possibilidade | $n$ | $n-1$ | $n-2$ | $n-3$ | ... | $n-r$ |

O primeiro compartimento, apresentado por I, pode ser ocupado por qualquer dos $n$ objetos, ou seja, de $n$ maneiras possíveis.

O segundo compartimento, apresentado por II, poderia ser ocupado por qualquer objeto, à exceção daquele que ocupou o compartimento I. Assim, para o compartimento II existiriam ($n-1$) maneiras.

O terceiro compartimento poderia ser ocupado por qualquer objeto, à exceção dos 2 objetos que ocuparam os compartimentos I e II. Assim, para o compartimento III existiriam $n-2$ maneiras diferentes.

Aplicando a mesma lógica para todos os outros compartimentos, chega-se à conclusão de que o último compartimento, apresentado por $r$, poderia ser ocupado por ($n-r$) objetos diferentes.

Assim, aplicando o teorema da multiplicação, verifica-se que a caixa poderá ser organizada de $n \cdot (n-1) \cdot (n-2) \ldots (n-r)$ maneiras diferentes.

No exemplo dos livros, em que 4 livros deveriam ser escolhidos e organizados a partir de um total de 6, seria possível usar a simbologia da caixa para calcular o número de arranjos possíveis.

| Lugar na prateleira | I | II | III | IV |
|---|---|---|---|---|
| Número de possibilidades | 6 | 5 | 4 | 3 |

No primeiro lugar da prateleira, existiram 6 possibilidades, representadas pelos 6 livros. No segundo lugar, existiram apenas 5 possibilidades, já que um dos livros já foi considerado no primeiro lugar. No terceiro lugar, existiriam 4 possibilidades e, no quarto lugar, existiriam 3 possibilidades. Assim, o número de arranjos possíveis poderia ser obtido por meio da seguinte equação:

$$A_{n,r} = 6 \times 5 \times 4 \times 3 = 360$$

Matematicamente, pode-se dizer que o número de arranjos de $r$ objetos extraídos de um conjunto formado por $n$ objetos será igual ao fatorial de $n$ dividido pelo fatorial de ($n-r$).

> ## FATORIAIS
>
> O fatorial de *n*, considerando *n* um inteiro positivo, é representado por *n*! O fatorial é resultante da multiplicação de *n* por todos os inteiros inferiores. Ou seja, $n! = (n)(n-1)(n-2)...1$. Como a multiplicação por 1 não altera o produto, pode-se dizer, também, que o fatorial de *n* pode ser representado por:
>
> $$n! = (n)(n-1)(n-2) ... 2$$
>
> Assim:
>
> $4! = 4 \times 3 \times 2 = 24$
>
> $7! = 7 \times 6 \times 5 \times 4 \times 3 \times 2 = 5.040$
>
> Por definição:
>
> $0! = 1$
>
> $1! = 1$
>
> Eventualmente, quando *n* for um valor muito grande, o cálculo de *n*! pode ser feito por meio da aproximação de Stirling para *n*! Algebricamente, a aproximação de Stirling pode ser apresentada por meio da seguinte equação:
>
> $$n! \approx \sqrt{2\pi n n^n e^{-n}}$$
>
> Por exemplo, caso o fatorial de 156 fosse calculado matematicamente, sem aproximações, seu valor seria:
>
> $$156! = 20.922.789.888.000$$
>
> Com o uso da aproximação de Stirling, seu valor seria:
>
> $$156! = \approx \sqrt{2\pi n n^n e^{-n}} \approx \sqrt{2\pi.156.156^{156}.e^{-156}} \approx 20.814.114.415.223,10$$
>
> Na prática, o desenvolvimento de calculadoras e planilhas eletrônicas tornou quase desnecessário o uso da aproximação de Stirling.

Empregando a notação dos fatoriais, o número de arranjos pode ser apresentado por meio da seguinte equação.

$$A_{n,r} = \frac{n!}{(n-r)!}$$

Por exemplo, no estoque de uma determinada empresa existem 8 caixas diferentes, das quais devem ser escolhidas e empilhadas 4. Naturalmente, a ordem do empilhamento é percebida.

Para obter o número de maneiras em que isto pode ser feito, bastaria aplicar a fórmula do arranjo.

$$A_{8,4} = \frac{8!}{4!} = 8 \times 7 \times 6 \times 5 = 1.680$$

Assim, a pilha com 4 caixas poderia ser arrumada de 1.680 maneiras diferentes.

Em uma nova situação, considera-se que em uma mostra internacional de cinema, 3 determinados filmes devem ser escolhidos de um total de oito filmes para exibição em um determinado dia.

Considerando a ordem de exibição dos filmes, o número de formas em que essa escolha pode ser feita pode ser obtido com a fórmula do arranjo.

$$A_{8,3} = \frac{8!}{5!} = 336$$

Existiram 336 maneiras diferentes para a exibição dos filmes.

*Arranjos com elementos repetidos*: quando um conjunto de n elementos apresenta alguns elementos repetidos a, b, c vezes, o número de arranjos diferentes pode ser apresentado como:

$$A_{n(a,b,c,\ldots)} = \frac{n!}{a!\,b!\,c!\ldots}$$

Para ilustrar o uso da equação de arranjos com elementos repetidos, considere o número de anagramas (palavras formadas com as letras da palavra original) que poderiam ser formados com as letras de algumas palavras.

Caso a palavra fosse *banana*, é possível perceber a existência de repetições na letra "a", com 3 repetições, e na letra "n", com duas repetições.

$$A_{6(2,3)} = \frac{6!}{2!\,3!} = 60$$

Existiram 60 anagramas diferentes.

Caso a palavra fosse *matematica*, considerando a ausência de acento no segundo "a", percebe-se a existência de repetições na letra "a", com três repetições, na letra "m", com duas repetições, e na letra "t", também com duas repetições.

$$A_{10(2,2,3)} = \frac{10!}{2!\,2!\,3!} = 151.200$$

Existiram 151.200 anagramas diferentes formados com a palavra *matematica*, sem o acento no segundo a.

Em outra situação, sabe-se que um aluno precisa empilhar 9 caixas. Destas, sabe-se que 4 são vermelhas, numeradas e identificadas de 1 a 4, e as outras têm cores diferentes. Sabe-se que o aluno empilhará as caixas aleatoriamente. Como, então, calcular a probabilidade de encontrar as 4 caixas vermelhas juntas?

A solução envolve o uso do conceito dos arranjos. Como 9 caixas serão empilhadas, sabe-se que existem $A_{9,9}$ maneiras diferentes de empilhá-las.

$$A_{9,9} = \frac{n!}{(n-r)!} = \frac{9!}{(9-9)!} = 362.880$$

Logo, existem 362.880 modos diferentes de empilhar as caixas.

Caso as quatro caixas vermelhas estejam juntas, pode-se considerá-las como um único volume. Assim, existiria o volume formado pelas 4 caixas vermelhas, mais as outras 5 caixas. Logo, um total de 6 volumes poderia ser empilhado. Existiriam $A_{6,6}$ maneiras diferentes de empilhar os 6 volumes.

$$A_{6,6} = \frac{n!}{(n-r)!} = \frac{6!}{(6-6)!} = 720$$

Como a ordem das quatro caixas vermelhas, numeradas de 1 a 4, pode ser alterada, existiriam $A_{4,4}$ maneiras diferentes de arrumar as caixas vermelhas.

$$A_{4,4} = \frac{n!}{(n-r)!} = \frac{4!}{(4-4)!} = 24$$

Logo, considerando a variação da ordem das caixas vermelhas, existiriam $A_{9,9} \times A_{4,4}$ maneiras diferentes de empilhar as caixas, considerando o fato de as vermelhas estarem juntas.

$$A_{9,9} \times A_{4,4} = 720 \times 24 = 17.280$$

Existiriam 17.280 maneiras diferentes de empilhar as caixas, considerando as 4 vermelhas juntas.

A probabilidade pode ser apresentada como a relação entre eventos favoráveis (17.280 maneiras de empilhar as caixas, com as 4 vermelhas juntas) e eventos possíveis (362.880 maneiras de empilhar as caixas).

$$P(x) = \frac{\text{N}^{\circ}\text{ de eventos favoráveis}}{\text{N}^{\circ}\text{ de eventos possíveis}} = \frac{17.280}{362.880} = \frac{1}{21}$$

Assim, a probabilidade de encontrar as caixas vermelhas empilhadas juntas seria igual a 1/21.

Em exemplo mais longo, em uma estante existem 14 livros diferentes, sendo 5 de matemática, 4 de física, 2 de geografia e 3 de história. De quantas maneiras diferentes os livros de matemática e física poderiam ser organizados em uma prateleira, supondo que qualquer arrumação possa ser feita?

Neste caso, 9 livros devem ser escolhidos dos 9 disponíveis.

$$A_{n,r} = \frac{n!}{(n-r)!} = \frac{9!}{(9-9)!} = \frac{9!}{(0)!} = 9! = 362.880$$

Existiram 362.880 maneiras de arrumação diferentes.

Por outro lado, supondo que os livros de física fiquem sempre juntos, seria possível considerar os livros de física formando um volume. Assim, seriam 6 volumes a arrumar na estante e, internamente, 4 livros de física a arrumar novamente. Logo, dois arranjos: $A_{6,6}$ e $A_{4,4}$.

$$A_{6,6} \times A_{4,4} = 17.280$$

Existiram 17.280 maneiras de arrumação diferentes.

Por outro lado, supondo que os livros de matemática e física fiquem sempre juntos, seria possível considerar os livros de matemática formando um único volume, os de física formando um único volume. Internamente, cada um dos volumes poderia ser rearrumado. Assim, 3 arranjos seriam necessários: $A_{2,2}$, $A_{4,4}$ e $A_{5,5}$.

$$A_{4,4} \times A_{5,5} \times A_{2,2} = 5.760$$

Existiram 5.760 maneiras de arrumação diferentes.

*Permutações*: consistem em um caso particular de arranjo, em que todos os elementos existentes devem ser selecionados e organizados. Por definição, corresponde ao estudo da quantidade de maneira que se pode organizar um conjunto total de objetos, em que a alteração da ordem dos objetos é relevante.

Suponha que em cima de uma prateleira existam $n$ livros diferentes. De quantas maneiras os livros poderiam ser arrumados? Nesta situação, a ordem de cada livro na prateleira pode ser vista e a alteração da ordem de cada um dos livros gera uma nova organização. Quando a ordem importa, e todos os objetos são selecionados, diz-se tratar-se de um caso de permutações.

Em outra situação, caso os objetos a, b e c precisassem ser enfileirados, poderiam ser consideradas as seguintes ordens ou permutações: abc, acb, bac, bca, cab, cba. Logo, 6 permutações seriam possíveis. O número de ordenamentos diferentes seria igual a 6.

Em linhas gerais, permutar $n$ objetos equivale a colocá-los dentro de uma caixa com $n$ compartimentos, em ordenações específicas e em que a alteração da ordem gera um novo resultado. Representando de forma didática os comportamentos e as possibilidades disponíveis para cada compartimento, ter-se-ia a seguinte representação.

| Compartimento | I | II | III | IV | ... | $n$ |
|---|---|---|---|---|---|---|
| Número de possibilidade | $n$ | $n-1$ | $n-2$ | $n-3$ | ... | 1 |

O primeiro compartimento, apresentado por I, pode ser ocupado por qualquer dos $n$ objetos. Ou seja, de $n$ maneiras possíveis.

O segundo compartimento, apresentado por II, poderia ser ocupado por qualquer objeto, à exceção daquele que ocupou o compartimento I. Assim, para o compartimento II existiriam $(n-1)$ maneiras.

O terceiro compartimento poderia ser ocupado por qualquer objeto, à exceção dos 2 objetos que ocuparam os compartimentos I e II. Assim, para o compartimento III existiriam $n-2$ maneiras diferentes.

Aplicando a mesma lógica para todos os outros compartimentos, chega-se à conclusão de que o último compartimento, apresentado por $n$, poderia ser ocupado apenas pelo último objeto remanescente. Ou seja, apenas de uma única maneira.

Assim, aplicando o teorema da multiplicação, verifica-se que a caixa poderá ser organizada de $n.(n-1).(n-2)...1$ maneiras diferentes. Ou seja, o número de permutações de $n$ objetos será igual ao fatorial de $n$.

Assim sendo, o número de permutações de $n$ objetos diferentes é dado por meio da seguinte equação.

$$P_n = n!$$

Em um exemplo, uma agência bancária precisa organizar seus caixas em uma bateria formada por 8 posições. Para saber o número de maneiras diferentes em que os caixas poderiam ser organizados, bastaria aplicar a fórmula da permutação.

$$P_n = n! = 8! = 8 \times 7 \times 6 \times 5 \times 4 \times 3 \times 2 = 40.320$$

Ou seja, a agência poderia organizar os caixas de 40.320 maneiras diferentes.

Em outro exemplo, usando a situação anterior dos livros, imagine que em cima de uma prateleira existam 4 livros diferentes. O número de maneiras diferentes em que os livros poderiam ser arrumados poderia ser obtido com a fórmula da permutação.

$$P_n = n! = 4! = 4 \times 3 \times 2 = 24$$

Assim, os livros poderiam ser arrumados de 24 maneiras diferentes.

Numa outra situação, uma loja de roupas gostaria de organizar 6 diferentes artigos na vitrine. Para calcular de quantas maneiras isto poderia ser feito, bastaria aplicar a fórmula da permutação.

$$P_6 = 6! = 720$$

A loja poderia organizar os artigos de 720 maneiras diferentes.

O cálculo do número de permutações pode ser empregado nas contas com probabilidades. Por exemplo, para saber qual a probabilidade de encontrar uma determinada arrumação dos objetos da loja, basta aplicar a fórmula da probabilidade.

$$P(X) = \frac{\text{N}^\circ \text{ de eventos favoráveis}}{\text{N}^\circ \text{ de eventos possíveis}} = \frac{1}{720} = 0{,}1389\%$$

*Combinações*: consistem em um caso particular de enumeração em que se deseja estudar o número de maneiras de organizar $r$ objetos extraídos de um universo formado por $n$ objetos. Nesta situação, a alteração da ordem dos objetos é irrelevante.

Assim, considerando-se $n$ objetos diferentes, a combinação possibilita efetuar a contagem do número de maneiras de escolher $r$ dentre esses $n$ objetos sem considerar a ordem.

Por exemplo, caso se deseje extrair apenas 2 objetos do universo {a, b, c e d}, pode-se apresentar a contagem formada por {ab, ac, ad, bc, bd e cd}. Como a ordem não importa neste caso, ab e ba representam situações análogas. Os mesmos objetos estão incluídos e somente a ordem é diferente.

Exemplos de combinações podem ser vistos na escolha de comissões (sem diferenciação dos elementos que a compõem), no sorteio de amostras (em que a ordem do elemento sorteado seja irrelevante) e em diversas outras situações.

A fórmula comumente empregada no cálculo do número de combinações envolve a determinação do número de arranjos possíveis de ser enumerados, dividido pela quantidade de ordens diferentes em que o arranjo poderia ser apresentado. Em linhas gerais, equivale a afirmar que o número de combinações possíveis de $r$ elementos extraídos de um total de $n$ elementos pode ser apresentado como:

$$C_{n,r} = \frac{A_{n,r}}{P_r} = \frac{\frac{n!}{(n-r)!}}{r!} = \frac{n!}{r!(n-r)!}$$

Para ilustrar, considere o fato de formar comissões com três membros, escolhidos de um total de 8 elementos. O número de comissões que podem ser escolhidas pode ser obtido com a fórmula anterior. Desde que 2 comissões sejam consideradas iguais quando constituídas pelas mesmas pessoas, isto é, não se levando em conta a ordem em que sejam escolhidas, basta aplicar a fórmula:

$$C_{8,3} = \frac{8!}{3!(8-3)!} = \frac{40.320}{6 \times 120} = 56$$

Assim, 56 comissões poderiam ser formadas.

Em uma outra situação, sabe-se que existem 9 frutas diferentes na lanchonete da escola. Para obter a quantidade de coquetéis diferentes que poderiam ser formados com 4 tipos de frutas, bastaria aplicar a fórmula da combinação para $C_{9,4}$.

$$C_{9,4} = \frac{9!}{4!(9-4)!} = 126$$

O número de coquetéis formados com 4 frutas escolhidas de 9 seria igual a 126.

Em relação ao exemplo das frutas no coquetel, qual seria a probabilidade de encontrar um coquetel com 3 tipos específicos de frutas, presentes em um coquetel preparado com 4 tipos de frutas?

Neste caso, o número de eventos possíveis já foi encontrado. Existem 126 maneiras diferentes de preparar um coquetel com 4 tipos de frutas, escolhidas de um total de 9 frutas. Caso apenas 3 frutas fossem escolhidas, isto poderia ser feito de $C_{9,3}$ maneiras diferentes.

$$C_{9,3} = \frac{9!}{3!(9-3)!} = 84$$

Existem 84 maneiras de escolher 3 frutas diferentes. Assim, a probabilidade de encontrar um coquetel com 3 tipos específicos de frutas, presentes em um coquetel preparado com quatro tipos de frutas escolhidas de um total de 9 frutas, será igual a 84/126 = 2/3 = 66,67%, aproximadamente.

## Valores esperados e desvios

A análise de diferentes resultados e de suas respectivas probabilidades permite obter valores esperados. Isto é, médias ponderadas dos diferentes resultados por suas respectivas probabilidades.

Por exemplo, se a probabilidade de uma pessoa ganhar um prêmio de $ 100.000,00 no popular Jogo do Trilhão é de 20%, e existindo a probabilidade complementar de 80% (1 – 20%) de esta pessoa nada ganhar, pode-se dizer que o valor esperado desta pessoa no jogo é igual a $ 100.000,00 × 20% + $ 0,00 × 80% = $ 20.000,00.

A média ou valor esperado das probabilidades é igual à soma do produto das probabilidades pelos resultados esperados.

$$E(x_i) = \sum_{i=1}^{n} x_i P(x_i)$$

Onde:

$E(x_i)$ = valor esperado ou médio

$x_i$ = resultado $i$

$P(x_i)$ = probabilidade associada ao resultado $i$

Em uma outra situação, uma empresa de pesquisa de marketing coletou uma amostra formada por 50 estabelecimentos comerciais, dos quais foram extraídas as informações sobre suas áreas, tabuladas e apresentadas a seguir.

| Área de vendas em m² ($x_i$) | Frequência Simples ($F_i$) |
|---|---|
| 30 | 8 |
| 40 | 6 |
| 50 | 23 |
| 90 | 13 |
| Soma | 50 |

A obtenção de um valor médio, também denominado valor esperado, pode ser feita mediante o uso das frequências simples e da equação da média ponderada, já apresentadas anteriormente.

$$\bar{x}_w = \frac{\sum (x_i \cdot F_i)}{\sum F_i}$$

Para facilitar o uso da equação, pode-se obter em uma coluna o somatório ($x_i \cdot F_i$). Veja a tabela seguinte.

| $x_i$ | $F_i$ | $x_i \cdot F_i$ |
|---|---|---|
| 30 | 8 | 240 |
| 40 | 6 | 240 |
| 50 | 23 | 1.150 |
| 90 | 13 | 1.170 |
| Soma | 50 | 2.800 |

O valor esperado é igual a:

$$E(x) = \bar{x}_w = \frac{\sum (x_i \cdot F_i)}{\sum F_i} = \frac{2.800}{50} = 56$$

Outra forma para obter o valor esperado envolve a obtenção das frequências relativas ou probabilidades associadas a cada um dos valores. Neste caso, as probabilidades correspondem às frequências relativas simples associadas a cada um dos valores. Algebricamente:

$$E(x) = \bar{x}_w = \frac{\sum(x_i \cdot F_{i\%})}{\sum F_{i\%}} = \frac{\sum[x_i \cdot P(x_i)]}{\sum P(x_i)} = \frac{\sum[x_i \cdot P(x_i)]}{1} = \frac{56}{1} = 56$$

O cálculo do valor esperado exibido anteriormente é facilitado mediante o emprego dos somatórios apresentados na tabela seguinte.

| $x_i$ | $F_i$ | $F_i\%$ | $x_i \cdot F_i\%$ |
|---|---|---|---|
| 30 | 8 | 16 | 4,8 |
| 40 | 6 | 12 | 4,8 |
| 50 | 23 | 46 | 23 |
| 90 | 13 | 26 | 23,4 |
| Soma | 50 | 100 | 56 |

## Desvio padrão com probabilidades

O conceito de valor esperado, embora bastante útil na síntese de informações em Estatística, é incompleto, já que nada diz sobre os riscos corridos ou a dispersão associada ao resultado. Para calcular o desvio padrão associado às probabilidades, basta aplicar a fórmula seguinte.

$$\sigma(x) = \sqrt{\sum\{[x_i - E(x)]^2 P(x_i)\}}$$

Assim, o desvio padrão associado ao resultado seria igual a 20,18, aproximadamente.

Uma forma mais simples para aplicar a fórmula poderia envolver a construção dos cálculos em tabelas.

| $x_i$ | $P(x_i)$ | $x_i \cdot P(x_i)$ | $[X_i - E(x)]^2 \cdot P(x_i)$ |
|---|---|---|---|
| 50 | 50% | 25 | 15,125 |
| 20 | 25% | 5 | 162,5625 |
| 5 | 10% | 0,5 | 90 |
| 0 | 15% | 0 | 139,5375 |
| Soma | 100% | 30,50 | 407,23 |

Onde:

$x_i$ = resultado possível $i$

$P(x_i)$ = probabilidade associada ao resultado $x_i$

$E(x)$ = valor esperado

Para ilustrar o uso dos cálculos, imagine que em um campeonato as probabilidades de um determinado velocista chegar em primeiro, segundo ou terceiro lugar eram respectivamente iguais a 50%, 25% e 10%. Os prêmios para a obtenção de medalhas de ouro, prata ou bronze eram iguais a 50, 20 ou 5, considerando valores em $ 1.000,00.

Naturalmente, é preciso lembrar que existe a probabilidade de 15% de o velocista não chegar em nenhum dos 3 primeiros lugares, já que a soma das probabilidades de chegar em qualquer dos 3 primeiros lugares é igual a 85%. Como nada é dito sobre o prêmio nesta situação, imagina-se que neste caso seu ganho seja nulo.

O valor esperado associado ao prêmio pode ser obtido por meio da respectiva equação.

$$E(x) = 0,50 \times 50 + 0,25 \times 20 + 0,10 \times 5 + 0,15 \times 0 = 30,50$$

O valor esperado associado ao prêmio é igual a 30,50 (em $ 1.000,00).

O desvio padrão poderia ser igualmente calculado. Veja a equação seguinte.

$$\sigma(x) = \sqrt{0,50 \times (50 - 30,5)^2 + 0,25 \times (20 - 30,5)^2 + 0,10 \times (5 - 30,5)^2 + 0,15 \times (0 - 30,5)^2}$$

O desvio padrão é igual à raiz quadrada da soma apresentada na última coluna da tabela anterior.

$$\sigma(x) = \sqrt{407,23} = 20,18, \text{ aproximadamente}$$

Em relação ao exemplo das áreas das lojas, apresentado anteriormente, a forma mais simples para aplicar a fórmula do desvio padrão igualmente envolve a criação de colunas que possibilitem a obtenção dos somatórios solicitados pela equação. Veja a tabela seguinte.

| $x_i$ | $F_i$ | $P(x_i)$ | $x_i \cdot P(x_i)$ | $[x_i - E(x)]^2 \cdot P(x_i)$ |
|---|---|---|---|---|
| 30 | 8 | 16% | 4,8 | 108,16 |
| 40 | 6 | 12% | 4,8 | 30,72 |
| 50 | 23 | 46% | 23 | 16,56 |
| 90 | 13 | 26% | 23,4 | 300,56 |
| Soma | 50 | 100% | 56 | 456 |

Com os somatórios obtidos, o cálculo do desvio padrão torna-se simples:

$$\sigma_{xi} = \sqrt{\sum \left\{ [x_i - E(x)]^2 P(x_i) \right\}} = \sqrt{456} = 21,35$$

## Árvores de decisão

As probabilidades associadas aos diferentes resultados planejados permitem obter valores esperados, que facilitam o processo de tomada de decisões. Quando decisões sequenciais são analisadas, um recurso lúdico a ser empregado é representado pelas árvores de decisão.

As árvores de decisão representam os pontos de decisão, simbolizados por meio de pequenos quadrados, pontos de risco, simbolizados por meio de pequenos círculos, e a sequência das decisões, sempre na ordem da esquerda para a direita. Veja a representação na Figura 6.12.

| Elemento | Significado |
|---|---|
| □ | Ponto de decisão |
| ○ | Ponto de risco |
| ⇨ | Sequência da decisão |

Figura 6.12  *Elementos da árvore de decisão.*

O conceito de árvores de decisão[5] proporciona uma aproximação sistemática para muitos problemas analisados em estatística.

---
[5] Ackoff e Sasieni (1979).

O primeiro passo envolve desenhar um diagrama com o formato de uma "árvore deitada", que representa a estrutura do problema. Os ramos representam os diversos fatos que podem ocorrer e os nós representam os pontos onde aparecem as alternativas de tomada de decisão ou de risco.

Quando uma alternativa de tomada de decisão é apresentada, é necessário decidir entre alternativas excludentes. Quando um ponto de risco é apresentado, é preciso empregar as probabilidades condicionais de sucesso ou fracasso na análise de valores esperados ou desvios.

Um exemplo do uso de árvores de decisão pode ser visto através da modelagem de um problema simples. Para ilustrar, observe o exemplo do problema da festa na casa de Juliana.

Juliana precisava decidir sobre onde realizar, em sua casa, a sua festa de formatura. Três locais distintos estavam disponíveis, com vantagens e desvantagens: o jardim, a varanda e o ambiente interno da residência.

O sucesso da festa dependeria das condições climáticas no dia da recepção. Dados da meteorologia indicavam que poderia chover, com uma probabilidade igual a 60%, e poderia fazer sol com uma probabilidade igual a 60%.

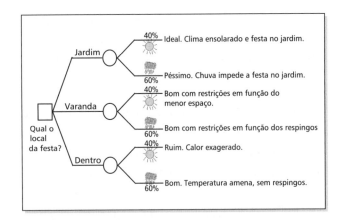

Figura 6.13  *Exemplo de árvore de decisão.*

Tendo decidido sobre o local de realização da festa previamente, os resultados variariam em função do clima:

a) se optar pela festa no jardim e fizer sol, o resultado será ideal. Clima ensolarado e festa no jardim;

b) caso a festa seja no jardim e chova, o resultado será péssimo. A chuva impedirá a festa no jardim e, talvez, inviabilize-a;

c) se Juliana fizer a festa na varanda e fizer sol, o resultado poderá ser classificado como bom com restrições, em função do menor espaço da varanda em relação ao jardim;

d) caso a festa ocorra na varanda e chova, o resultado será bom com restrições em função dos respingos, que eventualmente poderão molhar os convidados;

e) se a festa ocorrer dentro de casa e fizer sol, o resultado será ruim em função do calor exagerado;

f) por outro lado, se a festa for dentro de casa e chover, o resultado será bom, com a temperatura amena e sem respingos para chatear os convidados.

A árvore de decisão ajuda a visualizar o problema e seus resultados sequenciais. Permite entender melhor as alternativas de decisão e os pontos de riscos, marcados por diversos resultados e probabilidades.

Quando resultados numéricos são fornecidos, a árvore facilita o cálculo dos valores esperados e demais estatísticas. Veja o exemplo do jogo apresentado a seguir.

A uma pessoa neutra em relação ao risco foram oferecidas duas opções, sendo que ela deveria escolher apenas uma das alternativas. A primeira consiste em obter um ganho certo de $ 50,00. A segunda alternativa envolvia a participação em um lançamento de uma moeda honesta. No caso do lance da moeda, se saísse cara, a pessoa ganharia $ 150,00, se saísse coroa, não ganharia nada.

Como essas alternativas poderiam ser representadas esquematicamente? Qual seria a melhor decisão?

Por meio do uso de árvores de decisão, as alternativas poderiam ser representadas e uma compreensão melhor da decisão poderia ser feita.

A construção da árvore envolve a representação inicial da alternativa enfrentada: optar por um ganho certo ou o jogo de uma moeda. Assim, o primeiro passo envolve a representação da decisão de optar pelo ganho certo ou pelo jogo da moeda. Um pequeno quadrado representa o ponto de decisão e os braços simbolizam as alternativas disponíveis. Veja a representação da Figura 6.14.

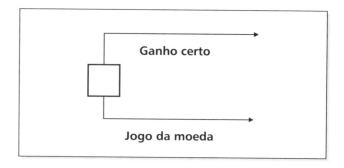

Figura 6.14  *Passo inicial: alternativa de decisão.*

A decisão e os passos representados na árvore devem sempre respeitar a sequência cronológica da esquerda para a direita. Assim, a próxima etapa envolve representar o ponto de risco associado ao lance da moeda e representado por meio de um pequeno círculo. Em um terceiro passo, podem ser igualmente representados os resultados finais. Veja a representação da Figura 6.15.

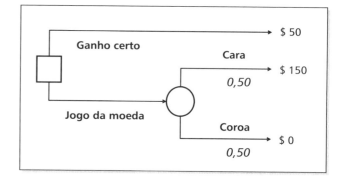

Figura 6.15  *Passos dois e três: ponto de risco e resultados.*

Com os pontos de risco, de decisão e os resultados apresentados, podem-se calcular os valores esperados associados a cada uma das alternativas. No caso, o valor esperado associado à opção pelo ganho certo é igual a $ 50. O valor esperado associado ao lance da moeda pode ser obtido pela ponderação dos diferentes resultados por suas probabilidades. Nesta situação, E(Moeda) = (150 × 0,50) + (0 × 0,50) = $ 75. Ou seja, o valor esperado associado ao jogo da moeda seria igual a $ 75. Os números estão representados na Figura 6.16.

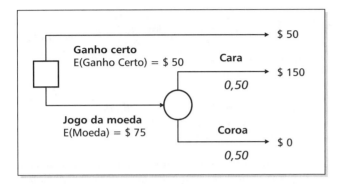

Figura 6.16 *Representação dos valores esperados.*

Assim, se o tomador de decisão basear sua escolha apenas no maior valor esperado, a melhor alternativa para ele envolveria a opção pelo jogo da moeda. Porém, nesta situação é preciso lembrar da existência de risco. A alternativa do ganho certo, como o próprio nome revela, apresenta um ganho menor (apenas $ 50), porém sem risco. A alternativa do jogo da moeda apresenta um valor esperado maior, igual a $ 75, só que com risco.

Caso o desvio padrão fosse empregado como medida de risco, teríamos:

$\sigma$ (ganho certo) = zero

$\sigma$ (jogo moeda) =

$= \sqrt{0,50 \times (150 - 75)^2 + 0,50 \times (0 - 75)^2} = \$\ 75$

A construção de árvores de decisão permite visualizar os efeitos de decisões sequenciais. De forma adicional, a presença de resultados quantitativos e suas respectivas probabilidades permite calcular valores esperados e desvios.

Em outro exemplo, uma empresa está pensando em importar apenas um de três produtos disponíveis e apresentados como Pirilampo, Saracura e Quero Quero. Os resultados associados à importação de cada um dos produtos dependem do comportamento do câmbio, que poderá se mostrar valorizado, com probabilidade igual a 70%, ou desvalorizado, com probabilidade igual a 30%. Uma síntese das alternativas e dos resultados está apresentada a seguir.

| Alternativa de decisão | Resultados possíveis e probabilidades | |
|---|---|---|
| | Câmbio valorizado (probabilidade = 0,70) | Câmbio desvalorizado (probabilidade = 0,30) |
| Pirilampo | 40 | 30 |
| Saracura | 60 | 20 |
| Quero Quero | 100 | 10 |

Os resultados podem ser apresentados em uma árvore de decisão, conforme ilustrado na Figura 6.17.

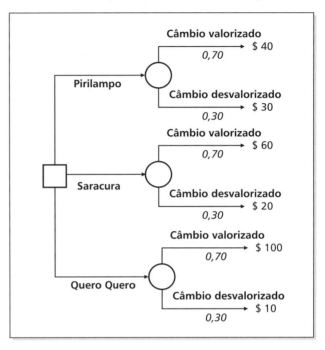

Figura 6.17 *Árvore de decisão da importação.*

O cálculo de cada um dos valores esperados está apresentado a seguir.

| Alternativa de decisão | Valor esperado |
|---|---|
| Pirilampo | 40 × 0,70 + 30 × 0,30 = 37 |
| Saracura | 60 × 0,70 + 20 × 0,30 = 48 |
| Quero Quero | 100 × 0,70 + 10 × 0,30 = 73 |

Os valores esperados obtidos para as alternativas Pirilampo, Saracura e Quero Quero são respectivamente iguais a 37, 48 e 73.

A decisão que fornece o maior valor esperado envolve a importação do produto Quero Quero.

## O valor com a informação perfeita

O conceito "informação perfeita" expressa o conhecimento prévio do que irá ocorrer. Quando se dispõe de diversas alternativas e pode-se contar com a informação perfeita – isto é, o resultado futuro determinado com precisão –, a escolha sempre recairá sobre a melhor de cada alternativa a escolher.

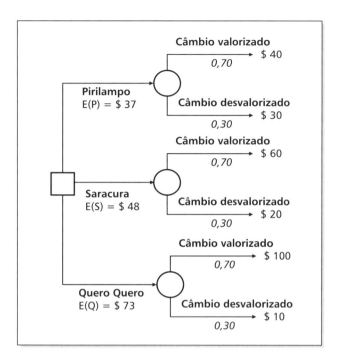

Figura 6.18  *Árvores com valores esperados.*

Para ilustrar a análise da informação perfeita, considere o exemplo referente à importação dos equipamentos Pirilampo, Saracura ou Quero Quero apresentados anteriormente e exibidos novamente a seguir.

| Alternativa de decisão | Câmbio valorizado (0,70) | Câmbio desvalorizado (0,30) | Valor esperado |
|---|---|---|---|
| Pirilampo | 40 | 30 | 37 |
| Saracura | 60 | 20 | 48 |
| Quero Quero | 100 | 10 | 73 |

Conforme apresentado no quadro, o valor esperado para a decisão corresponde a $ 73,00, que é o maior esperado dos três apresentados, associado à escolha da alternativa Quero Quero.

Caso fosse possível, para a empresa, saber de antemão o comportamento do câmbio, em uma situação caracterizada como de informação perfeita, os cálculos precisariam ser refeitos. Sabendo que o comportamento do câmbio seria valorizado, a empresa deveria optar pela escolha prévia da alternativa Quero Quero, a melhor, com maior valor neste caso, o que provocará um ganho igual a $ 100,00. Caso, por outro lado, soubesse que o câmbio estaria desvalorizado, a melhor decisão envolveria a escolha da alternativa Pirilampo, que apresenta o maior valor, igual a $ 30,00. Um novo quadro poderia ser construído.

| Alternativa de decisão | Câmbio valorizado (0,70) | Câmbio desvalorizado (0,30) | Valor esperado |
|---|---|---|---|
| Pirilampo | 40 | 30 | 37 |
| Saracura | 60 | 20 | 48 |
| Quero Quero | 100 | 10 | 73 |
| Com a informação perfeita | Escolha de Quero Quero $ 100 | Escolha de Pirilampo $ 30 | |

Um novo valor esperado, associado à situação com a informação perfeita, poderia ser apresentado.

Valor esperado com a informação perfeita

$$E(\text{com informação perfeita}) = 100 \times 0{,}70 + 30 \times 0{,}30 = 79$$

O novo valor esperado com a informação perfeita seria igual a $ 79. Comparado com o antigo valor esperado, sem a informação perfeita e igual a $ 73, a diferença revelaria o valor da informação perfeita, igual a $ 6 (resultado de 79 – 73).

Caso a possibilidade de contar com a informação perfeita e os valores apresentados fossem representados em uma árvore de decisão, uma nova situação seria construída. Veja a representação da Figura 6.19.

A empresa poderia contar com uma alternativa de decisão anterior, que envolveria a seleção do fato de contar ou não com a informação perfeita.

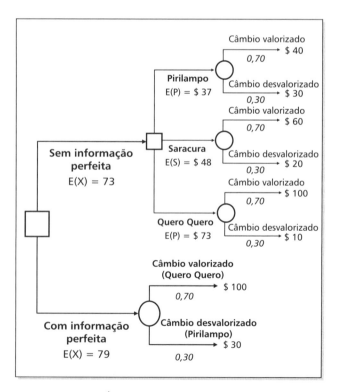

Figura 6.19  *Árvore com e sem informação perfeita.*

# Exercícios

## Definição, terminologia e conceitos

1. Construa o espaço amostral do evento "lance de um dado honesto". Em relação ao espaço amostral, calcule: (a) a probabilidade de ocorrer face cinco; (b) a probabilidade de não ocorrer face três.

2. Determine o espaço amostral do evento extração de uma carta de um baralho honesto. Calcule a probabilidade de: (a) extrair uma carta de copas; (b) extrair um rei; (c) extrair um valete de paus.

3. Um dado e uma moeda são lançados. Pede-se: (a) construir o espaço amostral; (b) enumerar os eventos: (i) sair cara e par; (ii) sair coroa e ímpar; (iii) sair múltiplo de 3; (c) calcular as probabilidades da letra b.

4. Calcule a probabilidade de cada um dos seguintes eventos: (a) uma conta a receber, escolhida ao acaso, estar atrasada. Sabe-se que das 1.800 contas a receber existentes 180 estão atrasadas; (b) um funcionário, escolhido ao acaso, não ter mais que 25 anos. Do universo de 560 funcionários, 340 possuem 25 anos ou mais.

5. Um grupo de 20 pessoas é formado por 12 homens e 8 mulheres. Em relação ao sorteio de um elemento deste grupo, calcule: (a) a probabilidade de ser homem; (b) a probabilidade de ser mulher.

6. Calcule a probabilidade de: (a) extrair uma carta vermelha de um baralho normal ou duas faces pares no lance de 2 dados; (b) extrair um 3 (apenas) ou uma face ímpar (apenas) em um lance de 3 dados.

7. Um número é escolhido ao acaso entre os inteiros de 1 a 30, com todos os números apresentando a mesma probabilidade de serem escolhidos. Considere os eventos: A: o número é múltiplo de 5; B: o número é ímpar. Descreva os eventos: (a) $A \cap B$, (b) $A \cup B$, (c) $A \cap B^C$. Posteriormente, calcule as probabilidades desses eventos.

8. Qual a probabilidade de tirar um ás em um baralho com 52 cartas?

9. Calcule a probabilidade de não sair a face 2 no lance de um dado honesto.

10. Calcule a probabilidade de extrair um 15 de paus de um baralho honesto.

11. Uma bola é retirada ao acaso de uma urna que contém 12 bolas pretas, 16 verdes e 8 rosas. Calcule a probabilidade de: (a) não ser verde; (b) não ser preta; (c) ser rosa.

12. Em uma corrida, o cavalo $X$ tem o triplo de chances em relação ao cavalo $Y$ e o cavalo $W$ tem a metade de chances em relação ao cavalo $Y$. Qual a probabilidade de o cavalo $W$ ser campeão?

13. Calcule a probabilidade de: (a) extrair uma carta vermelha ou um ás de copas de um baralho; (b) extrair um dois (apenas) ou uma face par (apenas) em um lance de dois dados.

## Teoremas de probabilidades

14. Em um jogo com um baralho honesto, considere: $A$ = {extrair vermelho}; $B$ = {extrair rei}; $C$ = {extrair paus}; $D$ = {extrair ouros}. Calcule a probabilidade de: (a) $P(A$ e $B)$, (b) $P(A$ ou $B)$, (c) $P(A$ ou $C)$, (d) $P(A$ ou $D)$.

15. Calcule as probabilidades dos seguintes eventos: (a) de extrair 2 reis de paus de 2 baralhos, simultaneamente; (b) de que, em um lance de um par de dados honestos, a soma não seja 11.

16. Em uma urna existem 3 bolas verdes e 2 amarelas. Calcule a probabilidade de que, em duas extrações **sem** reposição, as bolas sejam: (a) verdes, (b) amarelas, (c) da mesma cor, (d) de cores diferentes.

17. Um cesto apresenta 10 bolas numeradas de 1 a 10. Qual a probabilidade de que, em uma extração de 2 bolas, a soma das bolas seja igual a 17? Considere que a extração será: (a) com reposição; (b) sem reposição.

18. As chances de as vendas de uma determinada rede de supermercados superarem, igualarem ou ficarem abaixo de $ 400.000,00/mês são iguais respectivamente a 30%, 50% e 20%. Calcule a probabilidade de: (a) a empresa vender $ 400.000,00 ou mais; (b) a empresa vender $ 400.000,00 ou menos.

19. Calcule a probabilidade de, no lançamento de uma moeda honesta 3 vezes seguidas, obter: (a) todas as faces iguais à cara; (b) pelo menos uma coroa.

20. Uma loja de material de construção possui 2 caixas de conexões. Na primeira, das 30 conexões 11 são defeituosas. Na segunda caixa, de 12 conexões, 4 apresentam defeitos. Uma conexão é retirada aleatoriamente de cada caixa. Calcule a probabilidade de: (a) apenas uma ser defeituosa; (b) ambas serem defeituosas; (c) ambas não serem defeituosas.

21. Se em uma urna existissem 8 bolas numeradas de 3 a 10, qual seria a probabilidade de que, em uma extração de 2 bolas, sem reposição, a soma das bolas fosse igual a 15?

22. Para poder ganhar no jogo de moedas, Paulo alterou uma moeda de forma que saísse cara três vezes mais do que coroa. Para 2 lançamentos dessa moeda, determine: (a) o espaço amostral; (b) a probabilidade de sair apenas uma cara; (c) a probabilidade de sair apenas uma coroa; (d) a probabilidade de saírem duas faces iguais; (e) a probabilidade de sair pelo menos uma cara.

23. Sejam $A$ e $B$ mutuamente excludentes, $P(A) = 0,47$ e $P(B) = 0,51$. (a) $A$ e $B$ são coletivamente exaustivos? Explique; (b) Determine $P(B^c)$; (c) Determine $P(A$ ou $B)$; d) Determine $P[(A$ ou $B)^c]$.

24. Qual a probabilidade de 2 pessoas escolhidas ao acaso fazerem aniversário em 1º de janeiro? Considere o ano com 365 dias.

25. Em um jogo de cartas, Eduardo possui em suas mãos 3 cartas de espadas de um baralho comum de 52 cartas. Se lhe são dadas mais 2 cartas, determine a probabilidade de pelo menos uma ser, também, de espadas.

26. Um aluno chega atrasado em 40% das aulas e esquece o material didático das aulas em 18% das aulas. Supondo eventos independentes, calcule a probabilidade de: (a) chegar na hora e com o material; (b) não chegar na hora certa e ainda assim aparecer sem o material.

27. Lívia tem 75% de chances de casar com Ricardo e 10% de casar com Adelmo. Sabendo que na vida dela só existem esses dois homens, calcule a probabilidade de ela ficar para titia.

28. Em uma competição esportiva, na modalidade de tiro ao alvo, um brasileiro e um espanhol chegaram à final. O brasileiro tem 2/3 de chances de acertar o alvo e o espanhol 1/3. Qual a probabilidade de que ambos acertem o alvo?

29. Em 2 baralhos de 52 cartas cada um, tira-se uma carta de cada um ao mesmo tempo. Qual a probabilidade de sair um ás e um 6 de paus?

30. Em uma pesquisa realizada com 200 alunos da Faculdade Bom Saber, foi obtido o resultado apresentado na tabela seguinte.

| Sexo | Curso | | | |
|---|---|---|---|---|
| | ADM | CC | PD | PSIC |
| Homens | 45 | 22 | 38 | 29 |
| Mulheres | 35 | 16 | 12 | 3 |

Qual a probabilidade de um aluno desse grupo, escolhido ao acaso, ser: (a) homem e cursar ADM? (b) mulher e cursar PSIC? (c) homem e cursar PSIC?

31. Mateus foi a uma festa e marcou um encontro com Ana e Maria. A probabilidade de que ele se encontre com Ana é de 15% e com Maria é de 35%. Qual a probabilidade de Mateus: (a) não encontrar nenhuma das duas? (b) encontrar ambas?

32. Uma amostra de alunos da Faculdade Bom Saber revelou que 0,5% das mulheres e 2% dos homens têm 23 anos ou mais. Sabe-se que 60% da turma são de indivíduos masculinos. Um aluno foi escolhido e tem mais de 23 anos. Qual a probabilidade de ser homem?

33. De um campeonato de futebol participam três times do sul: São Paulo, Flamengo e Grêmio. As probabilidades de estes times vencerem em uma partida qualquer são respectivamente iguais a 40%, 25% e 35%. Se o campeonato consta de três partidas, calcule a probabilidade de: (a) o São Paulo ganhar as três partidas;

(b) o Flamengo ganhar pelo menos uma partida; (c) o Grêmio ganhar as três partidas; (d) o Grêmio perder as três partidas.

34. A probabilidade de Victor resolver um problema de estatística é igual a 20%. A probabilidade de Michel é igual a 25%. Se ambos tentarem resolver o problema de forma independente, qual a probabilidade de que o problema seja resolvido?

35. No mês de maio de 2000, a Metalúrgica Tangará produziu 8.000 engrenagens e as Indústrias Aço Bom produziram 12.000. Sabe-se que 80% das peças elaboradas pela Tangará e 60% das peças da Aço Bom são perfeitas. Escolhe-se uma engrenagem ao acaso das 20.000 produzidas. Qual a probabilidade de que: (a) seja boa sabendo-se que é da marca Tangará? (b) seja perfeita? (c) seja defeituosa e das indústrias Aço Bom? (d) sendo defeituosa, tenha sido fabricada pela Aço Bom?

36. Uma fábrica possui duas máquinas que funcionam de forma independente; a probabilidade de falha é de 3% para a primeira e de 7% para segunda. Calcule: (a) a probabilidade de as duas falharem simultaneamente; (b) a probabilidade de funcionarem normalmente.

37. De um baralho são retiradas três cartas seguidamente, sem reposição. Qual a probabilidade de a primeira ser um rei, de a segunda uma figura e de a terceira ser um dois de paus?

38. Mariano acabou de se casar, a probabilidade de estar vivo daqui a 25 anos é de 5/6 e da sua esposa é de 3/4. Qual a probabilidade de eles completarem Bodas de Pratas (ou seja, ambos estarem vivos daqui a 25 anos)? Qual probabilidade de Mariano ficar viúvo?

39. Três alunos foram para a prova final de Geografia. Ivo tem uma probabilidade $P(C) = 3/4$ de aprovação. Por sua vez, Mariano tem $P(A) = 1/2$ e Luiz tem $P(D) = 2/3$. Qual probabilidade de Mariano e Luiz serem aprovados e Ivo reprovado?

## Diagramas de Venn

40. Uma amostra com 58 oficinas mecânicas revelou que 34 trabalham com lanternagem, 18 com pintura e 7 com ambas. Calcule a probabilidade de uma oficina escolhida ao acaso: (a) trabalhar com pintura, apenas; (b) não trabalhar com lanternagem; (c) não trabalhar com lanternagem nem com pintura; (d) trabalhar somente com lanternagem.

41. Um pesquisador analisou um grupo de 82 universidades. Neste grupo, 56 universidades oferecem o curso de administração, 38 o de economia e 12 oferecem ambos. Calcule a probabilidade de uma instituição escolhida ao acaso: (a) oferecer o curso de administração, apenas; (b) não oferecer o curso de administração; (c) não oferecer nenhum dos dois cursos; (d) oferecer somente o curso de administração.

42. Considere os seguintes eventos: $A$ = {dominar Visual Basic}, $B$ = {dominar Java}. Uma amostra com 100 analistas de informática revelou que 62 dominavam Visual Basic, 46 dominavam Java e 5 desconheciam ambas as linguagens. Responda: (a) $A$ e $B$ são coletivamente exaustivos? (b) $A$ e $B$ são mutuamente excludentes? (c) quem é $P(A \cap B)$? (d) quem é $P(A \cup B)^c$?

43. O Departamento de Recursos Humanos de uma multinacional analisou os currículos de 10 funcionários. Oito possuíam diplomas de Administração, 5 possuíam diplomas de economia e apenas um não possuía nível superior. Sendo os eventos: $A$ = possuir diploma de Administração; $B$ = possuir diploma de Economia, responda: (a) $A$ e $B$ são coletivamente exaustivos?; (b) $A$ e $B$ são mutuamente excludentes?; (c) quem é $P(A$ e $B)$? (d) quem é $P(A$ ou $B)$?

44. A empresa Mar do Sol Pousadas Ltda. possui 350 funcionários. Destes, 280 possuem plano de saúde particular, 180 possuem plano de saúde coletivo e 30 não possuem plano de saúde de nenhum dos dois tipos. Pede-se elaborar o diagrama de Venn e calcular a probabilidade de um funcionário escolhido ao acaso: (a) não possuir plano de saúde; (b) possuir pelo menos um dos planos; (c) possuir ambos os planos.

45. Em um grupo de 97 empresas nacionais, 63 possuíam filiais em São Paulo (SP), 63 em Salvador (SSA), 51 no Rio de Janeiro (RJ), 43 empresas possuíam filiais em SSA e SP, 35 em SSA e no RJ e 33 em SP e RJ. Quatro empresas não possuíam filiais em nenhum destes três Estados. Calcule a probabilidade de uma empresa escolhida ao acaso: (a) possuir filial nos três estados; (b) possuir filial apenas em SP; (c) possuir filial apenas no RJ; (d) possuir filial apenas em SSA.

46. Um supermercado fez uma pesquisa para saber a preferência dos consumidores em relação aos três aromas de um determinado produto, Laranja (L), Maçã (M) e Anis (A). Os resultados da pesquisa indicam que: 210 compram Laranja; 210 compram Maçã; 250 compram Anis; 20 compram os três; 60 compram Laranja e Maçã; 50 compram Maçã e Anis; 70 compram Laranja e Anis; 100 não compram nenhum dos três. Calcule a probabilidade de um consumidor escolhido ao acaso comprar: (a) Laranja apenas; (b) Maçã e Anis, mas não Laranja; (c) Laranja e Maçã, mas não Anis.

47. De uma determinada amostra de 40 fornecedores de xaropes de uva, guaraná ou laranja da indústria de refrigerantes Sensação Delícia Ltda., sabe-se que: 21 fornecem xaropes de laranja, 17 fornecem xaropes de guaraná e 20 fornecem xaropes de uva. Sabendo que 8 fornecem xaropes de laranja e guaraná, 9 fornecem xaropes de laranja e uva e 7 fornecem xaropes de uva e guaraná, calcule a probabilidade de um fornecedor escolhido ao acaso: (a) fornecer xarope de uva, apenas; (b) fornecer os três tipos de xarope; (c) fornecer xarope de laranja ou guaraná, mas não de uva; (d) fornecer xarope de laranja ou uva, mas não guaraná.

48. Uma amostra de 101 empresas alimentícias que fabricam pelo menos um dos produtos mencionados apresentou que 66 fabricam geleias, 62 fabricam sorvetes e 56 produzem chocolates. Destas, 39 fabricam sorvetes e geleias, 42 fabricam sorvetes e chocolates, 38 fabricam chocolates e geleias. Qual a probabilidade de uma empresa escolhida ao acaso fabricar: (a) somente geleia? (b) somente chocolate ou somente sorvetes? (c) chocolate, sorvete e geleia? (d) geleia, mas não sorvete? (e) chocolate ou sorvete mas não geleia?

49. De um determinado grupo de 118 empresas alimentícias que fabricam pelo menos um dos produtos mencionados, sabe-se que 68 fabricam tortas, 72 fabricam bolos confeitados e 62 produzem chocolates. Destas, 39 fabricam bolos confeitados e tortas, 42 fabricam bolos confeitados e chocolates, 38 fabricam chocolates e tortas. Qual a probabilidade de uma empresa escolhida ao acaso fabricar: (a) somente tortas? (b) somente chocolate ou somente bolos confeitados? (c) chocolate e bolos confeitados e torta? (d) tortas, mas não bolos confeitados?

## Arranjos, permutações e combinações

### Arranjos

50. Doze finalistas foram selecionadas no concurso Miss do Mundo. Quantas possibilidades existem para a apresentação das três primeiras colocadas, considerando o primeiro, o segundo e o terceiro lugares?

51. Existem 18 estações em um ramal da estrada de ferro Mares do Sul. Quantos tipos de bilhetes de passagem são necessários para permitir a viagem entre quaisquer duas estações?

52. Um almoxarife necessita organizar uma estante, destinada a armazenar suprimentos diversos. Sabendo que existem 3 itens diferentes da área industrial (departamento de produção), 6 itens diferentes da área de transportes e 3 itens diferentes do departamento de recursos humanos, responda: (a) de quantas maneiras os itens poderiam ser organizados? (b) se os itens da produção precisassem necessariamente ficar juntos, quantas maneiras de organizar todos os itens seriam possíveis? (c) se os itens da produção e da área de transportes precisassem necessariamente ficar juntos, quantas maneiras de organizar todos os itens seriam possíveis?

53. Um aluno do nono semestre de Administração resolveu organizar na estante os livros que havia adquirido durante o curso. Sabendo que existem 8 livros na primeira prateleira, sendo 3 de Finanças e 4 de Estatística, de quantas maneiras a prateleira poderia ser arrumada de modo que: (a) todos os livros de Finanças fiquem juntos? (b) todos os livros de finanças e todos os livros de estatística fiquem juntos (grupos independentes de livros)?

### Arranjos com repetições

54. Uma caixa contém um livro vermelho, um azul, um verde e dois laranjas. De quantas maneiras diferentes os livros podem ser arrumados em uma prateleira?

55. Quantos anagramas podem ser formados por *paranapiacaba*, começando por "para" (com as letras nesta ordem) e terminando com as letras c, a, b e a? Neste último caso, as letras podem aparecer em qualquer posição.

56. Um guarda-roupas apresenta 5 camisas brancas e 3 camisas azuis. Calcule a probabilidade de as camisas azuis, em particular, estarem juntas.

## Permutações

57. Um grupo de alunos formado por 5 rapazes e 5 garotas deve posar para uma fotografia, ocupando 5 degraus de uma escadaria, de forma que em cada degrau fique um rapaz e uma garota. De quantas maneiras podemos arrumar este grupo?

## Combinações

58. Um professor solicitou a uma turma a execução de uma tarefa. Esta tarefa deverá ser feita em grupos, contendo 4 componentes cada. Sabendo que a turma possui 15 alunos, quantos grupos diferentes podem ser formados?

59. Quantas comissões com 3 membros podem ser formadas a partir de um grupo com 12 elementos?

60. Um técnico de voleibol dispõe de 10 jogadores para disputar o campeonato mundial, na Guatemala. De quantas maneiras diferentes ele pode pôr o time em quadra? Ignore as posições dos jogadores e considere 5 jogadores por time.

61. Qual a probabilidade de que Marina, Vanessa e Natália sejam escolhidas de um grupo de 7 alunos para compor uma equipe?

62. A Empresa Lotérica do Norte resolveu lançar uma nova modalidade de jogo, que consiste na aquisição de um cartão colorido (existem 4 cores possíveis: azul, verde, vermelho e amarelo) com 2 dezenas (escolhidas de um total de 10 dezenas possíveis). Nas datas combinadas, a empresa sorteia uma cor e 2 dezenas. Qual a probabilidade de alguém ganhar o prêmio deste jogo?

63. Em um restaurante, existem 6 opções de entrada, 8 opções de carne e 4 opções de sobremesa. Sabendo que um cliente gostaria de escolher 2 entradas, 3 opções de carne e 2 opções de sobremesa, de quantas alternativas ele poderá dispor?

64. Supondo que existam 6 candidatos a uma promoção, na existência de 2 vagas: uma no departamento de finanças e uma na área comercial, responda: (a) de quantas maneiras possíveis os candidatos poderiam ser escolhidos? (b) se as vagas fossem iguais e no mesmo departamento, de quantas maneiras os candidatos poderiam ser escolhidos?

65. Doze times de futebol disputam 4 vagas. Calcule o número de grupos possíveis classificados, sabendo que o time do Vasco da Gama já está classificado e o Flamengo está eliminado.

66. Uma empresa de pesquisa mercadológica deseja selecionar uma comissão formada por 4 consumidores de uma amostra previamente selecionada de 8 pessoas. (a) de quantas maneiras possíveis as 4 pessoas poderiam ser selecionadas? (b) Se a comissão fosse composta por um presidente, um vice-presidente, um relator e um secretário, de quantas maneiras possíveis seria possível formar a comissão?

67. Em um departamento industrial existem 8 engenheiros eletricistas e 7 técnicos em eletrônica. Sabendo que uma comissão deverá ser formada, calcule de quantas maneiras a comissão poderá ser elaborada, supondo que: (a) 5 pessoas devam ser escolhidas; (b) 3 engenheiros e 2 técnicos devam ser escolhidos; (c) 2 engenheiros e 3 técnicos devam ser escolhidos; (d) 1 engenheiro e 4 técnicos devam ser escolhidos; (e) 4 engenheiros e 1 técnico devam ser escolhidos.

68. Uma empresa que comercializa jogos de azar resolveu lançar uma nova modalidade de jogo, que consiste na aquisição de um cartão colorido (existem 3 cores possíveis: azul, vermelho e amarelo) com 3 dezenas (escolhidas de um total de 20 dezenas possíveis). Nas datas combinadas, a empresa sorteia 1 cor e 3 dezenas. Qual a probabilidade de alguém ganhar o prêmio deste jogo?

69. Em um restaurante "por quilo", existem 7 variedades de pratos diferentes. De quantas maneiras um cliente pode preparar sua refeição?

70. A área comercial de uma indústria de queijos é composta por 4 departamentos de vendas que atendem às regiões Norte, Sul, Leste e Oeste. Todos os departamentos são formados por profissionais de ambos os sexos, conforme a tabela seguinte. Calcule a probabilidade de ser formada aleatoriamente uma comissão formada por: (a) 3 homens do departamento norte e 2 mulheres do oeste; (b) 4 homens do departamento sul e 2 mulheres do departamento oeste; (c) 5 mulheres; (d) 3 homens do departamento leste.

| Sexo/Depto. | Norte | Sul | Leste | Oeste | Total |
| --- | --- | --- | --- | --- | --- |
| M | 3 | 4 | 2 | 4 | 13 |
| H | 5 | 7 | 8 | 3 | 23 |
| Total | 8 | 11 | 10 | 7 | 36 |

71. Uma cozinheira possui à sua disposição 5 diferentes verduras para fazer uma salada. Quantas saladas diferentes podem ser feitas com as verduras?

72. Há 4 linhas de ônibus entre as cidades de Salvador e Recife e 3 linhas de ônibus entre Recife e João Pessoa. De quantas maneiras uma pessoa pode viajar: (a) indo de Salvador até João Pessoa, passando por Recife? (b) indo e voltando entre Salvador e João Pessoa sempre passando por Recife?

73. Considere 4 vogais diferentes (incluindo o A) e 8 consoantes diferentes (incluindo o B). (a) quantos anagramas de 5 letras diferentes podem ser formados com 3 consoantes e 2 vogais? (b) Quantos anagramas com 5 letras quaisquer contêm a letra B? (c) Quantos anagramas com 5 letras quaisquer começam com a letra B? (d) Quantos anagramas com 5 letras quaisquer começam com A? (e) Quantos anagramas com 5 letras quaisquer começam com o A e contêm o B?

74. Segundo a nova legislação nacional de trânsito, as placas de veículos devem conter 3 letras (dentre 26 disponíveis) seguidas de 4 dígitos numéricos. Quantas são as placas nas quais: (a) o zero não aparece na primeira posição? (b) não há repetição de letras nem de dígitos? (c) não há restrições quanto ao número de repetições?

75. Sabe-se que na última festa de aniversário de Samuel todos os presentes apertaram as mãos entre si. Se ao todo foram feitos 190 cumprimentos, calcule o número de pessoas presentes à festa.

76. Considere os números de 3 algarismos distintos formados com os dígitos 2, 3, 5, 8 e 9. (a) Quantos são estes números? (b) Quantos são menores que 700? (c) Quantos são múltiplos de 5? (d) Quantos são pares? (e) Quantos são ímpares?

77. Considere a palavra *pernambuco*. Pede-se: (a) Quantos são os seus anagramas? (b) Quantos são os anagramas que começam e terminam por consoante? (c) Quantos são os anagramas que começam e terminam por vogal? (d) Quantos são os anagramas que começam por consoante e terminam por vogal?

78. A Loteria do Milhão Premiado Ltda. planeja lançar um novo jogo em que o jogador deve marcar 6 dezenas das 12 possíveis (e presentes no cartão). Ele ganha o prêmio se conseguir acertar pelo menos 5 das 6 dezenas marcadas. São sorteadas 6 dezenas. Qual a probabilidade de ele ganhar o jogo?

79. Em um dos jogos comercializados pela Loteria do Milhão, o apostador deve marcar 50 dezenas de um cartão que contém 100 dezenas. Posteriormente, são sorteadas 20 dezenas. Calcule a probabilidade de o apostador ganhar: (a) acertando todas as 20 dezenas; (b) acertando 16, 17, 18, 19 ou 20 dezenas ou errando todas as 20 dezenas. Não é necessário apresentar o resultado final; basta indicar quais os procedimentos que deveriam ser empregados para obter a resposta.

80. De um grupo de 4 alunas e 5 alunos devem ser escolhidos 3 membros para comporem uma comissão, formada por um presidente, um vice-presidente e um secretário(a). (a) De quantas maneiras possíveis a banca pode ser formada? (b) sabendo que devem existir dois alunos e uma aluna, de quantas maneiras seria possível formar a banca?

## Tabelas de probabilidade condicional

81. Nas próximas férias, as probabilidades de as irmãs Mariana e Monique viajarem para o exterior são, respectivamente, iguais a 45% e 40%. Se Mariana viajar, a probabilidade de Monique também viajar cai para 1/3 da probabilidade anterior – ou seja, reduz-se para 15%. Calcule a probabilidade de: (a) ambas não viajarem para o exterior; (b) Mariana não viajar e Monique viajar; (c) ambas viajarem.

82. Dos alunos de uma faculdade de Administração, 60% já fizeram outra graduação. Dos que não fizeram outra graduação, 10% pensam em continuar estudando até a pós-graduação. Dos demais, esta probabilidade aumenta para 30%. Pede-se: (a) qual a probabilidade de um aluno escolhido ao acaso desejar cursar a pós-graduação? (b) se o aluno desejar cursar a pós-graduação, qual a probabilidade de nunca ter feito outra graduação antes?

83. No sertão, a probabilidade de chuva em um dia qualquer de primavera é de 0,10. O Serviço Nacional de Meteorologia (SNM) acerta suas previsões em 80% dos dias em que chove e em 90% dos dias em que não chove. Pede-se: (a) qual a probabilidade de o SNM acertar suas previsões? (b) se houver acerto, qual a probabilidade de ter sido um dia chuvoso?

84. Em viagens nacionais para o Nordeste, existem probabilidades iguais a 45%, 36% e 18% de visitar Salvador, Recife ou ambas as cidades respectivamente. Determine a probabilidade de que: (a) a pessoa que visite Salvador visite, também, Recife; (b) a pessoa que visite Recife visite, também, Salvador.

85. A probabilidade de um ônibus partir no horário é igual a 0,80, e a probabilidade de o ônibus partir no horário e chegar, também, no horário é igual a 0,72. Pergunta-se: (a) qual a probabilidade de que, se tal ônibus parte no horário, chegue, também, no horário? (b) se há uma probabilidade de 0,75 de que tal ônibus chegue no horário, qual é a probabilidade de que, se ele não parte no horário, ainda assim chegue no horário?

86. Uma pesquisa realizada no Sul do país com gerentes do sexo feminino mostrou que há uma probabilidade de 0,60 de essas mulheres gostarem de tomar decisões financeiras e uma probabilidade de 0,42 de elas gostarem de tomar decisões financeiras e estarem dispostas a assumir sérios riscos. Qual a probabilidade de que uma mulher em posição de chefia, que goste de tomar decisões financeiras, esteja também disposta a assumir riscos sérios?

87. A probabilidade de um estudante obter conceito máximo A no primeiro teste de cálculo é igual a 30%, e a probabilidade de obter o mesmo conceito máximo no segundo teste é também 30%. Sabendo que a probabilidade de obter A nos dois testes é 18%, calcule a probabilidade de obter menos que A no segundo teste, sabendo que no primeiro teste obteve conceito A.

88. Uma agência de propaganda detectou que 80% das residências estudadas em uma pesquisa de mercado possuíam um aparelho de som CD Player e 30% possuíam forno de micro-ondas. Dados da pesquisa também revelaram que 20% das casas tinham ambos os eletrodomésticos. Calcule a percentagem das casas que não possuem nenhum dos dois eletrodomésticos.

89. Uma prova de múltipla escolha possui cinco alternativas, das quais apenas uma é correta. A probabilidade de que um determinado aluno saiba a resposta certa é igual a 35%. Supondo a inexistência da possibilidade de obtenção da resposta através de fraude, pergunta-se: (a) se ele acertou a questão, qual a probabilidade de ele realmente saber a resposta? (b) qual a probabilidade de ele acertar a questão?

## Teorema da probabilidade total

90. Na Mil Sonhos Indústrias Ltda. trabalham, atualmente, 97 pessoas, das quais 47 são do sexo masculino e 36 são novos funcionários. Dos funcionários do sexo feminino, 16 são novos. Pede-se calcular a probabilidade de um funcionário escolhido ao acaso: (a) ser novo na empresa, dado que é do sexo masculino; (b) ser do sexo masculino, dado que é novo na empresa; (c) ser do sexo feminino, dado que não é novo na empresa.

91. Em relação à empresa Mil Sonhos, a chance de um funcionário novo ser promovido a gerente é igual a 30%. Calcule a probabilidade de um funcionário novo ser promovido: (a) dado que é do sexo feminino; (b) dado que é do sexo masculino.

92. Nas Indústrias Sabiá, em um grupo formado por 200 funcionários, 80 realizaram treinamento em segurança no trabalho, 140 em primeiros socorros e 20 não realizaram nenhum dos dois treinamentos. Determine a probabilidade de um funcionário ter feito treinamento em primeiros socorros, dado que fez o treinamento em segurança no trabalho. Os eventos poderiam ser classificados como dependentes ou independentes? Justifique a resposta.

93. A chance de uma ação subir em determinado dia ao longo de uma semana é igual a 2/5. Considerando a chance de estabilidade igual a zero, calcule a chance de, em uma sequência de três dias seguidos, a ação: (a) subir nos três dias; (b) cair nos 3 dias; (c) subir no segundo dia, dado que tenha caído no primeiro dia.

94. Obtenha a probabilidade de: (a) em um lance de um par de dados honestos, obter-se o par (5,6), sabendo-se que ocorreu face ímpar no primeiro dado; (b) obter-se face par no segundo dado, sabendo-se que ocorreu face ímpar no primeiro dado.

95. Um pesquisador estudou o comportamento de consumo de bebidas lácteas no Brasil. Analisou a classe econômica do consumidor e o principal aspecto determinante da escolha da marca. Os dados obtidos estão tabulados na tabela seguinte.

| Classe/Aspecto | Preço | Qualidade | Soma |
|---|---|---|---|
| Alta | 42 | 56 | 98 |
| Média | 37 | 21 | 58 |
| Baixa | 13 | 97 | 110 |
| Total | 92 | 174 | 266 |

Qual a probabilidade de um consumidor escolhido ao acaso: (a) priorizar o preço, dado que é de classe alta; (b) priorizar a qualidade, dado que é de classe média; (c) ser de classe baixa, dado que atribui maior importância ao fator qualidade?

## Média e desvio de probabilidades

96. Com base no conceito de valor esperado (ou média de probabilidades), escolha o que é melhor:

    a) ganhar com certeza $ 100.000 no jogo de cara ou coroa ou, se der cara, ganhar R$ 250.000; se der coroa, não ganhar nada?

    b) não ganhar ou perder nada ou ter uma chance em 100 de perder $ 9.000 e 99 chances em 100 de ganhar $ 100?

97. Um clube esportivo vende 1.200 bilhetes de rifa para um prêmio de $ 18.000,00. Qual é a esperança matemática de uma pessoa que compra um bilhete?

98. Uma urna contém 5 fichas que valem $ 1,00 cada uma, 5 fichas que valem $ 3,00 e 10 fichas que valem $ 5,00 cada uma. Valeria a pena pagar $ 4,00 pelo privilégio de escolher aleatoriamente uma das fichas?

99. Em um torneio de xadrez realizado em um grande *shopping center* da cidade, o vencedor receberia um prêmio de $ 20.000,00. Quais são os valores esperados dos ganhos dos dois finalistas se: (a) eles são equilibrados; (b) suas probabilidades de ganhar são 0,65 e 0,35; (c) suas probabilidades de ganhar são 0,85 e 0,15?

100. No campeonato estadual de futebol, o primeiro lugar receberá um prêmio de $ 400.000,00 e o segundo colocado receberá um prêmio de $ 150.000,00. Quais são as esperanças matemáticas dos dois finalistas se: (a) eles estão equilibrados; (b) existe uma chance de 3:1 a favor do time A?

101. Uma urna contém as fichas apresentadas na tabela seguinte. Pede-se obter o valor esperado associado à extração de uma ficha.

| Valor $ | 1,00 | 2,00 | 5,00 | 10,00 | 50,00 |
|---|---|---|---|---|---|
| Quantidade | 10 | 5 | 2 | 2 | 1 |

102. Um fazendeiro projetou os ganhos apresentados na tabela seguinte para a sua próxima colheita. Calcule o seu valor esperado.

| Resultado | Ganhos | Probabilidade |
|---|---|---|
| Claro | 50 | 80% |
| Chuva | 20 | 10% |
| Neve | – 10 | 9% |
| Tempestade | – 15 | 1% |

103. Um grupo de investidores projetou os seguintes resultados para uma operação de investimentos. Calcule o valor esperado.

| Resultado Econômico | Probabilidade | Retorno sobre o Investimento |
|---|---|---|
| Ótimo | 20% | 25% |
| Bom | 40% | 15% |
| Mais ou Menos | 30% | 5% |
| Realmente Ruim | 10% | 0% |

104. A Caixa Econômica Federal informa nos bilhetes da Super Sena que, da arrecadação da Super Sena, 1% vai para o Fundo Nacional de Cultura, 22,4% para a Seguridade Social, 9,6% para o Programa de Crédito Educativo; 3% para o Fundo Penitenciário Nacional e 4,5% para o Instituto Nacional do Desporto. Suponha que a agência lotérica retenha 15% do valor das apostas a título de comissão. Pede-se: (a) calcule a probabilidade de uma pessoa acertar os 6 números da Super Sena, em que 6 números das 48 dezenas devem ser assinalados; (b) sabendo que existe um prêmio acumulado de $ 32.000.000,00, calcule a expectativa de ganho de um apostador com um único cartão com 6 dezenas; (c) a CEF cobra $ 1,00 para apostas com 6 dezenas, $ 7,00 para apostas com 7 dezenas; $ 28,00 para 8 dezenas, $ 84,00 para 9 dezenas e $ 210,00 para 10 dezenas. São justos estes valores?

## Árvores de decisão

105. A Companhia Industrial Ltda. estudava a possibilidade de reformar ou construir uma nova linha de produção. Sabe-se que a reforma da linha já existente permitiria um ganho certo igual a $ 50.000,00. O resultado decorrente da aquisição de uma linha industrial dependeria das condições macroeconômicas de seu mercado. Condições favoráveis têm probabilidade de ocorrência igual a 70% e indicam ganhos iguais a $ 100.000,00. Condições macroeconômicas desfavoráveis indicam uma perda igual a $ 20.000,00. Pede-se desenhar a árvore de possibilidades e indicar, com base no valor esperado, qual seria a melhor decisão para a empresa: reformar ou construir uma linha nova de produção.

106. Rosemary está organizando uma quermesse e estuda a possibilidade de sua realização em dois espaços distintos: ao ar livre (com custo de realização estimado em $ 2.000,00) ou em espaço coberto (com custo igual a $ 3.000,00). Os faturamentos previstos para o evento estão apresentados na tabela seguinte. A probabilidade de ocorrência de chuva é igual a 20%. Com base na árvore de possibilidade e no valor esperado, qual seria a melhor opção para Rosemary?

| Local do Evento | Chuva | Sol |
|---|---|---|
| Área coberta | $ 7.000,00 | $ 2.000,00 |
| Ar livre | $ 1.000,00 | $ 6.000,00 |

107. A Tranquilidade Hotéis e Turismo Ltda. estudava a possibilidade de realizar dois investimentos mutuamente excludentes: um hotel para convenções em São Paulo com investimento estimado em $ 1.000.000,00 ou um *resort* de lazer em Búzios, com investimento estimado em $ 1.500.000,00. Os rendimentos decorrentes do hotel em São Paulo dependem de três cenários, descritos na tabela seguinte.

| Cenário | Probabilidade | Rendimento |
|---|---|---|
| Otimista | 20% | $ 8.000.000,00 |
| Realista | 70% | $ 2.000.000,00 |
| Pessimista | 10% | $ 500.000,00 |

Os rendimentos do *resort* são consequências de duas projeções futuras apresentadas na tabela seguinte.

| Projeção | Probabilidade | Rendimento |
|---|---|---|
| *Boom* do turismo | 40% | $ 7.000.000,00 |
| Turismo estável | 60% | $ 2.500.000,00 |

Com base na árvore de possibilidades para a Tranquilidade Hotéis e Turismo Ltda. e no valor esperado de cada empreendimento, determine qual a melhor opção para a empresa.

108. Mariana pensa em aplicar os $ 20.000,00 que economizou durante os últimos anos na abertura de um negócio próprio. Três opções estão disponíveis: cafeteria, lanchonete ou livraria. Os resultados esperados para cada uma das opções estão apresentados na tabela seguinte. Dados coletados junto ao sindicato de pequenas empresas indicam que as probabilidades de sucesso de cada uma das opções são estimadas em 40%, 50% e 55%, respectivamente. Com base no valor esperado, qual deveria ser a opção escolhida por Mariana?

| Opção | Sucesso | Fracasso |
|---|---|---|
| Cafeteria | 30.000,00 | 15.000,00 |
| Lanchonete | 50.000,00 | 5.000,00 |
| Livraria | 35.000,00 | 10.000,00 |

109. O diretor de marketing de uma empresa de bens de consumo está analisando a possibilidade de lançar um novo produto. Visando determinar o interesse dos consumidores por tal produto, o diretor pensa em reunir um grupo de consumidores, o que custará $ 50.000, e oferece 65% de probabilidade de predizer corretamente o sucesso do produto, ou então contratar uma firma de consultoria que pesquisará o mercado ao custo de $ 100.000. A firma de consultoria afirma ser capaz de fazer previsões corretas em 85% dos casos. Ingressar diretamente no mercado sem testes prévios dará certo em apenas 50% das vezes. Se a empresa lançar o produto e for bem-sucedida, o resultado será de $ 500.000. Se for malsucedida, perderá $ 100.000. Construa a árvore de possibilidades e calcule, com base no valor esperado, qual a melhor alternativa para a empresa.

110. A empresa de bicicletas Veloz nota estar havendo um declínio de suas vendas em consequência do aumento de importações de produtos mais baratos do Oriente. O diretor financeiro está considerando diversas estratégias para que a empresa mantenha sua participação no mercado. As opções consideradas são: (a) fi-

xar preços mais agressivamente, resultando numa queda de $ 1,3 milhão do fluxo de caixa. A probabilidade de não perder fluxo de caixa para os produtos importados é de 55%; há uma probabilidade de 45% de que se percam somente $ 550.000 do fluxo de caixa para os importados; (b) contratar um lobista para convencer as autoridades de que deveriam ser impostas tarifas sobre a importação de bicicletas. Isto custará $ 800.000 à empresa e tem 75% de chance de dar certo, ou seja, de evitar perdas de fluxo de caixa para os concorrentes estrangeiros. Se o lobista não tiver êxito, a empresa perderá fluxo de caixa no montante de $ 2 milhões. Na qualidade de assistente do diretor financeiro, qual estratégia seria recomendada?

111. Um vendedor ambulante de churrasquinhos de gato sempre enfrenta um dilema antes de um jogo entre Flamengo e Vasco no Maracanã: quantos churrasquinhos comprar para poder revender antes e durante o jogo. O atacadista fornecedor vende os espetos em lotes únicos de 50, 100 ou 200 unidades. Suas vendas são influenciadas diretamente pela fiscalização feita pelo "rapa" – a fiscalização municipal. Quando a fiscalização é branda, ele consegue vender 190 unidades, quando a fiscalização é moderada é possível vender 90 unidades e, quando a fiscalização é rigorosa, ele consegue vender, no máximo, 60 unidades. Sabe-se que o custo de cada espetinho é igual a $ 0,30. O preço de venda é de $ 1,00. Para armar a banca na porta do estádio, comprar carvão e preparar os molhos gastam-se cerca de $ 20,00 por jogo. Cada churrasquinho não vendido tem um preço de repasse estimado em $ 0,22. Estima-se que as probabilidades de a fiscalização ser branda, moderada ou rigorosa são iguais a 0,20; 0,50 e 0,30, respectivamente. Estruture, em uma árvore de possibilidades, as opções de aquisição de churrasquinho para revenda. Com base nos valores esperados, qual seria a melhor opção de compra do vendedor? Suponha que apenas um lote poderia ser comprado.

112. A seguir, está apresentado um circuito elétrico existente em determinada máquina. Sabe-se que os componentes C1, C2 e C4 operam de forma independente e têm probabilidades de funcionar iguais a 0,8; 0,8 e 0,7, respectivamente. Se a probabilidade de a corrente elétrica seguir de A para B for igual a 45%, calcule a probabilidade de o componente C3 funcionar nas seguintes situações: (a) C1 e C2 não podem ser operados simultaneamente; (b) C1 e C2 podem ser operados simultaneamente.

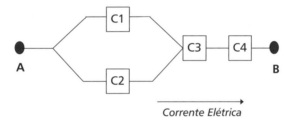

113. Duas máquinas A e B são operadas de forma independente e podem apresentar os defeitos relatados na tabela seguinte. Pede-se determinar a probabilidade de que: (a) as máquinas A e B apresentem a mesma quantidade de defeitos; (b) a quantidade total de defeitos seja igual ou maior que 2; (c) a quantidade total de defeitos seja menor que 5.

| Número de defeitos | 01 | 02 | 03 |
|---|---|---|---|
| Máquina A | 20% | 35% | 45% |
| Máquina B | 30% | 20% | 50% |

## Exercícios variados

114. Um restaurante famoso oferece dois tipos de refeição: salada completa ou um prato à base de carne. 25% dos fregueses do sexo masculino preferem salada e 40% das mulheres preferem carne; 70% dos 200 fregueses são homens. Um freguês é escolhido ao acaso. Considere os seguintes eventos: $H$: freguês é homem; $M$: freguês é mulher; $A$: freguês prefere salada; $B$: freguês prefere carne. Calcule as probabilidades: (a) $P(H)$; (b) $P(A \mid H)$; (c) $P(B \mid H)$; (d) $P(A \cup H)$; (e) $P(A \cap H)$; (f) $P(M \mid A)$.

115. Duas viaturas são mantidas em um posto para atender a emergências. Devido a vários problemas, como manutenção, por exemplo, a probabilidade de que cada viatura esteja disponível é 0,8. A disponibilidade de uma viatura é independente da outra. (a) Em um acidente, qual é a probabilidade de que as duas viaturas estejam disponíveis? (b) Qual a probabilidade de que nenhuma esteja disponível? (c) Se uma viatura é chamada em um acidente, qual a probabilidade de que o chamado seja atendido?

116. Dois tipos de vacina foram aplicados em uma população, de tal forma que 60% das pessoas receberam vacina do tipo *A* e as 40% restantes receberam vacina do tipo *B*. Sabendo que a vacina do tipo *A* fornece 70% de imunização e a *B* fornece 80%, determine a probabilidade de que uma pessoa escolhida ao acaso: (a) esteja imunizada, dado que foi vacinada por *A*; (b) esteja imunizada; (c) tenha sido vacinada por *A*, dado que não esteja imunizada.

117. De um grupo de 30 pacientes de um hospital, 12 sofrem de hipertensão, 13 de doenças cardíacas e 5 sofrem de ambos os males. Qual a probabilidade de que: (a) um paciente escolhido ao acaso sofra de ambos os males? (b) sofra apenas de pressão alta? (c) não sofra de nenhuma das duas doenças?

118. Em um determinado jogo de 2 dados, se você apostar $ 1, pode concorrer a um prêmio de $ 17 se a soma dos pontos for 9, ou, de forma alternativa e excludente, a um prêmio de $ 60 se ambas as faces forem 4. O que é melhor?

---

**Sugestão:** leia a seção do Capítulo 15 que apresenta as funções do Excel aplicadas aos cálculos com probabilidade e tente resolver os exercícios propostos.

---

### MUITOS SLIDES!

O *site* **www.MinhasAulas.com.br** disponibiliza para *download* muitos *slides* adicionais que ajudam na consolidação dos conceitos apresentados neste livro. Visite o *site* e conheça os recursos disponíveis!

# 7

# Variáveis aleatórias e distribuições de probabilidades

*O acaso é, talvez, o pseudônimo que Deus usa quando não quer assinar suas obras.*

T. Gauther

## Objetivos do capítulo

O estudo mais profundo das probabilidades avança pela definição e emprego do conceito de variáveis aleatórias, que podem apresentar diferentes distribuições teóricas de frequências ou probabilidades.

Três grandes distribuições teóricas de probabilidade costumam ser exploradas nas análises estatísticas: a distribuição binominal, a distribuição de Poisson e a distribuição normal. A primeira caracteriza-se pela modelagem de eventos binomiais, quando apenas duas categorias são tratadas. A segunda é marcada pela análise de eventos discretos ou contáveis ocorridos em intervalos contínuos. A terceira é, possivelmente, a mais difundida e trabalhada distribuição teórica de probabilidades em Estatística, marcada pela distribuição das frequências em forma de sino.

Este capítulo possui o objetivo de apresentar de forma didática e clara os principais conceitos associados às variáveis aleatórias e distribuições de probabilidades, importantes na modelagem de situações que envolvem eventos caracterizados por incerteza. Para tornar a leitura mais agradável e facilitar a aprendizagem do conteúdo transmitido, são propostos diversos exercícios.

## Entendendo as incertezas

A modelagem e a compreensão de variáveis aleatórias representam uma tentativa de simplificação de determinado problema que envolva incertezas. Por exemplo, se uma empresa industrial planeja a construção de uma nova fábrica, diversas serão as incertezas associadas ao projeto de investimento. Para poder estudar melhor essas incertezas, um dos passos iniciais consiste na tentativa de modelagem dos eventos incertos através do emprego de variáveis aleatórias.

## GRANDES NOMES E GRANDES HISTÓRIAS[1]

★ 26 de maio de 1667, em Vitry, França
† 27 de novembro de 1754, em Londres, Inglaterra

Abraham de Moivre nasceu em 1667, na pequena localidade de Vitry, nas proximidades de Paris. Após passar cinco anos em uma academia protestante em Sedan, de Moivre estudou lógica em Saumur entre 1682 e 1684. Posteriormente, foi para Paris estudar no Collège de Harcourt.

Por ser protestante e francês, de Moivre emigrou para a Inglaterra em 1685, em função do Edito de Nantes e da expulsão dos huguenotes. Na Inglaterra, tornou-se tutor particular de matemática, pleiteando alguma vaga como professor de matemática.

Em 1707, de Moivre tornou-se membro da Royal Society. Alguns anos mais tarde, em 1710, ele foi designado para uma comissão designada pela entidade para revisar e julgar os pleitos de Newton e Leibniz sobre terem sido os inventores do Cálculo. A sua indicação deveu-se à sua amizade com Newton. Obviamente, a Royal Society obteve a resposta que desejava.

*Abraham de Moivre*

De Moivre foi um dos pioneiros no desenvolvimento da geometria analítica e da teoria de probabilidade. Um dos seus trabalhos seminais, *The doctrine of chance*, foi publicado em 1718. A definição de independência estatística aparece neste livro, ilustrada com diversos problemas associados aos lances de dados e outros jogos. Também investigou estatísticas sobre mortalidades e contribuiu para a fundação da teoria das anuidades.

Juntamente com Laplace e Gauss, de Moivre ajudou a modelar e a interpretar a famosa curva em sino da distribuição normal. Apesar de suas importantes realizações, a maior parte da renda de De Moivre provinha de suas aulas particulares de matemática. Faleceu em 1754, na pobreza.

Da mesma forma que Cardano, tornou-se famosa a sua predição sobre o dia de sua própria morte. De Moivre calculou que, se dormisse 15 minutos a mais por noite seguindo uma progressão aritmética, morreria no dia em que dormisse por 24 horas. Ele estava certo.

Uma variável discreta $x$ pode ser definida como aleatória se a cada um de seus valores se associa uma probabilidade $P(x)$. O conjunto dos valores da variável e de suas respectivas probabilidades é a distribuição de $x$.

Por exemplo, imagine que um determinado estudo consista na análise do entendimento dos resultados decorrentes do lance de um par de dados honestos. O espaço amostral seria formado por todos os resultados possíveis, em que cada dado pode apresentar face 1, 2, 3, 4, 5 ou 6. Seriam 36 resultados diferentes possíveis.

Se a soma das faces dos dados fosse o objeto do estudo, a distribuição das frequências das somas poderia ser vista na figura seguinte.

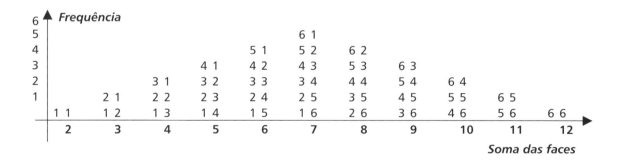

---

[1] Adaptado do *The MacTutor history of mathematics archive*. Disponível em: <http://www-groups.dcs.st-and.ac.uk/~history/index.html>. Acesso em: 3 dez. 2006.

A depender da soma analisada, uma diferente probabilidade de ocorrência seria verificada. Por exemplo, a soma 7 pode ser consequência das faces 6 e 1, ou 5 e 2, ou 4 e 3, ou 3 e 4, ou 2 e 5, ou 1 e 6. Assim, existiram 6 possibilidades de resultado e uma probabilidade igual a 6/36 de ocorrência. A representação das somas das faces está apresentada na Tabela 7.1.

Tabela 7.1 *Soma das faces e probabilidades.*

| Soma das faces ($x_i$) | Nº de Possibilidades | Probabilidade [$P(x_i)$] |
|---|---|---|
| 2 | 1 | 2,78% |
| 3 | 2 | 5,56% |
| 4 | 3 | 8,33% |
| 5 | 4 | 11,11% |
| 6 | 5 | 13,89% |
| 7 | 6 | 16,67% |
| 8 | 5 | 13,89% |
| 9 | 4 | 11,11% |
| 10 | 3 | 8,33% |
| 11 | 2 | 5,56% |
| 12 | 1 | 2,78% |
| Soma | 36 | 100,00% |

Uma forma simples de representar a compreensão das probabilidades associadas à obtenção de somas diferentes poderia ser feita por meio da representação das probabilidades associadas a cada resultado. De forma ilustrativa, poderia ser construída uma função para representar as probabilidades associadas aos resultados possíveis. Veja a Tabela 7.2. Para cada valor de $x_i$, existe um respectivo ponto na sua função.

Note que a soma das probabilidades foi igual a 1 ou 100%, indicando que os resultados assinalados são coletivamente exaustivos. Todos os eventos possíveis, juntamente com suas respectivas probabilidades, foram considerados.

Com base na Tabela 7.2, poderiam ser compreendidas as probabilidades associadas a cada resultado ($x_i$). Por exemplo, para $x_i = 5$, $P(x_i) = 11,11\%$. Para $x_i = 12$, $P(x_i) = 2,78\%$.

Tabela 7.2 *Soma das faces e função densidade de probabilidade.*

| $x_i$ | Função [$f(x_i)$] |
|---|---|
| 2 | 2,78% |
| 3 | 5,56% |
| 4 | 8,33% |
| 5 | 11,11% |
| 6 | 13,89% |
| 7 | 16,67% |
| 8 | 13,89% |
| 9 | 11,11% |
| 10 | 8,33% |
| 11 | 5,56% |
| 12 | 2,78% |

De forma similar, as probabilidades associadas a um intervalo de valores poderiam ser igualmente calculadas. Por exemplo, $P(4 \leq x_i \leq 7) = P(x_i = 4) + P(x_i = 5) + P(x_i = 6) + P(x_i = 7)$. Substituindo os valores da tabela, $P(4 \leq x_i \leq 7) = 8,33\% + 11,11\% + 13,89\% + 16,67\% = 50\%$.

A função $f(x_i)$ possibilitou criar um modelo para representar as probabilidades associadas à variável $x_i$, que representa a soma da face do par de dados.

O outro exemplo fornecido a seguir representa a distribuição de probabilidades da variável aleatória discreta $x$.

| $x$ | $P(x)$ |
|---|---|
| 1 | 0,1 |
| 2 | 0,2 |
| 3 | 0,4 |
| 4 | 0,2 |
| 5 | 0,1 |

O histograma da distribuição de $X$ pode ser visto a seguir.

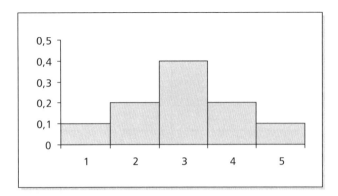

Figura 7.1  *Histograma da variável aleatória discreta.*

Uma outra forma de representar as probabilidades associadas a $x_i$ seria por meio das áreas dos retângulos do histograma. Considerando as bases iguais a 1, as áreas do retângulo podem ser apresentadas como:

Tabela 7.3  *Cálculo das áreas do histograma.*

| Retângulo | Fórmula | Valor |
|---|---|---|
| R1 | B1 × H1 = 1 × 0,10 = | 0,10 |
| R2 | B2 × H2 = 1 × 0,20 = | 0,20 |
| R3 | B3 × H3 = 1 × 0,40 = | 0,40 |
| R4 | B4 × H4 = 1 × 0,20 = | 0,20 |
| R5 | B5 × H5 = 1 × 0,10 = | 0,10 |
| Soma | R1 + R2 + R3 + R4 + R5 = | 1,00 |

Assim, caso se desejasse saber a probabilidade de $X$ ser menor ou igual a 3, por exemplo, bastaria somar as probabilidades de $x = 1$; $x = 2$ e $x = 3$, ou $P(x \leq 3) = P(x = 1) + P(x = 2) + P(x = 3) = 0,10 + 0,20 + 0,40 = 0,70$.

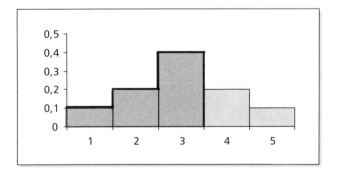

Figura 7.2  *Probabilidade é igual à área assinalada.*

A probabilidade para $x$ menor ou igual a 3 seria igual à área assinalada na Figura 7.2 e resultante da soma das áreas de cada um dos retângulos, ou 0,10 + 0,20 + 0,40 = 0,70.

Se a representação das probabilidades fosse feita por meio dos pontos médios, com uma curva ligando-os, a representação gráfica poderia ser vista na Figura 7.3.

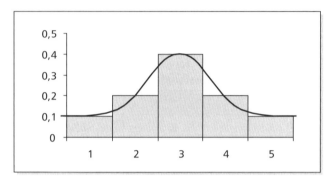

Figura 7.3  *Curva ligando os pontos médios do histograma.*

A curva que liga os pontos médios de $x$ representa uma **variável aleatória contínua**. Variáveis aleatórias contínuas podem ser empregadas na representação de probabilidades. Apresentam que para cada ponto contínuo $x_i$ existe uma **função densidade de probabilidade**, apresentada como f($x_i$). Algebricamente, as variáveis aleatórias contínuas podem ser definidas conforme o quadro seguinte.

> Uma variável aleatória $x$ é contínua em $R$ se existir uma função f(x), tal que:
> 
> f(x) ≥ 0 (não negativa)
> 
> $$\int_{-\infty}^{\infty} f(x)\,dx = 1$$

O uso de funções densidade de probabilidade permite simplificações no cálculo das probabilidades associadas a determinados intervalos. Pode-se dizer, como no caso da soma das áreas dos retângulos da Tabela 7.3, que a probabilidade associada a um intervalo é igual à soma das áreas. No caso, é igual à soma das áreas sob a curva.

Já que uma função densidade de probabilidade é contínua, a área sob a curva em um determinado intervalo poderia ser obtida mediante o uso de integrais definidas. Algebricamente, pode-se dizer que a probabilidade de uma variável aleatória $x$ apresentar um valor entre $a$ e $b$ é igual à integral definida de sua função densidade de probabilidade entre os valores de $a$ e $b$.

$$P(a \leq X \leq b) = \int_a^b f(x)\,dx$$

Em outras palavras, o valor da integral corresponde à área delimitada pela função $f(x)$, eixo dos $x$ e pelas retas $x = a$ e $x = b$.

Para ilustrar, veja o exemplo de uma distribuição uniforme, em que cada valor de $x_i$ apresenta um mesmo valor de $f(x_i)$. No caso apresentado na Figura 7.4, tem-se que:

$f(x_i) = 0{,}20$ se $1 \leq x \leq 6$
$\phantom{f(x_i) =\ } 0$ se $x < 1$ ou $x > 6$

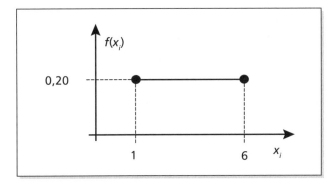

Figura 7.4    *Variável aleatória uniforme.*

Caso, por exemplo, fosse desejado encontrar a probabilidade associada ao intervalo $2 \leq x_i \leq 4$, bastaria calcular a integral definida para o intervalo:

$$P(a \leq X \leq b) = \int_a^b f(x)\,dx$$

$$P(2 \leq X \leq 4) = \int_a^b f(x)\,dx = 0{,}20 \times 4 - 0{,}20 \times 2 = 0{,}40$$

Assim, pode-se dizer que $P(2 \leq x_i \leq 4) = 0{,}40$ ou 40%. A probabilidade de $x_i$ assumir qualquer valor no intervalo compreendido entre 2 (inclusive) e 4 (inclusive) é igual a 40%.

A análise da forma de distribuição de uma variável aleatória permite definir diferentes distribuições de frequências ou probabilidades. Três grandes distribuições teóricas de probabilidade costumam ser exploradas nas análises estatísticas: a distribuição binomial, a distribuição de Poisson e a distribuição normal.

## Distribuição binomial

Eventos binomiais são marcados pela existência de duas únicas categorias, mutuamente excludentes e coletivamente exaustivas. Mutuamente excludentes significa que uma categoria implica a possibilidade da não ocorrência simultânea da outra categoria. Por coletivamente exaustivas entende-se que a união de ambos os eventos resulta no espaço amostral.

Exemplos de eventos binomiais podem ser fornecidos por meio de números pares e ímpares no lance de um dado honesto, e por meio da extração de cartas vermelhas e pretas de um baralho honesto.

Geralmente, em análises estatísticas, os exemplos mais comuns de eventos binomiais são aqueles que estabelecem situações de sucesso e fracasso. Situações de sucesso correspondem àquilo que se deseja estudar. Situações de fracasso correspondem ao complemento. Ou seja, àquilo que não se deseja estudar.

Assim, caso um pesquisador esteja estudando as probabilidades associadas aos elementos de uma amostra de quatro crianças terem mais que seis anos de idade, pode-se definir como sucesso o fato de terem mais que seis anos. Logo, o fracasso seria não terem mais que seis anos. Ou seja, o fracasso seria terem seis ou menos anos de idade.

Considerado o fato de serem coletivamente exaustivos e mutuamente excludentes, atribui-se a probabilidade $p$ ao evento sucesso. Logo, o evento fracasso terá probabilidade $(1 - p)$, igualmente representada por $q$. Assim, se no exemplo anterior a probabilidade de uma criança ter mais que seis anos de idade for igual a 0,80, diz-se que $p$ é igual a 0,80, $p = 0{,}80$. Logo, $q = 1 - p = 1 - 0{,}80 = 0{,}20$. A probabilidade de a criança ter seis anos ou menos será igual a 0,20 ou 20%.

O modelo de distribuição binomial permite extrair probabilidades de experimentos que apresentam apenas dois resultados, representados genericamente por sucesso ou fracasso. Alguns autores atribuem a denominação em função do desenvolvimento do binômio de Newton, representado pela expressão $(a + b)^n$.

Algumas premissas são assumidas pelo modelo de distribuição binomial:

a) $n$ provas independentes e do mesmo tipo são realizadas;
b) cada prova admite dois resultados: sucesso ou fracasso;
c) a probabilidade de sucesso em cada prova é $p$ e de fracasso é $1 - p = q$.

A obtenção da probabilidade associada ao fato de encontrar $x$ eventos com sucesso em uma amostra formada por $n$ eventos possíveis pode ser apresentada por meio da seguinte equação:

$$P(x) = C_{n,x} p^x q^{n-x}$$

Onde:
$p$ = probabilidade de sucesso
$q = (1 - p)$ = probabilidade de fracasso
$n$ = número de eventos estudados
$x$ = número de eventos desejados que tenham sucesso

Assim, em relação ao estudo com a amostra de crianças, a probabilidade de encontrar apenas uma criança com mais que seis anos de idade poderia ser dada por meio da equação. Nesta situação, tem-se que $n$ é igual a quatro, $x$ é igual a um, $p$ é igual a 0,80 e $q$ é igual a 0,20.

$$P(x = 1) = C_{n,x} p^x q^{n-x} = C_{4,1}(0{,}80)^1 (0{,}20)^{4-1} = 2{,}56\%$$

A probabilidade de encontrar em uma amostra formada por quatro crianças apenas uma com mais que seis anos de idade é igual a 2,56%.

Já que a amostra é formada por quatro crianças, pode-se encontrar a probabilidade associada a diferentes números de crianças com mais que seis anos de idade. O número pode variar entre zero (nenhuma criança) a quatro (todas as crianças). Veja a tabela seguinte, onde $x$ representa o número de crianças na amostra com mais de seis anos.

| x | Fórmula | P(x) |
|---|---|---|
| 0 | $P(x = 0) = C_{n,x} p^x q^{n-x} = C_{4,0}(0{,}80)^0 (0{,}20)^{4-0}$ | 0,16% |
| 1 | $P(x = 1) = C_{n,x} p^x q^{n-x} = C_{4,1}(0{,}80)^1 (0{,}20)^{4-1}$ | 2,56% |
| 2 | $P(x = 2) = C_{n,x} p^x q^{n-x} = C_{4,2}(0{,}80)^2 (0{,}20)^{4-2}$ | 15,36% |
| 3 | $P(x = 3) = C_{n,x} p^x q^{n-x} = C_{4,3}(0{,}80)^3 (0{,}20)^{4-3}$ | 40,96% |
| 4 | $P(x = 4) = C_{n,x} p^x q^{n-x} = C_{4,4}(0{,}80)^4 (0{,}20)^{4-4}$ | 40,96% |

Assim, caso o pesquisador estivesse interessado em obter a probabilidade associada a encontrar uma ou duas crianças com mais de seis anos, bastaria somar as respectivas probabilidades:

$P(1\ \text{ou}\ 2) = P(1) + P(2) = 2{,}56\% + 15{,}36\% = 17{,}92\%$

Caso o pesquisador buscasse analisar a probabilidade de encontrar pelo menos uma criança com mais de seis anos, faria:

$P(\text{pelo menos 1}) = P(x \geq 1) = P(1) + P(2) + P(3) + P(4)$

$P(x \geq 1) = 2{,}56\% + 15{,}36\% + 40{,}96\% + 40{,}96\% = 99{,}84\%$

Note que, neste caso, uma solução mais simples e rápida poderia ser feita pelo complemento. Pelo menos um significa que qualquer resultado é desejado, menos o que envolve nenhuma criança. Assim:

$P(\text{pelo menos } 1) = P(\text{qualquer resultado}) - P(x = 0)$

Como $P(\text{qualquer resultado})$ é igual a 1 ou 100%, tem-se que:

$P(\text{pelo menos } 1) = 1 - P(x = 0)$

$P(\text{pelo menos } 1) = 1 - 0,16\% = 99,84\%$

Assim, a probabilidade de encontrar pelo menos uma criança com mais que seis anos de idade é igual a 99,84%.

Em outro exemplo, imagine que a probabilidade de uma duplicata ser paga em dia seja igual a 70%. O cálculo das probabilidades torna-se mais simples com o uso da equação da distribuição binomial.

a) Cálculo da probabilidade de todas serem pagas com atraso, ou nenhuma ser paga em dia. Neste caso, $x = 0$. Para $x = 0$, tem-se que:

$P(x = 0) = C_{6,0}(0,70)^0(0,30)^{6-0} = 0,1\%$

b) Cálculo da probabilidade de apenas uma ser paga em dia. Neste caso, $x = 1$. Para $x = 1$, tem-se que:

$P(x = 1) = C_{6,1}(0,70)^1(0,30)^{6-1} = 0,01 = 1\%$

c) Cálculo da probabilidade de todas serem pagas em dia. Neste caso, $x = 6$. Para $x = 6$, tem-se que:

$P(x = 6) = C_{6,6}(0,70)^6(0,30)^{6-6} = 0,118 = 11,8\%$

Em um outro exemplo: uma moeda honesta, que apresenta a mesma probabilidade de cara ou coroa, é jogada quatro vezes. Deseja-se calcular a probabilidade de sair cara: (a) uma vez, (b) três vezes, (c) pelo menos 1 vez.

Neste caso, sabe-se que $n$ é igual a 4 (número de lances da moeda); a probabilidade de sair cara é igual a meio, ou $p = 0,50$. A probabilidade de sair coroa também é igual a meio, ou $q = 1 - p = 1 - 0,50 = 0,50$.

A variável $x$ varia para cada situação:

a) Para calcular a probabilidade de ocorrer apenas uma cara, $x = 1$

$P(x = 1) = C_{4,1}(0,50)^1(0,50)^{4-1} = 0,25$

b) Para calcular a probabilidade de ocorrerem três caras, $x = 3$

$P(x = 3) = C_{4,3}(0,50)^3(0,50)^{4-3} = 0,25$

c) Pelo menos uma vez implica na aceitação do número de caras igual a 1, 2, 3 ou 4, ou na probabilidade de $x = 1$, ou $x = 2$, ou $x = 3$, ou $x = 4$. Ou, de forma mais fácil, pelo menos uma vez implica na aceitação de qualquer resultado menos o resultado $x = 0$.

$P(x \geq 1) = P(x = 1) + P(x = 2) + P(x = 3) + P(x = 4) = 1 - P(x = 0)$

$P(x \geq 1) = 1 - C_{4,0}(0,50)^0(0,50)^4 = 1 - 0,0625 = 0,9375$

## Média e variância da distribuição binomial

Na distribuição binomial, o valor esperado ou a média é igual ao número de eventos estudados vezes a probabilidade de ocorrência do evento. Algebricamente, a média pode ser calculada por meio da seguinte equação:

$$\mu = np$$

O desvio padrão é igual à raiz quadrada do produto de $n$ vezes $p$ vezes $q$. Ou, expressando matematicamente:

$$\sigma = \sqrt{npq}$$

Para ilustrar o cálculo da média e do desvio em distribuições binomiais, considere que um teste de múltipla escolha contém 100 questões com três alternativas cada uma. Se um grupo de alunos responde ao teste baseado apenas em palpites, deseja-se obter: (a) o valor esperado ou a média de questões corretas, (b) o desvio padrão associado ao número de questões corretas.

a) o valor esperado ou a média resulta do produto entre a probabilidade do evento e o número de eventos estudados:

$$\mu = np = 100 \times \frac{1}{3} = 33 \text{ questões, aproximadamente}$$

b) desvio padrão corresponde à raiz quadrada do produto de n vezes p vezes q.

$$\sigma = \sqrt{100 \times 1/3 \times 2/3} = 4{,}71 = \text{cinco questões, aproximadamente}$$

Em outro exemplo, sabe-se que no último campeonato de futebol de praia a proporção de jogadores com mais de 1,65 m é igual a 0,82. Em uma amostra formada por 80 times de futebol com 11 integrantes cada um, deseja-se obter quantos deverão ser formados por: (a) sete jogadores com mais de 1,65 m; (b) pelo menos nove jogadores com mais de 1,65 m.

a) A probabilidade de encontrar exatamente sete jogadores com mais de 1,65 m é dada por:

$$C_{11,7}(0{,}82)^7(0{,}18)^4 = 8{,}64\%$$

Usando a expressão do valor esperado ou média:

$$\mu = np = 80 \times 8{,}64\% = 6{,}91 = 7 \text{ times, aproximadamente}$$

b) A probabilidade de encontrar pelo menos nove jogadores com mais de 1,65 m é igual a:

$$p(x = 9) + p(x = 10) + p(x = 11) = 68{,}36\%$$

Usando a expressão do valor esperado ou média:

$$\mu = np = 80 \times 68{,}36\% = 54{,}69 = 55 \text{ times, aproximadamente}$$

## Distribuição de Poisson

A distribuição de Poisson consiste em uma distribuição discreta de probabilidade, comumente empregada para descrever a probabilidade do número de ocorrências num campo ou intervalo contínuo, normalmente tempo ou espaço. Costuma representar eventos que são relativamente raros, que não acontecem frequentemente. Geralmente, estes eventos são caracterizados pelo fato de os sucessos serem contáveis e os fracassos não permitirem contagens.

Como exemplo clássico da distribuição de Poisson, pode-se mencionar a modelagem do número de erros contidos em um livro. Geralmente, os sucessos, ou seja, aquilo que se estuda e que são os erros, são contáveis, enquanto os fracassos, ou seja, os não erros, não são contáveis. Outros exemplos em que a distribuição de Poisson pode ser empregada são representados pelo número de clientes que chegam em uma lanchonete, pela quantidade de buracos existentes em uma rodovia, pelo número de acidentes registrados por uma central de polícia em um dia, pelo volume de chamadas telefônicas recebidas em uma hora ou pela quantidade de defeitos por metro quadrado existentes em um processo de pintura de paredes.

Assim, uma característica-chave da distribuição de Poisson consiste no fato de permitir a contagem dos sucessos e não a contagem das falhas. Por exemplo, em uma análise no número de clientes que entram em uma loja, pode-se determinar o número de pessoas que **entraram** na loja durante certo intervalo, porém não se pode determinar o número de pessoas que **deixaram de entrar**. Podem-se também determinar quantos furos existem em uma mangueira d'água, porém não se podem determinar quantos furos não existem. Por essa razão, a distribuição de Poisson é uma distribuição que envolve somente estados contáveis, ou seja, variáveis discretas, que, entretanto, são modelos em função de um intervalo contínuo.

### Utilidades e aplicações

A distribuição de Poisson é útil para descrever as probabilidades do número de ocorrências de um determinado evento, representado por variável discreta – caracterizado pelo fato de os sucessos serem contáveis e as falhas não, em um intervalo contínuo como, por exemplo, tempo ou espaço.

Para poder ser aplicada, a distribuição de Poisson requer a validade de algumas hipóteses, apresentadas no Quadro 7.1.

Quadro 7.1 *Premissas da distribuição de Poisson.*

| Probabilidade | Justificativa |
|---|---|
| A probabilidade de uma ocorrência é a mesma em todo campo de observação. | A probabilidade da ocorrência de um sucesso é igual em intervalos de mesmo comprimento. |
| A probabilidade de mais de uma ocorrência em um único ponto é aproximadamente zero. | Como qualquer disparidade entre o que poderia teoricamente ocorrer e o que é possível que ocorra é bastante pequena, devemos, por menor que seja o intervalo, admitir que a probabilidade de mais de um sucesso deve ser desprezada. |
| O número de ocorrências em qualquer intervalo é independente do número de ocorrências em outros intervalos. | As ocorrências de sucesso em intervalos mutuamente exclusivos devem ser independentes. Mesmo em intervalos muito pequenos, a probabilidade da ocorrência de um sucesso deve ser proporcional ao tamanho do intervalo. |

Com as premissas devidamente asseguradas, a fórmula para se determinar a probabilidade de ocorrência de um determinado número $X$ de sucessos segundo a distribuição de Poisson pode ser apresentada como:

$$P(x) = \frac{e^{-\lambda t}(\lambda t)^x}{x!}$$

Onde:

- $e$ = constante cujo valor aproximado é 2,71828182846
- $\lambda$ = letra grega "lambda", que representa o número médio de sucessos em um determinado intervalo de tempo ou espaço; pode também ser representado por $(\mu./t)$
- $t$ = intervalo de tempo ou espaço contínuo de observações que se está analisando
- $x$ = número de sucessos no intervalo desejado

Por exemplo, o serviço de atendimento ao cliente de um grande banco verificou que recebe chamadas telefônicas à razão de quatro por hora. Em um intervalo de meia hora, qual a probabilidade de serem atendidas exatamente três chamadas?

Para calcular a probabilidade, é preciso encontrar os parâmetros da distribuição de Poisson:

$\lambda$ = 4/1 (chamadas/hora)

$t$ = 0,5 (hora)

$x$ = 3 (chamadas)

Aplicando a fórmula:

$$P(x=3) = \frac{e^{-\frac{4 \cdot 0,50}{1}} \left(\frac{4 \cdot 0,50}{1}\right)^3}{3!} = 0,1804 = 18,04\%$$

Note que somente um valor é necessário para determinar a probabilidade de um dado número de sucessos na distribuição de Poisson: o número médio de sucessos para a específica dimensão de tempo ou espaço de interesse, representado por lambda ($\lambda$).

Em outro exemplo, uma pizzaria recebe em média 8 chamadas por hora. Qual a probabilidade de que, em uma hora selecionada aleatoriamente, sejam recebidas exatamente 5 chamadas?

Bastaria obter o resultado para a fórmula da distribuição de Poisson. No caso, $\lambda$ = 8 e $t$ = 1, $\lambda.t$ = 8.1 = 8. Substituindo os valores na equação, tem-se que:

$$P(x) = \frac{e^{-\lambda t}(\lambda t)^x}{x!}$$

$$P(5) = \frac{e^{-8}(8)^5}{5!} = 0,0916$$

Ou seja, existe uma probabilidade igual a 0,0916 ou 9,16% de a pizzaria receber exatamente 5 chamadas em uma hora.

Em outro exemplo, em uma certa rodovia existe aproximadamente um buraco a cada 500 m. Qual a probabilidade de aparecerem 4 buracos em um intervalo de 1.500 m?

Para responder, bastaria aplicar a fórmula anterior.

$$P(x=4) = \frac{e^{-3}(3)^4}{4!} = 0,1680$$

Ou seja, existe uma probabilidade igual a 16,8% da existência de exatamente 4 buracos em um trecho de 1.500 m da rodovia.

Em um terceiro exemplo, o número de falhas no serviço meteorológico de um país europeu é uma variável aleatória que segue a distribuição de Poisson, com $\lambda = 8$ falhas/mês. Pede-se determinar as probabilidades de, em um mês de operação, o serviço apresentar: (a) apenas 5 falhas; (b) nenhuma falha.

Usando a fórmula para o cálculo de probabilidades na distribuição de Poisson, obtêm-se os valores seguintes:

a) $P(X = 5) = \dfrac{e^{-8}(8)^5}{5!} = 0,0916$. Ou seja, uma probabilidade de 9,16% de ocorrerem 5 falhas no serviço.

b) $P(X = 0) = \dfrac{e^{-8}(8)^0}{0!} = 0,0003$. Uma probabilidade de 0,03% de não ocorrer nenhuma falha no serviço.

---

### CALCULANDO PROBABILIDADES DE POISSON NA HP 12C

As funções [g] [e^x] e [g] [n!] da calculadora HP 12C permitem obter, de forma simples, as probabilidades associadas à distribuição de Poisson.

Por exemplo, uma indústria verificou que sua produção de laminados de madeira apresenta a razão de três defeitos para cada 50 m² produzidos. Em uma amostra com 100 m², qual a probabilidade de ocorrência de apenas 6 defeitos?

Para obter a probabilidade, basta identificar os parâmetros-chave da distribuição de Poisson:

$\lambda = 3/50$ (defeitos/metro quadrado)
$t = 100$ (metros quadrados)
$x = 6$ (defeitos)

Substituindo na fórmula:

$$P(x = 6) = \dfrac{e^{-\frac{3 \cdot 100}{50}}\left(\dfrac{3 \cdot 100}{50}\right)^6}{6!}$$

Para calcular a expressão anterior na HP 12C, bastaria seguir os passos:

| Passo | Teclas | Descrição |
|---|---|---|
| 01 | [f] [REG] | Limpa a memória da calculadora |
| 02 | 3 [ENTER] 100 [×] 50 [÷] [CHS] | Calcula o valor do expoente |
| 03 | [g] [e^x] | Eleva e ao expoente calculado no passo anterior |
| 04 | 3 [ENTER] 100 [×] 50 [÷] 6 [Y^x] | Calcula a segunda parte do numerador |
| 05 | [×] | Multiplica as duas partes do numerador |
| 06 | 6 [g] [n!] | Calcula o denominador (6!) |
| 07 | [÷] | Divide o numerador pelo denominador |
| 08 | Visor => 0,1606 | Probabilidade encontrada: 0,1606 = 16,06% |

## Média e variância de Poisson

Para a distribuição de Poisson, a média e o desvio padrão podem ser obtidos mediante o emprego das seguintes fórmulas:

Média: $\mu(x) = \lambda t$

Variância: $\sigma^2(x) = \lambda t$

Desvio padrão: $\sigma(x) = \sqrt{\lambda t}$

Para ilustrar, considere que um caixa automático costuma apresentar falhas na razão de 3 por semana. Em 140 dias, pede-se calcular: (a) a probabilidade de o sistema falhar 65 vezes; (b) o número esperado de falhas ou a média; (c) o desvio padrão do número de falhas.

Do enunciado, é possível obter o valor de lambda, $\lambda = 3$ falhas/semana ou 3/7 falhas/dia. Também é possível identificar o intervalo contínuo $t$, $t$ igual a 140 dias. O produto $\lambda \cdot t$ é igual a 3/7 × 140 = 60 falhas.

a) para obter a probabilidade de o caixa falhar 65 vezes, basta substituir os valores na fórmula:

$$P(X = 65) = \frac{e^{-\lambda t}(\lambda t)^x}{x!} = \frac{e^{-60}(60)^{65}}{65!} = 0{,}0403,$$
ou 4,03%

A probabilidade de o caixa falhar exatamente 65 vezes é igual a 4,03%.

b) o número esperado ou média de falhas é igual ao produto $\lambda \cdot t$.

$$\lambda \cdot t = 3/7 \times 140 = 60$$

Ou seja, o valor esperado do número de falhas é igual a 60.

c) o desvio padrão do número de falhas é igual à raiz quadrada do valor esperado.

$$\sigma(x) = \sqrt{\lambda t} = \sqrt{60} = 7{,}7460 \text{ ou,}$$
aproximadamente, 8 falhas.

## *Simplificando a distribuição binomial através da distribuição de Poisson*

A distribuição de Poisson é muitas vezes empregada como uma aproximação da distribuição binomial, exercendo um papel importante, já que facilita o cálculo de probabilidades em situações em que o emprego da distribuição binomial seria algo muito complexo ou impraticável.

Quando o número de observações ($n$) é grande e a probabilidade de sucesso ($p$) é pequena, próxima de zero, ou próxima de 1, utiliza-se a distribuição de Poisson como uma forma alternativa para o cálculo de probabilidades binomiais pelas seguintes razões:

a) a distribuição binomial descreve adequadamente muitas situações de interesse;
b) a fórmula da distribuição binomial pode exigir esforço substancial para a obtenção de uma solução exata;
c) quando o cálculo com probabilidade binomial baseia-se no uso de tabelas, a maior parte das tabelas somente apresenta valores até $n = 20$.

Algumas vantagens do emprego da distribuição de Poisson como aproximação da distribuição binomial podem ser mencionadas:

a) a precisão do valor sofre muito pouco; assim, evita-se uma perda maior de informações;
b) o trabalho despendido no cálculo da binomial é menor através da utilização da distribuição de Poisson;
c) para utilizar a aproximação, basta determinar a média ou o valor esperado da distribuição binomial.

Para ilustrar, considere que um entrevistador do Censo deverá visitar em uma determinada semana 150 residências. Sabe-se que a probabilidade de não ser atendido por qualquer dos domicílios visitados é igual a 10%. Calcule a probabilidade de o entrevistador não ser atendido por: (a) 13 domicílios; (b) 18 domicílios.

Da forma como o enunciado se apresenta, as respostas das probabilidades poderiam ser obtidas mediante o uso da distribuição binomial. Tem-se que $p = 0{,}10$ e $n = 150$.

Substituindo na equação da distribuição binomial, tem-se que:

a) $P(x = 13) = C_{n,x} p^x q^{n-x} = C_{150,13}(0,10)^{13}(0,90)^{150-13} = 0,0986$ ou 9,86%

b) $P(x = 18) = C_{n,x} p^x q^{n-x} = C_{150,18}(0,10)^{18}(0,90)^{150-18} = 0,0728 = 7,28\%$

Porém, pode-se, em função do valor elevado de n, n igual a 150, aproximar a distribuição binomial por uma distribuição de Poisson. No caso, tem-se que λ = 0,10 e t = 150. O produto λ . t é igual a 0,10 × 150 = 15.

Substituindo na equação da distribuição de Poisson, tem-se que:

a) $P(13) = \dfrac{e^{-15}(15)^{13}}{13!} = 0,0956$ ou 9,56%

b) $P(18) = \dfrac{e^{-15}(15)^{18}}{18!} = 0,0706$ ou 7,06%

Observe que os valores obtidos são muito próximos.

## Distribuição normal

A distribuição normal é, possivelmente, a mais empregada e difundida distribuição teórica de probabilidades. Consiste em uma distribuição contínua de probabilidades, onde a apresentação da distribuição de frequências f(x) de uma variável quantitativa x costuma apresentar-se em forma de sino e simétrica em relação à média.

O estudo da distribuição normal recebeu contribuições de matemáticos importantes, como De Moivre, Laplace e Gauss. Alguns estudos revelaram que medições repetidas de uma mesma grandeza, como o diâmetro de uma esfera ou o peso de um determinado objeto, nunca forneciam os mesmos valores. Porém, a representação das frequências dos inúmeros números coletados sempre resultava em uma curiosa curva em forma de sino. Das observações surgiu o nome curva "normal" dos erros.

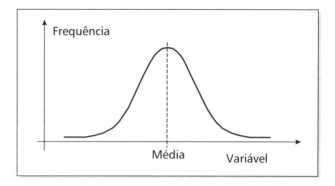

Figura 7.5 *Curva "normal" dos erros.*

A curva apresenta algumas características importantes, que podem ser apresentadas como:

a) a curva que representa a distribuição de probabilidade é frequentemente descrita como curva em forma de sino ou curva de Gauss ou de De Moivre;

b) a distribuição é simétrica em torno da média;

c) a curva não chega a tocar no eixo das abscissas, variando de – a +;

d) a distribuição normal fica delimitada pelo seu desvio padrão e sua média. Para cada combinação de sua média e desvio padrão gera uma distribuição normal diferente;

e) a área sob a curva corresponde à proporção 1 ou à percentagem 100%;

f) a área sob a curva entre dois pontos corresponde à probabilidade do valor de uma variável aleatória entre aqueles pontos;

g) a curva normal admite uma única ordenada máxima (pico), situada na média; assim, as medidas de tendência central, média, mediana e moda apresentam o mesmo valor.

Os conceitos associados à distribuição normal são simples. Em torno da média, valor central, registra-se alta concentração de frequências ou probabilidade maior de ocorrência. À medida que nos afastamos da média, as frequências são reduzidas. A probabilidade de encontrarmos valores mais distantes da média diminui. Quanto mais longe da média e dos valores centrais, menores as frequências e as probabilidades.

Para ilustrar, supondo que a altura de um grupo de indivíduos masculinos adultos seja normalmente distribuída, com média igual a 1,70, a distribuição das frequências da variável poderia ser feita com base na Figura 7.6.

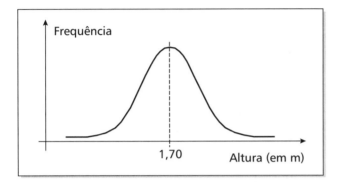

Figura 7.6  *Distribuição das alturas de indivíduos masculinos.*

Em torno da média, valor central igual a 1,70, existe uma alta concentração de frequências. A probabilidade de encontrar indivíduos com alturas em torno da média, como 1,68 m ou 1,71 m, é alta. À medida que nos afastamos da média, a probabilidade cai. A probabilidade de encontrar indivíduos com 1,40 m ou 2,20 m é baixa.

A distribuição normal depende dos parâmetros média, $\mu$, e desvio padrão, $\sigma$ (ou variância, $\sigma^2$). A depender dos valores da média e do desvio, diferentes serão os formatos das curvas.

A Figura 7.7 apresenta três curvas distintas, com mesmo desvio padrão, porém com médias diferentes.

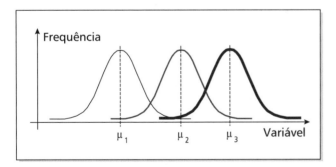

Figura 7.7  *Distribuições com mesmo desvio e médias diferentes.*

A Figura 7.8 apresenta três curvas distintas, com a mesma média, porém com desvios diferentes.

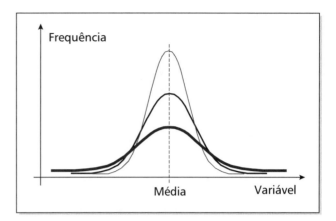

Figura 7.8  *Distribuições com mesma média e desvios diferentes.*

Embora, na prática, apenas poucas variáveis apresentem distribuições de frequência normalmente distribuídas, um dos mais importantes conceitos da estatística, o teorema do limite central, discutido com maior profundidade no segundo livro da série Métodos Quantitativos na Prática, apresenta que as distribuições de frequência das médias amostrais se comportam como uma curva normal para amostras grandes. O uso dos conceitos associados à distribuição normal é fundamental na compreensão da estatística inferencial e paramétrica.

A distribuição das frequências dos valores pode ser representada matematicamente em função da média e do desvio padrão da variável analisada. Algebricamente, tem-se que a frequência $f(x)$ da variável $x$ é igual a:

$$f(x) = \frac{1}{\sqrt{2\pi}\sigma} e^{-\frac{1}{2}\left(\frac{x-\mu}{\sigma}\right)^2}$$

Onde:
$x$ = variável normalmente distribuída
$\sigma$ = desvio padrão
$\mu$ = média

O uso das informações anteriores permite obter probabilidades associadas à distribuição. A probabilidade sempre será igual à área sob a curva, delimitada pelos limites inferior e superior. Por exemplo, em relação à distribuição das alturas apresentadas anteriormente, a probabilidade de um indivíduo do grupo apresentar altura entre 1,65 m e 1,72 m está representada na área assinalada na Figura 7.9.

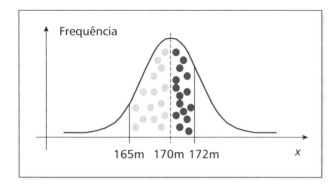

Figura 7.9 *Probabilidade ou área sob a curva.*

A probabilidade é igual à área sob a curva. Algebricamente, para obter a área bastaria calcular a integral definida da função para os intervalos desejados.

$$P(L_i < x < L_s) = \int_{L_i}^{L_s} \frac{1}{\sqrt{2\pi}\sigma} e^{-\frac{1}{2}\left(\frac{x-\mu}{\sigma}\right)^2}$$

Onde:

$x$ = variável normalmente distribuída

$\sigma$ = desvio padrão

$\mu$ = média

$L_i$ = limite inferior

$L_s$ = limite superior

Como cada distribuição normal seria caracterizada por uma média e por um desvio padrão diferentes, as combinações de diferentes médias e diferentes desvios padrões resultaria na necessidade de cálculos de integrais diferentes, o que demandaria maior dificuldade na obtenção das probabilidades. Porém, com o objetivo de facilitar o cálculo das áreas e probabilidades, são apresentadas a seguir tabelas padronizadas.

## Uso de tabelas padronizadas

As tabelas padronizadas apresentam valores para áreas situadas sob a curva. Para simplificar as operações com cálculos de probabilidades e dispensar a necessidade de obtenção de integrais definidas, geralmente optamos pelo uso destas tabelas. No lugar de trabalhar com médias e desvios padrões distintos, o uso das tabelas requer o cálculo de uma variável padronizada, $Z$.

A variável padronizada $Z$ apresenta o afastamento em desvios padrões de um valor da variável original em relação à média. O uso de $Z$ permite calcular probabilidades com o auxílio de tabelas padronizadas, que tornam os cálculos mais simples e dispensam o uso de integrais definidas.

Algebricamente, o valor de $Z$ pode ser apresentado como:

$$Z = \frac{x - \mu}{\sigma}$$

Onde:

$\sigma$ = desvio padrão

$\mu$ = média

$x$ = variável normal de média $\mu$ e de desvio padrão $\sigma$.

O uso da variável padronizada $Z$ e das tabelas está ilustrado a seguir.

## Calculando probabilidades a partir de valores

Em um exemplo fictício, sabe-se que os pontos obtidos por diferentes candidatos em um concurso público seguem uma distribuição aproximadamente normal, com média igual a 140 e desvio padrão igual a 20 pontos.

Caso um pesquisador desejasse obter a probabilidade de um candidato escolhido ao acaso apresentar uma pontuação entre 140 e 165,60 pontos, poderia usar os conceitos associados à distribuição normal.

O primeiro passo, sugerido didaticamente, consiste na representação sob a curva da área desejada. Veja o exemplo da Figura 7.10. Naturalmente, 140 é igual ao valor da média e deve ser representado no centro da curva simétrica. O valor 165,60 é superior à média e deve ser representado à direita.

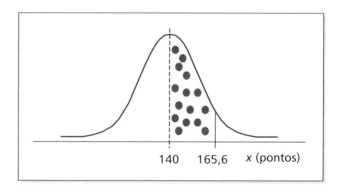

Figura 7.10 *Probabilidade entre 140 e 165,6.*

O passo mais fácil para obter a área desejada envolve a padronização dos valores associados à variável original x. Assim, é preciso obter os valores de uma variável padronizada Z, que representa o número de desvios de afastamento de x em relação à média. Para obter o valor de Z, basta subtrair a média de x, dividindo a diferença pelo valor do desvio. Veja a fórmula seguinte.

$$Z = \frac{x - \mu}{\sigma}$$

Calculando os valores da variável padronizada Z, tem-se que:

Para x = 140:

$$Z = \frac{x - \mu}{\sigma} = \frac{140 - 140}{20} = 0$$

Esta é conclusão óbvia. Para x igual à própria média, o número de desvios de afastamento de x em relação à média é igual a zero.

Para x = 165,60:

$$Z = \frac{x - \mu}{\sigma} = \frac{165,6 - 140}{20} = 1,28$$

Os valores na escala padronizada estão representados na Figura 7.11.

Para obter o valor de a probabilidade de x situar-se entre 140 e 165,60, bastaria buscar o valor da área correspondente a 1,28 na tabela padronizada. Note que podem existir diferentes tabelas padronizadas, que informem, por exemplo, o valor de – ∞ a x, o valor de x a ∞ e tantas outras. Porém, a tabela sempre trabalhada neste livro informa o valor da média a x. Assim, para a situação apresentada, o resultado seria imediato.

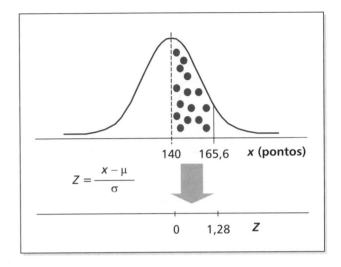

Figura 7.11 *Calculando variáveis padronizadas.*

A obtenção da probabilidade que corresponde a Z deve ser feita com o cruzamento dos dois primeiros algarismos de Z, apresentados na primeira coluna, com o terceiro algarismo de Z, apresentado na primeira linha. O valor 1,28 pode ser exposto como a soma dos dois primeiros algarismos, representados por 1,20, com o terceiro algarismo, representado por 0,08.

O cruzamento do valor 1,20, na primeira coluna, com o valor 0,08, na primeira linha, permite obter o valor da área sob a curva para Z igual a 1,28. Veja a ilustração seguinte.

Tabela 7.4 *Área sob a curva para Z igual a 1,28.*

| Z | 0,00 | 0,01 | 0,02 | 0,03 | 0,04 | 0,05 | 0,06 | 0,07 | 0,08 | 0,09 |
|---|---|---|---|---|---|---|---|---|---|---|
| 1,20 | 0,3849 | 0,3869 | 0,3888 | 0,3907 | 0,3925 | 0,3944 | 0,3962 | 0,3980 | 0,3997 | 0,4015 |
| 1,30 | 0,4032 | 0,4049 | 0,4066 | 0,4082 | 0,4099 | 0,4115 | 0,4131 | 0,4147 | 0,4162 | 0,4177 |
| 1,40 | 0,4192 | 0,4207 | 0,4222 | 0,4236 | 0,4251 | 0,4265 | 0,4279 | 0,4292 | 0,4306 | 0,4319 |

Assim, a probabilidade para Z a 1,28 é igual a 0,3997, ou 39,97%. Pode-se dizer, então, que a probabilidade de encontrar um candidato com pontuação entre 140 e 165,6 pontos é igual a 39,97%.

Em outra situação, caso se desejasse saber a probabilidade de um candidato escolhido ao acaso apresentar uma pontuação entre 127,4 e 140 pontos, um procedimento similar deveria ser empregado. Para facilitar o processo, a área sob a curva deveria ser desenhada.

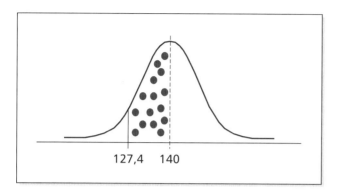

Figura 7.12  *Probabilidade para valores entre 127,4 e 140.*

Posteriormente, para $x$ igual a 127,40, o valor da variável padronizada $Z$ deveria ser obtido. No caso tem-se que:

$$Z = \frac{x - \mu}{\sigma} = \frac{127,4 - 140}{20} = -0,63$$

O valor obtido de $Z$ é igual – 0,63. Note que a tabela fornecida apresenta apenas valores positivos de $Z$. Porém, como a curva normal é simétrica em relação à média, as mesmas probabilidades obtidas para valores positivos valem para valores negativos. A área para $Z$ igual a – 0,63 é igual à área para $Z$ igual a 0,63.

Na tabela, obtendo o cruzamento do valor 0,60 da primeira coluna com o valor 0,03 da primeira linha, é possível obter o valor da área desejada.

Tabela 7.5  *Área sob a curva para Z igual a 0,63.*

| Z | 0,00 | 0,01 | 0,02 | 0,03 | 0,04 | 0,05 | 0,06 | 0,07 | 0,08 | 0,09 |
|---|---|---|---|---|---|---|---|---|---|---|
| 0,30 | 0,1179 | 0,1217 | 0,1255 | 0,1293 | 0,1331 | 0,1368 | 0,1406 | 0,1443 | 0,1480 | 0,1517 |
| 0,40 | 0,1554 | 0,1591 | 0,1628 | 0,1664 | 0,1700 | 0,1736 | 0,1772 | 0,1808 | 0,1844 | 0,1879 |
|  |  |  |  |  |  |  |  |  |  |  |
| 0,50 | 0,1915 | 0,1950 | 0,1985 | 0,2019 | 0,2054 | 0,2088 | 0,2123 | 0,2157 | 0,2190 | 0,2224 |
| 0,60 | 0,2257 | 0,2291 | 0,2324 | 0,2357 | 0,2389 | 0,2422 | 0,2454 | 0,2486 | 0,2517 | 0,2549 |
| 0,70 | 0,2580 | 0,2611 | 0,2642 | 0,2673 | 0,2704 | 0,2734 | 0,2764 | 0,2794 | 0,2823 | 0,2852 |

Na tabela, encontra-se que o valor da área é igual a 0,2357. Assim, a probabilidade de um candidato escolhido ao acaso apresentar uma pontuação entre 127,4 e 140 pontos é igual a 23,57%.

A tabela fornecida ao final do livro sempre apresenta a área entre a média e o valor de $Z$. Se outras áreas precisarem ser obtidas, é preciso decompor os passos, calculando em cada etapa o valor da área entre a média e o valor de $Z$.

Se o pesquisador precisasse obter a probabilidade de um candidato escolhido ao acaso apresentar uma pontuação entre 117,2 e 157 pontos, bastaria calcular as probabilidades associadas a duas áreas distintas: entre 117,2 e 140 pontos, e, depois, entre 140 e 157 pontos.

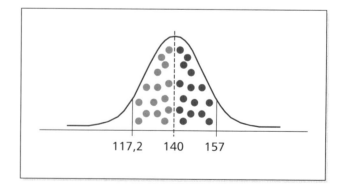

Figura 7.13  *Probabilidade para valores entre 117,2 e 157.*

A decomposição das áreas está apresentada na Figura 7.14.

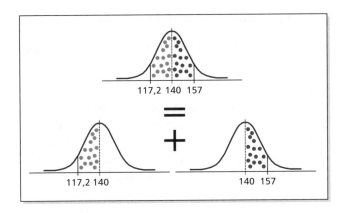

Figura 7.14  *Decompondo o cálculo das áreas.*

Para a área entre 117,2 e 140 pontos, tem-se que o valor de Z é igual a $Z = \frac{x - \mu}{\sigma} = \frac{117,4 - 140}{20} = -1,14$. Na tabela padronizada, é possível obter uma área igual a 0,3729. Veja a Tabela 7.6.

Para a área entre 140 e 157 pontos, tem-se o valor $Z = \frac{x - \mu}{\sigma} = \frac{157 - 140}{20} = 0,85$. Na tabela padronizada, é possível obter uma área igual a 0,3023. Veja a Tabela 7.7.

Tabela 7.6  *Área sob a curva para Z igual a 1,14.*

| Z | 0,00 | 0,01 | 0,02 | 0,03 | 0,04 | 0,05 | 0,06 | 0,07 | 0,08 | 0,09 |
|---|------|------|------|------|------|------|------|------|------|------|
| 1,00 | 0,3413 | 0,3438 | 0,3461 | 0,3485 | 0,3508 | 0,3531 | 0,3554 | 0,3577 | 0,3599 | 0,3621 |
| 1,10 | 0,3643 | 0,3665 | 0,3686 | 0,3708 | 0,3729 | 0,3749 | 0,3770 | 0,3790 | 0,3810 | 0,3830 |
| 1,20 | 0,3849 | 0,3869 | 0,3888 | 0,3907 | 0,3925 | 0,3944 | 0,3962 | 0,3980 | 0,3997 | 0,4015 |

Tabela 7.7  *Área sob a curva para Z igual a 0,85.*

| Z | 0,00 | 0,01 | 0,02 | 0,03 | 0,04 | 0,05 | 0,06 | 0,07 | 0,08 | 0,09 |
|---|------|------|------|------|------|------|------|------|------|------|
| 0,70 | 0,2580 | 0,2611 | 0,2642 | 0,2673 | 0,2704 | 0,2734 | 0,2764 | 0,2794 | 0,2823 | 0,2852 |
| 0,80 | 0,2881 | 0,2910 | 0,2939 | 0,2967 | 0,2995 | 0,3023 | 0,3051 | 0,3078 | 0,3106 | 0,3133 |
| 0,90 | 0,3159 | 0,3186 | 0,3212 | 0,3238 | 0,3264 | 0,3289 | 0,3315 | 0,3340 | 0,3365 | 0,3389 |

A área sob a curva para Z compreendido entre – 1,14 e 0,85 é igual à soma das duas áreas menores, ou 0,3729 + 0,3023 = 0,6752. A probabilidade de um candidato escolhido ao acaso apresentar uma pontuação entre 117,2 e 157 pontos é igual a 0,6752, ou 67,52%.

Eventualmente, operações com áreas sob a curva podem envolver as partes complementares, divididas pela média. Sendo a curva simétrica, a média a divide em duas partes iguais, cada uma com área igual a 0,50 ou 50%.

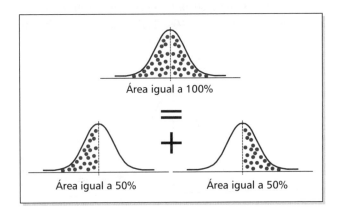

Figura 7.15  *Decompondo o cálculo das áreas.*

Se, por exemplo, fosse desejável obter a probabilidade de um candidato escolhido ao acaso apresentar uma nota inferior a 127 pontos, a área entre $-\infty$ e 127 poderia ser obtida em duas etapas. Com o auxílio da tabela padronizada, a área entre 127 e 140 pontos poderia ser calculada. Posteriormente, bastaria subtrair esta área de 0,50. Veja a ilustração da Figura 7.16.

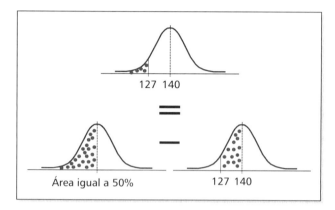

Figura 7.16  *Decompondo o cálculo das áreas.*

Para $x$ igual a 127, tem-se que $Z$ é igual a $\frac{127 - 140}{20} = -0,65$. Com o auxílio da tabela padronizada, tem-se que a área para $Z$ igual a $-0,65$ é 0,2422. Como se deseja obter a área entre E $-\infty$ e 127, que representa uma área complementar para 50%, bastaria calcular a diferença: $0,50 - 0,2422 = 0,2578$. Assim, a probabilidade de um candidato escolhido ao acaso apresentar uma nota inferior a 127 pontos é igual a 0,2578 ou 25,78%.

De forma similar, caso fosse necessário obter a probabilidade de um candidato alcançar nota superior a 174,2 pontos, seria preciso obter com o auxílio da tabela a área entre 140 e 174,2 e, depois, subtrair este valor de 0,50.

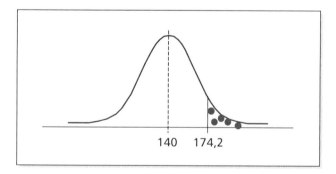

Figura 7.17  *Área sob a curva para valores maiores que 174,2.*

Para $x$ igual a 174,20, tem-se que $Z$ é igual a $\frac{174,2 - 140}{20} = 1,71$. Com o auxílio da tabela padronizada, tem-se que a área para $Z$ igual a 1,71 é 0,4564. Como se deseja obter a área entre 174,2 e $+\infty$, que representa uma área complementar para 50%, bastaria calcular a diferença: $0,50 - 0,4564 = 0,0436$. Assim, a probabilidade de um candidato escolhido ao acaso apresentar uma nota superior a 174,2 pontos é igual a 0,0436 ou 4,36%.

Aplicando um raciocínio análogo, caso fosse preciso obter a probabilidade de encontrar um candidato com menos que 167,4 pontos, bastaria obter a soma das áreas correspondentes de $-\infty$ à média e depois da média a 167,4. Veja a Figura 7.18.

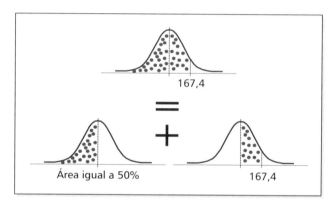

Figura 7.18  *Decompondo os cálculos.*

A área entre $-\infty$ e a média é igual a 50%. Para obter a área entre a média e 167,4, encontra-se um valor de $Z$ igual a $\frac{167,4 - 140}{20} = 1,37$. Com este valor de $Z$, obtém-se, com o auxílio da tabela padronizada, uma área igual a 0,4147. Assim, a área total entre $-\infty$ e 167,40 é igual a $0,50 + 0,4147 = 0,9147$. A probabilidade de encontrar um candidato com menos que 167,4 pontos é igual a 0,9147, ou 91,47%.

Em outras situações, operações diferentes com as áreas podem ser realizadas. Por exemplo, caso se desejasse obter a probabilidade de encontrar um candidato com nota entre 155,4 e 168,4 pontos, seria possível assinalar a área apresentada na Figura 7.19.

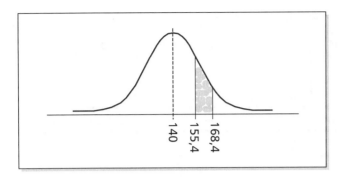

Figura 7.19 *Área sob a curva para valores entre 155,4 e 168,4.*

Com o auxílio da tabela padronizada, a área entre 155,4 e 168,4 pontos pode ser obtida mediante a subtração de duas áreas distintas. Como a tabela padronizada sempre fornece a área entre a média e o valor desejado de $x$, seria preciso obter a área entre a média e 168,40 e a área entre a média e 155,40. A área entre 155,4 e 168,4 pontos será igual à diferença das duas, conforme ilustrado na Figura 7.20.

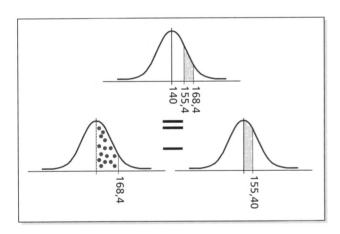

Figura 7.20 *Decompondo os cálculos.*

Para $x$ igual a 168,40, tem-se que $Z$ é igual a $\frac{168,4 - 140}{20} = 1,42$. Com o auxílio da tabela padronizada, tem-se que a área para $Z$ igual a 1,42 é 0,4222. Sendo $x$ igual a 155,40, tem-se que $Z$ é igual a $\frac{155,4 - 140}{20} = 0,77$. Na tabela padronizada, para $Z$ igual a 0,77, sua área sob a curva é 0,2794. Dessa forma, a área entre 155,4 e 168,4 é igual a 0,4222 − 0,2794 = 0,1428. Logo, a probabilidade de encontrar um candidato com nota entre 155,4 e 168,4 pontos é de 0,1428 ou 14,28%.

## Calculando valores a partir de probabilidades

As operações com tabelas padronizadas de $Z$ podem ser igualmente efetuadas caso as probabilidades sejam fornecidas.

Para ilustrar, considere, ainda em relação ao exemplo anterior, que um pesquisador precisasse definir uma nota de corte $x_c$, de tal forma que entre a média e o valor de $x_c$ estivessem 27,04% dos candidatos. Nesta situação, a probabilidade foi fornecida e a partir dela se deseja obter um valor para a variável original. Veja a representação na Figura 7.21.

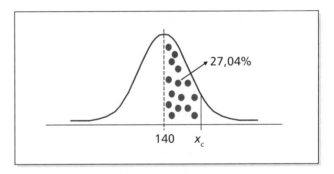

Figura 7.21 *Representação da área.*

Assim, o procedimento de leitura e de busca na tabela padronizada é diferente daqueles executados anteriormente. Agora, busca-se na parte interior da tabela onde está a probabilidade procurada. Após este valor ter sido obtido, busca-se o valor correspondente de $Z$.

O valor da área 0,2704 está assinalado na Tabela 7.8. Assim, para uma área igual a 0,2704, o valor de $Z$ é igual a 0,70 mais 0,04, que resulta em 0,74.

Tabela 7.8  *Valor de Z para área igual a 0,2704.*

| Z | 0,00 | 0,01 | 0,02 | 0,03 | 0,04 | 0,05 | 0,06 | 0,07 | 0,08 | 0,09 |
|---|---|---|---|---|---|---|---|---|---|---|
| 0,60 | 0,2257 | 0,2291 | 0,2324 | 0,2357 | 0,2389 | 0,2422 | 0,2454 | 0,2486 | 0,2517 | 0,2549 |
| 0,70 | 0,2580 | 0,2611 | 0,2642 | 0,2673 | 0,2704 | 0,2734 | 0,2764 | 0,2794 | 0,2823 | 0,2852 |
| 0,80 | 0,2881 | 0,2910 | 0,2939 | 0,2967 | 0,2995 | 0,3023 | 0,3051 | 0,3078 | 0,3106 | 0,3133 |

Como Z = 0,74, para obter o valor de corte bastaria substituir os valores de $x$, da média e do desvio na fórmula da variável padronizada.

$$Z = \frac{x - \mu}{\sigma}$$

Substituindo os valores, tem-se:

$$0,74 = \frac{x_c - 140}{20}$$

O valor de $x_c$ será igual a:

$$x_c = (0,74 \times 20) + 140 = 154,8$$

Assim, a nota de corte $x_c$ é igual a 154,8 pontos. Entre as notas 140 (a média) e 154,8 pontos é possível encontrar 27,04% dos candidatos.

Em outra situação, caso se desejasse obter uma nova nota de corte superada por apenas 1% dos candidatos, seria possível representar as áreas e o valor da nota de corte na Figura 7.22.

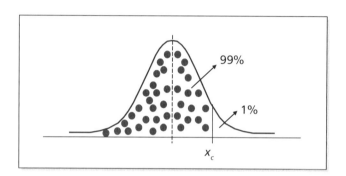

Figura 7.22  *Representação da área.*

A área sob a curva, igual a 99% ou 0,99, pode ser dividida em duas áreas menores.

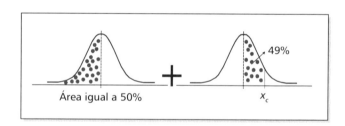

Figura 7.23  *Descompondo os cálculos.*

Tabela 7.9  *Valor de Z para área igual a 0,4901.*

| Z | 0,00 | 0,01 | 0,02 | 0,03 | 0,04 | 0,05 | 0,06 | 0,07 | 0,08 | 0,09 |
|---|---|---|---|---|---|---|---|---|---|---|
| 2,20 | 0,4861 | 0,4864 | 0,4868 | 0,4871 | 0,4875 | 0,4878 | 0,4881 | 0,4884 | 0,4887 | 0,4890 |
| 2,30 | 0,4893 | 0,4896 | 0,4898 | 0,4901 | 0,4904 | 0,4906 | 0,4909 | 0,4911 | 0,4913 | 0,4916 |
| 2,40 | 0,4918 | 0,4920 | 0,4922 | 0,4925 | 0,4927 | 0,4929 | 0,4931 | 0,4932 | 0,4934 | 0,4936 |

O valor de $x_c$ corresponde ao valor de Z para uma área igual a 0,49 na tabela padronizada. O valor exato 0,49 não existe na tabela. Porém, é possível encontrar o valor aproximado de 0,4901.

Para uma área igual a 0,4901, o valor de Z é igual a 2,30 mais 0,03, ou 2,33. Substituindo nas equações, tem-se que:

$$Z = \frac{x - \mu}{\sigma}$$

Substituindo os valores, tem-se:

$$2,33 = \frac{x_c - 140}{20}$$

O valor de $x_c$ será igual a:

$$x_c = (2,33 \times 20) + 140 = 186,6$$

Assim, a nota de corte $x_c$ é igual a 186,6 pontos. A probabilidade de um candidato obter uma nota inferior a 186,6 pontos é aproximadamente igual a 99%.

Em uma nova situação, caso se desejasse obter uma nova nota de corte superada por 97% dos candidatos, seria possível representar as áreas e o valor da nota de corte na Figura 7.24.

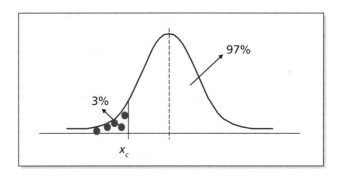

Figura 7.24   *Área com 3% menores.*

A área maior e igual a 97% pode ser dividida em duas. Uma à direita com 50% e outra, à esquerda, com 47%. Veja a Figura 7.25.

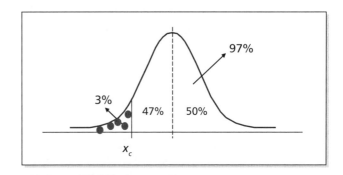

Figura 7.25   *Assinalando os valores das áreas.*

Tabela 7.10   *Valor de Z para área igual a 0,4699.*

| Z | 0,00 | 0,01 | 0,02 | 0,03 | 0,04 | 0,05 | 0,06 | 0,07 | 0,08 | 0,09 |
|---|---|---|---|---|---|---|---|---|---|---|
| 1,70 | 0,4554 | 0,4564 | 0,4573 | 0,4582 | 0,4591 | 0,4599 | 0,4608 | 0,4616 | 0,4625 | 0,4633 |
| 1,80 | 0,4641 | 0,4649 | 0,4656 | 0,4664 | 0,4671 | 0,4678 | 0,4686 | 0,4693 | 0,4699 | 0,4706 |
| 1,90 | 0,4713 | 0,4719 | 0,4726 | 0,4732 | 0,4738 | 0,4744 | 0,4750 | 0,4756 | 0,4761 | 0,4767 |

Para a área igual a 47%, é possível obter o valor de Z correspondente na tabela da distribuição padronizada. Mais uma vez, deve-se lembrar de procurar o valor de Z correspondente à área igual a 0,47.

O valor mais próximo na tabela é igual a 0,4699. Na tabela, o valor de Z para a área 0,4699 é igual a 1,80 mais 0,08, que resulta em 1,88. Porém, deve-se lembrar que o valor de $x_c$ assinalado na Figura 7.25 está à esquerda da média. Logo, o valor de Z a considerar deve ser negativo. Assim, neste caso, Z é igual a – 1,88.

Substituindo os valores na equação da variável padronizada, tem-se:

$$-1,88 = \frac{x_c - 140}{20}$$

O valor de $x_c$ será igual a:

$$x_c = (-1,88 \times 20) + 140 = 102,4$$

Assim, a nota de corte $x_c$ é igual a 102,4 pontos. A probabilidade de um candidato obter uma nota superior a 102,4 pontos é aproximadamente igual a 97%.

Um uso muito comum do cálculo de valores com o uso da distribuição normal diz respeito à construção de limites, entre os quais seja possível encontrar uma determinada probabilidade ou frequência de valores. Por exemplo, em relação à distribuição dos pontos, um pesquisador poderia querer construir um central, simétrico em relação à média, onde se encontrassem, para ilustrar, 90% dos valores.

Nesta situação, a área e os limites estariam representados conforme a Figura 7.26. Como a área central é simétrica em relação à média, cada lado da curva apresenta uma área igual a 0,45, ou 45%.

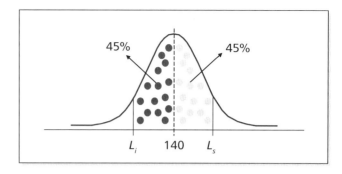

Figura 7.26  *Limites para área central igual a 90%.*

Na tabela padronizada, não existe o valor exato da área 0,45. Porém, existe o valor aproximado 0,4505. Para área igual a 0,4505, o valor de $Z$ é igual a 1,65, considerando o limite superior e a parte à direita da curva. O valor é igual a $-1,65$, considerando o limite inferior e a parte à esquerda da curva.

Tabela 7.11  *Valor de Z para área igual a 0,4505.*

| Z | 0,00 | 0,01 | 0,02 | 0,03 | 0,04 | 0,05 | 0,06 | 0,07 | 0,08 | 0,09 |
|---|---|---|---|---|---|---|---|---|---|---|
|  |  |  |  |  |  |  |  |  |  |  |
| 1,50 | 0,4332 | 0,4345 | 0,4357 | 0,4370 | 0,4382 | 0,4394 | 0,4406 | 0,4418 | 0,4429 | 0,4441 |
| 1,60 | 0,4452 | 0,4463 | 0,4474 | 0,4484 | 0,4495 | 0,4505 | 0,4515 | 0,4525 | 0,4535 | 0,4545 |
| 1,70 | 0,4554 | 0,4564 | 0,4573 | 0,4582 | 0,4591 | 0,4599 | 0,4608 | 0,4616 | 0,4625 | 0,4633 |

Sendo os valores de $Z$ iguais a $+/-$ 1,65, substituindo na equação é possível obter os valores dos limites.

Considerando $Z = 1,65$:

$$1,65 = \frac{L_s - 140}{20} \quad L_s = (1,65 \times 20) + 140 = 173$$

Considerando $Z = -1,65$:

$$-1,65 = \frac{L_i - 140}{20} \quad L_i = (-1,65 \times 20) + 140 = 107$$

Assim, entre os limites 107 e 173 é possível encontrar 90% dos valores.

Em diversas atividades, com o uso da estatística é comum construir intervalos com probabilidades ou áreas centrais iguais a 90, 95 ou 99%. Calculando os valores de $Z$ com a tabela padronizada, é possível encontrar os números apresentados na Tabela 7.12.

Tabela 7.12  *Valores de Z para diferentes intervalos centrais.*

| Probabilidade | Área da metade do intervalo | Valor de Z |
|---|---|---|
| 90% | 0,45 | 1,65 |
| 95% | 0,475 | 1,96 |
| 99% | 0,495 | 2,58 |

Assim, caso fosse preciso construir um intervalo central que contivesse 99% das notas, bastaria calcular os limites, empregando os valores $+/- 2,58$ para $Z$.

$$L_s = (2,58 \times 20) + 140 = 191,6$$
$$L_i = (-2,58 \times 20) + 140 = 88,4$$

Os limites para o intervalo com 99% dos valores seriam iguais a 88,4 e 191,6.

## Aproximação da distribuição binomial pela distribuição normal

No estudo das probabilidades, alguns eventos podem apresentar características que sugiram o emprego da distribuição binomial. Porém, a depender da situação, os tamanhos das amostras consideradas podem ser elevados, o que tornaria os cálculos envolvendo a distribuição binomial muito trabalhosos. Nestas situações, pode-se empregar a distribuição normal como aproximação da binomial.

Em uma distribuição binomial, o valor esperado ou a média pode ser apresentado como o produto do número de eventos analisados e da probabilidade de cada evento, $\mu = np$. O desvio padrão pode ser descrito como a raiz do produto de $n$, $p$ e $q$, $\sigma = \sqrt{npq}$. Com os valores obtidos para a média e para o desvio padrão, pode-se empregá-los no modelo da distribuição normal como aproximação da distribuição binomial.

Por exemplo, imagine que uma moeda honesta seja lançada 300 vezes. Pede-se calcular a probabilidade de ocorrerem mais que 140 caras.

A solução ideal envolveria a aplicação da distribuição binomial, já que no lançamento de uma moeda o número de faces pode ser contado (variável discreta) e existem apenas duas categorias mutuamente excludentes e coletivamente exaustivas (cara ou coroa) para os resultados. Assim, como se deseja estimar a probabilidade associada à ocorrência de mais que 140 caras, bastaria calcular a soma das probabilidades para 141, 142, 143, 144, ... e 300 caras. Obviamente, o trabalho seria muito grande.

Uma solução alternativa envolveria a aproximação da distribuição binomial pela normal. Para isso, a média e o desvio padrão deveriam ser calculados. Sendo a probabilidade de sair a face cara igual a 50% ($p = 0,50$; $q = 1 - p = 1 - 0,50 = 0,50$) e o número de eventos igual aos 300 lançamentos da moeda, basta aplicar as fórmulas:

Média: $\mu = np = 300 \times 0,50 = 150$

Desvio padrão:
$$\sigma = \sqrt{npq} = \sqrt{300 \cdot 0,50 \cdot 0,50} = 8,6603$$

Para calcular a variável reduzida **Z**, deve-se tomar o cuidado de que o procedimento envolve um cálculo **aproximado**, em que se deseja calcular a probabilidade associada a uma distribuição discreta com base em modelo contínuo.

Como se deseja calcular a probabilidade associada a mais que 140 caras, pode-se usar a distribuição normal, que é contínua, como aproximação da distribuição binomial, que é discreta. Nesta situação, no lugar de se assumir $x$ igual a 140, costuma-se considerar um valor intermediário, entre os inteiros analisados. Já que se deseja obter as probabilidades para valores superiores a 140, considera-se um valor igual a 140,50 para $x$. O valor 140,5 é maior que 140 e menor que 141.

Assim, para obter a probabilidade de encontrar mais que 140 caras, deve-se calcular, com a tabela da curva normal, a área entre 140,5 e $+ \infty$. Utiliza-se a folga igual a 0,50 em função da aproximação da distribuição binomial pela distribuição normal.

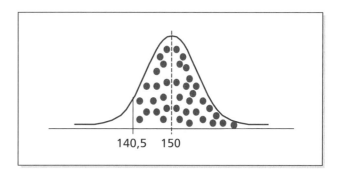

Figura 7.27  *Área para x maior que 140,5.*

Para $x$ igual a 140,5, tem-se que $Z$ é igual a $-1,10$, aproximadamente. Para um valor 1,10 para $Z$, a área na tabela padronizada é igual a 0,3643. A probabilidade de se obter um valor superior a 140,50 é igual a 0,3643 mais 0,50, ou 0,8643. Empregando a aproximação da distribuição normal, a probabilidade de ocorrência de mais que 140 caras é igual a 86,43%.

Em uma outra situação, imagina-se que a probabilidade de encontrar um livro com defeitos de impressão em uma determinada livraria seja igual a 18%. Em um lote com 580 livros, pede-se obter a probabilidade de encontrar: (a) mais que 120 livros com defeitos; (b) entre 100 e 150 livros defeituosos; (c) menos que 110 livros com defeitos.

Nesta situação, o valor esperado ou a média pode ser calculado por meio da seguinte equação:

$$\mu = 0,18 \times 580 = 104,4 \quad \text{livros}$$

O desvio padrão é igual:

$$\sigma = \sqrt{0{,}18 \times 580 \times 0{,}82} = 9{,}25 \text{ livros}$$

a) para obter a probabilidade de encontrar mais que 120 livros com defeitos, assume-se $x$ igual a 120,5. O valor de $Z$ será:

$$Z = \frac{120{,}5 - 104{,}4}{9{,}25} = 1{,}74$$

Para $Z$ igual a 1,74, a área na tabela padronizada será igual a 0,4591. Assim, a probabilidade para $x$ maior que 120,5 é igual à diferença de 0,5 menos 0,4591, ou 0,0409.

b) para obter a probabilidade de encontrar entre 100 e 150 livros defeituosos, é preciso calcular duas áreas distintas: entre 99,5 e 104,4 e entre 104,4 e 150,5.

Para a primeira área, o valor de $Z$ é – 0,53.

$$Z = \frac{99{,}5 - 104{,}4}{9{,}25} = -0{,}53$$

Como $Z$ é igual a 0,53, a área na tabela padronizada é igual a 0,2019.

Para a segunda área, valores entre 104,4 e 150,5, o valor de $Z$ para $x$ igual a 150,5 é 4,98.

$$Z = \frac{150{,}5 - 104{,}4}{9{,}25} = 4{,}98$$

Como $Z$ é igual a 4,98, a área na tabela padronizada é aproximadamente igual a 0,50.

A área total, que representa a probabilidade de encontrar entre 100 e 150 livros defeituosos, é igual à soma das duas áreas obtidas anteriormente: 0,2019 mais 0,50 é igual a 0,7019.

c) para obter a probabilidade de encontrar menos que 110 livros com defeitos, é preciso assumir um valor de $x$ igual a 109,50.

$$Z = \frac{109{,}5 - 104{,}4}{9{,}25} = 0{,}55$$

Na tabela padronizada, para $Z$ igual a 0,55, tem-se que a área é igual a 0,2088. A probabilidade de obter menos que 110 livros com defeitos é igual a 0,2088 + 0,5, ou 0,7088.

## Aproximação da distribuição de Poisson pela distribuição normal

De forma similar à aproximação feita anteriormente, a distribuição normal pode ser empregada como aproximação da distribuição de Poisson, quando muitos eventos forem analisados.

Para usar a distribuição normal, é preciso obter os valores da média (igual a $\lambda t$) e do desvio padrão (igual a $\sqrt{\lambda t}$).

Para ilustrar, imagine que a área industrial de uma fábrica de cabos de aço verificasse que sua produção costumasse apresentar defeitos que seguissem aproximadamente uma distribuição de Poisson, com lambda igual a três defeitos para cada 100 metros fabricados.

Em uma amostra formada por 200 rolos de cabo de aço com 500 metros cada um, deseja-se calcular quantos rolos deveriam ter mais de 10 defeitos.

Nesta situação, é preciso obter o valor esperado ou média e o desvio. Usando as fórmulas para a distribuição de Poisson, tem-se que:

$$\mu = 3/100 \times 500 = 15 \text{ defeitos}$$

$$\sigma = \sqrt{15} = 3{,}87 \text{ defeitos}$$

Em uma primeira etapa, é preciso obter a probabilidade associada ao fato de um rolo ter mais de 10 defeitos. Como se deseja aproximar a discreta distribuição de Poisson pela contínua distribuição normal, de forma similar aos procedimentos empregados na aproximação da distribuição binomial, usa-se o artifício da análise dos valores entre os inteiros.

No caso, usando $x = 10{,}5$, deseja-se obter $P(x > 10{,}5)$. Calculando a variável padronizada $Z$, tem-se que:

$$Z = \frac{10{,}5 - 15}{\sqrt{15}} = -1{,}16$$

Para $Z$ igual a 1,16, a área da média a $Z$ é igual a 0,3770.

A probabilidade para $x$ maior que 10,5 é igual a 0,5 + 0,3770, que resulta em 0,8770.

Como a probabilidade obtida foi igual a 0,8770, o número de rolos é igual ao produto da probabilidade e do número de rolos analisados.

$$E(x) = n \cdot p = 0,8770 \times 200 = 175 \text{ rolos,}$$
aproximadamente

### Diferentes distribuições ao mesmo tempo

Em algumas situações, pode ocorrer a necessidade de aplicação de diferentes distribuições de probabilidade. Em alguns destes casos, pode-se usar a distribuição normal em uma parte da situação e outra distribuição discreta em outra parte da situação. Veja os exemplos apresentados a seguir.

Sabe-se que uma máquina automática de servir refrigerantes despeja, em média, 275 ml por copo, com um desvio padrão igual a 35 ml. As quantidades servidas seguem, aproximadamente, uma distribuição normal. Em 7 copos escolhidos ao acaso, calcule a probabilidade de 4 copos possuírem mais de 300 ml de refrigerante.

Neste caso, existem 2 distribuições a modelar. Pela distribuição normal, obtém-se a probabilidade de um copo apresentar mais que 300 ml.

$$P(x > 300) = 0,2389$$

Usando a distribuição binomial, obtém-se que a probabilidade de 4 copos possuírem mais de 300 ml de refrigerante é igual a 5,03%, aproximadamente.

$$P(x = 4) = C_{7,4}(0,2389)^4 (0,7611)^3 = 5,03\%$$

Em outro exemplo, assume-se que o teor de glicose no sangue de determinado grupo de indivíduos segue uma distribuição aproximadamente normal, com média igual a 730 um e desvio padrão igual a 180 um. Valores acima de 820 são considerados elevados. Em uma amostra formada por 6 pessoas, deseja-se calcular a probabilidade de que: (a) apenas 3 possuam níveis elevados de glicose no sangue; (b) mais do que 5 possuam níveis elevados; (c) pelo menos 2 pessoas possuam níveis elevados.

Calculando o valor da variável padronizada, tem-se que:

$$Z = \frac{820 - 730}{180} = 0,5$$

Para $Z$ igual a 0,5, a área da média a $Z$ é igual a 0,1915. Assim, a probabilidade de o teor de glicose ser considerado elevado é igual a 0,5 – 0,1915, que resulta em 0,3085. Com a probabilidade $p$ calculada, pode-se usá-la na distribuição binomial.

a) $P(x = 3) = C_{6,3}(0,3085)^3 (0,6915)^3 = 19,42\%$
b) $P(x = 6) = C_{6,6}(0,3085)^6 (0,6915)^0 = 0,09\%$
c) $P(x \geq 2) = 1 - [C_{6,0}(0,3085)^0 (0,6915)^6 + C_{6,1}(0,3085)^1 (0,6915)^5] = 59,80\%$

## Exercícios

### Distribuição binomial

1. Considere o lance de três dados honestos. Calcule a probabilidade de aparecer a face quatro apenas uma vez.
2. Uma moeda honesta é lançada quatro vezes. Calcule as probabilidades associadas à ocorrência de aparecimento do seguinte número de caras: (a) 0; (b) 1; (c) 2; (d) 3; (e) 4 e (f) a soma das probabilidades anteriores.

| Número de caras | Probabilidade |
|---|---|
| 0 | |
| 1 | |
| 2 | |
| 3 | |
| 4 | |
| Soma | |

3. Um time de futebol de botão tem 72% de probabilidade de vitória sempre que joga. Se o time jogar sete partidas, calcule a probabilidade de ele: (a) vencer exatamente três partidas; (b) vencer ao menos uma partida; (c) vencer mais da metade das partidas.

4. Em um campeonato de tiro, a probabilidade de um atirador acertar o alvo é de 1/4. Se ele atirar seis vezes, qual a probabilidade de: (a) acertar exatamente dois tiros? (b) não acertar nenhum tiro?

5. A probabilidade de um aluno ser aprovado em Física é igual a 76%. Calcule a probabilidade de, em um grupo de seis alunos: (a) no máximo cinco serem aprovados; (b) exatamente dois serem reprovados.

6. Em relação à questão anterior, calcule a probabilidade de ocorrer pelo menos: (a) uma cara; (b) duas caras; (c) três coroas.

7. Um dado é trabalhado de forma a permitir uma probabilidade de aparição da face cinco igual a 25%. Calcule a probabilidade de, em cinco lances do dado, aparecer a face cinco: (a) apenas uma vez; (b) todas as vezes; (c) três vezes; (d) pelo menos duas vezes; (e) pelo menos uma vez.

8. No primeiro semestre letivo, após a segunda prova semestral de História, a probabilidade de um aluno escolhido ao acaso ser aprovado na disciplina era igual a 10%. Em uma amostra formada por cinco alunos, calcule a probabilidade de: (a) apenas um aluno ser aprovado; (b) três alunos serem aprovados; (c) quatro ou cinco alunos serem aprovados; (d) pelo menos um ser aprovado; (e) três alunos serem reprovados.

9. A probabilidade de um funcionário das Metalúrgicas Bigorna Ltda. ser promovido a gerente com menos de cinco anos de trabalho na empresa é igual a 7,5%. Calcule a probabilidade de, em grupo de seis funcionários novos: (a) nenhum ser promovido a gerente; (b) pelo menos um ser promovido; (c) todos serem promovidos.

10. A Olaria Barro Forte fabrica e comercializa dois produtos principais: telhas e tijolos. A relação da produção do mês de agosto do ano passado pode ser vista na tabela seguinte. Calcule o que se pede: (a) em uma amostra composta por oito telhas, calcule a probabilidade de pelo menos duas serem defeituosas; (b) em uma amostra composta por sete tijolos, calcule a probabilidade de pelo menos seis serem defeituosos; (c) em uma amostra formada por quatro produtos, calcule a probabilidade de existirem dois defeituosos.

| Produto | Com Defeito | Sem Defeito | Total |
| --- | --- | --- | --- |
| Tijolo | 6.000 | 84.000 | 90.000 |
| Telha | 3.000 | 27.000 | 30.000 |
| Total | 9.000 | 111.000 | 120.000 |

11. Um exame de múltipla escolha foi elaborada com dez questões, cada uma com quatro opções. A aprovação no exame exige do aluno nota igual ou superior a seis, ou seja, o acerto de no mínimo seis questões. Qual a chance de aprovação: (a) se o aluno nada estudou? (b) se o aluno estudou suficientemente para poder eliminar duas escolhas, devendo "palpitar" apenas entre duas?

12. Uma recente pesquisa detectou que 90% dos fumantes de uma região afirmaram desejar parar com seu vício. Em uma amostra formada por dez pessoas: (a) qual a probabilidade de a maioria querer parar de fumar? (b) qual a probabilidade de todos quererem parar de fumar?

13. Uma equipe de basquete tem probabilidade 0,88 de vitória sempre que joga. Se o time atuar quatro vezes, determine a probabilidade de que vença: (a) todas as quatro partidas; (b) exatamente duas partidas; (c) pelo menos uma partida; (d) no máximo três partidas; (e) mais da metade das partidas.

14. Qual a probabilidade de obter ao menos uma vez o número três em $n$ jogadas de um dado?

15. Em um teste do tipo certo-errado, com 50 perguntas, qual a probabilidade de um aluno, respondendo às questões ao acaso, acertar 70% das perguntas?

16. Se 7% das lâmpadas de certa marca são defeituosas, achar a probabilidade de que, numa amostra de 100 lâmpadas, escolhidas ao acaso, tenhamos: (a) nenhuma defeituosa? (b) três defeituosas? (c) mais do que uma defeituosa?

17. Um exame de múltipla escolha consiste em doze questões, cada uma com cinco opções. A aprovação no exame exige do aluno nota pelo menos igual a cinco, ou seja, o acerto de, no mínimo, seis questões. Qual

a chance de aprovação: (a) se o aluno nada estudou? (b) se o aluno estudou suficientemente para poder eliminar duas escolhas, devendo "palpitar" apenas entre três?

18. Um time de futebol tem probabilidade de vitória igual a 79% sempre que joga. Se o time atuar quatro vezes, determine a probabilidade de que ele vença: (a) todas as quatro partidas; (b) exatamente duas partidas; (c) pelo menos uma partida; (d) no máximo três partidas; (e) mais da metade das partidas.

19. Em 420 famílias com cinco crianças cada uma, quantas se esperaria que tivessem: (a) nenhuma menina? (b) três meninos? (c) quatro meninos? Suponha que na população analisada a probabilidade do nascimento de meninos seja igual a 58%.

20. O Perna de Pau Futebol Clube tem 2/5 de probabilidade de vitória sempre que joga. Se ele jogar cinco partidas, calcule a probabilidade de o time: (a) vencer exatamente três partidas; (b) vencer ao menos uma partida; (c) vencer mais da metade das partidas.

21. A probabilidade de um atirador acertar o alvo é de 1/4. Se ele atirar três vezes, qual a probabilidade de: (a) acertar exatamente dois tiros? (b) não acertar nenhum tiro?

22. A proporção de adultos obesos em uma determinada região é igual a 8,5%. Um grupo com nove adultos foi selecionado. Calcule a probabilidade de: (a) apenas um ser obeso; (b) pelo menos dois serem obesos; (c) no máximo sete serem obesos.

23. As pacientes diagnosticadas com certa doença têm 80% de probabilidade de serem curadas. Para um grupo de doze pacientes nessas condições, calcule a probabilidade de: (a) oito ficarem completamente curadas; (b) entre três (inclusive) e cinco (inclusive) não serem curadas; (c) não mais que duas permanecerem com a doença.

24. Uma empresa comercial calcula que 5% de suas vendas não são recebidas, em função do recebimento de cheques sem fundos. Ao se analisar uma amostra formada por oito vendas, qual a probabilidade de: (a) todas serem pagas normalmente? (b) uma ou duas vendas, apenas, serem pagas? (c) pelo menos três vendas serem pagas normalmente? (d) todas as vendas não serem pagas?

25. A probabilidade de uma determinada construtora vencer licitações é aproximadamente igual a 54%. Em seis licitações, qual a probabilidade de essa empresa: (a) perder todas; (b) vencer apenas uma; (c) vencer pelo menos uma; (d) perder três licitações?

26. Uma prova de múltipla escolha é composta por oito questões. O aluno deve escolher uma dentre três alternativas possíveis. Para ser aprovado, ele deve acertar, no mínimo, cinco perguntas. Qual a probabilidade de um aluno que nada sabe e escolhido ao acaso: (a) ser aprovado? (b) acertar todas as questões? (c) errar quatro questões? (d) errar todas as questões?

27. Um time de vôlei calcula que sua probabilidade de vitória seja igual a 0,73. Se o time jogar cinco partidas, qual a probabilidade de que ele vença: (a) os cinco jogos? (b) pelo menos um jogo? (c) no máximo dois jogos? (d) mais da metade dos jogos?

28. A probabilidade de um carro de determinada marca apresentar algum defeito mecânico após 60.000 km é aproximadamente igual a 38%. Em uma amostra composta por quatro veículos, calcule a probabilidade de: (a) apenas dois não apresentarem defeitos; (b) pelo menos um apresentar defeito; (c) todos não apresentarem defeitos.

29. Uma empresa de loterias pensa em lançar um novo jogo de azar, composto pelos resultados de oito jogos de futebol do campeonato brasileiro. Para cada jogo, um determinado time pode ganhar ou empatar ou perder. Calcule a probabilidade de um jogador que nada sabe sobre futebol: (a) acertar todos os jogos; (b) acertar pelo menos um jogo; (c) acertar pelo menos seis jogos.

30. A probabilidade de uma determinada empresa ganhar concorrências públicas é igual a 73%. Sabendo que a empresa pretende participar de oito concorrências, calcule a probabilidade de ela: (a) vencer apenas uma concorrência; (b) perder todas as concorrências; (c) ganhar pelo menos duas concorrências.

31. A probabilidade de encontrar embalagens fora de padrão de um determinado produto é igual a 30%. Em uma amostra composta por cinco produtos, calcule a probabilidade de: (a) apenas dois não estarem fora do padrão; (b) pelo menos um estar fora do padrão; (c) todos não estarem fora do padrão.

32. O que é mais fácil: acertar os treze jogos da Loteria Esportiva (em cada jogo o time pode ganhar ou empatar ou perder) ou acertar quatro dezenas em um jogo simples (onde foram marcadas em um cartão seis dezenas) da Mega-sena? Na Mega-sena, das 60 dezenas existentes são sorteadas seis. Considere que o jogador nada sabe sobre futebol.

33. Existem treze jogos na Loteria Esportiva. Em cada um dos jogos, determinado time pode ganhar ou empatar ou perder. Calcule a probabilidade de um jogador que nada sabe sobre os times: a) acertar todos os jogos; b) acertar pelo menos um jogo; c) acertar pelo menos doze jogos. Use o maior número de casas decimais nas respostas.

### Média e variância da distribuição binomial

34. Uma carteira de recebíveis é formada por vinte borderôs, com cinco títulos cada um e com valor de face igual a $ 500,00 (em média, por título). Sabe-se que a probabilidade de inadimplência de um título escolhido ao acaso é aproximadamente igual a 35%. Quantos borderôs deverão apresentar problemas: (a) em três ou mais títulos? (b) em mais que três títulos?

35. Supondo que a probabilidade de um casal ter filhos com olhos verdes seja igual a 17%, em 400 famílias com 4 crianças cada uma, quantas se esperaria que tivessem: (a) dois filhos com olhos verdes? (b) nenhum dos filhos com olhos verdes?

36. Admitindo-se que os nascimentos de meninos e meninas de uma família sejam iguais, em uma amostra formada por 600 famílias com três crianças, calcule quantas famílias deverão ter: (a) nenhum menino; (b) dois meninos; (c) pelo menos um menino; (d) exatamente três meninos.

## Distribuição de Poisson

1. Uma empresa vendedora de carros usados tem as suas vendas distribuídas de acordo com uma distribuição de Poisson. Sabendo-se que a empresa vende em média seis carros por mês (considerando o mês com 30 dias de trabalho) e analisando-se uma quinzena de vendas, qual a probabilidade de a empresa vender: (a) apenas três carros? (b) pelo menos dois carros? (c) nenhum carro?

2. O número de clientes que entram por hora em uma loja de roupas é aproximadamente igual a três. Calcule a probabilidade de: (a) em três horas entrarem pelo menos dois clientes; (b) em cinco horas entrarem exatamente catorze clientes.

3. Uma indústria de refrigerantes recebe pedidos de seus vendedores por meio de fax, telefone e Internet. O número de pedidos que chegam por qualquer meio no horário comercial é uma variável aleatória discreta com taxa igual a cinco pedidos por hora. Calcule a probabilidade de: (a) a indústria receber apenas dois pedidos em uma hora; (b) receber seis, sete ou oito pedidos em duas horas.

4. Uma fábrica de papel para jornal verificou a existência de quatro defeitos de fabricação por cada área impressa de 3 m². Determine a probabilidade: (a) de existir apenas um defeito em uma área de 2 m²; (b) de existirem entre oito e nove defeitos em uma área de 5 m².

5. Um gerente de suprimentos estuda o dimensionamento ideal de estoques para uma determinada indústria. A demanda é medida em contêineres por dia e segue, aproximadamente, uma distribuição de Poisson, com lambda igual a quatro contêineres por dia. Em um determinado dia, qual a probabilidade de serem demandados: (a) dois contêineres? (b) pelo menos dois contêineres? (c) no máximo três contêineres?

6. A central de atendimentos de uma operadora de cartões de crédito recebe denúncias de roubo de cartões à razão de quatro ligações por hora, no período matutino, em dias úteis. O número de ligações recebidas pode ser aproximado por uma distribuição de Poisson. Pede-se: (a) quantas chamadas são esperadas num período de 30 minutos? (b) qual a probabilidade de não ocorrer nenhuma chamada num período de 30 minutos? (c) qual a probabilidade de ocorrerem ao menos duas chamadas no mesmo período?

7. A aplicação de pintura metálica em chapas de zinco com 3 m² é feita automaticamente e pode produzir defeitos de acordo com uma variável aleatória que segue uma distribuição de Poisson com parâmetro λ = 0,5 defeito por m². Se uma chapa for sorteada ao acaso, qual a probabilidade de: (a) encontrarmos pelo menos um defeito? (b) encontrarmos exatamente dois defeitos?

8. Uma empresa fabricante de lonas para piscinas detectou que o número de defeitos na produção diária segue, aproximadamente, uma distribuição de Poisson, com lambda igual a cinco defeitos por peça padrão. Cada peça padrão possui 30 metros quadrados. Em uma lona de dimensões iguais a 6 × 4 m², calcule a

probabilidade de serem encontrados: (a) três defeitos; (b) no máximo dois defeitos; (c) pelo menos quatro defeitos.

9. Uma rodovia registra um total de oito acidentes por ano, em média. Qual a probabilidade de que em um determinado ano apenas três acidentes sejam verificados?

10. Um caixa rápido atende a clientes à razão de dois por minuto. Em um intervalo de dez minutos, calcule a probabilidade de serem atendidos: (a) 20 clientes; (b) 21 clientes; (c) 18 clientes.

11. A área de controle de qualidade de uma fábrica de tapetes artesanais costuma verificar a existência de duas manchas por metro quadrado produzido, em média. Qual a probabilidade de aparecerem oito defeitos em um tapete com dimensões iguais a 3 × 3 m?

12. O departamento de logística de uma fábrica de fertilizantes despacha pedidos à razão de 3,5 por hora. Determine a probabilidade de ele despachar, no máximo, um único pedido em um intervalo de uma hora.

13. Existem 265 erros de pontuação distribuídos aleatoriamente em um contrato comercial de 458 linhas. Encontre a probabilidade de que uma linha contenha dois erros apenas.

14. Uma central telefônica costuma registrar uma média de 300 telefonemas por hora. Qual a probabilidade de que em um minuto não haja nenhum chamado?

15. A média de defeitos no couro que reveste o estofado de uma determinada marca de veículos de luxo é igual a quatro por metro quadrado. Determine a probabilidade de 1 m² ter somente um defeito.

16. No último dia das crianças, foram doados 800 brinquedos para 800 crianças. A frequência da distribuição segue o modelo de Poisson. Usando essa distribuição, encontre a probabilidade de uma criança ter recebido pelo menos três brinquedos.

17. Em um processo de pintura de paredes aparecem defeitos na proporção de um por metro quadrado. Qual a probabilidade de aparecerem doze defeitos numa parede 4 × 4 m?

18. Anualmente, nascem oito crianças por mil habitantes em uma população formada por 200.000 pessoas. Em um grupo com 100.000 habitantes, encontre a probabilidade de que em um dado ano tenha havido o seguinte número de nascimentos por mil habitantes: (a) 0; (b) 1; (c) 2; (d) 2 ou mais.

19. Existem 40 erros de digitação distribuídos aleatoriamente em um livro de 1.000 páginas. Encontre a probabilidade de que uma dada página contenha: (a) nenhum erro; (b) exatamente dois erros.

20. A Sorveteria Frio Delícia atende, em média, a oito consumidores por hora. Calcular a probabilidade de que em meia hora sejam atendidos: (a) dois clientes; (b) três clientes; (c) no máximo três clientes.

21. Uma central telefônica recebe, em média, sete ligações por minuto. Calcule a probabilidade de que, em um intervalo de 15 seg., a central: (a) não receba nenhuma chamada; (b) receba, no máximo, três chamadas; (c) receba, exatamente, quatro chamadas.

22. João Antônio gravou um CD com músicas para a sua namorada. Aparece em média um defeito a cada 10 min. de gravação. Qual a probabilidade de aparecerem três defeitos em 40 min. de gravação?

23. Uma fábrica de fios elétricos constatou a existência de um defeito para cada dez quilômetros de fio de cobre produzido pela empresa. Qual a probabilidade de aparecerem cinco defeitos em 15 km de fios?

24. O escritório de um famoso cantor recebe, em média, três telefonemas do seu fã clube no intervalo de uma hora. Calcule a probabilidade de: (a) registrar quatro telefonemas em uma hora? (b) registrar três ou mais telefonemas em uma hora?

25. Os clientes chegam a uma padaria à razão de 6,5/hora. Determinar a probabilidade de que, durante qualquer hora: (a) não chegue nenhum cliente; (b) chegue ao menos um cliente; (c) chegue mais de um cliente; (d) cheguem exatamente 6,5 clientes.

26. Uma oficina autorizada atende a seus clientes à razão de 2,8 carros/hora. Determinar a probabilidade de chegarem três ou mais carros em um período formado por: (a) 30 min.; (b) uma hora; (c) duas horas.

27. Em um livro de 800 páginas, existem 800 erros de ortografia. Qual a probabilidade de que uma página contenha pelo menos três erros?

28. O número de acidentes com fogos de artifício nas festas juninas numa cidade do interior é de dois para cada 50.000 habitantes. Calcule a probabilidade de que em um grupo com: (a) 200.000 habitantes, ocorram cinco acidentes? (b) 112.500 habitantes, ocorram, pelo menos, três acidentes?

29. Dados da Secretaria Municipal de Saúde indicam que a média anual de afogamentos acidentais num determinado período é igual a três por 100.000 indivíduos. Determinar a probabilidade de que numa cidade com 30.000 habitantes se verifique: (a) nenhum afogamento; (b) menos que três afogamentos; (c) no máximo dois afogamentos; (d) mais que quatro e menos que oito afogamentos.

30. Mariana verificou que existem 400 erros de impressão distribuídos aleatoriamente em uma pilha com 500 cartazes. Encontre a probabilidade de que um dado cartaz contenha: (a) nenhum erro; (b) exatamente dois erros.

31. Uma financeira atende, em média, a seis clientes por hora. Calcular a probabilidade de que em meia hora sejam atendidos: (a) dois clientes; (b) três clientes; (c) no máximo três clientes.

32. Aproximadamente, doze pessoas são atendidas a cada hora em determinado posto de saúde da prefeitura. Qual a probabilidade de que três ou mais pessoas sejam atendidas durante um período de dez minutos?

## Média e variância de Poisson

33. Sabe-se que, de cada 600 mudas produzidas em um horto, 32 morrem antes de serem transplantadas para o campo. Em um lote de 900 mudas, encontre a média e o desvio padrão associado ao número de mudas que deverão morrer.

## Simplificando a distribuição binomial por meio da distribuição de Poisson

34. Suponha que X seja uma variável aleatória que se comporta de acordo com uma distribuição binomial, com $n$ igual a 200 e p igual a 1%. Calcule a probabilidade para $X$ igual a dez, usando uma aproximação com base no modelo de Poisson.

35. A probabilidade de um indivíduo desenvolver uma determinada doença aumenta com o tempo. Após dois anos de contágio, esta probabilidade é de 0,08. Numa amostra com 100 pessoas contaminadas, qual a probabilidade de desenvolverem a doença: (a) exatamente sete pessoas? (b) mais do que cinco indivíduos?

36. A probabilidade de uma mulher de 36 anos gerar um filho com Síndrome de Down é igual a 0,8%. Em um grupo de 400 mulheres nesta faixa de idade, qual a probabilidade de conceberem um filho com Síndrome de Down: (a) exatamente dez mulheres? (b) mais que três mulheres?

37. Um a cada cem carros cai num buraco de uma avenida. Se cem carros passarem, qual a probabilidade de dois carros caírem no buraco?

38. Dois por cento dos rótulos colocados em produtos farmacêuticos estão errados. Para 400 desses produtos, pergunta-se: (a) quantos com colocação incorreta podemos esperar? (b) qual a probabilidade de ocorrência de cinco ou menos produtos com colocação incorreta? (c) qual a probabilidade de mais de cinco com colocação incorreta? (d) qual a probabilidade de cinco ou mais com colocação incorreta?

39. A probabilidade de um atirador acertar um alvo móvel com apenas um tiro é de 0,20. São dados 30 tiros no alvo. Calcule a probabilidade de que: (a) exatamente quatro tiros acertem o alvo; (b) pelo menos três tiros acertem o alvo.

40. Se a probabilidade de uma máquina produzir uma peça defeituosa, num dia, fosse igual a 0,01, qual a probabilidade de ter no máximo quatro peças defeituosas em um dia de 500 peças produzidas?

41. A probabilidade de um indivíduo desenvolver uma determinada doença aumenta com o tempo. Após três anos de contágio, esta probabilidade é de 0,04. Em uma amostra com 100 pessoas que sofreram o contágio, qual a probabilidade de desenvolverem a doença: (a) exatamente três pessoas? (b) mais do que dois indivíduos?

42. Estudos clínicos indicam que a probabilidade de uma mulher com mais de 35 anos gerar um filho com Síndrome de Down é de 6%. Em um grupo de 200 mulheres nesta faixa de idade, qual a probabilidade de conceberem um filho com Síndrome de Down: (a) exatamente cinco mulheres? (b) mais que dez mulheres?

43. No ano passado algumas latas de refrigerantes de uma marca foram contaminadas por determinada bactéria. Se a probabilidade de um indivíduo sofrer contaminação por meio do consumo do refrigerante é igual a 0,001, determine a probabilidade de entre 5.000 indivíduos mais do que dois sejam contaminados.

## Distribuição Normal

1.  Uma prova de Matemática apresentou notas normalmente distribuídas, com média igual a 75 pontos e desvio padrão igual a 8 pontos. Pede-se determinar: (a) os escores reduzidos de dois alunos cujas notas foram 95 e 60, respectivamente; (b) as notas de dois alunos cujos escores reduzidos foram, respectivamente, – 0,5 e 1,5.

2.  Com o auxílio da tabela padronizada para a distribuição normal, encontre a área para os seguintes valores de Z: (a) $0 < Z < 1,23$; (b) $-2,15 < Z < 0$; (c) $-1,56 < Z < 1,48$; (d) $Z > 2,14$; (e) $Z < -0,78$; (f) $1,47 < Z < 2,45$; (g) $-0,15 < Z < -0,57$.

3.  Uma fábrica de chocolates comercializa barras que pesam em média 200 g. Os pesos são normalmente distribuídos. Sabe-se que o desvio padrão é igual a 40 g. Calcule a probabilidade de uma barra de chocolate escolhida ao acaso: (a) pesar entre 200 e 250 g; (b) pesar entre 170 e 200 g; (c) pesar mais que 230 g; (d) pesar menos que 150 g.

4.  As vendas mensais do mercadinho Pague Bem seguem, aproximadamente, uma distribuição normal, com média igual a $ 5.000,00 e desvio padrão igual a $ 2.000,00. Calcule a probabilidade de que, em um determinado mês, as vendas: (a) sejam superiores a $ 3.500,00; (b) sejam inferiores a $ 3.000,00; (c) estejam entre $ 3.800,00 e $ 5.300,00; (d) estejam entre $ 2.100,00 e $ 7.800,00.

5.  Um pesquisador analisou o consumo diário de calorias por um grupo formado por 3.200 crianças. Encontrou uma média igual a 1.800 kcal/dia, com um desvio padrão igual a 400 kcal/dia. Sabe-se que esta variável segue uma distribuição de frequências aproximadamente normal.

    Parte I. Encontre a probabilidade de um aluno escolhido ao acaso apresentar um consumo: (a) entre 1.800 e 2.300 kcal/dia; (b) entre 1.650 e 1.800 kcal/dia; (c) entre 1.500 e 2.300 kcal/dia; (d) menor que 1.450 kcal/dia; (e) maior que 2.250 kcal/dia; (f) entre 1.350 e 1.650 kcal/dia; (g) entre 1.850 e 2.350 kcal/dia.

    Parte II. Responda ao que se pede: (h) quantos alunos apresentam um consumo calórico entre 1.650 e 2.000 kcal/dia? (i) caso uma amostra formada por 10% das crianças com maiores consumos precisasse ser extraída, qual seria o consumo calórico mínimo para inclusão neste grupo?

6.  A depender do valor das compras mensais efetuadas, os clientes do Atacadista Lisboa e Algarves Ltda. recebem uma classificação diferente, podendo ser: (a) superespecial; (b) especial; (c) regular; (d) *standard*. As probabilidades de classificação dos clientes são, respectivamente, iguais a 5%, 10%, 30% e 55%. As compras seguem uma distribuição aproximadamente normal, com média igual a $ 240,00 e desvio padrão igual a $ 80,00. Calcule os limites empregados para a classificação dos clientes.

7.  Constatou-se que a vida útil de um aparelho de televisão de determinada marca segue uma distribuição normal com média igual a 4.000 horas e desvio padrão igual a 500 horas. Qual a probabilidade de que um aparelho de televisão aleatoriamente escolhido dure entre 4.000 e 4.500 horas?

8.  O processo de ensacamento de húmus em uma indústria de fertilizantes produz embalagens com pesos que seguem uma distribuição aproximadamente normal. Sabe-se que o processo foi calibrado de maneira que uma média igual a 15 kg fosse colocada em cada embalagem. O desvio padrão do peso das embalagens é aproximadamente igual a 0,3 kg. Determine a probabilidade de que uma embalagem escolhida ao acaso apresente peso entre 15,3 kg e 15,9 kg.

9.  As vendas diárias de uma lanchonete seguem uma distribuição aproximadamente normal, com média $ 400,00 e desvio padrão igual a $ 100,00. Calcule a probabilidade de que em um determinado dia a lanchonete fature: (a) entre $ 450,00 e $ 650,00; (b) entre $ 350,00 e $ 500,00.

10. Os pesos de um grupo de 500 estudantes são normalmente distribuídos com média igual a 64,8 kg e desvio padrão igual a 4,8 kg. Encontre o número de alunos que pesam: (a) entre 60 e 75 kg; (b) mais que 62,7 kg.

11. Uma indústria verificou que as lâmpadas incandescentes que produz apresentam uma vida útil normalmente distribuída, com média igual a 750 dias e desvio padrão igual a 40 dias. Calcule a probabilidade de uma lâmpada escolhida ao acaso durar: (a) entre 600 e 900 dias; (b) mais que 700 dias; (c) menos que 650 dias.

12. A média dos diâmetros internos de uma amostra de 300 arruelas produzidas por uma máquina para a composição de automóveis é igual a 0,402 polegada e o desvio padrão é igual a 0,03 polegada. A finalidade para a qual essas arruelas são fabricadas permite a tolerância máxima para o diâmetro de 0,305 a 0,408 polegadas. Caso isso não se verifique, as arruelas serão consideradas defeituosas. Determine a percentagem

de arruelas defeituosas produzidas pela máquina, admitindo-se que os diâmetros são distribuídos normalmente.

13. Um sindicato de empresas industriais verificou que o número de faltas anuais dos trabalhadores segue uma distribuição aproximadamente normal, com média igual a 10,2 dias e desvio padrão igual a 5,4 dias. Qual a probabilidade de que um trabalhador escolhido aleatoriamente apresente um número de faltas inferior a 2 dias? Nesta situação, os números de dias são mensurados de forma contínua.

14. O tempo necessário em uma oficina para o conserto da transmissão de um tipo de automóvel é normalmente distribuído com média igual a 50 min e desvio padrão igual a 15 min. Um mecânico planeja começar o conserto do carro de um cliente 10 min após o carro ter sido deixado na oficina, comunicando ao cliente que o carro estará pronto num tempo total de uma hora. Qual a probabilidade de o mecânico estar enganado?

15. A temperatura em um dia de verão de uma cidade do Sudeste do Brasil é normalmente distribuída, com média igual a 23 graus centígrados e desvio padrão igual a 8 graus centígrados. Qual a probabilidade de que um dia de verão escolhido ao acaso apresente temperatura entre 18 e 27 graus?

16. Uma fábrica de produtos químicos embala seus produtos com volumes normalmente distribuídos. Uma embalagem padrão costuma apresentar 1.100 ml, em média, com desvio padrão igual a 75 ml. Qual probabilidade de que uma embalagem escolhida ao acaso apresente um volume entre 917 e 1.150 ml?

17. Os salários pagos para os funcionários em determinada empresa seguem uma distribuição normal com média igual a $ 1.400,00 e desvio padrão igual a $ 227,00. Calcule a probabilidade de um funcionário escolhido ao acaso apresentar salário maior que $ 1.680,00.

18. Um motor apresenta vida útil normalmente distribuída, com média igual a 12 anos e desvio padrão igual a 1,2 ano. Uma montadora deseja encomendar 300 desses motores. Neste lote, quantos motores deverão apresentar vida útil de pelo menos 10,5 anos?

19. Um agricultor, ao plantar trigo, verificou que a sua produtividade por hectare era normalmente distribuída, com média igual a 7,8 toneladas por hectare e desvio padrão igual a 2,13 toneladas por hectare. Qual a probabilidade de um hectare escolhido ao acaso ter uma produtividade menor que 6 toneladas? Caso a produtividade média se eleve para 8,5 toneladas por hectare, qual seria a probabilidade anterior?

20. Um teste de aptidão feito por pilotos de aeronaves em treinamento inicial requer que uma série de operações seja realizada em uma rápida sucessão. Suponha que o tempo necessário para completar o teste seja normalmente distribuído, com média igual a 80 minutos e desvio padrão igual a 15 minutos. Para passar no teste, o candidato deve completá-lo em menos de 60 minutos. Pede-se: (a) se 65 candidatos se submetem ao teste, quantos devem passar? (b) se os 5% melhores candidatos serão alocados para aeronaves maiores, quão rápido deve ser o candidato para que obtenha essa posição?

21. Estudos indicam que a precipitação pluviométrica mensal em períodos de seca numa certa região pode ser considerada como seguindo a distribuição normal com média 40 mm e variância 25 mm². (a) qual a probabilidade de que a precipitação pluviométrica mensal no período da seca esteja entre 32 mm e 38 mm? (b) qual seria o valor da precipitação pluviométrica de modo que exista apenas 12% de chance de haver uma precipitação inferior a esse valor? (c) construa um intervalo central em torno da média que contenha 82% dos possíveis valores de precipitação pluviométrica.

22. Os gastos com equipamentos automotivos em uma concessionária da cidade seguem uma distribuição normal com média igual a $ 500,00 e desvio padrão igual a $ 100,00. Considerando os gastos como $x$, calcule: (a) $P(x \leq 450)$; (b) $P(x \geq 650)$; (c) $P(550 \leq x \leq 650)$; (d) os valores de $x$ entre os quais estão compreendidos os 40% centrais da distribuição; (e) o valor $x$, tal que $P(x \leq x) = 0,05$.

23. As alturas de 20.000 alunos de um colégio têm distribuição aproximadamente normal, com média de 1,64 m e desvio padrão 0,16 m. Pede-se: (a) qual o número esperado de alunos com altura superior a 1,52 m? (b) qual o intervalo simétrico em torno da média, que conterá 78 % das alturas dos alunos?

24. Uma fábrica de sabonetes sabe que seus produtos pesam, em média, 98 gramas, com uma variância igual a 49 gramas². Em um mês de produção, são fabricadas 420.000 unidades. Para garantir, com 92% de probabilidade, a produção mensal, quantas toneladas de matéria-prima devem ser adquiridas?

25. A distribuição dos pesos de perus numa granja pode muito bem ser representada por uma distribuição normal, com média 4,24 kg e desvio padrão 0,92 kg. Um abatedouro comprará 5.000 aves e pretende classi-

ficá-las de acordo com o peso, do seguinte modo: 25% dos mais leves como pequenos, os 50% seguintes como médios, os 15% seguintes como grandes e os 10% mais pesados como extras. Quais os limites de peso para as classificações?

26. O tempo de vida útil de um motor elétrico tem distribuição aproximadamente normal, com média de 4,6 anos e desvio padrão de 1,3 ano. (a) qual deve ser o valor do tempo de garantia desse motor para que, no máximo, 18% das vendas originais exija substituição? (b) se esse tipo de motor tiver garantia de 2 anos, que porcentagem das vendas originais exigirá substituição?

27. Antes de uma importante prova, um professor verificou que o tempo dedicado aos estudos de revisão dos seus alunos seguia uma distribuição aproximadamente normal, de média de 12 horas e desvio padrão de 1,5 hora. Pede-se: (a) determinar o tempo de estudo que é superado por 98,5% dos alunos; (b) determinar a faixa em torno do valor médio que contenha 90% dos valores do tempos dedicados aos estudos.

28. Um teste de aptidão feito por pilotos de elite em treinamento inicial requer que uma série de operações seja realizada em uma rápida sucessão. Suponha que o tempo necessário para completar o teste seja distribuído de acordo com uma distribuição normal de média de 80 minutos e desvio padrão de 30 minutos. Para passar no teste, o candidato deve completá-lo em menos de 70 min. Pede-se: (a) se 200 candidatos fazem o teste, quantos são esperados passar no teste? (b) se os 5% melhores candidatos serão alocados para aeronaves maiores, quão rápido deve ser o candidato para que obtenha essa posição?

29. Estudos meteorológicos indicam que a precipitação pluviométrica mensal em períodos de seca numa certa região do Nordeste do Brasil pode ser considerada como seguindo a distribuição normal com média igual a 40 mm e variância 16 mm$^2$. Pede-se: (a) qual a probabilidade de que a precipitação pluviométrica mensal no período da seca esteja entre 34 mm e 38 mm? (b) qual seria o valor da precipitação pluviométrica de modo que exista apenas 20% de chance de haver uma precipitação inferior a esse valor? (c) construa um intervalo central em torno da média que contenha 90% dos possíveis valores de precipitação pluviométrica.

30. Um pesquisador verificou que em uma cidade do interior de SP o peso dos homens tem distribuição aproximadamente normal com média de 85 kg e desvio padrão de 20 kg, enquanto o das mulheres também apresenta-se normalmente distribuído, com média de 60 kg e desvio padrão 8 kg. Pede-se: (a) Sorteando-se um homem, qual é a probabilidade de ele ter peso acima de 75 kg? (b) sorteando-se uma mulher, qual é a probabilidade de ela ter peso acima de 65 kg? (c) qual é a probabilidade de uma pessoa ter peso acima de 65 kg, sendo ela sorteada de um grupo em que o número de mulheres é o triplo do de homens?

31. Sabe-se que as vendas diárias de uma lanchonete são normalmente distribuídas, com média igual a $ 1.800, e desvio padrão igual a $ 200. Calcule as probabilidades de, em determinado dia, as vendas: (a) serem maiores do que $ 2.300; (b) serem inferiores a $ 1.750; (c) ficarem entre $ 1.650 e $ 1.750; (d) ficarem entre $ 1.550 e $ 1.900.

32. Um estudo com as avaliações de História de estudantes do ensino médio revelou distribuição aproximadamente normal, com uma nota média igual a 7,3 e um desvio padrão de 1,8. Pede-se: (a) calcular a nota sob a qual se encontram 65% dos valores pesquisados; (b) encontrar a nota acima da qual se encontram 70% dos valores.

33. A altura de um grupo de crianças é normalmente distribuída, com média igual a 1,21 m e desvio padrão igual a 0,37 m. Calcule a porcentagem de crianças que terão alturas: (a) inferiores a 1,30 m; (b) superiores a 1,02 m; (c) entre 0,90 e 1,17 m; (d) entre 1,25 e 1,35 m.

34. As notas de determinada avaliação do curso de Geografia apresentaram distribuição aproximadamente normal, com média igual a 7,56 pontos e uma variância igual a 0,25 ponto$^2$. Encontre a nota: (a) abaixo do qual se encontraram 68% das observações; (b) acima da qual estariam 76% das observações.

35. Imagina-se que a idade média de um grupo de indivíduos seja normalmente distribuída, com média igual a 32,6 anos e desvio padrão igual a 8,91 anos. Calcule a probabilidade de um indivíduo escolhido ao acaso apresentar: (a) mais de 20 anos; (b) menos de 48 anos; (c) entre 18 e 40 anos.

36. As caixas de chocolates Delícia costumam apresentar um peso médio de aproximadamente 200g, com um desvio padrão de 30 g. Calcule: (a) o peso acima do qual se encontram 30% das caixas; (b) o peso abaixo do qual se encontram 66% das caixas.

37. A resistência dos cabos de aço fabricados pelas Indústrias Metalúrgicas Iron Ltda. segue uma distribuição aproximadamente normal, com média igual a 7.250 kgf e desvio padrão igual a 845 kgf. Calcule a pro-

babilidade de um cabo escolhido ao acaso: (a) suportar menos que 8.000 kgf; (b) suportar entre 7.000 e 7.800 kgf.

38. As idades dos usuários de determinado serviço público seguem uma distribuição aproximadamente normal, com média igual a 27 anos e desvio padrão igual a 3 anos. Calcule a idade: (a) acima da qual estarão 76% dos usuários; (b) abaixo da qual estarão 52% dos usuários.

39. Para ser aprovado em um exame seletivo um candidato deve obter nota superior a 8,2 em Matemática e superior a 9,5 em Português. Sabendo que as notas seguem uma distribuição normal, com média e desvio padrão apresentados na tabela seguinte, calcule quantos alunos de um grupo de 950 devem ser aprovados neste processo seletivo.

| Prova | Média | Desvio Padrão |
|---|---|---|
| Português | 7,3 | 2,7 |
| Matemática | 6,1 | 1,8 |

40. Uma viagem de ônibus apresenta duração normalmente distribuída, com média igual a 120 minutos e desvio padrão igual a 20 minutos. Pergunta-se: (a) qual a probabilidade de uma viagem durar menos de 110 min? (b) durar mais de 90 min? (c) qual a duração mínima de 88% das viagens?

41. A quantidade de calorias consumidas diariamente por uma amostra de 250 pessoas segue aproximadamente uma distribuição aproximadamente normal, com média igual a 2500 cal e desvio padrão igual a 200 cal. Calcule: (a) o limite de consumo diário acima do qual se encontram 170 pessoas; (b) a faixa central de consumo diário na qual se situam 190 pessoas.

42. A distribuição dos pesos de porcos numa suinocultura pode muito bem ser representada por uma distribuição normal, com média 128,72 kg e desvio padrão 32,46 kg. Um matadouro comprará 5.000 porcos e pretende classificá-los de acordo com o peso, do seguinte modo: 18% dos mais leves como pequenos, os 50% seguintes como médios, os 22% seguintes como grandes e os 10% mais pesados como extras. Quais os limites de peso para cada classificação?

43. Um voo apresenta duração normalmente distribuída, com média igual a 320 minutos e desvio padrão igual a 120 minutos. Pergunta-se: (a) qual a probabilidade de uma viagem durar menos de 250 min? (b) durar mais de 290 min? (c) qual a duração mínima de 76% das viagens?

## Aproximação da distribuição binomial pela distribuição normal

44. Uma moeda viciada apresenta uma probabilidade de sair cara igual a 0,63. Em 300 lances da moeda, calcule a probabilidade de sair cara: (a) pelo menos 180 vezes; (b) no máximo 170 vezes.

45. Para ser aprovado em um concurso público, um aluno deve acertar pelo menos 70 das 120 proposições de tipo verdadeiro/falso e pelo menos 5 das 20 questões de múltipla escolha (cada uma com cinco alternativas). Calcule a probabilidade de um aluno que nada sabe, escolhido ao acaso: (a) ser aprovado nas questões verdadeiro/falso; (b) ser aprovado nas questões de múltipla escolha; (c) ser aprovado no concurso público.

46. A chance de determinada ação subir em um dia normal de pregão em bolsas de valores é aproximadamente igual a 62%. Calcule a probabilidade de que, em 300 dias, a ação suba em: (a) pelo menos 170 dias; (b) no máximo, 195 dias; (c) entre 165 e 185 dias.

47. A última prova seletiva do concurso vestibular da Universidade do Sul possuía 240 perguntas, com três alternativas cada uma. Sabendo que 18.000 candidatos fizeram as provas, quantos destes, respondendo às questões ao acaso, acertaram pelo menos 35% das perguntas?

48. Qual a probabilidade de, em 300 lances de uma moeda honesta, ocorrerem: (a) no máximo 180 caras? (b) no mínimo 200 coroas?

49. O diabetes ocorre em 1,8% das pessoas de uma determinada população. Qual a probabilidade de que uma amostra de 60 pessoas contenha dois ou mais diabéticos? Suponha a validade da distribuição normal.

50. A distribuição do número de filhos por família de uma determinada população é exibida na tabela seguinte.

| Número de filhos | Probabilidade |
|---|---|
| 0 | 0,20 |
| 1 | 0,15 |
| 2 | 0,25 |
| 3 | 0,25 |
| 4 | 0,15 |

Selecionada uma amostra com reposição de 1.000 famílias dessa população, determine a probabilidade de no máximo 380 famílias terem 3 filhos ou mais. Utilize a aproximação Normal.

51. Com base em experiências anteriores, uma empresa de saneamento básico sabe que 12% das contas dos seus clientes de uma comunidade são pagas com atraso. Para cada item seguinte obtenha a solução, empregando a curva normal. (a) se 60 contas são enviadas pela empresa, qual é a probabilidade de que pelo menos 9 sejam pagas com atraso? (b) se 300 contas são enviadas, encontre a probabilidade de que 34 ou mais sejam pagas com atraso.

## Aproximação da distribuição de Poisson pela distribuição normal

52. Uma famosa rede de lanchonetes verificou que os clientes chegam em uma determinada loja a razão de seis pessoas a cada 15 min. Em um dia inteiro de trabalho, formado por doze horas, encontre a probabilidade de entrarem na loja: (a) mais de 300 clientes; (b) menos que 260 clientes; (c) entre 270 e 320 clientes.

## Exercícios diversos, com diferentes distribuições

53. Uma empresa industrial comprou três máquinas. A vida útil dessas máquinas tem uma distribuição normal com média igual a 720 dias e desvio padrão igual a 180 dias. Qual a probabilidade de que as três máquinas tenham uma vida de pelo menos 500 dias?

---

**Sugestão:** leia o trecho do Capítulo 15 que apresenta os usos possíveis do Excel nos cálculos e análises com variáveis aleatórias e resolva os exercícios propostos.

# 8

# Amostragem

*A diferença entre dados e informação é que, enquanto dados são coletáveis de fatos brutos, informações representam a organização seletiva e a interpretação imaginativa desses fatos.*

Theodhore Levitt

*A Estatística é a primeira das ciências inexatas.*

Edmond e Jules Goncourt

## Objetivos do capítulo

Algumas razões podem tornar a análise de todos os elementos de um grupo impossível ou indesejável. Nestes casos, a Estatística vê-se forçada a estudar uma parte do universo, denominada amostra.

Em muitas situações, o pesquisador pode querer generalizar os resultados obtidos da amostra para o universo. Para isso, é preciso que a amostra e o universo compartilhem de mesmas características. Procedimentos técnicos devem ser empregados na seleção e na composição das amostras a serem estudadas.

Este capítulo possui o objetivo de apresentar os principais conceitos e tópicos associados aos procedimentos de amostragem. A correta amostragem representa o passo inicial e, talvez, mais importante da Estatística inferencial.

### GRANDES NOMES E GRANDES HISTÓRIAS[1]

★ 24 de setembro de 1501, em Milão, Itália
† 21 de setembro de 1576, em Roma, Itália

Girolamo Cardano nasceu em 1501, filho ilegítimo de Fazio Cardano e Chiara Micheria. Seu pai era advogado em Milão, porém com grande habilidade para a Matemática, a quem Leonardo da Vinci costumava consultar sobre questões relacionadas à geometria.

Ainda jovem, Cardano tornou-se assistente do pai, de quem aprendeu os conhecimentos e herdou a habilidade para a Matemática. Gradualmente, tornou-se um importante acadêmico.

Com o falecimento de Fazio, Cardano recebeu uma pequena herança, que esbanjou rapidamente.

*Girolamo Cardano*

Como forma de tentar recuperar as economias perdidas, devotou-se aos jogos, especialmente dados e xadrez, que se tornaram suas fontes de renda. O seu conhecimento de probabilidades representou uma vantagem sobre seus oponentes, permitindo que seu número de vitórias superasse seu número de derrotas. O jogo tornou-se um vício, roubando muitos anos de vida, dinheiro e reputação.

As maiores contribuições de Cardano à ciência relacionaram-se à probabilidade, à hidrodinâmica, à mecânica e à geologia. Seus estudos sobre os lances de dados são considerados pioneiros no estudo da teoria de probabilidades.

---

[1] Adaptado do *The MacTutor history of mathematics archive*. Disponível em: <http://www-groups.dcs.st-and.ac.uk/~history/index.html>. Acesso em: 3 dez. 2006.

## Os porquês da amostragem

A amostragem costuma ter o objetivo principal de permitir a síntese de informações acerca de um conjunto maior de dados, o universo ou população, por meio de uma parte, geralmente denominada amostra. As vantagens da amostragem consistiriam, geralmente, na redução de custos e tempos do estudo – uma análise de menor quantidade de elementos permite gastos menores, além de coleta e análise mais rápidas.

Nos procedimentos da amostragem geralmente empregados em Estatística, um cuidado básico deve ser tomado. A amostra deve ser **representativa** da população. Com base nos dados de uma amostra representativa e empregando procedimentos estatísticos apropriados, é possível inferir ou generalizar as conclusões obtidas da amostra para a população.

Uma representação do processo de amostragem pode ser vista na Figura 8.1. Por meio de uma amostragem bem feita, representativa do todo, e da aplicação de técnicas da estatística descritiva, é possível extrair conclusões gerais sobre a população. As estimativas amostrais são empregadas na definição dos parâmetros populacionais, admitindo-se uma margem de erro inferencial, discutida com maior profundidade no Capítulo 9.

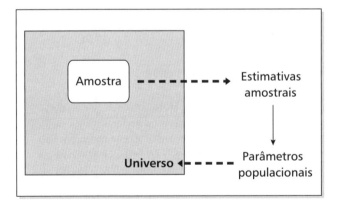

Figura 8.1  *Técnicas estatísticas.*

## População e amostra

A população representa o agrupamento total de dados que descreve um determinado fenômeno de interesse individual. Existem diversos elementos que podem compor uma população, entre eles podem-se citar: pessoas, pesos, alturas, idades etc. Destaca-se que o conceito de população empregado em Estatística (conjunto total de observações) diverge do conceito empregado no dia a dia (conjunto total de indivíduos ou pessoas).

A depender do número de elementos existentes, as populações podem ter tamanhos limitados – chamadas de populações finitas – ou tamanho ilimitado – chamadas de populações infinitas. Populações finitas permitem que seus elementos sejam contados. Em populações infinitas isto não é possível.

Como exemplos de população finita podemos citar o número de computadores existentes em um laboratório de informática, o número de lojas existentes em determinado *shopping*, a quantidade de alunos matriculados em uma disciplina, o número de páginas de um livro, a quantidade de veículos licenciados pelo departamento de trânsito em um ano, a quantidade de mercadorias vendidas em uma loja no período de um mês e outros.

Como exemplos de populações infinitas podem-se citar: o número de medições do diâmetro de uma esfera, a quantidade de porções que se pode extrair da água do mar para análise e outros. Quando os elementos de uma população puderem ser contados, porém apresentando uma quantidade muito grande, assume-se a população como infinita, também. Como exemplos dessas situações, pode-se citar: quantas vezes aparecerá o número dois ao se jogar um dado inúmeras vezes, o número de ligações telefônicas efetuadas em uma metrópole em um ano, a quantidade de crianças que nascerão dentro de um ano em um país populoso, a previsão, em números, das vendas de um produto específico com grande vendagem, o número de pessoas que apresentam determinada doença e outros.

As amostras correspondem a parcelas do todo. Costumam ser extraídas e analisadas quando o estudo envolve populações finitas com tamanhos consideráveis, isto é, muito grandes, ou populações infinitas – que apresentam elementos que não podem ser contados. Outro emprego de amostras decorre do fato de se necessitar de um estudo mais barato e rápido. A amostra consiste em uma maneira de não estudar o conjunto como um todo, mas uma parte dele, sem que ocorra a perda das características essenciais da população.

## O estudo do todo e a análise de uma parte

Os estudos estatísticos podem ser feitos de duas maneiras básicas: o censo – quanto se estuda toda a população, como no caso do censo do Instituto Brasileiro de Geografia e Estatística – e a amostragem –

quando se seleciona uma parte do todo para estudar, posteriormente.

As conclusões extraídas do censo são, imediatamente, válidas para a população – todo o universo foi estudado e as estatísticas descritivas obtidas se referem ao universo dos dados. As conclusões da amostragem, por outro lado, **devem** ser válidas para a população. Neste caso, já que nem todos os elementos foram estudados, existe a possibilidade de erros.

Figura 8.2　*Vantagens do censo e da amostragem.*

A amostragem consiste no estudo de uma parte do universo. Inúmeras situações de amostragem do dia a dia podem ser mencionadas: o fato de folhear revistas para decidir qual comprar, o fato de experimentar roupas para escolher a preferida, a questão da escolha de lojas para efetuar compras, a seleção de um produto de diferentes marcas e outras.

O censo envolve um exame de todos os componentes de um dado conjunto, sem optar por escolhas ou seleções; a amostragem envolve o estudo de apenas uma parte dos elementos, envolvendo escolhas daquilo que será estudado.

Em uma parcela substancial das ocasiões, deseja-se, com base nas informações extraídas dos dados obtidos na amostragem, posteriormente, generalizá-las para o universo. A amostragem estatística geralmente implica em generalizações ou inferências.

No sentido de poder generalizar suas conclusões para o universo, a amostragem estatística inclui uma afirmação probabilística a cerca da validade dos resultados obtidos. Probabilidade e amostragem são tópicos fortemente relacionados. Assim, é comum aparecer nos resultados de pesquisas com amostras expressões como a *margem de erro da pesquisa* e *nível de confiança do estudo*, que representam a probabilidade de o resultado e sua margem de erro estarem corretos. Veja o exemplo apresentado a seguir.

---

Sábado, 23 de outubro de 2004, 21h49

**PORTO ALEGRE/IBOPE: FOGAÇA SEGUE À FRENTE DE PONT**

Pesquisa Ibope para a Prefeitura de Porto Alegre, encomendada pelo jornal *Zero Hora*, mostra José Fogaça (PPS) com 13 pontos de diferença em relação a Raul Pont (PT). O candidato do PPS tem 53% das intenções de voto, enquanto o petista aparece com 40%. Eleitores que pretendem votar em branco, nulo ou em ninguém são 4%. Não souberam responder ou não opinaram 3% dos entrevistados. O Ibope ouviu 805 eleitores entre os dias 19 a 21. A margem de erro é de 3,5 pontos percentuais para mais ou para menos. A pesquisa foi registrada no cartório da 161ª Zona sob o nº 152/161/04.

---

Disponível em: <http://noticias.terra.com.br/eleicoes2004/interna/0,,OI408161-EI4067,00.html>. Acesso em: 20 fev. 2006.

A notícia ilustra uma pesquisa amostral sobre preferências eleitorais, muito comum no Brasil. No caso, aponta que em outubro de 2004 o candidato à Prefeitura de Porto Alegre, José Fogaça, apresentava 53% das intenções de voto, com uma margem de erro de 3,5 pontos percentuais para mais ou para menos.

Ou seja, a proporção amostral era de 53%. Porém, quando generalizada para o universo, formado por todos os eleitores, a proporção populacional poderia estar entre 53% – 3,5% = 49,5% e 53% + 3,5% = 56,5%.

Como a notícia nada fala sobre o nível de confiança assumido pelo pesquisador, é de se supor que este tenha sido igual a 95%, o mais rotineiramente empregado em análises inferenciais. Isso significa que o resultado entre 49,5% e 56,5% tem uma probabilidade de estar correto igual a 95%. Mas apresenta uma probabilidade de erro igual a 5%.

## Vantagens e desvantagens da amostragem e do censo

O censo corresponde ao estudo do todo. Todos os elementos do universo são estudados. Nestas situações, inexiste a generalização. Assim, embora mais caro e demorado, o censo evita o erro da generalização ou inferência.

Porém, mesmo com verbas e cronograma extensos, existem situações em que o emprego do censo é impossível. Veja algumas situações descritas a seguir:

a) **populações infinitas:** no caso de a análise envolver populações infinitas, o estudo não teria um fim. Inexistiriam condições para a análise de todos os elementos da população. Logo, o censo se tornaria impossível. Por exemplo, imagine que um órgão municipal desejasse analisar a qualidade da água do mar de uma cidade costeira. Por mais boa vontade que seus técnicos apresentassem, seria impossível levar *toda* a água do mar para um laboratório;

b) **testes destrutivos:** consistem em testes nos quais os itens examinados são destruídos no ato do experimento. Por exemplo, testes de segurança contra colisões de veículos automotores. Nestas situações, o censo destruiria todo o universo. Nenhuma montadora de automóveis gostaria de efetuar um censo sobre a resistência de seus veículos;

c) **informações mais rápidas:** no caso de se necessitar de informação rapidamente, a análise de toda a população poderia prejudicar o estudo, já que se gastaria muito mais tempo. O estudo perderia sua utilidade. Um exemplo do uso de amostragem para obter informações mais rápidas consiste na análise de uma comunidade que tenha contraído uma doença de contágio rápido. Se for utilizado o censo, este poderá prejudicar o estudo, pois, pela demora da análise de todos os elementos, corre-se o risco de a doença se alastrar ou mesmo de o estado de saúde das pessoas analisadas se agravar;

d) **população muito numerosa:** quando uma população é finita, porém muito grande, o custo do censo pode ser elevado, como é o caso do censo feito pelo IBGE no Brasil. Em função de seus altos custos, causados pela análise de uma população numerosa, este é feito em épocas determinadas, geralmente uma vez a cada dez anos.

Outro ponto que pode questionar as aplicações dos censos diz respeito à uniformidade dos procedimentos de coleta de dados. Embora, no censo, não exista a inferência, ou seja, as informações do censo são válidas para todo o universo, a sua aplicação requer maior estrutura de coleta e análise, em razão do fato de envolver um estudo mais amplo, com maior quantidade de dados coletados e elementos estudados. Mais pessoas estarão envolvidas no processo. Por exemplo, em um censo nacional, milhares de funcionários coletores de dados são contratados, supervisionados por uma quantidade também muito grande de supervisores, coordenadores, gerentes etc. Neste amplo processo de coleta e análise, podem surgir dúvidas quanto à eficácia e à padronização dos procedimentos. Podem ocorrer erros e fraudes em função de o censo ser muito amplo e extenso. Dessa forma, nem todas as informações coletadas em um censo serão precisas. Sendo a amostragem menor e mais sujeita a uma fiscalização rigorosa, pode apresentar uma maior acurácia *dos dados coletados* (não, obviamente, da generalização).

Em determinadas ocasiões, a utilização do censo é implícita. Podem-se citar como exemplos:

a) o exame de uma população pequena, em que o custo e o tempo gasto para análise não tenham muita diferença em relação à utilização de amostras. Para ilustrar, pode-se mencionar a análise dos passageiros de um certo voo ou dos alunos matriculados em uma disciplina;

b) o fato de o tamanho da amostra utilizada ser relativamente grande em relação ao tamanho da população. Nesta situação, pouca diferença existiria na utilização do censo ou da amostra;

c) quando existe a exigência de precisão, o censo é o único método aceito, já que este nada infere. O emprego de amostras resulta em um certo grau de variabilidade, e, com isso, a precisão pode não ser total. Um banco ou uma grande rede de lojas de supermercado, por exemplo, ao fechar seus caixas para saber quanto há de dinheiro, se utiliza do censo, fazendo uma contagem completa de todos os caixas.

De modo geral, estudos estatísticos amplos se valem da amostragem. A importância e os critérios de formação de amostras estarão apresentados nos tópicos seguintes.

**Como selecionar amostras**

Quando se deseja generalizar os dados de uma amostra para o universo, deve-se observar uma condição básica e fundamental: a amostra deve ser representativa do universo. Ou seja, a probabilidade de encontrar indivíduos com determinadas características na amostra deve ser a mesma de achar indivíduos com a mesma característica na população. Se, por exemplo, uma população é formada por 30% dos elementos da classe A e 48% dos elementos de sexo feminino, a amostra representativa também deve apresentar os mesmos percentuais. Nestas situações, as amostras escolhidas são denominadas probabilísticas.

Na amostragem probabilística é permitido determinar o número da variabilidade da amostra numa dada amostragem aleatória. Com a variabilidade estimada e modelada, é possível calcular o erro inferencial; logo, as amostragens são as mais recomendadas.

Quando as probabilidades das características da amostra e da população não necessariamente convergem, diz-se tratar de uma amostragem não probabilística ou por julgamento, que consiste em uma amostragem subjetiva, em que a variabilidade dos resultados da amostra não pode ser obtida com precisão, ao contrário da amostragem probabilística. Impede a mensuração do erro da inferência – que é indesejado –, porém, resulta em custos ainda mais baixos em uma coleta de dados ainda mais rápida. De forma recente, amostragens subjetivas têm sido cada vez mais utilizadas em pesquisas de marketing, como os estudos de grupos de foco (*focus groups*).

Em relação às amostras probabilísticas, existem diversos critérios para a sua seleção. Dentre aqueles que são mais usuais, citam-se: a amostragem aleatória simples, a amostragem sistemática, a amostragem estratificada e a amostragem por conglomerados.

**Modelos probabilísticos**

*Amostragem aleatória simples*

A amostragem aleatória, ou amostragem aleatória simples, consiste em uma das principais maneiras de extrair uma amostra de qualquer população. Sendo representativa, deve objetivar o cumprimento da exigência básica de que cada elemento da população tenha as mesmas chances de ser escolhido para fazer parte da amostra. Sua aplicação é bastante simples: os elementos que comporão a amostra serão sorteados do universo de forma aleatória, como o seu próprio nome revela.

Por exemplo, imagine que um pesquisador necessitasse extrair uma amostra aleatória simples formada por cinco pessoas extraídas do universo de 28 alunos representado no quadro seguinte.

| 00 – Arnan | 07 – Arthur | 14 – Neila | 21 – Paula |
|---|---|---|---|
| 01 – Márcio | 08 – Mariana | 15 – Pedro | 22 – Rejane |
| 02 – Juliana | 09 – Vítor | 16 – José | 23 – Sérgio |
| 03 – Diogo | 10 – Marina | 17 – Vanessa | 24 – Lauro |
| 04 – Thaís | 11 – Gustavo | 18 – Samanta | 25 – Vinícius |
| 05 – Arnaldo | 12 – Marília | 19 – Ana | 26 – Patrícia |
| 06 – Tiago | 13 – Maria | 20 – Lise | 27 – Décio |

Para selecionar os cinco elementos da amostra, é necessário, então, sortear cinco números compreendidos entre 00 e 27. É preciso, então, empregar algum artifício com o objetivo de geração de um número aleatório.

De forma didática, números aleatórios podem ser obtidos através do lance de uma moeda (assume-se face cara igual a um e face coroa igual a zero), do lance de um dado, da extração de uma carta de baralho, do giro de uma roleta, do sorteio de uma bola numerada em um jogo de bingo. Porém, existe um risco muito grande na utilização da amostragem aleatória através destes tipos apresentados.

O risco se dá pelo fato de que cada tipo pode gerar uma falha, deixando de representar com exatidão o que está sendo estudado. Quais são os riscos em se utilizar um dado, cartas de um baralho ou até mesmo uma urna com bolas numeradas? O dado pode estar com uma das laterais mais gastas do que outras e isto pode fazer com que o dado tenda a virar sempre naquela posição, assim como, no baralho, as cartas podem grudar-se uma nas outras pelo simples fato de o usuário estar com a mão úmida e na urna pode acontecer de as bolas não terem sido misturadas da mesma forma.

A correta amostragem aleatória é de crucial importância em muitos estudos estatísticos. Evitar as falhas associadas ao sorteio de faces de dados ou moeda ou à extração de bolas de uma urna levou à criação e à difusão do uso de tabelas próprias para auxiliar no processo de amostragem aleatória. A tabela apresenta uma sequência de números aleatórios e é conhecida como Tabela de Números Aleatórios. Costuma estar presente na maioria dos livros de Estatística. É igualmente apresentada nos anexos deste livro, bem como nos arquivos disponíveis para *download* no *site* de apoio ao livro (<www.MinhasAulas.com.br>). Um exemplo de parte de tabela de números aleatórios pode ser visto na Tabela 8.1.

Tabela 8.1 *Números aleatórios (gerados no Excel).*

| 48.327 | 19.096 | 18.128 | 32.400 | 19.492 | 87.349 |
| 79.705 | 24.416 | 97.393 | 78.155 | 98.367 | 01.868 |
| 53.700 | 51.970 | 34.378 | 73.975 | 45.710 | 26.141 |
| 27.341 | 10.107 | 48.606 | 58.848 | 29.786 | 16.651 |
| 27.930 | 17.317 | 14.329 | 39.974 | 46.536 | 38.047 |
| 25.844 | 55.649 | 66.662 | 59.061 | 20.992 | 30.829 |
| 81.561 | 32.748 | 03.991 | 81.972 | 89.856 | 04.651 |
| 82.211 | 17.401 | 67.103 | 03.689 | 69.463 | 34.786 |
| 18.744 | 51.545 | 25.691 | 91.233 | 78.038 | 99.106 |
| 13.867 | 69.850 | 52.812 | 71.730 | 01.156 | 37.603 |

Na tabela de números aleatórios, encontram-se os números {0, 1, 2, 3, 4, 5, 6, 7, 8, 9} distribuídos de forma indistinta ou aleatória. Para que a tabela seja válida e útil para o processo de escolha da amostra aleatória, esses números podem ser lidos de todas as formas. Ou seja, podem ser selecionados isoladamente, em grupos formando um conjunto numérico, em diagonal, de trás para frente, em colunas, de baixo para cima, entre outras.

A tabela possui dois aspectos relevantes para o uso da amostragem aleatória. O primeiro deles consiste no fato de que, na disposição em que os números aparecem e podem ser lidos, a chance de um número ser selecionado para uma amostra é igual à chance de qualquer outro número. O segundo aspecto trata da probabilidade de aparição de combinações de números, que também terão a mesma chance de outra combinação qualquer também ser selecionada para a amostra.

Alguns trabalhos mais formais questionam a forma de geração de tabelas de números aleatórios – alguns autores questionam os algoritmos empregados nas gerações por computadores. Porém, de modo geral, atualmente os procedimentos empregados na geração de números aleatórios sempre envolvem o emprego de recursos computacionais. Para empregar a tabela de números aleatórios, basta seguir os passos descritos no quadro seguinte.

| Passo | Descrição |
|---|---|
| 1 | Liste todos os itens da população. |
| 2 | Enumere todos os itens da lista começando do zero (0; 00; 000; etc.). |
| 3 | Leia os números da tabela seguindo o seguinte padrão: a Quantidade de algarismos lidos de cada número da tabela tem que ser igual à quantidade de algarismo lidos do último número da sua lista. Logo, se o último algarismo da lista for representado por 360 (três algarismos), só poderão ser lidos na tabela de números aleatórios algarismos que possuam três casas decimais. |
| 4 | Devem ser desprezados todos os números que não correspondem a algarismos de sua lista, assim como as repetições de números já lidos anteriormente. |
| 5 | Após a execução dos passos anteriores, verifique os números selecionados e identifique na lista os itens que deverão fazer parte da amostra aleatória selecionada. |

Em relação ao exemplo da formação de uma amostra com cinco alunos escolhidos de um universo de 28 alunos, os passos um e dois já foram seguidos: o universo foi listado e numerado. Como existem **28** alunos, devem ser lidos os números na tabela aleatória de dois em dois algarismos. Escolhendo de forma aleatória a segunda, a terceira e quarta linhas da tabela, os números sorteados seriam:

79 | 70 | 5̶–̶2̶ | 44 | 1̶6̶ | 97 | 39 | 3̶–̶7̶ | 8̶1̶ | 55 | 98 | 36 | 7̶–̶0̶ | 1̶8̶ | 68
53 | 70 | 0̶–̶5̶ | 1̶9̶ | 70 | 3̶4̶ | 37 | 8̶–̶7̶ | 39 | 75 | 45 | 7̶1̶ | 0̶–̶2̶ | 61 | 41
27 | 34 | 1  1 | 01 | 07 | 48 | 60 | 6  5 | 88 | 48 | 29 | 78 | 6  1 | 66 | 51

Como apenas os números compreendidos entre 00 e 27 estão listados no universo, somente os cinco primeiros valores sorteados entre estes intervalos poderiam ser selecionados. Seriam escolhidos, nesta sequência, os números: {16; 18; 05; 19 e 02}. A amostra aleatória simples escolhida seria formada pelos elementos: 16 – José; 18 – Samanta; 05 – Arnaldo; 19 – Ana; e 02 – Juliana.

A amostragem aleatória pode ser selecionada e analisada a partir de dois tipos de população: a população discreta e a população contínua. Na população discreta, encontra-se o tipo básico de amostragem aleatória, em que todos os elementos da população devem ter a mesma chance de fazer parte da amostra. Em uma população contínua, a amostragem aleatória requer que a probabilidade de intervalos de valores que sejam incluídos na amostra sejam iguais às percentagens da população. Por exemplo, se em uma população 20% dos homens possuem alturas entre 1,68 e 1,74m, na amostra a percentagem deveria se manter: 20% dos homens da amostra também deveriam ter entre 1,68 e 1,74 m de altura.

Para uma população finita, a amostragem aleatória pode ser obtida de duas formas. A primeira forma consiste basicamente na organização dos elementos da população em uma lista, sendo, posteriormente, utilizado um processo aleatório para escolha dos elementos que farão parte da amostra. A segunda forma de escolha é adequada para elementos que são difíceis de ser identificados, tornando-se impossível listar a população para então aplicar um processo para escolha dos itens que farão parte da amostra. Nestes casos, deve-se adequar um intervalo, uma medida como base, no lugar dos itens para se fazer uma avaliação.

Um exemplo que torna mais clara a escolha de amostras aleatórias em populações de difícil listagem pode ser listado por meio da tarefa de analisar a poluição em um rio ou no ar. Não há como visualizar os parâmetros da população desses itens. Logo, não é possível comparar características das amostras com as características da população. Deve-se escolher um intervalo ou diferentes intervalos para se fazer a amostragem. Posteriormente, adota-se um índice que servirá de base para análise. Caso esse patamar seja ultrapassado, o rio ou o ambiente será considerado poluído.

É muito mais fácil obter amostras aleatórias a partir de populações finitas, em que os elementos podem ser contados. Exemplos deste tipo podem ser apresentados por meio do número de estudantes matriculados em uma universidade em um determinado ano ou semestre, da quantidade de carros adquiridos em uma concessionária no período de um mês, do número de consultas realizadas por um médico em um dia. A listagem dos itens é feita apenas para permitir a identificação da população. O que for de interesse de estudo pode ser obtido e processado por meio da amostragem.

---

**LANDON VENCE!**

"Pouco antes da eleição presidencial de 1936 nos Estados Unidos, o Literary Gazette publicou uma pesquisa eleitoral indicando que Alf M. Landon derrotaria o candidato à reeleição Franklin D. Roosevelt por meio de uma vitória esmagadora – 57 a 43%. O Gazette acertou quanto à vitória esmagadora, porém errou quanto ao vencedor: Roosevelt venceu por 59 a 41%!

Como o Gazette poderia ter cometido um erro tão grande? A amostra do Gazette foi selecionada por meio do cadastro da companhia telefônica e dos arquivos de registro de automóveis. Porém, em 1936, muitos domicílios não dispunham de telefone nem de carro e aqueles que o possuíam tendiam a ser mais ricos – e também era mais provável que fossem republicanos. Como a pesquisa por telefone não selecionou uma amostra aleatória da população, mas, em vez disso, sub-representou os democratas, o estimador era viesado e o Gazette cometeu um erro constrangedor."

**Fonte:** STOCK, J. H.; WATSON, M. *Econometria*. São Paulo: Makron Books, 2004.

---

Para uma população infinita ou finita muito grande, as formas de se obter uma amostra aleatória tornam-se mais desafiadoras. Uma das soluções se dá por meio do processo probabilístico, em que se registram todos os casos na ordem em que eles vão aparecendo. Como exemplos deste processo aleatório podem-se citar: a chegada de pacientes a um hospital, o número de carros que abastecem em um posto de gasolina, a produção de qualquer substância que dependa de um processo mecânico, a quantidade de pessoas que comparecerão em guichês de estação rodoviária.

### Amostragem com e sem reposição

Para populações finitas, a amostragem pode ser feita de duas formas principais: com reposição ou sem reposição.

A amostragem com reposição da população finita ocorre quando o item que foi selecionado volta a fazer parte da população. Com isso, percebe-se que cada vez que se analisa a população as chances de selecionar um item já selecionado anteriormente aumentam. Como exemplos deste tipo de amostragem, podem-se citar: o lance de um dado, em que o mesmo número já sorteado poderá ser sorteado novamente em qualquer jogada, assim como a utilização de uma moeda, com as faces "cara" ou "coroa" podendo sair repetidamente.

A amostragem sem reposição da população finita ocorre quando o item selecionado não volta a fazer parte da população. Com isso, pode-se perceber que, cada vez que se analisa a população, os itens não estudados vão sendo reduzidos. Como exemplo deste tipo de amostragem, há: o sorteio das dezenas em bingos, que, ao serem sorteadas, não voltam para a urna, assim como os jogos feitos em casas lotéricas, como é o caso dos jogos da Caixa Econômica Federal, como a "Loto" ou a "Mega-Sena". Em relação a este último, são empregados 12 globos giratórios para o sorteio de cada algarismo que compõe as seis dezenas, podendo ocorrer repetições.

Na amostragem sem reposição, o tamanho da amostra em relação à população é de total relevância. Se esta for muito pequena, o fato de não haver reposição não trará um efeito significativo nas probabilidades dos itens que ainda restam na população. No entanto, em amostras com um tamanho considerado grande, o fato da não reposição pode causar distorções nas probabilidades dos itens que ainda restam na população. Para se ter uma noção melhor de como utilizar os tipos de amostragem corretamente, costuma-se aplicar a regra de reposição para amostras que possuam tamanho superior a 5% do tamanho de sua população.

Podem-se enumerar algumas razões para o uso da amostragem sem reposição. São elas:

a) **alto custo**: pois, de modo geral, a amostragem gera custos e deve-se evitar a análise do mesmo item mais de uma vez, o que pode acontecer quando se repõe um item já analisado à população;
b) **caráter destrutivo**: se o teste que for feito tiver um caráter destrutivo, ao analisar um item este será destruído, impossibilitando a sua reposição;
c) **reposição de itens defeituosos**: esse tipo ocorre em amostragem industrial, em que pessoas que fazem a amostragem (inspetores) podem não concordar com a reposição de itens defeituosos.

Além da amostragem aleatória, existem outros planos de amostragem que são úteis em relação à informação de uma amostra. Mas é preciso ter conhecimento e planejamento para determinar quais elementos da população deverão fazer parte da amostra e como interpretar esses resultados.

### Amostragem sistemática

A amostragem sistemática, como o próprio nome revela, consiste em uma escolha sistemática (empregando um mesmo procedimento) dos elementos do universo. Alguns passos da amostragem sistemática são parecidos com as etapas da amostragem aleatória. Ambas necessitam, por exemplo, de uma lista dos elementos da população. Se os elementos da lista não se apresentarem em ordem, a amostragem sistemática pode acontecer de uma forma realmente aleatória, escolhendo-se, cada k-ésimo elemento da lista, em que este k é obtido através de uma divisão entre o tamanho da população e o tamanho da amostra.

Em relação ao exemplo da formação de uma amostra com cinco alunos escolhidos de um universo de 28 alunos, a composição da amostra sistemática deveria ser feita mediante a escolha de um aluno a cada k. Neste caso, o valor de k seria igual a 28/5 = 5,6. Como foi inexato, deve-se escolher um valor de k igual a 6 ou igual a 5. O valor de k dependerá do primeiro elemento escolhido. Se, no caso, o primeiro valor escolhido foi igual a zero, k será igual a seis. Deve-se escolher um elemento a cada seis. Logo, serão escolhidos os elementos {00; 06; 12; 18 e 24}. A amostra sistemática seria formada pelos alunos Arnan, Tiago, Marília, Samanta e Lauro.

| 00 – **Arnan** | 07 – Arthur | 14 – Neila | 21 – Paula |
|---|---|---|---|
| 01 – Márcio | 08 – Mariana | 15 – Pedro | 22 – Rejane |
| 02 – Juliana | 09 – Vítor | 16 – José | 23 – Sérgio |
| 03 – Diogo | 10 – Marina | 17 – Vanessa | **24 – Lauro** |
| 04 – Thaís | 11 – Gustavo | **18 – Samanta** | 25 – Vinícius |
| 05 – Arnaldo | **12 – Marília** | 19 – Ana | 26 – Patrícia |
| **06 – Tiago** | 13 – Maria | 20 – Lise | 27 – Décio |

### Amostragem estratificada

A amostragem estratificada consiste em uma tentativa de melhoria dos critérios da amostragem aleatória ou sistemática. Ela propõe a divisão da população em subgrupos de elementos parecidos, homogêneos, aplicando, em seguida, a amostragem aleatória simples ou estratificada dentro *de cada subgrupo individual*. Extraindo amostras representativas de subgrupos menores e mais parecidos e depois agrupando as amostras individuais, tenta-se melhorar o critério de representatividade das amostras.

Os elementos da população devem ser divididos em subgrupos homogêneos, que apresentam variação das características estudadas menor que a da população. De modo geral, quanto maior a semelhança entre os elementos dos subgrupos, menor será o tamanho necessário da amostra daquele conjunto homogêneo.

Exemplos de amostragens estratificadas são comuns quando se analisam variáveis relacionadas às diferentes classes econômicas, como gastos com diversão, tempo de férias, salários, hábitos de consumo e outros.

### Amostragem por conglomerados

A amostragem por conglomerado, de forma similar à amostragem estratificada, também consiste em uma tentativa de melhoria dos critérios da amostragem aleatória ou sistemática. Porém, propõe a divisão da população em subgrupos de elementos não parecidos, heterogêneos, podendo ser aplicada, em seguida, a amostragem aleatória simples ou estratificada dentro *de cada subgrupo individual*.

Como exemplos de conglomerados, podem-se citar os bairros de uma cidade. Geralmente, os bairros são subconjuntos formados por indivíduos com características variadas, como sexo, idade etc. Assim, ao se analisar uma amostra formada por 10% dos elementos de uma cidade, pode-se optar por extrair 10% dos elementos de cada bairro desta cidade – evitando-se um desequilíbrio entre as proporções populacionais de habitantes de cada bairro e as proporções amostrais.

Os subgrupos heterogêneos, como os bairros, costumam representar toda a população. Se a formação desses conglomerados fosse perfeita com representação fidedigna, seria necessário apenas um único conglomerado para representar a população. Porém, isso é muito difícil, na prática.

Pelo menos duas vantagens da amostragem por conglomerados podem ser mencionadas. A primeira vantagem decorre de que, se os elementos da população estiverem muito afastados uns dos outros, a amostra aleatória pode gerar gastos muito altos. Como nos conglomerados os elementos estão mais próximos, a coleta torna-se mais rápida e menos custosa. A segunda vantagem desta amostragem é que não é necessário o uso de listas que contêm os elementos de toda a população.

## Modelos não probabilísticos

As amostragens não probabilísticas ou por julgamento consistem em técnicas amostrais em que não existe a manutenção ou tentativa de manutenção da representatividade – que expressa o conceito de que cada elemento deveria ter a mesma probabilidade de seleção na amostra e na população. Modelos não probabilísticos não permitem a análise objetiva da variabilidade da amostra. Embora a não mensuração do erro amostral dificulte ou mesmo impeça a generalização das conclusões, a amostragem não probabilística apresenta gastos menores e pode ser executada em menos tempo. Em amostragens deste tipo, não é necessário utilizar uma lista com todos os elementos contidos na população.

Em algumas situações, apenas amostragens não probabilísticas podem ser construídas. Por exemplo, quando se deseja levantar informações exploratórias iniciais que serão analisadas com maior profundidade em uma amostragem probabilística posterior. Outra situação em que a amostragem não probabilística pode ser empregada pode ser ilustrada, por exemplo, se um médico estiver estudando uma determinada doença genética – o universo de possuidores não será conhecido e nenhuma lista poderá ser formulada. Assim, apenas amostras não probabilísticas estarão disponíveis para o estudo.

Dentre os principais métodos empregados para a seleção de amostras não probabilísticas, podem-se citar: a construção de amostras acidentais ou por conveniência; por julgamento; intencional ou proposital e por quotas.

### Amostragem acidental ou por conveniência

Na amostragem acidental ou por conveniência, os elementos da amostra são escolhidos por serem os mais acessíveis ou fáceis de ser estudados. Por exemplo, caso se desejasse saber qual a preferência dos eleitores em uma disputa ao governo do Estado, o órgão de pesquisa poderia colocar pesquisadores em pontos de grande tráfego de eleitores, questionando-

-os sobre suas preferências. A amostra formada seria do tipo acidental ou por conveniência, já que os elementos mais fáceis foram estudados.

O grande problema deste método reside no fato de comumente formar amostras com grandes concentrações de determinadas características. Por exemplo, no processo de coleta de informações de eleitores transeuntes, o local escolhido para a coleta dos dados influencia a composição da amostra. Se a coleta fosse feita em um terminal de transporte público urbano, em que o púbico costuma apresentar um menor poder aquisitivo, a amostra tenderia a concentrar elementos de classes sociais mais baixas. Se, por outro lado, a coleta fosse feita em um *shopping center* de luxo, a amostra tenderia a refletir a opinião de elementos de classes sociais mais altas.

Devido à possibilidade de grandes distorções e tendenciosidade das amostras, a amostragem por conveniência somente deve ser empregada em situações extremas e casos muito especiais. Por outro lado, se a característica estudada na população for muito homogênea, qualquer estratégia de formação de amostras pode ser empregada, inclusive a acidental.

### Amostragem por julgamento

No processo de amostragem por julgamento, os elementos são selecionados para a amostra segundo o parecer de um especialista no assunto. Este julga aqueles mais apropriados para o estudo em questão.

Por exemplo, em um estudo sobre liderança empresarial, a amostra com um maior número de informações relevantes seria formada, possivelmente, pelos líderes com maior projeção. Para identificá-los e, posteriormente, colocá-los na amostra, pode-se recorrer aos especialistas no assunto.

### Amostragem intencional ou proposital

Segundo os critérios da amostragem intencional ou proposital, o pesquisador escolhe propositalmente os elementos que farão parte da amostra.

Por exemplo, assumindo que a receptividade a novos produtos em Curitiba fosse igual ao restante do país, em testes preliminares sobre a aceitação de um determinado produto de consumo de massa, algumas empresas optariam por fazer a divulgação e a distribuição apenas naquela cidade. Os gastos de divulgação, lançamento, distribuição e eventual correção em algum dos processos são muito menores se estiverem restritos à cidade de Curitiba, especialmente quando comparados com todo o Brasil. Intencionalmente, o mercado consumidor de Curitiba é escolhido como amostra.

### Amostragem por quotas

A amostragem por quotas consiste, possivelmente, no método não probabilístico mais empregado. Consiste, na prática, em um refinamento e em uma tentativa de melhoria da representatividade da amostragem acidental – os elementos selecionados devem estar de acordo com proporções previamente determinadas. Por exemplo, se uma população é formada por 50% de homens, a amostra por conveniência deve respeitar essa proporção, selecionando 50% dos elementos do sexo masculino.

Algumas etapas podem ser empregadas[2] no processo de seleção de amostras por quotas:

**Passo 1.** Devem ser selecionadas as características da população consideradas relevantes para o estudo.

**Passo 2.** Com base em dados listados, censitários, cadastros e outros, devem ser determinadas as proporções de cada característica na população.

**Passo 3.** As divisões e subdivisões da população devem ser estruturadas em células, conforme ilustrado na tabela seguinte. Quanto maior o número de características analisadas, maior será o número de células estabelecidas.

| Classe Social | Sexo Masculino | Sexo Feminino | Total |
|---|---|---|---|
| A | 4% | 2% | 6% |
| B | 9% | 6% | 15% |
| C | 13% | 9% | 22% |
| D | 16% | 11% | 27% |
| E | 16% | 14% | 30% |
| Total | 100% | 100% | 100% |

**Passo 4.** O número de elementos de cada célula deve ser determinado. Se, por exemplo, o tamanho da amostra for composto por 500 indivíduos, 2% ou 10 pessoas deverão ser do sexo feminino e da classe A.

**Passo 5.** Cada entrevistador ou coletor de dados deverá receber uma cota, de forma que o total da amostra mantenha as proporções determinadas nas células.

---

[2] Bunchaft e Kellner (1997, p. 583).

## Exercícios

1. O que é amostra? Qual sua relação com população?
2. O que significa teoria da amostragem?
3. Qual a diferença entre amostras com e sem reposição?
4. Quantos planos de amostragem probabilística existem? E quais são?
5. Qual a diferença entre amostragem probabilística e amostragem não probabilística?
6. Com relação à amostragem sem reposição, se são retiradas sucessivamente 20 bolas de uma urna que contém 200, esta é uma amostragem com que tipo de população? E ao se lançar uma moeda 15 vezes e ao se contar o total de coroas que aparecem na jogada?
7. O que representam amostras aleatórias?
8. Dentro do plano de amostragem probabilística, o que significa amostragem sistemática?
9. O que significa amostra aleatória em relação à população discreta?
10. O que significa amostra aleatória em relação à população contínua?
11. É lançada uma moeda 20 vezes e aparece "coroa" 10 vezes, não se sabe se a moeda é equilibrada. Responda: (a) qual a proporção populacional? (b) qual a proporção amostral? (c) o que se pode dizer do número esperado de "coroas"?
12. Numa grande comunidade, deseja-se fazer uma pesquisa da porcentagem de pessoas que contraíram uma doença muito contagiosa. Nesta situação, é preferível a utilização de um censo ou amostragem?
13. Um dos sócios de uma empresa automobilística deseja fazer um teste da sua linha, que prove a maior flexibilidade da chaparia no momento da batida, assim amenizando os riscos de que o carro sofra maior impacto e projeções bruscas. Sabe-se que a inferência estatística envolve a formulação de certos julgamentos sobre um todo após examinar uma parte ou amostra dele. Então um dos sócios apresenta a seguinte ideia: fazer um censo, já que a generalização, neste caso, tem grandes possibilidades de erros. Se você fosse outro acionista, concordaria com esta ideia? Explique sua decisão.
14. Suponhamos que desejássemos analisar uma população formada por proprietários de automóveis do estado do Mato Grosso. Neste caso, seria mais coerente analisar esta população como uma amostragem por conglomerados ou uma amostra aleatória simples? Explique sua resposta.
15. Na busca de um antídoto contra um determinado veneno, um pesquisador examinava amostras com 50 ratos utilizados como cobaias. O estudo envolvia as reações causadas pela substância letal, injetada na circulação sanguínea dos animais. Nesta situação, deveria o cientista utilizar procedimentos de amostragem com ou sem reposição? Explique sua resposta.
16. Joga-se uma moeda 60 vezes no ar e aparece cara 30 vezes. Não se sabe se a moeda é equilibrada. Responda às letras abaixo de acordo com o enunciado da questão: (a) qual é a proporção amostral encontrada na jogada citada? (b) qual é a população da questão? (c) qual é o tamanho da população envolvida? (d) qual o tamanho da amostra?
17. Diferencie o censo da amostragem e explique quais as vantagens e desvantagens da amostragem.
18. Um fazendeiro quer testar uma nova técnica de abate dos frangos de suas fazendas. Só que o mesmo possui quatro fazendas espalhadas pelo interior do Nordeste. Neste caso, qual seria o melhor tipo de amostragem para que o fazendeiro escolhesse a fazenda que seria estudada para a implantação desta nova técnica?
19. Uma empresa de telecomunicações possui 80 clientes, dos quais foram extraídos os dados apresentados na tabela seguinte.

| Código | Sexo | Idade | Renda | Conta Média | Código | Sexo | Idade | Renda | Conta Média |
|---|---|---|---|---|---|---|---|---|---|
| 1 | M | 13 | 1,05 | 123 | 41 | M | 34 | 0,68 | 127 |
| 2 | H | 33 | 2,07 | 22 | 42 | H | 38 | 1,25 | 60 |
| 3 | H | 35 | 1,96 | 115 | 43 | M | 29 | 0,52 | 110 |
| 4 | H | 39 | 2,13 | 58 | 44 | H | 41 | 2,18 | 64 |
| 5 | H | 37 | 1,51 | 90 | 45 | H | 39 | 1,16 | 78 |
| 6 | H | 28 | 1,14 | 66 | 46 | H | 32 | 1,69 | 116 |
| 7 | H | 34 | 1,84 | 41 | 47 | H | 36 | 2,03 | 4 |
| 8 | H | 32 | 1,77 | 75 | 48 | H | 33 | 2,32 | 90 |
| 9 | H | 28 | 2,39 | 61 | 49 | H | 30 | 1,73 | 72 |
| 10 | H | 39 | 1,59 | 69 | 50 | M | 42 | 0,76 | 97 |
| 11 | H | 31 | 1,29 | 96 | 51 | H | 43 | 1,58 | 110 |
| 12 | H | 47 | 1,69 | 136 | 52 | M | 34 | 0,69 | 114 |
| 13 | H | 30 | 2,46 | 87 | 53 | H | 35 | 1,81 | 9 |
| 14 | M | 47 | 0,32 | 133 | 54 | H | 40 | 1,71 | 119 |
| 15 | H | 30 | 2,30 | 62 | 55 | H | 37 | 1,79 | 128 |
| 16 | H | 30 | 1,65 | 28 | 56 | M | 25 | 0,77 | 121 |
| 17 | H | 36 | 1,32 | 97 | 57 | H | 30 | 1,69 | 45 |
| 18 | M | 23 | 0,84 | 109 | 58 | H | 33 | 1,63 | 83 |
| 19 | M | 38 | 0,82 | 114 | 59 | M | 21 | 0,54 | 126 |
| 20 | M | 47 | 0,74 | 88 | 60 | H | 38 | 1,69 | 155 |
| 21 | H | 34 | 1,57 | 145 | 61 | H | 41 | 1,47 | 79 |
| 22 | M | 39 | 0,57 | 135 | 62 | H | 39 | 1,64 | 71 |
| 23 | M | 40 | 0,72 | 117 | 63 | H | 38 | 2,51 | 19 |
| 24 | M | 31 | 0,56 | 130 | 64 | H | 41 | 1,70 | 26 |
| 25 | M | 39 | 1,16 | 137 | 65 | M | 36 | 0,98 | 115 |
| 26 | M | 24 | 0,71 | 130 | 66 | H | 37 | 1,34 | 82 |
| 27 | H | 29 | 1,60 | 65 | 67 | M | 38 | 0,52 | 141 |
| 28 | M | 28 | 0,61 | 94 | 68 | H | 32 | 1,42 | 105 |
| 29 | H | 32 | 1,74 | 76 | 69 | M | 36 | 0,76 | 111 |
| 30 | H | 31 | 1,55 | 56 | 70 | M | 25 | 0,78 | 146 |
| 31 | H | 33 | 1,68 | 10 | 71 | H | 36 | 1,77 | 8 |
| 32 | M | 34 | 0,36 | 111 | 72 | M | 34 | 0,71 | 122 |
| 33 | H | 37 | 2,38 | 80 | 73 | H | 35 | 2,20 | 62 |
| 34 | M | 39 | 0,74 | 95 | 74 | H | 34 | 1,87 | 59 |
| 35 | H | 37 | 2,06 | 53 | 75 | M | 56 | 0,54 | 102 |
| 36 | H | 36 | 1,28 | 10 | 76 | M | 25 | 0,52 | 118 |
| 37 | H | 35 | 1,70 | 53 | 77 | H | 37 | 2,00 | 23 |
| 38 | H | 33 | 2,16 | 22 | 78 | M | 35 | 1,08 | 131 |
| 39 | M | 42 | 0,54 | 133 | 79 | H | 33 | 1,37 | 93 |
| 40 | M | 30 | 0,72 | 113 | 80 | M | 37 | 1,20 | 105 |

Discuta: (a) quais critérios poderiam ser empregados na amostragem destes dados? (b) quais seriam os resultados encontrados? (c) quais seriam as distribuições dos valores encontrados?

# 9

# Estimação

*Nas questões matemáticas não se compreende a incerteza nem a dúvida, assim como tampouco se podem estabelecer distinções entre verdades médias e verdades de grau superior.*
Hilbert

*Há três espécies de mentiras: mentiras, mentiras deslavadas e estatísticas.*
Benjamin Disraeli

*Qui numerare incipit, errare incipit.*
*Não se pode contar sem enganar.*
Morgenstern

**Objetivos do capítulo**

Alguns estudos estatísticos analisam amostras com o objetivo da generalização para o todo ou universo. Tais estudos são chamados de indutivos ou inferenciais.

Quando o processo de amostragem probabilística é bem conduzido, os resultados podem ser generalizados. A estimativa da amostra pode servir como indicativo do parâmetro populacional. Mas, mesmo nestes casos, um erro decorrente da dispersão natural dos dados pode existir.

Assim, além de uma estimativa pontual sobre o comportamento do que se estuda, costuma-se associar uma margem de erro, ou um erro inferencial. O processo de estimação costuma apresentar intervalos de confiança para a grandeza analisada.

Este capítulo objetiva discutir e apresentar os principais conceitos associados ao tema da estimação e da construção de intervalos de confiança. São abordados diferentes tópicos da estatística paramétrica e, para facilitar a leitura e o aprendizado, são propostos inúmeros exercícios práticos.

## GRANDES NOMES E GRANDES HISTÓRIAS[1]

★ 14 de junho de 1856, em Ryazan, Rússia

† 20 de julho 1922, em São Petersburgo, Rússia

Andrei Andreyevich Markov se formou na universidade de St. Petersburg (1878), onde se tornou professor em 1886. Seus primeiros trabalhos estavam associados à teoria dos números e análise, frações contínuas, limites de integrais, teoria da aproximação e a convergência de séries.

Após 1900, Markov aplicou o método das frações contínuas, inicialmente desenvolvido por Pafnuty Chebyshev, na teoria da probabilidade. Ele também estudou sequências de variáveis mutuamente independentes, esperando estabelecer as leis da probabilidade de forma mais geral. Ele também provou o teorema do limite central.

Andrei Andreyevich Markov

Atualmente, ele é particularmente lembrado pelo seu estudo de cadeias de Markov, que representam um formalismo de modelagem de sistemas que descrevem o sistema como um processo estocástico. Deste ponto de vista o sistema modelado é caracterizado pelos seus estados e a forma pela qual eles se alternam. Em 1923, Norbert Winter se tornou o primeiro a tratar rigorosamente um processo contínuo de Markov. A fundação da teoria geral ocorreu em 1930 por Andrei Kolmogorov.

## Teoria elementar da amostragem

A teoria elementar da amostragem é constituída pelo estudo dos processos de análise de parte representativa de um todo com o objetivo de generalização. Para generalizar, a amostra deve possuir em mesmas proporções todas, ou praticamente todas, as características gerais desse todo a que se refere. A chave para um procedimento bem feito consiste na representatividade da amostra em relação ao todo. A amostra deve ser probabilística.

Quando um pesquisador se depara com a necessidade de traçar um perfil, qualquer que seja, de um conjunto de pessoas, símbolos, objetos ou valores cuja quantidade total seja de difícil acesso, quer pela impossibilidade de sua contagem universal (exemplo: população de pessoas em uma cidade), quer pelo alto custo da análise de cada um dos elementos (exemplo: unidades de linha de produção de parafusos), procura-se extrair uma amostra representativa do objeto a ser analisado e dela identificam-se pontos comuns que permitam o entendimento do todo.

Para que a amostra referida venha a representar com o máximo de veracidade possível a população, ela deve ser representativa, ou seja, os elementos devem ser escolhidos sem que haja qualquer ponto de parcialidade na escolha dos dados formadores da amostra.

## Inferência estatística e estimação

Estimar é a ação de fazer uma suposição generalizada a respeito de um todo baseado em informações lógicas sobre uma amostra. Estas informações podem ser retiradas aleatoriamente de uma parcela representativa do todo.

Figura 9.1  *Amostra e universo.*

Para alcançar o objetivo da estimação, deve-se primeiramente formular algo que represente aqui-

---

[1] Adaptado do texto disponível em: <www.somatematica.com.br/bio3.php>. Acesso em: 4 set. 2008.

lo que se deseja pesquisar, geralmente chamado de problema. Por exemplo, qual o salário médio da população de trabalhadores da indústria química brasileira?

Naturalmente, dois procedimentos distintos poderiam ser empregados para responder à pergunta formulada. Todos os trabalhadores da indústria química poderiam ser estudados e a média dos seus salários poderia ser determinada. Esta solução poderia ser demorada e cara, mas, com certeza, a média de todos eles poderia ser calculada.

Uma solução mais simples, rápida e barata envolveria a análise de uma amostra. Apenas uma parte do universo de todos os trabalhadores seria analisada. A média desta amostra poderia ser projetada para o todo.

Assim, em boa parte das ocasiões, o processo estatístico inicia-se na seleção da amostra. A escolha desta deve ser absolutamente imparcial, para não haver o comprometimento do seu resultado. Após isso, usam-se as informações decorrentes da análise da amostra para formar os primeiros resultados da estatística descritiva, apresentados através de tabelas, gráficos, medidas de tendência central, medidas de dispersão ou correlações.

Com os primeiros resultados da amostra, já se podem descrever suas características e extrair algumas conclusões a respeito da população, ainda que, *grosso modo*, pois alguns fatores que limitariam a margem de erro ainda não estão aplicados. Por exemplo, uma amostra com 50 trabalhadores da indústria química apresentou um salário médio igual a $ 900,00. Em uma suposição inicial, pode-se imaginar que o salário do universo também seja, na média, igual a $ 900,00 – diferentemente da argumentação inicialmente formulada. Porém, algumas margens de erro inerentes ao estudo precisariam ser determinadas.

As margens de erro estabelecem e deixam claro o fato de a amostra não ser um reflexo pontual absolutamente fiel da população. Por exemplo, suponha que no ano passado tivesse sido feita uma pesquisa sobre a porcentagem de mulheres que obtiveram carteira de habilitação pela primeira vez, em comparação com a percentagem de homens. Imagine que o resultado obtido com base numa amostra aleatória, de todas as pessoas que tiraram sua habilitação no ano estudado, revelou que 75% dos indivíduos da amostra foram do sexo masculino e 25% do sexo feminino.

Para efeito de comparação dos dados em função do passar dos anos, no ano atual uma nova pesquisa foi feita, utilizando os mesmos critérios da primeira. Com base nos dados coletados, das pessoas que se habilitaram no ano atual 77% foram do sexo masculino e 23% do sexo feminino.

Seria possível concluir que, no universo analisado, menos pessoas do sexo feminino foram habilitadas no ano atual? Em relação à amostra, a constatação seria óbvia: 25% de mulheres no ano anterior contra 23% no ano atual. Porém, em relação à população, alguns cuidados devem ser tomados. Por exemplo, a pesquisa pode não ter aplicado fatores que minimizassem as margens de erro, como os critérios de representatividade amostral. Ou mesmo, em virtude da amostra ter sido escolhida ao acaso, até a simples coincidência de casualmente se sortearem mais habilitações de mulheres no primeiro ano poderia ter ocorrido. Então se deve aceitar o fato de os dados permitirem conclusões possíveis ou até mesmo prováveis, mas não perfeitas.

No processo de amostragem, deseja-se entender ou projetar o parâmetro populacional com base em uma estimativa amostral. Parâmetros e estimativas:

> a) *Parâmetro* é uma função do conjunto de valores da população, tal como as estatísticas média aritmética e variância, desde que calculadas diretamente com os dados obtidos na população.
> b) *Estimativa* é o valor assumido pelo parâmetro em determinada amostra.

Por exemplo, em relação aos dados referentes aos salários dos trabalhadores da indústria química, com base na média encontrada para a amostra formada por 50 elementos e igual a $ 900,00, poderia ser estimada a média na população.

Logo, estimar parâmetros nada mais é do que se basear nos resultados da amostra para associá-los à população. No exemplo citado das carteiras de motorista, o parâmetro para análise foi a proporção. Já a estimativa, ou seja, o resultado no qual o pesquisador se baseia para caracterizar a população foi de 75% (no caso dos homens, no ano anterior). Por conclusão, pode-se entender que o estimador apropriado de um parâmetro da população é simplesmente a estatística amostral correspondente.

Muitos critérios[2] têm sido utilizados por estatísticos e matemáticos para escolher os estimadores apropriados para projetar, com base em dados de amostra, os parâmetros populacionais. Quando a estimativa é única, ou seja, apresenta um único valor, diz-se tratar de uma estimativa pontual. Os estimadores mais usados estão apresentados no Quadro 9.1.

Quadro 9.1   *Alguns dos estimadores pontuais mais empregados em Estatística.*

| Estatística | Parâmetro populacional | Estimador |
|---|---|---|
| Média | $\mu$ | $\bar{x}$ |
| Diferença entre as médias de duas populações | $\mu_1 - \mu_1$ | $\bar{x}_1 - \bar{x}_2$ |
| Proporção | $P$ | $\bar{p}$ |
| Diferença entre as proporções de duas populações | $P_1 - P_2$ | $\bar{p}_1 - \bar{p}_2$ |
| Desvio padrão | $\sigma$ | $S$ |

### Estimativa pontual e intervalar

A estimação, geralmente, pode ser apresentada de duas formas distintas na análise de um problema. Ela pode ser apresentada através de um ponto, valor único, ou por intervalo, conjunto de valores. A estimativa pontual determina o valor específico de um parâmetro, enquanto a estimativa intervalar fornece um intervalo de valores possíveis, no qual se admite esteja o parâmetro populacional.

Para o exemplo das proporções de habilitações, foi usada a estimativa pontual, já que esta apresentou valores relativos a um ponto específico. No caso das mulheres, 25% no ano passado e 23% no ano atual. Convertendo este exemplo para a estimativa intervalar, ter-se-ia, assim, um intervalo proporcional em que o resultado estaria dentro de um limite inferior e posterior à proporção encontrada. A estimativa intervalar poderia ser apresentada da seguinte forma: no ano passado, a proporção populacional de mulheres que tiraram sua carteira de habilitação esteve entre 24% e 26%, contra 76% e 74% dos homens, respectivamente.

---

[2]   Segundo Kazmier (1982).

O Quadro 9.2 permite entender melhor a diferença entre estimativa pontual e intervalar.

Quadro 9.2   *Exemplos de diferenças entre estimativa pontual e intervalar*

| Parâmetro Populacional | Pontual | Intervalar |
|---|---|---|
| Média | A renda *per capita* brasileira é de $ 3.500,00 por ano. | A renda *per capita* brasileira está entre $ 3.200,00 e $ 3.800,00 por ano. |
| Proporção | Somente 10% dos alunos de primeira série se formarão. | Entre 8% e 12% dos alunos que cursam a primeira série se formarão. |
| Desvio padrão | O desvio padrão da vida útil de uma lâmpada comum é de 2.000 horas. | O desvio padrão da vida útil de uma lâmpada comum está entre 1.800 e 2.200 horas. |

### Distribuições amostrais e o teorema do limite central

Na análise de parâmetros amostrais, como a média, os valores encontrados para a amostra nem sempre serão iguais aos valores da população. Geralmente, para poder contemplar o erro possível, a estimativa do parâmetro populacional quase sempre é feita de forma intervalar: um conjunto possível de valores é determinado.

Para poder calcular o intervalo da estimação, é preciso modelar e trabalhar com a distribuição amostral do parâmetro estudado. Se o parâmetro estudado for a média, é preciso analisar a distribuição das médias amostrais: ou seja, a forma como as frequências de médias amostrais calculadas costumam se distribuir.

A validade do teorema do limite central torna-se importante no processo de estimação em grandes amostras, formadas por, no mínimo, 30 elementos.

> **Teorema do limite central:** para valores grandes do tamanho da amostra, *n* maior ou igual a 30, a distribuição das médias amostrais se comporta como uma distribuição normal, com média igual à média populacional e desvio padrão igual ao desvio padrão da variável original dividido pela raiz do tamanho da amostra.

Ou seja, de acordo com o teorema do limite central, independentemente da forma de distribuição das frequências da variável original sob análise, as médias amostrais dessa variável seguem uma distribuição amostral aproximadamente normal quando o tamanho da amostra for igual ou superior a 30 elementos.

Para ilustrar, considere o exemplo de um dado. Sendo perfeito e honesto, as frequências dos lances de um dado se comportam como uma distribuição uniforme. Todas as faces devem apresentar probabilidade de ocorrência igual a 1/6, 0,1667 ou 16,67%, aproximadamente. Quanto mais vezes o dado for lançado, mais próximas de 16,67% as frequências devem estar. Esta definição é apresentada na Lei dos Grandes Números e discutida mais adiante neste capítulo.

> **Lei dos grandes números:** estabelece que, com o aumento do tamanho da amostra, a distribuição de frequências relativas da amostra se aproxima da distribuição de frequências da população. À medida que o tamanho da amostra cresce, a média amostral converge para a média populacional.

A Figura 9.2 ilustra a validade do que foi dito. As frequências de 1.400 lances de um dado foram analisadas e apresentadas. Os números estão muito próximos, em torno de 1.400 ÷ 6, ou 233, aproximadamente.

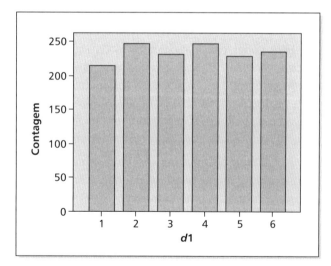

Figura 9.2  *Frequências das faces de 1.400 lances de um dado.*

A distribuição da variável original $x$, face do dado, é uniforme. Porém, o teorema central do limite estabelece que, para uma amostra formada por 30 ou mais dados, a distribuição das médias amostrais ($\bar{x}$) se comportará conforme uma distribuição normal, com frequências em forma de sino.

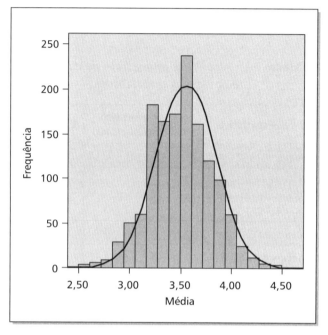

Figura 9.3  *Frequências das médias de 1.400 lances de 30 dados.*

A Figura 9.3 expõe o resultado da análise de 1.400 lances de uma amostra formada por 30 dados. A distribuição das frequências das médias amostrais apresenta-se em forma de sino, conforme uma distribuição normal. Nestas situações, o desvio padrão das médias amostrais, $\sigma_{\bar{X}}$, será igual ao desvio padrão da variável original, $\sigma$, dividido pelo tamanho da amostra.

$$\sigma_{\bar{X}} = \frac{\sigma}{\sqrt{n}}$$

O desvio padrão das médias amostrais é denominado erro padrão da média.

A validade do teorema central do limite facilita o processo de estimação em grandes amostras ou em amostras de qualquer tamanho extraídas de uma variável normalmente distribuída. Por outro lado, quando o número de elementos incluídos na amostra for inferior a 30, para poder estimar a distribuição das médias amostrais, é preciso assegurar a validade da premissa da distribuição populacional ser normal. Testes apropriados podem ser empregados na análise da forma de distribuição da população, como o de Kolmogorov-Smirnov.

Caso o tamanho da amostra seja inferior a 30 elementos e a distribuição populacional não se comporte como uma distribuição normal, novos cuidados precisam ser tomados. Sugere-se um aumento do tamanho da amostra ou o uso de procedimentos não paramétricos, que não assumam prerrogativas sobre a distribuição da variável original.

### Entendendo o erro inferencial

Segundo o teorema central do limite, à medida que $n$ cresce, as médias amostrais vão progressivamente tendendo a uma distribuição limite, que é a distribuição normal. Para efeitos práticos, com $n$ maior ou igual a 30 a aproximação é muito boa. A média das médias amostrais é aproximadamente igual à média populacional. Porém, o erro inferencial inerente ao processo precisa sempre ser considerado.

Veja o exemplo apresentado na Figura 9.4. Imagine que, no estudo das características de uma amostra, tenha sido obtido o valor médio da variável peso igual a 24,2 kg. Sabe-se que, de acordo com o teorema do limite central, o valor da média populacional apresenta uma distribuição aproximadamente normal, podendo ser superior ou inferior ao valor encontrado da média amostral.

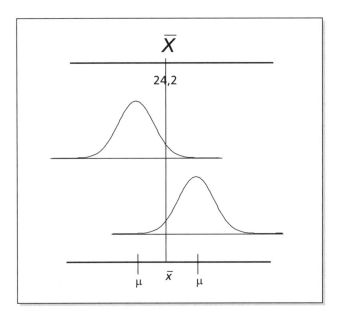

Figura 9.4 *Média amostral e populacional.*

Para poder inferir o valor da média populacional com base na média amostral, seria necessário associar um erro à média das amostras. O parâmento populacional será igual à estimativa amostral, associada ao erro do processo de inferência, conforme apresenta a Figura 9.5.

> Parâmetro populacional = Estimativa amostral +/− erro inferencial

Figura 9.5 *Inferência por meio de intervalo de confiança.*

Conforme apresentado na Figura 9.5, no processo de generalização ou inferência, o erro inferencial precisa ser calculado.

O erro inferencial é função do desvio das médias amostrais, $\sigma_{\bar{X}}$, também chamado de erro padrão da média e do nível de confiança assumido para o processo. Por sua vez, o desvio padrão das médias amostrais é função da dispersão dos dados estudados e do tamanho da amostra. Conforme exposto anteriormente, $\sigma_{\bar{X}} = \sigma \div \sqrt{n}$.

A dispersão é comumente representada pelo desvio padrão da variável original. Quanto maior a dispersão, maior o erro padrão da média. O tamanho da amostra apresenta uma relação inversamente proporcional. Quanto maior o tamanho da amostra, menor o desvio padrão das médias amostrais.

O nível de confiança da estimativa apresenta o grau de certeza quanto à confiabilidade dos resultados. É trabalhado e calculado a partir da variável padronizada Z da distribuição normal. Quando se diz que o nível de confiança de determinada pesquisa é igual a 95%, por exemplo, assume-se que existe uma probabilidade igual a 95% de os resultados da pesquisa estarem corretos. Porém, existe uma probabilidade igual a 5% de os resultados estarem incorretos.

O nível de confiança da estimativa pode ser calculado com base nas áreas sob a curva normal. Por exemplo, para um nível de confiança igual a 95%, tem-se a representação de um intervalo central, em torno da média, que contém 95% das observações.

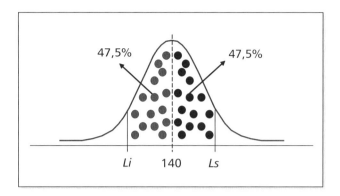

Figura 9.6   *Limites para área central igual a 95%.*

Como o intervalo é simétrico em relação à média, a área de cada um dos lados é igual a 47,5% ou 0,475. Na tabela padronizada da distribuição normal, o valor para a área igual a 0,475 é $Z = 1,96$. Veja a Tabela 9.1.

O nível de confiança igual a 95% é o mais comum nos processos de análise inferencial. Porém, podem eventualmente ser considerados outros níveis de confiança, como 90% ou 99%. Nestas situações, as metades das áreas são iguais a 0,45 (entre 0,4495 e 0,4505 na tabela) e 0,495 (entre 0,4949 e 0,4951 na tabela). Os valores de $Z$ tornam-se respectivamente iguais a 1,645 e 2,575. Veja os valores assinalados na Tabela 9.2.

Tabela 9.1   *Valor de Z para área igual a 0,475.*

| Z | 0,00 | 0,01 | 0,02 | 0,03 | 0,04 | 0,05 | 0,06 | 0,07 | 0,08 | 0,09 |
|---|---|---|---|---|---|---|---|---|---|---|
| 1,50 | 0,4332 | 0,4345 | 0,4357 | 0,4370 | 0,4382 | 0,4394 | 0,4406 | 0,4418 | 0,4429 | 0,4441 |
| 1,60 | 0,4452 | 0,4463 | 0,4474 | 0,4484 | 0,4495 | 0,4505 | 0,4515 | 0,4525 | 0,4535 | 0,4545 |
| 1,70 | 0,4554 | 0,4564 | 0,4573 | 0,4582 | 0,4591 | 0,4599 | 0,4608 | 0,4616 | 0,4625 | 0,4633 |
| 1,80 | 0,4641 | 0,4649 | 0,4656 | 0,4664 | 0,4671 | 0,4678 | 0,4686 | 0,4693 | 0,4699 | 0,4706 |
| 1,90 | 0,4713 | 0,4719 | 0,4726 | 0,4732 | 0,4738 | 0,4744 | **0,4750** | 0,4756 | 0,4761 | 0,4767 |

Tabela 9.2   *Valores de Z para áreas 0,4505, 0,4750 e 0,4951.*

| Z | 0,00 | 0,01 | 0,02 | 0,03 | 0,04 | 0,05 | 0,06 | 0,07 | 0,08 | 0,09 |
|---|---|---|---|---|---|---|---|---|---|---|
| 1,50 | 0,4332 | 0,4345 | 0,4357 | 0,4370 | 0,4382 | 0,4394 | 0,4406 | 0,4418 | 0,4429 | 0,4441 |
| 1,60 | 0,4452 | 0,4463 | 0,4474 | 0,4484 | **0,4495** | **0,4505** | 0,4515 | 0,4525 | 0,4535 | 0,4545 |
| 1,70 | 0,4554 | 0,4564 | 0,4573 | 0,4582 | 0,4591 | 0,4599 | 0,4608 | 0,4616 | 0,4625 | 0,4633 |
| 1,90 | 0,4713 | 0,4719 | 0,4726 | 0,4732 | 0,4738 | 0,4744 | **0,4750** | 0,4756 | 0,4761 | 0,4767 |
| 2,50 | 0,4938 | 0,4940 | 0,4941 | 0,4943 | 0,4945 | 0,4946 | 0,4948 | **0,4949** | **0,4951** | 0,4952 |
| 2,60 | 0,4953 | 0,4955 | 0,4956 | 0,4957 | 0,4959 | 0,4960 | 0,4961 | 0,4962 | 0,4963 | 0,4964 |

Para níveis de confiança iguais a 90, 95 ou 99%, os valores de $z$ obtidos com a tabela padronizada estão apresentados na Tabela 9.3.

Eventualmente, é comum aproximar o valor de $z$ para um nível de confiança igual a 90% para 1,64 ou 1,65, bem como é comum aproximar o valor de $z$ para um nível de confiança igual a 99% para 2,57 ou 2,58.

Tabela 9.3   *Valores de z para diferentes intervalos centrais.*

| Nível de confiança | Área da metade do intervalo | Valor de z |
|---|---|---|
| 90% | 0,45 | 1,645 |
| 95% | 0,475 | 1,96 |
| 99% | 0,495 | 2,575 |

Considerando um nível de confiança igual a 95% e uma amostra com tamanho igual ou superior a 30, o valor de z corresponde a +/– 1,96. Muitas vezes, o nível de confiança é expresso por meio da área complementar, também denominada nível de significância ou alfa: Nível de Significância ($\alpha$) = 1 – Nível de Confiança. Para um nível de confiança igual a 95%, tem-se um nível de significância igual a 5%.

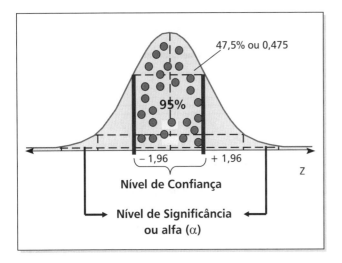

Figura 9.7  *Nível de significância e nível de confiança.*

O nível de confiança apresenta a probabilidade de acerto da estimativa. Logo, o nível de significância expõe a eventual probabilidade de erro. Assim, se uma pesquisa eleitoral mostra que um candidato tem 60% da preferência dos eleitores com uma margem de erro igual a 3% e um nível de confiança igual a 95%, existem 95% de probabilidade de a preferência do candidato no universo de leitores estar entre 60% – 3%, ou 57%, e 60% + 3%, ou 63%.

Se o nível de significância da pesquisa é de 5%, existem 5% de chances de que o número construído esteja errado. Em outras palavras, existe uma probabilidade igual a 5% de a percentagem no universo ser menor que 57% ou maior que 63%.

Representando-se o nível de confiança do estudo por meio da variável z e assumindo-se uma estimativa da média, a equação apresentada na Figura 9.5 pode ser substituída pela equação apresentada na Figura 9.8.

Média populacional =
Média amostral +/– z. (erro padrão da média)

Figura 9.8  *Inferência da média populacional.*

Assim, assumindo um nível de confiança igual a 95% e sabendo que uma amostra formada por 100 elementos apresentou uma média amostral igual a 80 e que na distribuição populacional o desvio padrão da variável original é igual a 12, pode-se inferir que a média populacional será igual a:

Média populacional =
Média amostral +/– z. (erro padrão da média)

Dos dados apresentados, tem-se que o erro padrão da média ou $\sigma_{\bar{X}}$ é igual a:

$$\sigma_{\bar{X}} = \frac{\sigma}{\sqrt{n}} = \frac{12}{\sqrt{100}} = 1,2$$

Para um nível de confiança igual a 95%, tem-se um valor de z igual a 1,96. Substituindo os valores na equação, tem-se que:

Média populacional =
Média amostral +/– z. (erro padrão da média)

Média populacional = 80 +/– 1,96. (1,2)

Média populacional = 80 +/– 2,352

Apresentando-se os limites, é possível mostrar a média em um intervalo de confiança.

77,6480 ≤ Média populacional ≤ 82,352

O nível de confiança expressa a probabilidade de a verdadeira média ou média populacional estar contida no intervalo calculado. O nível de significância ou alfa expressa o erro que se pode cometer nesta estimativa.

## A lei dos grandes números

A lei dos grandes números consiste em um outro conceito importante da estatística inferencial, ao afirmar que, à medida que o tamanho da amostra cresce, a distribuição de frequências relativas da amostra se aproxima da distribuição de frequências da população. À medida que o tamanho da amostra cresce, a média amostral converge para a média populacional.

Um exemplo da validade da lei dos grandes números pode ser visto através dos lances de um dado honesto, que apresenta as mesmas probabilidades de ocorrência das faces 1, 2, 3, 4, 5 e 6. Os resultados aleatórios de 20 lances de um dado honesto podem ser vistos na tabela seguinte.

Tabela 9.4  *Resultado de 20 lances de dados.*

| Lance | Face | Média |
|---|---|---|
| 1 | 4 | 4,00 |
| 2 | 6 | 5,00 |
| 3 | 6 | 5,33 |
| 4 | 2 | 4,50 |
| 5 | 2 | 4,00 |
| 6 | 2 | 3,67 |
| 7 | 2 | 3,43 |
| 8 | 4 | 3,50 |
| 9 | 4 | 3,56 |
| 10 | 2 | 3,40 |
| 11 | 6 | 3,64 |
| 12 | 5 | 3,75 |
| 13 | 6 | 3,92 |
| 14 | 2 | 3,79 |
| 15 | 1 | 3,60 |
| 16 | 3 | 3,56 |
| 17 | 6 | 3,71 |
| 18 | 6 | 3,83 |
| 19 | 1 | 3,68 |
| 20 | 1 | 3,55 |

O valor esperado para o resultado do lance de um dado deveria ser igual à soma dos resultados, ponderada pela probabilidade de ocorrência. Assim, o valor esperado, ou a média, decorrente do lance de um dado honesto deveria ser igual a:

$$E(X) = (1 \times 1/6) + (1 \times 1/6) + (2 \times 1/6) + (3 \times 1/6) + (4 \times 1/6) + (5 \times 1/6) + (6 \times 1/6) = 3,5$$

Com base no valor esperado do lance do dado, imagina-se que, após infinitas simulações, o valor médio obtido, isto é, a média populacional, seria igual a 3,5.

A Tabela 9.4 ilustra a validade da lei dos grandes números: à medida que o número de lances do dado aumentou, os valores esperados dos dados empíricos, ou médias (3,55), convergiram para o valor teórico populacional (3,5). O gráfico seguinte ajuda a ilustrar a validade da lei dos grandes números: à medida que o número de lances aumenta, a média das faces obtidas torna-se cada vez próxima do valor da média populacional, 3,5.

Outro exemplo pode ser visto através do lance de uma moeda honesta, considerando a face cara igual a zero e a face coroa igual a um. O valor esperado, ou média populacional dos lances, seria igual à soma dos resultados ponderada pela probabilidade de ocorrência. Veja a expressão algébrica seguinte:

$$E(x) = (1 \times 1/2) + (0 \times 1/2) = 1/2 = 0,50$$

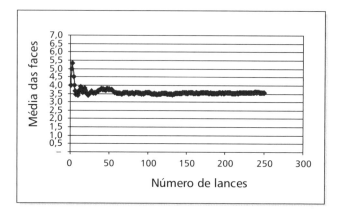

Figura 9.9  *Resultado de 250 lances de dados.*

A Figura 9.10 ilustra a evolução obtida para a média: à medida que o número de lances aumenta, ocorre uma convergência da média amostral para a média populacional, igual a 0,50.

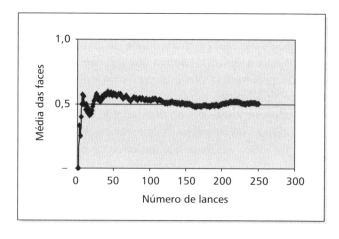

Figura 9.10  *Resultado de 25 lances de moeda.*

## Estimação da média de uma população

De modo geral, para poder estimar a média populacional a partir de um conjunto de dados amostrais, deve-se aplicar o fluxograma dado na Figura 9.11.

Quando o tamanho da amostra for igual ou maior que 30, use a distribuição normal para determinar o valor de $z$, associado ao nível de confiança do estudo. Se o tamanho da amostra é menor que 30, mas a população for aproximadamente normal e o valor do desvio populacional é conhecido também, deve-se usar a distribuição normal.

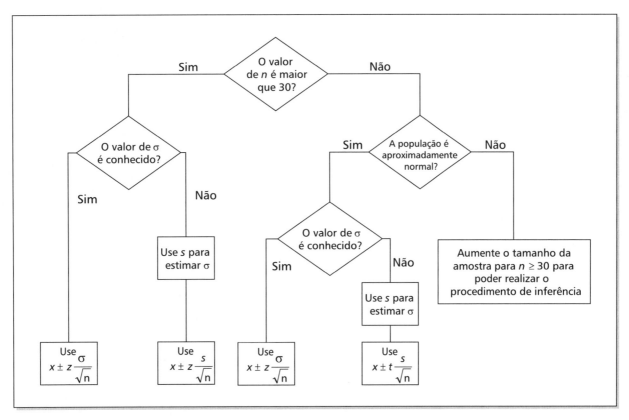

Figura 9.11  *Estimação da média para populações finitas.*

Porém, se a amostra contém menos que 30 elementos, a população é normalmente distribuída e o desvio padrão populacional não é conhecido, deve-se empregar uma distribuição diferente – a distribuição de Student – apresentada mais adiante.

Em um caso extremo, se o tamanho da amostra é menor que 30 e a população não está normalmente distribuída, ou aumenta-se o tamanho da amostra, ou não se podem efetuar estimativas com base na distribuição normal ou de Student.

## Inferência da média populacional – desvio padrão populacional conhecido e população infinita

Para estimar a média de uma população, seja esta grande ou pequena, é necessário o estabelecimento do desvio padrão populacional ($\sigma$), sendo importante salientar que, quanto maior o tamanho da amostra, menor é o desvio padrão das médias amostrais. Assim sendo, mais próxima a média amostral estará da média real da população. De forma inversa, quanto menor for o tamanho da amostra, maior será o desvio padrão das médias amostrais e mais distante a média amostral estará da média populacional.

Quando o desvio padrão populacional é conhecido, a estimativa pontual é igual à própria média amostral ($\mu = \bar{x}$). A estimativa intervalar da média da população será igual à média amostral somada ou subtraída de um erro inferencial, ou:

$$\mu = \bar{x} \pm z\sigma_{\bar{x}}$$

Como, algebricamente, o desvio padrão das médias populacionais é definido como o desvio padrão populacional dividido pela raiz de $n$, ou:

$$\sigma_{\bar{x}} = \frac{\sigma}{\sqrt{n}}$$

a fórmula algébrica para a estimativa intervalar da média populacional será igual a:

$$\mu = \bar{x} \pm z \frac{\sigma}{\sqrt{n}}$$

Para ilustrar a estimativa da média, imagine que os pesos das resmas de papel fabricadas por uma indústria processadora de celulose sigam uma distribuição aproximadamente normal, com desvio padrão populacional igual a 80 g. Uma amostra com 64 elementos apresentou um peso médio amostral igual a 2.900 g. Supondo um nível de confiança igual a 95%, pede-se construir a estimativa para a média populacional.

Neste caso, como o nível de confiança é igual a 95%, a estimativa construída deve incluir 95% das possíveis médias populacionais. Graficamente, é possível construir a representação seguinte para o nível de confiança.

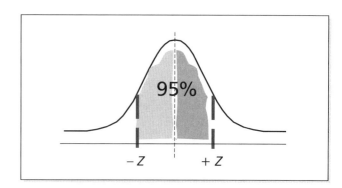

Figura 9.12  *Nível de confiança igual a 95%.*

Conforme já destacado anteriormente, como a área central é igual a 95% ou 0,95, a área de cada um dos lados é igual a 47,5% ou 0,475. Na tabela da distribuição normal padronizada, encontra-se que o valor de z para uma área igual a 0,475 é 1,96.

Tabela 9.5  *Obtenção de Z para área igual a 0,475.*

| Z | 0,00 | 0,01 | 0,02 | 0,03 | 0,04 | 0,05 | 0,06 | 0,07 | 0,08 | 0,09 |
|---|---|---|---|---|---|---|---|---|---|---|
|  |  |  |  |  |  |  |  |  |  |  |
| 1,50 | 0,4332 | 0,4345 | 0,4357 | 0,4370 | 0,4382 | 0,4394 | 0,4406 | 0,4418 | 0,4429 | 0,4441 |
| 1,60 | 0,4452 | 0,4463 | 0,4474 | 0,4484 | 0,4495 | 0,4505 | 0,4515 | 0,4525 | 0,4535 | 0,4545 |
| 1,70 | 0,4554 | 0,4564 | 0,4573 | 0,4582 | 0,4591 | 0,4599 | 0,4608 | 0,4616 | 0,4625 | 0,4633 |
| 1,80 | 0,4641 | 0,4649 | 0,4656 | 0,4664 | 0,4671 | 0,4678 | 0,4686 | 0,4693 | 0,4699 | 0,4706 |
| 1,90 | 0,4713 | 0,4719 | 0,4726 | 0,4732 | 0,4738 | 0,4744 | 0,4750 | 0,4756 | 0,4761 | 0,4767 |

O erro inferencial para um nível de confiança igual a 95% pode ser visto a seguir:

$$e = z \frac{\sigma}{\sqrt{n}} = 1,96 \frac{80}{\sqrt{64}} = 19,6$$

O erro inferencial é igual a 19,6. Para um nível de confiança igual a 95% e um valor de z igual a 1,96, a estimativa da média poderia ser construída:

$$\mu = \bar{x} \pm z \frac{\sigma}{\sqrt{n}} = 2.900 \pm 1,96 \frac{80}{\sqrt{64}} = 2.900 \pm 19,6$$

$$2.880,4 \leq \mu \leq 2.919,6$$

Ou seja, com um nível de confiança igual a 95%, é possível dizer que a média populacional estará situada no intervalo apresentado. A média deverá ser maior que 2.880,4 e menor que 2.919,6.

Caso o nível de confiança fosse reduzido para 90%, a estimativa da média seria alterada. Neste caso, o valor aproximado de z poderia ser considerado igual a 1,64. O erro inferencial para um nível de confiança igual a 90% pode ser visto a seguir:

$$e = z \frac{\sigma}{\sqrt{n}} = 1,64 \frac{80}{\sqrt{64}} = 16,4$$

O erro inferencial é igual a 16,4. A estimativa está apresentada a seguir:

$$\mu = \bar{x} \pm z \frac{\sigma}{\sqrt{n}} = 2.900 \pm 1,64 \frac{80}{\sqrt{64}} = 2.900 \pm 16,4$$

$$2.883,6 \leq \mu \leq 2.916,4$$

Naturalmente, a redução do nível de confiança reduz o erro e diminui o intervalo da estimativa.

Se, por outro lado, o nível de confiança fosse ampliado para 99%, a estimativa da média seria alterada. Neste caso, o valor aproximado de $z$ poderia ser considerado como sendo igual a 2,57. O erro inferencial para um nível de confiança igual a 99% pode ser visto a seguir:

$$e = z\frac{\sigma}{\sqrt{n}} = 2{,}57\frac{80}{\sqrt{64}} = 25{,}7$$

O erro inferencial é igual a 25,7. A estimativa está apresentada a seguir:

$$\mu = \bar{x} \pm z\frac{\sigma}{\sqrt{n}} = 2.900 \pm 2{,}57\frac{80}{\sqrt{64}} = 2.900 \pm 25{,}7$$

$$2.874{,}3 \leq \mu \leq 2.925{,}7$$

A elevação do nível de confiança aumenta o erro e amplia o intervalo da estimativa.

A estimação da média populacional depende de o desvio padrão da população ser conhecido ou não. Caso o desvio padrão populacional seja desconhecido, este deve ser estimado com base nos dados da amostra. Porém, não se pode aplicar a distribuição normal. Nestas situações, deve-se adotar uma distribuição apropriada, que é a distribuição de Student, apresentada mais adiante.

### Inferência da média populacional – desvio padrão populacional desconhecido e população infinita

Para amostras grandes, quando o desvio padrão da população é desconhecido, utiliza-se o desvio padrão da amostra como estimativa, substituindo-se $\sigma_x$ por $s_x$. A fórmula de inferência da média pouco se altera:

$$\mu = \bar{x} \pm z\frac{s}{\sqrt{n}}$$

Inferências efetuadas nestas situações não acarretam grandes dificuldades ou alterações de procedimentos, pois o desvio padrão amostral dá uma aproximação bastante razoável do verdadeiro valor na maioria dos casos. Pelo teorema do limite central, sabe-se que, quando o tamanho da amostra é superior a 30, a distribuição das médias amostrais é aproximadamente normal. Logo, a distribuição normal e o valor de $z$ podem ser empregados nos cálculos.

Todavia para amostras formadas por menos de 30 observações e com o desvio padrão populacional desconhecido, a aproximação normal não é adequada. Nestas situações, deve-se utilizar uma distribuição diferente, que permite conduzir inferências nestes casos. A distribuição adequada é a distribuição de Student ou distribuição "t".

Criada por W. S. Gosset, funcionário de uma cervejaria irlandesa no princípio do século XX e matemático nas horas vagas, a distribuição de Student recebe esta denominação em função do pseudônimo que Gosset empregava para assinar seus trabalhos acadêmicos. Segundo conta a história, seu empregador não gostava que os funcionários publicassem trabalhos em seu próprio nome.

A distribuição "t" não é uma distribuição padronizada no mesmo sentido em que é distribuição normal, em que basta conhecer a média e o desvio padrão. Há uma distribuição "t" ligeiramente diferente para cada tamanho de amostra. Assim, diferindo da distribuição normal que é essencialmente independente do tamanho da amostra, a distribuição "t" não é. Para as amostras de pequeno tamanho, ou seja, menores que 30 (trinta), a distribuição "t" é mais sensível, embora para maiores amostras esta sensibilidade diminua.

Nas amostras grandes ($n \geq 30$), podem-se usar valores da distribuição normal para aproximar valores da distribuição "t", muito embora esta última seja a distribuição teoricamente correta a se usar, quando não se conhece o desvio padrão da população, independentemente do tamanho da amostra.

Para usar uma tabela "t", devem-se conhecer duas variáveis básicas: o nível de confiança desejado e o número de graus de liberdade. Os graus de liberdade estão relacionados com a maneira como se calcula o desvio padrão, e são conceitualmente iguais ao tamanho da amostra subtraído de um ($n - 1$). A convenção que define o conceito de graus de liberdade depende do fato de que, intuitivamente, um número, valores ou constituintes de algum conjunto devam estar limitados a alguma regra: o último valor do conjunto sempre deve ocupar um grau de existência.

O conceito de graus de liberdade pode ser explicado por meio do exemplo:[3] "Para que três números somem 10, o terceiro está essencialmente determinado; não existe grau de liberdade para o terceiro valor. Por exemplo, o primeiro número poderia ser + 3, e o segundo poderia ser – 1, para um total de + 2. Para que os três números somem 10, o terceiro deve ser 8."

Para estimar a média populacional, o uso de uma tabela "t" para a distribuição de Student requer que sejam determinados o número de graus de liberdade ($n - 1$) e o nível de significância do estudo. Para uma amostra formada por sete elementos, o número de graus de liberdade será igual a 7 menos 1, ou seja, 6. Assumindo um nível de significância igual a 5% bicaudal, o valor de $t$ pode ser visto na Tabela 9.6.

Tabela 9.6 Valores de t na distribuição de Student.

| Graus de liberdade ($n - 1$) | α bicaudal ||||||| 
|---|---|---|---|---|---|---|---|
|  | 0,1000 | 0,0500 | 0,0400 | 0,0300 | 0,0200 | 0,0100 | 0,0001 |
|  | α unicaudal |||||||
|  | 0,0500 | 0,0250 | 0,0200 | 0,0150 | 0,0100 | 0,0050 | 0,0005 |
| 1 | 6,3137 | 12,7062 | 15,8945 | 21,205 | 31,821 | 63,656 | 6.370,5 |
| 2 | 2,9200 | 4,3027 | 4,8487 | 5,6428 | 6,9645 | 9,9250 | 100,1358 |
| 3 | 2,3534 | 3,1824 | 3,4819 | 3,8961 | 4,5408 | 5,8408 | 28,0142 |
| 4 | 2,1318 | 2,7765 | 2,9985 | 3,2976 | 3,7469 | 4,6041 | 15,5345 |
| 5 | 2,0150 | 2,5706 | 2,7565 | 3,0029 | 3,3649 | 4,0321 | 11,1759 |
| 6 | 1,9432 | 2,4469 | 2,6122 | 2,8289 | 3,1427 | 3,7074 | 9,0804 |
| 7 | 1,8946 | 2,3646 | 2,5168 | 2,7146 | 2,9979 | 3,4995 | 7,8883 |
| 8 | 1,8595 | 2,3060 | 2,4490 | 2,6338 | 2,8965 | 3,3554 | 7,1200 |

Note que, segundo a tabela "t" fornecida no anexo deste livro, quando o valor de $n$ é muito grande ($n = 400$), os valores de "t" coincidem com os valores de "z" na distribuição normal. Ou seja, quando n é grande, os valores de "t" e "z" convergem.

O intervalo de confiança para a média amostral normal ou aproximadamente normal para tamanho da amostra ($n$) menor que 30 é:

$$\mu = \bar{x} \pm t \frac{s_x}{\sqrt{n}}$$

Em termos gerais, utiliza-se "Z" quando se conhece o desvio padrão populacional ($\sigma_x$), ou quando o tamanho for maior que 30. Emprega-se "t" quando somente se conhece o desvio padrão amostral (s) e quando o tamanho da amostra for menor que 30. Em outras situações, o valor de "t" pode ser aproximado por $z$.

Assim, quando o desvio padrão populacional for desconhecido e o tamanho da amostra inferior a 30 elementos, deve-se empregar a tabela $t$ de Student. Quando a amostra é maior que 30 elementos, mesmo sem conhecer σ, pode-se empregar a tabela da distribuição normal; neste caso, a distribuição normal corresponde a uma boa aproximação da distribuição de Student.

A estimativa intervalar da média populacional baseia-se na hipótese de que a distribuição amostral das médias amostrais é normal. Para amostras grandes, este fato é irrelevante. Todavia, em amostras com menos de 30 elementos, é importante saber que a população submetida à amostragem tem distribuição normal ou, ao menos, aproximadamente normal. Após conhecer todos esses dados, e apli-

---
[3] Stevenson (1981, p. 204).

car os testes preliminares de normalidade,[4] podem-se construir intervalos de confiança usando a média amostral. Para isso, deve-se conhecer o tamanho da amostra (n) e o desvio padrão populacional (σ), ou amostral (s).

O erro no intervalo de estimação diz respeito à diferença plausível entre a média amostral e a verdadeira média da população. Num intervalo de confiança que tem centro na média amostral, o erro máximo provável é igual à metade da amplitude do intervalo. A fórmula do erro revela efetivamente três determinantes do tamanho ou quantidade do erro, a confiança representada pelo valor de z, a dispersão na população ($\sigma_x$) e o tamanho da amostra (n). Quanto maior o coeficiente ou nível de confiança, ou maior a dispersão da população, maior o erro potencial. O denominador raiz do tamanho da amostra tem um efeito inverso ao erro. Maiores amostras significam menor potencial de erro.

Para ilustrar a inferência da média populacional, com desvio padrão populacional desconhecido e população infinita, imagine que os pesos das resmas de papel fabricadas por uma indústria processadora de celulose sigam uma distribuição aproximadamente normal, com desvio padrão populacional desconhecido. Uma amostra com 16 elementos apresentou um peso médio amostral igual a 2.900 g e um desvio padrão amostral igual a 80 g. Supondo um nível de confiança igual a 95%, pede-se construir a estimativa para a média populacional.

Se o nível de confiança é igual a 95%, o nível de significância ou alfa, α, é igual a 5%. O número de graus de liberdade é igual ao tamanho da mostra subtraído de 1, n – 1, ou 16 – 1 = 15. Considerando α bicaudal, o valor da estatística t pode ser obtido na tabela com os valores padronizados. Veja a ilustração da Tabela 9.7.

Tabela 9.7  Obtenção do valor de t na tabela padronizada.

| Graus de Liberdade (n – 1) | α bicaudal ||||||||||
|---|---|---|---|---|---|---|---|---|---|---|
|  | 0,10 | 0,09 | 0,08 | 0,07 | 0,06 | 0,05 | 0,04 | 0,03 | 0,02 | 0,01 |
|  | α unicaudal ||||||||||
|  | 0,05 | 0,045 | 0,04 | 0,035 | 0,03 | 0,025 | 0,02 | 0,015 | 0,01 | 0,005 |
| 13 | 1,7709 | 1,8317 | 1,8989 | 1,9742 | 2,0600 | 2,1604 | 2,2816 | 2,4358 | 2,6503 | 3,0123 |
| 14 | 1,7613 | 1,8213 | 1,8875 | 1,9617 | 2,0462 | 2,1448 | 2,2638 | 2,4149 | 2,6245 | 2,9768 |
| 15 | 1,7531 | 1,8123 | 1,8777 | 1,9509 | 2,0343 | 2,1315 | 2,2485 | 2,3970 | 2,6025 | 2,9467 |

Considerando α bicaudal igual a 0,05 e 15 graus de liberdade, é possível obter o valor 2,1315 para t. Convém destacar que o desvio padrão populacional é desconhecido. O valor obtido para t (2,1315) que será usado no cálculo do erro inferencial é maior que o valor anteriormente obtido para z (1,96), empregado quando o desvio padrão populacional é conhecido. Já que as estatísticas t e z são utilizadas no cálculo do erro inferencial e no processo de generalização, o fato de desconhecer o desvio populacional, trabalhando com uma amostra pequena, faz com que os valores de t sejam maiores que os valores de z. Quando menor a amostra, menor o número de graus de liberdade e maior o valor de t.

Na situação apresentada, o erro inferencial pode ser obtido por meio da equação seguinte:

$$e = t \frac{s_x}{\sqrt{n}} = 2{,}1315 \frac{80}{\sqrt{16}} = 42{,}63$$

Aplicando a fórmula para a inferência da média populacional com desvio padrão populacional desconhecido e população infinita, tem-se o valor apresentado a seguir:

$$\mu = \bar{x} \pm t \frac{s_x}{\sqrt{n}} = 2.900 \pm 2{,}1315 \frac{80}{\sqrt{16}} = 2.900 \pm 42{,}63$$

$$2.857{,}37 \leq \mu \leq 2.942{,}63$$

Ou seja, com um nível de confiança igual a 95%, é possível dizer que a média populacional estará situada no intervalo apresentado. A média deverá ser maior que 2.857,37 e menor que 2.942,63.

---
[4] Existem diversos testes disponíveis de normalidade, como o Kolmongorov-Smirnof.

## Amostragem de populações finitas

Quando a população analisada apresenta um tamanho finito, é preciso relativizar o tamanho da amostra em relação ao tamanho da população. Um conjunto amostral formado por 15 elementos pode parecer pequeno se a população for infinita ou muito grande. Porém, se a população for formada por 20 elementos, uma amostra com 15 torna-se substancialmente representativa.

Conceitualmente, amostras muito representativas podem ser encontradas quando o tamanho da amostra superar 5% do tamanho da população ($n > 5\%.N$). No processo de amostragem de populações finitas com amostras muito representativas, pode-se reduzir substancialmente o erro inferencial, multiplicando-o por um fator de correção finita.

$$e_{\text{população finita}} = e_{\text{população infinita}} \times \text{Fator de correção}$$

Algebricamente, o fator de correção finita pode ser apresentado como:

$$\text{Fator de correção finita} = \sqrt{\frac{N-n}{N-1}}$$

Onde:
$N$ = tamanho da população
$n$ = tamanho da amostra

Imagine que em um universo formado por 120 alunos de uma escola de idiomas, um pesquisador tenha optado por analisar uma amostra aleatória formada por 20 alunos. Qual o fator de correção finita para a amostra?

Bastaria aplicar a fórmula anterior:

Fator de correção finita =

$$\sqrt{\frac{N-n}{N-1}} = \sqrt{\frac{120-20}{120-1}} = 0{,}9167$$

Assim, o erro inferencial, considerando uma população finita e um tamanho de amostra superior a 5% do tamanho do universo, será igual, neste caso, a 0,9167 ou 91,67% do erro inferencial calculado para uma população infinita.

O fator de correção do erro de inferência deve ser aplicado quando uma dada população for considerada finita e a amostra corresponder a mais de 5% da população total. A sua utilização faz que os erros inferenciais sejam atenuados.

Quando populações finitas e amostras relativamente grandes são consideradas, os cálculos das estimativas das médias é alterado. Veja os exemplos seguintes.

**Para $\sigma_x$ conhecido:** se o desvio padrão da população for conhecido, o erro inferencial pode ser representado algebricamente como:

$$e = z \frac{\sigma_x}{\sqrt{n}} \sqrt{\frac{N-n}{N-1}}$$

O intervalo de confiança construído para a média populacional pode ser apresentado de acordo com a equação seguinte:

$$\mu = \bar{x} \pm z \frac{\sigma_x}{\sqrt{n}} \sqrt{\frac{N-n}{N-1}}$$

As notas obtidas por um universo de 250 candidatos na prova de matemática de um concurso público seguiam distribuição aproximadamente normal, com desvio padrão populacional igual a 40 pontos. Uma amostra formada por 25 candidatos apresentou média amostral igual a 150 pontos. Supondo um nível de confiança igual a 95%, pede-se calcular: (a) o fator de correção finita do estudo; (b) o erro inferencial; (c) a estimativa da média populacional.

Para calcular o que se pede, basta usar as equações expostas anteriormente.

a) o fator de correção finita do estudo:

Fator de correção finita =

$$\sqrt{\frac{N-n}{N-1}} = \sqrt{\frac{250-25}{250-1}} = 0{,}9506$$

b) o erro inferencial:

$$e = z \frac{\sigma_x}{\sqrt{n}} \sqrt{\frac{N-n}{N-1}} = 1{,}96 \frac{40}{\sqrt{25}} (0{,}9506) = 14{,}9054$$

c) a estimativa da média populacional:

$$\mu = \bar{x} \pm z \frac{\sigma_x}{\sqrt{n}} \sqrt{\frac{N-n}{N-1}} = 150 \pm 14{,}9054$$

$$135{,}0946 \leq \mu \leq 164{,}9054$$

Ou seja, supondo uma população finita e um tamanho relativamente grande de amostra, com um nível de confiança igual a 95% é possível dizer que a média populacional estará situada no intervalo apresentado. A média deverá ser maior que 135,0946 e menor que 164,9054.

**Para $\sigma_x$ desconhecido:** quando o desvio padrão populacional for desconhecido, o erro inferencial pode ser representado algebricamente como:

$$e = t\frac{s_x}{\sqrt{n}}\sqrt{\frac{N-n}{N-1}}$$

O intervalo de confiança pode ser determinado por meio da expressão seguinte:

$$\mu = \bar{x} \pm t\frac{s_x}{\sqrt{n}}\sqrt{\frac{N-n}{N-1}}$$

Para ilustrar, considere uma pequena alteração no último exemplo. As notas obtidas por um universo de 250 candidatos na prova de matemática de um concurso público seguiam distribuição aproximadamente normal. Uma amostra formada por 16 candidatos apresentou média amostral igual a 150 pontos, com desvio padrão **amostral** igual a 40 pontos. Supondo um nível de confiança igual a 95%, pede-se calcular: (a) o fator de correção finita do estudo; (b) o erro inferencial; (c) a estimativa da média populacional.

Para calcular o que se pede, basta usar as equações apresentadas anteriormente.

a) o fator de correção finita do estudo:

Fator de correção finita =

$$\sqrt{\frac{N-n}{N-1}} = \sqrt{\frac{250-16}{250-1}} = 0{,}9694$$

b) o erro inferencial:

Nesta situação tem-se um $\alpha$ bicaudal igual a 0,05 e um número de graus de liberdade igual a $n - 1$, ou $16 - 1 = 15$. O valor obtido para t na tabela padronizada é igual a 2,1315:

$$e = t\frac{s_x}{\sqrt{n}}\sqrt{\frac{N-n}{N-1}} = 2{,}1315\frac{40}{\sqrt{16}}(0{,}9694) = 20{,}6628$$

c) a estimativa da média populacional:

$$\mu = \bar{x} \pm t\frac{s_x}{\sqrt{n}}\sqrt{\frac{N-n}{N-1}} = 150 \pm 20{,}6628$$

$$129{,}3372 \leq \mu \leq 170{,}6628$$

Ou seja, supondo uma população finita e um tamanho relativamente grande de amostra, com um nível de confiança igual a 95%, é possível dizer que a média populacional estará situada no intervalo apresentado. A média deverá ser maior que 129,3372 e menor que 170,6628.

## Intervalos de confiança unilaterais

As expressões *nível de confiança* e *nível de significância* representam os conceitos respectivamente associados à probabilidade da média populacional obtida após a inferência estar dentro e fora do intervalo especificado, respectivamente.

Quando se deseja estimar limites máximos ou mínimos, o erro associado ao processo de inferência deve ser posicionado em apenas um dos dados da curva. Por exemplo, ao estimar a capacidade média de carga de um elevador, a preocupação do estudo geralmente concentra-se na estimativa do limite **mínimo** para a carga transportada. Logo, não se deseja que a verdadeira capacidade máxima esteja aquém do limite mínimo previamente estimado. Nesta situação, o erro inferencial deve ser contado do lado esquerdo e apenas o limite inferior deve ser estimado.

Quando se deseja estimar, por outro lado, a quantidade média de impurezas contidas em um lote de alimentos, ocorre a situação inversa. Não se deseja que a verdadeira quantidade média esteja além do limite estimado. Nestas situações, apenas o limite superior deve ser encontrado, com a colocação integral do nível de significância e do erro inferencial do lado direito.

Equações algébricas para procedimentos de inferência unilaterais podem ser vistas no Quadro 9.3.

Quadro 9.3 *Limites de inferências unilaterais.*

| Limite | $\sigma_x$ conhecido | $\sigma_x$ desconhecido |
|---|---|---|
| Superior somente | $\bar{x} + z\dfrac{\sigma_x}{\sqrt{n}}$ | $\bar{x} + t\dfrac{s_x}{\sqrt{n}}$ |
| Inferior somente | $\bar{x} - z\dfrac{\sigma_x}{\sqrt{n}}$ | $\bar{x} - t\dfrac{s_x}{\sqrt{n}}$ |

O intervalo de confiança unilateral ou unicaudal tem na amostragem a finalidade de determinar se um parâmetro populacional é menor ou maior que algum padrão mínimo ou máximo, sem o interesse do limite superior, sendo o inverso também verdadeiro.

Nestas situações, é preciso tomar cuidado com os cálculos das estatísticas padronizadas, já que o nível de significância concentra-se em apenas um dos lados da curva. Por exemplo, considerando a construção de um limite superior para um nível de confiança **unicaudal** igual a 90%, a representação da área pode ser vista com o auxílio da Figura 9.13.

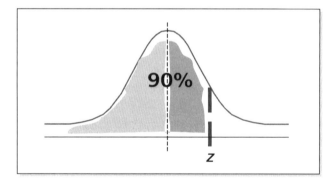

Figura 9.13 *Nível de confiança unicaudal.*

Na representação da Figura 9.13, a área para a qual se deseja obter o valor de z é 0,40. Usando a tabela padronizada, tem-se que para área igual a 0,40 o valor de z é 1,28.

Destaca-se que, para níveis de confiança unilaterais iguais a 90%, 95% e 99%, os valores calculados para z unicaudais seriam iguais a 1,28, 1,64 e 2,33. Veja a representação da Tabela 9.8.

Para ilustrar a construção de limites superiores e inferiores, imagine que as idades dos alunos de uma faculdade fossem normalmente distribuídas, com desvio padrão igual a três anos. Uma amostra formada por 36 alunos apresentou uma idade média igual a 22 anos. Usando um nível de confiança **unicaudal** de 95%, pede-se obter para a média populacional das idades o seu limite: (a) superior somente; (b) inferior somente.

Tabela 9.8 *Níveis de confiança e valores de z unicaudal.*

| Nível de confiança | Nível de significância | z unicaudal |
|---|---|---|
| 90% | 10% | 1,28 |
| 95% | 5% | 1,64 |
| 99% | 1% | 2,33 |

O cálculo dos limites envolve aplicação direta das fórmulas. Para um nível de confiança **unicaudal** igual a 95%, o valor de z corresponde a 1,64.

a) superior somente:

$$Ls = \bar{x} + z\frac{\sigma_x}{\sqrt{n}} = 22 + 1{,}64\frac{3}{\sqrt{36}} = 22{,}82 \text{ anos}$$

b) inferior somente:

$$Li = \bar{x} - z\frac{\sigma_x}{\sqrt{n}} = 22 - 1{,}64\frac{3}{\sqrt{36}} = 21{,}18 \text{ anos}$$

Caso o desvio padrão populacional não seja conhecido, seria preciso recorrer ao uso da estatística t.

Em relação ao exemplo das idades dos alunos de uma faculdade exposto anteriormente, considere um desvio padrão populacional desconhecido e que uma amostra formada por 18 alunos apresentou uma idade média igual a 22 anos e um desvio padrão amostral igual a 3 anos. Usando um nível de confiança **unicaudal** de 95%, pede-se obter para a média populacional das idades o seu limite: (a) superior somente; (b) inferior somente.

O cálculo dos limites envolve aplicação direta das fórmulas. Para um nível de confiança **unicaudal** igual a 95%, ou um igual a 5% e um número de graus de liberdade igual a 18 − 1, ou a 17, o valor de t corresponde a 1,7396. A representação está feita na Tabela 9.9.

Tabela 9.9  *Obtenção da estatística t.*

| Graus de Liberdade (n – 1) | α bicaudal |||||||||
|---|---|---|---|---|---|---|---|---|---|
| | 0,10 | 0,09 | 0,08 | 0,07 | 0,06 | 0,05 | 0,04 | 0,03 | 0,02 | 0,01 |
| | α unicaudal |||||||||
| | 0,05 | 0,045 | 0,04 | 0,035 | 0,03 | 0,025 | 0,02 | 0,015 | 0,01 | 0,005 |
| 16 | 1,7459 | 1,8046 | 1,8693 | 1,9417 | 2,0240 | 2,1199 | 2,2354 | 2,3815 | 2,5835 | 2,9208 |
| 17 | 1,7396 | 1,7978 | 1,8619 | 1,9335 | 2,0150 | 2,1098 | 2,2238 | 2,3681 | 2,5669 | 2,8982 |

Substituindo os valores nas equações, tem-se que:

a) superior somente:

$$Ls = \bar{x} + t\frac{s_x}{\sqrt{n}} = 22 + 1{,}7396\frac{3}{\sqrt{18}} = 23{,}2301 \text{ anos}$$

b) inferior somente:

$$Li = \bar{x} - t\frac{s_x}{\sqrt{n}} = 22 - 1{,}7396\frac{3}{\sqrt{18}} = 20{,}7699 \text{ anos}$$

## Estimação da proporção em uma população

Os procedimentos que envolvem a estimativa de proporções populacionais a partir de dados amostrais são similares aos procedimentos empregados na estimação de médias populacionais. Para grandes amostras, a distribuição amostral das proporções é aproximadamente normal. A distribuição "t" não necessita ser utilizada neste caso. Sendo grande a quantidade de elementos analisados, utiliza-se na análise a distribuição normal.

A média de uma distribuição amostral de proporções amostrais tem o valor esperado desta proporção igual à verdadeira proporção da população. Em outras palavras, a proporção amostral funciona como estimativa pontual da verdadeira proporção. Algebricamente, a estimativa pontual pode ser apresentada como:

$$P = p = \frac{x}{n}$$

Onde:

$P$ = proporção populacional ou verdadeira

$p$ = proporção amostral

$x$ = número de elementos com a característica desejada na amostra

$n$ = número de elementos da amostra

O parâmetro populacional da estimativa intervalar para grandes amostras é simétrico em relação à proporção amostral, da mesma forma como ocorre com o intervalo de confiança para a média populacional em relação à média amostral.

No cálculo de proporções, é comum apresentar o complemento de $p$ (ou $1 - p$) como $q$:

$$q = 1 - p = 1 - \frac{x}{n}$$

A principal diferença entre a estimativa de médias e a de proporções está no cálculo dos desvios padrões das distribuições amostrais de proporções. Algebricamente, o desvio padrão de distribuições amostrais de proporções pode ser obtido por meio da seguinte equação:

$$\sigma_p = \sqrt{\frac{pq}{n}} = \sqrt{\frac{\left(\frac{x}{n}\right)\left(1 - \frac{x}{n}\right)}{n}}$$

Com base no desvio padrão das distribuições amostrais de proporções, pode-se calcular o erro associado aos procedimentos inferenciais:

$$e = z \cdot \sigma_p = z \cdot \sqrt{\frac{\left(\frac{x}{n}\right)\left(1 - \frac{x}{n}\right)}{n}}$$

Com o erro calculado, pode-se construir a seguinte estimativa intervalar:

$$P = p \pm \text{erro} = p \pm z.\sigma_p = p \pm z.\sqrt{\frac{\left(\frac{x}{n}\right)\left(1-\frac{x}{n}\right)}{n}}$$

Onde:

$P$ = proporção populacional ou verdadeira

$p$ = proporção amostral

$z$ = variável padronizada na distribuição normal

$x$ = número de elementos com a característica desejada na amostra

$n$ = número de elementos da amostra

Para ilustrar o uso da inferência da proporção, considere o exemplo apresentado a seguir.

Um escritório de contabilidade analisou uma amostra aleatória formada por 180 documentos de uma empresa cliente. Detectou que 18 documentos apresentavam falhas de algum tipo. Empregando um nível de confiança bicaudal de 95%, pede-se calcular o erro inferencial e estimar o valor da percentagem de documentos que mostravam falhas no universo.

Como o nível de confiança é igual a 95%, o valor de $Z$ é 1,96. Substituindo na equação, tem-se o resultado apresentado a seguir:

$$e = z.\sigma_p = z.\sqrt{\frac{\left(\frac{x}{n}\right)\left(1-\frac{x}{n}\right)}{n}} = 1{,}96.\sqrt{\frac{\left(\frac{18}{180}\right)\left(1-\frac{18}{180}\right)}{180}} = 0{,}0438$$

Com o erro calculado, pode-se construir a seguinte estimativa intervalar:

$$P = p \pm z.\sqrt{\frac{\left(\frac{x}{n}\right)\left(1-\frac{x}{n}\right)}{n}} = 0{,}10 \pm 0{,}0438$$

Ou seja:

$$0{,}0562 \leq P \leq 0{,}1438$$

Assim, pode-se dizer que, em relação ao universo, uma percentagem entre 0,0562 (ou 5,62%) e 0,1438 (ou 14,38%) dos documentos deve apresentar falhas de algum tipo.

## Determinação do tamanho da amostra

Um dos passos mais importantes no processo de inferência estatística consiste na determinação do tamanho da amostra. O tamanho da amostra necessária para a inferência dependerá do grau de confiança desejado, da quantidade de dispersão entre os valores individuais da população e do erro tolerável no processo.

A depender do tamanho da população (finita ou infinita) e de o fato de o desvio padrão populacional ser ou não conhecido, diferente será o processo de cálculo do tamanho da amostra.

### Variáveis quantitativas, desvio conhecido e população infinita

De acordo com a expressão desenvolvida para a inferência, o erro pode ser apresentado da seguinte forma:

$$erro = e = z\frac{\sigma_x}{\sqrt{n}}$$

Após o valor de $n$ ser isolado algebricamente, o tamanho da amostra pode ser definido como:

$$n = \left(z\frac{\sigma_x}{e}\right)^2$$

É importante destacar que o desvio ($\sigma_x$) e o erro ($e$) devem estar referenciados sempre na mesma unidade: se o desvio estiver fornecido em metros, o erro deve estar em metros. Algumas vezes, é comum o erro desejado ser expresso em termos percentuais e desvio padrão em unidade como metros, litros, quilos etc. Nestas situações, o erro representa um percentual associado à média. Para poder empregá-lo na equação, deve-se multiplicá-lo pela média, colocando-o na mesma unidade do desvio padrão fornecido.

Havendo a necessidade de aproximações, é conveniente aproximar os valores encontrados para cima.

Para ilustrar, suponha que um pesquisador precisasse analisar os rendimentos mensais de trabalhadores assalariados da lavoura canavieira em uma determinada localidade. Ele definiu que o erro máximo aceitável deva ser igual a $ 16,00. Sabe-se que o desvio padrão populacional dessa classe de trabalhadores assalariados é igual a $ 63,00 e o nível de confiança da pesquisa é igual a 99%. Qual deve ser o tamanho da amostra a ser estudada?

Para um nível confiança bilateral igual a 99%, o valor de Z é 2,57. Substituindo na equação anterior, é possível obter o tamanho necessário da amostra:

$$n = \left(z\frac{\sigma_x}{e}\right) = \left(2,57\frac{63}{16}\right)^2 = 102,4018$$

Aproximando para cima, tem-se um tamanho de amostra igual a 103 elementos.

### Variáveis quantitativas, desvio desconhecido e população infinita

De forma similar à determinação da amostra para desvios conhecidos, o erro pode ser apresentado da seguinte forma:

$$erro = e = t\frac{s_x}{\sqrt{n}}$$

Após o valor de $n$ ser isolado algebricamente, o tamanho da amostra pode ser definido como:

$$n = \left(t\frac{s_x}{e}\right)^2$$

Porém, como não é possível estimar o valor de $t$, já que o número de graus de liberdade não pode ser determinado, é comum usar o valor de Z como aproximação de $t$. A equação anterior torna-se igual a:

$$n = \left(z\frac{s_x}{e}\right)^2$$

É importante destacar que o desvio ($s_x$) e o erro ($e$) devem estar referenciados sempre na mesma unidade: se o desvio estiver fornecido em metros, o erro deve estar em metros. Existindo a necessidade de aproximações, é conveniente aproximar os valores encontrados para cima.

Suponha que um pesquisador tenha analisado uma amostra formada por 200 frascos de perfume produzidos por uma importante indústria do Sul do país. O volume contido nos frascos revelou um desvio padrão amostral igual a 20 ml. Caso o pesquisador precisasse extrair uma amostra, empregando um nível de confiança igual a 95% e um erro máximo tolerável para a média igual a 1 ml, qual seria o tamanho ideal da amostra?

Aplicando os dados e a equação anterior, tem-se que:

$$n = \left(z\frac{s_x}{e}\right)^2 = \left(1,96\frac{20}{1}\right)^2 = 1.536,6400$$

Assim, o tamanho da amostra a analisar deveria ser igual a 1.537 elementos.

### Variáveis quantitativas, desvio conhecido e população finita

Quando as variáveis analisadas são quantitativas ou intervalares, a população é finita de tamanho $N$, o tamanho da amostra a ser analisado pode ser apresentado por meio da seguinte equação:

$$n = \frac{z^2\sigma_x^2 N}{z^2\sigma_x^2 + e^2(N-1)}$$

Para ilustrar o uso do cálculo do tamanho da amostra com a análise de variáveis quantitativas, desvio conhecido e população finita, considere o exemplo seguinte.

Uma associação formada por 420 indústrias projetou um desvio padrão dos lucros anuais de seus associados como sendo igual a $ 40.000,00. Sabe-se que a entidade precisa estimar o lucro anual médio com um erro máximo tolerável igual a $ 2.000,00 e um nível de confiança igual a 95%. Quantas empresas precisariam ser analisadas em uma amostra representativa?

Para um nível de confiança igual a 95%, tem-se um valor de $z$ igual a 1,96. Substituindo as informações na equação anterior, é possível calcular o valor da amostra:

$$n = \frac{z^2\sigma_x^2 N}{z^2\sigma_x^2 + e^2(N-1)} = \frac{(1,96)^2(40.000)^2}{(1,96)^2(40.000)^2 + (2.000)^2(420-1)^2} = 330,0141$$

Aproximadamente, 331 empresas deveriam ser analisadas.

Pede-se refazer o cálculo da amostra, supondo que o universo fosse formado por: (a) 200 empresas; (b) 5.000 empresas.

Substituindo os valores na equação anterior, tem-se que:

a) $N = 200$

$$n = \frac{z^2 \sigma_x^2 N}{z^2 \sigma_x^2 + e^2(N-1)} = \frac{(1,96)^2 (40.000)^2 200}{(1,96)^2 (40.000)^2 + (2.000)^2 (200-1)^2} = 177,0690$$

Caso o universo fosse formado por 200 empresas, o tamanho da amostra seria igual a 178 empresas.

b) $N = 5.000$

$$n = \frac{z^2 \sigma_x^2 N}{z^2 \sigma_x^2 + e^2(N-1)} = \frac{(1,96)^2 (40.000)^2 5.000}{(1,96)^2 (40.000)^2 + (2.000)^2 (5.000-1)^2} = 1.175,5849$$

Caso o universo fosse formado por 5.000 empresas, o tamanho da amostra seria igual a 1.176 empresas.

Uma síntese dos valores poderia ser construída. Veja a Tabela 9.10.

Tabela 9.10  *Relação entre universo e amostra.*

| N | n | n/N |
|---|---|---|
| 200 | 178 | 89% |
| 420 | 331 | 79% |
| 5.000 | 1.176 | 24% |

Uma constatação importante pode ser extraída da leitura da Tabela 9.10: à medida que aumenta o tamanho do universo, reduz percentualmente o tamanho da amostra representativa deste universo. A recíproca é igualmente verdadeira: quando o universo é pequeno, o tamanho de uma amostra representativa torna-se muito próximo ao tamanho do próprio universo.

### Variáveis quantitativas, desvio desconhecido e população finita

Quando as variáveis analisadas são quantitativas ou intervalares e o desvio populacional é desconhecido, usa-se o desvio padrão amostral como aproximação do desvio padrão populacional. Para uma população finita de tamanho N, o tamanho da amostra a ser analisado pode ser apresentado por meio da seguinte equação:

$$n = \frac{z^2 s_x^2 N}{z^2 s_x^2 + e^2(N-1)}$$

Uma amostra aleatória formada por 50 embalagens de ração de um lote formado por 5.000 embalagens apresentou um desvio padrão amostral do peso igual a 28 g. Assumindo um erro máximo tolerável associado à média populacional igual a 4 g e um nível de confiança igual a 95%, o tamanho da amostra a ser analisada pode ser obtido por meio da equação anterior:

$$n = \frac{1,96^2 (28)^2 5.000}{1,96^2 (28)^2 + 4^2 (5.000-1)} = 181,4438$$

Seria preciso analisar 182 embalagens.

Uma síntese das fórmulas empregadas na determinação de tamanhos de amostras necessários ao processo de inferência da média pode ser vista no Quadro 9.4.

Quadro 9.4  *Fórmulas para a estimação do tamanho da amostra (cálculo das médias).*

| População Infinita | População Finita |
|---|---|
| Desvio padrão populacional conhecido ||
| $n = \left(z\dfrac{\sigma_x}{e}\right)^2$ | $n = \dfrac{z^2 \sigma_x^2 N}{z^2 \sigma_x^2 + e^2(N-1)}$ |
| Desvio padrão populacional desconhecido ||
| $n = \left(z\dfrac{s_x}{e}\right)^2$ | $n = \dfrac{z^2 s_x^2 N}{z^2 s_x^2 + e^2(N-1)}$ |

### Variáveis qualitativas e população infinita

Para variáveis qualitativas, ordinais ou nominais, a estimativa do tamanho da amostra a ser analisada dependerá das proporções estudadas e do nível de confiança do estudo. Se a população for considerada infinita, o tamanho da amostra pode ser feito empregando a seguinte equação:

$$n = z^2 \frac{p(1-p)}{e^2}$$

Para simplificar a notação da equação anterior, pode-se escrever $(1 - p)$ como $q$, simplesmente. Assim, a equação anterior pode ser igualmente apresentada da seguinte forma:

$$n = z^2 \frac{pq}{e^2}$$

Para poder usar a equação anterior, é preciso possuir uma sugestão sobre o valor de $p$.

Ilustrando, imagine que um pesquisador precise determinar o tamanho de uma amostra para estimar a verdadeira percentagem populacional com um erro máximo igual a 5% e utilizando um nível de confiança de 95%. Nesta situação, é razoável suspeitar que o valor de $p$ seja igual ou menor que 0,30.

Para um nível de confiança igual a 95%, o valor de $Z$ é igual a 1,96. Substituindo os dados fornecidos na equação, é possível calcular o tamanho da amostra:

$$n = z^2 \frac{p(1-p)}{e^2} = 1,96^2 \frac{0,30(1-0,30)}{0,05^2} = 322,6944$$

Aproximando o valor obtido para o inteiro superior, encontra-se que o tamanho da amostra deverá ser igual a 323 elementos.

Quando não for possível estimar os valores de $p$ e $q$, ambos devem ser assumidos como iguais a 50% ou 0,5. Esse fato possibilita maximizar o valor do produto $(p \cdot q)$ e do tamanho da amostra a ser analisado. Veja a Tabela 9.11. Para $p = q = 0,50$, o produto $(p \cdot q)$ assume o maior valor, igual a 0,25.

Tabela 9.11  *Valores para p e q.*

| p | q | p.q |
|---|---|---|
| 0,00 | 1,00 | 0,00 |
| 0,10 | 0,90 | 0,09 |
| 0,20 | 0,80 | 0,16 |
| 0,30 | 0,70 | 0,21 |
| 0,40 | 0,60 | 0,24 |
| **0,50** | **0,50** | **0,25** |
| 0,60 | 0,40 | 0,24 |
| 0,70 | 0,30 | 0,21 |
| 0,80 | 0,20 | 0,16 |
| 0,90 | 0,10 | 0,09 |
| 1,00 | 0,00 | 0,00 |

Conforme apresentado na Tabela 9.11, para valores de $p$ e $q$ iguais a 0,5, o produto $p \cdot q$ assume valor máximo, igual a 0,25.

Em relação ao exemplo anterior, assumindo um total desconhecimento sobre $p$, deve-se assumir $p$ igual a 0,50. O novo tamanho da amostra calculado pode ser visto na equação seguinte:

$$n = z^2 \frac{p(1-p)}{e^2} = 1,96^2 \frac{0,5(0,5)}{0,05^2} = 384,16 =$$

385, aproximando para o inteiro superior.

Assumindo um valor desconhecido para $p$, o tamanho da amostra (385 elementos) deveria ser ligeiramente superior ao tamanho anterior ($n$ igual a 323), que assumia um valor para $p$ igual a 0,30.

## Variáveis qualitativas e população finita

Para determinar o tamanho de amostras empregadas em estudos com variáveis qualitativas ordinais ou nominais, a estimativa do tamanho da amostra a ser analisada dependerá das proporções estudadas e do nível de confiança do estudo. Se a população for considerada finita de tamanho $N$, o tamanho da amostra pode ser feito empregando a seguinte equação:

$$n = \frac{z^2 pqN}{z^2 pq + (N-1)e^2}$$

Para ilustrar, imagine que um pesquisador precisasse dimensionar uma amostra de eleitores a entrevistar em um vilarejo com 2.000 habitantes. Pretende inferir qual o percentual de eleitores que pensam em votar no atual prefeito. O pesquisador acredita em um $p$ igual a 0,70, sempre trabalha com um nível de confiança igual a 90% e precisa assumir um erro máximo igual a 8%.

Para calcular o tamanho da amostra necessária ao seu estudo, bastaria usar a equação anterior:

$$n = \frac{z^2 pqN}{z^2 pq + (N-1)e^2} = \frac{1,64^2(0,70)(0,30)2.000}{1,64^2(0,70)(0,30) + (2.000-1)0,08^2} = 84,5633$$

A amostra precisaria ser formada por 85 eleitores, aproximadamente.

Caso não existissem informações disponíveis sobre $p$, seria preciso assumir $p$ como sendo igual a 0,50.

Em relação ao exemplo da pesquisa com os eleitores apresentada anteriormente, seria preciso assumir $p$ como sendo igual a 0,50 ou 50%. O número de eleitores da amostra seria:

$$n = \frac{z^2 pqN}{z^2 pq + (N-1)e^2} = \frac{1,64^2(0,50)(0,50)2.000}{1,64^2(0,50)(0,50) + (2.000-1)0,08^2} = 99,8663$$

Caso não existissem informações sobre $p$, a amostra precisaria ser ligeiramente superior, formada por 100 eleitores, aproximadamente.

Quando a inferência sobre proporções ou frequências associadas a variáveis qualitativas é conduzida em população finita, em que nada se sabe sobre $p$, é possível apresentar uma tabela com o tamanho da amostra sugerido, em função do nível de confiança, do erro máximo tolerável e do tamanho do universo. Veja os números apresentados na Tabela 9.12. Como nada é assumido sobre os valores de $p$ e $q$, ambos são assumidos como sendo iguais a 0,50.

Tabela 9.12  *Cálculo do tamanho da amostra.*

| Tamanho do Universo | Erro inferencial |||||||||| 
|---|---|---|---|---|---|---|---|---|---|---|
| | 1% | 2% | 3% | 4% | 5% | 6% | 7% | 8% | 9% | 10% |
| **Nível de confiança igual a 90%** |||||||||||
| 10 | 10 | 10 | 10 | 10 | 10 | 10 | 10 | 10 | 10 | 9 |
| 50 | 50 | 49 | 47 | 45 | 43 | 40 | 37 | 35 | 32 | 29 |
| 100 | 99 | 95 | 89 | 82 | 74 | 66 | 59 | 52 | 46 | 41 |
| 250 | 242 | 218 | 188 | 158 | 131 | 108 | 90 | 75 | 63 | 54 |
| 500 | 466 | 387 | 301 | 230 | 176 | 137 | 109 | 88 | 72 | 60 |
| 1.000 | 872 | 629 | 430 | 298 | 214 | 159 | 122 | 96 | 78 | 64 |
| 2.000 | 1544 | 917 | 547 | 350 | 239 | 172 | 130 | 101 | 81 | 66 |
| 5.000 | 2876 | 1264 | 654 | 390 | 257 | 182 | 135 | 104 | 83 | 67 |
| 10.000 | 4036 | 1447 | 700 | 406 | 264 | 185 | 137 | 105 | 83 | 68 |
| 50.000 | 5958 | 1636 | 741 | 420 | 270 | 188 | 138 | 106 | 84 | 68 |
| 100.000 | 6336 | 1663 | 746 | 421 | 270 | 188 | 138 | 106 | 84 | 68 |
| 500.000 | 6674 | 1686 | 751 | 423 | 271 | 188 | 139 | 106 | 84 | 68 |
| 1.000.000 | 6719 | 1689 | 751 | 423 | 271 | 188 | 139 | 106 | 84 | 68 |
| 5.000.000 | 6755 | 1691 | 752 | 423 | 271 | 188 | 139 | 106 | 84 | 68 |
| 10.000.000 | 6760 | 1691 | 752 | 423 | 271 | 188 | 139 | 106 | 84 | 68 |
| **Nível de confiança igual a 95%** |||||||||||
| 10 | 10 | 10 | 10 | 10 | 10 | 10 | 10 | 10 | 10 | 10 |
| 50 | 50 | 49 | 48 | 47 | 45 | 43 | 40 | 38 | 36 | 34 |
| 100 | 99 | 97 | 92 | 86 | 80 | 73 | 67 | 61 | 55 | 50 |
| 250 | 244 | 227 | 203 | 177 | 152 | 130 | 111 | 95 | 81 | 70 |
| 500 | 476 | 414 | 341 | 274 | 218 | 175 | 142 | 116 | 96 | 81 |
| 1.000 | 906 | 707 | 517 | 376 | 278 | 211 | 165 | 131 | 107 | 88 |
| 2.000 | 1656 | 1092 | 697 | 462 | 323 | 236 | 179 | 140 | 112 | 92 |
| 5.000 | 3289 | 1623 | 880 | 536 | 357 | 254 | 189 | 146 | 116 | 95 |
| 10.000 | 4900 | 1937 | 965 | 567 | 370 | 260 | 193 | 148 | 118 | 96 |
| 50.000 | 8057 | 2291 | 1045 | 594 | 382 | 266 | 196 | 150 | 119 | 96 |
| 100.000 | 8763 | 2345 | 1056 | 597 | 383 | 267 | 196 | 150 | 119 | 96 |
| 500.000 | 9423 | 2390 | 1065 | 600 | 384 | 267 | 196 | 151 | 119 | 97 |
| 1.000.000 | 9513 | 2396 | 1066 | 600 | 384 | 267 | 196 | 151 | 119 | 97 |
| 5.000.000 | 9586 | 2400 | 1067 | 601 | 385 | 267 | 196 | 151 | 119 | 97 |
| 10.000.000 | 9595 | 2401 | 1067 | 601 | 385 | 267 | 196 | 151 | 119 | 97 |
| **Nível de confiança igual a 99%** |||||||||||
| 10 | 10 | 10 | 10 | 10 | 10 | 10 | 10 | 10 | 10 | 10 |
| 50 | 50 | 50 | 49 | 48 | 47 | 46 | 44 | 43 | 41 | 39 |
| 100 | 100 | 98 | 95 | 92 | 88 | 83 | 78 | 73 | 68 | 63 |
| 250 | 247 | 236 | 221 | 202 | 182 | 163 | 145 | 128 | 113 | 100 |
| 500 | 486 | 447 | 394 | 338 | 286 | 241 | 203 | 171 | 146 | 125 |
| 1.000 | 944 | 806 | 649 | 510 | 400 | 316 | 254 | 206 | 171 | 143 |
| 2.000 | 1785 | 1350 | 960 | 684 | 499 | 375 | 290 | 230 | 186 | 154 |
| 5.000 | 3843 | 2268 | 1347 | 859 | 586 | 422 | 318 | 247 | 197 | 161 |
| 10.000 | 6240 | 2932 | 1557 | 940 | 623 | 441 | 328 | 253 | 201 | 164 |
| 50.000 | 12456 | 3830 | 1778 | 1016 | 655 | 457 | 337 | 258 | 204 | 166 |
| 100.000 | 14228 | 3982 | 1810 | 1027 | 660 | 459 | 338 | 259 | 205 | 166 |
| 500.000 | 16055 | 4113 | 1837 | 1035 | 663 | 461 | 339 | 260 | 205 | 166 |
| 1.000.000 | 16317 | 4130 | 1840 | 1036 | 664 | 461 | 339 | 260 | 205 | 166 |
| 5.000.000 | 16533 | 4144 | 1843 | 1037 | 664 | 461 | 339 | 260 | 205 | 166 |
| 10.000.000 | 16560 | 4146 | 1843 | 1037 | 664 | 461 | 339 | 260 | 205 | 166 |

Usando a Tabela 9.12, caso um pesquisador precisasse dimensionar o tamanho de uma amostra representativa de um universo com tamanho igual a 5.000, nível de confiança igual a 95% e erro máximo igual a 3%, encontraria o valor 880. Nesta situação, a amostra deveria ser formada por 880 elementos. O processo está ilustrado na Tabela 9.13.

Tabela 9.13  *Tamanho de amostra para NC = 95%, e = 3% e N = 5.000.*

| Tamanho do Universo | Erro inferencial ||||||||||
|---|---|---|---|---|---|---|---|---|---|---|
| | 1% | 2% | 3% | 4% | 5% | 6% | 7% | 8% | 9% | 10% |
| Nível de confiança igual a 95% ||||||||||||
| 1.000 | 906 | 707 | 517 | 376 | 278 | 211 | 165 | 131 | 107 | 88 |
| 2.000 | 1656 | 1092 | 697 | 462 | 323 | 236 | 179 | 140 | 112 | 92 |
| 5.000 | 3289 | 1623 | 880 | 536 | 357 | 254 | 189 | 146 | 116 | 95 |
| 10.000 | 4900 | 1937 | 965 | 567 | 370 | 260 | 193 | 148 | 118 | 96 |
| 50.000 | 8057 | 2291 | 1045 | 594 | 382 | 266 | 196 | 150 | 119 | 96 |

Uma síntese das fórmulas empregadas na determinação do tamanho de amostras em estudos de inferência de proporções pode ser vista no Quadro 9.5.

Observação importante: na impossibilidade de estimar $p$ e $q$, considerar ambos iguais a 0,50.

Quadro 9.5  *Fórmulas para a estimação do tamanho da amostra (cálculo das proporções).*

| População Infinita | População Finita |
|---|---|
| $n = z^2 \dfrac{pq}{e^2}$ | $n = \dfrac{z^2 pq N}{(N-1)e^2 + z^2 pq}$ |

**Sugestão:** veja no Capítulo 15 como realizar amostragens com o Excel.

# Exercícios

## Inferência da média populacional – desvio padrão populacional conhecido e população infinita

1. Uma amostra formada por 38 crianças recém-nascidas em um determinado bairro da cidade apresentou um peso médio igual a 2.570 g. Estima-se que desvio padrão de todas as crianças recém-nascidas deste bairro seja igual a 850 g. Qual deve ser a média populacional dos pesos de crianças recém-nascidas neste bairro. Assuma alfa igual a 8%.

2. As vendas semanais de 15 lojas de uma região do país apresentaram uma média igual a $ 20.000,00. Sabe-se que as vendas de todas as lojas da região é uma variável normalmente distribuída, com desvio padrão igual a $ 8.300,00. Supondo um nível de confiança igual a 96%, qual deve ser a média populacional das vendas?

3. Uma pesquisa sobre o custo da cesta básica em um conjunto de municípios do interior do Estado coletou uma amostra representativa formada por 25 dados, com média igual a $ 78,00. Estima-se que o desvio padrão populacional seja igual a $ 37,00 e que a variável seja normalmente distribuída. A um nível de significância igual a 3%, qual deve ser a média populacional do custo da cesta básica?

# Inferência da média populacional – desvio padrão populacional desconhecido e população infinita

1. Uma amostra formada por 18 eixos de aço fabricados pela Metalúrgica Thor Ltda. apresentou um comprimento médio igual a 1,653 m, com desvio padrão amostral igual a 0,056 m. Estime qual deve ser o verdadeiro comprimento médio dos eixos fabricados pela empresa. Assuma alfa igual a 7% e população normalmente distribuída.

2. O consumo calórico diário de um grupo de alunas da faculdade pode ser visto na tabela seguinte (valores em calorias). Com base nos valores apresentados, estime qual deve ser o verdadeiro consumo calórico diário médio na população. Suponha um nível de confiança igual a 93% e população normalmente distribuída.

| 2480 | 3380 | 3020 |
|------|------|------|
| 3520 | 2640 | 2650 |
| 2760 | 2990 | 2890 |

3. Uma amostra formada por 27 elementos indicou que a quantidade média de proteínas contida em determinada ração para cães, vendida em embalagens de 15 kg, é igual a 8,82 kg, com um desvio padrão amostral igual a 1,45 kg. Para alfa igual a 2%, qual deve ser a verdadeira média de proteínas contida nas embalagens de ração? Suponha população normalmente distribuída.

4. A argila contida em uma amostra formada por nove porções de solo com 300 g cada uma, extraídas de uma fazenda, apresentou uma média igual à 156 g, com desvio padrão amostral igual a 47 g. Qual deve ser a quantidade média de argila contida em uma carga com 10 toneladas desse solo? Assuma um nível de significância igual a 3% e suponha população normalmente distribuída.

5. A Good Burger deseja instalar uma filial em Curitiba. Para isso, os representantes da empresa contrataram a empresa ASC Consultoria Ltda. para analisar o faturamento médio de empresas similares à Good Burger existentes na cidade. A ASC consultou 25 empresas similares que revelaram um faturamento médio mensal de $ 80.000 com um desvio padrão de $ 12.000. Dado que o custo fixo é igual a $ 7.000 e os custos variáveis equivalem a 30% das receitas, a Good Burger deve abrir essa nova filial? Use $\alpha = 5\%$ e suponha população normalmente distribuída.

6. Procurando diminuir o tempo de atendimento na venda de seu produto na sua loja, um administrador procurou estimar o tempo médio que a loja gasta com cada cliente. Utilizando uma amostra aleatória de 64 clientes, atendidos em uma semana, obteve um tempo médio de atendimento igual a 2,5 minutos por cliente, com desvio padrão de 1,2 minuto. Pede-se: (a) para $\alpha = 1\%$, estime o intervalo da média populacional; (b) determine qual o erro associado a essa estimativa.

7. Uma empresa de pesquisa mercadológica estava procurando estimar o gasto médio de uma amostra de consumidores de determinada bebida alcoólica no fim de semana. Após analisar uma amostra aleatória de 100 clientes, encontrou uma média de $ 250,00 e desvio padrão de $ 32,00. Determine a estimativa pontual da média da população e construa um intervalo de 95% de confiança para a média populacional.

8. Em uma amostra aleatória formada por 20 comerciantes autônomos de uma região central da cidade, revelou-se que a média de rendimentos era igual a $ 200,00, com um desvio padrão de $ 45,00. Assumindo uma população normalmente distribuída, pede-se: (a) construa um intervalo de 90% de confiança para a verdadeira média; (b) construa um intervalo com 96% de confiança para verdadeira média; (c) estime o erro máximo para um intervalo de 98%.

9. Encontrou-se que a vida útil de operação de uma determinada peça de videocassete de uma certa marca é, em média, igual a 10.000 horas, com um desvio padrão amostral igual a 400 horas, após analisar uma amostra formada por 16 unidades. Determine o valor esperado e o erro padrão da distribuição da amostragem para a média. Assuma um nível de confiança igual a 99% e população normalmente distribuída.

10. Suponha que o desvio padrão populacional da vida útil de uma determinada peça de videocassete é conhecido e igual a 400 horas. A média da vida útil é desconhecida e existe a suposição de que a vida útil da peça do videocassete tem uma distribuição aproximadamente normal. Para uma amostra com 25 elementos, a

média da vida útil é igual a 7.600 horas de operação. Pede-se: (a) construa um intervalo de confiança de 95% para a média populacional; (b) construa um intervalo de confiança de 90% para estimar a média da população.

11. Com respeito ao exercício anterior, suponha que a população de vida útil das peças não possa ser considerada como normalmente distribuída. Contudo, a média da amostra igual a 7.600 horas está baseada em uma amostra formada por 49 elementos. Construa um intervalo de confiança de 95% para estimar a média da população.

12. Imagine que $x$ seja uma variável aleatória que representa a pressão sistólica normal em indivíduos com idade entre 18 e 25 anos. Supõe-se que essa variável apresente uma distribuição normal, com variância igual a 64 mm² de mercúrio. Em uma pesquisa feita com uma amostra casual simples formada por 19 indivíduos, encontrou-se uma média igual a 126 milímetros de mercúrio. Determine o intervalo de confiança de 90% para a média.

13. Sabe-se que, em uma determinada população, a taxa de glicose no sangue humano apresenta uma distribuição normal, com desvio padrão igual a 6 mg/100 ml de sangue. Calcule o intervalo de 95% de confiança para a média da população, sabendo que amostra casual simples de 25 indivíduos apresentou média igual a 95 mg/100 ml de sangue.

## Amostragem de populações finitas

1. Um instrutor analisou o tempo médio de atividades esportivas de uma amostra aleatória formada por 62 dos 350 alunos de uma academia de ginástica, encontrando uma média igual a 82 minutos, com desvio padrão igual a 17 minutos. Qual deve ser o verdadeiro tempo médio na academia? Adote um nível de confiança igual a 97%.

2. A análise do consumo mensal de combustível de 16 automóveis apresentou uma média igual a 263 litros, com um desvio padrão igual a 85 litros. Sabendo que a frota é formada por 93 veículos, estime o consumo **total** da frota, assumindo alfa igual a 5% e população normalmente distribuída.

3. Um armador possui uma frota de 600 navios similares. Exame de rotina em 50 deles, selecionados ao acaso, revelou que eles apresentavam uma capacidade de carga média de 100.000 kg, com um desvio padrão de 6.250 kg. Qual é o limite de confiança de 90% para se avaliar a capacidade de carga média dos 550 navios que não foram avaliados? Qual é o nível de confiança admissível, ao se dizer que a capacidade média dos 550 restantes é de 100.000 kg ± 1.450 kg?

4. Um especialista em finanças toma uma amostra aleatória de 6% de 500 contas e acha que o saldo médio das contas é de $ 138,40 com um desvio padrão de $ 39,25. Levando em consideração os dados acima, qual o valor estimado do erro padrão da média? Assuma alfa igual a 5% e população normalmente distribuída. Supondo que a média da população das 500 contas é, de fato, $\mu$ = $ 135,00, qual a probabilidade de se obter uma média de amostra igual ou superior a $ 138,40?

5. Um analista obtém dados de uma amostra de 225 consumidores de um total de 600 que adquiriram uma oferta especial. As 225 pessoas gastaram, na loja, uma média de $x$ = $ 33,42 com um desvio padrão de S = $ 5,20. Estime, com um intervalo de confiança de 95%: (a) o valor médio de compras para todos os 600 clientes; (b) o valor total das compras dos 600 clientes.

6. Determine o intervalo de confiança de 90% para a média populacional, considerando estas três situações:

|    | x  | $\sigma_x$ | n   | N     |
|----|-----|-----|-----|-------|
| a) | 30  | 4,0 | 200 | 2.000 |
| b) | 45  | 6,0 | 48  | 600   |
| c) | 10  | 2,0 | 120 | 840   |

7. Numa tentativa de melhorar o atendimento no serviço de atendimento ao cliente (SAC), os funcionários procuraram estimar o tempo médio que gastam em cada cliente. Uma amostra aleatória formada por 60 aten-

dimentos colhida no período de três semanas acusou uma média de 30 min. com desvio padrão de 6 min. Construa o intervalo de confiança de 98% para o verdadeiro tempo médio gasto em cada atendimento.

8. O tempo de reação de um novo medicamento, por analogia a produtos similares, pode ser considerado como tendo distribuição normal com desvio padrão igual a 1,82 min. (a média é desconhecida). Vinte e cinco pacientes foram sorteados, receberam o medicamento e tiveram seu tempo de reação anotado. Os dados foram os seguintes (em minutos): {2.9; 3.4; 3.5; 4.1;4.6;4.7;4.5; 3.8; 5.3; 4.9; 4.8; 5.7; 5.8; 5.0; 3.4; 5.9; 6.3; 4.6; 5.5; 6.2; 6,2; 6,4; 6,6; 6,6; 6,8}. Obtenha um intervalo de confiança para o tempo médio da reação, usando um nível de confiança de 91%. Suponha população normalmente distribuída.

9. Uma amostra com 120 cidades de médio porte indicou que o valor médio da hora/aula para professores secundários de escolas particulares é de $ 1,80. Obtenha o intervalo de confiança para o valor médio nacional da hora/aula em cidades do tipo mencionado. Baseado em estudos anteriores, o desvio padrão é assumido ser igual a $ 0,75. Assuma alfa igual a 3%.

10. Uma amostra de 40 automóveis revelou um consumo médio igual a 8,37 km/l, com um desvio padrão igual a 1,82 km/l. Para um nível de confiança igual a 96%, estime qual deveria ser o consumo médio de todos os veículos. Se a amostra fosse composta por apenas 20 veículos, qual seria a estimativa? O intervalo seria mais amplo ou mais estreito? Justifique.

11. O comprimento de certo tipo de eixo produzido pela empresa Aço Resistente S.A. tem uma pequena variação de peça para peça. Admite-se que o desvio padrão de todos os eixos fabricados é igual a 3,47 milímetros. Uma amostra aleatória de 120 desses eixos revelou um comprimento médio de 57,62 milímetros. Construa um intervalo de confiança de 98% para a média.

12. Uma amostra com 20 dos 85 domicílios de determinada região revelou um consumo médio de energia elétrica de 42 kw/h, com um desvio padrão igual a 13 kw/h. Qual deve ser o verdadeiro consumo médio de todos os domicílios? Assuma um nível de confiança igual a 96% e suponha população normalmente distribuída.

## Intervalos de confiança unilaterais

1. Uma amostra formada por 176 lâmpadas incandescentes indicou uma duração média igual a 782 horas, com desvio padrão de 188 horas. Qual deve ser a duração mínima do universo das lâmpadas fabricadas? Assuma alfa igual a 1%.

2. Um fabricante de embalagens de papel precisava estimar o peso máximo das peças de madeira que seriam acondicionadas. Uma amostra formada por 11 peças indicou média igual a 13,46 kg, com desvio padrão igual a 2,68 kg. Supondo população normalmente distribuída e um nível de confiança igual a 98%, qual deve ser o peso máximo das peças de madeira?

3. Numa estação de trem de grande circulação, foi colhida uma amostra aleatória formada por 100 observações de uma medida X com média igual a 30 unidades e desvio padrão igual a 7 unidades. Determine com 99% de confiança uma cota superior para a média.

4. Uma empresa fabricante de linhas de pesca testou uma amostra de 25 carretéis de náilon, encontrando as resistências em kgf apresentadas no quadro seguinte. Estime qual deve ser a verdadeira resistência média deste produto, assumindo alfa igual a 2% e considere um intervalo unilateral. Suponha população normalmente distribuída. Se, na questão anterior, fosse considerado um intervalo bicaudal, qual seria esse intervalo? Em que as respostas divergiriam e quais cuidados deveriam ser tomados?

| 10 | 10 | 10 | 11 | 10 |
|---|---|---|---|---|
| 8  | 10 | 10 | 10 | 11 |
| 9  | 11 | 9  | 11 | 9  |
| 7  | 9  | 7  | 9  | 11 |
| 11 | 11 | 8  | 11 | 10 |

5. As durações de um cartucho especial de impressão eletrônica podem ser modeladas como normal com média 19 e desvio padrão 3 (em milhares de cópias). Para uma amostra de 15 impressoras, a duração média do cartucho será observada e pergunta-se a probabilidade de, em média, durar: (a) menos de 18 mil cópias?; (b) mais de 21 mil cópias?; (c) entre 17 e 22 mil cópias?

6. Uma máquina enche pacotes de farinha de trigo com um peso que se comporta como uma variável aleatória normal média de 1.000 g e desvio padrão de 80 g. Uma amostra de 27 embalagens é sorteada e pergunta-se: (a) qual é o número esperado de pacotes da amostra com peso inferior a 985 g?; (b) qual é a probabilidade de que o peso total dos pacotes da amostra não exceda 27.300 g?

7. A empresa pecuária Sol Nascente verificou que uma amostra com 36 bezerros apresentou um consumo médio diário de ração com distribuição normal de média de 50 kg/dia e desvio padrão de 20 kg/dia. Pede-se: (a) determinar o valor do consumo que é superado por 99% das médias amostrais dos consumos dos animais estudados; (b) determinar a faixa em torno do valor médio que contenha 90% das médias amostrais dos valores do consumo.

## Estimação da proporção em uma população

1. Um grupo de 153 consumidores dos Magazines Mulher Bonita indicou que 89 eram do sexo feminino. Qual deve ser a proporção de consumidoras mulheres, supondo alfa igual a 5%?

2. Estima-se que a porcentagem de indivíduos com albinismo em uma determinada população seja igual a 3%. Uma amostra composta por 562 pessoas escolhidas aleatoriamente nesta população indicou que 25 eram albinas. Assumindo um nível de confiança igual a 99%, qual deve ser a proporção de indivíduos com albinismo?

3. Dos rolamentos fabricados pelas Indústrias Timbira Ltda., 82 de um lote formado por 1.564 peças apresentaram defeitos de fabricação. Supondo que a amostra fosse representativa do universo, qual deve ser o número de rolamentos com defeitos na produção mensal da empresa, formada por 100.000 unidades? Assuma alfa igual a 2%. Trabalhe com intervalos: (a) bilateral; (b) unilateral.

4. A tabela seguinte apresenta os dados referentes a uma amostra representativa de funcionários da Multilar Equipamentos Ltda. Com base nos números fornecidos, encontre, para a população: (a) a proporção de indivíduos do sexo masculino; (b) a proporção de indivíduos com mais de 40 anos; (c) a proporção de mulheres com igual ou menos de 40 anos em relação ao total de funcionários. Assuma alfa igual a 3%.

| Idade | Homem | Mulher |
|---|---|---|
| Igual ou menor que 40 anos | 14 | 23 |
| Mais que 40 anos | 39 | 47 |

5. Determine o intervalo de confiança de 95% para a percentagem populacional de defeituosos para os seguintes dados: $N = 1.000$; $n = 100$; $X/n = 0,10$.

6. Uma amostra de 300 observações acusou 30 pneus defeituosos numa remessa. Usando uma confiança de 99%, determine o erro de estimação.

7. Numa pesquisa com 150 eleitores, o candidato Fulano de Tal obteve 0,38 da preferência dos eleitores. Construa, para um nível de confiança igual a 92%, o intervalo para a proporção de votos a serem recebidos pelo candidato mencionado, supondo que a eleição fosse nesse momento.

8. Em uma amostra de 500 pessoas, 350 mostraram-se dispostas a fazer cursos de reciclagem profissional. Calcule o valor da proporção populacional de pessoas que gostariam de fazer cursos de reciclagem profissional. Assuma um nível de confiança de 92%.

# Determinação do tamanho da amostra

## Variáveis quantitativas, desvio conhecido e população infinita

1.  Acredita-se que a média das vendas diárias de sanduíches na cantina da faculdade seja igual a 980 unidades. Se o desvio padrão dessas vendas for igual a 300 unidades, qual deveria ser o tamanho da amostra a ser analisada para estudar a verdadeira média das vendas? Assuma alfa igual a 2% e o erro máximo aceitável como 5%.
2.  Qual seria o tamanho da amostra necessário para estimar o tempo médio para acessar a Internet através do provedor Acesso Grátis, sabendo-se que o erro máximo deve ser de 0,9 min para um nível de confiança de 99% e que o tempo de acesso tem desvio de 3 min?
3.  Um comprador deseja estimar o valor médio das compras por cliente em uma farmácia de uma rodoviária. Com base em dados de outras rodoviárias similares, o desvio padrão de tais valores de vendas é estimado em cerca de $\sigma = \$ 2,13$. Qual o tamanho mínimo que deveria ter uma amostra aleatória se ele deseja estimar a média das vendas dentro de $ 1,00 e com uma confiança de 99%?
4.  Imagina-se que as compras médias por pessoa em um determinado centro comercial seja aproximadamente igual a $ 35,00, com um desvio de $ 7,50. Assumindo um erro tolerável de 1%, qual deveria ser o tamanho da amostra analisada para poder realizar um processo de inferência estatística mais correto? Assuma alfa igual a 3%.
5.  Que tamanho de amostra será necessário para produzir um intervalo de 95% de confiança para a verdadeira média operacional com erro de 0,9 em qualquer dos sentidos e desvio padrão da população de 8,0?

## Variáveis quantitativas, desvio desconhecido e população infinita

6.  Uma amostra com 40 cupons fiscais coletados aleatoriamente em um *shopping center* apresentou um desvio padrão do total pago igual a $ 42,00. A associação de lojistas precisa estimar a média populacional das vendas, com um erro máximo igual a $ 6,00 e empregando um nível de confiança igual a 90%. Qual o tamanho da amostra a analisar?

## Variáveis quantitativas, desvio desconhecido e população finita

7.  A diretoria industrial de uma fábrica de cimento constatou que uma amostra aleatória formada por 68 sacos de 50 kg de um lote formado por 2.000 sacos apresentou um desvio padrão amostral do peso igual a 560 g. Assumindo um erro máximo tolerável associado à média populacional igual a 300 g e um nível de confiança igual a 95%, calcule o tamanho da amostra a ser analisada na inferência da média populacional do peso de todo o lote.

## Variáveis qualitativas (ordinais ou nominais) e população infinita

8.  Qual o tamanho da amostra necessária para obter o intervalo de 98% de confiança para uma proporção populacional se o erro tolerável é 0,09.
9.  Em uma pesquisa recente de mercado, o analista deseja estimar a proporção de pessoas que compram o sabonete Cremoso e Refrescante. Pede-se: (a) que tamanho de amostra devemos escolher se queremos que, com probabilidade 0,8714, a estimativa não desvie do verdadeiro valor por mais de 0,03? (b) se tivermos a informação adicional de que a aceitação do sabonete é de no mínimo 0,82, qual deve ser então o tamanho da amostra? (c) se decidimos por uma amostra de tamanho 81, qual o erro máximo que cometemos com uma probabilidade 0,90, caso nada saibamos? (d) para essa amostra de tamanho 81, qual a probabilidade de que o erro máximo seja 0,07?
10. Uma pesquisa de mercado tem como objetivo estimar a proporção de pessoas que consomem o biscoito Delícia da Manhã. Pede-se: (a) que tamanho de amostra devemos colher se queremos que, com probabilidade

0,92, a estimativa não se desvie do verdadeiro valor por mais de 0,04? (b) se tivermos a informação adicional de que a proporção de consumo do tal biscoito é no máximo de 35%, qual então deve ser o tamanho da amostra? (c) decidimos colher uma amostra de tamanho 130. Qual o erro máximo que cometemos com probabilidade 0,96? (d) para uma amostra de tamanho 150, qual a probabilidade de que o erro máximo seja 0,17?

### Variáveis qualitativas (ordinais ou nominais) e população finita

11. Uma empresa de pesquisa eleitoral foi contratada por um partido político com o objetivo de investigar a preferência dos eleitores pelo candidato da situação na próxima eleição presidencial. Sabe-se que a empresa e o partido concordaram em usar um nível de confiança igual a 95% e um erro máximo igual a 4%. Calcule os tamanhos das amostras necessárias nos seguintes casos.

| Município | Universo de eleitores | Valor suposto para p |
|---|---|---|
| a) Gigantópolis | Muito grande, considerado infinito | Nenhum |
| b) Miracema do Sul | 5.000 | 0,6 |
| c) Bela Morada do Oeste | 30.000 | Nenhum |

### Variados

1. Para uma amostra aleatória de 100 domicílios em uma grande área metropolitana, o número de domicílios nos quais ao menos um adulto se encontra atualmente desempregado é igual a 15. Estime a percentagem de domicílios na área nos quais há pelo menos um adulto desempregado, utilizando o intervalo de confiança de 90%.

2. Um auditor analisou 20% de todas as 130 vendas efetuadas pela empresa Atacados Preço Bom Ltda. no mês de fevereiro de 2000. Encontrou uma média igual a $ 1.575,00 e um desvio padrão igual a $ 285,00. Qual deve ser a verdadeira venda média da empresa? Estime um nível de confiança igual a 95% e suponha população normalmente distribuída.

3. Após analisar dez vendas, a empresa Comercial de Doces Saborosos Ltda. encontrou uma média igual a $ 56,98 e um desvio padrão igual a $ 3,12. Qual o valor da verdadeira média populacional das vendas da empresa? Estime um nível de confiança igual a 93% e suponha população normalmente distribuída.

4. Uma amostra de 16 barras de chocolate revelou os pesos apresentados na tabela seguinte. Qual deve ser o verdadeiro peso, para um nível de confiança de 97%? Suponha população normalmente distribuída.

| 0,212 | 0,233 | 0,246 | 0,271 |
|---|---|---|---|
| 0,274 | 0,244 | 0,288 | 0,293 |
| 0,300 | 0,215 | 0,233 | 0,225 |
| 0,265 | 0,276 | 0,270 | 0,202 |

5. Uma determinada empresa de pesquisas pensa em analisar o mercado para rações caninas. Estima-se grosseiramente que o consumo médio semanal de ração por animal é igual a 15,20 kg, com um desvio padrão populacional de 0,435 kg. Qual deveria ser o tamanho da amostra a ser analisada para $\alpha = 8\%$, admitindo-se um erro de 0,3%?

6. Um candidato a prefeito gostaria de fazer uma pesquisa eleitoral sobre as intenções de votos na cidade de Salvador. Sabe-se que sua popularidade é muito grande e existem boas perspectivas para o candidato vencer no primeiro turno das eleições. Estima-se que 71% dos eleitores pretendam votar no candidato. Pede-se: (a) assumindo um nível de significância de 94% e um erro de 2,5%, qual deveria ser o tamanho da

amostra a ser analisado? (b) quais cuidados deveriam ser tomados no processo de seleção de entrevistados?

7. O número de usuários de um terminal rodoviário em 16 dias escolhidos aleatoriamente pode ser visto na tabela seguinte. Pede-se: (a) considerando um nível de significância igual a 5%, estime qual deve ser a verdadeira média diária de usuários; (b) qual distribuição teórica de probabilidade deveria ser usada? Por quê? Suponha população normalmente distribuída.

| 94 | 124 | 122 | 63 |
|----|-----|-----|----|
| 74 | 135 | 78 | 80 |
| 105 | 56 | 86 | 85 |
| 126 | 95 | 66 | 58 |

8. Um auditor analisou 25% de todas as 80 vendas efetuadas pela empresa Atacados Preço Bom Ltda. no mês de fevereiro de 2000. Encontrou uma média igual a $ 585,00 e um desvio padrão igual a $ 125,00. Qual deve ser a verdadeira venda média da empresa? Estime um nível de confiança igual a 90% e suponha população normalmente distribuída.

9. Acredita-se que a média amostral dos faturamentos diários de farmácias da cidade seja igual a $ 650,00. Para estimar a verdadeira média, quantas farmácias deveriam ser analisadas, supondo um erro máximo aceitável igual a 2%, desvio padrão populacional dos faturamentos igual a $ 230,00 e um nível de confiança igual a 92%?

10. Uma determinada faculdade estima que o desvio padrão populacional associado ao número médio de alunos por classe seja igual a 8,35 alunos. Após analisar 49 classes, a instituição encontrou uma relação média igual a 43 alunos por classe. Pede-se: (a) qual deve ser o valor da verdadeira média populacional? Estime um nível de confiança igual a 90%. (b) e se $\alpha = 3\%$, quais seriam os novos limites para a média populacional? (c) seriam mais amplos ou mais estreitos do que os encontrados para $\alpha = 10\%$? Explique.

11. Um grupo hoteleiro estuda a possibilidade de implementar um novo complexo turístico em praia no Litoral Norte de Salvador. Os custos fixos (que, como o próprio nome diz, não variam com as receitas) são estimados em $ 780/mês. Os custos variáveis (que variam de forma proporcional às receitas) projetados indicam algo em torno de 70% das receitas. Assumindo um nível de significância de 7% e com base em uma amostra de faturamento de empreendimentos similares apresentado a seguir, discuta sobre a viabilidade do empreendimento. Suponha população normalmente distribuída.

| 3.410 | 4.020 | 3.883 |
|-------|-------|-------|
| 3.117 | 2.845 | 3.860 |
| 3.573 | 3.430 | 3.829 |

12. Uma amostra de 20 caixas de parafusos revelou um peso médio de 15 kg com uma variância igual a 4 kg$^2$. Qual deve ser a média populacional dos pesos, assumindo alfa igual a 9% e supondo população normalmente distribuída?

13. Uma amostra com 23 unidades revelou que a vida útil de operação de um tubo de imagens para TV de certa marca é, em média, igual a 6.000 horas, com um desvio padrão amostral igual a 300 horas. Assumindo um nível de significância de 5% e população normalmente distribuída, qual deve ser a verdadeira vida útil média destes aparelhos de TV?

14. Os alunos do primeiro semestre da faculdade apresentam uma proporção de 45% de homens e 55% de mulheres. Pede-se: (a) seriam estas proporções válidas para todos os alunos da faculdade Ruy Barbosa? Com base no que você aprendeu sobre amostragem, discuta esta questão; (b) quais procedimentos devem ser empregados para se obter uma amostra representativa?

15. Um analista financeiro toma uma amostra com 10% de 210 contas e acha que o saldo médio das contas é $ 562,00, com um desvio padrão amostral igual a $ 54,00. Qual deve ser o verdadeiro valor médio da conta? Assuma nível de confiança igual a 95% e população normalmente distribuída.

16. Um comprador potencial deseja estimar o valor médio das compras por cliente de uma loja de brinquedos em um aeroporto. Com base em dados de outros aeroportos similares, o desvio padrão de tais valores de vendas é estimado em cerca de $ 0,80. Qual o tamanho mínimo que deveria ter uma amostra aleatória se ele deseja estimar a média das vendas dentro de $ 0,25 e com uma confiança de 99%?

17. Um candidato a prefeito gostaria de fazer uma pesquisa eleitoral sobre as intenções de votos na cidade de Cuiabá. Sabe-se que sua popularidade é muito grande e existem boas perspectivas para o candidato no primeiro turno das eleições. Estima-se que 72% dos eleitores pretendem votar no candidato. Assumindo um nível de confiança de 91% e um erro de 2%, qual deveria ser o tamanho da amostra a ser analisado? Quais cuidados deveriam ser tomados no processo de seleção de entrevistados?

18. Um teste de atenção concentrada aplicado a 36 pessoas foi resolvido em um tempo médio igual a 32 minutos. Sabendo que o desvio padrão populacional do referido teste é igual a 12 minutos, estime o tempo médio de resolução do teste para a população, supondo um nível de confiança igual a 90%.

19. Uma amostra com nove pessoas apresentou uma altura média igual a 168 cm, com um desvio padrão amostral igual a 36 cm. Qual deve ser a altura média na população, supondo alfa igual a 5% e população normalmente distribuída?

20. Uma pesquisa feita com 15 funcionários públicos aposentados revelou uma renda média igual a $ 479,00, com um desvio padrão igual a $ 175,00. Assumindo alfa igual a 5% e população normalmente distribuída, qual deve ser a verdadeira renda média dos funcionários públicos aposentados?

21. Quarenta testes realizados com os elevadores de um prédio comercial indicaram que sua capacidade de carga apresentou uma média igual a 840 kg, com um desvio padrão igual a 80 kg. Uma transportadora precisa instalar uma impressora de alta capacidade (com peso aproximadamente igual a 890 kg) no sétimo andar do prédio. Seria possível usar o elevador para transportar o equipamento? Use alfa igual a 8% e justifique sua resposta da melhor maneira possível.

22. Uma análise de 480 componentes eletrônicos revelou que 23 apresentavam defeitos. Qual deve ser a proporção populacional de componentes sem defeitos, assumindo alfa igual a 7%?

23. Uma amostra com nove garrafas de água mineral de 1.500 ml revelou uma média igual a 1.495 ml, com um desvio padrão igual a 130 ml. Calcule, com nível de significância igual a 10%, o volume verdadeiro médio das garrafas de água mineral analisadas. Suponha população normalmente distribuída.

24. Uma editora gaúcha pensa em lançar uma revista destinada ao público feminino. Para poder compreender melhor o seu mercado, resolveu contratar uma empresa de pesquisa mercadológica. (a) quais as formas pelas quais esta empresa poderia conduzir o estudo? (b) quais as vantagens e desvantagens de cada uma? (c) se optasse pela amostragem, quais cuidados deveriam ser tomados e quais metodologias poderiam ser empregadas?

25. A análise da resistência de 18 cordas para rapel revelou que elas poderiam suportar pesos com média igual a 62 kg e desvio padrão igual a 3,8 kg. Supondo que você pesasse 69 kg, seria adequado o uso da corda? Justifique matematicamente sua resposta. Assuma alfa igual a 5% e suponha população normalmente distribuída.

26. Uma pesquisa sobre bolsas de estágio oferecidas a estudantes de Engenharia revelou uma remuneração média igual a $ 280,00, com desvio padrão igual a $ 35,00. Supondo que o estudo tivesse sido feito em uma amostra formada por 38 pessoas, representativa da população e que seguisse, aproximadamente, uma distribuição normal, qual deveria ser a verdadeira média da remuneração? Assuma alfa igual a 9% e suponha população normalmente distribuída.

27. Estudo feito com 290 dos 430 consumidores de uma marca de creme dental revelou um consumo médio semanal igual a 16,39 g, com desvio padrão igual a 1,55 g. Qual deve ser o consumo mensal da população de consumidores, assumindo alfa igual a 4%?

28. Determinado pesquisador gostaria de analisar o perfil da renda de trabalhadores braçais em uma cidade do interior do estado. Sabendo que o desvio padrão populacional deve ser em torno de $ 62,00, qual o tamanho da amostra a ser analisada, caso o erro máximo tolerável fosse igual a $ 5,00? Assuma um nível de confiança igual a 92%.

29. O departamento de produção de uma fábrica de colchões precisa estimar a quantidade mínima de tecido que deve comprar para permitir a produção no próximo mês. Sabendo que um colchão consome 8 m² de tecido e que uma análise da produção de 17 meses revelou uma média igual a 145 unidades, com desvio padrão de 7 unidades, quantos metros de tecido deveriam ser encomendados ao fornecedor? Assuma um nível de significância igual a 5% e suponha população normalmente distribuída.

30. As vendas mensais de 23 concessionárias de automóveis de uma determinada marca seguem uma distribuição aproximadamente normal, com média igual a $ 18.000,00 e desvio padrão igual a $ 2.800,00. Assumindo um nível de significância igual a 5%, qual deve ser o limite mínimo da média populacional de vendas das concessionárias? Suponha população normalmente distribuída.

31. Se o número total de concessionárias fosse igual a 98, pede-se: (a) qual deveria ser o novo limite mínimo calculado? (b) qual o intervalo central, com erro bilateral, que conteria 92% das médias populacionais encontradas?

32. O faturamento individual de uma amostra formada por 37 indústrias de cerâmicas segue uma distribuição aproximadamente normal, com média igual a $ 23.000,00 e desvio padrão igual a $ 5.600,00. Assumindo um nível de significância igual a 5%, qual deve ser o limite mínimo da média populacional do faturamento das empresas?

33. Se o número total de empresas fosse igual a 98, pede-se: (a) qual deveria ser o novo limite mínimo calculado? (b) qual o intervalo central que conteria 94% das médias populacionais encontradas?

34. Pesquisa feita com 12 clientes de empresa de telefonia celular sobre o consumo mensal e renda revelou os dados apresentados na tabela seguinte. Assumindo que a amostra fosse representativa e que a população fosse normalmente distribuída, qual deve ser o limite inferior para a renda média de todos os consumidores da empresa? Assuma alfa igual a 5%.

| Consumidor | Consumo ($) | Renda ($) |
|---|---|---|
| 1 | 42,00 | 1.500,00 |
| 2 | 38,00 | 500,00 |
| 3 | 41,00 | 600,00 |
| 4 | 35,00 | 700,00 |
| 5 | 33,00 | 800,00 |
| 6 | 39,00 | 400,00 |
| 7 | 44,00 | 1.100,00 |
| 8 | 30,00 | 900,00 |
| 9 | 37,00 | 800,00 |
| 10 | 41,00 | 700,00 |
| 11 | 40,00 | 600,00 |
| 12 | 38,00 | 1.300,00 |

35. Em relação à questão anterior, supondo que a empresa possuísse apenas 200 clientes, qual o limite superior para o consumo médio de todos os clientes? Assuma alfa igual a 5%.

36. Uma pesquisa amostral sobre o consumo mensal familiar de água tratada na cidade de Salvador apresentou média igual a 18.000 litros, com desvio padrão igual a 5.000 litros. Sabendo que foram estudadas 130 famílias, qual deve ser o consumo médio populacional? Assuma alfa igual a 2%.

37. Uma amostra aleatória foi extraída dos alunos de Economia. Os pesos destes alunos estão apresentados na tabela seguinte. Com base nos dados expostos e empregando um nível de significância igual a 5%, estime qual deve ser o peso médio populacional destes alunos. Suponha população normalmente distribuída.

| 45 | 51 | 96 | 62 |
|---|---|---|---|
| 68 | 55 | 74 | 57 |
| 72 | 60 | 43 | 48 |

38. Um pesquisador analisou uma amostra formada por 23 empresas, que apresentaram uma média de vendas igual a $ 2.800.000,00 e um desvio padrão igual a $ 500.000,00. Para um nível de confiança igual a 97%, determine qual deve ser o limite mínimo para a estimativa da verdadeira média. Suponha população normalmente distribuída.

39. Uma amostra aleatória foi extraída dos alunos de Administração. As alturas destes alunos estão apresentadas na tabela seguinte. Com base nos dados expostos e empregando um nível de significância igual a 4%, estime qual deve ser a altura média populacional destes alunos. Suponha população normalmente distribuída.

| 1,68 | 1,45 | 1,86 | 1,77 | 1,67 |
|---|---|---|---|---|
| 1,55 | 1,81 | 1,52 | 1,71 | 1,59 |
| 1,72 | 1,56 | 1,60 | 1,72 | 1,63 |
| 1,58 | 1,61 | 1,62 | 1,78 | 1,88 |

40. Imagina-se que o desvio padrão populacional associado às embalagens *standard* de 50 kg das Indústrias de Cimentos Gruda Bem Ltda. seja igual a 1,3 kg. Se a gerência de produção desejasse estimar a verdadeira média dos pesos com um nível de significância igual a 96%, qual deveria ser o tamanho da amostra analisada? Assuma um erro máximo tolerável igual a 0,6 kg.

41. Um pesquisador analisou uma amostra formada por 35 empresas, que apresentaram uma média de vendas igual a $ 1.800.000,00 e um desvio padrão igual a $ 300.000,00. Para um nível de confiança igual a 91%, qual deve ser a verdadeira média do faturamento?

42. Uma amostra aleatória foi extraída dos alunos de Administração. As alturas destes alunos estão apresentadas na tabela seguinte. Com base nos dados expostos e empregando um nível de significância igual a 4%, estime qual deve ser a altura média populacional destes alunos. Suponha população normalmente distribuída.

| 1,68 | 1,45 | 1,86 | 1,77 | 1,67 |
|---|---|---|---|---|
| 1,72 | 1,56 | 1,60 | 1,72 | 1,63 |
| 1,58 | 1,61 | 1,62 | 1,78 | 1,88 |

43. Uma empresa de consultoria foi contratada para estudar os hotéis de Salvador. Por uma restrição orçamentária, analisou uma amostra formada por 36 hotéis, que apresentaram uma média de vendas em janeiro igual a $ 3.500.000,00 com desvio padrão igual a $ 800.000,00. Assumindo alfa igual a 3%, qual deve ser o limite máximo para a média dos faturamentos mensais dos hotéis?

44. Sabe-se que, em um estudo sobre o teor de impurezas em lotes de 10 kg de um determinado composto medicinal, o erro máximo desejável é igual a 2 g. Comumente, o teor de impurezas apresenta uma variância populacional igual a 100 g$^2$. Para um nível de confiança igual a 98%, qual deveria ser o tamanho da amostra estudada?

45. Em um determinado bairro da cidade existem 38 sorveterias. Uma amostra formada por nove sorveterias revelou uma média diária de vendas igual a 18 kg de sorvete, com um desvio padrão associado igual a 6 kg. Considerando alfa igual a 4% e assumindo população normalmente distribuída, pede-se: (a) qual o limite inferior para a média das vendas de todas as sorveterias do bairro? (b) qual o limite superior para a média das vendas de todas as sorveterias do bairro?

**Sugestão:** resolva os exercícios propostos no Excel.

# 10

# Testes paramétricos

*A grande tragédia da ciência – o assassinato de uma linda hipótese por um fato horroroso.*

Thomas Henry Huxley

**Objetivos do capítulo**

O processo de estimação generaliza resultados de amostras para diferentes universos. Um intervalo de confiança costuma ser construído, apresentando a distribuição dos possíveis parâmetros no universo.

Uma evolução do uso da estimação é apresentada por meio dos testes de hipóteses, que buscam confrontar alegações sobre o todo com resultados obtidos de amostras. Quando os testes assumem premissas sobre a distribuição de parâmetros da população, são denominados testes paramétricos.

Este capítulo possui o objetivo de explicar tópicos relacionados aos testes de hipóteses, parte integrante da inferência estatística. Nele, são abordados e explicados os teste de hipótese de uma e duas amostras, tanto para média e quanto para proporção. Busca-se explicar sistematicamente os passos a serem seguidos em cada um das diferentes situações possíveis. Para facilitar a leitura e a fixação do aprendizado, são propostos diversos exercícios, todos com as suas respectivas soluções.

## GRANDES NOMES E GRANDES HISTÓRIAS[1]

*Johann Carl Friedrich Gauss*

★ 30 de abril de 1777, em Brunswick, Alemanha
† 23 de fevereiro de 1855, em Göttingen, Alemanha

Johann Carl Friedrich Gauss nasceu em 1777 na cidade de Brunswick, Alemanha, e iniciou seus estudos elementares com sete anos de idade. Seu elevado potencial foi notado quase imediatamente. Seus professores ficaram pasmados quando Gauss, ainda na infância, somou de forma rápida os inteiros de 1 a 100, imediatamente deduzindo que a soma seria igual à soma de 50 pares de números, cada par com soma igual a 101.

Em 1788, Gauss iniciou seus estudos ginasiais, tendo, em 1795, deixado Brunswick para estudar na Universidade de Göttingen. Posteriormente, em 1798, Gauss deixou Göttingen sem o diploma. Porém, fez uma de suas mais importantes realizações: a construção de um polígono regular de 17 lados, empregando apenas régua e compasso. Tal

---

[1] Adaptado do *The MacTutor History of mathematics archive.* disponível em: <http://www-groups.dcs.st-and.ac.uk/~history/index.html>. Acesso em: 3 dez. 2006.

> feito foi considerado o principal avanço neste campo desde os matemáticos gregos, tendo sido publicado na Seção VII de sua famosa obra, *Disquisitiones arithmeticae*.
>
> Em 1799, Gauss voltou a Brunswick onde colou grau. Sua dissertação consistia em uma discussão de teoremas fundamentais da álgebra. Seu primeiro livro, *Disquisitiones arithmeticae*, foi publicado dois anos depois, no verão de 1801.
>
> Anos mais tarde, em 1807, Gauss voltou a Göttingen. Em 1808, morreu seu pai, e um ano mais tarde, sua esposa Johanna, que faleceu após dar à luz ao seu segundo filho. Porém, seu trabalho não pareceu ser afetado por suas tragédias pessoais. Em 1809, Gauss publicou o seu segundo livro, *Theoria motus corporum coelestium em conicis de sectionibus ambientium de solem*, um tratado de dois volumes, considerado obra referencial no estudo do movimento de corpos celestiais. Suas contribuições para astronomia foram imensas.
>
> Faleceu na manhã do dia 23 fevereiro de 1855, com a saúde bastante debilitada.

## Estimação e hipóteses

A gerência industrial da Fábrica dos Dados Coloridos tinha uma grave suspeita. A empresa fabricava e comercializava três diferentes produtos: Dados Amarelos, Dados Verdes e Dados Vermelhos. Acreditava que uma falha do processo produtivo fazia com que os números sistematicamente sorteados fossem diferentes nos dados amarelos.

A média esperada do lance de um dado honesto e perfeito seria igual a 3,5, resultado de [(1 + 2 + 3 + 4 + 5 + 6) ÷ 6]. Porém, a empresa acreditava que, no caso específico dos dados amarelos, os valores encontrados seriam significativamente diferentes.

Para analisar o problema, a empresa extraiu uma amostra com doze dados, sendo quatro amarelos, quatro vermelhos e quatro verdes, realizando em seguida cinco lances ou sorteios. Os resultados estão apresentados na Tabela 10.1. Com base na amostra, será que a empresa teria razão nas suas suspeitas?

Tabela 10.1  *Resultado de cinco lances com doze dados cada um.*

| Dado | Cor | Lance 1 | Lance 2 | Lance 3 | Lance 4 | Lance 5 | Média | Desvio | Média | Desvio |
|---|---|---|---|---|---|---|---|---|---|---|
| 1 | Amarelo | 6 | 5 | 4 | 3 | 5 | | | | |
| 2 | Amarelo | 5 | 3 | 4 | 3 | 4 | 3,1500 | 1,5985 | 3,1500 | 1,5985 |
| 3 | Amarelo | 5 | 2 | 2 | 1 | 2 | | | | |
| 4 | Amarelo | 4 | 1 | 2 | 1 | 1 | | | | |
| 5 | Verde | 5 | 6 | 5 | 5 | 6 | | | | |
| 6 | Verde | 4 | 5 | 4 | 3 | 2 | 3,3000 | 1,7502 | | |
| 7 | Verde | 4 | 3 | 4 | 3 | 1 | | | 3,4750 | 1,7685 |
| 8 | Verde | 1 | 1 | 2 | 1 | 1 | | | | |
| 9 | Vermelho | 6 | 6 | 6 | 4 | 2 | | | | |
| 10 | Vermelho | 6 | 4 | 6 | 3 | 2 | 3,6500 | 1,8144 | | |
| 11 | Vermelho | 5 | 2 | 5 | 2 | 2 | | | | |
| 12 | Vermelho | 4 | 1 | 4 | 2 | 1 | | | | |

Com base nas informações apresentadas na Tabela 10.1, a média amostral dos cinco lances de quatro dados amarelos apresentou uma média igual a 3,15, com desvio igual a 1,5985. Os dados verdes apresentaram média igual a 3,30, com desvio igual a 1,7502. Os dados vermelhos apresentaram média igual a 3,65, com desvio igual a 1,8144. Quando agrupados, os dados vermelhos e verdes de forma conjunta apresentaram média igual a 3,4750, com desvio igual a 1,7685. Aparentemente, com base nas informações da amostra, os dados amarelos apresentaram uma média menor.

Pelo que foi apresentado no capítulo anterior, uma forma simples de verificar as suposições da empresa envolveria a construção de um intervalo de confiança. Assumindo um nível de confiança igual a 95% e usando a fórmula de estimação da média, tem-se que:

$$\mu = \bar{x} \pm t \frac{s}{\sqrt{n}}$$

Para um nível de confiança igual a 95%, tem-se um nível de significância igual a 5% e 19 graus de liberdade ($n - 1$ ou $20 - 1$). Na tabela padronizada da distribuição $t$, tem-se o valor apresentado na Tabela 10.2.

Tabela 10.2 *Distribuição t (nível de significância igual a 5% e 19 graus de liberdade).*

| Graus de liberdade ($n - 1$) | α bicaudal |||||||||| 
|---|---|---|---|---|---|---|---|---|---|---|
| | 0,10 | 0,09 | 0,08 | 0,07 | 0,06 | 0,05 | 0,04 | 0,03 | 0,02 | 0,01 |
| | α unicaudal |||||||||| 
| | 0,05 | 0,045 | 0,04 | 0,035 | 0,03 | 0,025 | 0,02 | 0,015 | 0,01 | 0,005 |
| 18 | 1,7341 | 1,7918 | 1,8553 | 1,9264 | 2,0071 | 2,1009 | 2,2137 | 2,3562 | 2,5524 | 2,8784 |
| 19 | 1,7291 | 1,7864 | 1,8495 | 1,9200 | 2,0000 | 2,0930 | 2,2047 | 2,3457 | 2,5395 | 2,8609 |
| 20 | 1,7247 | 1,7816 | 1,8443 | 1,9143 | 1,9937 | 2,0860 | 2,1967 | 2,3362 | 2,5280 | 2,8453 |

Substituindo os valores na equação anterior, tem-se que:

$$\mu = 3,15 \pm 2,0930 \frac{1,5985}{\sqrt{20}} = 3,15 \pm 0,7481$$

A média populacional poderia ser apresentada em um intervalo de confiança:

$$2,4019 \leq \mu \leq 3,8981$$

Com base no intervalo de confiança construído, a média do universo dos dados amarelos estaria compreendida entre 2,4019 e 3,8981. Um dado honesto, perfeito, teria média igual a 3,5. Como o valor 3,5 está incluído no intervalo construído a partir da amostra, é possível dizer que, embora a média amostral tenha sido diferente de 3,50, a amostra poderia ter sido proveniente de uma população com média igual a 3,50.

O intervalo de confiança possibilitou analisar os dados da amostra, inferi-los em relação ao universo e, posteriormente, analisar as suspeitas da empresa. Porém, outra forma de análise poderia ser feita mediante o uso de testes de hipóteses.

> **PARA LER, RIR E REFLETIR**
>
> **Delegado** – Mas minha senhora, por que você matou o gato do seu vizinho? Tudo bem que a senhora teve razão das inúmeras reclamações anteriores do barulho que ele fazia à noite, não deixando a vizinhança dormir... Mas não precisava matar o coitadinho!
> **Acusada** – Foi acidente, seu delegado.
> **Delegado** – Acidente! Como assim?
> **Acusada** – O revólver disparou sem querer. Foi um acidente infeliz, eu garanto.
> **Delegado** – Acidente? Todos os *59* tiros?
>
> A piada apresenta um conceito inerente à estimação e aos testes de hipóteses. Uma situação eventualmente provocada pelo acaso poderia ser perfeitamente admissível. Um tiro poderia ter sido acidental... Mas 59 tiros? Em uma arma que contém menos que dez balas! A arma foi recarregada e, posteriormente, disparada acidentalmente? Com certeza, não *acidentalmente*. Daí a razão do espanto do delegado.
> Inferência e testes de hipóteses lidam com o que pode ter sido ocasionado pelo acaso, diferenciando do que não pode ter sido mera consequência da sorte ou do azar.

## Alegações sobre parâmetros populacionais *versus* estimativas amostrais

O teste de hipótese tem por objetivo verificar a veracidade de determinada suposição dentro do âmbito amostral para ser aceita dentro do âmbito populacional. Isto é, se a alegação em questão acerca de um parâmetro populacional pode ser aceita ou não com base em dados amostrais coletados.

No caso do problema dos dados amarelos da Fábrica dos Dados Coloridos, existe a expectativa de que a média populacional ou *verdadeira* dos lances de um dado honesto seja igual a 3,5. Porém, a empresa alegava que a média *verdadeira* dos dados amarelos seria diferente de 3,5.

Para analisar as suspeitas, uma amostra foi extraída, resultante de cinco lances com quatro dados cada lance. Os dados da amostra deveriam ser confrontados com a alegação sobre o todo. Isto é, desejava-se testar se os resultados da amostra, com média igual a 3,15, seria compatível com uma população com média igual a 3,5. Tais testes poderiam ser feitos com o uso de testes de hipóteses estatísticos.

Testes de hipóteses confrontam estimativas amostrais com parâmetros populacionais. São comumente utilizados em pesquisas educacionais, socioeconômicas, políticas, controle de qualidade e outros.

Em outro exemplo, um tradicional fabricante de bobinas de papel para máquinas registradoras afirma nos rótulos de seus produtos que estes contêm, em média, 5.000 centímetros. Um consumidor, desejando verificar a validade da afirmação da fábrica, comprou 50 bobinas de papel e encontrou que estas apresentaram uma média amostral igual a 4.950 cm, com um desvio padrão de 100 cm. Será, então, que o fabricante estaria mentindo, já que a média amostral foi inferior ao alegado nos rótulos?

Para poder verificar a legitimidade da alegação, deve-se observar que os dados apresentam uma certa dispersão, com desvio padrão igual a 100 cm. Assim, em função da dispersão natural dos dados e da distribuição amostral das médias, é possível, em decorrência do mero acaso, obter uma média amostral inferior à alegação sobre o parâmetro na população. Para poder melhor analisar o estudo, seria necessário aplicar um teste de hipóteses.

Um teste de hipóteses inicia com a análise da situação e da alegação estabelecida. Posteriormente, formulam-se duas hipóteses de trabalho, apresentadas como hipótese nula ou *H* zero, apresentada como $H_0$, e a hipótese alternativa ou *H* um, apresentada como $H_1$.

Na hipótese nula, supõe-se que a alegação de igualdade seja aceita como verdadeira para a população. Em $H_0$ sempre apresentamos uma alegação de igualdade. Já a hipótese alternativa, como o próprio nome sugere, oferece uma negação para a hipótese nula. Essa negação pode ser por meio da alegação de diferença, maioridade ou menoridade. $H_1$ apresenta uma alegação do tipo "≠", "<" ou ">".

Em relação ao exemplo da Fábrica dos Dados Coloridos, a alegação de igualdade apresentada é de que a média de todos os lances dos dados amarelos seja igual a 3,5. A alegação de desigualdade é a de que os lances apresentariam média diferente de 3,5. Formalizando a apresentação das hipóteses:

$H_0$: Média populacional de todos os lances é igual a 3,50 ou $\quad H_0: \mu = 3,50$

$H_1$: Média populacional de todos os lances é diferente de 3,50 $\quad$ ou $\quad H_1: \mu \neq 3,50$

No caso do fabricante de bobinas de papel, a alegação de igualdade apresentada é de que a média de todas as bobinas produzidas seja igual a 5.000 cm. A alegação de desigualdade é a de que a média seja diferente de 5.000 cm. Formalizando a apresentação das hipóteses:

$H_0$: Média populacional de todas as bobinas seja igual a 5.000 cm ou $\quad H_0: \mu = 5.000$

$H_1$: Média populacional de todas as bobinas seja diferente de 5.000 cm ou $\quad H_1: \mu \neq 5.000$

A regra para a construção das hipóteses nula e alternativa deve ser sempre respeitada.

> $H_0$: sempre deve estabelecer uma igualdade. A igualdade pode ser entendida por meio de uma igualdade simples, "=", por meio de situação do tipo maior ou igual, "≥", ou de uma situação do tipo menor ou igual, "≤". Embora diferentes situações possam ser entendidas, costuma-se apresentá-la apenas por meio da igualdade simples. Porém, será sempre complementar ao que estabelece a hipótese alternativa.
>
> $H_1$: sempre deve estabelecer uma desigualdade. A desigualdade pode ser entendida por meio de uma diferença simples, "≠", por meio de situação do tipo maior, ">", ou de uma situação do tipo menor, "<".
>
> Assim, caso uma situação seja apresentada com $H_0: \mu = 10$ e $H_1: \mu > 10$, entende-se que a hipótese nula $H_0$, embora apresentada com uma igualdade simples, contempla, na verdade, o complemento da hipótese alternativa. Como a hipótese $H_1$ apresenta uma situação do tipo maior que 10, a hipótese nula, ao se referir ao complemento, aceitará qualquer situação do tipo menor ou igual a 10.
>
> Embora apresentadas, por convenção nas formas "$H_0: \mu = 10$" e "$H_1: \mu > 10$", na prática os procedimentos de testes trabalharão com "$H_0: \mu \leq 10$" e "$H_1: \mu > 10$".

Como exemplo de situação alegada e hipóteses formuladas, veja os exemplos fornecidos a seguir. Em todos deve ser respeitada a regra básica da manutenção da alegação de igualdade na hipótese nula.

*Exemplo 1*: um pesquisador gostaria de testar a alegação da média populacional das alturas de um grupo de alunos ser igual a 1,70 m, contra a alternativa da média ser diferente. As hipóteses formuladas seriam:

$H_0$: Média populacional das alturas é igual a 1,70 m ou $\quad H_0: \mu = 1,70$ m

$H_1$: Média populacional das alturas é diferente de 1,70 m ou $\quad H_1: \mu \neq 1,70$ m

O exemplo é muito simples. A alegação de igualdade e a de diferença estão claramente apresentadas.

*Exemplo 2*: um fabricante de lâmpadas alega que seus produtos duram, em média e no mínimo, 400 horas. As hipóteses formuladas seriam:

$H_0$: Média populacional da duração é igual a 400 h ou $\quad H_0: \mu = 400$ h

$H_1$: Média populacional da duração é menor que 400 h ou $\quad H_1: \mu < 400$ h

O exemplo traz uma alegação pelo fabricante do tipo no mínimo ou "≥". Assim, essa alegação de igualdade deve ser colocada na hipótese nula, embora apresentada apenas com sinal de igualdade, "=". A hipótese alternativa será do tipo menor que ou "<".

A alegação do fabricante apenas poderá ser rejeitada se a amostra apresentar uma média significativamente menor. Não basta ter uma amostra com média mais baixa. Ela precisa ser significativamente mais baixa.

*Exemplo 3*: uma indústria química alega que a quantidade de impurezas presentes em um determinado produto é igual ou menor que 16 gramas. As hipóteses formuladas seriam:

$H_0$: Média populacional das impurezas é igual a 16 g ou $\quad H_0: \mu = 16$ g

$H_1$: Média populacional das impurezas é maior que 16 g ou $\quad H_1: \mu > 16$ g

A alegação da indústria é do tipo igual ou menor, "≤". A alegação de igualdade está formulada e deve ser apresentada na hipótese nula, embora apenas o sinal de igualdade "=" seja apresentado em $H_0$. A hipótese alternativa apresenta o complemento, ou seja, ">".

Apenas seria possível rejeitar a alegação da indústria com uma média amostra significativamente maior. Não bastaria apenas ser maior. Teria que ser significativamente maior.

Quando alegação formulada envolve uma desigualdade, esta costuma ser expressa por meio da hipótese alternativa, $H_1$. Vide os exemplos fornecidos a seguir:

*Exemplo 4*: um economista gostaria de testar a hipótese da média do crescimento da renda familiar em uma região ter sido diferente de zero. As hipóteses formuladas envolvem a alegação da desigualdade em $H_1$.

$H_0$: Média populacional do crescimento de renda é igual a 0 ou $\quad H_0: \mu = 0$
$H_1$: Média populacional do crescimento de renda é diferente de 0 ou $\quad H_1: \mu \neq 0$

Neste caso, a alegação da diferença está clara e deve ser colocada na hipótese alternativa, $H_1$.

*Exemplo 5*: uma prestadora de serviços de desinsetização alega que a aplicação de seus produtos dura, em média, mais de 180 dias. As hipóteses formuladas envolvem a alegação da desigualdade em $H_1$.

$H_0$: Média populacional da duração é igual a 180 dias ou $\quad H_0: \mu = 180$ dias
$H_1$: Média populacional da duração é maior que 180 dias ou $\quad H_1: \mu > 180$ dias

No exemplo, a alegação da desigualdade do tipo maior que, ">", está clara e deve ser colocada na hipótese alternativa, $H_1$.

*Exemplo 6*: uma fábrica de defensivos agrícolas alega que a sua emissão de efluentes mensal é menor que 100.000 litros. As hipóteses formuladas envolvem a alegação da desigualdade em $H_1$.

$H_0$: Média populacional das emissões mensais é igual a 100.000 l ou $\quad H_0: \mu = 100.000$ l
$H_1$: Média populacional das emissões é menor que 100.000 l ou $\quad H_1: \mu < 100.000$ l

No caso, a alegação da desigualdade do tipo menor que, "<", está clara e deve ser colocada na hipótese alternativa, $H_1$.

Para aplicar, de forma completa, os testes de hipóteses, recomenda-se a aplicação de cinco passos distintos. Todos estão descritos a seguir.

## Os procedimentos dos testes de hipóteses

A realização dos testes inferenciais de hipóteses, com a confrontação de dados amostrais com alegações acerca de características da população, costuma empregar uma rotina de procedimentos sequenciais, comumente representada através de uma sequência de cinco passos, denominados por Passo 1, Passo 2, Passo 3, Passo 4 e Passo 5. As etapas dos testes estão apresentadas a seguir.

**Passo 1.** A primeira etapa consiste na formulação da hipótese nula ($H_0$) e da hipótese alternativa ($H_1$). É importante destacar que a hipótese nula sempre conterá uma alegação de igualdade. A hipótese alternativa sempre conterá uma alegação de desigualdade. Os procedimentos inferenciais empregados costumam envolver a estimativa e os testes sobre médias ou proporções populacionais.

De modo geral, as hipóteses formuladas podem ser estabelecidas da seguinte forma:

*$H_0$*: também denominada hipótese nula. Alega a **igualdade** de um determinado parâmetro. Por exemplo, $\mu = \$160,00$; $\mu = 400$ Kg, $\mu = 4$ dias ou $P = 40\%$.

> **Importante:** a hipótese nula $H_0$ sempre alega a igualdade de um determinado parâmetro.

*$H_1$*: também denominada hipótese alternativa. Alega a desigualdade de um determinado parâmetro. Pode envolver a alegação de três tipos diferentes de hipóteses: diferença ($\neq$), maior (>) ou menor (<). Por exemplo: $H_1$: $\mu \neq 40$ h; $H_1$: $\mu > 40$ h ou $H_1$: $\mu < 40$ h.

É importante destacar que a hipótese nula sempre apresenta uma igualdade. Por outro lado, a hipótese alternativa deve apresentar uma desigualdade, com uma alegação do tipo diferente de, maior que ou menor que.

Caso seja necessário construir hipóteses para as situações apresentadas a seguir, a regra de que a hipótese nula deve conter a igualdade deve ser sempre respeitada.

Situação 1: Um comerciante alega que suas vendas médias diárias nunca são iguais a $ 400,00. Neste caso, a desigualdade já está alegada. A construção das hipóteses consiste em:

$H_0$: $\mu = \$ 400,00$
$H_1$: $\mu \neq \$ 400,00$

Situação 2: Um fabricante alega que suas embalagens de amaciante tem, em média, sempre mais que 200 ml. Neste caso, de forma similar à situação anterior, a desigualdade já está alegada. A construção das hipóteses consiste em:

$H_0$: $\mu = 200$ ml
$H_1$: $\mu > 200$ ml

Situação 3: Uma indústria de papel alega que suas resmas sempre contêm em média e no mínimo 500 folhas. Neste caso, a igualdade está contida na alegação da empresa, já que conter no mínimo 500 folhas é conter uma quantidade **igual** ou maior que 500 folhas. Assim, a hipótese nula estabelece a igualdade alegada pelo fabricante enquanto a hipótese alternativa a nega, afirmando uma média menor que 500 folhas. A afirmação do fabricante apenas será negada se a quantidade média encontrada for significativamente menor que 500 folhas. A construção das hipóteses consiste em:

$H_0$: $\mu = 500$ folhas
$H_1$: $\mu < 500$ folhas

**Passo 2.** Na segunda etapa do teste de hipóteses, deve-se escolher a distribuição amostral adequada. As regras aplicáveis para a escolha da distribuição e os procedimentos empregados são similares aos utilizados na estimação de intervalos de confiança e apresentados na Figura 10.1.

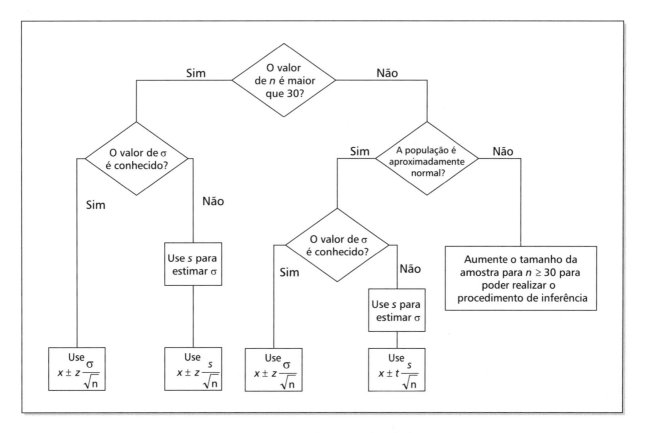

Figura 10.1 *Procedimentos de inferência.*

De modo geral, na segunda etapa, observam-se as seguintes regras:

Se o tamanho da amostra for maior ou igual que 30, deve-se usar a distribuição normal, representada na tabela "Z", conforme estabelecido no teorema central do limite, trabalhado no capítulo anterior. Para amostras com pelo menos 30 elementos, a distribuição das médias amostrais deve ser comportar como uma distribuição normal, com média igual à média amostral e desvio igual a $\sigma \div \sqrt{n}$.

Se o desvio padrão populacional ($\sigma$) for conhecido, este será empregado nos cálculos da estatística teste. Caso o desvio populacional seja desconhecido, o desvio padrão amostral deverá ser empregado como estimativa do desvio populacional nos cálculos subsequentes.

Se o tamanho da amostra for menor que 30 elementos, mas a população for aproximadamente normal e o desvio padrão populacional for conhecido, deve-se também empregar a distribuição normal.

Quando a distribuição da variável na população for aproximadamente normal e o desvio padrão populacional for desconhecido e o tamanho da amostra for menor que 30, deve ser utilizada a distribuição de Student, representada por meio da tabela "t", apresentada mais adiante.

Quando $n$ for menor que 30 e a população não for normalmente distribuída, não se deve aplicar nenhuma das tabelas "Z" ou "t". Nestas situações, devem ser empregados testes não paramétricos de hipóteses ou deve-se buscar um aumento do tamanho da amostra estudada.

**Passo 3.** Na terceira etapa deve-se estabelecer o nível de significância e o nível de confiança, marcá-los no gráfico da distribuição determinada no passo anterior e calcular os valores críticos. O nível de confiança expressa o percentual da probabilidade de acerto da conclusão. Geralmente, é assumido como igual a 95%. O nível de significância expressa o erro possível de ser cometido – geralmente assumido como sendo igual a 5%.

Por meio do nível de confiança, é possível expressar a área de aceitação da hipótese nula, $H_0$. O nível de significância expressa a área associada à aceitação da hipótese alternativa, $H_1$. Para uma hipótese alternativa definida através de uma suposição de diferença ($H_1: \mu \neq 10$, por exemplo), as áreas de aceitação (nível de confiança) e rejeição (nível de significância) da hipótese nula podem ser vistas na Figura 10.2.

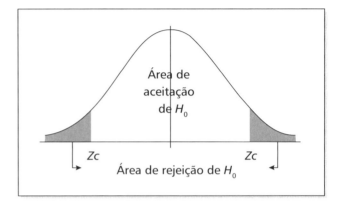

Figura 10.2  *Áreas de aceitação e rejeição da hipótese nula $H_0$.*

Apresentando as áreas de aceitação ou rejeição por meio do nível de confiança e do nível de significância, pode-se construir a representação da Figura 10.3.

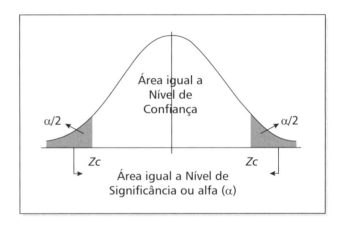

Figura 10.3  *Nível de confiança e significância, com $H_1$ do tipo "$\neq$".*

Quando a hipótese alternativa ($H_1$) apresenta o parâmetro analisado com a desigualdade expressa através de uma expressão de maioridade, as áreas de aceitação (nível de confiança) e rejeição (nível de significância ou alfa) podem ser vistas na Figura 10.4.

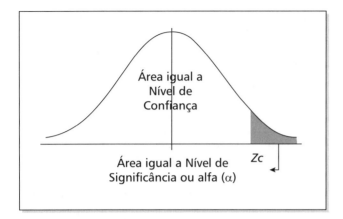

Figura 10.4 *Nível de confiança e significância, com H₁ do tipo ">"*.

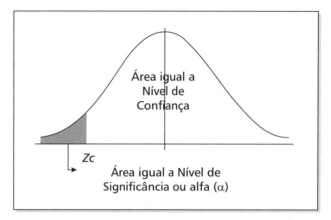

Figura 10.5 *Nível de confiança e significância, com H₁ do tipo "<"*.

Se a hipótese alternativa ($H_1$) apresentar o parâmetro analisado com a desigualdade expressa através de uma expressão de menoridade, as áreas de aceitação (nível de confiança) e rejeição (nível de significância ou alfa) poderiam ser vistas na Figura 10.5.

De modo geral, as formas de partição dos testes de hipóteses podem ser resumidas por meio da Figura 10.6.

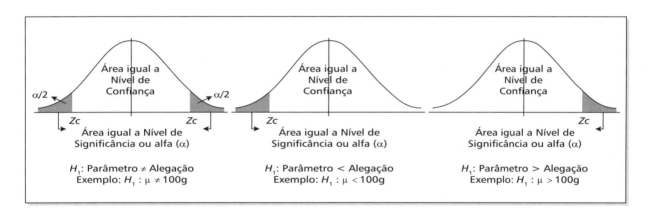

Figura 10.6 *Diferentes partições para diferentes H₁*.

Com a partição do gráfico, devem-se determinar os valores críticos para a variável Z, representados por Zc. Para encontrar o valor crítico da variável, é preciso conhecer os valores do nível de significância ou confiança. Alguns dos principais valores críticos de Z podem ser vistos na Tabela 10.3.

Tabela 10.3 *Valores críticos de variável padrão Z*.

| Nível de significância bicaudal | Nível de significância unicaudal | Área na tabela padronizada de Z | Valor crítico (Zc) |
|---|---|---|---|
| 20% | 10% | 0,40 | 1,28 |
| 10% | 5% | 0,45 | 1,65 |
| 5% | 2,5% | 0,475 | 1,96 |
| 2% | 1% | 0,49 | 2,33 |
| 1% | 0,5% | 0,495 | 2,58 |

Os valores críticos de Z, Zc, foram obtidos na tabela padronizada da distribuição normal. Veja a Tabela 10.4.

Tabela 10.4  Valores críticos de Z.

| Z | 0,00 | 0,01 | 0,02 | 0,03 | 0,04 | 0,05 | 0,06 | 0,07 | 0,08 | 0,09 |
|---|------|------|------|------|------|------|------|------|------|------|
| 1,10 | 0,3643 | 0,3665 | 0,3686 | 0,3708 | 0,3729 | 0,3749 | 0,3770 | 0,3790 | 0,3810 | 0,3830 |
| 1,20 | 0,3849 | 0,3869 | 0,3888 | 0,3907 | 0,3925 | 0,3944 | 0,3962 | 0,3980 | **0,3997** | 0,4015 |
| 1,50 | 0,4332 | 0,4345 | 0,4357 | 0,4370 | 0,4382 | 0,4394 | 0,4406 | 0,4418 | 0,4429 | 0,4441 |
| 1,60 | 0,4452 | 0,4463 | 0,4474 | 0,4484 | 0,4495 | **0,4505** | 0,4515 | 0,4525 | 0,4535 | 0,4545 |
| 1,90 | 0,4713 | 0,4719 | 0,4726 | 0,4732 | 0,4738 | 0,4744 | **0,4750** | 0,4756 | 0,4761 | 0,4767 |
| 2,30 | 0,4893 | 0,4896 | 0,4898 | **0,4901** | 0,4904 | 0,4906 | 0,4909 | 0,4911 | 0,4913 | 0,4916 |
| 2,40 | 0,4918 | 0,4920 | 0,4922 | 0,4925 | 0,4927 | 0,4929 | 0,4931 | 0,4932 | 0,4934 | 0,4936 |
| 2,50 | 0,4938 | 0,4940 | 0,4941 | 0,4943 | 0,4945 | 0,4946 | 0,4948 | 0,4949 | **0,4951** | 0,4952 |

**Passo 4.** A quarta etapa consiste no cálculo da estatística teste e na comparação dessa resposta com as áreas particionadas e os seus valores críticos. Existem diferentes equações a utilizar para encontrar a estatística teste.

Para testes de hipóteses com uma amostra para a média, os valores da estatística teste podem ser apresentados de diferentes formas:

a) Se o desvio padrão populacional for conhecido ou o tamanho da amostra for igual ou maior que 30:

$$z_t = \frac{\bar{x} - \mu_0}{\frac{\sigma}{\sqrt{n}}} \text{ ou } z_t = \frac{\bar{x} - \mu_0}{\frac{s}{\sqrt{n}}}$$

b) Se o desvio padrão populacional for desconhecido e o tamanho da amostra for menor que 30:

$$t_t = \frac{\bar{x} - \mu_0}{\frac{s}{\sqrt{n}}}$$

Onde:

$\bar{x}$ = média da amostra

$\sigma$ = desvio padrão populacional

$s$ = desvio padrão amostral

$n$ = número de elementos da amostra

**Passo 5.** Na última etapa, a depender do resultado da estatística teste e de sua posição no gráfico particionado anteriormente no passo 3, aceita-se ou não a hipótese nula.

Para ilustrar melhor a aplicação de um teste de hipóteses, considere o exemplo da Fábrica dos Dados Coloridos, que suspeitava que a *verdadeira* média dos dados amarelos seria diferente de 3,5. Por meio do processo de inferência, conclui-se que a amostra seria compatível com uma população com média igual a 3,5.

Caso a análise fosse feita com um teste de hipóteses, seria preciso seguir os cinco passos apresentados.

**Passo 1.** Definição das hipóteses. Na situação, as hipóteses foram apresentadas em função da média populacional ser igual ou diferente de 3,5.

$H_0$: $\mu = 3,5$

$H_1$: $\mu \neq 3,5$

**Passo 2.** Escolha da distribuição amostral adequada. Como o tamanho é igual a 20 ($n < 30$) e o desvio populacional é desconhecido, deve-se usar a distribuição de Student.

**Passo 3.** Partição da distribuição. Assumindo-se um nível de confiança padrão igual a 95%, e considerando-se 19 graus de liberdade, o valor da estatística teste $t$ é igual a 2,0930.

Tabela 10.5 *Distribuição t (nível de significância igual a 5% e 19 graus de liberdade).*

| Graus de liberdade ($n-1$) | α bicaudal ||||||||||
|---|---|---|---|---|---|---|---|---|---|---|
| | 0,10 | 0,09 | 0,08 | 0,07 | 0,06 | 0,05 | 0,04 | 0,03 | 0,02 | 0,01 |
| | α unicaudal ||||||||||
| | 0,05 | 0,045 | 0,04 | 0,035 | 0,03 | 0,025 | 0,02 | 0,015 | 0,01 | 0,005 |
| 18 | 1,7341 | 1,7918 | 1,8553 | 1,9264 | 2,0071 | 2,1009 | 2,2137 | 2,3562 | 2,5524 | 2,8784 |
| 19 | 1,7291 | 1,7864 | 1,8495 | 1,9200 | 2,0000 | 2,0930 | 2,2047 | 2,3457 | 2,5395 | 2,8609 |
| 20 | 1,7247 | 1,7816 | 1,8443 | 1,9143 | 1,9937 | 2,0860 | 2,1967 | 2,3362 | 2,5280 | 2,8453 |

Com o valor obtido para $tc$, pode-se representar a partição de acordo com a Figura 10.7. Valores para a estatística teste entre $-2,0930$ e $+2,0930$ indicam a aceitação da hipótese nula, $H_0$. Valores da estatística teste menores que $-2,0930$ ou maiores que $+2,0930$ indicam a rejeição da hipótese nula e a aceitação da hipótese alternativa, $H_1$.

Representando a estatística teste nas áreas de aceitação e rejeição, tem-se o resultado da Figura 10.8.

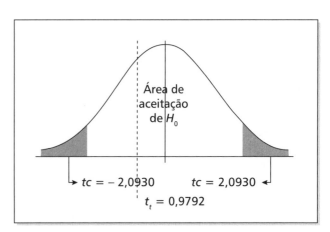

Figura 10.8 *Áreas de aceitação, rejeição e estatística teste.*

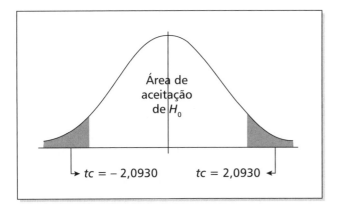

Figura 10.7 *Áreas de aceitação e rejeição da hipótese nula $H_0$.*

**Passo 4.** Cálculo da estatística teste e comparação com as áreas particionadas e os valores críticos. Usando a fórmula para a estatística t teste:

$$t_t = \frac{\bar{x} - \mu_0}{\frac{s}{\sqrt{n}}} = \frac{3,15 - 3,5}{\frac{1,5985}{\sqrt{20}}} = -0,9792$$

**Passo 5.** Aceita-se ou não a hipótese nula. Como o resultado da estatística teste foi igual a $-0,9292$, este valor encontra-se entre os limites das estatísticas críticas, iguais a $-2,0930$ e $+2,0930$. Assim, o valor da estatística teste, conforme representado na Figura 10.8, indica a aceitação da hipótese nula.

Ou seja, mediante a aplicação do teste de hipótese, é possível aceitar a alegação de que a amostra tenha sido proveniente de uma população com média igual a 3,5. Não é possível aceitar a hipótese da média populacional ser diferente de 3,5.

## Teste bicaudal ou bilateral

O teste bilateral é utilizado quando se analisam condições extremas, onde não existe a possibilidade da incerteza tanto para maior como para menor. Existe grande interesse na análise dos valores extremos para a média amostral em ambos os lados da distribuição normal. Como exemplo dessa situação, podem-se citar alguns exemplos *sui generis*, como: a porca e o parafuso, a chave e a fechadura, o tamanho do pé e o calçado... Todos esses exemplos demonstram compatibilidade entre os meios, pois o diâmetro do parafuso tem que ser compatível com o diâmetro da porca para se ter utilidade. Assim como o segredo de determinada chave só abre a porta exata. Quaisquer diferenças significativas implicam na rejeição da hipótese de igualdade.

Ao realizar o gráfico da distribuição normal baseado no nível de significância ($\alpha$), por ser um teste bilateral, calcula-se a área da cauda dividindo-se o valor de $\alpha$ por dois ($\alpha/2$). Veja a Figura 10.9.

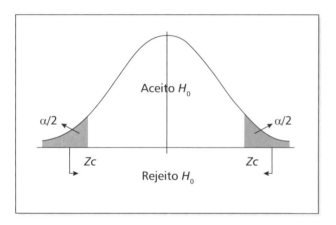

Figura 10.9  *Partição em teste bilateral.*

Por exemplo, uma empresa alega que a quantidade média de açúcar contida nas embalagens *standard* é **exatamente** igual a 200 g. Uma pesagem de 14 embalagens escolhidas ao acaso apresentou um peso médio igual à 180 g. Estudos feitos com produtos similares, indicam que o desvio padrão populacional dos produtos analisados é igual a 25 g. Para um nível de significância igual a 5%, o que se pode dizer sobre a alegação do fabricante?

Para verificar a coerência da alegação da indústria com os dados amostrais, é preciso aplicar os cinco passos padrões do teste de hipóteses:

**Passo 1.** No primeiro passo, por meio da interpretação do enunciado, devem ser formuladas as hipóteses nula ($H_0$) e alternativa ($H_1$). A hipótese nula sempre contém a alegação de igualdade.

$H_0$: $\mu = 200$: segundo a alegação de igualdade formulada, a média seria igual a 200 g

$H_1$: $\mu \neq 200$: de forma alternativa, supõe-se que a média seja diferente de 200 g

**Passo 2.** No segundo passo deve-se identificar o desvio padrão, e a depender deste define-se que tabela será utilizada. Nesta questão, como tem-se o desvio padrão populacional ($\sigma$) conhecido, deve ser utilizada a distribuição normal.

**Passo 3.** No terceiro passo, deve-se, então, definir a região de aceitação e rejeição usando a curva normal. Nesse caso, tem-se que o nível de significância ($\alpha$) é igual a 5%. Logo, existe um nível de confiança igual a 95% para a aceitação da hipótese nula.

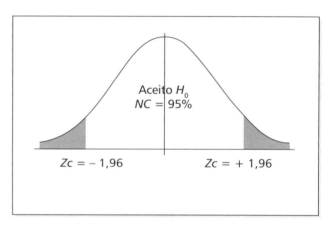

Figura 10.10  *Partição para nível de confiança igual a 95%.*

Com base no nível de confiança igual a 95% ou no nível de significância igual a 5%, é possível encontrar os valores críticos de $Z$, no caso iguais a +/– 1,96.

**Passo 4.** Na quarta etapa, deve-se calcular a estatística teste "z". Neste caso, a fórmula a ser utilizada é a seguinte:

$$z_t = \frac{\overline{x} - \mu_0}{\frac{\sigma}{\sqrt{n}}}$$

Substituindo os dados na fórmula:

$$z_t = \frac{180 - 200}{\frac{25}{\sqrt{14}}} = -2{,}9933$$

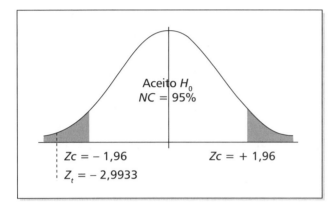

Figura 10.11  *Partição e estatística teste.*

**Passo 5.** Deve-se comparar o resultado da estatística teste com os valores de aceitação ou rejeição do gráfico realizada no 3º passo. Neste caso, o valor da estatística teste (– 2,9933) é inferior ao limite mínimo ou Z crítico da área de aceitação (– 1,96).

Veja a Figura 10.11. Como Z teste situa-se na área de rejeição, não é possível aceitar a alegação do fabricante. Com base nos dados amostrais, seria possível rejeitar a alegação formulada pelo fabricante.

Os dados da amostra indicam uma média significativamente diferente daquela alegada pelo fabricante.

## Teste unicaudal ou unilateral

A característica típica dos testes de hipóteses unicaudais ou unilaterais consiste no fato de permitir verificar a existência de dois limites únicos e opostos, existindo interesse na análise de apenas um dos extremos. Neste tipo de teste pode-se utilizar desigualdades maiores ou menores para se testar a veracidade das hipóteses.

**Teste unicaudal com limite superior:** os testes de hipóteses com limite superior possuem o propósito de analisar se os dados amostrais sustentam a hipótese da estimativa obtida ser igual ou menor que um parâmetro alegado. Como exemplos práticos em relação ao extremo máximo na curva normal, pode-se citar a validade de produtos perecíveis – o produto não deve ser utilizado após o prazo limite estabelecido pelo fabricante; a quantidade máxima permitida de $CO_2$ a ser expelida por um veículo; e a quantidade máxima permitida de agrotóxicos encontrada em determinados produtos agrícolas.

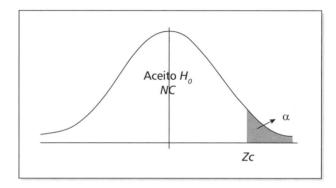

Figura 10.12  *Partição unicaudal à direita.*

Para ilustrar o uso de teste unicaudal com limite superior, considere o exemplo de um determinado fabricante de rações para aves que produz um tipo especial de mistura. O fabricante alega que uma embalagem com kg conterá em média, **no máximo,** 4,5 kg de um determinado composto. A alegação do fabricante pode ser entendida que a verdadeira média deverá ser igual ou menor que 4,5 kg, ou $H_0$: $\mu \leq 4{,}5$ kg. Convencionalmente, a hipótese nula é apresentada apenas com a igualdade. Ou seja, $H_0$: $\mu = 4{,}5$ kg.

A hipótese alternativa $H_1$ que rejeita a alegação do fabricante deve estabelecer uma média populacional **superior** a 4,5 kg do composto nas embalagens de 20 kg. Ou seja, $H_1$: $\mu > 4{,}5$ kg. Assim, as duas hipóteses podem ser apresentadas como:

$H_0$: $\mu = 4{,}5$ kg
$H_1$: $\mu > 4{,}5$ kg

Uma pesquisa realizada por um criatório cliente, utilizando-se de uma amostra de 190 embalagens de 20 kg, revelou uma quantidade média de 4,8 kg com um desvio padrão de 0,3 kg. Considerando um nível de confiança igual a 96% ou um nível de significância igual a 4%, é possível aceitar a alegação do fabricante?

Note que caso a média amostral encontrada fosse igual ou menor que 4,5 kg, nada mais haveria a ser feito, já que a estimativa amostral seria coerente com a alegação do fabricante. O problema é que amostra apresentou uma média **superior** a 4,5 kg. O problema, então, consiste em saber se a diferença a maior é, de fato, **significativa**.

Para testar a alegação do fabricante, seria preciso estruturar um teste de hipóteses. Veja os passos apresentados a seguir.

**Passo 1.** Por meio da interpretação do enunciado deve-se formular $H_0$ e $H_1$. Neste caso, as hipóteses já foram definidas como sendo:

$H_0: \mu = 4,5$
$H_1: \mu > 4,5$

**Passo 2.** Nesta etapa se deve identificar se o desvio padrão populacional é conhecido ou se o tamanho da amostra é grande. A partir destas informações, define-se a distribuição de probabilidades que será utilizada.

No exemplo da fábrica de rações, como a amostra é grande ($n > 30$) e, além disso, tem-se o desvio populacional conhecido, será utilizada a distribuição normal, com o apoio da tabela padronizada com os valores de Z.

**Passo 3.** Deve-se definir a região de aceitação e rejeição das hipóteses usando a distribuição de probabilidades definida anteriormente.

No caso das rações, tem-se um nível de significância igual a 4%. Logo há um nível de confiança ou uma área de aceitação da hipótese nula igual a 96%. Como a hipótese alternativa $H_1$ apresenta uma desigualdade do tipo maior que, ">", $H_1: \mu > 4,5$, a participação é do tipo unicaudal à direita. A área para o valor correspondente de $Z_c$ na partição é igual a 0,46.

Na tabela padronizada para os valores de Z, tem-se para área igual a 0,46 (o valor mais próximo é 0,4599) um valor de Z igual a 1,75. Veja a Tabela 10.6.

Tabela 10.6  *Valor de Z para área igual a 0,4599.*

| Z | 0,00 | 0,01 | 0,02 | 0,03 | 0,04 | 0,05 | 0,06 | 0,07 | 0,08 | 0,09 |
|---|------|------|------|------|------|------|------|------|------|------|
| **1,50** | 0,4332 | 0,4345 | 0,4357 | 0,4370 | 0,4382 | 0,4394 | 0,4406 | 0,4418 | 0,4429 | 0,4441 |
| **1,60** | 0,4452 | 0,4463 | 0,4474 | 0,4484 | 0,4495 | 0,4505 | 0,4515 | 0,4525 | 0,4535 | 0,4545 |
| **1,70** | 0,4554 | 0,4564 | 0,4573 | 0,4582 | 0,4591 | 0,4599 | 0,4608 | 0,4616 | 0,4625 | 0,4633 |
| **1,80** | 0,4641 | 0,4649 | 0,4656 | 0,4664 | 0,4671 | 0,4678 | 0,4686 | 0,4693 | 0,4699 | 0,4706 |

O Z crítico da partição unicaudal é igual a 1,75. A partição pode ser vista na Figura 10.13.

$$z_t = \frac{\bar{x} - \mu_0}{\frac{s}{\sqrt{n}}} = \frac{4,8 - 4,5}{\frac{0,3}{\sqrt{190}}} = 13,7840$$

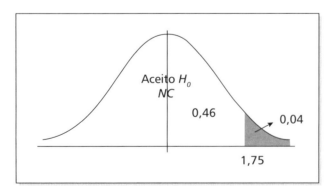

Figura 10.13  *Partição para nível de confiança unicaudal.*

**Passo 4.** Na quarta etapa deve-se calcular a estatística teste Z.

**Passo 5.** Deve-se comparar o resultado da estatística teste com os valores de aceitação/rejeição do gráfico realizada no 3º passo.

No caso da fábrica de rações, o valor de $Z_{teste}$ (13,7840) está na área de rejeição já que seu valor é superior ao valor de Z crítico (+ 1,75). Logo, não é possível aceitar a alegação do fabricante. Os dados da amostra não condizem com as informações alegadas pelo fabricante.

**Teste unicaudal com limite inferior:** os testes de hipóteses unicaudais ou unilaterais com limites inferiores são empregados em situações onde se deseja verificar se uma determinada estimativa amostral pode corroborar com a alegação do parâmetro populacional ser igual ou maior que um limite alegado.

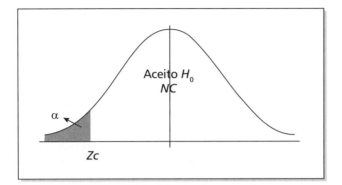

Figura 10.14  *Partição unicaudal à esquerda.*

Considerando os extremos mínimos, podem-se citar como exemplos a vida útil mínima de determinados veículos garantida pelo seu fabricante; ou ainda o mínimo de pontos necessários para ser aprovado em um exame qualquer, a quantidade de combustível mínima necessária para que haja o bom funcionamento de um veículo e outros.

Para ilustrar, imagine que uma empresa de pesquisas econômicas alegue que, em uma determinada região da cidade, a renda média familiar seria, no mínimo, igual a $ 100.000,00. Porém, uma amostra formada por 60 famílias da região apresentou renda média igual à $ 93.300,00, com desvio padrão amostral igual a $ 13.400,00. Assumindo um nível de significância igual a 5%, seria possível concordar com a alegação formulada?

Para fornecer uma resposta, é preciso aplicar um teste de hipóteses, seguindo os cinco passos.

**Passo 1.** Por meio da interpretação do enunciado deve-se formular $H_0$ e $H_1$.

$H_{0:}\ \mu = 100.000$

$H_{1:}\ \mu < 100.000$

**Passo 2.** Consiste em identificar se o desvio padrão populacional é conhecido ou se o tamanho da amostra é maior que 30. A depender destas informações, define-se qual distribuição será utilizada. Neste exemplo, como o tamanho da amostra é maior que 30 pode-se usar a distribuição normal e a tabela padronizada com os valores de Z.

**Passo 3.** Deve-se então definir a região de aceitação e rejeição usando a distribuição normal. Como o nível de significância é de 5%, existe um nível de confiança ou uma área de aceitação igual a 95%.

A área à esquerda da média é igual a 0,45. Na tabela padronizada de Z, para área igual a 0,45 (assumindo valor exato 0,4505) o valor correspondente de Z é 1,65. A partição pode ser vista na Figura 10.15.

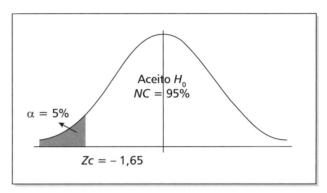

Figura 10.15  *Partição para o teste da empresa de pesquisas econômicas.*

**Passo 4.** No quarto passo, deve-se calcular a estatística teste Z. Substituindo os valores na equação de $Z_t$, tem-se:

$$Z_t = \frac{\bar{x} - \mu_0}{\frac{s}{\sqrt{n}}} = \frac{93.300 - 100.000}{\frac{13.400}{\sqrt{60}}} = -3,8730$$

**Passo 5.** No último passo, deve-se comparar o resultado da estatística teste (– 3,8730) com os valores de Z crítico, assinalado no gráfico desenhado no 3º passo. Neste caso, o valor de $Z_t$ está na área de rejeição do gráfico, já que – 3,8730 < – 1,65. Logo, não é possível aceitar a alegação formulada. Os dados da amostra não condizem com a alegação do fabricante.

## Tipos de erros associados aos testes de hipóteses

Existem dois possíveis erros associados ao teste de uma hipótese estatística, comumente denominados erros do tipo I e II. Pode-se rejeitar uma hipótese verdadeira (tipo I) ou aceitar uma hipótese falsa (tipo II).

As probabilidades de ocorrência dos dois tipos de erros são respectivamente denominadas alfa (α) e beta (β). A probabilidade alfa (α) do erro do tipo I é denominado nível de significância do teste de hipóteses. O nível de confiança do teste é apresentado como sendo um menos alfa (1 – α).

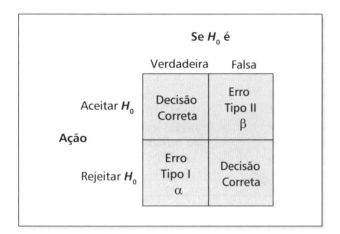

Figura 10.16  *Erros associados aos testes de hipóteses.*

Conforme ilustrado na Figura 10.16, o erro tipo I é cometido quando existir a rejeição de $H_0$, e o erro do tipo II quando se aceitar $H_0$.

Os testes de hipótese dependem fundamentalmente do nível de significância, apresentado pela letra grega α, alfa. O nível de significância apresenta a probabilidade de uma hipótese nula ser rejeitada, quando é verdadeira.

Quem conduz um teste de hipótese deseja, obviamente, reduzir ao mínimo as probabilidades dos dois tipos de erros.[2] A tarefa é difícil, porque, para uma amostra de determinado tamanho, a probabilidade de se incorrer em um erro tipo II aumenta a medida que diminui a probabilidade do erro tipo I, sendo a recíproca verdadeira.

Para reduzir os dois erros simultaneamente, é preciso aumentar o tamanho da amostra, o que, geralmente, associa-se ao aumento de recursos consumidos pelo estudo, incluindo recursos financeiros.

## Teste de uma amostra para médias

O teste de uma amostra para médias é característico de situações onde se procura testar alguma afirmação sobre o parâmetro média da população. Posteriormente, a alegação é confrontada com dados de uma amostra extraída da população. A partir do teste, é possível saber se a informação extraída da amostra condiz com alegação sobre a população ou não.

Para a amostra, calcula-se a média e o desvio padrão. Com estes dados, pode-se comparar a média amostral e o erro inferencial tolerável com a média alegada. Busca-se saber se a alegação é aceitável ou não.

Se ocorrerem grandes desvios, a probabilidade de a afirmação ser falsa é maior, e vice-versa. Para ilustrar, considere o exemplo apresentado a seguir.

Uma grande revista de negócios brasileira afirmou que o faturamento médio das indústrias de uma determinada região do sul do país seria igual a $ 820.000,00. Sabe-se que o desvio padrão do faturamento de todas as empresas da região é igual a $ 120.000,00.

Um pesquisador independente analisou os dados de uma amostra formada por 19 empresas, encontrando um faturamento médio igual a $ 780.000,00. Assumindo nível de significância igual a 8%, seria possível concordar com a alegação?

Para aplicar o teste de hipótese, seria preciso seguir os cinco passos.

**Passo 1.** Por meio da interpretação do enunciado, deve-se formular $H_0$ e $H_1$.

$H_0$: μ = 820.000
$H_1$: μ ≠ 820.000

**Passo 2.** Ao reconhecer que o desvio padrão populacional é conhecido, define-se a distribuição de probabilidade a utilizar. No exemplo, deve-se usar a distribuição normal.

**Passo 3.** Seguindo a sequência dos passos, deve-se definir a região de aceitação e rejeição usando a curva normal. Nesse caso, como o nível de significância é igual a 8%, haverá uma área igual a 92% de aceitação de $H_0$, conforme ilustra a Figura 10.17.

---

[2] De acordo com Fonseca e Martins (1996, p. 200).

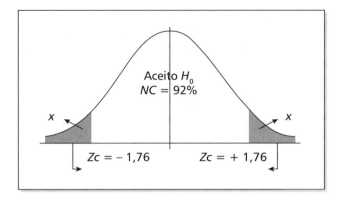

Figura 10.17 *Partição para nível de confiança igual a 92%.*

**Passo 4.** Deve-se calcular a estatística teste Z.

$$Z_t = \frac{\bar{x} - \mu_0}{\frac{\sigma}{\sqrt{n}}} = \frac{780.000 - 820.000}{\frac{120.000}{\sqrt{19}}} = -1,4530$$

**Passo 5.** Por fim, deve-se então comparar o resultado da estatística teste com os valores de aceitação ou rejeição da Figura 10.17. Neste caso, o valor de $Z_t$ está na área de aceitação do gráfico ($-1,76 \leq Z_t \leq 1,76$). É possível supor com base nas informações da amostra que a alegação feita pela revista seja verdadeira.

## Teste de uma amostra para proporção

Teste de uma amostra para proporção difere do teste de amostra para média apenas no que diz respeito aos dados amostrais. Geralmente se referem a variáveis qualitativas, sendo apresentados sob a forma de contagem ou frequência relativa, ao invés de médias.

A confrontação de uma frequência ou probabilidade alegada com os dados de uma amostra geralmente costuma ser feita com grandes amostras. A distribuição costuma ser aproximada pela curva normal.

O valor da estatística teste $Z_t$ pode se apresentada como:

$$Z_t = \frac{p - P_0}{\sqrt{\frac{P_0 \cdot Q_0}{n}}}$$

Onde:

$p$ = proporção amostral ($p = x/n$)

$P_0$ = proporção alegada para a população

$Q_0 = 1 - P_0$

$n$ = número de elementos da amostra

$x$ = número de elementos com a característica desejada

Para ilustrar, considere o exemplo apresentado a seguir. A análise de uma amostra de 600 leitoras da revista Ioga Magazine revelou que 62% possuem habilitação. Poderia esta amostra ter sido retirada de uma população que tivesse exatamente 60% de leitoras habilitadas? Considere um nível de confiança igual a 95%.

**Passo 1.** Por meio da interpretação do enunciado, deve-se formular $H_0$ e $H_1$.

$H_0: P = 60\%$

$H_1: P \neq 60\%$

**Passo 2.** Identifica-se a distribuição a usar. Testes com hipóteses de proporções geralmente trabalham com grandes amostras. Costuma-se usar a distribuição normal, com o emprego da tabela padronizada com os valores de Z.

**Passo 3.** Deve-se então definir a região de aceitação e rejeição usando a distribuição normal. Como o nível de significância ou rejeição é igual a 5%, há um nível de confiança ou uma área de aceitação de $H_0$ igual a 95%.

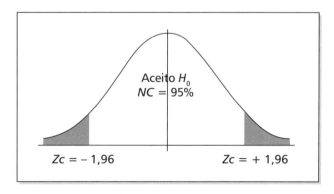

Figura 10.18 *Partição e áreas de aceitação e rejeição.*

**Passo 4.** Deve-se calcular a estatística teste Z.

$$Z_t = \frac{p - P_0}{\sqrt{\dfrac{P_0 \cdot Q_0}{n}}}$$

Substituindo os dados na fórmula, tem-se que:

$$Z_t = \frac{0{,}62 - 0{,}6}{\sqrt{\dfrac{0{,}60 \times 0{,}40}{600}}} = 1{,}00$$

**Passo 5.** Comparando o resultado da estatística teste $Z_t$ com os valores de aceitação e rejeição do gráfico realizada no terceiro passo, é possível verificar se a alegação pode ser aceita ou não.

Neste caso, o valor da estatística teste $Z_t$ (1,00) está entre os limites, $-1{,}96 \leq Z_t \leq +1{,}96$. Ou seja, $Z_t$ está na área de aceitação de $H_0$. Assim, é possível supor que a proporção populacional de leitores habilitados da revista *Ioga Magazine* seja igual a 60%.

## Testes com duas amostras

Outra forma de apresentação de testes de hipóteses pode envolver duas diferentes amostras. Nestas situações, se deseja decidir se um grupo é diferente de outro. Por exemplo, um professor poderia comparar a média de amostras de alunos de sexo feminino e masculino, tentando verificar se as amostras são originárias de populações com médias diferentes.

Em outra situação, um candidato a governador poderia comparar sua preferência em amostras de eleitores obtidas na capital e no interior. Poderia desejar saber se as preferências populacionais seriam iguais ou diferentes.

Os principais testes que envolvem a análise de duas amostras costumam envolver alegações acerca de médias ou proporções.

## Teste de igualdade de médias populacionais

O teste de hipóteses da igualdade de médias de duas amostras é similar ao teste de igualdade para uma amostra. Basicamente, as principais alterações consistem na definição do tamanho da amostra, nas hipóteses a usar e no cálculo da estatística teste.

a) Tamanho da amostra: neste caso, será igual à soma dos tamanhos das duas amostras. Matematicamente, $n = n_1 + n_2$, onde $n_1$ representa o tamanho da amostra do primeiro grupo e $n_2$ representa o tamanho da amostra do segundo grupo.

b) Definição de $H_0$ e $H_1$, primeiro passo do teste de hipóteses.

$H_0$ sempre apresentará a igualdade das médias ou: $\quad H_0: \mu_1 = \mu_2$

$H_1$ sempre oferecerá uma alternativa ou:
$\quad H_1: \mu_1 \neq \mu_2$ ou $\mu_1 < \mu_2$ ou $\mu_1 > \mu_2$

c) O valor da estatística teste dependerá dos tamanhos das amostras e do conhecimento dos desvios populacionais.

Se $n_1 + n_2 \geq 30$ e se os desvios populacionais forem conhecidos:

$$z_{teste} = \frac{\overline{x}_1 - \overline{x}_2}{\sqrt{\dfrac{\sigma_1^2}{n_1} + \dfrac{\sigma_2^2}{n_2}}}$$

Se $n_1 + n_2 \geq 30$ e se os desvios populacionais forem desconhecidos:

$$z_{teste} = \frac{\overline{x}_1 - \overline{x}_2}{\sqrt{\dfrac{s_1^2}{n_1} + \dfrac{s_2^2}{n_2}}}$$

Se $n_1 + n_2 < 30$ e se os desvios populacionais forem desconhecidos e $n_1 = n_2$:

$$t_{teste} = \frac{\overline{x}_1 - \overline{x}_2}{\sqrt{\dfrac{s_1^2}{n_1} + \dfrac{s_2^2}{n_2}}}$$

Se $n_1 + n_2 < 30$ e se os desvios populacionais forem desconhecidos e $n_1 \neq n_2$:

$$t_{teste} \approx \frac{\overline{x}_1 - \overline{x}_2}{\sqrt{\left[\dfrac{(n_1 - 1)s_1^2 + (n_2 - 1)s_2^2}{n_1 + n_2 - 2}\right]\left(\dfrac{1}{n_1} + \dfrac{1}{n_2}\right)}}$$

Para ilustrar o uso de testes de hipóteses com duas amostras, considere os exemplos apresentados a seguir.

*Primeiro exemplo.* A indústria de Chocolates Delícia afirmava que seus chocolates eram os mais vendidos, em média, no canal de distribuição de supermercados, quando comparados com as vendas médias do rival, Chocolates Saborosos. Duas amostras com 14 observações cada obtidas em 14 lojas revelaram os dados apresentados na tabela seguinte. É possível aceitar a hipótese que ambas vendem a mesma quantidade média de chocolate? O nível de confiança é igual a 95%.

| Estatística | Delícia | Saborosos |
|---|---|---|
| Média das Vendas | 14 toneladas/mês | 12 toneladas/mês |
| Desvio Padrão das Vendas | 4 toneladas/mês | 2 toneladas/mês |

**Passo 1.** Definição das hipóteses. Existe a suposição de que as médias populacionais são iguais, relação expressa na hipótese nula, $H_0$. Na hipótese alternativa, $H_1$, deve ser expressa a opção de que a venda média populacional dos Chocolates Delícia é maior que a venda média populacional dos Chocolates Saborosos.

$H_0$: $\mu_D = \mu_S$ ; sempre é expressa sob a forma de igualdade.

$H_1$: $\mu_D > \mu_S$ ; oferece uma alternativa.

**Passo 2.** Definição da distribuição de probabilidades que deverá ser utilizada. Como apenas os desvios fornecidos foram os amostrais e $n_1 + n_2 < 30$, deve-se empregar o "t teste", com uso da distribuição de Student.

**Passo 3.** Definição da partição na curva, determinando a área de aceitação e a área de rejeição de $H_0$.

> **Observação importante:** em testes de hipóteses com duas amostras que envolvem o emprego da tabela t, o número de graus de liberdade será sempre igual a $n_1 + n_2 - 2$.

Conforme destacado na Tabela 10.7, o valor crítico para $t$ unicaudal é igual a 1,7056, considerando nível de significância ou alfa igual a 5%, unicaudal, e 26 graus de liberdade, já que $n_1 + n_2 - 2 = 14 + 14 - 2 = 26$.

Tabela 10.7  *Valor de $t_c$ na distribuição de Student.*

| Graus de Liberdade (n – 1) | α bicaudal ||||||||||
|---|---|---|---|---|---|---|---|---|---|---|
| | 0,10 | 0,09 | 0,08 | 0,07 | 0,06 | 0,05 | 0,04 | 0,03 | 0,02 | 0,01 |
| | α unicaudal ||||||||||
| | 0,05 | 0,045 | 0,04 | 0,035 | 0,03 | 0,025 | 0,02 | 0,015 | 0,01 | 0,005 |
| 25 | 1,7081 | 1,7637 | 1,8248 | 1,8929 | 1,9701 | 2,0595 | 2,1666 | 2,3011 | 2,4851 | 2,7874 |
| 26 | **1,7056** | 1,7610 | 1,8219 | 1,8897 | 1,9665 | 2,0555 | 2,1620 | 2,2958 | 2,4786 | 2,7787 |

A Figura 10.19 apresenta a partição, assumindo-se um valor para a estatística $t_c$ igual a 1,7056.

**Passo 4.** Calcula-se a estatística teste $t_t$. Como $n_1 + n_2 < 30$ e o desvio padrão populacional é desconhecido e $n_1 = n_2$, tem-se que:

$$t_t = \frac{\bar{x}_1 - \bar{x}_2}{\sqrt{\frac{s_1^2}{n_1} + \frac{s_2^2}{n_2}}} = \frac{14 - 12}{\sqrt{\frac{4^2}{14} + \frac{12^2}{14}}} = 0,175$$

**Passo 5.** Na última etapa, define-se qual hipótese deve ser aceita. Como o valor de $t$ teste foi inferior ao valor crítico, deve-se aceitar a hipótese nula. Ou seja, não é possível concordar com a alegação de que as vendas da Delícia são superiores.

É importante destacar que, no caso de testes de hipóteses com duas amostras que envolvem o emprego da tabela $t$, o número de graus de liberdade será sempre igual a $n_1 + n_2 - 2$.

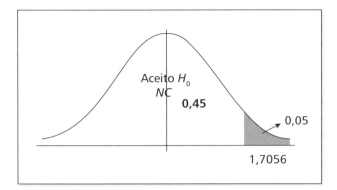

Figura 10.19 *Partição na distribuição de Student.*

*Segundo exemplo.* Duas amostras de notas finais de alunos de diferentes escolas constituídas por 20 e 30 alunos foram examinadas. Na primeira, o grau médio foi 54, com desvio padrão 7. Na segunda, a média foi 58, com desvio igual a 6. Deseja-se testar se há uma diferença significativa entre as médias populacionais das duas escolas, no nível de significância igual a 0,05.

**Passo 1.** Definição das hipóteses.

$H_0: \mu_A = \mu_B$
$H_1: \mu_A \neq \mu_B$

**Passo 2.** Definição da distribuição de probabilidades a usar. Embora apenas desvios amostrais tenham sido apresentados, a soma de $n_1$ e $n_2$ foi maior que 30. Assim, pode-se usar a distribuição normal e tabela com os valores padronizados de $Z$.

**Passo 3.** Considerando um nível de significância bicaudal igual a 5% e de confiança igual a 95%, tem-se que $Z_c$ igual a +/− 1,96.

**Passo 4.** Empregando a fórmula anteriormente definida, encontra-se $Z_t = -2{,}0937$.

$$z_{teste} = \frac{\bar{x}_1 - \bar{x}_2}{\sqrt{\dfrac{s_1^2}{n_1} + \dfrac{s_2^2}{n_2}}} = \frac{54 - 58}{\sqrt{\dfrac{7^2}{20} + \dfrac{6^2}{30}}} = -2{,}0937$$

**Passo 5.** Como $Z_t$ encontra-se fora da região de aceitação, rejeita-se $H_0$. Não é possível supor que as médias populacionais dos dois grupos sejam iguais.

*Terceiro exemplo.* Um professor de cálculo desconfiava que os alunos do turno vespertino estudavam com intensidade maior do que os alunos do turno da noite, que seria refletido na média das notas de ambos os grupos. Assim, o professor desejava testar a hipótese alternativa da média das notas da tarde ser maior que a média das notas da noite.

Uma amostra aleatória formada por 37 alunos da tarde revelou uma nota média em cálculo igual a 7,2, com um desvio padrão amostral igual a 1,4. Outra amostra, formada por 33 alunos da noite, revelou uma média igual a 6,7, com desvio padrão amostral igual a 0,8. Considerando um nível de confiança igual a 95%, pede-se testar a desconfiança do professor de cálculo.

**Passo 1.** Definição das hipóteses.

$H_0: \mu_V = \mu_N$
$H_1: \mu_V > \mu_N$

**Passo 2.** Definição da distribuição de probabilidades. Embora apenas desvios amostrais tenham sido apresentados, a soma de $n_1$ e $n_2$ foi maior que 30. Assim, pode-se usar a distribuição normal.

**Passo 3.** Para um nível de significância unicaudal igual a 5% e de confiança igual a 95%, tem-se que $Z_c$ igual a 1,65.

**Passo 4.** Empregando a fórmula anteriormente definida, encontra-se $Z_t = 1{,}8587$.

$$z_{teste} = \frac{\bar{x}_1 - \bar{x}_2}{\sqrt{\dfrac{s_1^2}{n_1} + \dfrac{s_2^2}{n_2}}} = \frac{7{,}2 - 6{,}7}{\sqrt{\dfrac{1{,}4^2}{37} + \dfrac{0{,}8^2}{33}}} = +1{,}8587$$

**Passo 5.** Como a estatística teste $Z_t$ encontra-se fora da região de aceitação, rejeita-se $H_0$ e aceita-se a hipótese alternativa, concordando-se com a suspeita do professor que a nota média de todos os alunos da tarde é maior.

### Diferença de médias populacionais

Quando se deseja testar a diferença de médias populacionais, de um modo geral, apenas os passos A e C do teste de hipóteses sofrem alterações significativas.

No **Passo 1**, as hipóteses devem ser definidas com base na diferença alegada.

$H_0$: $\delta = \delta_o$. Sempre estabelece uma igualdade. No caso, a de que a diferença entre médias ($\delta$) deve ser igual a um determinado valor alegado ($\delta_o$).

$H_1$: $\delta \neq \delta_o$ ou $\delta > \delta_o$ ou $\delta < \delta_o$. Oferece uma alternativa para a hipótese alegada em $H_0$.

No **Passo 3**, o cálculo da estatística teste deve ser alterado. O numerador deve ser subtraído da diferença alegada ($\delta_o$).

Estatística teste:

Se $n_1 + n_2 \geq 30$ e se o desvio padrão populacional for conhecido:

$$z_{teste} = \frac{(\bar{x}_1 - \bar{x}_2) - \delta_o}{\sqrt{\frac{\sigma_1^2}{n_1} + \frac{\sigma_2^2}{n_2}}}$$

Se $n_1 + n_2 \geq 30$ e se o desvio padrão populacional for desconhecido:

$$z_{teste} = \frac{(\bar{x}_1 - \bar{x}_2) - \delta_o}{\sqrt{\frac{s_1^2}{n_1} + \frac{s_2^2}{n_2}}}$$

Se $n_1 + n_2 < 30$ e se o desvio padrão populacional for desconhecido e $n_1 = n_2$:

$$t_{teste} = \frac{(\bar{x}_1 - \bar{x}_2) - \delta_o}{\sqrt{\frac{s_1^2}{n_1} + \frac{s_2^2}{n_2}}}$$

Se $n_1 + n_2 < 30$ e se o desvio padrão populacional for desconhecido e $n_1 \neq n_2$:

$$t_{teste} \approx \frac{(\bar{x}_1 - \bar{x}_2) - \delta_o}{\sqrt{\left[\frac{(n_1 - 1)s_1^2 + (n_2 - 1)s_2^2}{n_1 + n_2 - 2}\right]\left(\frac{1}{n_1} + \frac{1}{n_2}\right)}}$$

Para ilustrar o uso do teste para a diferença de médias, considere os dois exemplos apresentados a seguir.

No primeiro exemplo, duas pesquisas foram feitas sobre as alturas dos habitantes da cidade do Rio de Janeiro nos anos de 1970 e 1990, cada uma com 400 indivíduos com idades variando entre 20 e 25 anos. A primeira pesquisa indicou uma altura média igual a 1,62 m, com desvio padrão amostral igual a 0,18 m. A segunda apresentou altura média igual a 1,73, com desvio padrão igual a 0,12 m. Ao nível de 0,05 de significância, pede-se testar se o aumento médio da altura no universo de indivíduos foi diferente de 0,16 m.

**Passo 1.** A hipótese nula sempre deverá alegar a igualdade. No caso, da diferença ser igual a 0,16, $H_0$: $\delta = 0,16$ m. A hipótese alternativa estabelece a desigualdade para a diferença, $H_1$: $\delta \neq 0,16$.

$H_0$: $\delta = 0,16$ m
$H_1$: $\delta \neq 0,16$ m

**Passo 2.** Definição da distribuição de probabilidades. Como a soma dos tamanhos das amostras é maior que 30, pode-se usar a distribuição normal.

**Passo 3.** A região de aceitação estabelece estatísticas críticas para $Z_c = +/- 1,96$.

**Passo 4.** Aplicando a fórmula para a estatística teste, tem-se $Z_t = -24,9615$.

**Passo 5.** Rejeita-se $H_0$. Não é possível concordar com a alegação de que a diferença entre as médias populacionais seja igual a 0,16 m.

No segundo exemplo, o fabricante de automóveis Trembeleque afirmou que seu novo motor de 1.000 cilindradas consegue rodar pelo menos 70 km mais do que o concorrente Calhambeque com um tanque de 50 litros. Duas amostras foram analisadas, sendo os dados apresentados na tabela seguinte. Assumindo um nível de confiança de 94%, pede-se testar a alegação do fabricante.

| Automóvel | Média de km rodados com um tanque de 50 l | Desvio padrão de km rodados com um tanque de 50 l | Tamanho da amostra analisada |
|---|---|---|---|
| Trembeleque | 560 | 30 | 18 |
| Calhambeque | 510 | 20 | 15 |

Os passos do teste de hipóteses estão apresentados a seguir.

**Passo 1.** Definição das hipóteses. Tem-se como hipótese alternativa a alegação da diferença ser menor que 70 Km, $H_1$: $\delta < 70$.

$H_0: \delta = 70$

$H_1: \delta < 70$

**Passo 2.** Como a soma dos tamanhos das amostras é maior que 30, pode-se usar a distribuição normal.

**Passo 3.** A região de aceitação estabelece o limite mínimo $Z_c = -1,55$.

**Passo 4.** A estatística teste $Z_t$ calculada é igual a $-2,2842$.

**Passo 5.** Assim, rejeita-se $H_0$. Não é possível concordar com a alegação do fabricante Trembeleque.

## Igualdade de proporções populacionais

Consiste na aplicação de procedimentos similares aos empregados no teste de hipóteses de igualdade de médias. Alguns passos diferenciadores serão:

a) Tamanho da amostra ($n$): neste caso, será igual à soma dos tamanhos das duas amostras ($n = n_1 + n_2$). Normalmente, para poder realizar inferência com proporções, é necessário trabalhar com grandes amostras.

b) Definição de $H_0$ e $H_1$: primeiro passo (Passo A) do teste de hipóteses para proporções.

$H_0$ sempre apresentará a igualdade das proporções populacionais ($P$) ou: $H_0: P_1 = P_2$

$H_1$ sempre oferecerá uma alternativa ou: $H_1: P_1 \neq P_2$ ou $P_1 < P_2$ ou $P_1 > P_2$

O valor da estatística teste pode ser definido como:

$$z_{teste} = \frac{p_1 - p_2}{\sqrt{\overline{p}(1-\overline{p})\left(\frac{1}{n_1} + \frac{1}{n_2}\right)}}, \text{ onde}$$

$p_1 = \frac{x_1}{n_1}$, $p_2 = \frac{x_2}{n_2}$ e $\overline{p} = \frac{x_1 + x_2}{n_1 + n_2}$

Por exemplo, a fábrica de televisores Tela Grande constatou que a proporção de televisores fabricados com defeito era 35 em cada amostra de 10.000 televisores fabricados. Sua concorrente, a fábrica Tela Pequena, constatou 50 unidades com defeito em uma amostra de 12.000 televisores produzidos. Pede-se testar a afirmação da qualidade de produção da Tela Grande ser inferior a da Tela Pequena, assumindo um nível de significância, alfa, igual a 5%.

A aplicação do teste de hipóteses poderá ser feito mediante a aplicação dos seguintes passos:

**Passo 1.** Definição das hipóteses.

$H_0: P_G = P_P$; sempre é expressa sob a forma de igualdade.

$H_1: P_G < P_P$; oferece uma alternativa. Conforme o enunciado, deseja-se verificar se a proporção de televisores com defeito da Tela Grande é inferior à da Tela Pequena.

**Passo 2.** Definição da distribuição de probabilidades a usar. Neste caso, como $n_1 + n_2 > 30$, deve-se empregar o $Z$ teste, com uso da tabela padronizada de $Z$.

**Passo 3.** Define-se a partição na curva, determinando a área de aceitação e a área de rejeição. O valor de $Z$ crítico encontrado após a partição é igual a $-1,65$.

**Passo 4.** Calcula-se a estatística teste. Aplicando a fórmula apresentada anteriormente:

$$z_{teste} = \frac{0,0035 - 0,0042}{\sqrt{0,0039(1-0,0039)\left(\frac{1}{10000} + \frac{1}{12000}\right)}} = -0,8333$$

**Passo 5.** Como o valor de $Z$ teste ($-0,8333$) foi superior ao valor de $Z$ crítico ($-1,65$), aceita-se a hipótese nula de igualdade das proporções. Não é possível concordar com a alegação de que a proporção de defeitos da Tela Grande seja inferior.

## Duas amostras para diferença de proporções

Neste caso, pode-se testar a veracidade de uma alegação acerca da diferença entre proporções. De forma similar ao teste de hipóteses para diferença de médias populacionais, apenas os passos A e C, basicamente, sofrerão alterações significativas.

No passo A, as hipóteses devem ser definidas com base na diferença alegada.

$H_0: \delta = \delta_0$. Sempre estabelece uma igualdade. No caso, a de que a diferença entre médias ($\delta$) deve ser igual a um determinado valor alegado ($\delta_0$).

$H_1$: δ ≠ δ$_0$ ou δ > δ$_0$ ou δ < δ$_0$. Oferece uma alternativa para a hipótese alegada em $H_0$.

Mais uma vez, no passo C, o cálculo da estatística teste deve ser alterado. Deve-se aplicar a fórmula seguinte.

$$Z_{teste} = \frac{p_1 - p_2 - \delta}{\sqrt{\overline{p}(1-\overline{p})\left(\frac{1}{n_1} + \frac{1}{n_2}\right)}}$$

Para ilustrar o uso do teste, considere os dois exemplos apresentados a seguir.

*Primeiro exemplo*: uma indústria farmacêutica alegou que a adição de uma determinada substância no composto medicinal Ômega reduziria em pelo menos 3% a proporção de pacientes que apresentaram efeitos colaterais não desejados. Uma amostra formada por 480 pacientes que receberam a droga sem a substância revelou que 48 apresentaram efeitos colaterais indesejados. Um outro grupo, composto por 600 pessoas que receberam o composto Ômega com a nova substância indicou que 47 apresentaram os efeitos colaterais não desejados. Assumindo um nível de significância igual a 5%, pede-se testar a alegação do fabricante.

Aplicando de forma resumida os cinco passos do teste de hipóteses, tem-se uma hipótese alternativa $H_1$: δ < 0,03. As estatísticas crítica e teste são: $Z_c = -1,65$ e $Z_t = -0,4804$. Dessa forma, aceita-se $H_0$, sendo possível concordar com a afirmação da indústria.

*Segundo exemplo*: um candidato a prefeito estimava que nas regiões onde havia colocado inúmeros cartazes com suas propagandas o percentual de eleitores que tinham a intenção de lhe conceder o voto seria maior em pelo menos 8% do que nas regiões onde não existia propaganda. De um grupo de 120 pessoas escolhidas aleatoriamente da região onde as propagandas haviam sido colocadas, 40% se diziam eleitores do candidato. Outra amostra, formada por 560 pessoas de determinada região onde inexistiam propagandas, revelou que 190 seriam eleitores do candidato. Assumindo um nível de confiança de 92%, pede-se analisar se seria possível concordar com a suposição do candidato.

Aplicando de forma resumida os cinco passos do teste de hipóteses, tem-se uma hipótese alternativa $H_1$: δ < 0,08. As estatísticas crítica e teste são: $Z_c = -1,41$ e $Z_t = -0,3960$. Dessa forma, aceita-se $H_0$, sendo possível concordar com a alegação do candidato.

> **Sugestão:** veja no Capítulo 15 como realizar testes de hipóteses no Excel.

## Exercícios

> **Importante:** quando o nível de confiança ou significância não for informado, deve-se usar 95% como nível de confiança e 5% como nível de significância.

### Teste de uma amostra para médias

1. Observe os casos seguintes e classifique os testes em unilateral ou bilateral, indicando as áreas das caudas.
   a) $H_0$: μ = 40; $H_1$: μ > 40; α = 0,03
   b) $H_0$: μ = 20; $H_1$: μ < 20; α = 0,01
   c) $H_0$: μ = 10; $H_1$: μ ≠ 10; α = 0,05
   d) $H_0$: μ = 0,33; $H_1$: μ ≠ 0,33; α = 0,02
   e) $H_0$: μ = 0,473; $H_1$: μ > 0473; α = 0,10
   f) $H_0$: μ = 100; $H_1$: μ < 100; α = 0,40
   g) $H_0$: μ = 11,22; $H_1$: μ < 11,22; α = 0,05
   h) $H_0$: μ = 37; $H_1$: μ ≠ 37; α = 0,10
   i) $H_0$: μ = 120; $H_1$: μ > 120; α = 0,50

2. Uma instituição de ensino alega que a média de seus alunos em provas de vestibulares de universidades de primeira linha é igual a 7,60. Uma amostra aleatória formada por 60 alunos revelou uma média igual a 6,80, com desvio igual a 2,40. Assumindo alfa igual a 5%, teste a alegação da instituição, supondo que as hipóteses alternativas ($H_1$) sejam: (a) média populacional diferente de 7,60; (b) média populacional menor que 7,60.

3. Uma empresa produtora de cosméticos alega que a quantidade de algas marinhas especiais contidas em frascos de 400 g é, no mínimo, igual a 58 g. Uma amostra formada por 23 frascos revelou que estes continham, em média, 52 g, com um desvio padrão de 18 g. Pede-se: (a) é possível concordar com a afirmação do fabricante? (b) refaça a questão, supondo que a amostra tivesse sido formada por 74 frascos. Assuma alfa igual a 3% e suponha população normalmente distribuída.

4. A Construtora Estrada Forte Ltda. alega ser capaz de produzir concreto com, no máximo, 15 kg de impurezas para cada tonelada fabricada. Dezenove amostras de uma tonelada cada uma revelaram possuir impurezas com média amostral igual a 23 kg e desvio padrão amostral igual a 9 kg. Assumindo alfa igual a 4% e população normalmente distribuída, seria possível discordar da construtora?

5. Uma empresa que comercializa bancos de dados com informações sobre assinantes de revistas e jornais assegura que a renda média dos assinantes é de, no mínimo, $ 850,00. Uma amostra aleatória com 24 pessoas revelou uma renda média igual à $ 800,00, com desvio padrão igual a $ 200,00. É possível concordar com a empresa? Assuma um nível de confiança igual a 98% e suponha população normalmente distribuída.

6. Um empresário pretende montar um negócio num bairro de Curitiba, em que transitam em média e no mínimo, segundo morador do local, 1.500 pessoas por dia. Para o tipo de bairro em questão, é possível supor que o número médio de pessoas que transitam tem distribuição próxima à de Student, podendo-se aceitar o desvio padrão como sendo igual a 200 pessoas. Uma amostra aleatória formada por 12 observações revelou que passariam pelo local escolhido 1.400 pessoas por dia, em média. Pode-se aceitar a alegação do morador? Assuma $\alpha = 5\%$ e suponha população normalmente distribuída.

7. Uma grande construtora nacional afirma que seus funcionários recebem um salário médio igual a, no mínimo, $1.450,00, com desvio padrão igual a $ 700,00 e distribuição supostamente normal. Uma amostra com 500 funcionários apresentou uma média de $ 1.000,00. A alegação da empresa poderia ser aceita? Justifique. Considere $\alpha = 2\%$.

8. Um hotel afirma receber em média, no mínimo, 450 hóspedes por mês. Uma operadora turística, interessada em comprar o hotel, observou a frequência mensal do hotel durante dois anos. Encontrou uma média igual a 400 hóspedes/mês, com um desvio padrão associado igual a 60 hóspedes por mês. O que se pode afirmar acerca da alegação do hotel? Assuma um nível de significância igual a 2% e suponha população normalmente distribuída.

9. O representante da Guantanamera Engenharia Ltda. está interessado em construir um *shopping center* na região do Pacaembu, em São Paulo. Ele foi informado que a renda média familiar da região é de, no mínimo, $ 10.000,00. Para a zona em questão, a distribuição da renda média familiar é aproximadamente normal e o desvio padrão é de $ 1.500,00. Após ter sido realizada uma pesquisa na área, foi constatado que uma amostra de dez famílias apresentou renda média familiar igual a $ 9.800,00. Pode-se aceitar a alegação inicial? Assuma $\alpha = 0,05$ e suponha população normalmente distribuída.

10. Uma grande rede de lanchonetes afirma que suas vendas médias são exatamente iguais a $ 10,00. Uma amostra aleatória formada por 16 vendas apontou uma média igual à $ 9,00. Supõe-se que o desvio padrão populacional das vendas é igual a $ 3,00, sendo as vendas normalmente distribuídas. O que pode ser dito sobre a alegação? Assuma $H_1$ como média populacional diferente de $ 10,00 e adote 5% de nível de significância.

11. Um fabricante de clipes afirma que suas caixas possuem em média 100 g, no mínimo. Uma amostra com 60 caixas de clipes apontou uma média de 95 g, com um desvio padrão de 5 g. Com um nível de significância igual a 3%, o que pode ser dito?

12. Uma fábrica de embalagens de papelão afirma que suas caixas modelo padrão têm uma resistência média não inferior a 14 kg. Uma amostra de cinco caixas revelou uma resistência média igual a 12,6 kg. Assumindo um nível de significância igual a 2%, é possível confiar na palavra da fábrica? Sabe-se que o desvio padrão populacional das resistências das caixas é igual a 2 kg e que esta variável encontra-se normalmente distribuída.

13. Querendo acelerar o tempo de produção que uma máquina precisa para encher uma garrafa, um engenheiro analisou e modificou uma certa peça da máquina que acusava um tempo médio de enchimento igual a 1,9 minuto. Após a mudança, em 30 observações feitas pelo engenheiro, foi possível constatar um tempo médio de 1,5 min, com desvio padrão igual a 0,7 min. Adotando um nível de significância igual a 1%, podemos confirmar que a modificação reduziu o tempo de produção?

14. Um fabricante de casas pré-fabricadas iniciará uma campanha publicitária de grande porte para vendê-las, apenas se for verificada que a renda média mensal de uma determinada população seja superior a $ 1.500,00. Analisando uma amostra aleatória de 45 habitantes, encontrou uma média igual a $ 1.600,00 e com desvio padrão de $ 200,00. Adotando um nível de significância igual a 5%, a alegação deve ser aceita ou rejeitada?

15. Uma indústria de xampu afirma que a quantidade média contida nos frascos produzidos é no mínimo igual a um litro. Uma amostra com 40 frascos de xampus revelou uma média igual a 0,93 litro com um desvio padrão de 0,5 litro. Admitindo um nível de confiança de 99%, é possível aceitar a afirmação de indústria?

16. A Companhia WZA fabrica um determinado analgésico que alega ter duração não inferior a quatro horas. Uma análise de 30 medicamentos escolhidos aleatoriamente acusou uma média de 3,8 horas de duração. Teste a alegação da companhia, contra a alternativa de que a duração seja inferior a quatro horas ao nível de 0,05, se o desvio padrão populacional for de 0,5 hora.

17. Um comerciante alegava que a tensão média de ruptura de uma corda de sisal de uma certa marca era igual a não menos que 20 kg. Sabe-se que o desvio padrão populacional da resistência máxima é igual a 5,5 kg. Uma amostra de 100 peças do cabo apresentou uma tensão de ruptura de 15,7 kg. Assumindo-se níveis de significância de 5% e 10%, o que pode ser dito em relação à afirmação do comerciante?

18. Uma agência de viagens planeja iniciar uma intensa campanha publicitária com a divulgação de inúmeros pacotes promocionais se detectar que o gasto médio com viagens das famílias de uma determinada cidade seja inferior a $ 1.000,00 por ano. Uma amostra aleatória formada por 50 famílias revelou um gasto médio igual à $ 960,00, com desvio padrão de $ 100,00. Pede-se: (a) com base na evidência amostral, a campanha publicitária deveria ser lançada (alfa igual a 5%)? (b) a conclusão a que se chegou, utilizando a evidência amostral, pode estar errada? (c) qual seria o tipo de erro e por quê?

## Teste de uma amostra para proporção

1. Um fabricante de creme dental alega que em no máximo 3% dos casos seus produtos apresentam menos de 100 g por embalagem. Uma amostra aleatória com 300 produtos revelou que 14 possuíam menos de 100 g. Assumindo alfa igual a 5%, é possível dizer que o fabricante está mentindo?

2. Uma agência de propaganda alega que pelo menos 19% das pessoas que assistem a um determinado filme comercial exibido no horário nobre da televisão são capazes de recordá-lo durante os 30 dias seguintes. Um pesquisador independente questionou 350 telespectadores diferentes e encontrou que apenas 64 foram capazes de recordar o comercial após 30 dias. Estaria a agência de publicidade mentindo? Assuma alfa igual a 1%.

3. Um fabricante de pesticidas afirma que em no máximo 2% das aplicações seus produtos causam problemas ambientais considerados sérios. Após estudar 560 aplicações, o Ministério da Agricultura encontrou que 15 aplicações haviam causado sérios danos ao meio ambiente. É possível aceitar a alegação da indústria? Considere um nível de confiança igual a 95%.

4. As Indústrias Soteropolitanas Ltda. planejam estudar a distribuição dos defeitos de suas linhas de produção, destinada à fabricação de dois produtos básicos: tubos de cobre e tubos de aço. Uma amostra aleatória e representativa composta por 830 tubos de aço e 350 tubos de cobre está apresentada na tabela seguinte. Com base nos dados fornecidos e supondo alfa igual a 4%, teste as seguintes hipóteses: (a) a proporção de tubos com defeito é, no máximo, igual a 6%; (b) a proporção de tubos de aço sem defeito é, no mínimo, igual a 95%; (c) a proporção de tubos de cobre com defeito é igual a, no máximo, 9%.

| Defeitos | Aço | Cobre | Total |
|---|---|---|---|
| Com | 50 | 40 | 90 |
| Sem | 780 | 310 | 1090 |
| Total | 830 | 350 | 1180 |

5. A partir de uma pesquisa sobre duas companhias telefônicas, constatou-se que, de uma amostra formada por 200 pessoas, 110 preferiam a companhia A. É possível afirmar que a telefônica A tem a preferência? Suponha um nível de significância igual a 6%.

6. Uma loja de departamentos visa lançar no mercado uma nova linha de perfumes através do seu departamento de Perfumaria e Cosméticos, afirmando que seria possível interessar pelo menos 70% dos seus atuais consumidores. Após analisar uma amostra de 2.000 clientes, 1.390 revelaram interesse pelo novo produto. É possível aceitar a afirmação da loja de departamentos? Considere $\alpha = 4\%$.

7. Uma grande rede de academias de ginástica alega que no mínimo 80% de seus equipamentos utilizados pelos alunos estão em boas condições de uso. De uma amostra de 160 equipamentos, 90 estavam em más condições de uso. Será que é possível aceitar a afirmação da rede? Use $\alpha = 5\%$.

8. Um determinado restaurante de comidas naturais alega que, no mínimo, 70% dos alimentos servidos possuem baixo teor de colesterol. Em uma amostra de 162 pratos analisados em laboratório, 101 apresentaram baixos níveis de colesterol. É possível aceitar a alegação do restaurante? Suponha $\alpha = 3\%$.

9. Em uma amostra aleatória com 500 alunos do curso de Administração da faculdade selecionados ao acaso, foram constatados 52% de mulheres. Poderia ser aceita a hipótese de que a proporção populacional é igual a 50%? Use a hipótese alternativa de a proporção ser diferente de 50%. Assuma alfa igual a 3%.

10. Uma empresa apresentou dois projetos a seus clientes. De 10.000 clientes comunicados, 6.000 afirmaram que têm preferência pelo Projeto I. Há possibilidades, a um nível de confiança de 95%, confirmar a aprovação e a implantação de Projeto I apresentado pela empresa? Ou seja, é possível supor que P seja maior que 50%? Use um nível de confiança igual a 95%.

11. Um fabricante de lâmpadas alega que 80% ou mais de seus produtos possuem vida útil igual ou superior a 2.000 horas. Uma amostra com 300 produtos apresentou 65 com vida útil inferior a 2.000 horas. É possível aceitar a afirmação do fabricante? Trabalhe com alfa unicaudal e assuma valor para alfa igual a 3%.

12. Uma indústria automobilística, fabricante de velas para veículos, alega que, no mínimo, 95% de seus produtos suportam, pelo menos, 15.000 km rodados. Em uma amostra de 750 unidades, 69 duraram menos que o limite alegado. Para alfa = 7%, é possível aceitar a alegação da indústria?

13. O encarregado do controle de trafego aéreo da companhia de aviação Voo Seguro afirma que pelo menos 95% dos voos dessa Companhia chegam ao lugar de destino no máximo com 20 minutos de atraso. Uma instituição de defesa do consumidor recebeu queixas dos clientes da Voo Seguro que afirmam que a porcentagem de voos que chegam no máximo com 20 minutos de atraso é muito maior. Os clientes examinam uma amostra selecionada ao acaso de 200 registros de voos da Voo Seguro e verificaram que 182 voos chegaram com no máximo 20 minutos de atraso. Pede-se: (a) formule um teste de hipótese para a situação apresentada; (b) teste a hipótese assumindo alfa igual a 1%.

14. A indústria de molas Pula Pula Ltda. considera que sua linha de montagem está sob controle se a proporção de defeituosos produzidos nessa linha for menor ou igual a 3%. Se a proporção de defeituosos for maior que 3%, reparos devem ser realizados na linha. Uma amostra casual de 1.000 itens produzidos na linha de montagem é selecionada. Se o número de defeituosos na amostra é menor ou igual a 40, a linha é considerada sob controle. Pede-se: (a) formule as hipóteses $H_0$ e $H_1$; (b) calcule o nível de significância do teste.

15. A emissora de TV Sinal no Ar decidiu que o programa Bola na Trave será mantido no ar caso tenha pelo menos 25% da audiência de seu horário. Se a audiência for menor que 25%, o programa será cancelado. Foram entrevistadas por telefone 50 pessoas que estavam assistindo a programas de televisão no horário de exibição do Bola na Trave. Nove delas estavam assistindo o programa. O programa deve ser cancelado? Formule a hipótese $H$ e alternativa A e diga qual o nível descritivo. Suponha um nível de confiança igual a 95%.

16. Um determinado laboratório farmacêutico alega que a eficácia de seu medicamento contra alergias é de pelo menos 70%. Ou seja, no mínimo 7 de cada 10 pacientes deveriam ser curados. Em uma amostra de 158 pacientes que tomaram o medicamento, 97 mostraram-se curados. É possível aceitar a alegação do fabricante? Assuma alfa igual a 3%.

17. Uma empresa de marketing afirma que, através de sua estratégia promocional, seria possível atingir, no mínimo, 85% dos potenciais consumidores. Após analisar uma amostra de 1.785 possíveis clientes, 1.330 revelaram ter sido atingidos pela estratégia. É possível aceitar a afirmação da empresa de marketing, assumindo alfa igual a 5%?

18. De 12.000 eleitores entrevistados, 7.200 afirmaram que têm intenções de votar no candidato A. É possível, a um nível de confiança de 98%, assegurar a vitória deste candidato?

19. Em estudos sobre "paranormalidade", ou "telepatia", um candidato responde previamente sobre a cor de cartas sorteadas aleatoriamente. Em um teste com 100 alternativas, o candidato conseguiu acertar 65 "chutes". Pede-se: (a) considerando um nível de significância padrão (alfa igual a 5%), teste a hipótese de o candidato apresentar poderes "paranormais" (isto é, que a sua percentagem de acertos seja significativamente superior a 50%); (b) quantos chutes ele deveria acertar no mínimo para ser considerado paranormal?

## Exercícios diversos com testes de uma amostra

1. O produtor de uma nova papinha nutritiva infantil realizou um teste para saber a eficácia de seu novo produto no aumento de peso de crianças. Quinze bebês foram alimentados, durante três semanas, com a nova papinha e verificaram-se os seguintes aumentos de peso (em gramas):

| 250 | 240 | 370 | 280 | 380 |
|---|---|---|---|---|
| 300 | 400 | 330 | 300 | 290 |
| 340 | 320 | 340 | 310 | 320 |

Deseja-se testar a hipótese de que o ganho de peso médio seja igual a 300 g, contra a hipótese da média de ganho de peso ser diferente de 300 g, sendo alfa igual a 10%. Suponha população normalmente distribuída.

2. Uma pesquisa realizada com 500 crianças do Rio de Janeiro revelou que 300 delas preferem o chocolate Quero Mais. É possível que esta amostra tenha sido retirada de uma população que apresente preferência superior a 50% por esta marca? Utilizar alfa igual a 4%.

3. Uma pesquisa realizada em uma determinada faculdade com 1.200 estudantes revelou que 720 afirmaram ter intenção de votar na chapa "Rumbora". É possível que esta chapa seja vitoriosa a um nível de significância de 4%?

4. Com base na tabela apresentada a seguir, são solicitadas as seguintes tarefas: (a) testar a hipótese de que a proporção populacional de pessoas que bebem vinho é 70%, usando alfa igual a 4%; (b) testar a hipótese de que a proporção populacional dos que bebem vinho tinto é 60%, usando alfa igual a 2%; (c) testar a hipótese de que a população de homens que bebem vinho é de 35%, usando alfa igual a 3%.

|  | Vinho Branco | Vinho Tinto | Não Bebem | Total |
|---|---|---|---|---|
| Mulheres | 16 | 52 | 32 | 100 |
| Homens | 24 | 128 | 28 | 180 |
| Total | 40 | 180 | 60 | 280 |

5. Uma empresa de gêneros alimentícios comercializa laranjas em embalagens plásticas transparentes. No rótulo, a empresa informa que o produto contém, em média, 18 kg, no mínimo. Uma amostra composta por dez embalagens aleatoriamente escolhidas revelou uma média igual a 12 kg, com um desvio padrão igual

a 4 Kg. Assumindo alfa igual a 4% e população normalmente distribuída, seria possível concordar com as informações contidas no rótulo?

6. Uma marca de repelente para insetos alega na embalagem de seu produto que ele contém em média 100 ml. Uma pesquisa realizada por um grupo de defesa do consumidor revelou que numa amostra de 16 embalagens do repelente encontrou-se uma média de 95,7 ml com o desvio padrão de 3,4 ml. Será que o fabricante do repelente está sendo honesto ao pôr no rótulo da embalagem que contém 100 ml do produto? Neste caso específico, use a hipótese alternativa de a média populacional ser diferente de 100 ml. Assuma alfa igual a 5% e suponha população normalmente distribuída.

7. A Indústria Ômega Ltda. alega que fabrica elevadores residenciais que suportam 720 kg, no mínimo. Uma pesquisa realizada com 28 elevadores de prédios residenciais revelou uma média de 698 kg suportada por cada elevador, com desvio de 35 kg. O fabricante está sendo honesto ao afirmar que seus elevadores suportam em média pelo menos 720 kg? Use $\alpha = 2{,}5\%$. Suponha que a população seja normalmente distribuída.

8. Um despachante aduaneiro afirma que os gastos médios associados ao desembaraço de mercadorias no porto de Santos são, no máximo, iguais a $ 233,00. Uma amostra aleatória com 50 processos acusou média igual a $ 231,50, com desvio padrão amostral igual a $ 7,60. Assumindo alfa igual a 5%, o que pode ser dito sobre a afirmação?

9. Uma amostra com 12 observações de uma variável aleatória normalmente distribuída forneceu média de 6,5 e variância amostral 4,4. Deseja-se testar, ao nível de significância de 5%, se a média na população é igual ou diferente de 6,0. Qual é a conclusão?

10. Suponhamos que o tempo de cura para um doente tratado pelo método A obedeça a uma distribuição normal com média de 11 dias e desvio padrão de 3 dias. Um novo tratamento é proposto com a finalidade de diminuir o tempo de cura deste tipo de paciente. Em um experimento clínico, 25 pacientes com a doença receberam o novo tratamento B e observou-se que a média do tempo de restabelecimento para eles foi de 10 dias: (a) sabendo que o novo tratamento não influi na variância, identifique as hipóteses adequadas e teste-as, considerando um nível de significância igual a 3%; (b) construa um intervalo de confiança bicaudal para a verdadeira média da distribuição do tempo de cura sob o tratamento B (alfa = 3%). Suponha populações normalmente distribuídas.

11. Uma metalúrgica fabrica cilindros com 60 mm de diâmetro. O desvio padrão dos diâmetros produzidos é de 11,50 mm. A fim de saber se a produção encontra-se dentro dos padrões esperados, a cada hora quatro cilindros são amostrados e têm seus diâmetros medidos. A média dos diâmetros é usada para decidir se o processo de fabricação está operando satisfatoriamente. Assim, se o diâmetro médio estiver entre 56,40 e 63,60 mm, o processo deve continuar, caso contrário, a produção é interrompida e ajustes são feitos. Suponha que o processo seja bem modelado por uma distribuição normal: (a) qual é a probabilidade de parar o processo se a média do processo continuar em 60 mm? (b) qual a probabilidade de o processo continuar se a média populacional do processo se deslocar para 62 mm?

12. Sabe-se que o resultado de determinado teste sobre o teor de glicose no sangue de uma população segue uma distribuição aproximadamente normal, com média igual a 623,45 – o que é considerado elevada – e desvio padrão igual a 114,56. O fabricante de um novo medicamento alega que consegue baixar este nível para 580. Se uma amostra formada por 36 pessoas fosse analisada, qual deveria ser a média máxima encontrada no teste para que a afirmação do fabricante fosse aceita, supondo um nível de confiança igual a 95%?

13. Um corretor de imóveis afirma que no mínimo 1.000 pessoas passam diariamente em frente a um determinado ponto comercial que está à venda. Um candidato à compra do imóvel ficou 15 dias nesta loja, contando as pessoas que por lá passavam. Encontrou uma média de 850 pessoas/dia e um desvio padrão amostral de 125 pessoas/dia. Assumindo que a população seja normalmente distribuída, pede-se: (a) se você tivesse que testar a afirmação do corretor, que tipo de teste de hipótese seria recomendável? Por quê? (b) com este teste, seria possível aceitar a alegação do corretor? Assuma alfa igual a 7%. Suponha uma aproximação contínua e a validade da distribuição normal.

14. Um fabricante de lâmpadas alega que seus produtos duram em média e no mínimo 500 horas. Sabe-se que a população é normalmente distribuída. Uma amostra de 25 lâmpadas apresentou uma duração média de 480 horas, com um desvio associado de 35 horas. É possível aceitar a afirmação do fabricante? Assuma alfa = 10%.

15. Um determinado laboratório farmacêutico alega que apenas 3% dos pacientes submetidos a uma nova droga apresentaram efeitos colaterais. De uma amostra de 158 pacientes, 7 apresentaram efeitos colaterais indesejáveis. Pede-se: (a) a um nível de significância de 95%, é possível aceitar a alegação do fabricante? (b) qual deveria ser o teste formulado e por quê?

16. Um fabricante de pneus afirma que seus produtos suportam rodar em média 35.000 km. Uma amostra de 300 pneus apresentou uma quilometragem média de 33.500 km, com um desvio associado de 1.700 km. É possível aceitar a afirmação do fabricante? Assuma alfa igual a 7%.

17. Uma pesquisa sobre uma nova substância adesiva indicou que 350 de 400 produtos testados estavam de acordo com as normas técnicas recomendadas. O fabricante afirmava que no máximo 10% dos produtos poderiam apresentar problemas. Pede-se: (a) é possível concordar com o fabricante? (b) quais deveriam ser os procedimentos estatísticos empregados? Discuta sobre todos os critérios pertinentes.

18. Um determinado laboratório farmacêutico alega que a eficácia de seu medicamento contra alergias é de no mínimo 80%. Ou seja, pelo menos oito de cada dez pacientes deveriam ser curados. Em uma amostra de 120 pacientes que tomaram o medicamento, 75 mostraram-se curados. É possível aceitar a alegação do fabricante, assumindo-se alfa igual a 9%?

19. Uma cadeia de hotéis estuda a possibilidade de comprar um clube de praia em uma cidade vizinha às suas principais operações. Sabe-se que os custos fixos associados ao novo empreendimento são da ordem de $ 400.000, e os custos variáveis são estimados em 20% da receita. Uma pesquisa de mercado preliminar, baseada em uma amostra de 12 empreendimentos similares, estimou uma receita média da ordem de $ 1.000.000, com um desvio padrão amostral associado de $250.000. Pergunta-se: estatisticamente falando, seria possível determinar a viabilidade do hotel? Assuma alfa igual a 7%, população normalmente distribuída e despreze considerações a respeito de custo de capital e valor do investimento.

20. Um educador analisou os resultados de testes de atenção concentrada de 50 alunos de nível médio. Encontrou para a amostra uma média igual a 7,2, com um desvio padrão de 2,8. Seria possível supor que a média de todos os alunos de nível médio é igual a 8,0? Considere alfa igual a 7%.

21. Uma fábrica de cosméticos informava nos rótulos das embalagens dos Xampus Sedosos que estas continham em média, no mínimo, 400 ml. Uma amostra com 36 frascos apresentou média igual a 380 ml, com desvio padrão igual a 70 ml. Assumindo um nível de confiança igual a 97%, o que poderia ser dito sobre a veracidade da informação apresentada no rótulo?

22. Os dados a seguir foram obtidos após pesquisa amostral realizada junto a professores de uma renomada instituição de ensino que alegava possuir nos seus quadros pelo menos 40% dos professores com doutorado. Assumindo alfa igual a 3%, a afirmação da instituição poderia ser aceita?

| Sexo | Com doutorado | Sem doutorado |
|---|---|---|
| Masculino | 14 | 26 |
| Feminino | 8 | 14 |

## Teste de igualdade de médias populacionais

1. Dois fabricantes de automóveis possuíam o intuito de verificar qual dos dois veículos seria o mais econômico. Após analisar uma amostra de 22 automóveis das duas marcas, obteve-se o resultado apresentado a seguir. Seria possível afirmar que o carro Andaluz é menos econômico, isto é, que apresenta uma média populacional inferior que a do Reluzente? Assuma alfa igual a 3% e populações normalmente distribuídas.

| Automóvel | Tamanho da amostra | Média de consumo | Desvio padrão |
|---|---|---|---|
| Andaluz | 12 unidades | 14 Km/l | 2 Km/l |
| Reluzente | 10 unidades | 15 Km/l | 4 Km/l |

2. Uma empresa fabricante de telefones celulares afirma que a duração média em horas (em *stand by*) da sua bateria é superior à duração da concorrente. Duas amostras formadas por 40 baterias do fabricante e 40 do concorrente apresentaram médias iguais a 65 e 60 horas, com desvio padrão de 2 e 3 horas, respectivamente. Seria possível supor que a bateria da empresa do fabricante tenha maior duração? Suponha um nível de confiança igual a 98%.

3. Um fabricante de pneus produz dois tipos principais: A e B. Para o tipo A, estima que o desvio padrão populacional seja igual a 2.300 km, e para o tipo B, 2.500 km. Uma empresa de táxis testou 35 pneus do tipo A e 40 do tipo B, obtendo 2.200 km e 2.400 km de duração média dos respectivos tipos. Adotando-se um nível de significância de 4%, teste a hipótese de que a vida média dos dois tipos seja a mesma.

4. Ao verificar a eficiência dos funcionários de uma fábrica de sapatos, uma amostra de 6 funcionários da Ala C apresentou uma produtividade média de 5,4 unidades/dia, com desvio padrão de 0,8 unidade/dia. Verificando outra amostra com 5 funcionários da Ala B, observou-se uma produtividade média igual a 5,2 unidades/dia, com s igual a 0,6 unidade/dia. Pode-se dizer que os funcionários da Ala C são mais eficientes? Assuma um nível de confiança igual a 97% e suponha populações normalmente distribuídas.

5. Numa comparação de aprovação no vestibular de uma importante universidade, seis alunos de colégios particulares (amostra a) preencheram o gabarito no tempo médio de 6,4 min, (desvio padrão igual a 60 segundos). Outra amostra foi formada por cinco alunos selecionados aleatoriamente do mesmo universo (amostra b). Após realizarem treinamento para preenchimento de gabaritos, constatou-se que estes cinco alunos realizaram a tarefa em um tempo médio de 5,9 minutos, com desvio padrão de 60 segundos. Pede-se: (a) no estudo da eficácia do treinamento, quais hipóteses poderiam ser formuladas? (b) caberia um teste bilateral ou unilateral? (c) assumindo alfa igual a 2% e populações normalmente distribuídas, o que poderia ser dito sobre a eficácia do teste?

6. Em um teste recente sobre a eficácia de Treinamentos Baseado em Computador, TBCs, no aprendizagem de Matemática Financeira, foram estudados os resultados de dois grupos distintos, formados por alunos escolhidos aleatoriamente de uma instituição de ensino:

   a) **Grupo Ensino em Micro:** recebeu treinamento exclusivamente em microcomputadores, com *software* apropriado e sem auxílio de professores ou monitores;

   b) **Grupo Ensino em Sala:** realizou curso convencional em sala de aula.

   As notas obtidas pelos dois grupos estão apresentadas na tabela seguinte. A um nível de significância de 5%, pode-se afirmar que o treinamento em computador é eficaz? Assumem-se populações normalmente distribuídas.

| Grupo | N | Média | Desvio padrão |
|---|---|---|---|
| Em Micro | 9 | 7,32 | 1,78 |
| Em Sala | 15 | 6,28 | 2,25 |

## Teste de diferença de médias populacionais

1. Uma indústria de ração para frangos alega que a adição de um novo composto químico consegue elevar em mais que 100 g o ganho de peso por ave no ciclo de engorda de 45 dias. Duas amostras de aves foram examinadas, sendo os resultados (pesos das aves em kg) apresentados na tabela seguinte. Para alfa igual a 2%, é possível concordar com o fabricante? Assumem-se populações normalmente distribuídas.

| Com composto | 1,8 | 2,3 | 1,6 | 2,5 | 1,9 | 1,5 | 2,1 | 2,2 | 1,9 | 1,8 |
|---|---|---|---|---|---|---|---|---|---|---|
| Sem composto | 1,2 | 1,8 | 1,8 | 2,1 | 1,7 | 1,4 | 1,8 | 2,0 | 1,3 | 1,5 |

2. Em um determinado bairro da cidade, denominado Bom Sossego, uma imobiliária alegava que os terrenos estariam avaliados em, no máximo, $ 30,00 a mais por metro quadrado, quando comparados ao bairro Beira Mar. Uma pesquisa feita com 13 terrenos à venda no Bom Sossego e 8 no Beira Mar revelou os dados apresentados na tabela seguinte. É possível concordar com a alegação da imobiliária? Suponha um nível de significância igual a 4% e populações normalmente distribuídas.

| Bairro | Média (em $ por m²) | Desvio padrão (em $ por m²) |
|---|---|---|
| Bom Sossego | 170,00 | 20,00 |
| Beira Mar | 130,00 | 35,00 |

3. A rede de postos de gasolina Ouro Negro alega que suas unidades vendem mensalmente em média, no mínimo, 1.000 l a mais que os postos da rival Petroleum. Duas amostras foram analisadas, sendo encontrados os dados apresentados na tabela seguinte. Assumindo alfa igual a 3%, o que poderia ser dito? Assumem-se populações normalmente distribuídas.

| Rede | Tamanho da Amostra | Média (l/mês) | Desvio padrão (l/mês) |
|---|---|---|---|
| Ouro Negro | 15 postos | 18.900 | 500 |
| Petroleum | 22 postos | 18.200 | 400 |

4. Uma agência de publicidade alega que a veiculação de determinada propaganda nos *outdoors* da cidade permitiria elevar as vendas mensais por loja de uma determinada rede de lanchonetes em mais que $ 36.000,00. Dois períodos foram analisados, sendo que no primeiro período nenhuma propaganda foi veiculada. Assumindo um nível de confiança de 98%, é possível concordar com a agência? Assumem-se populações normalmente distribuídas.

| Período | Média | Desvio padrão | N |
|---|---|---|---|
| Sem Propaganda | 84.000,00 | 28.000,00 | 25 |
| Com Propaganda | 115.000,00 | 17.000,00 | 17 |

5. As notas obtidas por uma amostra de estudantes em duas provas de matemática estão apresentadas na tabela seguinte. Assumindo um nível de confiança igual a 95%, pode-se afirmar que as médias do universo de estudantes foram diferentes?

| Grupo | Média | Desvio padrão | N |
|---|---|---|---|
| 1 | 5,3 | 2,1 | 50 |
| 2 | 7,6 | 2,8 | 55 |

6. Uma amostra aleatória com $n_1 = 15$ alunos do turno noturno apresentou uma nota média na primeira prova de estatística igual a $x_1 = 7,8$, com desvio padrão $S_1 = 1,1$. Outra amostra com $n_2 = 12$ alunos do vespertino apresentou $x_2 = 6,7$ com $S_2 = 0,7$. A um nível de significância igual a 1%, pode-se dizer que os alunos do noturno são diferentes? Assumem-se populações normalmente distribuídas.

7. Na tabela seguinte, estão registradas as estatísticas de vendas diárias (em $) na lanchonete para os produtos concorrentes da marca Sabor e da marca Delícia. Testar a hipótese de que a diferença das médias de vendas das marcas é zero. Suponha um nível de significância igual a 5%. Assumem-se populações normalmente distribuídas.

| Marca | n | Média | Desvio padrão |
|---|---|---|---|
| Sabor | 15 | 116,50 | 12,30 |
| Delícia | 9 | 138,00 | 35,50 |

### Teste de igualdade de proporções populacionais

1. A Distribuidora de Doces Divinos Ltda., em recente pesquisa realizada na faculdade com 400 alunos do curso de Administração dos turnos vespertino e noturno (200 alunos de cada turno), afirmou que mais alunos do turno noturno consumiam seus produtos em relação aos do turno vespertino. É possível aceitar essa alegação? Sabe-se que 45% dos alunos do turno matutino consumiam regularmente os doces, contra 52% do noturno. Assuma 91% como nível de confiança.

2. Dois grupos, T e S, são formados, cada um, por 180 pessoas que têm uma determinada enfermidade. O grupo T, denominado grupo de controle, recebeu a medicação tradicional, enquanto o grupo S recebeu um novo soro, recentemente desenvolvido. Verificou-se que 80 e 60 pessoas do grupo T e S, respectivamente, curaram-se da enfermidade. Testar a hipótese de o soro auxiliar a cura da enfermidade, adotando-se o nível de significância igual a 0,01.

3. Uma empresa de pesquisa de opinião pública selecionou, aleatoriamente, 500 eleitores da Bahia e 600 de Pernambuco, e perguntou a cada um se votaria ou não no candidato Honesto Certo nas próximas eleições presidenciais. 80 eleitores da Bahia e 150 de Pernambuco responderam afirmativamente. Existe alguma diferença significativa entre as proporções de eleitores a favor do candidato nos dois Estados? Use o nível de significância igual a 6%.

4. Estão em testes dois processos para a fabricação de chuveiros. Numa sequência de 2.000 chuveiros, o processo 1 gera 70 rejeições, enquanto o processo 2 acusa apenas 100 rejeições. Pode-se, considerando alfa igual a 5%, concluir que a qualidade de fabricação dos dois processos seja diferente?

5. Numa pesquisa sobre o fornecimento de água tratada, encontraram-se 130 das 200 casas pesquisadas do bairro A e 250 das 400 residências do bairro B. Há diferença significativa entre a proporção de possuidores de água tratada nos dois bairros? Sabe-se que o nível de significância é igual a 10%.

6. Uma pesquisa realizada com 100 fumantes e 80 não fumantes tinha por objetivo verificar se estes acreditavam no fato de o fumo causar câncer no pulmão e outras enfermidades sérias. Os dados obtidos estão apresentados na tabela seguinte. Pode-se dizer que a opinião dos dois grupos é a mesma? Assuma um nível de confiança igual a 95%.

| Grupo | Acreditavam | Não Acreditavam |
|---|---|---|
| Fumantes | 22 | 78 |
| Não Fumantes | 30 | 50 |

7. Uma agência de turismo perguntou se 4.500 famílias desejariam passar suas férias na África do Sul. Apenas 675 se mostraram dispostas a comprar este pacote turístico. Como forma de incentivar as vendas dos pacotes para a África do Sul, a empresa elaborou um *kit* promocional, com fita de vídeo e cartazes com as paisagens do país. Após novas entrevistas, detectou-se que 90 de 500 famílias questionadas estariam interessadas no pacote. Pergunta-se: é possível detectar alguma eficácia do *kit* promocional como ferramenta de incentivo às vendas? Considere alfa igual a 3%.

### Teste de hipóteses: duas amostras para diferença de proporções

1. Em uma amostra de 150 pessoas, 65 consumiam regularmente o biscoito Saboroso. Em outra amostra de 250 pessoas, 90 eram consumidores costumazes. É possível notar alguma diferença significativa na proporção de consumidores? Assuma nível de confiança igual a 95%.

# Exercícios diversos com duas amostras

1. Pesquisa recente sobre intenções de votos para presidente indicou que 728 dos 1.560 eleitores entrevistados em São Paulo pretendem votar no candidato da situação. Pesquisa similar feita no Rio de Janeiro revelou que 1.090 dos 2.520 eleitores entrevistados compartilhavam da mesma opinião. É possível afirmar que a opinião geral de todos os eleitores do Rio de Janeiro e de São Paulo diverge? Assuma um nível de confiança igual a 95%.

2. Dados de órgãos internacionais indicam que o nível de desemprego nas capitais nordestinas é maior que no Sul do país. Pesquisa feita na Região Metropolitana de Salvador, com 1.256 pessoas, indicou que 214 estavam desempregadas. Outra pesquisa similar feita em São Paulo com 2.564 pessoas indicou que 308 dos entrevistados estavam desempregados. É possível afirmar que o nível de desemprego é maior em Salvador? Assuma um nível de confiança igual a 95%.

3. Uma determinada empresa desejava estudar a eventual eficácia da aplicação dos programas de treinamento ministrados pela sua área de recursos humanos. Para isso, analisou duas amostras de desempenhos de seus funcionários: grupo B – funcionários submetidos a 80 horas/aula de treinamento – e grupo A – funcionários submetidos a 20 horas/aula de treinamento, apenas. Os desempenhos dos funcionários estão apresentados na tabela seguinte. Pede-se: (a) já que a média do desempenho de A foi superior à de B, pode a empresa afirmar que o treinamento adicional foi inútil? (b) quais deveriam ser as hipóteses formuladas pela empresa? (c) qual deveria ser o teste empregado e por quê? (d) com base nas hipóteses formuladas, a que conclusões a empresa poderia chegar? Assuma um nível de significância igual a 1% e populações normalmente distribuídas.

| Amostra | Desempenhos Obtidos | | | | | | | | |
|---|---|---|---|---|---|---|---|---|---|
| Grupo A | 7 | 8 | 8 | 7 | 6 | 8 | 9 | 7 | 8 |
| Grupo B | 5 | 9 | 4 | 8 | 6 | 6 | 7 | 5 | 6 |

4. Em uma amostra de 300 pessoas, 130 consumiam regularmente o doce de leite Maricota. Em outra amostra de 500 pessoas, 180 eram consumidores costumazes. É possível notar alguma diferença significativa na proporção de consumidores? Assuma nível de confiança igual a 95%.

5. As notas obtidas por uma amostra de estudantes em duas provas de matemática estão apresentadas na tabela seguinte. Assumindo um nível de confiança igual a 95%, pode-se afirmar que a médias do universo de estudantes foram diferentes? Evidencie todos os passos necessários para a obtenção da resposta.

| Grupo | Média | Desvio padrão | N |
|---|---|---|---|
| I | 4,6 | 1,2 | 40 |
| II | 6,4 | 1,7 | 40 |

6. Duas amostras denominadas 1 e 2 com 50 elementos cada uma apresentaram médias, respectivamente, iguais a 7,6 e 6,4, com desvios amostrais, respectivamente, iguais a 1,4 e 1,9. Com alfa igual a 5%, pode-se afirmar que as médias do universo de estudantes foram diferentes? Evidencie todos os passos necessários para a obtenção da resposta.

7. Os dados a seguir revelam informações obtidas de pesquisa sobre notas obtidas em provas de Cálculo, nos turnos matutino e vespertino de uma determinada universidade. É possível afirmar que a nota média de todos os alunos do vespertino é maior? Assuma um nível de confiança igual a 90%.

| Turno | Tamanho da amostra | Média das notas | Desvio padrão das notas |
|---|---|---|---|
| Matutino | 40 | 6,62 | 0,32 |
| Vespertino | 40 | 7,58 | 0,19 |

8. A tabela seguinte revela os dados obtidos de pesquisa sobre o consumo de energia elétrica de famílias de classe média de dois bairros diferentes. É possível afirmar que o consumo no bairro B é maior? Assuma um nível de confiança igual a 90%. A amostra do bairro A tinha 30 elementos, com média 120KWh e desvio padrão 32KWh. A amostra do bairro B tinha 30 elementos, com média 140KWh e desvio padrão 28KWh.

9. Em uma amostra de 500 peças usinadas, 82 apresentavam trincas ou fissuras. Em outra amostra de 300 peças, apenas 240 não apresentavam defeitos. É possível notar alguma diferença significativa na proporção de peças defeituosas das amostras? Assuma nível de confiança igual a 95%.

10. Um determinado fabricante alega que um componente eletrônico dura, em média, pelo menos 495 horas. Uma amostra com 12 componentes expôs o seguinte resultado, que apresenta a duração de cada componente analisado. É possível concordar com o fabricante, assumindo alfa igual a 3%? Assume-se população normalmente distribuída. Duração da amostra: {475; 460; 511; 457; 468; 441; 484; 450; 476; 503; 447; 500}.

11. Imagina-se que a aplicação de um determinado medicamento cure pelo menos 96% dos pacientes medicados. Uma amostra com 157 pacientes que receberam o medicamento revelou que 145 foram curados. Assumindo um nível de confiança de 91%, o que poderia ser dito sobre a eficácia do medicamento?

12. Um fabricante de defensivos agrícolas alega que pelo menos 80% das aplicações resultam na eliminação completa de pragas. Um estudo feito após 850 aplicações revelou que em 150 as pragas conseguiram sobreviver. É possível concordar com o fabricante? Assuma alfa igual a 4%.

13. A revista *Notícias Econômicas* realizou pesquisa junto a dirigentes empresariais sobre cenários econômicos futuros. Na região Sudeste, 520 dos 1.451 entrevistados afirmaram acreditar na melhoria dos indicadores. Na região Centro-Oeste, de 2.398 entrevistados, 1.490 acreditavam em indicadores futuros iguais ou piores. Sendo as amostras representativas das populações de dirigentes empresariais das regiões, pode-se dizer que as opiniões divergem? Assuma alfa igual a 8%.

14. Uma pesquisa sobre consumo de cerveja feita em cidades diferentes revelou que em Salvador o consumo anual médio seria de 12 litros, com um desvio padrão amostral igual a 3,6 litros, para uma amostra composta por 13 pessoas. Em Recife, uma amostra com 11 pessoas revelou uma média de consumo igual a 15,3 litros, com um desvio padrão amostral igual a 1,8 litros. Pode-se afirmar que o consumo em Recife é maior? Empregue alfa igual a 5% e assuma populações normalmente distribuídas.

15. A análise das notas obtidas na primeira prova de Estatística I por 34 alunos do vespertino apresentou média igual a 7,3, com desvio padrão igual 1,45. Outra amostra, formada por 42 alunos do noturno apresentou média igual a 8,2, com desvio padrão igual a 0,82. Pode-se afirmar que, de modo geral, as notas de todos os alunos do vespertino são menores? Suponha que as amostras são representativas e assuma alfa igual a 10%.

16. Um estudo sobre produtividade de espécies de milho revelou que 19 plantas da espécie transgênica AWZ 156 apresentaram produtividade média de 45,2 g, com desvio padrão igual a 7,83 g. Outra amostra, formada por 13 plantas da espécie AXC 782, revelou produtividade com média igual a 48,6 g e desvio padrão igual a 9,44 g. Pode-se dizer que a segunda espécie é mais produtiva. Assuma alfa igual a 10% e populações normalmente distribuídas.

17. Segundo pesquisa apresentada por alunos, após estudarem provas passadas da faculdade, os alunos do noturno apresentariam melhores resultados médios em Estatística, quando comparados aos alunos do vespertino. Assumindo um nível de confiança igual a 98%, seria possível concordar com eles? A amostra do vespertino tinha 36 elementos com média 6,1 e desvio igual a 1,4. A amostra do noturno tinha 42 elementos, com média igual a 7,2 e desvio igual a 1,8.

# 11

# Testes não paramétricos

*As coisas são números.*
Émile Picard

**Objetivos do capítulo**

A análise de pequenas amostras pode implicar na não aceitação da validade do teorema central do limite e na impossibilidade de construção de suposições sobre a forma de distribuição da variável analisada. Quando não é possível supor ou assumir características sobre parâmetros da população de onde a amostra foi extraída, como, por exemplo, a premissa de população normalmente distribuída, torna-se necessário entender e aplicar testes não paramétricos de hipóteses.

Este capítulo possui o objetivo de discutir a validade e a aplicação de modelos da estatística não paramétrica, onde inexiste a necessidade da vigência da prerrogativa de populações normalmente distribuídas. Ao longo do capítulo, são apresentados alguns dos principais testes não paramétricos, a exemplo do testes do qui-quadrado, dos sinais, de Wilcoxon, de Mann-Whitney, da mediana e de Kruskal-Wallis.

---

**GRANDES NOMES E GRANDES HISTÓRIAS**[1]

★ 1499, em Veneza, Itália
✝ 13 de dezembro de 1557, em Veneza, Itália

Niccolo Fontana, conhecido como Tartaglia, nasceu em Veneza em 1499, filho de um humilde cavaleiro de correio. Ainda adolescente, em 1512, quase foi morto quando o exército francês capturou sua cidade natal. Na carnificina geral promovida na cidade, Tartaglia, então uma criança com 12 anos de idade, sofreu um corte facial horroroso, que lhe feriu a mandíbula e o palato. Graças aos cuidados de sua mãe, conseguiu sobreviver. Porém, cresceu sempre usando barba para camuflar as horrorosas cicatrizes. O corte profundo o deixou com graves dificuldades de fala, o que ocasionou o apelido Tartaglia, ou gago.

Embora apresentasse uma habilidade extraordinária em matemática, Tartaglia viveu parte de sua vida como um humilde professor em Veneza. Porém, gradualmente, adquiriu grande reputação como um matemático promissor, participando ativamente em grande número de debates.

*Niccolo Fontana Tartaglia*

Com o passar dos anos, a sua fama foi muito além da sua cidade natal. Faleceu aos 58 anos de idade, na cidade de Veneza.

---

[1] Adaptado do *The MacTutor history of mathematics archive*. Disponível em: <http://www-groups.dcs.st-and.ac.uk/~history/index.html>. Acesso em: 3 dez. 2006.

## Populações com distribuições variadas e amostras pequenas

O maior problema dos testes de hipóteses apresentados anteriormente que empregam as distribuições Normal e Student consiste no fato de serem paramétricos: isto é, exigirem a validade da premissa de populações normalmente distribuídas. Para amostras grandes, em função do teorema central do limite, esta premissa pode ser relaxada. Porém, quando as amostras são pequenas, a validade da premissa é fundamental. O primeiro passo a ser seguido pelo pesquisador deveria ser a análise da distribuição e a verificação da aceitabilidade da distribuição normal dos dados.

Quando as amostras são pequenas e não é possível verificar a normalidade dos dados do universo, a aplicação da inferência estatística e dos testes de hipóteses fica condicionada ao uso de modelos não paramétricos – que não necessitam de populações normalmente distribuídas e não são afetados por valores extremos dos dados.

Os modelos não paramétricos, como o próprio nome já revela, não dependem de parâmetros populacionais (como média, variância, desvio padrão, proporção e outros) e de suas respectivas estimativas amostrais. Geralmente, exigem poucos cálculos simples.

A depender da situação-problema analisada, diferente poderá ser o modelo não paramétrico empregado. Dentre os principais modelos de testes não paramétricos, podem ser destacados os relacionados a seguir:

a) **Teste do qui-quadrado:** empregado na análise de frequências, quando uma característica da amostra é analisada;

b) **Teste do qui-quadrado para independência ou associação:** também empregado na análise de frequências, porém quando duas características da amostra são analisadas;

c) **Teste dos sinais:** empregado no estudo de dados emparelhados, quando um mesmo elemento é submetido a duas medidas;

d) **Teste de Wilcoxon:** também analisa dados emparelhados, permitindo, porém, uma consideração das magnitudes encontradas;

e) **Teste de Mann-Whitney:** analisa se dois grupos originam-se de populações com médias diferentes;

f) **Teste da mediana:** analisa se dois grupos originam-se de populações com medianas diferentes;

g) **Teste de Kruskal-Wallis:** analisa se $K$ ($K > 2$) grupos originam-se de populações com médias diferentes.

## Teste do qui-quadrado

O teste não paramétrico do qui-quadrado, também denominado teste de adequação do ajustamento, é, provavelmente, um dos mais simples e usuais testes da estatística não paramétrica. Seu nome deve-se ao fato de empregar uma variável estatística padronizada, expressa pela letra grega qui ($\chi$) elevada ao quadrado ($\chi^2$). Tabela com valores padronizados de $\chi^2$ pode ser vista nos anexos deste livro ou nos arquivos disponíveis para *download* na página do autor (www.infinitaweb.com.br) ou da editora (www.EditoraAtlas.com.br).

De modo geral, o teste do qui-quadrado analisa a hipótese nula de não existir discrepância entre as frequências observadas de um determinado evento e as frequências esperadas. A hipótese alternativa alega a existência de discrepância entre frequências observadas e esperadas.

Para aplicar o teste, devem ser seguidas etapas similares aos passos dos testes de hipóteses paramétricos:

**Passo 1.** Consiste na definição da hipótese nula e alternativa. A hipótese nula deve alegar o fato de as frequências serem iguais, enquanto a hipótese alternativa deve alegar a diferença das frequências.

$H_0: F_1 = F_2$
$H_1: F_1 \neq F_2$

**Passo 2.** Com base no valor definido do nível de significância do teste (alfa) e no número de graus de liberdade – representado pela letra grega fi, $\phi$, onde $\phi = K - 1$, sendo $K$ o número de eventos.

Em tabelas padronizadas, como a parte apresentada na Tabela 11.1, é possível obter o valor crítico de $\chi^2$. Por exemplo, para um nível de significância igual a 0,05 e $\phi = 6$, o valor de $\chi_c^2$ é igual a 12,592.

Tabela 11.1  *Parte de tabela de qui-quadrado.*

| Alfa / Fi | 0,995 | 0,99 | 0,975 | 0,95 | 0,9 | 0,75 | 0,5 | 0,25 | 0,1 | 0,05 | 0,025 | 0,01 | 0,005 |
|---|---|---|---|---|---|---|---|---|---|---|---|---|---|
| 1 | 0,000 | 0,000 | 0,001 | 0,004 | 0,016 | 0,102 | 0,455 | 1,323 | 2,706 | 3,841 | 5,024 | 6,635 | 7,879 |
| 2 | 0,010 | 0,020 | 0,051 | 0,103 | 0,211 | 0,575 | 1,386 | 2,773 | 4,605 | 5,991 | 7,378 | 9,210 | 10,597 |
| 3 | 0,072 | 0,115 | 0,216 | 0,352 | 0,584 | 1,213 | 2,366 | 4,108 | 6,251 | 7,815 | 9,348 | 11,345 | 12,838 |
| 4 | 0,207 | 0,297 | 0,484 | 0,711 | 1,064 | 1,923 | 3,357 | 5,385 | 7,779 | 9,488 | 11,143 | 13,277 | 14,860 |
| 5 | 0,412 | 0,554 | 0,831 | 1,145 | 1,610 | 2,675 | 4,351 | 6,626 | 9,236 | 11,070 | 12,833 | 15,086 | 16,750 |
| 6 | 0,676 | 0,872 | 1,237 | 1,635 | 2,204 | 3,455 | 5,348 | 7,841 | 10,645 | **12,592** | 4,449 | 16,812 | 18,548 |
| 7 | 0,989 | 1,239 | 1,690 | 2,167 | 2,833 | 4,255 | 6,346 | 9,037 | 12,017 | 14,067 | 16,013 | 18,475 | 20,278 |

**Passo 3.** Com o auxílio da tabela de qui-quadrado, devem ser determinadas as áreas de aceitação e rejeição da hipótese nula.

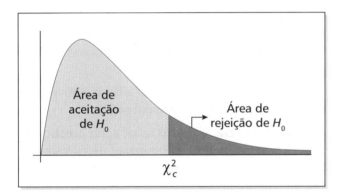

Figura 11.1  *Partição na distribuição do qui-quadrado.*

**Passo 4.** Deve-se calcular o valor da estatística teste, representada por $\chi_c^2$. Algebricamente, o valor desta variável pode ser apresentado como:

$$\chi_t^2 = \sum_{i=1}^{k} \frac{(F_{oi} - F_{ei})^2}{F_{ei}} = \frac{(F_{oi} - F_{e1})^2}{F_{e1}} + \ldots + \frac{(F_{ok} - F_{ek})^2}{F_{ek}}$$

**Passo 5.** Compara-se o valor de $\chi_t^2$ com as áreas de aceitação e rejeição determinadas no Passo 3. Duas conclusões são possíveis:

a) se $\chi_t^2 \leq \chi_c^2$, não se pode rejeitar a hipótese nula, $H_0$, aceitando-se o fato de as frequências observadas e esperadas não serem discrepantes. Neste caso, aceita-se a hipótese da adequação do ajustamento;

b) se $\chi_t^2 > \chi_c^2$, rejeita-se a hipótese nula, $H_0$, aceitando-se o fato de as frequências observadas e esperadas serem discrepantes, com um risco igual a alfa. Neste caso, aceita-se a hipótese da não adequação do ajustamento.

Para ilustrar, considere o seguinte exemplo. Um aluno poderia aplicar o teste do qui-quadrado com o objetivo de analisar se as frequências de aparições de faces cara e coroa em uma moeda poderiam sugerir ou não o fato de esta moeda ser honesta (isto é, apresentar a mesma probabilidade de sair face cara ou coroa). Após lançar a moeda 50 vezes, contou 33 "coroas" e 17 "caras". A um nível de significância padrão, considerando alfa igual a 5%, seria possível dizer que moeda não é honesta, ou seja, que apresenta uma probabilidade maior de sair face "coroa"?

Para testar a distribuição de faces observadas com base no teste do qui-quadrado, bastaria seguir os cinco passos descritos anteriormente.

**Passo 1.** Para aplicar o teste, seria preciso, no primeiro passo, definir as hipóteses de trabalho. A hipótese nula contém, obrigatoriamente, a alegação da igualdade das frequências. A hipótese alternativa alega a desigualdade. Expressando algebricamente:

$H_0$: $F_{cara} = F_{coroa}$  *Comentário*: se as frequências forem iguais, aceita-se a suposição de a moeda ser honesta

$H_1$: $F_{cara} \neq F_{coroa}$  *Comentário*: se as frequências não forem iguais, aceita-se a suposição de a moeda não ser honesta

**Passo 2.** Como o nível de significância é igual a 5%, deve-se selecionar um $\chi_1^2$. Existe apenas um grau de liberdade, já que o número de eventos possíveis é igual a dois (cara ou coroa). Lembramos que graus de liberdade = $\phi$, onde $\phi = K - 1 = 2 - 1 = 1$.

**Passo 3.** Com o auxílio da tabela padronizada para a distribuição do qui-quadrado, devem ser determinadas as áreas de aceitação e rejeição da hipótese nula, tomando-se por base o nível de significância predeterminado e igual a 5%. O valor de $\chi_c^2$ na tabela é igual a 3,84.

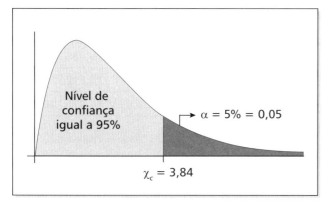

Figura 11.2  *Partição do qui-quadrado.*

**Passo 4.** Para calcular a estatística teste ($\chi_c^2$), é preciso, basicamente, comparar frequências esperadas ($FE_i$) e frequências observadas ($FO_i$). Se a moeda for honesta, as frequências esperadas para cada uma das faces é igual a 50% do número de lances, ou, 50% × 50 = 25. Ambas as frequências estão apresentadas na Tabela 11.2.

Tabela 11.2  *Frequências de caras e coroas.*

| Evento | Sair face cara | Sair face coroa |
|---|---|---|
| Frequências observadas | 17 | 33 |
| Frequências esperadas | 25 | 25 |

O cálculo do valor da estatística teste deve ser feito mediante a aplicação da equação apresentada anteriormente:

$$\chi_t^2 = \sum_{i=1}^{k} \frac{(FO_i - FE_i)^2}{F_{ei}} = \frac{(17-25)^2}{25} + \frac{(33-25)^2}{25} = 5,12$$

**Passo 5.** Como o valor encontrado de $\chi_c^2$. (5,12) foi superior ao valor determinado de $\chi_c^2$.(3,84), conclui-se que é possível aceitar a hipótese alternativa e o fato de as frequências serem significativamente diferentes.

Em um outro exemplo, uma indústria poderia aplicar o teste do qui-quadrado para verificar se existe alguma diferença significativa de faltas dos funcionários em algum dia específico da semana. Para ilustrar, as faltas dos funcionários verificadas ao longo do ano anterior da Fábrica de Espelhos Veja Bem estão apresentadas na Tabela 11.3. No período analisado, 200 faltas foram registradas.

Tabela 11.3  *Faltas por dia da semana.*

| Dia da semana | Seg. | Ter. | Qua. | Qui. | Sex. |
|---|---|---|---|---|---|
| Nº de faltas | 65 | 35 | 30 | 28 | 42 |

Com base nestes dados, o setor de pessoal da empresa gostaria de verificar se é possível encontrar alguma diferença significativa no número de faltas em algum dia da semana. Assume-se um nível de significância igual a 10%.

Aplicando os passos do teste do qui-quadrado, têm-se as etapas caracterizadas a seguir.

**Passo 1.** Para aplicar o teste, seria preciso, no primeiro passo, definir as hipóteses de trabalho. A hipótese nula contém, obrigatoriamente, a alegação da igualdade das frequências. A hipótese alternativa alega a desigualdade. Expressando algebricamente:

$H_0$: as frequências são iguais

$H_1$: as frequências são diferentes

**Passo 2.** Como o nível de significância é igual a 10%, deve-se selecionar um $\chi_4^2$. Existem quatro graus de liberdade, já que o número de eventos possíveis é igual a cinco (dia da semana: segunda, terça, quarta, quinta ou sexta). Lembramos que graus de liberdade = $\phi$, onde $\phi = K - 1 = 2 - 1 = 1$.

**Passo 3.** Com o auxílio da tabela de qui-quadrado, devem ser determinadas as áreas de aceitação e rejeição da hipótese nula, tomando-se por base o nível de significância predeterminado e igual a 10%. O valor de $\chi_c^2$ na tabela é igual a 7,78.

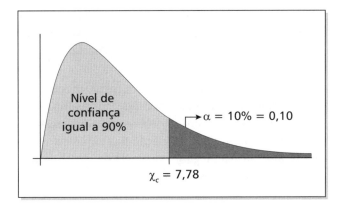

Figura 11.3  *Partição do qui-quadrado.*

**Passo 4.** Para calcular a estatística teste ($\chi_t^2$), é preciso comparar frequências esperadas ($FE_i$) e frequências observadas ($FO_i$). Se as faltas forem homogeneamente distribuídas, as frequências esperadas para cada um dos dias é igual a 20% do número de faltas, ou, 20% × 200 = 40. Ambas as frequências estão apresentadas na Tabela 11.4.

Tabela 11.4  *Frequências esperadas e observadas.*

| Evento | Seg. | Ter. | Qua. | Qui. | Sex. |
|---|---|---|---|---|---|
| F observada | 65 | 35 | 30 | 28 | 42 |
| F esperada | 40 | 40 | 40 | 40 | 40 |

O cálculo do valor da estatística teste deve ser feito mediante a aplicação da equação apresentada anteriormente:

$$\chi_t^2 = \sum_{i=1}^{k} \frac{(FO_i - FE_i)^2}{FE_i} = \frac{(65-40)^2}{40} + \frac{(35-40)^2}{40} +$$

$$\frac{(30-40)^2}{40} + \frac{(28-40)^2}{40} + \frac{(42-40)^2}{40} = 22,45$$

**Passo 5.** Como o valor encontrado de $\chi_t^2$ (22,45) foi superior ao valor determinado de $\chi_c^2$ (7,78, conclui-se que é possível aceitar a hipótese alternativa e o fato de as frequências serem significativamente diferentes.

## Teste do qui-quadrado para independência ou associação

O teste do qui-quadrado para independência ou associação é bastante similar ao teste do qui-quadrado simples. A diferença consiste no fato de permitir que duas características sejam analisadas. As frequências analisadas costumam ser fornecidas em tabelas de dupla entrada ou de contingência, conforme apresentado no exemplo seguinte.

Tabela 11.5  *Frequências observadas.*

| Embalagem | Norte | Sul | Leste | Oeste | Soma | % |
|---|---|---|---|---|---|---|
| Grande | 60 | 80 | 40 | 70 | 250 | 25% |
| Média | 24 | 76 | 52 | 38 | 190 | 19% |
| Pequena | 126 | 144 | 148 | 142 | 560 | 56% |
| Soma | 210 | 300 | 240 | 250 | 1000 | 100% |
| % | 21% | 30% | 24% | 25% | 100% | |

A Tabela 11.5 ilustra as preferências por três tamanhos de embalagem de uma fábrica de alimentos (denominados grande, médio e pequeno), sendo a análise conduzida em quatro regiões distintas (Norte, Sul, Leste e Oeste).

A estimativa das frequências esperadas fundamenta-se[2] na definição de variáveis aleatórias independentes. Duas variáveis $x$ e $y$ são independentes se a distribuição conjunta de $(x, y)$ for igual ao produto das distribuições marginais de $x$ e $y$. Algebricamente:

$$P(xi, Yi) = P(xi) \cdot P(yi), \text{ para todo } i \text{ e } j$$

Os passos empregados no teste do qui-quadrado para independência ou associação são similares às etapas seguidas no teste do qui-quadrado simples.

**Passo 1.** Consiste na definição da hipótese nula e alternativa. A hipótese nula deve alegar o fato de as variáveis serem independentes, não associadas, enquanto a hipótese alternativa deve alegar a dependência ou associação das variáveis.

$H_0$: as variáveis são independentes, não associadas

$H_1$: as variáveis são dependentes, estão associadas

**Passo 2.** Com base no valor definido do nível de significância do teste (alfa) e no número de graus de

---
[2] Segundo Fonseca e Martins (1995, p. 229).

liberdade, o número de graus de liberdade é, também, representado pela letra grega fi, φ, onde, porém, φ = (L − 1).(C − 1), sendo L e C o número de linhas e colunas na tabela de contingências, respectivamente.

**Passo 3.** Com o auxílio da tabela de qui-quadrado, devem ser determinadas as áreas de aceitação e rejeição da hipótese nula.

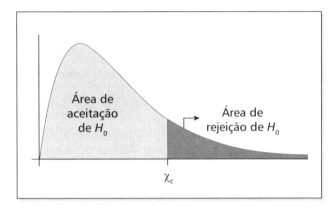

Figura 11.4

**Passo 4.** Deve-se calcular o valor da estatística teste, representada por $\chi_t^2$. Algebricamente, o valor desta variável pode ser apresentado como:

$$\chi_t^2 = \sum_{i=1}^{L} \sum_{j=1}^{C} \frac{(FO_{ij} - FE_{ij})^2}{FE_{ij}} \text{ onde}$$

$$FE_{ij} = \frac{(\text{soma da linha } i).(\text{soma da coluna } j)}{\text{total de observações}}$$

**Passo 5.** Compara-se o valor de $\chi_t^2$ com as áreas de aceitação e rejeição determinadas no Passo 3. Duas conclusões são possíveis:

a) se $\chi_t^2 \leq \chi_c^2$, não se pode rejeitar a hipótese nula, $H_0$, aceitando-se o fato da independência das variáveis. Neste caso, aceita-se a hipótese da não-associação;

b) se $\chi_t^2 > \chi_c^2$, rejeita-se a hipótese nula, $H_0$, aceitando-se o fato de as frequências observadas e esperadas serem discrepantes, com um risco igual a alfa. Neste caso, aceita-se a hipótese da dependência das variáveis, com presença de associação.

Em relação ao exemplo fornecido na Tabela 11.5, para analisar a associação entre preferências por tamanho de embalagem nas quatro diferentes regiões seria preciso aplicar os cinco passos do teste do qui-quadrado para independência ou associação.

**Passo 1.** Para aplicar o teste, seria preciso, no primeiro passo, definir as hipóteses de trabalho. A hipótese nula contém, obrigatoriamente, a alegação da independência ou não associação das variáveis. A hipótese alternativa alega a existência de dependência ou associação. Expressando algebricamente:

$H_0$: as variáveis são independentes
$H_1$: as variáveis são dependentes

**Passo 2.** Assumindo um nível de significância padrão igual a 5%, deve-se selecionar um $\chi_4^2$. Existem seis graus de liberdade, já que o número de linhas na tabela de contingências é igual a três (embalagens: grande, média ou pequena) e o número de colunas é igual a quatro (regiões: Norte, Sul, Leste e Oeste). Lembramos que graus de liberdade = φ, onde φ = (L − 1) . (C − 1) = (3 − 1) . (4 − 1) = 6.

**Passo 3.** Com o auxílio da tabela de qui-quadrado, devem ser determinadas as áreas de aceitação e rejeição da hipótese nula, tomando-se por base o nível de significância predeterminado e igual a 10%. O valor de $\chi_c^2$ na tabela é igual a 10,64.

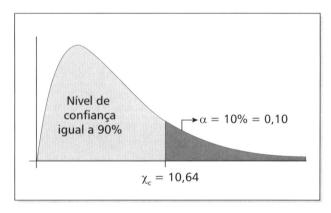

Figura 11.5 *Partição no qui-quadrado.*

**Passo 4.** Para calcular a estatística teste ($\chi_t^2$), é preciso, basicamente, comparar frequências esperadas ($FE_{ij}$) e frequências observadas ($FO_{ij}$). Assumindo a independência das variáveis, sabe-se que:

$$FE_{ij} = \frac{(\text{soma da linha } i).(\text{soma da coluna } j)}{\text{total de observações}}$$

Assim, o valor da frequência esperada da célula formada pela primeira linha (Grande) e primeira coluna (Norte), $FE_{11}$, pode ser apresentado como:

$$FE_{11} = \frac{(\text{soma da linha 1}).(\text{soma da coluna 1})}{\text{total de observações}} = \frac{250.210}{1.000} = 52,5$$

O cálculo de todas as frequências esperadas pode ser visto na Tabela 11.6.

Tabela 11.6  *Frequências esperadas.*

| Embalagem | Norte | Sul | Leste | Oeste | Soma |
|---|---|---|---|---|---|
| Grande | 52,5 | 75 | 60 | 62,5 | 250 |
| Média | 39,9 | 57 | 45,6 | 47,5 | 190 |
| Pequena | 117,6 | 168 | 134,4 | 140 | 560 |
| Soma | 210 | 300 | 240 | 250 | 1000 |

Subtraindo das frequências observadas os valores das frequências esperadas e elevando o resultado ao quadrado, é possível elaborar a tabela seguinte.

Tabela 11.7  *Diferença quadrática das frequências $(FO_{ij} - FE_{ij})^2$.*

| Embalagem | Norte | Sul | Leste | Oeste | Soma |
|---|---|---|---|---|---|
| Grande | 56,25 | 25 | 400 | 56,25 | 537,5 |
| Média | 252,81 | 361 | 40,96 | 90,25 | 745,02 |
| Pequena | 70,56 | 576 | 184,96 | 4 | 835,52 |
| Soma | 379,62 | 962 | 625,92 | 150,5 | 2118,04 |

Dividindo o valor de cada célula pela frequência esperada na célula, é possível elaborar a Tabela 11.8.

Tabela 11.8  *Diferença quadrática divididas por frequências esperadas $[(FO_{ij} - FE_{ij})^2 \div FE_{ij}]$*

| Embalagem | Norte | Sul | Leste | Oeste | Soma |
|---|---|---|---|---|---|
| Grande | 1,07 | 0,33 | 6,67 | 0,90 | 8,97 |
| Média | 6,34 | 6,33 | 0,90 | 1,90 | 15,47 |
| Pequena | 0,60 | 3,43 | 1,38 | 0,03 | 5,43 |
| Soma | 8,01 | 10,10 | 8,94 | 2,83 | 29,87 |

Para obter o valor de $\chi_t^2$, basta somar todas as diferenças quadráticas divididas por frequências esperadas. A soma é igual a 29,87, conforme a Tabela 11.8.

$$\chi_t^2 = 29,87$$

**Passo 5.** O valor encontrado de $\chi_t^2$ (29,87) foi superior ao valor determinado de $\chi_c^2$ (10,64). Conclui-se que é possível aceitar a hipótese nula e a independência das variáveis: não existiria associação entre a região e a preferência por um tamanho específico.

Devem ser tomados alguns cuidados[3] com os testes do qui-quadrado:

a) recomenda-se aplicar o teste qui-quadrado de associação quando o tamanho da amostra for razoavelmente grande, devendo ser aplicado com maior cuidado quando existirem frequências esperadas menores que 5. Nestas situações, recomenda-se o agrupamento de classes, evitando-se frequências esperadas menores que 5;

b) se uma das variáveis contiver níveis que contemplem todas as categorias da população, como a variável sexo – só existem as possibilidades masculino e feminino –, diz-se que o teste é de homogeneidade;

c) o grau de associação entre duas variáveis analisadas pelo teste do qui-quadrado pode ser representado pelo **coeficiente de contingência**, apresentado como:

$$C = \sqrt{\frac{\chi_t^2}{\chi_t^2 + n}}$$

Teoricamente, o coeficiente de contingência pode variar entre 0 e 1. Quanto maior o valor de $C$, maior será a associação entre as variáveis. O limite superior, na prática, dependerá da tabela de contingência – quanto maior for a tabela, maior será o valor de $C$.

### Teste dos sinais

O teste não paramétrico dos sinais é empregado na análise de dados emparelhados (quando um mes-

---
[3] De acordo com Fonseca e Martins (1995, p. 232).

mo elemento é submetido a duas medidas). Deve ser empregado em situações em que o pesquisador deseja estudar a diferença de duas condições, podendo utilizar variáveis quantitativas, intervalares ou ordinais.

O nome deve-se ao fato de o teste empregar os sinais "+" (mais) e "–" (menos) no lugar dos dados numéricos originais. Quando a alteração for para um número maior, usa-se "+"; quando a alteração for maior; um número menor, usa-se o "–". Empates, isto é, a inexistência de variações, devem ser desconsiderados no teste.

A mecânica de funcionamento do teste não paramétrico dos sinais é bastante simples: se as condições forem iguais, a proporção de sinais positivos e negativos deverá ser aproximadamente igual a 0,50 ou 50%.

Os passos empregados podem ser apresentados como:

**Passo 1.** Consiste na definição da hipótese nula e alternativa. A hipótese nula deve alegar o fato da inexistência de diferenças entre os grupos, enquanto a hipótese alternativa deve alegar a desigualdade das proporções dos grupos, o que pode ser feito sob a forma de maior, menor ou diferente.

$H_0$: $P = 0{,}50$ *Comentário*: se a proporção de um dos sinais for igual a 0,50 ou 50%, aceita-se a suposição de as condições serem iguais.

$H_1$: $P \neq 0{,}50$ *Comentário*: se a proporção de um dos sinais for diferente de 0,50 ou 50%, aceita-se a suposição de as condições serem diferentes.

Ou

$H_1$: $P > 0{,}50$ *Comentário*: se a proporção de um dos sinais for maior que 0,50 ou 50%, aceita-se a suposição de as condições serem diferentes.

Ou

$H_1$: $P < 0{,}50$ *Comentário*: se a proporção de um dos sinais for menor que 0,50 ou 50%, aceita-se a suposição de as condições serem diferentes.

**Passo 2.** Com base no valor definido do nível de significância do teste (alfa), define-se a distribuição a ser empregada: Normal (se $N > 25$) ou Binomial (se $N \leq 25$).

**Passo 3.** Com o auxílio da tabela da distribuição definida no passo anterior, devem ser determinadas as áreas de aceitação e rejeição da hipótese nula.

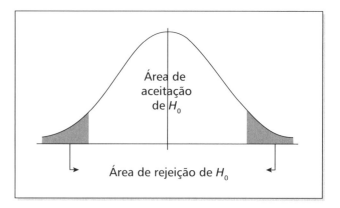

Figura 11.6 *Partição na distribuição normal.*

**Passo 4.** Deve-se calcular o valor da estatística teste, representada por $Z_t$. Algebricamente, o valor desta variável pode ser apresentado como:

$$Z_t = \frac{y - n.p}{\sqrt{n.p.q}}$$

Onde:

$y$ = número de sinais "+" (positivos)

$n$ = tamanho da amostra subtraído dos empates

$p = 0{,}5$

$q = 1 - p = 1 - 0{,}5 = 0{,}5$

**Passo 5.** Aceitação ou rejeição das hipóteses formuladas, a depender da localização de $Z_t$ nas áreas particionadas no Passo 3.

Por exemplo, um fabricante de refrigerantes, objetivando aumentar sua participação de mercado, resolveu testar uma possível alteração de composição de um dos seus produtos mais comercializados. Duas alternativas estavam disponíveis, denominadas "A" e "B". Para verificar se existia uma diferença significativa na preferência entre as duas composições, a empresa resolveu aplicar o teste não paramétrico dos sinais.

Foi selecionada uma amostra formada por 40 consumidores, para os quais foram oferecidas amostras dos dois produtos. Vinte e três consumidores afirmaram preferir a composição "B", 15 demonstraram preferir a composição "A" e 2 consumidores alegaram igualdade de preferência.

Para aplicar o teste dos sinais, deve-se considerar a existência de 23 sinais "+" (23 consumidores alegaram a preferência da composição "B"); em uma amostra formada por 38 sinais (23 "+" e 15 "–", os dois empates devem ser desconsiderados no teste). Os passos do teste estão apresentados a seguir:

**Passo 1.** Consiste na definição da hipótese nula e alternativa. A hipótese nula deve alegar o fato da inexistência de preferência (com probabilidade igual a 50%), enquanto a hipótese alternativa deve alegar a existência de diferença na preferência (com probabilidade diferente de 50%).

$H_0: P = 0,50$

$H_1: P > 0,50$

**Passo 2.** Como o tamanho da amostra foi maior que 25 ($n = 38$), pode-se empregar a distribuição normal.

**Passo 3.** Com o auxílio da distribuição normal, devem ser determinadas as áreas de aceitação e rejeição da hipótese nula. Assumindo alfa igual a 5%, os valores críticos de $Z$ são –1,96 e +1,96. Veja a Figura 11.7.

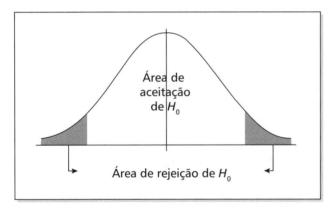

Figura 11.7 *Partição na distribuição normal.*

**Passo 4.** Calcula-se o valor da estatística teste, representada por $Z_t$. Algebricamente, o valor desta variável pode ser apresentado como:

$$Z_t = \frac{y - n.p}{\sqrt{n.p.q}} = \frac{23 - 38.0,50}{\sqrt{38.0,50.0,50}} = 1,2978$$

**Passo 5.** Como o valor de $Z$ teste (1,2978) está dentro da área de aceitação da hipótese nula, aceita-se o fato de as condições serem iguais. Logo, não é possível supor que não exista igualdade de preferências.

### Teste de Wilcoxon

O teste não paramétrico de Wilcoxon consiste, em termos gerais, em uma evolução do teste dos sinais, permitindo considerar a magnitude da diferença de cada par.

A primeira etapa da aplicação do teste consiste em:

a) para cada par, deve ser determinada a diferença (di) entre os resultados;
b) devem ser atribuídos postos em ordem crescente para todas as diferenças (di) encontradas, desconsiderando-se os sinais. No caso de empate, deve ser atribuída a média dos empatados;
c) cada posto deve ser identificado pelo sinal ("+" ou "–") da diferença (di) que ele representa;
d) deve-se calcular o valor de $T$, que é a menor soma dos postos de mesmo sinal;
e) calcular o número de elementos da amostra, excluindo-se os casos de empates, onde $di = 0$.

**Passo 1.** Consiste na definição da hipótese nula e alternativa. A hipótese nula deve alegar o fato da inexistência de diferenças entre os grupos, enquanto a hipótese alternativa deve alegar a existência de diferenças.

$H_0$: não há diferença entre os grupos

$H_1$: há diferença entre os grupos

**Passo 2.** Com base no valor definido do nível de significância do teste, define-se a distribuição a ser empregada: normal, se $n \geq 30$, ou outra distribuição apropriada ao teste, como a de Student, se $n < 25$.

**Passo 3.** Com o auxílio da tabela da distribuição definida no passo anterior, devem ser determinadas as áreas de aceitação e rejeição da hipótese nula.

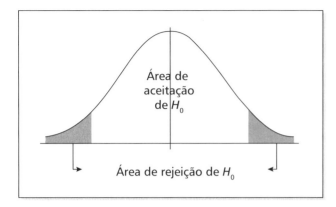

Figura 11.8   *Áreas de aceitação e rejeição de $H_0$.*

**Passo 4.** Deve-se calcular o valor da estatística teste, representada por $Z_{cal}$. Algebricamente, o valor desta variável pode ser apresentado como:

$$Z_{cal} = \frac{T - \mu_T}{\sigma_T}$$

Onde:

$T$ = menor das somas de postos de mesmo sinal

$$\mu_T = \frac{n(n+1)}{4}$$

$$\sigma_T = \sqrt{\frac{n(n+1)(2n+1)}{24}}$$

**Passo 5.** Aceitação ou rejeição das hipóteses formuladas, a depender da localização de $Z_{cal}$ nas áreas particionadas no Passo 3.

Para ilustrar a aplicação do teste não paramétrico de Wilcoxon, veja o exemplo da análise conduzida pela empresa de pesquisas mercadológicas Expertisse Ltda.

A empresa gostaria de analisar o fato da introdução de um novo filme comercial de propaganda e sua relação com as vendas diárias de uma amostra formada por 16 lanchonetes de uma grande rede internacional. Buscava analisar se a exposição do filme havia contribuído, de fato, para o aumento das vendas médias das lanchonetes. Os dados coletados na pesquisa estão apresentados na Tabela 11.9.

Tabela 11.9   *Vendas diárias em $ 1.000,00.*

| Lanchonete | Antes | Depois |
|---|---|---|
| 1 | 12 | 13 |
| 2 | 5 | 3 |
| 3 | 13 | 16 |
| 4 | 9 | 5 |
| 5 | 5 | 10 |
| 6 | 19 | 25 |
| 7 | 22 | 29 |
| 8 | 7 | – 1 |
| 9 | 18 | 27 |
| 10 | 9 | 13 |
| 11 | 11 | 4 |
| 12 | 7 | 19 |
| 13 | 14 | 27 |
| 14 | 15 | 3 |
| 15 | 7 | 9 |
| 16 | 15 | 11 |

As médias de vendas das lanchonetes calculadas antes e depois da introdução do filme foram respectivamente iguais a $ 11,7500 e $ 13,3125 (em $ 1.000,00). A empresa deseja analisar a significância destes resultados com um teste de Wilcoxon.

Para poder aplicar o teste de hipóteses, é preciso efetuar os cálculos iniciais, apresentados a seguir. Os cálculos consistem, basicamente, na determinação das diferenças encontradas (di) entre as vendas de cada lanchonete antes e depois da exibição do filme comercial.

As diferenças absolutas encontradas (|di|) permitiram ordenação dos dados conforme apresentado na Tabela 11.9. Foram atribuídos postos para as diferenças encontradas em função do ordenamento crescente, estando os postos distribuídos de 1 a 16. Em caso de empate, atribui-se a média dos postos empatados. Por exemplo, as lanchonetes 2 e 15 apresentaram diferenças absolutas iguais a 2 (embora uma tenha sido positiva e a outra negativa) e deveriam receber os postos 2 e 3. Como ocorreu o empate, atribuiu-se o posto médio 2,5 para ambas.

Tabela 11.10 *Diferenças antes e depois.*

| Lanchonete | Antes | Depois | di | \|di\| | Posto (+) | Posto (-) |
|---|---|---|---|---|---|---|
| 1 | 12 | 13 | 1 | 1 | 1 | |
| 2 | 5 | 3 | -2 | 2 | | 2,5 |
| 15 | 7 | 9 | 2 | 2 | 2,5 | |
| 3 | 13 | 16 | 3 | 3 | 4 | |
| 4 | 9 | 5 | -4 | 4 | | 6 |
| 10 | 9 | 13 | 4 | 4 | 6 | |
| 16 | 15 | 11 | -4 | 4 | | 6 |
| 5 | 5 | 10 | 5 | 5 | 8 | |
| 6 | 19 | 25 | 6 | 6 | 9 | |
| 7 | 22 | 29 | 7 | 7 | 10,5 | |
| 11 | 11 | 4 | -7 | 7 | | 10,5 |
| 8 | 7 | -1 | -8 | 8 | | 12 |
| 9 | 18 | 27 | 9 | 9 | 13 | |
| 12 | 7 | 19 | 12 | 12 | 14,5 | |
| 14 | 15 | 3 | -12 | 12 | | 14,5 |
| 13 | 14 | 27 | 13 | 13 | 16 | |
| Soma | | | | | 84,5 | 51,5 |

Os postos atribuídos foram diferenciados em colunas próprias para diferenças positivas ou negativas. A soma das colunas positiva e negativa foram respectivamente iguais a 84,5 e 51,5.

A aplicação dos cinco passos do teste de hipóteses pode ser vista a seguir:

**Passo 1.** Consiste na definição das hipóteses trabalhadas. No caso, as hipóteses são:

$H_0$: $\mu_{antes} = \mu_{depois}$; as médias das vendas são iguais antes e depois da exibição do filme comercial.

$H_1$: $\mu_{antes} < \mu_{depois}$; a média das vendas após a exibição do comercial é superior à média de antes da exibição do filme comercial.

**Passo 2.** Emprega-se a distribuição normal.

**Passo 3.** Assumindo um nível de significância padrão, alfa igual a 5%, deve-se efetuar a partição da tabela, definindo-se as áreas de aceitação e rejeição das hipóteses.

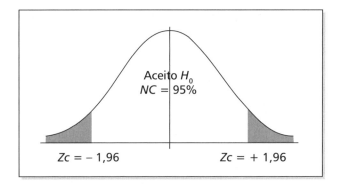

Figura 11.9 *Partição na distribuição normal.*

**Passo 4.** Deve-se calcular o valor da estatística teste, representada por $Z_{cal}$. Algebricamente, o valor desta variável pode ser apresentado como:

$$Z_{cal} = \frac{51,50 - 68}{19,3391} = -0,8532$$

Onde:

$T$ = menor das somas de postos de mesmo sinal, no caso igual a 51,50.

$$\mu_T = \frac{16(16+1)}{4} = 68$$

$$\sigma_T = \sqrt{\frac{16.(16+1).(2.16+1)}{24}} = 19,3391$$

**Passo 5.** Como a $Z_{cal}$ encontrada foi igual a -0,8532, deve-se aceitar a hipótese nula, não sendo possível aceitar a alegação da diferença das médias.

## Teste de Mann-Whitney

O teste não paramétrico de Mann-Whitney deve ser empregado na análise sobre o fato de **duas** amostras independentes terem sido extraídas de populações com médias iguais. Pelo fato de ser um teste não paramétrico, não exigindo considerações sobre as distribuições populacionais e suas variâncias, o teste de Mann-Whitney torna-se uma importante alternativa ao teste paramétrico de comparação de médias. Este teste também pode ser aplicado para variáveis intervalares ou ordinais.

Antes de aplicar os passos do teste, é preciso efetuar algumas considerações iniciais:

1. Consideram-se:

$n_1$ = número de casos do grupo com menor quantidade de observações.

$n_2$ = número de casos do grupo com maior quantidade de observações.

2. Atribui-se postos em ordem crescente aos dados dos dois grupos, começando em 1 e terminando em $n_1 + n_2$. Quando ocorrer empate, deve-se atribuir como posto a média dos postos correspondentes.

3. Calculam-se:

$R_1$ = soma dos postos do grupo $n_1$

$R_2$ = soma dos postos do grupo $n_2$

4. Escolhe-se a menor soma entre $R_1$ e $R_2$.

5. Calculam-se as estatísticas:

$$u_1 = n_1 \cdot n_2 + \frac{n_1(n_1 + 1)}{2} - R_1$$

$$u_2 = n_1 \cdot n_2 + \frac{n_2(n_2 + 1)}{2} - R_2$$

6. Escolhe-se como estatística **u** a correspondente ao R selecionado. Por exemplo, se $R_2$ for escolhido, deve-se selecionar $u_2$. Se $R_1$ for selecionado, deve-se escolher $u_1$.

Os cinco passos para o teste não paramétrico de Mann-Whitney podem ser apresentados como:

**Passo 1.** Consiste na definição da hipótese nula e alternativa. A hipótese nula deve alegar o fato da inexistência de diferenças entre os grupos, enquanto a hipótese alternativa deve alegar a desigualdade das proporções dos grupos, o que pode ser feito sob a forma de maior, menor ou diferente.

$H_0$: $\mu_1 = \mu_2$ *Comentário*: alega o fato das médias populacionais serem iguais.

$H_1$: $\mu_1 \neq \mu_2$ *Comentário*: alega o fato das médias populacionais serem diferentes.

Ou

$H_1$: $\mu_1 > \mu_2$ *Comentário*: alega o fato da média populacional do grupo 1 ser maior que a média populacional do grupo 2.

Ou

$H_1$: $\mu_1 < \mu_2$ *Comentário*: alega o fato da média populacional do grupo 1 ser menor que a média populacional do grupo 2.

**Passo 2.** Define-se a distribuição de probabilidades a ser empregada.

**Passo 3.** Com base no valor definido do nível de significância do teste e com o auxílio da distribuição definida no passo anterior, devem ser determinadas as áreas de aceitação e rejeição da hipótese nula.

**Passo 4.** Deve-se calcular o valor da estatística teste, representada por $Z_{cal}$. Algebricamente, o valor desta variável pode ser apresentado como:

$$Z_{cal} = \frac{u - \mu(u)}{\sigma(u)}$$

Onde:

$$\mu(u) = \frac{n_1 \cdot n_2}{2}$$

$$\sigma(u) = \sqrt{\frac{n_1 \cdot n_2 (n_1 + n_2 + 1)}{12}}$$

**Passo 5.** Aceitação ou rejeição das hipóteses formuladas, a depender da localização de $Z_{cal}$ nas áreas particionadas no Passo 3.

Para ilustrar o uso do teste de Mann-Whitney, considere o exemplo apresentado a seguir.

Uma rede de lojas gostaria de testar a hipótese de a média das vendas diárias da região Sul ser inferior à média das vendas diárias da região Norte. Com o objetivo de analisar as vendas, extraiu duas amostras. A amostra com oito lojas da região Norte apresentou média igual a 18,1250. A amostra com seis lojas da região Sul apresentou média igual a 17,8333. Os números estão apresentados em $ 1.000,00. Os dados das lojas estão apresentados na Tabela 11.11.

Tabela 11.11  *Vendas das lojas (em $ 1.000,00).*

| Norte | Sul |
|---|---|
| 14 | 18 |
| 16 | 19 |
| 19 | 20 |
| 13 | 22 |
| 19 | 13 |
| 20 | 15 |
| 21 |  |
| 23 |  |

A empresa resolveu testar a hipótese da média das vendas na região Sul ser significativamente menor empregando um teste de Mann-Whitney, usando um nível de confiança igual a 95%.

**Passo 1.** Consiste na definição da hipótese nula e alternativa. A leitura do enunciado permite apresentar as seguintes hipóteses.

$H_0$: $\mu_{Norte} = \mu_{Sul}$
$H_1$: $\mu_{Norte} < \mu_{Sul}$

**Passo 2.** Deve-se usar a distribuição de Student, já que nada é dito sobre o fato de a população ser normalmente distribuída; o desvio padrão populacional é desconhecido e o número de elementos analisados é menor que 30.

**Passo 3.** Considerando 12 graus de liberdade ($n_1 + n_2 - 2 = 8 + 6 - 2 = 12$) e alfa unicaudal igual a 5%, o valor de $t_c$ é igual a − 1,782.

**Passo 4.** O valor da estatística teste $Z_{cal}$ deve ser calculado. Para poder calcular o valor de $Z_{cal}$, é preciso ordenar todos os dados em ordem crescente, atribuindo postos aos mesmos. No caso de empate, atribui-se a média dos postos. Os dados ordenados e seus respectivos postos estão apresentados na tabela seguinte.

| Observação | Região | Posto |
|---|---|---|
| 13 | Norte | 1,5 |
| 13 | Sul | 1,5 |
| 14 | Norte | 3 |
| 15 | Sul | 4 |
| 16 | Norte | 5 |
| 18 | Sul | 6 |
| 19 | Norte | 8 |
| 19 | Norte | 8 |
| 19 | Sul | 8 |
| 20 | Norte | 10,5 |
| 20 | Sul | 10,5 |
| 21 | Norte | 12 |
| 22 | Sul | 13 |
| 23 | Norte | 14 |

Com os postos atribuídos aos dados de cada região, é possível efetuar a soma dos postos. No Caso, a soma foi igual a 62 para a região Norte e igual a 43 para a região Sul. Veja a tabela seguinte.

| Norte | Posto | Sul | Posto |
|---|---|---|---|
| 14 | *3* | 18 | *6* |
| 16 | *5* | 19 | *8* |
| 19 | *8* | 20 | *10,5* |
| 13 | *1,5* | 22 | *13* |
| 19 | *8* | 13 | *1,5* |
| 20 | *10,5* | 15 | *4* |
| 21 | *12* |  |  |
| 23 | *14* |  |  |
| **Soma** | **62** |  | **43** |

As amostras têm os seus tamanhos apresentados por $n_1$ e $n_2$, sendo $n_1$ o menor valor, 6, e $n_2$ o maior, 8. Assim, $n_1 = 6$ e $n_2 = 8$.

Os valores das somas dos postos são representados por $R_1$ e $R_2$.

$R_1$ = soma dos postos do grupo $n_1$ = 43
$R_2$ = soma dos postos do grupo $n_2$ = 62

Na etapa seguinte, escolhe-se a menor soma entre $R_1$ e $R_2$. No caso, escolhe-se $R_1$, com valor igual a 43.

A seguir, calculam-se as estatísticas $u_1$ e $u_2$.

$$u_1 = n_1 \cdot n_2 + \frac{n_1(n_1+1)}{2} - R_1 = 6 \cdot 8 + \frac{6(6+1)}{2} - 43 = 26$$

$$u_2 = n_1 \cdot n_2 + \frac{n_2(n_2+1)}{2} - R_2 = 6 \cdot 8 + \frac{8(8+1)}{2} - 62 = 22$$

Como $R_1$ havia sido escolhido, deve-se escolher $u_1$. No caso, $u_1 = 26$. Calculando os demais valores, têm-se:

$$\mu(u) = \frac{n_1 \cdot n_2}{2} = \frac{6 \cdot 8}{2} = 24$$

$$\sigma(u) = \sqrt{\frac{n_1 \cdot n_2(n_1+n_2+1)}{12}} = \sqrt{\frac{6 \cdot 8(6+8+1)}{12}} = 7{,}7460$$

$$Z_{cal} = \frac{u - \mu(u)}{\sigma(u)} = \frac{26 - 24}{7{,}746} = 0{,}2582$$

**Passo 5.** O valor calculado para a estatística teste $Z_{cal}$ encontra-se dentro da área de aceitação da hipótese nula. Assim, não é possível rejeitar $H_0$. Logo, não é possível admitir que a média populacional das vendas da região Sul seja significativamente maior que a média das vendas da região Norte.

## Teste da Mediana

O teste não paramétrico da mediana é similar ao teste de Mann-Whitney. Porém, testa a hipótese de dois grupos independentes terem ou não medianas populacionais iguais, podendo ser aplicado, também, para variáveis ordinais ou intervalares.

Antes de aplicar os cinco passos do teste, é preciso efetuar algumas considerações iniciais:

1. calcula-se a mediana do grupo formado pelas duas amostras juntas;
2. elabora-se a seguinte tabela:

| Frequências observadas | Grupo I | Grupo II |
|---|---|---|
| Acima da mediana | Fobs \| Fesp | Fobs \| Fesp |
| Abaixo ou igual à mediana | Fobs \| Fesp | Fobs \| Fesp |

Para aplicar o teste de hipóteses, basta seguir os cinco passos:

**Passo 1.** Consiste na definição da hipótese nula e alternativa. A hipótese nula deve alegar o fato de as medianas serem iguais, enquanto a hipótese alternativa deve alegar a desigualdade das medianas nas populações dos grupos.

$H_0$: Mediana$_{\text{Grupo I}}$ = Mediana$_{\text{Grupo II}}$
$H_1$: Mediana$_{\text{Grupo I}}$ ≠ Mediana$_{\text{Grupo II}}$

**Passo 2.** Com base no valor definido do nível de significância do teste (alfa), define-se uma variável qui-quadrado, com $\phi$ graus de liberdade, onde $\phi = 1$.

**Passo 3.** Com o auxílio da distribuição padronizada do qui-quadrado, devem ser determinadas as áreas de aceitação e rejeição da hipótese nula.

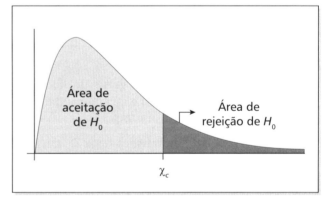

Figura 11.10 *Partição do gráfico.*

**Passo 4.** Deve-se calcular o valor da estatística teste, representada por $\chi_t^2$. Algebricamente, o valor desta variável pode ser apresentado como:

$$\chi_t^2 = \sum_{i=1}^{2} \sum_{j=1}^{2} \frac{(Fo_{ij} - Fe_{ij})^2}{Fe_{ij}}, \text{ onde}$$

$$Fe_{ij} = \frac{(\text{soma da linha } i) \cdot (\text{soma da coluna } j)}{\text{total de observações}}$$

**Passo 5.** Compara-se o valor de $\chi_t^2$ com as áreas de aceitação e rejeição determinadas no Passo 3. Duas conclusões são possíveis:

a) Se $\chi_t^2 \leq \chi_c^2$, não se pode rejeitar a hipótese nula, $H_0$, aceitando-se o fato de as medianas serem iguais.

b) Se $\chi_t^2 > \chi_c^2$, rejeita-se a hipótese nula, $H_0$, aceitando-se o fato de as medianas populacionais serem diferentes.

Para ver a aplicação prática do teste da mediana, considere o exemplo apresentado a seguir.

Um professor coletou duas amostras de notas na prova final de alunos dos turnos matutino e noturno. Os números estão apresentados a seguir. Assumindo um nível de confiança igual a 95% e empregando o teste da mediana, é possível afirmar que as amostras vêm de populações com medianas diferentes?

| Matutino | 4 | 5 | 6 | 6 | 6 | 8 | 9 | 10 |
|---|---|---|---|---|---|---|---|---|
| Noturno | 3 | 7 | 8 | 8 | 10 | | | |

A mediana dos alunos do matutino é igual a 6. Já para os alunos do noturno a mediana é igual a 8. Considerando os dois grupos de forma conjunta, a mediana é igual a 7. Para testar a hipótese de as duas amostras terem sido extraídas de populações com igual mediana, devem-se aplicar os cinco passos apresentados anteriormente.

**Passo 1.** Consiste na definição das hipóteses $H_0$ e $H_1$.

$H_0$: Mediana$_{Matutino}$ = Mediana$_{Noturno}$
$H_1$: Mediana$_{Matutino}$ ≠ Mediana$_{Noturno}$

**Passo 2.** Emprega-se a distribuição do qui-quadrado, com alfa igual a 0,05 e 1 grau de liberdade ($\phi = 1$).

Na tabela do qui-quadrado tem-se que para $a = 0,05$ e $f = 1$, o valor de $\chi_c^2$ é 3,841, conforme apresentado na Tabela 11.12.

Tabela 11.12  *Parte da tabela do qui-quadrado.*

| Fi\Alfa | 0,995 | 0,99 | 0,975 | 0,95 | 0,9 | 0,75 | 0,5 | 0,25 | 0,1 | 0,05 | 0,025 | 0,01 | 0,005 |
|---|---|---|---|---|---|---|---|---|---|---|---|---|---|
| 1 | 0,000 | 0,000 | 0,001 | 0,004 | 0,016 | 0,102 | 0,455 | 1,323 | 2,706 | **3,841** | 5,024 | 6,635 | 7,879 |
| 2 | 0,010 | 0,020 | 0,051 | 0,103 | 0,211 | 0,575 | 1,386 | 2,773 | 4,605 | 5,991 | 7,378 | 9,210 | 10,597 |
| 3 | 0,072 | 0,115 | 0,216 | 0,352 | 0,584 | 1,213 | 2,366 | 4,108 | 6,251 | 7,815 | 9,348 | 11,345 | 12,838 |

**Passo 3.** São determinadas as áreas de aceitação e rejeição da hipótese nula.

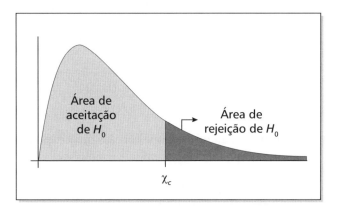

Figura 11.11  *Aceitação e rejeição de $H_0$.*

**Passo 4.** Para poder calcular a estatística teste do qui-quadrado, $\chi_t^2$, empregada no teste da mediana, é preciso calcular as frequências observadas acima e abaixo ou igual à mediana, conforme apresenta a Tabela 11.13.

Tabela 11.13  *Frequência observada.*

| | Matutino | Noturno | Soma |
|---|---|---|---|
| Acima | 3 | 3 | 6 |
| Abaixo ou igual | 5 | 2 | 7 |
| Soma | 8 | 5 | 13 |

Posteriormente, é preciso calcular as frequências esperadas acima e abaixo ou igual à mediana, conforme os números apresentados na Tabela 11.14.

Tabela 11.14  *Frequência esperada.*

|  | Matutino | Noturno | Soma |
|---|---|---|---|
| Acima | 3,6923 | 2,3077 | 6 |
| Abaixo ou igual | 4,3077 | 2,6923 | 7 |
| Soma | 8 | 5 | 13 |

Por fim, deve-se calcular para cada uma das células a diferença ao quadrado entre as frequências observadas e esperadas, posteriormente dividida pela frequência esperada. Os números estão apresentados na Tabela 11.15.

Tabela 11.15  *Cálculo da estatística teste (Frequência observada – esperada)² ÷ Frequência esperada.*

|  | Matutino | Noturno | Soma |
|---|---|---|---|
| Acima | 0,1298 | 0,2077 | 0,3375 |
| Abaixo ou igual | 0,1113 | 0,1780 | 0,2893 |
| Soma | 0,2411 | 0,3857 | 0,6268 |

A estatística teste do qui-quadrado, $\chi_t^2$, é igual à soma apresenta na Tabela 11.15, $\chi_t^2 = 0,6268$.

**Passo 5.** Como o valor da estatística teste ($\chi_t^2 = 0,6288$) é menor que o valor crítico na Figura 11.11 ($\chi_c^2 = 3,841$), aceita-se a hipótese nula $H_0$. É possível concordar que as duas amostras sejam originárias de populações com a mesma mediana.

## Teste de Kruskal-Wallis

O teste não paramétrico de Kruskal-Wallis deve ser empregado na análise do fato de $K$ ($K>2$) amostras independentes serem originárias ou não de populações com médias iguais, podendo ser aplicado, também, com variáveis intervalares ou ordinais.

Antes de realizar os cinco passos do teste de hipóteses, é preciso efetuar algumas considerações iniciais:

a) atribui-se postos em ordem crescente aos dados dos $K$ grupos, começando em 1 e terminando em $N$ (soma de elementos de todos os grupos). Quando ocorrer empate, deve-se atribuir como posto a média dos postos correspondentes;

b) calcula-se o valor da soma dos postos para cada um dos $K$ grupos. A soma é genericamente representada por $R_i$, onde $i = 1, 2,...., K$.

**Passo 1.** Consiste na definição da hipótese nula e alternativa. A hipótese nula deve alegar o fato da inexistência de diferenças entre as médias dos grupos, enquanto a hipótese alternativa deve alegar a existência de diferenças.

$H_0$: as médias populacionais são iguais

$H_1$: há pelo menos um par de médias populacionais diferentes

**Passo 2.** Com base no valor definido do nível de significância do teste (alfa), define-se uma variável qui-quadrado, com $\phi$ graus de liberdade, onde $\phi = K - 1$.

**Passo 3.** Com o auxílio da tabela qui-quadrado, devem ser determinadas as áreas de aceitação e rejeição da hipótese nula.

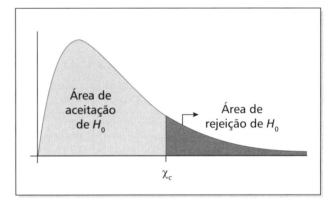

Figura 11.12  *Partição no qui-quadrado.*

**Passo 4.** Deve-se calcular o valor da estatística teste, representada por $H$. Algebricamente, o valor desta variável pode ser apresentado como:

$$H = \frac{12}{n(n+1)} \sum_{i=1}^{k} \frac{(R_i)^2}{n_i} - 3 \cdot (n+1)$$

**Passo 5.** Aceitação ou rejeição das hipóteses formuladas, a depender das seguintes condições:

a) Se $H < \chi_{sup}^2$, não se pode rejeitar a hipótese nula, $H_0$, aceitando-se o fato de as médias populacionais dos K grupos serem iguais.

b) Se $H > \chi_{sup}^2$, rejeita-se a hipótese nula, $H_0$, aceitando-se o fato de existir pelo menos um par de médias populacionais diferentes.

Para ilustrar uma aplicação prática do teste de Kruskal-Wallis, considere o exemplo apresentado a seguir.[4]

A Secretaria de Educação de um determinado Estado gostaria de analisar as notas médias dos alunos de três escolas em uma prova recém-realizada. Para isso, coletou três amostras com notas de 16 alunos das três escolas, apresentadas na Tabela 11.16.

Tabela 11.16  *Notas de alunos das três escolas.*

| Escola A | Escola B | Escola C |
|----------|----------|----------|
| 130 | 120 | 122 |
| 124 | 142 | 138 |
| 136 | 132 | 134 |
| 140 | 126 | 144 |
| 120 | 128 | 148 |
|     | 118 |     |

Como a amostra é pequena e não se tem a informação de populações normalmente distribuídas, é possível aplicar o teste de Kruskal-Wallis. Os cinco passos do teste estão apresentados a seguir.

**Passo 1.** Consiste na definição da hipótese nula e alternativa.

$H_0$: as médias populacionais das três escolas são iguais

$H_1$: há pelo menos um par de médias populacionais diferentes

**Passo 2.** Define-se uma variável qui-quadrado, com $\phi$ graus de liberdade, onde $\phi = 3 - 1 = 2$. Assumindo-se um nível de confiança padrão igual a 95%, tem-se o valor de $\chi_c^2$ igual a 5,991, conforme apresentado na Tabela 11.17.

Tabela 11.17  *Cálculo de $\chi_c^2$.*

| Fi\Alfa | 0,995 | 0,99 | 0,975 | 0,95 | 0,9 | 0,75 | 0,5 | 0,25 | 0,1 | 0,05 | 0,025 | 0,01 | 0,005 |
|---------|-------|------|-------|------|-----|------|-----|------|-----|------|-------|------|-------|
| 1 | 0,000 | 0,000 | 0,001 | 0,004 | 0,016 | 0,102 | 0,455 | 1,323 | 2,706 | 3,841 | 5,024 | 6,635 | 7,879 |
| 2 | 0,010 | 0,020 | 0,051 | 0,103 | 0,211 | 0,575 | 1,386 | 2,773 | 4,605 | **5,991** | 7,378 | 9,210 | 10,597 |
| 3 | 0,072 | 0,115 | 0,216 | 0,352 | 0,584 | 1,213 | 2,366 | 4,108 | 6,251 | 7,815 | 9,348 | 11,345 | 12,838 |

**Passo 3.** São determinadas as áreas de aceitação e rejeição da hipótese nula. Veja a Figura 11.13.

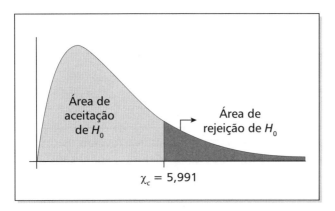

Figura 11.13  *Partição no qui-quadrado.*

**Passo 4.** Calcula-se a estatística teste, representada por $H$.

$$H = \frac{12}{n(n+1)} \sum_{i=1}^{k} \frac{(R_i)^2}{n_i} - 3 \cdot (n+1)$$

Para obter o valor de $H$, é preciso obter a soma $R$ dos postos de cada um dos diferentes grupos analisados. O rol e os postos de toda a série de dados estão apresentados na Tabela 11.18. Em caso de empate, atribui-se um valor médio.

---
[4] Adaptado de Fonseca e Martins (1996, p. 247).

Tabela 11.18  *Valores e postos.*

| Valor | Ordem ou posto |
|---|---|
| 118 | 1 |
| 120 | 2,5 |
| 120 | 2,5 |
| 122 | 4 |
| 124 | 5 |
| 126 | 6 |
| 128 | 7 |
| 130 | 8 |
| 132 | 9 |
| 134 | 10 |
| 136 | 11 |
| 138 | 12 |
| 140 | 13 |
| 142 | 14 |
| 144 | 15 |
| 148 | 16 |
| Soma | 136 |

As somas dos postos de cada um dos grupos estão apresentadas na Tabela 11.19.

Tabela 11.19  *Soma dos postos por grupo.*

| | Escola A | | Escola B | | Escola C | |
|---|---|---|---|---|---|---|
| | Valor | Posto | Valor | Posto | Valor | Posto |
| | 130 | 8 | 120 | 2,5 | 122 | 4 |
| | 124 | 5 | 142 | 14 | 138 | 12 |
| | 136 | 11 | 132 | 9 | 134 | 10 |
| | 140 | 13 | 126 | 6 | 144 | 15 |
| | 120 | 2,5 | 128 | 7 | 148 | 16 |
| | | | 118 | 1 | | |
| Soma | | 39,5 | | 39,5 | | 57 |

Para a Escola A, a soma dos postos é igual a 39,5. Para a Escola B, a soma também é igual a 39,5. Para a Escola C a soma dos postos é igual a 57. Com as somas obtidas, pode-se calcular o valor da estatística teste $H$.

Algebricamente, tem-se que $H$ é igual a:

$$H = \frac{12}{n(n+1)} \sum_{i=1}^{k} \frac{(R_i)^2}{n_i} - 3 \cdot (n+1)$$

Substituindo-se os valores encontrados, tem-se:

$$H = \frac{12}{16(16+1)} \left[ \frac{(39,5)^2}{5} + \frac{(39,5)^2}{6} + \frac{(57)^2}{5} \right] - 3 \cdot (16+1) = 2,90$$

Como o valor de $H$ (2,90) é menor que o valor crítico do qui-quadrado ($\chi_c^2 = 5,991$), aceita-se $H_0$. Não é possível afirmar que as médias populacionais dos grupos sejam diferentes.

# Exercícios

## Teste do qui-quadrado

1. Uma amostra formada por 38 passageiros desembarcados no aeroporto de Cumbica revelou as origens apresentadas na tabela seguinte. Com base em teste do qui-quadrado, pede-se analisar a significância das diferenças encontradas em cada uma das respostas.

| Origem | $F_i$ |
|---|---|
| Estados Unidos | 13 |
| Alemanha | 7 |
| França | 10 |
| Argentina | 8 |
| Total | 38 |

2. Em uma recente pesquisa de mercado sobre os motivos que estariam levando os consumidores a adquir determinada marca de achocolatados em pó, o pequisador formulou as perguntas e obteve as respostas apresentadas a seguir. Com base em teste do qui-quadrado, pede-se analisar a significância das diferenças encontradas em cada uma das respostas.

a) Questão: "Compro porque o preço é menor."

| Respostas | $F_i$ |
|---|---|
| Concordo totalmente | 116 |
| Concordo parcialmente | 86 |
| Não concordo nem discordo | 4 |
| Discordo parcialmente | 11 |
| Discordo totalmente | 173 |
| Total | 390 |

b) Pergunta: "Qual a sua escolaridade?"

| Respostas | $F_i$ |
|---|---|
| Básico | 81 |
| Médio | 202 |
| Superior Completo | 50 |
| Superior Incompleto | 45 |
| Pós-graduação | 11 |
| Outra resposta | 1 |
| Total | 390 |

## Teste do qui-quadrado para independência ou associação

3. A tabela a seguir apresenta o cruzamento de duas variáveis, extraídas de uma amostra formada por 53 funcionários de um escritório de contabilidade. Usando a estatística do qui-quadrado, pede-se analisar a existência de associação significativa entre as duas variáveis.

|  |  | Habilitado Sim | Habilitado Não | Total |
|---|---|---|---|---|
| Gênero | Feminino | 9 | 12 | 21 |
|  | Masculino | 25 | 7 | 32 |
| Total |  | 34 | 19 | 53 |

4. Um cruzamento de dados dos primeiros 714 concursos da Loteria Mega Sena está exposto na tabela seguinte. As linhas apresentam a ordem da extração da dezena e as colunas o grupo da dezena extraída. Com base em um teste do qui-quadrado, pede-se analisar a existência de associação significativa entre as variáveis.

| Ordem | Dezena ||||||  Soma |
|---|---|---|---|---|---|---|---|
| | 1 \|– 11 | 11 \|– 21 | 21 \|– 31 | 31 \|– 41 | 41 \|– 51 | 51 \|–\| 60 | |
| 1 | 106 | 113 | 128 | 112 | 128 | 127 | 714 |
| 2 | 122 | 132 | 107 | 113 | 114 | 126 | 714 |
| 3 | 101 | 118 | 127 | 128 | 112 | 128 | 714 |
| 4 | 120 | 121 | 123 | 120 | 107 | 123 | 714 |
| 5 | 108 | 126 | 114 | 112 | 134 | 120 | 714 |
| 6 | 121 | 110 | 119 | 131 | 128 | 105 | 714 |
| Soma | 678 | 720 | 718 | 716 | 723 | 729 | 4284 |

## Teste dos sinais

5. Uma pesquisa com escritórios de contabilidade verificou que 13 usavam o *software* Contafácil, enquanto cinco escritórios preferiam usar o *software* Contamais. Empregando o teste dos sinais e um nível de confiança igual a 90%, pede-se testar a hipótese da inexistência de preferência. A hipótese alternativa deve alegar a existência de diferença na preferência.

6. Nos preparativos para uma importante campanha eleitoral, uma agência de publicidade precisava escolher qual dos dois *jingles* elaborados deveria ser exibido durante a campanha. Em uma pesquisa teste, os *jingles* foram exibidos para 19 pessoas. Os resultados estão apresentados a seguir.

| *Jingle* | Preferido por quantas pessoas |
|---|---|
| Para frente e com força | 11 |
| Nós podemos mais | 5 |

Três dos entrevistados revelaram não apresentar preferência por nenhum dos *jingles*. Empregando um nível de significância igual a 95% e a aplicando um teste de sinais, pede-se testar a hipótese da preferência significativa pelo *jingle* "Para frente e com força".

## Teste de Wilcoxon

7. O departamento de pesquisa da fábrica de rações Melhor Pasto Ltda. gostaria de verificar se a adição de um determinado composto químico em tipo de ração interferiria significativamente no ganho de peso registrado em caprinos. Resolveu fazer um teste, alimentando 13 animais magros em duas situações. Na primeira, os animais seriam alimentados exclusivamente por uma semana com a ração sem o composto. Na segunda situação, os mesmos animais seriam alimentados por uma semana exclusivamente com a ração com o composto. Os dados referentes ao ganho de peso (em g) estão apresentados a seguir.

| Animal | Sem composto | Com composto |
|---|---|---|
| 1 | 250 | 450 |
| 2 | 350 | 375 |
| 3 | 450 | 200 |
| 4 | 200 | – 100 |
| 5 | 400 | 350 |
| 6 | 300 | 500 |
| 7 | 150 | 250 |
| 8 | – 50 | 150 |
| 9 | 300 | 100 |
| 10 | 450 | 300 |
| 11 | 200 | 400 |
| 12 | 100 | 500 |
| 13 | 50 | 250 |
| Soma | 3150 | 3700 |
| Média | 242,3077 | 284,6154 |

Dos dados apresentados na tabela anterior, é possível verificar que, sem o composto, o ganho de peso médio amostral foi igual a 242,3077. Já com o composto, o ganho médio amostral elevou-se para 284,6154.

Pede-se analisar a significância destes resultados, usando um teste de Wilcoxon. Ou seja, pede-se testar a hipótese de a média populacional com o composto ser significativamente superior que a média sem o composto. Use um nível de confiança igual a 95%.

8. Um professor universitário resolveu testar a eficiência do uso de recursos didáticos complementares, disponibilizando grande quantidade de material hipermídia para apoio às suas aulas. Resolveu comparar a *performance* das notas de provas de amostras de alunos em duas situações distintas. Na primeira, não existiu o uso do material de apoio. Porém, na segunda situação existiu o uso do material. Pede-se testar a hipótese de diferença das médias populacionais em ambas as situações, considerando um nível de confiança igual a 90% e os dados apresentados a seguir.

| Aluno | Sem material | Com material |
|---|---|---|
| Alice | 5 | 8 |
| Alzira | 7 | 10 |
| Ana | 8 | 10 |
| Bruna | 6 | 9 |
| Carlos | 6 | 9 |
| Cláudio | 1 | 4 |
| Egnobaldo | 9 | 7 |
| Jarbas | 4 | 7 |
| José | 2 | 5 |
| Mariana | 9 | 10 |
| Patrícia | 2 | 6 |
| Pedro | 4 | 3 |
| Tatiana | 10 | 9 |
| Thiago | 10 | 8 |

## Teste de Mann-Whitney

9. Um professor acreditava que os alunos do noturno apresentavam uma *performance* média superior àquela registrada pelos alunos do matutino. Com o objetivo de investigar suas suspeitas, extraiu as duas amostras aleatórias apresentadas a seguir. Os números representam as últimas notas de cada um dos alunos analisados. Empregando um nível de confiança igual a 90%, pede-se testar a hipótese de a média populacional dos alunos do noturno ser superior à média dos alunos do vespertino.

| Matutino | 7 | 9  | 6 | 8 | 7 | 6 | 8 | 6 | 5 |   |
|----------|---|----|---|---|---|---|---|---|---|---|
| Noturno  | 7 | 15 | 8 | 6 | 6 | 8 | 6 | 8 | 6 | 7 |

## Teste da Mediana

10. Uma empresa comercial gostaria de analisar mediante um teste de hipótese se as medianas populacionais das vendas por cliente das regiões Norte e Sul seriam iguais. Para isso, coletou as duas amostras apresentadas a seguir. Assumindo um nível de confiança de 90%, é possível afirmar que as amostras vêm de populações com medianas diferentes?

| Sul   | 10 | 15 | 16 | 16 | 24 | 25 | 28 | 49 |
|-------|----|----|----|----|----|----|----|----|
| Norte | 11 | 13 | 13 | 28 | 35 | 38 | 39 |    |

## Teste de Kruskal-Wallis

11. Uma empresa de pesquisas de mercado gostaria de saber se o consumo médio anual de carne de frangos por família era diferente em quatro regiões atendidas pela empresa e apresentadas como Norte, Sul, Leste e Oeste. A seguinte amostra foi coletada, formada por 22 elementos. Os valores representam o consumo em kg/ano.

| Norte | Sul | Leste | Oeste |
|-------|-----|-------|-------|
| 19    | 20  | 15    | 16    |
| 18    | 23  | 23    | 23    |
| 12    | 17  | 35    | 21    |
| 28    | 14  | 18    | 25    |
| 39    |     | 10    | 32    |
| 15    |     |       | 35    |
|       |     |       | 19    |

Assumindo-se um nível de confiança igual a 95%, pede-se testar se as médias populacionais podem ser iguais, com o uso do teste de Kruskal-Wallis.

# 12

# Correlação e regressão linear

> *A ciência constata, mas não explica:*
> *é a filha mais velha das quimeras.*
> Villiers de L'Isle-Adam

> *A Matemática é a honra*
> *do espírito humano.*
> Leibniz

**Objetivos do capítulo**

Análises estatísticas que envolvam o estudo conjunto de duas variáveis quantitativas podem ser feitas com o auxílio das técnicas de regressão e correlação.

A análise de regressão fornece uma função matemática que descreve a relação entre duas ou mais variáveis. A análise da correlação, por outro lado, determina um número que expressa uma medida numérica do grau da relação encontrada.

Este capítulo possui o objetivo de discutir os principais tópicos relacionados às análises de regressão e correlação, enfatizando o uso do método dos mínimos quadrados. Para tornar a leitura mais branda e facilitar a fixação dos tópicos apresentados, são propostos inúmeros exercícios, todos com as suas respectivas respostas.

### GRANDES NOMES E GRANDES HISTÓRIAS[1]

*Sir Francis Galton*

★ 16 de fevereiro de 1822, em Sparkbrook, Inglaterra
† 17 de janeiro de 1911, em Grayshott House, Inglaterra

Nascido em 1822, Sir Francis Galton foi um dos últimos cientistas cavalheiros. Explorador e antropologista, Galton estudou medicina em Cambridge e explorou a África antes de dedicar-se ao estudo da inteligência humana e da antropologia, área em que mantinha boas relações, já que era primo de Charles Darwin.

Galton devotou a última parte de sua vida à eugenia – o estudo da possibilidade de melhoria das características físicas e mentais da raça humana por meio da seleção dos pais. Nesta área, um de seus clássicos questionamentos perguntava: "Se as alturas das pessoas estão distribuídas normalmente em cada geração, e se a altura é hereditária, qual é a relação entre as gerações?" Descobriu uma relação linear entre a altura de pais e filhos, e constatou que pais altos tendem a ter filhos mais altos que a média, porém não tão altos quanto seus

---

[1] Adaptado do *The MacTutor history of mathematics archive*. Disponível em: <http://www-groups.dcs.st-and.ac.uk/~history/index.html>. Acesso em: 3 dez. 2006.

pais. Galton chamou esse fenômeno de "regressão para a mediocridade". Indo além, descreveu a hereditariedade através de uma relação linear com respostas y que têm distribuição normal em torno da reta para todo valor fixo x – que corresponde ao modelo geral de regressão.

Não sendo matemático nem tendo feito grandes progressos nesta área, as muitas ideias de Galton influenciaram a estatística, particularmente na prova de que uma mistura de normais é, também, normal. Outra de suas contribuições consiste na descoberta da reversão – sua formulação da regressão e sua associação com as distribuições bivariadas normais.

Outras importantes contribuições de Galton relacionaram-se a diferentes áreas, como a meteorologia, antropometria e antropologia física.

## Definindo regressão e correlação

A análise da regressão e correlação tem como objetivo estimar numericamente o grau de relação que possa ser identificado entre populações de duas ou mais variáveis, a partir da determinação obtida com base em amostras selecionadas destas populações focalizadas. A regressão e a correlação possibilitam comprovar numericamente se é adequada a postulação lógica realizada sobre a existência de relação entre as populações de duas ou mais variáveis.

Para ilustrar, considere o exemplo de uma rede de lojas de confecções que coletou uma amostra de dados passados referentes a seus gastos com publicidade ($ mil) e seu volume de vendas ($ mil). Os dados estão apresentados na Tabela 12.1.

Tabela 12.1 *Vendas* versus *gastos com publicidade de loja de confecções.*

| Gastos com publicidade (em $ mil) | 3 | 4 | 8 | 12 | 14 |
|---|---|---|---|---|---|
| Vendas (em $ mil) | 7 | 14 | 15 | 28 | 32 |

A apresentação dos dados pode ser feita com o auxílio de um diagrama de dispersão, conforme ilustrado na Figura 12.1.

A análise de regressão preocupa-se com o estudo da relação conjunta entre duas variáveis, como no caso da Figura 12.1. As variáveis costumam ser apresentadas como variável independente, X, no caso os gastos com publicidade, e variável dependente, Y, no caso o volume de vendas.

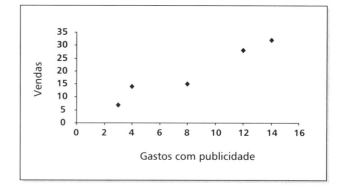

Figura 12.1 *Gastos com publicidade* versus *vendas.*

O termo *regressão* teria sido[2] originalmente apresentado por Sir Francis Galton. Em um famoso ensaio, Galton verificou que, embora houvesse uma tendência de pais altos terem filhos altos e pais baixos terem filhos baixos, a altura média de filhos de pais de uma dada altura tendia a se deslocar ou *regredir* até a altura média da população como um todo. Ou seja, a altura dos filhos de pais extraordinariamente altos ou baixos tende a se mover para a altura média da população.

A lei de regressão universal de Galton foi confirmada por um outro matemático, Karl Pearson, que coletou mais de 1.000 registros das alturas dos membros de grupos das famílias. Pearson encontrou que a altura média dos filhos de um grupo de pais altos era inferior à altura de seus pais, e que a altura média dos filhos de um grupo de pais baixos era superior à altura de seus pais. Dessa forma, tanto os filhos altos como baixos *regrediram* em direção à altura média de todos os homens. Em palavras de Galton, tal fato consistiria em uma *regressão à mediocridade*.

---

[2] Gujarati (2000, p. 3).

De forma mais recente, a análise de regressão ocupa-se do estudo da dependência de uma variável, a variável dependente, em relação a uma ou mais variáveis, as variáveis explicativas ou independentes, com o objetivo de estimar ou prever a média da população ou o valor médio da variável dependente em função dos valores conhecidos ou fixos em amostragem repetida das variáveis explicativas.

## Análise de regressão

A análise de regressão fornece uma função matemática que descreve a relação entre duas ou mais variáveis. A natureza da relação é caracterizada por esta função ou equação de regressão.

Esta equação pode ser usada para estimar ou predizer valores futuros de uma variável, com base em valores conhecidos ou supostos, de uma ou mais variáveis relacionadas. A análise de regressão é útil na administração, economia, agricultura, pesquisa médica etc.

## *Modelos matemáticos* versus *modelos estatísticos*

Para poder explicar os modelos desenvolvidos para a análise de regressão, torna-se importante diferenciar os modelos matemáticos e os modelos estatísticos.

Um modelo matemático descreve uma relação entre diferentes variáveis. Por exemplo, um modelo matemático que descreva a relação entre duas variáveis, do tipo $y = f(x)$, ou $y = a + b.x$, pode ser apresentado graficamente por meio da Figura 12.2.

No modelo matemático, os valores de x estão diretamente associados aos valores de y. Os valores de y são inteiramente explicados pelos valores de $x$. Em outra situação, para ilustrar a construção de um modelo matemático, considere o comportamento das variáveis $x$ e $y$ apresentadas na Tabela 12.2.

Tabela 12.2  *Valores de x e y.*

| x | y |
|---|---|
| 0 | 3 |
| 1 | 4 |
| 2 | 5 |
| 3 | 6 |
| 4 | 7 |
| 5 | 8 |

Considerando apenas dois dos pontos assinalados e empregando um sistema simples de equações, com duas incógnitas, $x$ e $y$, e duas equações, seria possível determinar o comportamento da relação: $y = a + b.x$. Ou, $y = 3 + 1.x$.

Um modelo estatístico costuma envolver a determinação do *melhor* modelo ou do modelo que melhor se ajusta aos pontos, e não do modelo exato ou preciso. Aceita-se que, em uma relação do tipo $y = a + b.x$, possam existir outras variáveis que interfiram nos valores de $y$. O modelo estatístico pode ser representado por $y = a + b.x + e$, onde $e$ consiste em um erro associado ao processo de determinação dos valores de $y$ com base em $x$. Veja a Figura 12.3.

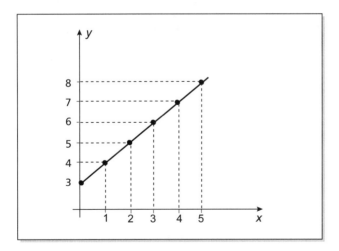

Figura 12.2  *Diagrama de dispersão e modelo matemático.*

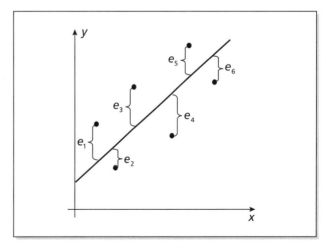

Figura 12.3  *Diagrama de dispersão e melhor modelo de ajuste.*

O processo de estimação do modelo estatístico deve ser feito de forma a diminuir ao máximo possível os valores dos erros encontrados.

## Regressão linear simples

A análise de regressão linear simples tem por objetivo obter a equação matemática da reta que representa o melhor relacionamento numérico linear entre o conjunto de pares de dados em amostras selecionadas, dos dois conjuntos de variáveis. A equação da reta obtida pode ser apresentada como:

$$y = a + b.x$$

De modo geral, as variáveis $x$ e $y$, por convenção, são definidas do seguinte modo:

$y$ = variável dependente, explicada
$x$ = variável independente, explicativa

É importante destacar que a análise simples de regressão linear apenas se preocupa em determinar a forma numérica de associação entre $x$ e $y$. Não estabelece **nenhuma** relação de causação. Os cuidados associados à análise de regressão e correlação serão apresentados com maior profundidade a seguir.

O modelo linear obtido caracteriza a relação entre o conjunto de pares de valores, na amostra analisada. Pode ser utilizado para estimar valores de uma variável com base em valores estipulados para a outra variável, dentro dos limites da amplitude dos valores da amostra, como também para predizer valores de uma variável, com base no conhecimento de quais serão os valores da outra variável, fora dos limites da amplitude dos valores da amostra. O modelo linear obtido consiste em uma estimativa da reta de ajuste para as duas populações.

No processo de determinação da equação de regressão linear simples, objetiva-se elaborar a equação geral da reta, com modelo: $y = a + bx$. Assim, devem ser determinadas as duas constantes:

$a$ = o valor de $yi$, quando $xi = 0$, ou intercepto da reta no eixo $y$
$b$ = o valor do coeficiente angular, que indica a inclinação da reta

No processo de determinação dos valores das constantes $a$ e $b$, costuma-se aplicar o método dos mínimos quadrados, que determina a equação de ajuste linear que apresenta a menor soma dos quadrados dos erros $e$, apresentados na Figura 12.3.

O método foi desenvolvido originalmente por Legendre e aperfeiçoado pelas ideias e trabalhos de Galton e Pearson. Ele permite obter o valor das duas constantes $a$ e $b$, determinando a reta estimada, ou equação de regressão. Uma dedução algébrica do modelo está apresentada no quadro seguinte.

---

### A DEDUÇÃO[3] DO MÉTODO DOS MÍNIMOS QUADRADOS

O método dos mínimos quadrados permite o ajuste de uma linha reta a quaisquer dados de duas variáveis quantitativas ou intervalares. Seu desenvolvimento remonta ao início do século XIX, sendo atribuído ao matemático francês Legendre, que o aplicou na análise de dados de astronomia. A sua dedução está apresentada a seguir.
Segundo os procedimentos da análise de regressão, pode-se escrever $y$ em função de $x$:

$$y = a + bx + e$$

O erro $e$ poderia ser expresso como:

$$e = y - (a + bx)$$

A aplicação do método dos mínimos quadrados deve ser feita de forma a minimizar a soma dos quadrados dos erros. Dessa forma, o objetivo do desenvolvimento do modelo poderia ser apresentado como:

$$\text{Minimize} \sum (y - a - bx)^2$$

---

[3] A obtenção da equação do método dos mínimos quadrados pode ser vista em Silver (2000, p. 202) e Spiegel (1993).

Sendo assim, no ponto de mínimo as derivadas parciais do somatório do quadrado dos erros em relação a *a* e *b* seria igual a zero.

$$\frac{\partial}{\partial a}\sum (y - a - bx)^2 = -2\sum (y - a - bx) = 0 \qquad \text{Equação I}$$

$$\frac{\partial}{\partial b}\sum (y - a - bx)^2 = -2\sum x(y - a - bx) = 0 \qquad \text{Equação II}$$

Simplificando a Equação I:

$$2\sum y = 2na + 2b\sum x$$

Ou:

$$\sum y = na + b\sum x \qquad \text{Equação III}$$

Simplificando a Equação II:

$$2\sum xy = 2a\sum x + 2b\sum x^2$$

Ou:

$$\sum xy = a\sum x + b\sum x^2 \qquad \text{Equação IV}$$

Para isolar os valores de *a* e *b*, pode-se multiplicar a Equação III por $\frac{\sum x}{n}$. O valor obtido deve ser subtraído da Equação IV.

$$\frac{\sum x \sum y}{n} = a\sum x + \frac{b(\sum x)^2}{n} \qquad \text{Equação V}$$

$$\sum xy - \frac{\sum x \sum y}{n} = a\sum x + b\sum x^2 - \left[a\sum x + \frac{b(\sum x)^2}{n}\right] \quad \text{ou}$$

$$\sum xy - \frac{\sum x \sum y}{n} = b\sum x^2 - \frac{b(\sum x)^2}{n} \qquad \text{Equação VI}$$

Multiplicando ambos os lados da Equação VI por *n* e colocando *b* em evidência:

$$n\sum xy - \sum x \sum y = b\left[n\sum y^2 - (\sum x)^2\right] \qquad \text{Equação VII}$$

Isolando o valor de *b* na Equação VII:

$$b = \frac{n\sum xy - \sum x \sum y}{n\sum x^2 - (\sum x)^2} \qquad \text{Equação VIII}$$

Substituindo o valor encontrado para *b* na Equação III:

$$a = \frac{\sum y - b\sum x}{n} \qquad \text{Equação IX}$$

As Equações VIII e IX apresentam os valores algébricos dos coeficientes *a* e *b*, obtidos através do método dos mínimos quadrados.

A aplicação do método dos mínimos quadrados gera três características importantes relacionadas com a reta de regressão obtida:

a) é mínima a soma dos quadrados dos erros ou desvios para a reta de regressão, menor que a de qualquer outra reta de ajuste;
b) é igual a zero a soma algébrica dos desvios verticais entre o valor da ordenada de cada ponto da amostra analisada e a correspondente ordenada da reta estimada;
c) a reta estimada passa pelo ponto de coordenadas $(\bar{x}, \bar{y})$, que correspondem à média dos pares de pontos da amostra.

A reta estimada de regressão é $y = a + bx$, onde:

$Y$ = valor calculado na reta de regressão para os valores de $x$
$a$ = ordenada do intercepto da reta no eixo $y$
$b$ = coeficiente angular da reta de regressão

O método dos mínimos quadrados determina que $a$ e $b$ devem ser obtidos de modo que:

$$a = \frac{\sum y - b \sum x}{n}$$

$$b = \frac{n\left(\sum xy\right) - \left(\sum x \sum y\right)}{n\left(\sum x^2\right) - \left(\sum x\right)^2}$$

Há algumas hipóteses a serem consideradas na aplicação do método dos mínimos quadrados:

a) para cada valor de $x$ haverá possíveis valores para $y$;
b) a variável $y$ é aleatória;
c) para cada valor de $x$ há uma distribuição condicional de $y$ que é normal;
d) os desvios padrões de todas as distribuições condicionais são iguais.

Para ilustrar a aplicação do método dos mínimos quadrados, analise o exemplo anterior, dos dados sobre gastos com publicidade e volume de vendas. O diagrama de dispersão entre $x$ e $y$, exibido na Figura 12.1, revela a inexistência de uma relação linear *exata*. Porém, a disposição dos pontos sugere o fato de se aceitar a construção de uma estimativa linear que *minimize* os erros dos ajustes.

A equação de ajuste pode ser implementada por meio de um modelo estatístico que minimize os quadrados dos erros existentes entre os pontos e o modelo linear. O método dos mínimos quadrados permite efetuar esse ajuste. Para aplicar o método, é necessário obter as somas $\sum x, \sum y, \sum x^2$ e $\sum xy$. Para facilitar a obtenção das somas, foi construída a Tabela 12.3.

Tabela 12.3 *Gastos com publicidade, vendas e somatórios.*

| Gastos com Publicidade (x, em mil reais) | Vendas (y, em mil reais) | $x^2$ | $y^2$ | $xy$ |
|---|---|---|---|---|
| 3 | 7 | 9 | 49 | 21 |
| 4 | 14 | 16 | 196 | 56 |
| 8 | 15 | 64 | 225 | 120 |
| 12 | 28 | 144 | 784 | 336 |
| 14 | 32 | 196 | 1024 | 448 |
| $\sum x = 41$ | $\sum y = 96$ | $\sum x^2 = 429$ | $\sum y^2 = 2278$ | $\sum xy = 981$ |

Para ajustar uma reta aos pontos, foram obtidos os valores de $a$ e $b$, na equação do tipo $y = a + b.x$. Considerando que o número de par de dados analisados foi igual a 5 (ou seja, $n$ igual a 5) e aplicando as fórmulas:

$$b = \frac{n(\sum xy) - (\sum x \sum y)}{n(\sum x^2) - (\sum x)^2} = \frac{5.(981) - (41.96)}{5.(429) - (41)^2} = \frac{969}{464} = 2{,}0884$$

$$a = \frac{\sum y - b \sum x}{n} = \frac{96 - 2{,}0884.41}{5} = \frac{10{,}3756}{5} = 2{,}0751$$

Com base nos valores obtidos para $a$ e $b$, é possível determinar que a reta que melhor ajusta os pontos é do tipo: $y = 2{,}0751 + 2{,}0884x$. A reta de ajuste pode ser vista no diagrama de dispersão apresentado a seguir.

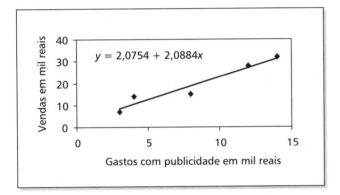

Figura 12.4  *Diagrama de dispersão e reta de ajuste.*

Em outro exemplo, considere o exemplo fictício da Ceres Fruticultura Irrigada Ltda. A empresa coletou dados referentes ao volume de chuvas nos últimos seis anos e a produtividade média por hectare em seis culturas diferentes: manga, abacate, ameixa, goiaba e acerola. Os valores estão apresentados na Tabela 12.4.

Tabela 12.4  *Chuvas e produtividades médias.*

| Ano $i$ | Chuvas | Manga | Abacate | Ameixa | Goiaba | Acerola |
|---|---|---|---|---|---|---|
| 1 | 42 | 134 | 186 | 32 | 15 | 29 |
| 2 | 18 | 86 | 96 | 39 | 15 | 41 |
| 3 | 25 | 100 | 132 | 39,5 | 15 | 37,5 |
| 4 | 20 | 90 | 105 | 37 | 25 | 40 |
| 5 | 35 | 120 | 146 | 39,5 | 25 | 32,5 |
| 6 | 10 | 70 | 86 | 46 | 18,3 | 45 |

Diferentes diagramas de dispersão poderiam ser construídos, empregando o nível de chuvas como variável independente ($x$) e as diferentes produtividades como variável dependente, $y$.

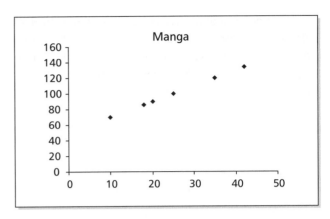

Figura 12.5  *Diagrama de dispersão: chuvas × produtividade da manga.*

A Figura 12.5 exibe a relação entre o nível de chuvas *versus* a produtividade da manga. Nota-se uma relação crescente e, aparentemente, perfeitamente linear.

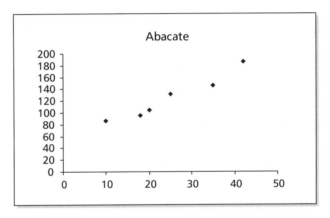

Figura 12.6  *Diagrama de dispersão: chuvas × produtividade do abacate.*

A Figura 12.6 apresenta a relação entre o nível de chuvas *versus* a produtividade do abacate. A relação é crescente, embora não seja perfeitamente linear.

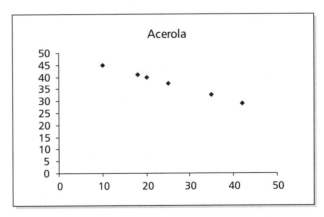

Figura 12.7  *Diagrama de dispersão: chuvas × produtividade da acerola.*

A relação chuvas *versus* produtividade da acerola está apresentada na Figura 12.7. O gráfico apresenta uma relação decrescente e aparentemente perfeitamente linear entre os números apresentados.

A Figura 12.8, por outro lado, apresenta uma relação de aparente independência entre as variáveis nível de chuvas e produtividade da goiaba. Aparentemente, não existe relação visível entre o volume de chuvas e a produtividade da goiaba.

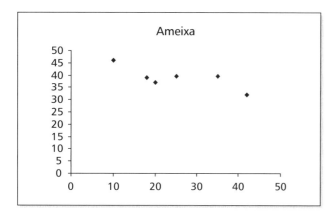

Figura 12.8  *Diagrama de dispersão: chuvas × produtividade da ameixa.*

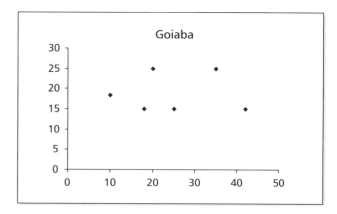

Figura 12.9  *Diagrama de dispersão: chuvas × produtividade da goiaba.*

Outra relação negativa, embora não seja perfeitamente linear, está apresentada na Figura 12.8, que apresenta a relação das chuvas com a produtividade da ameixa. Quanto maiores as chuvas, menor a produtividade da ameixa.

Empregando o método dos mínimos quadrados e o modelo de ajuste linear, é possível construir equações de ajuste para as diferentes culturas. Para isso, os somatórios $\sum x, \sum y, \sum x^2$ e $\sum xy$ poderiam ser calculados e, posteriormente, substituídos nas equações de $a$ e $b$.

| Ano $i$ | Chuvas | Manga | Abacate | Ameixa | Goiaba | Acerola |
|---|---|---|---|---|---|---|
| 1 | 42 | 134 | 186 | 32 | 15 | 29 |
| 2 | 18 | 86 | 96 | 39 | 15 | 41 |
| 3 | 25 | 100 | 132 | 39,5 | 15 | 37,5 |
| 4 | 20 | 90 | 105 | 37 | 25 | 40 |
| 5 | 35 | 120 | 146 | 39,5 | 25 | 32,5 |
| 6 | 10 | 70 | 86 | 46 | 18,3 | 45 |
| **Somatórios** | | | | | | |
| $\sum x$ | 150 | | | | | |
| $\sum y$ | | 600 | 751 | 233 | 113,3 | 225 |
| $\sum x^2$ | 4.438 | | | | | |
| $\sum y^2$ | | 62.752 | 100.973 | 9.150,5 | 2.259,89 | 8.610 |
| $\sum xy$ | | 16.376 | 20.910 | 5.616 | 2.833 | 5.281 |
| **Coeficientes na equação linear** | | | | | | |
| A | | 50 | 47,5867 | 46,4278 | 18,8652 | 50 |
| B | | 2 | 3,1032 | −0,3038 | 0,0007 | −0,5 |

Diferentes equações de ajuste poderiam ser construídas para as relações entre chuvas ($x$) e as diferentes produtividades ($y$). Veja as relações apresentadas a seguir, para cada uma das diferentes culturas.

a) Modelo de regressão para a produção de manga:

$$b = \frac{n(\sum xyy) - (\sum x \sum y)}{n(\sum x^2) - (\sum x)^2} = \frac{6.(16376) - (150.600)}{6.(4438) - (150)^2} = \frac{8256}{4128} = 2,0000$$

$$a = \frac{\sum y - b \sum x}{n} = \frac{600 - 2.(150)}{6} = \frac{300}{6} = 50,0000$$

$$y = 50 + 2.x$$

b) Modelo de regressão para a produção de abacate:

$$b = \frac{n(\sum xyy) - (\sum x \sum y)}{n(\sum x^2) - (\sum x)^2} = \frac{6.(20910) - (150.751)}{6.(4438) - (150)^2} = \frac{12810}{4128} = 3,1032$$

$$a = \frac{\sum y - b \sum x}{n} = \frac{751 - 3,10322.(150)}{6} = \frac{285,52}{6} = 47,5867$$

$$y = 47,5867 + 3,1032.x$$

c) Modelo de regressão para a produção de ameixa:

$$b = \frac{n(\sum xy) - (\sum x \sum y)}{n(\sum x^2) - (\sum x)^2} = \frac{6.(5616) - (150.233)}{6.(4438) - (150)^2} = \frac{-1254}{4128} = -0,3038$$

$$a = \frac{\sum y - b \sum x}{n} = \frac{233 - (-0,3038).(150)}{6} = \frac{278,57}{6} = 46,4283$$

$$y = 46,4283 - 0,3038.x$$

d) Modelo de regressão para a produção de goiaba:

$$b = \frac{n(\sum xy) - (\sum x \sum y)}{n(\sum x^2) - (\sum x)^2} = \frac{6.(2833) - (150.113,3)}{6.(4438) - (150)^2} = \frac{3}{4128} = 0,0007$$

$$a = \frac{\sum y - b \sum x}{n} = \frac{113,3 - (0,0007).(150)}{6} = \frac{113,1950}{6} = 18,8658$$

$$y = 18,8658 + 0,0007.x$$

e) Modelo de regressão para a produção de acerola:

$$b = \frac{n(\sum xy) - (\sum x \sum y)}{n(\sum x^2) - (\sum x)^2} = \frac{6.(5281) - (150.225)}{6.(4438) - (150)^2} = \frac{-2,064}{4128} = -0,5000$$

$$a = \frac{\sum y - b \sum x}{n} = \frac{225 - (-0,50).(150)}{6} = \frac{300}{6} = 50,0000$$

$$y = 50 - 0,5.x$$

Embora modelos lineares possam ser construídos para análise entre o volume de chuvas e a produção de manga, abacate, ameixa, goiaba ou acerola, as equações anteriores nada dizem sobre a qualidade do modelo. Ou seja, sobre quão perto de uma reta perfeita os pontos se encontram. Existem modelos onde os pontos estão mais perto da reta de ajuste, apresentando erros menores. Mas existem modelos com pontos mais dispersos, apresentando maiores erros.

Dessa forma, a informação contida em um modelo de regressão é complementada por estatísticas de correlação, apresentadas a seguir.

## Análise de correlação

A análise da correlação determina um número que expressa uma medida numérica do grau da relação encontrada. Esse tipo de análise é muito útil em trabalhos exploratórios em áreas como educação e psicologia, quando se procura determinar as variáveis potencialmente importantes.

Denomina-se simples a análise de correlação ou de regressão linear que envolve apenas duas variáveis. Neste caso, a amostra é formada por um conjunto de pares de valores. O resultado da análise de correlação linear é expresso na forma de um coeficiente de correlação – número que quantifica o grau de relação linear obtido para os pares de valores de duas variáveis que formam a amostra analisada.

O grau de relação numérica linear entre duas variáveis contínuas é feito por um coeficiente de correlação linear simples denominado *r* de Pearson.

São hipóteses fundamentais para que a obtenção do coeficiente seja válida:

a) as duas variáveis envolvidas são aleatórias e contínuas;

b) a distribuição de frequência conjunta para os pares de valores das duas variáveis é uma distribuição normal.

O procedimento envolve os seguintes passos:

**Passo 1.** Colocar em ordem crescente os valores de uma das variáveis na amostra e colocá-los ao longo de um dos eixos das abscissas. Como os valores de *x* e *y*, são estabelecidos, a ordenação de *y* será determinada pela ordenação de *x* e vice-versa.

**Passo 2.** Colocar os valores de *y* no eixo das ordenadas.

**Passo 3.** Construir o diagrama de dispersão, que é a representação dos pares de valores da amostra no plano dos eixos ortogonais. O diagrama permite concluir antecipadamente se é adequado prosseguir para o cálculo de *r*.

**Passo 4.** Calcular *r* por meio da seguinte equação:

$$r = \pm \sqrt{\frac{\left(\dfrac{\sum xy}{n} - \dfrac{\sum x}{n} \cdot \dfrac{\sum y}{n}\right)^2}{\left[\dfrac{\sum x^2}{n} - \left(\dfrac{\sum x}{n}\right)^2\right] \cdot \left[\dfrac{\sum y^2}{n} - \left(\dfrac{\sum y}{n}\right)^2\right]}} \quad \text{ou}$$

$$r = \pm \frac{n\sum xy - \sum x \cdot \sum y}{\sqrt{\left[n\sum x^2 - (\sum x)^2\right] \cdot \left[n\sum y^2 - (\sum y)^2\right]}}$$

Onde *n* = número de pares de valores na amostra analisada.

Como o valor encontrado para *r* foi próximo de 1, o grau de ajuste das retas ao ponto pode ser considerado como muito bom.

Dentre as propriedades do coeficiente de correlação $r$, pode-se destacar o fato de que seu valor é um número adimensional. É um estimador do correspondente parâmetro $\rho$ para a população.

$r$ = coeficiente de correlação linear simples para amostra

$\rho$ = coeficiente de correlação linear simples para população

Seu sinal pode ser positivo ou negativo e sua faixa de variação está compreendida entre – 1 e 1. O coeficiente de correlação indica o grau da relação numérica linear obtida, ou o grau de ajuste de uma reta ao conjunto dos pontos da amostra.

## Faixa de variação de $r$: $-1 \leq r \leq 1$

a) quanto mais próximo $r$ estiver de + 1, mais próximos estarão os pontos de ajuste integral a uma reta crescente.

b) quanto mais próximo $r$ estiver de – 1, mais próximos estarão os pontos de ajuste integral a uma reta decrescente.

c) se $r = 0$, não foi identificada relação numérica linear para os pares de valores de amostra analisada.

A depender do valor do coeficiente de correlação, diferente será a classificação da correlação. Vide os exemplos seguintes.

Quadro 12.1  *Tipos de correlação.*

| Correlação | Digrama de dispersão | Descrição |
|---|---|---|
| Linear Positiva | | A correlação é positiva se os valores crescentes ou decrescentes $x$ e $y$ estiverem ligados. Ou seja, quando $y$ cresce, $x$ cresce também. Quando $y$ decresce, $x$ decresce também e vice-versa. Nos modelos de correlação linear positiva, o valor do coeficiente de correlação de Pearson, $r$, é positivo: $0 < r < 1$. |
| Linear Perfeita Positiva | | A correlação linear perfeita positiva apenas ocorre quando os valores de $x$ e $y$ estão perfeitamente alinhados. Nestas situações, o valor do coeficiente de correlação de Pearson, $r$, é igual à unidade: $r = 1$. |
| Linear Negativa | | A correlação negativa é percebida quando valores crescentes de $x$ ou $y$ estão associados a valores decrescentes de $y$ ou $x$, respectivamente. Ou seja, quando $y$ cresce, $x$ decresce e vice-versa. O valor do coeficiente de correlação de Pearson, $r$, é negativo: $-1 < r < 0$. |
| Linear Perfeita Negativa | | A correlação é considerada perfeita negativa quando os valores de $x$ e $y$ estiverem perfeitamente alinhados, mas em sentido contrário. Nesta situação, o valor do coeficiente de correlação de Pearson, $r$, é igual a menos um: $r = -1$. |
| Nula | | A correlação nula é percebida quando não há relação entre $x$ e $y$. As variáveis ocorrem independentemente. Nestas situações, o valor do coeficiente de correlação de Pearson, $r$, é nulo: $r = 0$. |

Para ilustrar, em relação ao exemplo da Indústria Guanabara, o cálculo do coeficiente de correlação pode ser feito mediante o emprego da equação anterior:

$$r = \sqrt{\frac{\left(\frac{\sum xy}{n} - \frac{\sum x}{n} \cdot \frac{\sum y}{n}\right)^2}{\left[\frac{\sum x^2}{n} - \left(\frac{\sum x}{n}\right)^2\right] \cdot \left[\frac{\sum y^2}{n} - \left(\frac{\sum y}{n}\right)^2\right]}} = \sqrt{\frac{\left(\frac{981}{5} - \frac{41}{5} \cdot \frac{96}{5}\right)^2}{\left[\frac{429}{5} - \left(\frac{41}{5}\right)^2\right] \cdot \left[\frac{2278}{5} - \left(\frac{96}{5}\right)^2\right]}} =$$

$$r = \sqrt{\frac{1.502,3376}{1.613,9776}} = 0,9648$$

## O coeficiente de determinação

O coeficiente de determinação, ou simplesmente, $r^2$, além de expressar o quadrado do coeficiente de correlação de Pearson, representa, também, a relação entre a variação explicada pelo modelo e variação total. Algebricamente, o valor de $r^2$ pode ser apresentado como:

$$r^2 = \frac{\text{Variação explicada}}{\text{Variação total}}$$

Substituindo os valores da variação explicada – variação explicada pelo modelo, resultado da soma das diferenças dos valores reais e preditos de $y$ – e da variação total – calculada em relação à média, pode-se apresentar a equação:

$$r^2 = \frac{\sum_{i=1}^{n}(\hat{y}_i - \overline{y})^2}{\sum_{i=1}^{n}(y_i - \overline{y})^2}$$

A interpretação do valor de $r$ pode ser feita com o auxílio do gráfico seguinte. Quanto maior o valor de $r$, maior o percentual da variação explicada em relação à variação total.

O coeficiente de determinação expressa o quanto da variação em relação à média é explicada pelo modelo linear construído. Os valores de $r^2$ podem variar de 0 a 1. Quando a medida de $r^2$ é exatamente igual a 1, tal fato significa que a qualidade do ajuste é excelente – toda a variação em relação à média é explicada pelo modelo, todos os pontos analisados da amostra estão exatamente sobre a reta de regressão (ajuste integral). Quando o valor de $r^2$ é igual a 0, tal fato indica que a qualidade do ajuste linear é péssima, não havendo relação numérica linear para os pontos da amostra analisada. Quando $r^2$ é igual a 0,8, este fato indica que 80% das variações totais são explicadas pela reta de regressão.

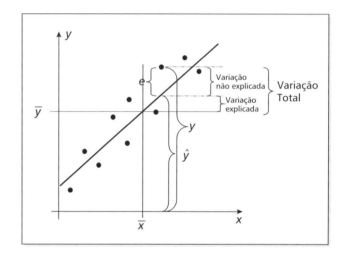

Figura 12.10 *Variação: total, explicada e não explicada.*

Substituindo as fórmulas para $r^2$, tem-se que:

$$r^2 = \frac{\left(\overline{xy} - \overline{x}.\overline{y}\right)^2}{\left(\overline{x^2} - \overline{x}^2\right)\left(\overline{y^2} - \overline{y}^2\right)} \quad \text{ou}$$

$$r^2 = \frac{\left(\frac{\sum xy}{n} - \frac{\sum x}{n} \cdot \frac{\sum y}{n}\right)^2}{\left[\frac{\sum x^2}{n} - \left(\frac{\sum x}{n}\right)^2\right] \cdot \left[\frac{\sum y^2}{n} - \left(\frac{\sum y}{n}\right)^2\right]}$$

De modo geral, para valores de $r^2$ iguais ou superiores a 0,60, diz-se que o ajuste linear apresenta uma boa qualidade.

Em relação ao exemplo das chuvas e das produtividades das frutas, podem-se calcular os valores de r e $r^2$, conforme apresenta a tabela seguinte.

Tabela 12.5  *Coeficientes: a, b, r e r².*

| Ano *i* | Chuvas | Manga | Abacate | Ameixa | Goiaba | Acerola |
|---|---|---|---|---|---|---|
| **Coeficientes na equação linear** | | | | | | |
| a | | 50 | 47,5867 | 46,4278 | 18,8652 | 50 |
| b | | 2 | 3,1032 | – 0,3038 | 0,0007 | – 0,5 |
| **r e r²** | | | | | | |
| r | | 1 | 0,9748 | – 0,7877 | 0,0017 | – 1 |
| r² | | 1 | 0,9502 | 0,6204 | 0,0000 | 1 |

O cálculo do valor dos coeficientes de correlação e determinação permite compreender melhor a adequação do modelo linear. Veja a representação da Figura 12.10.

Conforme apresentado na Figura 12.10, quanto menor o coeficiente de determinação, mais distantes de uma equação de ajuste linear os pontos se encontram. No ajuste perfeito, como no caso da manga (perfeito positivo) ou da acerola (perfeito negativo), o valor de $r^2$ é igual a 1. No ajuste imperfeito, como no caso da goiaba, o valor de $r^2$ é nulo.

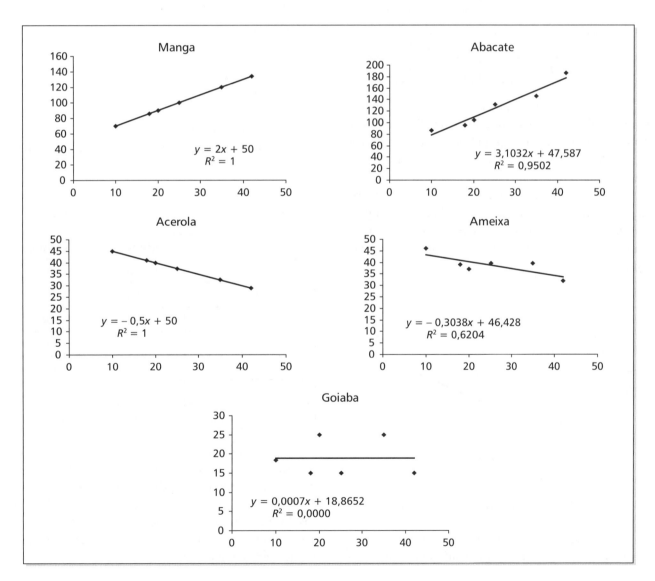

Figura 12.11  *Diagramas de dispersão e retas de ajuste.*

## Modelos não lineares

A maior parte dos modelos construídos para a análise de regressão e correlação são modelos estritamente lineares. Porém, em muitas situações, existe a necessidade de construção de modelos não lineares. Veja o exemplo dos dados fornecidos na Tabela 12.6.

Tabela 12.6 *Evolução das vendas anuais.*

| Ano | Vendas |
|---|---|
| 1 | 3 |
| 2 | 17 |
| 3 | 60 |
| 4 | 250 |
| 5 | 1.100 |
| 6 | 2.900 |
| 7 | 5.200 |

Caso se desejasse ajustar um modelo linear, a equação de ajuste e o diagrama de dispersão dos pontos e da equação poderiam ser vistos na Figura 12.11. Nota-se que os pontos não se situam próximo de uma reta e, à medida que os valores de anos e vendas aumentam, maior o afastamento em relação à reta. Possivelmente, o melhor ajuste linear aos pontos não ocorre sob a forma de uma reta, mas sim através de um modelo de potência ou polinômio.

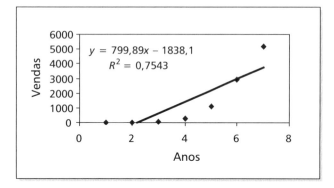

Figura 12.12 *Evolução das vendas anuais.*

Um modelo de potência tem forma $y = a.x^b$. Para poder aplicar o método dos mínimos quadrados e ajustar os pontos à equação, determinando os valores dos coeficientes $a$ e $b$, uma solução alternativa consistiria no emprego de logaritmos, com base decimal ou neperianos. Por meio da aplicação de logaritmos, é possível converter a equação anterior para a forma de reta.

Algebricamente:

Se $y = a.x^b \Rightarrow \quad Ln(y) = Ln(a.x^b)$
$Ln(y) = Ln(a) + Ln(x^b) =$
$Ln(a) + b.Ln(x)$

O modelo obtido pode ser representado através de uma equação linear simples, do tipo:

$$y^* = a^* + b.x^*$$

Onde:
$y^* = Ln(y)$
$a^* = Ln(a)$
$x^* = Ln(x)$

Calculando os logaritmos neperianos para os anos e vendas da tabela anterior, é possível compor a seguinte tabela:

Tabela 12.7 *Logaritmos neperianos calculados.*

| Ano | Vendas | *Ln*(Ano) | *Ln*(Vendas) |
|---|---|---|---|
| 1 | 3 | 0,000 | 1,099 |
| 2 | 17 | 0,693 | 2,833 |
| 3 | 60 | 1,099 | 4,094 |
| 4 | 250 | 1,386 | 5,521 |
| 5 | 1100 | 1,609 | 7,003 |
| 6 | 2900 | 1,792 | 7,972 |
| 7 | 5200 | 1,946 | 8,556 |

Após elaborar o diagrama de dispersão para os logaritmos neperianos e ajustar o modelo linear pelo método dos mínimos quadrados, é possível obter os resultados apresentados no gráfico seguinte. Os pontos dos logaritmos neperianos situam-se muito próximos da reta de ajuste: o valor de $r^2$ foi igual a 0,9652, o que é aproximadamente igual a 1.

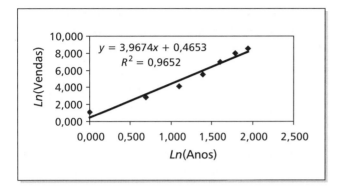

Figura 12.13  *Evolução de Ln(Vendas) por Ln(Anos).*

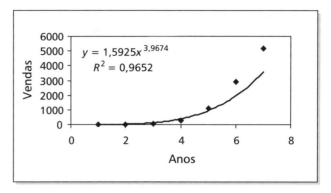

Figura 12.14  *Dispersão e ajuste por modelo de potência.*

Com base nos coeficientes do modelo linear obtidos para o *logaritmo neperiano* dos dados, pode-se convertê-los nos coeficientes do modelo original, sem transformação. O coeficiente $b$ não sofre alteração, seu valor no modelo de potência é igual ao modelo linear transformado, no caso $b = 3,9674$. O coeficiente linear foi obtido por meio da transformação: $a^* = Ln(a)$. Sendo assim, $a = e^{a^*}$. Logo, o valor de a é igual a $e^{0,4653} = 1,5925$. O modelo de potência obtido é igual a: $Y = 1,5925 \cdot 3,9674^X$.

Note que, embora o modelo de potência tenha fornecido um melhor ajuste que o modelo linear, o primeiro ainda não é o ideal. À medida que os pontos se afastam da origem, maior o distanciamento entre o modelo de potência do ajuste e os pontos do diagrama. Através de transformações algébricas, outros modelos não lineares poderiam ser empregados. Vide o quadro seguinte.

Quadro 12.2  *Modelos não lineares e respectivas transformações.*

| Função não linear | Transformação | Variáveis transformadas |
|---|---|---|
| (I) $y = a x^b$ | $y^* = a^* + bx^*$ | $y^* = Ln(y); a^* = Ln(a); x^* = Ln(x)$ |
| (II) $y = a + bx + cx^2$ | $y = a + bx + cx^*$ | $x^* = x^2$ |
| (III) $y = a + b(1/x)$ | $y = a + bx^*$ | $x^* = 1/x$ |
| (IV) $y = ae^{bX+cX^2}$ | $y = a^* + bx + cx^*$ | $y^* = Ln(y); a^* = Ln(a); x^* = x^2$ |

De modo geral, o melhor modelo é aquele que consegue apresentar o maior valor de $r^2$.

### Testes de hipóteses aplicados aos modelos de regressão e correlação

Os modelos até então trabalhados objetivaram ajustar um conjunto de dados amostrais a uma equação *amostral*, construída com base no método dos mínimos quadrados. A inferência do modelo construído para todo o universo deve ser feita mediante aplicações dos procedimentos comuns da inferência, que envolvem a construção de intervalos de confiança e aplicação de testes de hipóteses. De modo geral, do modelo amostral apresentado como $y = a + b.x$, deve- se inferir o modelo populacional, definido como $y = a + b.x$. De forma similar, do coeficiente de correlação amostral $r$, deve-se inferir o coeficiente de correlação populacional $\rho$.

| Parâmetro/estimativa | Amostral | Populacional |
|---|---|---|
| Equação | $y = a + b.x$ | $y = A + B.x$ |
| Coeficiente de correlação | $r$ | $\rho$ |

Alguns dos principais procedimentos de inferência aplicados à análise de regressão e correlação estão apresentados a seguir.

### Erro padrão da estimativa

O erro padrão da estimativa $s_e$, do inglês, *standard error*, calcula a dispersão dos resíduos (diferença entre valores reais e preditos) dos valores amostrados ao redor da reta de regressão. Seu cálculo se baseia na hipótese de dispersão uniforme. Quanto maior a dispersão, menor a precisão das estimativas.

Algebricamente, o erro padrão pode ser calculado por meio da seguinte equação:

$$s_e = \sqrt{\frac{\sum(y_i - \hat{y}_i)^2}{n-2}} \quad \text{ou}$$

$$s_e = \sqrt{\frac{\sum y^2 - a\sum y - b\sum xy}{n-2}}$$

Onde:

$s_e$ = é o erro padrão associado a $y$

$n$ = número de observações

Para o exemplo das Indústrias Guanabara, o cálculo do erro padrão pode ser visto a seguir:

$$s_e = \sqrt{\frac{2278 - (2,0754)(96) - (2,0884)(981)}{5-2}}$$

$$= \sqrt{\frac{30,0412}{3}} = 3,1644$$

Com base no cálculo do erro, serão construídas quase todas as estimativas inferenciais empregadas nas análises de regressão e correlação.

### Erro padrão do coeficiente angular

O cálculo do erro padrão do coeficiente angular amostral $b$ é importante para poder construir o intervalo de confiança e efetuar os testes de hipóteses apropriados para o coeficiente angular populacional $\beta$.

Algebricamente, o erro padrão de $b$ pode ser apresentado por meio da seguinte equação:

$$s_b = \frac{s_e}{\sqrt{(n-1).s_x^2}}$$

Onde:

$s_e$ = erro padrão

$s_x$ = desvio padrão de $x$

$n$ = número de pares analisados

Para o exemplo das Indústrias Guanabara, o cálculo do erro padrão do coeficiente $b$ pode ser visto na equação seguinte:

$$s_b = \frac{s_e}{\sqrt{(n-1).s_x}} = \frac{3,1644}{\sqrt{(5-1)(4,8166)^2}} = 0,3286$$

Dessa forma, no processo de inferência do coeficiente angular para a população, $\beta$, deve-se considerar o fato de que o estimador amostral, $b = 2,0884$, possui um erro padrão associado igual a 0,3286.

### Intervalo de confiança do coeficiente angular

No processo de inferência do coeficiente angular para a população, $\beta$, torna-se necessário aplicar a distribuição $t$ de Student, quando o número de pares amostrados for inferior a 30. O número de graus de liberdade da distribuição será igual ao número de pares menos dois, ou $n - 2$.

Algebricamente, a construção de intervalo de confiança para o coeficiente angular dos dados das Indústrias Guanabara pode ser vista na equação seguinte:

$$\beta = b \pm t \cdot \frac{s_e}{\sqrt{(n-1).s_x}} = 2,0884 \pm (3,1824)0,3286$$

$$1,0427 < \beta < 3,1341$$

Para $n - 2 = 5 - 2 = 3$ e considerando um valor padrão para o nível de significância igual a 5%, pode-se verificar um valor de t crítico igual a 3,1824.

### Teste de hipótese para a nulidade do coeficiente angular

Os testes de hipóteses aplicados nas análises de regressão e correlação buscam verificar a possibilidade de aceitação da hipótese de nulidade dos coeficientes populacionais inferidos. Como nos procedimentos tradicionais dos testes de hipóteses, devem ser seguidos cinco passos:

**Passo 1.** Na primeira etapa, definem-se as hipóteses nula e alternativa, ou $H_0$ e $H_1$. A hipótese nula $H_0$ deve alegar a nulidade do coeficiente. A hipótese alternativa $H_1$ deve alegar a não nulidade do coeficiente. Vide as expressões seguintes:

$H_0: \beta = 0$
$H_1: \beta \neq 0$

**Passo 2.** Na segunda etapa do teste de hipóteses, deve ser definida a distribuição de probabilidades mais apropriada. De modo geral, para valores de $n$ iguais ou superiores a 30, deve-se empregar a distribuição normal. Para valores de $n$ inferiores a 30, deve-se empregar a distribuição t de Student.

**Passo 3.** Na terceira etapa do teste de hipóteses, deve ser feita a partição do gráfico da distribuição, determinando as áreas de aceitação das hipóteses nula ou alternativa e os valores críticos das variáveis padronizadas $z$ ou $t$.

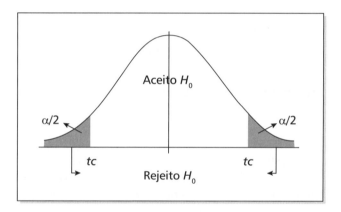

**Passo 4.** Na quarta etapa do teste de hipóteses, deve-se calcular o valor da estatística teste. Considerando um número de par de dados inferior a 30, algebricamente, o valor da estatística teste pode ser apresentado como:

$$t_t = \frac{b - B}{s_b}$$

Como o valor de $\beta_0$, coeficiente populacional alegado, é igual a zero nos testes de hipóteses formulados, o valor da estatística teste será igual a:

$$t_t = \frac{b - 0}{s_b} = \frac{b}{s_b}$$

**Passo 5.** Na última etapa do teste de hipóteses, deve-se comparar a estatística teste calculada com os valores críticos determinados após a partição da distribuição. O resultado obtido pode sugerir a aceitação da hipótese de nulidade do coeficiente ou não.

De forma simplificada, os testes de hipóteses para a nulidade dos coeficientes das análises de regressão ou correlação basicamente calculam o valor da estatística teste, geralmente expressa por $t_t$. Posteriormente, esse valor é comparado com o valor crítico e a hipótese de nulidade é aceita ou não. Os demais passos não são formalizados.

Por exemplo, para os dados das Indústrias Guanabara, o teste da hipótese de nulidade do coeficiente $\beta$ pode ser visto a seguir:

$$t_t = \frac{b}{s_b} = \frac{2,0884}{0,3286} = 6,3554$$

Considerando um nível de significância padrão, alfa igual a 5%, e três graus de liberdade ($n - 2 = 5 - 2 = 3$), os valores críticos de $t$ seriam iguais a $\pm$ 3,1824. Como o valor estatística teste situa-se fora dos limites definidos por $t$ teste, rejeita-se a hipótese de nulidade do coeficiente. Ou seja, aceita-se a hipótese do coeficiente populacional ser diferente de zero, considerando-se um nível de confiança igual a 95%.

### Erro padrão do coeficiente linear

Nos procedimentos de inferência do coeficiente linear populacional, $\beta_0$, é preciso calcular e considerar o erro padrão do coeficiente linear, algebricamente representado por:

$$s_a = s_e \sqrt{\frac{1}{n} + \frac{\bar{x}^2}{(n-1) \cdot s_x^2}}$$

Em relação ao exemplo da Indústria Guanabara, o cálculo de $s_a$ pode ser visto a seguir:

$$s_a = (3,1644)\sqrt{\frac{1}{5} + \frac{(8,2)^2}{(5-1) \cdot (4,8166)^2}} = 3,0427$$

### Intervalo de confiança do coeficiente linear

De forma similar à construção do intervalo de confiança para o coeficiente angular, pode-se construir um intervalo de confiança para o coeficiente linear, mediante emprego, geralmente, da tabela t. Algebricamente, o intervalo construído será do tipo:

$$\beta_0 = a \pm t \cdot s_a$$

Substituindo o valor de $s_a$ na equação anterior:

$$\beta_0 = a \pm t \cdot s_e \sqrt{\frac{1}{n} + \frac{\bar{x}^2}{(n-1) \cdot s_x^2}}$$

Para ilustrar, considerando um nível de significância padrão, igual a 5%, e empregando os dados das Indústrias Guanabara, pode-se construir o seguinte intervalo de confiança para o coeficiente linear populacional:

$$\beta_0 = a \pm t \cdot s_e \sqrt{\frac{1}{n} + \frac{\bar{x}^2}{(n-1) \cdot s_x^2}} = 2{,}0754 \pm (3{,}1824)\,3{,}0427$$

$$-7{,}6077 < \beta_0 < 11{,}7585$$

### Teste de hipótese para a nulidade do coeficiente linear

De forma simplificada, a aplicação dos testes de hipóteses para a verificação da nulidade do coeficiente linear populacional ($\beta_0$) envolve a alegação da igualdade a zero na hipótese nula, contra a desigualdade alegada na hipótese alternativa. Os passos resumidos envolvem o cálculo da estatística teste (geralmente $t_t$) e sua comparação com os valores críticos.

Algebricamente, o valor da estatística teste pode ser apresentado como:

$$t_t = \frac{a}{s_a}$$

Para os dados das Indústrias Guanabara, o cálculo da estatística teste seria igual a:

$$t_t = \frac{a}{s_a} = \frac{2{,}0754}{3{,}0427} = 0{,}6821$$

Considerando um nível padrão de significância igual a 5%, e empregando os três graus de liberdade da distribuição ($n - 2 = 5 - 2 = 3$), os valores críticos de $t$ correspondem a $\pm 3{,}1824$. Como o valor da estatística teste situa-se *dentro* do intervalo delimitado pelos valores críticos, aceita-se a hipótese nula da igualdade a zero do coeficiente linear dos dados da população. Ou seja, com um nível de confiança igual a 95%, não se pode dizer que o coeficiente populacional para os dados analisados seja diferente de zero.

### Erro padrão do coeficiente de correlação

O erro padrão do coeficiente de correlação populacional, geralmente expresso pela letra grega rô, $\rho$, calculado em processos de inferência, pode ser feito por meio da seguinte expressão:

$$s_\rho = \sqrt{\frac{1 - r^2}{n - 2}}$$

Onde:

$r^2$ = coeficiente de determinação

$n$ = número de pares analisados

### Intervalo de confiança do coeficiente de correlação

O processo de construção de intervalo de confiança para o verdadeiro valor do coeficiente de correlação, $r$, pode ser feito mediante a aplicação da distribuição $t$ de Student e considerando a existência de dois graus de liberdade.[4]

$$\rho = r \pm t \cdot s_\rho = r \pm t \cdot \sqrt{\frac{1 - r^2}{n - 2}}$$

### Teste de hipótese para a nulidade do coeficiente de correlação

Testar a hipótese de nulidade para o coeficiente de correlação populacional $\rho$ equivale a testar a hipótese de nulidade do coeficiente $\beta$. Algebricamente, a estatística teste $t$ construída pode ser representada pela seguinte equação:

$$t_t = \frac{r}{\sqrt{\dfrac{1 - r^2}{n - 2}}}$$

---

[4] Kazmier (1984, p. 306).

## Intervalo de confiança para a projeção

Quando o modelo de regressão encontrado é empregado na predição de valores da variável $Y$, deve-se obter, também, o intervalo de confiança para o valor estimado de $y$ ($\hat{y}$). O intervalo de confiança construído indica, com base no nível de confiança ou significância arbitrado, qual deve ser o verdadeiro valor de $Y$, em relação ao universo de dados trabalhados e inferidos.

Algebricamente, o intervalo de confiança para $Y$ pode ser construído com base na expressão seguinte:

$$y = \hat{y}_i \pm t_c \cdot s_e \cdot \sqrt{\frac{1}{n} + \frac{(x_i - \bar{x})^2}{\sum_{i=1}^{n}(x_i - \bar{x})^2}} = \hat{y}_i \pm t_c \cdot s_e \cdot \sqrt{\frac{1}{n} + \frac{(x_i - \bar{x})^2}{\sum_{i=1}^{n} x_i^2 - \frac{\left(\sum_{i=1}^{n} x_i\right)^2}{n}}}$$

Em outras palavras, cada ponto estimado de $Y$ apresentará um intervalo de confiança próprio.

O gráfico com a equação de ajuste por mínimos quadrados e os limites construídos pode ser visto na figura seguinte.

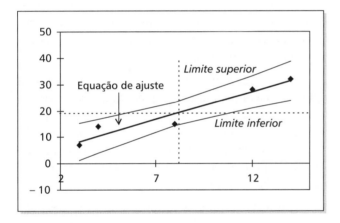

## Análise de variância

A análise de variância, ou, simplesmente, Anova, consiste em um teste de hipóteses para a igualdade de médias, verificando se determinados fatores produzem mudanças sistemáticas em algumas variáveis relevantes no estudo. Pode ser empregado na análise inferencial dos modelos de regressão e correlação construídos. Em função de sua maior aplicabilidade e abrangência, optou-se por abordar, também, a análise de variância em um capítulo específico deste livro, apresentado a seguir.

Os coeficientes da reta de regressão podem ser testados mediante a aplicação dos testes $t$, com o emprego da distribuição de Student. Porém, uma alternativa aos testes de hipóteses dos coeficientes consiste no teste da equação do modelo, mediante a aplicação da análise de variância e da distribuição $F$ de Snedecor – que testa a hipótese de que nenhum dos coeficientes de regressão tenha significado.

Para aplicar o teste de hipóteses, as hipóteses formuladas consistem em:

$H_0$: $\beta_1 = \beta_0 = 0$

$H_1$: pelo menos um dos coeficientes $\beta$ é diferente de zero

O cálculo da estatística teste deve ser feito com o auxílio da estatística $F_O$, $F$ observado, conforme a seguinte equação:

$$F_O = \frac{\text{Variância explicada}}{\text{Variância não explicada}}$$

Substituindo os valores da variância explicada e da variância não explicada, a expressão anterior torna-se igual a:

$$F_O = \frac{\dfrac{\sum_{i=1}^{n}(\hat{y}_i - \bar{y})^2}{k-1}}{\dfrac{\sum_{i=1}^{n}(\hat{y}_i - \bar{y}_i)^2}{n-k}}$$

Transformando a equação anterior e aplicando o coeficiente de determinação, $r^2$, obtém-se:

$$F_O = \frac{\dfrac{r^2}{k-1}}{\dfrac{1-r^2}{n-k}}$$

Onde:

$r^2$ = coeficiente de determinação

$k$ = número de variáveis analisadas, na análise de regressão simples $k = 2$

$n$ = número de pares de dados analisados

## Cuidados necessários na análise de regressão e correlação

A aplicação da análise de regressão e correlação implica a validade de algumas hipóteses fundamentais para os modelos. Dentre alguns dos principais cuidados a serem tomados na aplicação das técnicas, podem ser destacados:[5]

*Multicolinearidade*: indica que os coeficientes e testes calculados podem conduzir a conclusões erradas, caso as variáveis exógenas, independentes, apresentem altas correlações cruzadas. Supondo que a multicolinearidade seja estável, os valores estimados ou preditos serão não tendenciosos. Porém, o maior problema existirá em relação ao valor do coeficiente de determinação, $r^2$, que pode ser alto, mesmo que os coeficientes sejam estatisticamente significantes.

*Co-integração*: aplica-se quando os dados estão distribuídos ao longo do tempo. Quando as variáveis estão relacionadas com valores anteriores, com tendência ao longo do tempo, associações espúrias podem levar a altos valores de $r^2$, sem que exista, necessariamente, associação *entre* variáveis.

**Heteroscedasticidade:** os modelos de regressão e correlação exigem que as variâncias dos resíduos sejam constantes ou homoscedásticas. Quando as variâncias não são uniformes, existe a heterocedasticidade. Para modelos simples, bivariados, de regressão linear, a heteroscedasticidade pode ser facilmente percebida no diagrama de dispersão. Porém, quando a análise envolve mais que duas variáveis, devem ser aplicados testes específicos.

**Tendenciosidade pela omissão ou inclusão de variável:** os resultados podem ser viciados e inúteis, caso não sejam incluídas variáveis significativas ou sejam incluídas variáveis sem relação racional com a variável estudada. Os efeitos da tendenciosidade dependem da extensão com que variáveis, erroneamente omitidas ou incluídas na análise, estão relacionadas com a variável em estudo. A omissão de variáveis relevantes pode conduzir a estimativas de coeficientes erradas e testes de significância não confiáveis. A inclusão de variáveis não importantes pode ocasionar testes conservadores de significância, com baixa probabilidade de serem encontradas diferenças significativas para a nulidade dos coeficientes, embora as estimativas dos coeficientes obtidos sejam não tendenciosas.

**Tendenciosidade para equações simultâneas:** quando a variação da variável endógena puder ser determinada pela interação simultânea de outras variáveis. Nestas situações, o pesquisador deve estar consciente, não apenas dos procedimentos de estimação, mas também da necessidade da posse de dados suficientes para identificar todos os parâmetros estruturais.

**Estabilidade:** consiste na suposição de que os coeficientes obtidos após as análises de regressão e correlação são os mesmos em todo o período analisado. Geralmente, para se testar a estabilidade, é comum a divisão do período analisado em duas partes e a sua posterior comparação.

**Intervalo/razão:** deve-se assumir a premissa de que a variável dependente é medida na escala de intervalos ou razão. Se a variável dependente for nominal, devem ser empregados modelos *probit* ou *logit*. Para empregar variáveis independentes não numéricas (não intervalares ou razão), deve-se convertê-las para variáveis binárias (*dummy*).

**Autocorrelação:** os resíduos das regressões devem estar dispersos aleatoriamente ao longo da regressão. A existência de padrões nos resíduos indica a existência de autocorrelação – que pode ser ocasionada em função da imposição de modelo linear a uma relação não linear, ou da omissão de variáveis relevantes. Uma forma disponível para a existência de autocorrelações consiste no teste de Durbin-Watson. Autocorrelações podem indicar testes de significância sem validade e valores indevidamente altos de $r^2$.

**Linearidade:** as relações precisam ser linearizadas para a posterior aplicação do método dos mínimos quadrados. Transformações algébricas, como a aplicação de logaritmos, podem permitir a linearização das relações.

**Defasagens:** os efeitos das variáveis independentes podem ter consequências sobre múltiplos períodos. A depender das variáveis analisadas, o pesquisador pode construir modelos defasados e testar a sua propriedade.

---

[5] Silver (2000, p. 195).

## ANÁLISE DE REGRESSÃO E CORRELAÇÃO NA HP 12C

A análise de regressão e correlação é facilitada na HP 12C por meio do uso de duas funções principais:

[g] [$\hat{x},r$] – interpola ou extrapola o valor de *x* com base em outros valores de *x* e *y* armazenados no modo de somatório. Também calcula o coeficiente do valor de correlação *r*.

[g] [$\hat{y},r$] – interpola ou extrapola o valor de *y* com base em outros valores de *x* e *y* armazenados no modo de somatório. Também calcula o coeficiente do valor de correlação *r*.

Para ilustrar o uso da HP 12C na análise de regressão e correlação, considere o exemplo das Lojas Barateiras. A empresa possui cinco lojas, situadas nos estados de São Paulo, Rio de Janeiro, Minas Gerais, Rio Grande do Sul e Santa Catarina. Alguns dados das lojas estão apresentados na tabela seguinte.

| Loja | SP | RJ | MG | RS | SC |
|---|---|---|---|---|---|
| Número de vendedores | 18 | 12 | 10 | 16 | 13 |
| Vendas (em $ mil) | 16 | 11 | 10 | 14 | 12 |

A relação entre número de vendedores e vendas pode ser melhor analisada com o auxílio do diagrama de dispersão apresentado na figura seguinte.

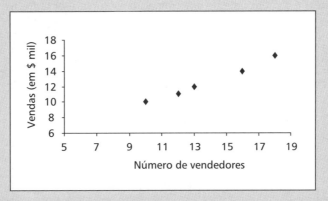

A empresa acredita que o volume de vendas seja uma função linear do número de vendedores de cada loja. Pede-se construir um modelo de ajuste linear com o auxílio da HP 12C.

Para obter o modelo de ajuste linear, pode-se aplicar o Método dos Mínimos Quadrados, que permite encontrar a melhor reta que se ajusta aos pontos. Na calculadora HP 12C, bastaria usar as funções [g] [$\hat{x},r$] e [g] [$\hat{y},r$].

No primeiro passo, seria necessário limpar a memória da máquina (f Reg) e introduzir os valores na máquina. Deve-se lembrar que sempre deverão ser colocados os valores das variáveis na seguinte ordem: dados *y* [ENTER] dados *x* [Σ+].

| Passo | Teclas | Descrição |
|---|---|---|
| 01 | f [Σ] | Limpa os registradores estatísticos. |
| 02 | 16 [ENTER]<br>18 [Σ+] | Digita-se o primeiro par de dados e os acrescenta aos registradores estatísticos. Note que as vendas estão armazenadas no registrador *y* e o ano no registrador *x*. |
| 03 | 11 [ENTER]<br>12 [Σ+] | Entra o segundo par de dados. |
| 04 | 10 [ENTER]<br>10 [Σ+] | Entra o terceiro par de dados. |
| 05 | 14 [ENTER]<br>16 [Σ+] | Entra o quarto par de dados. |
| 06 | 12 [ENTER]<br>13 [Σ+] | Entra o quinto par de dados. |

Com os dados abastecidos nos registradores estatísticos, basta usar as funções [g] [$\hat{x}$,r] e [g] [$\hat{y}$,r]:

a) Para encontrar o modelo de ajuste linear ($y = a + b.x$):

Algumas calculadoras mais modernas calculam diretamente os valores das constantes *a* e *b* do modelo linear. Porém, a HP 12C não disponibiliza estes cálculos de forma automática. Para fazê-los é necessário empregar os recursos de interpolação.

Por exemplo, segundo o modelo $y = a + b.x$

**Para achar o coeficiente a:** Se $X = 0$; $y = a + b.(0) = a$

Na HP 12C, bastaria teclar: 0 [g] [$\hat{y}$,r] Visor => 2,2500

**Para achar o coeficiente b:** Se $y = 0$; $0 = a + b.x$. Logo, $b = -a/x$

Para achar o valor de *x* na HP 12C, bastaria teclar: 0 [g] [$\hat{x}$,r] Visor => – 3,0000

Substituindo na equação de *b*, $b = - (2,2500) / (- 3,0000) = 0,7500$

Substituindo os valores encontrados de a e b na equação linear:

$y = a + b.x$

$y = 2,2500 + 0,7500.x$

b) Para encontrar o valor de $r^2$, bastaria teclar:

[g] [$\hat{x}$,r] [x<>y] Visor => 0,9946: este é o valor de *r*, para elevar ao quadrado, basta teclar 2 [$y^x$]. O valor de $r^2$ encontrado seria igual a 0,9892.

Outra forma de encontrar o valor de $r^2$ envolveria a aplicação da interpolação de *y*, ou:

[g] [$\hat{y}$,r] [x<>y] 2 [$y^x$]. O valor de $r^2$ encontrado também seria igual a 0,9892.

A equação de ajuste linear e o coeficiente de determinação estão apresentados na figura seguinte.

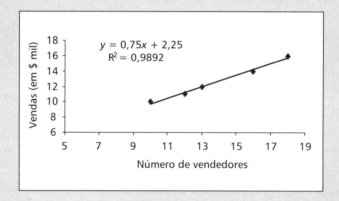

As funções [g] [$\hat{x}$,r] e [g] [$\hat{y}$,r] da HP 12C possibilitariam igualmente descobrir as vendas projetadas para uma nova filial. Supondo, por exemplo, que a empresa pensasse em abrir uma nova filial na cidade de Fortaleza, CE, com 15 vendedores, bastaria calcular o valor interpolado para *y* com o auxílio da função [g] [$\hat{y}$,r].

Na HP 12C: 15 [g] [$\hat{y}$,r]. O visor da máquina apresenta o resultado, igual a 13,5000. O resultado representa a substituição do valor de *x* (15) na equação de ajuste linear ($y = 2,2500 + 0,7500.x = 2,25 + 0,75 \times 15 = 13,50$).

---

**Sugestão:** veja no Capítulo 15 como usar os recursos do Excel para a análise de regressão e correlação.

---

# Exercícios

1. Um professor resolveu analisar as notas de uma amostra formada por oito alunos. Os dados coletados estão apresentados na tabela seguinte. Pede-se: (a) construa um modelo de ajuste linear entre os pontos; (b) calcule o coeficiente de determinação e comente a qualidade do ajuste; (c) calcule a nota esperada na prova para um aluno que obteve nota seis no teste.

| Teste | 7 | 5 | 10 | 3 | 8 | 9 | 7 | 5 |
|---|---|---|---|---|---|---|---|---|
| Prova | 10 | 7 | 10 | 5 | 12 | 10 | 10 | 6 |

2. Uma empresa resolveu comparar o número de horas de treinamentos preventivos com o número de acidentes verificados nas suas instalações. Obteve os números apresentados na tabela seguinte. Pede-se: (a) construa um modelo de ajuste linear entre os pontos; (b) calcule o coeficiente de determinação e comente a qualidade do ajuste.

| Treinamento | 14 | 12 | 18 | 25 | 32 | 44 | 17 | 28 |
|---|---|---|---|---|---|---|---|---|
| Acidentes | 49 | 52 | 45 | 46 | 41 | 35 | 49 | 44 |

3. A Companhia dos Sonhos Gelados produz e comercializa sorvetes. A área comercial da empresa resolveu analisar alguns dados referentes aos últimos anos. Analisou a temperatura média no verão e o volume de vendas nesta mesma estação. Obteve os números apresentados na tabela seguinte.

| Temperatura (º c) | 32 | 28 | 33 | 27 | 26 | 36 | 34 | 30 | 31 | 29 |
|---|---|---|---|---|---|---|---|---|---|---|
| Vendas (em mil unidades) | 83 | 78 | 80 | 75 | 71 | 92 | 85 | 81 | 83 | 79 |

Pede-se: (a) construa um modelo de ajuste linear entre os pontos; (b) calcule o coeficiente de correlação; (c) para uma temperatura média igual a 35º c, qual o volume de vendas projetado pelo modelo linear; (d) para vendas iguais a 90 mil unidades, calcule qual deveria ser a temperatura média.

4. Uma empresa de telefonia resolveu analisar a relação entre a idade do seu consumidor e sua conta média mensal. Analisou os dados de uma amostra formada por oito consumidores, apresentada a seguir. Analise o modelo de ajuste linear entre a idade ($x$) e a conta ($y$) e comente a associação existente entre as variáveis.

| Idade (em anos) | 32 | 17 | 26 | 36 | 34 | 53 | 31 | 29 |
|---|---|---|---|---|---|---|---|---|
| Conta média (em $/mês) | 85 | 84 | 36 | 82 | 77 | 70 | 52 | 95 |

5. A Comercial Preço Legal resolveu estudar a evolução das suas vendas nos últimos cinco anos com base em um modelo de ajuste linear. Porém, o dado referente ao ano 3 foi perdido. Ajuste um modelo para os demais anos e projete o valor ausente no ano 3.

| Ano | 1 | 2 | 3 | 4 | 5 |
|---|---|---|---|---|---|
| Faturamento | 350 | 400 | ?? | 530 | 620 |

6. Uma instituição de ensino deseja avaliar a relação existente entre o número de horas estudadas ($x$) e a nota obtida ($y$). Os dados para uma amostra formada por seis alunos estão apresentados na tabela seguinte. Pede-se: (a) qual a equação da reta ajustada entre $x$ e $y$?; (b) Qual a qualidade do ajuste?

| Aluno | Ana | Pedro | Maria | João | Tiago | Hugo |
|---|---|---|---|---|---|---|
| Horas de estudo | 1 | 3 | 4 | 5 | 6 | 6,5 |
| Nota | 6 | 7 | 7,5 | 8 | 8,5 | 8,7 |

7. O Residencial dos Universitários é um complexo de 300 apartamentos localizado perto da Universidade do Bom Saber. A gerente Mariana Bagdeve suspeita que o número de apartamentos alugados em cada semestre sofre o impacto do número de estudantes matriculados na universidade. As matrículas na universidade e o número de apartamentos alugados durante os oito últimos semestres são:

| Semestre | 1 | 2 | 3 | 4 | 5 | 6 | 7 | 8 |
|---|---|---|---|---|---|---|---|---|
| Matrículas na universidade (milhares) | 7,2 | 6,3 | 6,7 | 7,0 | 6,9 | 6,4 | 7,1 | 6,7 |
| Número de apartamentos alugados | 291 | 228 | 252 | 265 | 270 | 240 | 288 | 246 |

Use uma análise de regressão simples para desenvolver um modelo para prever o número de apartamentos alugados com base nas matrículas na universidade. Pede-se: (a) se forem esperadas 6.600 novas matrículas, quantos apartamentos serão alugados? (b) qual porcentagem de apartamentos alugados é explicada pelas matrículas na universidade?

8. Suponha que a Cia. dos Calhambeques esteja tentando estabelecer uma previsão de demanda para volantes de automóveis. A empresa vende volantes para veículos "zero km" e também para o mercado de reposição. A tabela a seguir apresenta as quantidades vendidas de volantes separadamente. Os valores referem-se a vendas trimestrais:

| Trim. | 1 | 2 | 3 | 4 | 5 | 6 | 7 | 8 |
|---|---|---|---|---|---|---|---|---|
| 0 km | 2.350 | 2.300 | 2.250 | 2.120 | 2.260 | 1.960 | 2.100 | 2.340 |
| Usados | 110 | 97 | 96 | 109 | 133 | 114 | 126 | 130 |

Pede-se: (a) utilizando o método dos mínimos quadrados, desenvolva um modelo simples para a previsão de demandas de volantes para a empresa; (b) efetue a previsão de demanda para os quatro trimestres seguintes.

9. O departamento de suprimentos da Fábrica Industrial Ltda. verificou que o consumo de um produto (em unidades) nos últimos oito meses foi, respectivamente, 450, 460, 470, 490, 485, 510, 505 e 530. Empregando o método dos mínimos quadrados, pede-se; (a) calcular a equação linear de ajuste e o seu coeficiente de determinação; (b) o consumo previsto para os próximos três meses.

10. As últimas vendas das Indústrias Pirapora Ltda. estão apresentadas na tabela seguinte. Com base nos números fornecidos, pede-se: (a) obter o modelo linear para a previsão da demanda; (b) o coeficiente de determinação do modelo; (c) a demanda prevista para os próximos dois períodos.

| Período | 1 | 2 | 3 | 4 | 5 | 6 | 7 | 8 | 9 | 10 | 11 |
|---|---|---|---|---|---|---|---|---|---|---|---|
| Vendas | 40 | 43 | 51 | 54 | 58 | 62 | 57 | 65 | 60 | 68 | 72 |

11. Uma empresa deseja verificar se existe alguma associação entre o rendimento dos seus operários e o descanso entre os intervalos de horas trabalhadas. Para tanto, considere o número de carros acabados na linha de montagem e os minutos de descanso. Construa o modelo de ajuste linear e calcule o coeficiente de determinação.

| Carros produzidos | 20 | 24 | 30 | 32 | 33 |
|---|---|---|---|---|---|
| Minutos de descanso | 1 | 2 | 3 | 4 | 5 |

12. Analisando os dados da questão anterior, podemos afirmar que existe seguramente alguma associação entre os minutos descansados e a produção da fábrica?

13. Com base nos dados a seguir, determine a equação da reta que melhor descreve o comportamento da correlação das variáveis.

| Variável Dependente | 10 | 12 | 15 | 17 | 21 |
|---|---|---|---|---|---|
| Variável Independente | 4 | 5 | 7 | 9 | 12 |

14. A Gerência de Marketing da Comercial de Miudezas Abafabanca estudou os gastos com publicidade em rádio de uma concorrente e encontrou os dados apresentados na tabela seguinte. Rádio ($) representa os gastos da concorrente, Vendas (q) são as vendas da Abafabanca. Seria possível construir alguma relação linear entre essas variáveis?

| Rádio ($) | 80 | 110 | 105 | 120 | 130 |
|---|---|---|---|---|---|
| Vendas (q) | 47 | 44 | 45 | 46 | 47 |

15. Uma empresa pretende renovar a frota de caminhões paulatinamente, de modo que irá vender um de seus veículos e adquirirá outro somente. Qual a equação da reta de ajuste entre o consumo dos veículos e da distância percorrida?

| Veículo | Consumo ($y$) | Distância percorrida ($x$) |
|---|---|---|
| A | 40 | 30 |
| B | 51 | 35 |
| C | 65 | 37 |

16. Qual o veículo que deve ser mais utilizado, se utilizarmos o critério economia de consumo de combustível, de acordo com os valores da tabela anterior?

17. Na empresa Sapatos Macios Ltda. está havendo um grande crescimento no número das vendas, devido a uma diminuição no preço dos produtos gerado pela redução gradual dos custos, consequência da queda das taxas de importação de matérias-primas. Com base nos dados da tabela abaixo, determine a equação linear que melhor descreve o relacionamento entre as duas variáveis.

| Preço ($y$) | 67 | 50 | 43 | 15 | 10 |
|---|---|---|---|---|---|
| Custo ($x$) | 20 | 15 | 10 | 5 | 2 |

18. Os dados abaixo referem-se ao volume de precipitação pluviométrica (mm) e ao volume de produção de leite tipo C (milhões de litros) em determinada região do país. Qual relação linear poderia ser construída entre produção de leite e índice pluviométrico?

| Ano | Prod. de leite tipo C (1.000.000 l) | Índice pluviométrico (mm) |
|---|---|---|
| 1970 | 23 | 25 |
| 1971 | 24 | 26 |
| 1972 | 29 | 28 |
| 1973 | 30 | 31 |
| 1974 | 19 | 30 |

19. Uma empresa está estudando como varia a demanda de certo produto em função do seu preço de venda. Para isso levantou as seguintes informações:

| Meses | Unidades Vendidas(y) | Preços de Vendas (x) por unidade |
|---|---|---|
| Jan. | 250 | 163 |
| Fev. | 275 | 159 |
| Mar. | 300 | 175 |
| Abr. | 225 | 180 |
| Maio | 247 | 165 |

Com base nestes dados, mostrar que a demanda do produto decresce linearmente com o acréscimo de preço.

20. A seguir, estão apresentadas as vendas e os custos da Indústria Água Fria Ltda. Com base nos valores apresentados, determine: (a) a equação da reta que ajusta os pontos – qual o valor do custo fixo e qual o valor do custo variável, expresso em um percentual das vendas; (b) os coeficientes de correlação e de determinação; (c) o percentual da variância dos custos explicado pelas vendas; (d) o erro padrão associado ao processo de estimação dos custos; (e) para vendas de $ 300 e $ 650, qual o volume de custos projetado? (f) para custos iguais a $ 220, qual o volume de vendas previsto?

| Vendas | 165 | 152 | 149 | 135 | 172 | 189 | 211 | 155 |
|---|---|---|---|---|---|---|---|---|
| Custos | 95 | 92 | 91 | 80 | 100 | 110 | 115 | 90 |

21. O consumo anual *per capita* de refrigerantes em litros em uma determinada cidade pode ser visto na tabela seguinte: (a) com base nestes dados, é possível supor um crescimento linear do consumo? (b) qual seria a equação linear que expressa o crescimento do consumo por ano? Para os anos 9 e 10, qual o nível previsto de consumo? (c) qual o erro padrão da estimativa? (d) quais os valores de $r$ e $r^2$?

| Ano | 1 | 2 | 3 | 4 | 5 | 6 | 7 | 8 |
|---|---|---|---|---|---|---|---|---|
| Consumo | 65 | 70 | 73 | 77 | 80 | 85 | 84 | 93 |

22. Uma rede de lojas de departamento suspeitava que em duas das suas oito filiais poderiam estar ocorrendo fraudes, com o desvio irregular de faturamento. A direção acreditava que as vendas das lojas poderiam ser explicadas, fundamentalmente, pelo seu tamanho. Os principais dados das lojas estão apresentados na tabela seguinte.

| Loja | Tamanho em m² | Vendas em $ |
|---|---|---|
| 1 | 1.200 | 85.000,00 |
| 2 | 800 | 71.000,00 |
| 3 | 600 | 71.000,00 |
| 4 | 450 | 65.000,00 |
| 5 | 900 | 75.500,00 |
| 6 | 950 | 75.600,00 |
| 7 | 750 | 73.250,00 |
| 8 | 500 | 69.500,00 |

Com base nos dados anteriores e na aplicação das técnicas de regressão e correlação, estime em quais lojas podem estar acontecendo problemas.

23. As vendas das Cervejarias Bom Gole Ltda. estão apresentadas na tabela seguinte. Estime a relação entre Ano ($x$) e Vendas ($y$) com base em um modelo de ajuste linear e em um modelo de potência. Qual dos dois modelos fornece um melhor ajustamento?

| Ano | 1 | 2 | 3 | 4 | 5 | 6 | 7 |
|---|---|---|---|---|---|---|---|
| Vendas | 90 | 370 | 780 | 1.100 | 2.300 | 3.000 | 4.500 |

24. Os gastos com a manutenção do parque industrial das indústrias Timdolelê Ltda. podem ser ajustados de acordo com um modelo com base em potência. Pede-se determinar qual o modelo e qual a qualidade do ajuste.

| Produção (t) | 130 | 210 | 240 | 320 | 350 | 410 | 460 | 490 | 560 |
|---|---|---|---|---|---|---|---|---|---|
| Manutenção ($ mil) | 11 | 47 | 70 | 165 | 214 | 348 | 487 | 588 | 880 |

25. Os dados seguintes se referem ao número de telefones instalados no Brasil, segundo informações da Anatel, apresentadas pelo jornal *Gazeta Mercantil* em 23/8/2001. Os dados a partir de 2001 são estimativas. Com base em modelos lineares, pede-se construir: (a) a evolução anual do número de telefones para cada tipo apresentado; (b) o diagrama de dispersão entre número de telefones públicos ($y$) e ano ($xX$). O que pode ser dito? Refaça as letras $a$ e $b$, empregando um modelo de potência exponencial ($y = a.e^{bx}$).

| Ano | Fixo | Público | Móvel |
|---|---|---|---|
| 1990 | 10,30 | 0,20 | – |
| 1992 | 11,70 | 0,20 | 0,03 |
| 1994 | 13,30 | 0,30 | 0,80 |
| 1996 | 16,50 | 0,40 | 2,70 |
| 1998 | 22,10 | 0,60 | 7,40 |
| 1999 | 27,80 | 0,70 | 15,00 |
| 2000 | 38,30 | 0,90 | 23,20 |
| 2001 | 43,30 | 1,20 | 29,20 |
| 2003 | 49,60 | 1,40 | 45,50 |
| 2005 | 58,00 | 1,60 | 58,00 |

26. A tabela exposta a seguir apresenta o valor médio do veículo Kombi Furgão. Com base nos números apresentados, construa modelos de ajuste linear com os respectivos coeficientes de determinação para a relação: (a) entre os preços a álcool e a gasolina; (b) entre o ano e o preço a álcool.

Preços médios da Kombi Furgão

| Ano | Álcool | Gasolina |
|---|---|---|
| 2006 | 32.098 | 32.346 |
| 2005 | 27.529 | 27.680 |
| 2004 | 24.102 | 25.295 |
| 2003 | 22.188 | 22.309 |
| 2002 | 20.102 | 20.963 |
| 2001 | 17.633 | 18.002 |
| 2000 | 16.050 | 17.026 |
| 1999 | 14.053 | 15.105 |
| 1998 | 12.960 | 13.173 |
| 1997 | 9.375 | 10.189 |
| 1996 | 8.778 | 8.826 |
| 1995 | 8.331 | 8.487 |

**Fonte:** Guia Valor Veículos, jan. 2006, p. 21.

**Sugestão:** resolva os exercícios propostos no Excel.

# 13

# Números-índices

> Os números governam o mundo.
> Platão

**Objetivos do capítulo**

A análise da evolução de preços, quantidades e valores ao longo do tempo pode requerer diferentes procedimentos e técnicas. Exemplo usual é fornecido pelos números-índices.

Números-índices facilitam o estudo da evolução de dados quantitativos ao longo do tempo, podendo assumir diferentes formas, como os números-índices simples ou agregativos, estes últimos empregados na análise conjunta de diferentes dados.

Quando apresentados de forma agregativa e ponderada, os números-índices podem assumir diferentes formas, como o índice de Laspeyres ou método do ano base, o índice de Paasche ou método da época atual, o índice de Marshall-Edgeworth e o índice de Fischer ou método ideal.

Este capítulo possui o objetivo de apresentar de forma simples e didática os principais conceitos relacionados a números-índices, empregados nas análises de dados distribuídos sequencialmente no tempo.

## GRANDES NOMES E GRANDES HISTÓRIAS[1]

★ 21 de junho de 1781, em Pithiviers, França
† 25 de abril de 1840, em Sceaux, França

Siméon Denis Poisson nasceu no ano de 1781 na localidade de Pithiviers, cercanias de Paris. Inicialmente, fora forçado a estudar Medicina. Porém, em 1798 iniciou estudos em Matemática, ao ingressar na Escola Politécnica. Laplace e Lagrange foram seus professores, de quem se tornou amigo por toda a vida. Quando tinha 18 anos, Poisson chamou a atenção de Legendre, já notável matemático, por escrever um texto sobre diferenças finitas.

Poisson começou a ensinar na Escola Politécnica em 1802 e permaneceu lá até os idos de 1808, quando se tornou um astrônomo do *Bureau des Longitudes*. Em 1809, foi designado para a cadeira de Matemática Pura na Faculdade de Ciências, recentemente fundada. Neste período, seus mais importantes trabalhos consistiram em uma série de documentos sobre integrais definidas e alguns estudos sobre séries de Fourier.

*Siméon Denis Poisson*

---

[1] Adaptado do *The MacTutor history of mathematics archive*. Disponível em: <http://www-groups.dcs.st-and.ac.uk/~history/index.html>. Acesso em: 3 dez. 2006.

> Na pesquisa *Recherches sur la probabilité des jugements...*, publicada em 1837 e considerada um trabalho seminal sobre probabilidade, a distribuição discreta que, posteriormente, receberia o seu nome, a distribuição de Poisson, foi modelada pela primeira vez. Essa distribuição descrevia a probabilidade de um evento acidental acontecer em um tempo ou intervalo espacial, genericamente denominado intervalo contínuo.
> Poisson publicou entre 300 e 400 trabalhos matemáticos, inclusive aplicações para Eletricidade e Magnetismo, e Astronomia. O *Traité de mécanique* foi publicado em 1811, sendo novamente editado em 1833. Por muitos anos, este trabalho consistiu no padrão referencial para estudos em mecânica.
> Poisson deixou grandes contribuições para diferentes áreas das ciências exatas. Como exemplos primordiais, citam-se a integral de Poisson, a equação de Poisson na teoria potencial, as equações diferenciais de Poisson, a relação de Poisson em elasticidade, e a constante de Poisson em eletricidade.
> Faleceu em 1840. Certa vez, um estudioso da sua obra teceu o seguinte comentário sobre a sua pessoa: "A única paixão dele foi ciência. Ele viveu e morreu por ela."

## Introdução

No final do ano de 1995, a Indústria de Estofados Sente Bem Macio Ltda. estudava a evolução de suas vendas ao longo dos seis últimos anos. As quantidades vendidas, os preços praticados e o valor das vendas de cada ano podem ser vistos na Tabela 13.1.

Tabela 13.1 *Vendas anuais da Indústria de Estofados Sente Bem Macio Ltda.*

| Ano | Quantidade de sofás vendidos | Preço unitário | Valor das vendas |
|---|---|---|---|
| 1990 | 52 | 222,00 | 11.544,00 |
| 1991 | 55 | 238,00 | 13.090,00 |
| 1992 | 61 | 253,00 | 15.433,00 |
| 1993 | 67 | 271,00 | 18.157,00 |
| 1994 | 73 | 284,00 | 20.732,00 |
| 1995 | 78 | 297,00 | 23.166,00 |

Com base no relatório anterior, a empresa constatou, obviamente, que quantidades, preços e, principalmente, os valores das vendas cresceram. Porém, gostaria de aprofundar esta análise, detalhando a evolução relativa dos crescimentos e, principalmente, o efeito sobre o valor das vendas dos crescimentos independentes das quantidades e preços praticados.

Uma solução bastante simples para facilitar a análise envolveria a construção de números-índices. Números-índices representam medidas estatísticas utilizadas para resumir modificações em variáveis econômicas, ou um grupo de variáveis.

Podem existir três aspectos ou categorias que são considerados nas comparações de números-índices: as variações ocorridas ao longo do tempo; as diferenças entre lugares (localização geográfica) e as diferenças entre categorias semelhantes (pessoas, produtos, rendimentos, profissões). No caso, a Sente Bem Macio Ltda. gostaria de analisar a evolução de **suas** vendas ao longo tempo.

Assim, uma forma de analisar a evolução e as variações ocorridas nos dados apresentados seria construir uma tabela formada por números-índices. Neste caso, como se trata de analisar a evolução de um único produto, os números-índices são chamados de simples. Para construir as séries para os preços, quantidades e valores, basta dividir todos os valores pelos valores de uma no escolhido como ano base, expressando os valores obtidos em notação percentual, ou seja, multiplicados por 100%.

Por exemplo, empregando o ano de 1990 como base, o índice simples de quantidade ($Iq$) para o ano de 1991 seria igual a (55/52) × 100%, que resulta no valor 106%. O índice simples de preço ($Ip$) para 1993 seria igual a (271/222) × 100%, que resulta em 122%. No ano base (1990), os valores de todos os índices seriam iguais a 100%.

Tabela 13.2 *Índices de quantidade, preço e valor.*

| Ano | $Iq$ | $Ip$ | $Iv$ |
|---|---|---|---|
| 1990 | 100% | 100% | 100% |
| 1991 | 106% | 107% | 113% |
| 1992 | 117% | 114% | 134% |
| 1993 | 129% | 122% | 157% |
| 1994 | 140% | 128% | 180% |
| 1995 | 150% | 134% | 201% |

Analisando os valores apresentados na Tabela 13.2, a indústria facilmente perceberia que a evolução dos valores de vendas é influenciada pela evolução das quantidades e preços, sendo mais evidente a influência da evolução das quantidades.

Alguns números-índices podem ser chamados de índices econômicos quando são utilizados para medir as variações ocorridas ao longo do tempo das variáveis preço, quantidade e valor associados ao nível de custo de vida ou de preços praticados em uma economia. No Brasil, os índices mais conhecidos são o Índice Geral de Preço (calculado pela FGV – RJ) e o Índice Nacional de Preços ao Consumidor – INPC (calculado pelo IBGE).

Outros números-índices que aparecem com grande frequência no noticiário são os que representam negócios realizados em bolsas de valores, como o índice Bovespa (Ibovespa), que mede a *performance* da Bolsa de Valores de São Paulo, e o Dow Jones Industrial Average, que mede a *performance* de ações negociadas na Bolsa de Nova York e é publicado pelo *Wall Street Journal*.

## Números-índices simples

Números-índices simples podem ser de preços, quantidades ou valores, conforme destacado no exemplo da Sente Bem Macio Ltda.

**Índices de preços relativos:** expressam a relação entre o preço de um único produto em uma única unidade em um período determinado e o de um outro período, comumente denominado período básico ou de referência.

$p_o$ = preço da utilidade durante o período básico

$p_n$ = preço da utilidade durante o período considerado

Assim, tem-se que:

Índice de preço relativo: $IPR = \dfrac{p_n}{p_0}$

Para poder expressar o índice em percentagem, basta multiplicá-lo por 100%, ou:

Índice de preço relativo: $IPR = \dfrac{p_n}{p_0} \times 100\%$

O preço relativo do período **b**, referido ao do período **a** pode ser definido pela seguinte equação:

Índice de preço relativo do período **b** em relação a **a**: $p_{b/a} = \dfrac{p_b}{p_a} \times 100\%$

Se um produto custava $ 40,00 em 1988 e passou a custar $ 50,00 em 1989, o índice de preço relativo entre 1989 e 1988 pode ser expresso como:

$$p_{b/a} = \dfrac{p_b}{p_a} \times 100\%$$

Substituindo os valores, tem-se:

$$p_{1989/1988} = \dfrac{50}{40} \times 100\% = 125\%$$

Em outro exemplo, há os preços médios unitários da produção de geléia das Indústrias Bem Comer durante os anos de 1994 a 1999 apresentados na Tabela 13.3. Adotando o ano de 1994 como base, pede-se determinar os preços relativos correspondentes aos anos de 1997 e 1998.

Tabela 13.3 *Preços médios unitários da produção de geleia das Indústrias Bem Comer.*

| Ano | 1994 | 1995 | 1996 | 1997 | 1998 | 1999 |
|---|---|---|---|---|---|---|
| Preço | 10,50 | 10,48 | 11,30 | 11,95 | 12,20 | 12,75 |

Usando a fórmula anterior, pode-se calcular o preço relativo de 1997, adotando o ano de 1994 como base:

$$p_{1997/1994} = \dfrac{\text{preço de 1997}}{\text{preço de 1994}} = \dfrac{11,95}{10,50} = 1,1381 = 113,81\%$$

O preço relativo de 1998, adotando o ano de 1994 como base, pode ser igualmente calculado:

$$p_{1998/1994} = \dfrac{\text{preço de 1998}}{\text{preço de 1994}} = \dfrac{12,20}{10,50} = 1,1619 = 116,19\%$$

## Propriedades dos preços relativos

Os índices de preços relativos possuem algumas propriedades importantes, destacadas a seguir.

a) propriedades de identidade: o preço relativo de um dado período relacionado ao mesmo período é 1 ou 100%. Ou seja, $p_{a/a} = 1$. Assim, caso seja tomado como base de comparação o ano de 2000, tem-se que para o ano 2000, o preço relativo é igual a 1 ou 100%;

b) propriedade de reversão: igualmente apresentada como propriedade de inversão. Se dois períodos são permutados, os preços relativos correspondentes são recíprocos. Algebricamente, $p_{a/b} p_{b/a} = 1$ ou $p_{a/b} = \dfrac{1}{p_{b/a}}$;

c) propriedade cíclica: igualmente apresentada como propriedade circular. Considerando um índice em que as datas aparecem em progressão aritmética e cujas comparações foram feitas com base nas datas imediatamente anteriores, o valor do índice na última data, com base na primeira, será igual ao produto dos valores da série original. Algebricamente, tem-se que $p_{a/b} p_{b/c} p_{c/a} = 1$ ou $p_{a/b} p_{b/c} p_{c/d} p_{d/a} = 1$;

d) propriedade cíclica ou circular modificada: similar à anterior. Assume que o valor do índice em relação a uma determinada data pode ser obtido por meio do produto de outros preços relativos. Algebricamente, $p_{a/b} p_{b/c} = p_{a/c}$ ou $p_{a/b} p_{b/c} p_{c/d} = p_{a/d}$.

**Índices de quantidades relativas:** também chamados de índices de volumes relativos. Em vez da comparação dos preços de um determinado produto, pode-se estar interessado na evolução de suas quantidades ou de seus volumes vendidos ou produzidos.

$$\text{Índice de quantidade relativa} = \frac{q_n}{q_o}$$

Apresentando em percentual, tem-se que:

$$\text{Índice de quantidade relativa} = \frac{q_n}{q_o} \times 100\%$$

Onde:

$q_o$ = quantidade ou volume produzido ou consumido no período básico

$q_n$ = quantidade ou volume produzido ou consumido em um determinado período

Assim, a quantidade relativa do período $b$, referida ao período $a$, é definida por $\dfrac{q_b}{q_a}$ e representada por $q_{b/a}$.

As mesmas observações e propriedades pertinentes aos preços relativos são aplicáveis às quantidades relativas.

Para ilustrar, considere que na Tabela 13.4 encontra-se a produção anual de motocicletas de uma determinada indústria no período de 1993 a 1998. Deseja-se reduzir os dados a quantidades relativas, utilizando como base o ano de 1996.

Tabela 13.4  *Produção anual de motocicletas.*

| Anos | 1993 | 1994 | 1995 | 1996 | 1997 | 1998 |
|---|---|---|---|---|---|---|
| Motocicletas | 30.172 | 20.144 | 18.280 | 25.320 | 28.500 | 12.230 |

Para construir as quantidades relativas ao ano de 1996, deve-se dividir a produção de cada ano por 25.320, que é a produção do ano base. Assim, tem-se as quantidades relativas apresentadas na Tabela 13.5.

Tabela 13.5  *Quantidades relativas ao ano de 1996.*

| Anos | 1993 | 1994 | 1995 | 1996 | 1997 | 1998 |
|---|---|---|---|---|---|---|
| Quantidades relativas (1996 = 100) | 119.2 | 79.6 | 72.2 | 100.0 | 112.6 | 48.3 |

**Índices de valores relativos:** se $p$ é o preço de um determinado produto durante um período e $q$ a quantidade ou volume produzido, vendido, durante esse período, então tem-se que $p \times q$ é igual ao valor total.

$$\text{Índice de valor relativo} = \frac{v_n}{v_o}$$

Rearrumando a equação anterior, tem-se que $\dfrac{v_n}{v_o} = \dfrac{p_n q_n}{p_o q_o} = \left(\dfrac{p_n}{p_o}\right)\left(\dfrac{q_n}{q_o}\right)$. Ou seja, o índice de valor relativo pode ser apresentado pelo índice de preço relativo multiplicado pelo índice de quantidade relativa.

Índice de valor relativo = índice de preço relativo × índice de quantidade relativa

As mesmas observações, notações e propriedades pertinentes aos índices de preços e quantidades relativas podem ser aplicadas aos valores relativos.

Para ilustrar o uso de índices de valores relativos, considere as vendas das Indústrias Fictícias Ltda., apresentadas na Tabela 13.6.

Tabela 13.6  *As vendas das Indústrias Fictícias Ltda.*

| Anos | 1993 | 1994 | 1995 | 1996 | 1997 | 1998 |
|---|---|---|---|---|---|---|
| Preço | 5 | 8 | 11 | 9 | 13 | 16 |
| Quantidade | 14 | 17 | 13 | 21 | 25 | 18 |
| Valor | 70 | 136 | 143 | 189 | 325 | 288 |

Assumindo o ano de 1993 como período básico, bastaria dividir todos os valores pelo valor de 1993, no caso 70. Os índices relativos de valor estão apresentados na Tabela 13.7.

Tabela 13.7  *Índices relativos de valor.*

| Anos | 1993 | 1994 | 1995 | 1996 | 1997 | 1998 |
|---|---|---|---|---|---|---|
| IRV | 100% | 194% | 204% | 270% | 464% | 411% |

## Números-índices agregativos

Números-índices agregativos devem ser utilizados quando a evolução do preço de mais de um produto ou serviço precisar ser considerada. Diferentes cálculos com múltiplos preços, quantidades ou valores podem ser considerados. Os índices agregativos podem ser calculados de forma simples ou ponderada.

**Métodos agregativos simples:** expressa o total dos preços dos produtos ou serviços em um dado ano em percentual do total dos preços no ano base.

$$\text{Índice de preço agregativo simples} = \frac{\sum P_n}{\sum P_0}$$

Para ilustrar a aplicação de índice preço agregativo simples, considere o seguinte exemplo.

A Tabela 13.8 apresenta os preços médios e a produção unitária de leite, manteiga e queijo, nos anos de 1994, 1997 e 1999. Pede-se calcular um índice agregativo simples dos preços desses produtos para o ano de 1999, tomando como base o ano de 1994. Considere que apenas uma unidade de cada item foi produzida e vendida.

Tabela 13.8  *Preços médios e produção de leite, manteiga e queijo.*

| Produto | Preços ||| 
|---|---|---|---|
|  | 1994 | 1997 | 1999 |
| Manteiga | 63,2 | 64,0 | 58,3 |
| Queijo | 36,1 | 37,5 | 40,3 |
| Leite | 4,25 | 4,02 | 5,13 |

Para calcular o índice agregativo simples dos preços, é preciso considerar a evolução da soma dos preços. As somas estão apresentadas na Tabela 13.9.

Tabela 13.9  *Evolução da soma dos preços.*

|  | Preços |||
|---|---|---|---|
|  | 1994 | 1997 | 1999 |
| Soma dos preços | 103,55 | 105,52 | 103,73 |

Assumindo o ano de 1994 como ano básico, é preciso dividir os valores dos demais anos pelo valor de 1994, 103,55. Os índices agregativos simples dos preços estão apresentados na Tabela 13.10.

Tabela 13.10  *Índices relativos.*

|  | Preços |||
|---|---|---|---|
|  | 1994 | 1997 | 1999 |
| Índices agregativos simples dos preços | 100,00% | 101,90% | 100,17% |

O método agregativo simples apresenta duas grandes desvantagens: não considera a importância relativa das quantidades analisadas e algumas variáveis particulares, adotadas para a fixação dos preços, podem afetar o valor do índice.

**Métodos agregativos ponderados:** igualmente, analisam mais de um produto ou serviço. São utilizados para superar as desvantagens do método agregativo simples, permitindo a análise ponderada de preços com base nas quantidades e valores.

Os índices agregativos ponderados podem ser apresentados de diferentes formas, como o índice de Laspeyres ou método do ano base, o índice de Paasche ou método da época atual, o índice de Marshall-Edgeworth e o índice de Fischer ou método ideal.

*a) Índice de Laspeyres ou método do ano base*

Considera-se um dos anos como o ano-base com preços apresentados como $p_o$ e quantidades apresentadas como $q_o$. Para o ano analisado, assumem-se preços no ano apresentados como $p_n$ e quantidades no ano apresentadas como $q_n$. Pode ser apresentado como índice de Laspeyres de preços, quantidades ou valores.

O índice de preços de Laspeyres analisa a variação ponderada dos preços, empregando as quantidades no ano-base como fator de ponderação.

$$IL_p = \frac{\sum P_n Q_0}{\sum P_0 Q_0} \times 100\%$$

Para ilustrar cálculos com os índices de Laspeyres, considere o exemplo das vendas da Sapataria Pisa Bem Ltda., apresentadas na tabela seguinte.

Tabela 13.11  *Vendas da Sapataria Pisa Bem Ltda.*

| Item | 2002 P | 2002 Q | 2002 V | 2003 P | 2003 Q | 2003 V | 2004 P | 2004 Q | 2004 V | 2005 P | 2005 Q | 2005 V |
|---|---|---|---|---|---|---|---|---|---|---|---|---|
| Mocassins | 2 | 2 | 4 | 3 | 5 | 15 | 4 | 6 | 24 | 6 | 7 | 42 |
| Tênis | 3 | 1 | 3 | 5 | 3 | 15 | 7 | 3 | 21 | 7 | 5 | 35 |
| Sapatilhas | 4 | 3 | 12 | 4 | 2 | 8 | 5 | 8 | 40 | 7 | 9 | 63 |
| Chinelos | 3 | 4 | 12 | 2 | 6 | 12 | 4 | 9 | 36 | 9 | 9 | 81 |
| Soma | | | 31 | | | 50 | | | 121 | | | 221 |

O índice de preços de Laspeyres pondera os cálculos dos valores, empregando a quantidade de vendas no ano-base. Veja os cálculos apresentados na Tabela 13.12.

Tabela 13.12  *Índices de preços de Laspeyres.*

| $IL_P$ | 2002 $p_n$ | 2002 $q_0$ | 2002 $p_n q_0$ | 2003 $p_n$ | 2003 $q_0$ | 2003 $p_n q_0$ | 2004 $p_n$ | 2004 $q_0$ | 2004 $p_n q_0$ | 2005 $p_n$ | 2005 $q_0$ | 2005 $p_n q_0$ |
|---|---|---|---|---|---|---|---|---|---|---|---|---|
| Mocassins | 2 | 2 | 4 | 3 | 2 | 6 | 4 | 2 | 8 | 6 | 2 | 12 |
| Tênis | 3 | 1 | 3 | 5 | 1 | 5 | 7 | 1 | 7 | 7 | 1 | 7 |
| Sapatilhas | 4 | 3 | 12 | 4 | 3 | 12 | 5 | 3 | 15 | 7 | 3 | 21 |
| Chinelos | 3 | 4 | 12 | 2 | 4 | 8 | 4 | 4 | 16 | 9 | 4 | 36 |
| Soma $P_n Q_0$ | | | 31 | | | 31 | | | 46 | | | 76 |
| $P_0 Q_0$ | | | 31 | | | 31 | | | 31 | | | 31 |
| Soma/$P_0 Q_0$ | | | 100% | | | 100% | | | 148% | | | 245% |

Dividindo os somatórios de $p_n.q_0$ pelo valor no ano base ($\sum p_0 q_0$) igual a $ 31, pode-se calcular os índices de preços de Laspeyres. Veja a Tabela 13.13.

Tabela 13.13  *Índices de preços de Laspeyres.*

| Índice | 2002 | 2003 | 2004 | 2005 |
|---|---|---|---|---|
| $IL_P$ | 100% | 100% | 148% | 245% |

O índice de quantidades de Laspeyres analisa a variação ponderada das quantidades, empregando os preços no ano base como fator de ponderação.

$$IL_q = \frac{\sum p_0 q_n}{\sum p_0 q_0} \times 100\%$$

Os cálculos para os dados da Sapataria Pisa Bem Ltda. estão apresentados a seguir.

Tabela 13.14  Índices de Laspeyres para os dados da Sapataria Pisa Bem Ltda.

| $IL_q$ | 2002 | | | 2003 | | | 2004 | | | 2005 | | |
|---|---|---|---|---|---|---|---|---|---|---|---|---|
| | $p_0$ | $q_n$ | $p_0q_n$ | $p_0$ | $q_n$ | $p_0q_n$ | $p_0$ | $q_n$ | $p_0q_n$ | $p_0$ | $q_n$ | $p_0q_n$ |
| Mocassins | 2 | 2 | 4 | 2 | 5 | 10 | 2 | 6 | 12 | 2 | 7 | 14 |
| Tênis | 3 | 1 | 3 | 3 | 3 | 9 | 3 | 3 | 9 | 3 | 5 | 15 |
| Sapatilhas | 4 | 3 | 12 | 4 | 2 | 8 | 4 | 8 | 32 | 4 | 9 | 36 |
| Chinelos | 3 | 4 | 12 | 3 | 6 | 18 | 3 | 9 | 27 | 3 | 9 | 27 |
| Soma $p_0q_n$ | | | 31 | | | 45 | | | 80 | | | 92 |
| $p_0q_0$ | | | 31 | | | 31 | | | 31 | | | 31 |
| Soma/$p_0q_0$ | | | 100% | | | 145% | | | 258% | | | 297% |

Dividindo os somatórios de $p_0.q_n$ pelo valor no ano base ($\Sigma p_0q_0$) igual a $ 31, podem-se calcular os índices de quantidades de Laspeyres. Veja a Tabela 13.15.

Tabela 13.15  Índices de quantidades de Laspeyres.

| Índice | 2002 | 2003 | 2004 | 2005 |
|---|---|---|---|---|
| $IL_q$ | 100% | 145% | 258% | 297% |

O índice de valor de Laspeyres analisa a variação nos valores, comparando o valor do ano em questão com o valor do ano-base.

$$IL_v = \frac{\sum p_n q_n}{\sum p_0 q_0} \times 100\%$$

Como os valores já estavam calculados na primeira tabela apresentada para a Sapataria Pisa Bem Ltda., pode-se calcular o índice de valor de Laspeyres dividindo todos os valores pelo valor do ano base 2003, igual a $ 31. Veja os valores da Tabela 13.16.

Tabela 13.16  Índices de valor de Laspeyres.

| Descrição | 2002 | 2003 | 2004 | 2005 |
|---|---|---|---|---|
| Valor no ano | 31 | 50 | 121 | 221 |
| $IL_v$ | 100% | 161% | 390% | 713% |

b) *Índice de Paasche ou método da época atual*

Emprega como fatores de ponderações as quantidades e os preços do ano atual.

O índice de preços de Paasche analisa a variação ponderada dos preços, empregando as quantidades no ano atual como fator de ponderação.

$$IP_p = \frac{\sum p_n q_n}{\sum p_0 q_n} \times 100\%$$

Considere os dados da Sapataria Pisa Bem Ltda. Calculando os somatórios de $p_0.q_n$, tem-se a Tabela 13.17.

Tabela 13.17  Índices Paasche para os dados da Sapataria Pisa Bem Ltda.

| $IP_p$ | 2002 | | | 2003 | | | 2004 | | | 2005 | | |
|---|---|---|---|---|---|---|---|---|---|---|---|---|
| | $p_0$ | $q_n$ | $p_0q_n$ | $p_0$ | $q_n$ | $p_0q_n$ | $p_0$ | $q_n$ | $p_0q_n$ | $p_0$ | $q_n$ | $p_0q_n$ |
| Mocassins | 2 | 2 | 4 | 2 | 5 | 10 | 2 | 6 | 12 | 2 | 7 | 14 |
| Tênis | 3 | 1 | 3 | 3 | 3 | 9 | 3 | 3 | 9 | 3 | 5 | 15 |
| Sapatilhas | 4 | 3 | 12 | 4 | 2 | 8 | 4 | 8 | 32 | 4 | 9 | 36 |
| Chinelos | 3 | 4 | 12 | 3 | 6 | 18 | 3 | 9 | 27 | 3 | 9 | 27 |
| Soma | | | 31 | | | 45 | | | 80 | | | 92 |
| $p_nq_n$ | | | 31 | | | 50 | | | 121 | | | 221 |
| $p_nq_n$/Soma | | | 100% | | | 111% | | | 151% | | | 240% |

Dividindo o valor do somatório de $p_n q_n$ em cada um dos anos pelos somatórios de $p_0.q_n$ da tabela anterior, têm-se os índices de quantidades de Paasche, repetidos na Tabela 13.18.

Tabela 13.18  Índices de quantidades de Paasche.

| Índice | 2002 | 2003 | 2004 | 2005 |
|---|---|---|---|---|
| $IP_p$ | 100% | 111% | 151% | 240% |

O índice de quantidades de Paasche analisa a variação ponderada das quantidades, empregando os preços no ano atual como fator de ponderação.

$$IP_q = \frac{\sum p_n q_n}{\sum p_n q_0} \times 100\%$$

Fazendo os cálculos para a Sapataria Pisa Bem Ltda., têm-se os somatórios de $p_n.q_0$ apresentados na Tabela 13.19.

Tabela 13.19  Índices de Paasche da Sapataria Pisa Bem Ltda.

| $IP_Q$ | 2002 |||  2003 ||| 2004 ||| 2005 |||
|---|---|---|---|---|---|---|---|---|---|---|---|---|
|  | $p_n$ | $q_0$ | $p_n q_0$ | $p_n$ | $q_0$ | $p_n q_0$ | $p_n$ | $q_0$ | $p_n q_0$ | $p_n$ | $q_0$ | $p_n q_0$ |
| Mocassins | 2 | 2 | 4 | 3 | 2 | 6 | 4 | 2 | 8 | 6 | 2 | 12 |
| Tênis | 3 | 1 | 3 | 5 | 1 | 5 | 7 | 1 | 7 | 7 | 1 | 7 |
| Sapatilhas | 4 | 3 | 12 | 4 | 3 | 12 | 5 | 3 | 15 | 7 | 3 | 21 |
| Chinelos | 3 | 4 | 12 | 2 | 4 | 8 | 4 | 4 | 16 | 9 | 4 | 36 |
| Soma |  |  | 31 |  |  | 31 |  |  | 46 |  |  | 76 |
| $p_n q_n$ |  |  | 31 |  |  | 50 |  |  | 121 |  |  | 221 |
| $p_n q_n$/Soma |  |  | 100% |  |  | 161% |  |  | 263% |  |  | 291% |

Dividindo a soma $p_n q_n$ pelo valor de cada um dos anos dos somatórios de $p_n.q_0$, têm-se os índices de quantidades de Paasche, repetidos na Tabela 13.20.

Tabela 13.20  Índices de quantidades de Paasche.

| Índice | 2002 | 2003 | 2004 | 2005 |
|---|---|---|---|---|
| $IP_q$ | 100% | 161% | 263% | 291% |

O índice de valor de Paasche é idêntico ao de Laspeyres, analisando a variação nos valores, comparando o valor do ano em questão com o valor do ano-base.

$$IP_v = IL_v = \frac{\sum p_n q_n}{\sum p_0 q_0} \times 100\%$$

Os índices de valores de Paasche para os dados da Sapataria Pisa Bem Ltda. já foram calculados, uma vez que são idênticos aos índices de valores de Laspeyres.

Tabela 13.21  Índices de valores de Paasche para os dados da Sapataria Pisa Bem Ltda.

| Descrição | 2002 | 2003 | 2004 | 2005 |
|---|---|---|---|---|
| Valor no ano | 31 | 50 | 121 | 221 |
| $IP_v = IL_v$ | 100% | 161% | 390% | 713% |

c) Índice de Marshall-Edgeworth

Representa a média aritmética dos índices de Laspeyres e Paasche. Pode ser igualmente apresentado como de preços, quantidades ou valores.

Índice de Marshall-Edgeworth de preços:

$$IME_p = \frac{\sum p_n (q_0 + q_n)}{\sum p_0 (q_0 + q_n)} \times 100\%$$

Índice de Marshall-Edgeworth de quantidades:

$$IME_q = \frac{\sum q_n (p_0 + p_n)}{\sum q_0 (p_0 + p_n)} \times 100\%$$

Índice de Marshall-Edgeworth de valores: é idêntico aos índices de Paasche e Laspeyres, analisando a variação nos valores, comparando o valor do ano em questão com o valor do ano-base.

$$IME_v = IP_v = IL_v = \frac{\sum p_n q_n}{\sum p_0 q_0} \times 100\%$$

Para os dados da sapataria, os cálculos dos índices de Marshall-Edgeworth foram construídos a partir das médias dos índices de Laspeyres e Paasche. Veja a Tabela 13.22.

d) *Índice de Fischer ou método ideal*

Considera os índices de Laspeyres e Paasche, calculando a média geométrica entre ambos, ou a raiz quadrada do produto dos dois índices. Por essa razão, é igualmente apresentado como método ideal.

Índice de Fischer de preços:

$$IF_p = \sqrt{IL_p \, x IP_p}$$

Índice de Fischer de quantidades:

$$IF_q = \sqrt{IL_q \, x IP_q}$$

Tabela 13.22  Índices de Marshall-Edgeworth, Laspeyres e Paasche.

| Índice | 2002 | 2003 | 2004 | 2005 |
|---|---|---|---|---|
| Laspeyres | | | | |
| $IL_p$ | 100% | 100% | 148% | 245% |
| $IL_q$ | 100% | 145% | 258% | 297% |
| $IL_v$ | 100% | 161% | 390% | 713% |
| Paasche | | | | |
| $IP_p$ | 100% | 111% | 151% | 240% |
| $IP_q$ | 100% | 161% | 263% | 291% |
| $IP_v$ | 100% | 161% | 390% | 713% |
| Marshall-Edgeworth (média aritmética dos anteriores) | | | | |
| $IME_p$ | 100% | 106% | 150% | 243% |
| $IME_q$ | 100% | 153% | 261% | 294% |
| $IME_v$ | 100% | 161% | 390% | 713% |

Índice de Fischer de valores: é idêntico aos índices de Marshall-Edgeworth, Paasche e Laspeyres, analisando a variação nos valores, comparando o valor do ano em questão com o valor do ano-base.

$$IF_v = IME_v = IP_v = IL_v = \frac{\sum p_n q_n}{\sum p_0 q_0} \times 100\%$$

Para os dados da sapataria, os cálculos dos índices de Fischer foram construídos a partir das médias geométricas dos índices de Laspeyres e Paasche. Veja a Tabela 13.23.

Tabela 13.23  *Índices de Fischer, Laspeyres e Paasche.*

| Índice | 2002 | 2003 | 2004 | 2005 |
|---|---|---|---|---|
| Laspeyres | | | | |
| $IL_p$ | 100% | 100% | 148% | 245% |
| $IL_q$ | 100% | 145% | 258% | 297% |
| $IL_v$ | 100% | 161% | 390% | 713% |
| Paasche | | | | |
| $IP_p$ | 100% | 111% | 151% | 240% |
| $IP_q$ | 100% | 161% | 263% | 291% |
| $IP_v$ | 100% | 161% | 390% | 713% |
| Fischer (média geométrica dos anteriores) | | | | |
| $IF_p$ | 100% | 105% | 149% | 242% |
| $IF_q$ | 100% | 153% | 260% | 294% |
| $IF_v$ | 100% | 161% | 390% | 713% |

# Exercícios

1. Um apartamento foi comprado por $ 10.000 em 1998 e por $ 10.500 no ano seguinte. Calcule o relativo de preço em 1999, considerando como ano-base o ano de 1998.

2. Um corretor vendeu 800 apartamentos em 1997 e em 1995 vendeu 600. Calcule o relativo de quantidade em 1997, considerando o ano de 1995 como ano-base.

3. Uma concessionária vendeu 16.000 carros em 1996, com preço unitário de $ 10.000. Em 1998, vendeu 19.000 carros com o preço unitário de $ 12.000. Calcule o relativo de valor em 1998.

4. Os preços de uma mercadoria eram de $ 1,00 em 1995 e $ 2,00 em 2000. Calcule o preço relativo tomando 1995 com ano-base e 2000 como o ano dado.

5. Uma fábrica de sapatos espera que suas vendas aumentem 50% no próximo ano. De que percentagem deverá ser aumentado o preço da venda, para que a venda bruta duplique?

6. Analisando os dados da tabela seguinte, pede-se calcular: (a) os índices de preços de Laspeyres, admitindo como ano-base 1991; (b) os índices de quantidade de Paasche.

|  | 1991 | | 1992 | | 1993 | | 1994 | |
|---|---|---|---|---|---|---|---|---|
|  | p | q | p | q | p | q | p | q |
| Lápis | 0.5 | 125 | 0.5 | 140 | 0.3 | 234 | 0.4 | 179 |
| Caneta | 3.2 | 103 | 3.3 | 105 | 3.4 | 96 | 3.5 | 69 |
| Grafite | 1.4 | 56 | 1.3 | 62 | 1.4 | 81 | 1.5 | 85 |

7. Em 1996, o preço médio de uma bicicleta era 20% superior ao de 1995, 20% inferior ao de 1994 e 50% superior ao de 1997. Reduza os dados a preços relativos, adotando como base o ano de 1995.

8. Calcule os índices de Laspeyres, Paasche e Fisher para a doceria Bom Bocado Ltda., cujos principais valores estão apresentados na tabela seguinte. Assuma 1997 como ano-base.

|  | 1997 | | | 1998 | | | 1999 | | |
|---|---|---|---|---|---|---|---|---|---|
|  | p | q | v | p | q | v | p | q | v |
| Doces | 56.50 | 26 | 1469 | 58.20 | 51 | 2968.20 | 54.17 | 65 | 3521.05 |
| Salgados | 36.84 | 39 | 1436.76 | 38.41 | 67 | 2573.47 | 40.46 | 42 | 1699.32 |
| Soma |  |  | 2905.76 |  |  | 5541.67 |  |  | 5220.37 |

9. As vendas da Loja Bem Vestir estão apresentadas na tabela seguinte. Calcule os seguintes números-índices: (a) Laspeyres de Quantidade para o ano de 1982; (b) Laspeyres de Preço para o ano de 1983; (c) Laspeyres de Valor para 1981; (d) Paasche de Quantidade para 1982; (e) Fisher de Preço para 1981.

| Produto | 1980 | | | 1981 | | | 1982 | | | 1983 | | |
|---|---|---|---|---|---|---|---|---|---|---|---|---|
|  | p | q | v | p | q | v | p | q | v | p | q | v |
| Camisas | 2 | 1 |  | 4 | 2 |  | 5 | 3 |  | 7 | 6 |  |
| Calças | 3 | 2 |  | 5 | 3 |  | 6 | 1 |  | 9 | 4 |  |
| Sapatos | 4 | 1 |  | 2 | 4 |  | 6 | 2 |  | 8 | 3 |  |
| Meias | 2 | 2 |  | 3 | 1 |  | 4 | 5 |  | 5 | 8 |  |

# 14

# Séries e previsões temporais

> *As previsões são difíceis. Principalmente, quando se referem ao futuro.*
>
> Anônimo

> *O bem se faz melhor se antecipado e o mal é menos mal se previsto.*
>
> Anônimo

**Objetivos do capítulo**

Dados estatísticos que apresentam a evolução de valores ao longo do tempo costumam receber a denominação de séries temporais. A análise de séries temporais costuma requerer o estudo de seus componentes, como as tendências, as variações sazonais e as variações cíclicas.

Diferentes métodos e procedimentos de análise podem ser empregados em séries temporais, como médias móveis, alisamento exponencial e modelos de regressão.

Este capítulo possui o objetivo de apresentar conteúdo relacionado à análise de séries temporais. Para facilitar a aprendizagem, são propostos e resolvidos diversos exercícios e exemplos.

## GRANDES NOMES E GRANDES HISTÓRIAS[1]

★ 27 de março de 1857, em Londres, Inglaterra
† 27 de abril de 1936, em Londres, Inglaterra

Karl Pearson graduou-se na Universidade de Cambridge em 1879. Posteriormente, construiu a maior parte da sua carreira acadêmica na College University em Londres.

Seu livro *The grammar of science*, publicado em 1892, consistiu em uma referência notável que antecipou algumas das ideias contidas na teoria da relatividade. O escopo da obra era abrangente e consistia numa tentativa de compreender a influência da ciência em todos os seus aspectos.

Uma área de grande interesse de Pearson concentrou-se no desenvolvimento de métodos matemáticos para o estudo de processos de hereditariedade e evolução. Sua aplicação da estatística nos problemas biológicos de hereditariedade e evolução foi fundamental para o desenvolvimento da genética. De 1893 a 1912, ele escreveu 18 artigos intitulados *Contribuição*

*Karl Pearson*

---

[1] Adaptado do *The MacTutor History of Mathematics Archive*. Disponível em: <http://www-groups.dcs.st-and.ac.uk/~history/index.html>. Acesso em: 3 dez. 2006.

*Matemática para a Teoria da Evolução*, que contém as suas mais valiosas ideias, incluindo importantes contribuições à análise de regressão, o coeficiente de correlação, posteriormente denominado coeficiente de correlação de Pearson, em homenagem ao próprio, e testes de significância do qui-quadrado. A sua proposta do teste do qui-quadrado foi realizada como uma tentativa de remover a distribuição normal de sua posição central e consiste no mais antigo processo de inferência ainda em uso.

Antes de 1900, cientistas de diferentes campos já elaboravam e aplicavam técnicas, hoje reconhecidas como pertencentes à estatística moderna. Porém, após Pearson, a estatística passou a constituir um campo de estudo, permitindo que ilustres estatísticos começassem a englobar tais técnicas em uma lógica unificada de ciência empírica, mais ampla do que as partes que a compõem. Pearson e um número cada vez maior de estudantes de seu laboratório tornaram-se marcos fundamentais no nascimento dessa nova ciência.

Juntamente com Weldon e Galton, Pearson colaborou na criação do *journal* estatístico *Biometrika*, um dos mais sérios e respeitados do mundo.

## Dados coletados ao longo do tempo

Uma série temporal consiste em um conjunto de observações de variáveis quantitativas coletadas ao longo do tempo. Por exemplo, as vendas mensais de uma fábrica de sorvetes, a evolução do preço diário de uma ação ao longo do tempo etc. Geralmente, qualquer atividade de negócios costuma registrar e armazenar grupos distintos de séries temporais, associadas às diferentes variáveis. Os exemplos podem incluir dados diários, semanais, mensais etc. de números relativos a vendas, custos, lucros, estoques e outros.

Ao analisar séries temporais, podemos estar preocupados com a realização de previsões futuras. Por exemplo, ao planejar o orçamento anual da empresa, o gerente financeiro precisará prever a receita para os próximos meses. Caso opte em fazer essa previsão usando dados históricos, estará se valendo da análise de séries temporais.

Os modelos de análise de séries temporais geralmente preocupam-se em estimar o comportamento futuro de uma série, com base em seus dados passados. Genericamente, os modelos de previsão empregados em séries temporais podem ser apresentados da seguinte forma:

$$\hat{Y}_{t+1} = f(Y_t, Y_{t-1}, Y_{t-2}, ...)$$

O valor previsto $\hat{Y}_{t+1}$ é obtido da análise de uma série de dados históricos, $Y_t, Y_{t-1}, Y_{t-2}, ...$

## Componentes de séries temporais

As séries temporais podem ser decompostas em quatro grandes componentes: tendência, variações cíclicas, variações sazonais e variações irregulares ou aleatórias.

a) **tendência:** descreve um movimento suave, a longo prazo, dos dados, para cima ou para baixo. Na análise de séries temporais, existem dois objetivos principais associados ao isolamento das tendências. O primeiro objetivo envolve a identificação da tendência com o objetivo de uso em previsões. O segundo objetivo envolve a sua remoção de forma a permitir o estudo dos outros componentes da série temporal;

b) **variações cíclicas:** correspondem a um certo grau de regularidade a longo prazo no comportamento das séries temporais. Por exemplo, o aumento das vendas de bandeiras do Brasil em função da copa do mundo de futebol, ou a elevação das vendas de artigos esportivos em função das olimpíadas. Ambas são variações cíclicas que ocorrem a cada quatro anos;

c) **variações sazonais:** representam regularidades de variações na série em períodos curtos de tempo, geralmente dentro de um ano. Por exemplo, vendas de ovos de páscoa são aquecidas nos meses entre março e abril, vendas de árvores de natal são elevadas em novembro e dezembro, bem como vendas de protetores solares que sempre aumentam no verão;

d) **variações irregulares ou aleatórias:** correspondem a ruídos na série temporal em decorrência de fatores variados. Como são aleatórios, não são previstos nos modelos.

O processo tradicional de análise de séries temporais envolve a decomposição dos componentes e a análise individual de cada um deles. Posteriormente, os componentes são combinados a fim de se observar o efeito conjunto.

Duas formas costumam ser empregadas na decomposição das séries nos seus componentes: forma aditiva e forma multiplicativa.

**Forma aditiva:** considera que a série temporal é uma soma dos quatro componentes.

$$Y = T + C + S + I$$

**Forma multiplicativa:** considera que a série temporal é um produto dos quatro componentes

$$Y = T \times C \times S \times I$$

É importante destacar que, tanto na forma aditiva como na multiplicativa, a tendência é expressa em uma quantidade efetiva. Por exemplo, unidades, litros, $. Na forma aditiva, os componentes $C$, $S$ e $I$ são igualmente apresentados na mesma unidade que a tendência, como unidades, litros ou $. Porém, no modelo multiplicativo, os componentes $C$, $S$ e $I$ são apresentados como fatores ou percentagens. Isto é, números puros, adimensionais.

Para ilustrar a decomposição de uma série temporal, considere o exemplo meramente didático apresentado a seguir, que ilustra as vendas ($Y$) de uma empresa fictícia.

| Quadrimestre | Período | Y |
|---|---|---|
| 1998: 01 | 1 | 6,7 |
| 1998: 02 | 2 | 4,4 |
| 1998: 03 | 3 | 5,8 |
| 1998: 04 | 4 | 6,2 |
| 1999: 01 | 5 | 2,1 |
| 1999: 02 | 6 | 0,1 |
| 1999: 03 | 7 | 0,8 |
| 1999: 04 | 8 | 1,5 |
| 2000: 01 | 9 | 6 |
| 2000: 02 | 10 | 3,9 |
| 2000: 03 | 11 | 4,9 |
| 2000: 04 | 12 | 4,7 |
| 2001: 01 | 13 | 12,9 |
| 2001: 02 | 14 | 10,9 |
| 2001: 03 | 15 | 11,4 |
| 2001: 04 | 16 | 11,9 |
| 2002: 01 | 17 | 8,3 |
| 2002: 02 | 18 | 5,4 |
| 2002: 03 | 19 | 6,4 |
| 2002: 04 | 20 | 6,8 |
| 2003: 01 | 21 | 11,6 |
| 2003: 02 | 22 | 9,7 |
| 2003: 03 | 23 | 10,6 |
| 2003: 04 | 24 | 11,2 |
| 2004: 01 | 25 | 19,3 |
| 2004: 02 | 26 | 16,2 |
| 2004: 03 | 27 | 17,6 |
| 2004: 04 | 28 | 18,3 |
| 2005: 01 | 29 | 13,8 |
| 2005: 02 | 30 | 11,5 |
| 2005: 03 | 31 | 12,2 |
| 2005: 04 | 32 | 12,6 |

A evolução das vendas está apresentada na Figura 14.1. Note que o gráfico apresenta alguns padrões de comportamento.

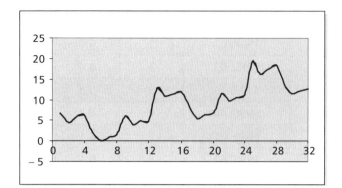

Figura 14.1   *Evolução das vendas.*

A série temporal pode ser decomposta em seus quatro componentes. A tendência está apresentada na Figura 14.2. Nota-se um crescimento a longo prazo.

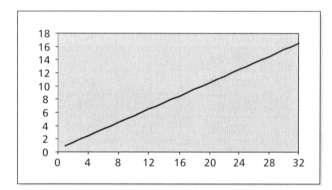

Figura 14.2   *Tendência da série temporal.*

As variações cíclicas estão apresentadas na Figura 14.3. Nota-se uma acentuada elevação nos períodos 1 a 4 (ano 1998), 13 a 16 (ano 2001) e 25 a 28 (ano 2004). Por outro lado, grandes quedas são registradas nos períodos 5 a 8 (ano 1999), 17 a 20 (ano 2002) e 29 a 32 (ano 2005). Um padrão cíclico se repete a cada quatro anos.

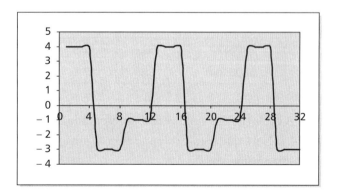

Figura 14.3   *Variações cíclicas.*

As variações sazonais estão representadas na Figura 14.4. Aumentos de demanda são fortemente percebidos nos períodos 1, 5, 9, 13, 17, 21, 25 e 29 – que correspondem ao primeiro quadrimestre de cada ano. Por outro lado, quedas maiores são registradas nos períodos imediatamente posteriores e que correspondem ao segundo quadrimestre de cada ano.

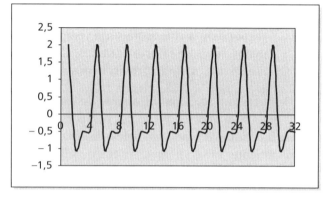

Figura 14.4   *Variações sazonais.*

As variações aleatórias estão apresentadas na Figura 14.5. Como o próprio nome revela, apresentam impossibilidade de previsão.

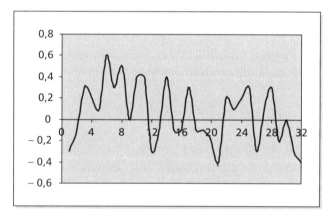

Figura 14.5   *Variações aleatórias.*

Empregando a forma aditiva, os componentes da série estão didaticamente decompostos na tabela seguinte.

Além das formas multiplicativa e aditiva, dois grandes conjuntos de modelos podem ser utilizados na análise de tendências em séries temporais: modelos de médias móveis e modelos de regressão.

| Quadrimestre | Período | T | C | S | I | Y |
|---|---|---|---|---|---|---|
| 1998: 01 | 1 | 1 | 4 | 2 | −0,3 | 6,7 |
| 1998: 02 | 2 | 1,5 | 4 | −1 | −0,1 | 4,4 |
| 1998: 03 | 3 | 2 | 4 | −0,5 | 0,3 | 5,8 |
| 1998: 04 | 4 | 2,5 | 4 | −0,5 | 0,2 | 6,2 |
| 1999: 01 | 5 | 3 | −3 | 2 | 0,1 | 2,1 |
| 1999: 02 | 6 | 3,5 | −3 | −1 | 0,6 | 0,1 |
| 1999: 03 | 7 | 4 | −3 | −0,5 | 0,3 | 0,8 |
| 1999: 04 | 8 | 4,5 | −3 | −0,5 | 0,5 | 1,5 |
| 2000: 01 | 9 | 5 | −1 | 2 | 0 | 6 |
| 2000: 02 | 10 | 5,5 | −1 | 1 | 0,4 | 3,9 |
| 2000: 03 | 11 | 6 | −1 | −0,5 | 0,4 | 4,9 |
| 2000: 04 | 12 | 6,5 | −1 | −0,5 | −0,3 | 4,7 |
| 2001: 01 | 13 | 7 | 4 | 2 | −0,1 | 12,9 |
| 2001: 02 | 14 | 7,5 | 4 | −1 | 0,4 | 10,9 |
| 2001: 03 | 15 | 8 | 4 | −0,5 | −0,1 | 11,4 |
| 2001: 04 | 16 | 8,5 | 4 | −0,5 | −0,1 | 11,9 |
| 2002: 01 | 17 | 9 | −3 | 2 | 0,3 | 8,3 |
| 2002: 02 | 18 | 9,5 | −3 | −1 | −0,1 | 5,4 |
| 2002: 03 | 19 | 10 | −3 | −0,5 | −0,1 | 6,4 |
| 2002: 04 | 20 | 10,5 | −3 | −0,5 | −0,2 | 6,8 |
| 2003: 01 | 21 | 11 | −1 | 2 | −0,4 | 11,6 |
| 2003: 02 | 22 | 11,5 | −1 | −1 | 0,2 | 9,7 |
| 2003: 03 | 23 | 12 | −1 | −0,5 | 0,1 | 10,6 |
| 2003: 04 | 24 | 12,5 | −1 | −0,5 | 0,2 | 11,2 |
| 2004: 01 | 25 | 13 | 4 | 2 | 0,3 | 19,3 |
| 2004: 02 | 26 | 13,5 | 4 | −1 | −0,3 | 16,2 |
| 2004: 03 | 27 | 14 | 4 | −0,5 | 0,1 | 17,6 |
| 2004: 04 | 28 | 14,5 | 4 | −0,5 | 0,3 | 18,3 |
| 2005: 01 | 29 | 15 | −3 | 2 | −0,2 | 13,8 |
| 2005: 02 | 30 | 15,5 | −3 | −1 | 0 | 11,5 |
| 2005: 03 | 31 | 16 | −3 | −0,5 | −0,3 | 12,2 |
| 2005: 04 | 32 | 16,5 | −3 | −0,5 | −0,4 | 12,6 |

## Tendência com médias móveis

Os modelos de médias móveis costumam ser empregados em séries estacionárias e costumam descrever o comportamento de séries que não apresentam oscilações positivas ou negativas importantes ao longo do período analisado. Costumam ser agrupados em médias móveis simples, ponderadas e alisamento exponencial.

### *Médias móveis simples*

Os modelos de médias móveis simples sugerem que a estimativa do valor futuro ($\hat{Y}_{t+1}$) pode ser feita com base em uma média aritmética simples de k valores passados. Vide a expressão seguinte.

$$\hat{Y}_{t+1} = \frac{Y_t + Y_{t-1} + \ldots + Y_{t-k+1}}{k}$$

Por exemplo, imagine que a Fábrica dos Biscoitos Deliciosos Ltda. estivesse projetando sua demanda para o próximo e sétimo período. Os dados históricos da empresa estão apresentados a seguir.

| Período | 1 | 2 | 3 | 4 | 5 | 6 |
|---|---|---|---|---|---|---|
| Demanda real | 6 | 5 | 7 | 3 | 9 | 8 |

Uma forma razoavelmente simples para estimar a demanda futura seria igualá-la à média dos últimos períodos. Assim, torna-se necessário definir o horizonte de análise que será empregado no cálculo. Caso, por exemplo, o horizonte escolhido fosse igual a dois períodos, as previsões de demanda poderiam ser vistas no quadro seguinte.

| Período | 1 | 2 | 3 | 4 | 5 | 6 | 7 |
|---|---|---|---|---|---|---|---|
| Demanda real | 6 | 5 | 7 | 3 | 9 | 8 | |
| Demanda prevista | | | 5,5 | 6 | 5 | 6 | 8,5 |

A demanda prevista para o período três é igual a média aritmética simples das demandas reais dos períodos 1 e 2: (6 + 5)/2 = 5,5. Para o período quatro, é a média dos períodos dois e três, ou (5 + 7)/2 = 6. E assim por diante. A demanda prevista para o período sete é igual à média das demandas reais dos meses cinco e seis: (9 + 8)/2 = 8,50.

*Análise da qualidade da previsão*

A qualidade do modelo pode ser analisada por meio de diversas medidas de acurácia. As mais empregadas e difundidas costumam ser o desvio médio absoluto e o erro quadrático médio.

**Desvio médio absoluto:** representa a soma dos desvios absolutos, representados pelo módulo da diferença ou diferença absoluta entre a demanda real e a prevista. Algebricamente, pode ser apresentado como:

$$DMA = \sum_{i=1}^{n} \frac{|Y_i - \hat{Y}_i|}{n}$$

A qualidade da previsão construída para o exercício da fábrica de biscoitos pode ser feita, por exemplo, com o auxílio do desvio médio absoluto. Em um primeiro passo, é preciso obter as diferenças absolutas de cada uma das previsões feitas. Em uma segunda etapa, é preciso dividir a soma dos desvios absolutos pela contagem das demandas previstas.

Em relação ao exemplo da fábrica de biscoitos, a soma dos desvio absolutos é igual a 10,5. Como o número de demandas previstas foi igual a quatro, o desvio médio absoluto é igual a 10,5/4 ou 2,625.

| Período | 1 | 2 | 3 | 4 | 5 | 6 | Soma |
|---|---|---|---|---|---|---|---|
| Demanda real | 6 | 5 | 7 | 3 | 9 | 8 | |
| Demanda prevista | | | 5,5 | 6 | 5 | 6 | |
| Diferença absoluta | | | 1,5 | 3 | 4 | 2 | 10,5 |

Um desvio médio absoluto igual a 2,625 representa que, na média, as previsões construídas afastam-se das previsões reais em valores absolutos iguais a 2,625 unidades.

**Erro quadrático médio:** representa a soma dos desvios ao quadrado, representados pela diferença entre a demanda real e a prevista. Algebricamente, pode ser apresentado como:

$$EQM = \sum_{i=1}^{n} \frac{(Y_i - \hat{Y}_i)^2}{n}$$

Para o exemplo da fábrica de biscoitos, o cálculo do erro quadrático médio pode ser visto na tabela seguinte.

| Período | 1 | 2 | 3 | 4 | 5 | 6 | Soma |
|---|---|---|---|---|---|---|---|
| Demanda real | 6 | 5 | 7 | 3 | 9 | 8 | |
| Demanda prevista | | | 5,5 | 6 | 5 | 6 | |
| Diferença² | | | 2,25 | 9 | 16 | 4 | 31,25 |

A soma dos desvios absolutos é igual a 31,25. Como o número de demandas previstas foi igual a quatro, o erro quadrático médio é igual a 31,25/4 ou 7,8125.

O uso de medidas de acurácia como o desvio médio absoluto ou o erro quadrático médio poderia ser útil, por exemplo, na determinação de quantos períodos deveriam ser considerados no cálculo das médias móveis.

Em relação ao exemplo da fábrica de biscoitos, poderia existir a alternativa de considerar três períodos no cálculo das médias móveis. As previsões, bem como as diferenças e seus quadrados, estão apresentadas na tabela seguinte.

| Período | 1 | 2 | 3 | 4 | 5 | 6 | Soma |
|---|---|---|---|---|---|---|---|
| Demanda real | 6 | 5 | 7 | 3 | 9 | 8 | |
| Demanda prevista | | | | 6 | 5 | 6,3333 | |
| Diferença absoluta | | | | 3 | 4 | 1,6667 | 8,6667 |
| Diferença² | | | | 9 | 16 | 2,7778 | 27,7778 |

O desvio médio absoluto é igual a 8,6667/3 ou 2,8889. O erro quadrático médio é igual a 27,7778/3, ou 9,2593.

Tabela 14.1 *Medidas de acurácia das previsões.*

| Modelo | DMA | EQM |
|---|---|---|
| Média móvel simples ($n = 2$) | 2,625 | 7,8125 |
| Média móvel simples ($n = 3$) | 2,8889 | 9,2593 |

Quando comparados com o *DMA* e o *EQM* calculados para $k$ igual a dois, respectivamente iguais a 2,625 e 7,8125, percebe-se que a qualidade das demandas previstas com o uso $k$ igual a 2 é melhor, já *DMA* e *EQM* foram menores.

## Médias móveis ponderadas

No modelo de análise de séries temporais com base em médias ponderadas, deve-se atribuir um peso para cada ano analisado. O modelo matemático pode ser apresentado através da seguinte equação:

$$\hat{Y}_{t+1} = w_1 Y_t + w_2 Y_{t-1} + ... + w_k Y_{t-k+1}$$

Geralmente, dados mais recentes recebem maior ponderação do que dados mais antigos.

Em relação ao exemplo anterior, a empresa poderia construir a estimativa da demanda empregando pesos 0,6 e 0,4 para os dados do primeiro e do segundo mês anterior, respectivamente.

Assim, para o mês três, a previsão seria igual a 0,4 × 6 + 0,6 × 5 ou 5,4. Para o mês quatro a previsão seria: 0,4 × 5 + 0,6 × 7 ou 6,2. E assim por diante.

A nova previsão calculada com as médias ponderadas para o mês sete seria igual a 0,4 × 9 + 0,6 × 8 ou 8,4.

### Análise da qualidade da previsão

A qualidade do modelo pode ser igualmente analisada por meio do desvio médio absoluto e do erro quadrático médio. Veja os cálculos apresentados na tabela seguinte.

| Período | 1 | 2 | 3 | 4 | 5 | 6 | Soma |
|---|---|---|---|---|---|---|---|
| Demanda real | 6 | 5 | 7 | 3 | 9 | 8 | |
| Demanda prevista | | | 5,4 | 6,2 | 4,6 | 6,6 | |
| Diferença absoluta | | | 1,6 | 3,2 | 4,4 | 1,4 | 10,6 |
| Diferença² | | | 2,56 | 10,24 | 19,36 | 1,96 | 34,12 |

O desvio médio absoluto é igual a 10,6/4 ou 2,65. O erro quadrático médio é 34,12/4, ou 8,53. Veja a apresentação das medidas de acurácia na tabela seguinte.

Tabela 14.2 *Medidas de acurácia das previsões.*

| Modelo | DMA | EQM |
|---|---|---|
| Média móvel simples ($n = 2$) | 2,625 | 7,8125 |
| Média móvel simples ($n = 3$) | 2,8889 | 9,2593 |
| Média móvel ponderada (pesos iguais a 0,4 e 0,6) | 2,6500 | 8,5300 |

O melhor modelo, até agora, foi o que usou média simples, com *n* igual a dois.

## Alisamento exponencial

O alisamento exponencial (do inglês *exponential smoothing*) consiste em outra técnica empregável na análise de séries temporais. De modo geral, a previsão feita para o período posterior ($\hat{Y}_{t+1}$) deve ser igual à previsão feita para o período anterior ($\hat{Y}_t$), acrescido de um ajuste [$\alpha(Y_t - \hat{Y}_t)$], função do erro da previsão efetuada para o período anterior. O valor de α deve estar compreendido entre 0 e 1.

Algebricamente, o modelo de alisamento exponencial pode ser apresentado da seguinte forma:

$$\hat{Y}_{t+1} = \hat{Y}_t + \alpha(Y_t - \hat{Y}_t)$$

Expandindo-se a expressão anterior, é possível concluir que:

$$\hat{Y}_{t+1} = \alpha Y_t + \alpha(1-\alpha)Y_{t-1} + \alpha(1-\alpha)^2 Y_{t-2} + \ldots + \alpha(1-\alpha)^n Y_{t-n}$$

Para poder aplicar o modelo, assume-se que, no primeiro ano, o valor estimado é o próprio valor realizado.

Em relação ao exemplo da fábrica de biscoitos, é possível construir um modelo de alisamento exponencial, assumindo, por exemplo, alfa igual a 0,20.

| Período | 1 | 2 | 3 | 4 | 5 | 6 |
|---|---|---|---|---|---|---|
| Demanda real | 6 | 5 | 7 | 3 | 9 | 8 |

A previsão das demandas está apresentada:

Demanda prevista 1: para iniciar a previsão, a primeira demanda estimada é igual a real, no caso 6.

Para prever as demais, basta aplicar a fórmula, onde a nova previsão é sempre igual a previsão anterior somado ao produto entre (α) e (última demanda-previsão anterior).

Demanda prevista 2: 6 + 0,20 × (6 – 6) = 6

Demanda prevista 3: 6 + 0,20 × (5 – 6) = 5,8

Demanda prevista 4: 5,8 + 0,20 × (7 – 5,8) = 6,04

Demanda prevista 5: 6,04 + 0,20 × (3 – 6,04) = 5,432

Demanda prevista 6: 5,432 + 0,20 × (9 – 5,432) = 6,1456

A demanda futura é prevista aplicando raciocínio e cálculos similares.

Demanda prevista 7: = 6,1456 + 0,20 × 8 – 6,1456) = 6,51648

| Período | Demanda real | Demanda prevista |
|---|---|---|
| 1 | 6 | = 6 = 6 |
| 2 | 5 | = 6 + 0,20 × (6 – 6) = 6 |
| 3 | 7 | = 6 + 0,20 × (5 – 6) = 5,8 |
| 4 | 3 | = 5,8 + 0,20 × (7 – 5,8) = 6,04 |
| 5 | 9 | = 6,04 + 0,20 × (3 – 6,04) = 5,432 |
| 6 | 8 | = 5,432 + 0,20 × (9 – 5,432) = 6,1456 |

## Análise da qualidade da previsão

A qualidade do modelo pode ser igualmente analisada por meio do desvio médio absoluto e do erro quadrático médio. Veja os cálculos apresentados na tabela seguinte.

| Período | Demanda real | prevista | | Dif | Dif2 |
|---|---|---|---|---|---|
| 1 | 6 | = 6 = | 6 | 0 | 0 |
| 2 | 5 | = 6 + 0,20 × (6 – 6) = | 6 | 1 | 1 |
| 3 | 7 | = 6 + 0,20 × (5 – 6) = | 5,8 | 1,2 | 1,44 |
| 4 | 3 | = 5,8 + 0,20 × (7 – 5,8) = | 6,04 | 3,04 | 9,2416 |
| 5 | 9 | = 6,04 + 0,20 × (3 – 6,04) = | 5,432 | 3,5680 | 12,7306 |
| 6 | 8 | = 5,432 + 0,20 × (9 – 5,432) = | 6,1456 | 1,8544 | 3,4388 |
| Soma | | | | 10,6624 | 27,8510 |

O desvio médio absoluto é igual a 10,6224/6 ou 1,7771. O erro quadrático médio é 27,851/6, ou 4,6418. Veja a apresentação das medidas de acurácia na tabela seguinte.

Tabela 14.3  *Medidas de acurácia das previsões.*

| Modelo | DMA | EQM |
|---|---|---|
| Média móvel simples ($n = 2$) | 2,625 | 7,8125 |
| Média móvel simples ($n = 3$) | 2,8889 | 9,2593 |
| Média móvel ponderada (pesos iguais a 0,4 e 0,6) | 2,6500 | 8,5300 |
| Alisamento exponencial (alfa = 0,20) | 1,7771 | 4,6418 |

O melhor modelo, até agora, foi o que usou o alisamento exponencial, com alfa igual a 0,20.

*Outro exemplo com uso de alisamento exponencial*

Em outro exemplo, imagine que a Fábrica Xis desejasse estimar a demanda com base em um modelo de ajuste exponencial. Os dados históricos da empresa estão apresentados a seguir.

| Período | 1 | 2 | 3 | 4 | 5 | 6 | 7 | 8 | 9 | 10 |
|---|---|---|---|---|---|---|---|---|---|---|
| Demanda real | 30 | 35 | 27 | 42 | 34 | 36 | 56 | 33 | 28 | 40 |

Para construir o modelo de previsão da demanda empregando uma suavização exponencial, bastaria aplicar as fórmulas anteriores. Vide os cálculos apresentados a seguir.

Demanda prevista 1: para iniciar a previsão, a primeira demanda estimada é igual à real. Para prever as demais, basta aplicar a fórmula.
Demanda prevista 2: 30 + 0,3 . (30 − 30) = 30
Demanda prevista 3: 30 + 0,3 . (35 − 30) = 31,5
Demanda prevista 4: 31,5 + 0,3 . (27 − 31,5) = 30,15
Demanda prevista 5: 30,15 + 0,3 . (42 − 30,15) = 33,705
Demanda prevista 6: 33,705 + 0,3 . (34 − 33,705) = 33,7935
Demanda prevista 7: 33,7935 + 0,3 . (36 − 33,7935) = 34,4555
Demanda prevista 8: 34,4555 + 0,3 . (56 − 34,4555) = 40,9188
Demanda prevista 9: 40,9188 + 0,3 . (33 − 40,9188) = 38,5432
Demanda prevista 10: 38,5432 + 0,3 . (28 − 38,5432) = 35,3802

Assim, com base na demanda prevista para o mês 10, pode-se prever a demanda para o período 11:

Demanda 11: 35,3802 + 0,3 . (40 − 35,3802) = 36,7662

### Tendência com modelos de regressão

Análises de regressão podem e são costumeiramente utilizadas na análise de séries temporais. Apresentam a vantagem de poder ser empregadas em séries não estacionárias, que costumam apresentar oscilações positivas ou negativas importantes ao longo do período analisado.

Nestas situações, costuma-se usar o tempo como variável independente ($x$) e a série estudada como variável dependente ($y$). Também é comum que a variável independente tempo seja renumerada para 1, 2, 3, ..., $n$.

Para ilustrar o uso da análise de regressão em séries temporais, considere, ainda, o exemplo da fábrica de biscoitos.

| Período | 1 | 2 | 3 | 4 | 5 | 6 |
|---|---|---|---|---|---|---|
| Demanda real | 6 | 5 | 7 | 3 | 9 | 8 |

Considerando o período como variável independente ($x$) e a demanda real como variável dependente ($y$), é possível usar os modelos de regressão para a realização de previsões. Para isso, é preciso construir uma função, do tipo $y = a + b.x$.

| Período ($x$) | Demanda real ($y$) | $x^2$ | $y^2$ | $x.y$ |
|---|---|---|---|---|
| 1 | 6 | 1 | 36 | 6 |
| 2 | 5 | 4 | 25 | 10 |
| 3 | 7 | 9 | 49 | 21 |
| 4 | 3 | 16 | 9 | 12 |
| 5 | 9 | 25 | 81 | 45 |
| 6 | 8 | 36 | 64 | 48 |
| Soma | 21 | 38 | 91 | 264 | 142 |

Calculados os valores dos coeficientes $a$ e $b$, tem-se que:

$$b = \frac{n(\sum xy) - (\sum x \sum y)}{n(\sum x^2) - (\sum x)^2} = \frac{6(142) - 21 \times 38}{6(91) - (21)^2} = 0,5143$$

$$a = \frac{\sum y - b \sum x}{n} = \frac{38 - 0,5143 \times 21}{6} = 4,5333$$

A equação da demanda real (y) em função do período (x) pode ser apresentada como:

$$y = 4,5333 + 0,5143x.$$

Assim, as vendas previstas para o período sete serão:

$$y = 4,5333 + 0,5143(7) = 8,1334$$

### Análise da qualidade da previsão

A qualidade do modelo pode ser igualmente analisada por meio do desvio médio absoluto e do erro quadrático médio. Veja os cálculos apresentados na tabela seguinte.

| x | y |  |  | $y - \hat{y}$ | $(y - \hat{y})^2$ |
|---|---|---|---|---|---|
| 1 | 6 | = 4,5333 + 0,5143*(1) = | 5,0476 | 0,9524 | 0,9071 |
| 2 | 5 | = 4,5333 + 0,5143*(2) = | 5,5619 | 0,5619 | 0,3157 |
| 3 | 7 | = 4,5333 + 0,5143*(3) = | 6,0762 | 0,9238 | 0,8534 |
| 4 | 3 | = 4,5333 + 0,5143*(4) = | 6,5905 | 3,5905 | 12,8917 |
| 5 | 9 | = 4,5333 + 0,5143*(5) = | 7,1048 | 1,8952 | 3,5918 |
| 6 | 8 | = 4,5333 + 0,5143*(6) = | 7,6191 | 0,3809 | 0,1451 |
| Soma |  |  |  | 8,3047 | 18,7048 |

O desvio médio absoluto é igual a 8,3047/6, ou 1,3841. O erro quadrático médio é igual a 18,7048/6, ou 3,1175. Veja a apresentação das medidas de acurácia na Tabela 14.4.

Tabela 14.4 *Medidas de acurácia das previsões.*

| Modelo | DMA | EQM |
|---|---|---|
| Média móvel simples (n = 2) | 2,625 | 7,8125 |
| Média móvel simples (n = 3) | 2,8889 | 9,2593 |
| Média móvel ponderada (pesos iguais a 0,4 e 0,6) | 2,6500 | 8,5300 |
| Alisamento exponencial (alfa = 0,20) | 1,7771 | 4,6418 |
| Regressão linear | *1,3841* | *3,1175* |

O melhor modelo, até agora, foi o que usou a regressão linear.

### Outro exemplo com uso de análise de regressão

Em um outro exemplo, a Mercantil Preço Bom apresentou a evolução de vendas da tabela seguinte. Sabe-se que a área comercial da empresa precisa projetar as vendas para os anos de 2006 e 2007, com base no comportamento dos dados históricos.

| Ano | Vendas |
|---|---|
| 1994 | 16 |
| 1995 | 23 |
| 1996 | 24 |
| 1997 | 35 |
| 1998 | 34 |
| 1999 | 39 |
| 2000 | 46 |
| 2001 | 48 |
| 2002 | 51 |
| 2003 | 57 |
| 2004 | 61 |
| 2005 | 63 |

Caso um modelo de regressão fosse empregado, a variável Ano poderia ser recodificada, de 1 a n. Posteriormente, o método dos mínimos quadrados poderia ser usado para ajustar uma reta aos pontos.

| Ano | Ano ajustado (x) | Vendas (y) | $x^2$ | $y^2$ | x.y |
|---|---|---|---|---|---|
| 1994 | 1 | 16 | 1 | 256 | 16 |
| 1995 | 2 | 23 | 4 | 529 | 46 |
| 1996 | 3 | 24 | 9 | 576 | 72 |
| 1997 | 4 | 35 | 16 | 1225 | 140 |
| 1998 | 5 | 34 | 25 | 1156 | 170 |
| 1999 | 6 | 39 | 36 | 1521 | 234 |
| 2000 | 7 | 46 | 49 | 2116 | 322 |
| 2001 | 8 | 48 | 64 | 2304 | 384 |
| 2002 | 9 | 51 | 81 | 2601 | 459 |
| 2003 | 10 | 57 | 100 | 3249 | 570 |
| 2004 | 11 | 61 | 121 | 3721 | 671 |
| 2005 | 12 | 63 | 144 | 3969 | 756 |
| Soma | 78 | 497 | 650 | 23223 | 3840 |

Um modelo linear do tipo $y = a + b.x$ poderia ser ajustado aos pontos, com base nos procedimentos da análise de regressão, descritos em capítulo anterior deste livro.

$$b = \frac{n(\sum xy) - (\sum x \sum y)}{n(\sum x^2) - (\sum x)^2} = 4{,}2622$$

$$a = \frac{\sum y - b \sum x}{n} = 13{,}712$$

Assim, o modelo linear obtido seria igual a: $y = 13{,}712 + 4{,}2622x$. A previsão de vendas para os anos 2006 e 2007 poderia ser feita com o uso da equação.

Ano 2006
Ano ajustado = 13
$y = 13{,}712 + 4{,}2622\,(13) =$

Ano 2007
Ano ajustado = 14
$y = 13{,}712 + 4{,}2622\,(14) =$

## Sazonalidade

A sazonalidade representa as variações costumeiramente ocorridas dentro do período de um ano. Em muitas situações, os dados históricos da série indicam a presença de padrões de variações em períodos específicos do ano analisado. Por exemplo, sorvetes, cervejas e refrigerantes apresentam vendas sempre mais expressivas no verão. Por outro lado, fábricas de cobertores registram maiores receitas nos meses de inverno.

Quando a sazonalidade é considerada, muitas vezes é preciso dessazonalizar e sazonalizar a demanda, mediante ajustes e aplicações de índices de sazonalidade, que podem envolver considerações de sazonalidade aditiva ou multiplicativa.

A sazonalidade é do tipo aditiva quando aproximadamente um *mesmo* valor costuma se repetir ao longo da série, sendo somado ou subtraído em *mesma* grandeza. Veja o exemplo da Figura 14.4. As amplitudes das "ondas" que correspondem às sazonalidades apresentam grandezas similares.

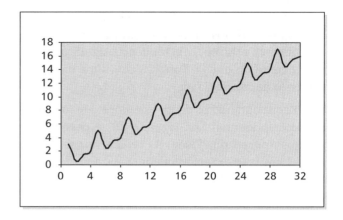

Figura 14.6   *Sazonalidade aditiva.*

A sazonalidade é considerada multiplicativa quando o valor sazonal aumenta ou diminui substancialmente ao longo da série. Veja o exemplo da Figura 14.6. As amplitudes das "ondas" que correspondem às sazonalidades apresentam grandezas sucessivamente maiores.

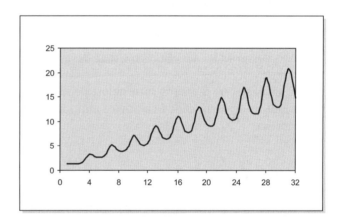

Figura 14.7   *Sazonalidade multiplicativa.*

Para ilustrar os cálculos envolvendo sazonalidade, considere o exemplo apresentado a seguir.

| Ano | Quadrimestre 1 | Quadrimestre 2 | Quadrimestre 3 | Total |
|---|---|---|---|---|
| 1998 | 170 | 250 | 180 | 600 |
| 1999 | 174 | 245 | 186 | 605 |
| 2000 | 168 | 262 | 168 | 598 |
| 2001 | 182 | 260 | 160 | 602 |
| 2002 | 154 | 240 | 210 | 604 |
| Soma | 848 | 1257 | 904 | 3009 |
| Média | 169,6 | 251,4 | 180,8 | 601,8 |

A fábrica de sorvetes Desce Gelado verificou que as suas vendas nos últimos quadrimestres estão razoavelmente estáveis, sem tendência significativa de crescimento ou queda. Porém, existe uma marcante presença da sazonalidade.

Representando os dados anteriores em forma de gráfico, apresentado na Figura 14.8, é possível ver notamente a sazonalidade. As vendas nos segundos quadrimestres são sensivelmente mais altas.

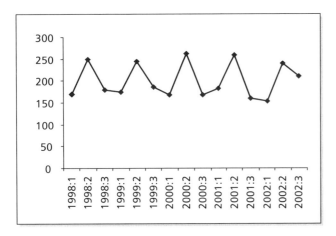

Figura 14.8   *Vendas e sazonalidade.*

Com base nos números fornecidos, pede-se obter os índices de sazonalidade aditiva e multiplicativa da empresa.

## Sazonalidade aditiva

A obtenção dos índices de sazonalidade aditiva pode ser vista na equação seguinte.

Índice sazonal = demanda média para o período − demanda média para todos os períodos

Ou, reapresentando as demandas:

Índice sazonal = demanda sazonal − demanda desestacionalizada

Para obter os índices de sazonalidade aditiva, basta aplicar a fórmula anterior.

A demanda média trimestral para todos os períodos é igual a 3.009/15 ou 200,60. Ela representa a demanda média no ano, não afetada pela sazonalidade.

Índice de sazonalidade aditiva do quadrimestre 1:
169,60 − 200,60 = − 31

Índice de sazonalidade aditiva do quadrimestre 2:
251,40 − 200,60 = 50,8

Índice de sazonalidade aditiva do quadrimestre 3:
180,80 − 200,60 = − 19,8

Assim, para os quadrimestres um, dois e três, os índices de sazonalidade são respectivamente iguais a − 31, 50,8 e − 19,8. Em relação à média, as vendas caem 31 no primeiro quadrimestre. Aumentam 50,8 no segundo quadrimestre e voltam a cair 19,8 no terceiro quadrimestre.

## Sazonalidade multiplicativa

A obtenção dos índices de sazonalidade multiplicativa pode ser vista na equação seguinte.

$$\text{Índice sazonal} = \frac{\text{demanda média para o período (sazonal)}}{\text{demanda média p/ todos os períodos (desestacionalizada)}}$$

Ou, reapresentando o numerador e o denominador da fração anterior:

$$\text{Índice sazonal} = \frac{\text{demanda sazonal}}{\text{demanda desestacionalizada}}$$

Para obter os índices de sazonalidade multiplicativa, basta aplicar a fórmula anterior. Conforme apresentado anteriormente, a demanda média trimestral para todos os períodos é igual a 3.009/15 ou 200,60.

Índice de sazonalidade multiplicativa do quadrimestre 1: 169,60/200,60 = 0,8455

Índice de sazonalidade multiplicativa do quadrimestre 2: 251,40/200,60 = 1,2522

Índice de sazonalidade multiplicativa do quadrimestre 3: 180,80/200,60 = 0,9013

Assim, para os quadrimestres um, dois e três, os índices de sazonalidade são respectivamente iguais a 0,8455, 1,2522 e 0,9013. Considerando a sazonalidade multiplicativa, os valores obtidos para os índices indicam que no primeiro quadrimestre as vendas representam 0,8455 (ou 84,55%) do valor esperado ou tendência. Aumentam para 1,2522 (ou 125,22%) no segundo quadrimestre, voltando a cair para 0,9013 (ou 90,13%) da tendência no terceiro quadrimestre.

### Sazonalidade em modelos de médias móveis

A consideração da sazonalidade em modelos com médias móveis é relativamente simples, permitindo consideração de sazonalidades aditivas ou multiplicativas.

Para ilustrar o cálculo de sazonalidade em modelos de médias móveis, imagine que a fábrica de calçados Pisante Ltda. desejasse analisar a sazonalidade das suas demandas com base em médias móveis. Os dados históricos estão apresentados na tabela seguinte.

| Quadrimestre | Demanda |
|---|---|
| 2000:01 | 11 |
| 2000: 02 | 12 |
| 2000: 03 | 13 |
| 2001: 01 | 19 |
| 2001: 02 | 18 |
| 2001: 03 | 19 |
| 2002: 01 | 26 |
| 2002: 02 | 24 |
| 2002: 03 | 25 |

O diagrama de dispersão dos dados anteriores pode ser visto na figura seguinte. A sazonalidade pode ser percebida com variações maiores nos primeiros quadrimestres e menores nos quadrimestres dois e três.

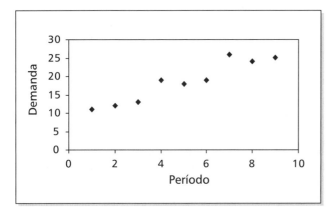

O cálculo da média móvel de cada um dos períodos está apresentada na tabela seguinte. Como a análise é feita em quadrimestres e existe um número ímpar de quadrimestres em um ano (três quadrimestres em um ano), o cálculo das médias móveis anual pode ser centralizado.

| Quadrimestre | Demanda | Média Móvel |
|---|---|---|
| 2000: 01 | 11 | |
| 2000: 02 | 12 | 12 |
| 2000: 03 | 13 | 14,67 |
| 2001: 01 | 19 | 16,67 |
| 2001: 02 | 18 | 18,67 |
| 2001: 03 | 19 | 21 |
| 2002: 01 | 26 | 23 |
| 2002: 02 | 24 | 25 |
| 2002: 03 | 25 | |

Posteriormente, índices de sazonalidade podem ser calculados para cada um dos quadrimestres. Caso a sazonalidade considerada seja aditiva, consideram-se as diferenças do ano analisado em relação à média móvel do período. Caso a sazonalidade considerada seja multiplicativa, consideram-se as razões entre o ano analisado e a média móvel do período.

### Sazonalidade aditiva

Na consideração de sazonalidade aditiva, é preciso analisar as médias das diferenças entre o ano analisado e a média móvel do período. Os cálculos das diferenças estão apresentados na tabela seguinte.

| Quadrimestre | Demanda | Média Móvel | Diferença |
|---|---|---|---|
| 2000: 01 | 11 | | |
| 2000: 02 | 12 | 12 | – |
| 2000: 03 | 13 | 14,67 | (1,67) |
| 2001: 01 | 19 | 16,67 | 2,33 |
| 2001: 02 | 18 | 18,67 | (0,67) |
| 2001: 03 | 19 | 21 | (2,00) |
| 2002: 01 | 26 | 23 | 3,00 |
| 2002: 02 | 24 | 25 | (1,00) |
| 2002: 03 | 25 | | |

Após as diferenças terem sido obtidas, é preciso calcular as médias para cada um dos quadrimestres. A média para o segundo quadrimestre é igual a (0 – 0,67 – 1) ÷ 3, ou – 0,56, aproximadamente. As médias estão apresentadas na tabela seguinte.

| Quadrimestre | 1 | 2 | 3 | Soma |
|---|---|---|---|---|
| Média das diferenças | 2,67 | (0,56) | (1,83) | 0,28 |

A soma dos ajustes de sazonalidade feitos ao longo de um ano deveria ser igual a zero. Porém, em função dos cálculos das médias, a soma obtida foi igual a 0,28. Assim, pode-se ajustar os índices de sazonalidade aditiva para cada um dos quadrimestres, subtraindo 0,28/3 da média calculada. Veja a tabela seguinte.

| Quadrimestre | 1 | 2 | 3 | Soma |
|---|---|---|---|---|
| Média das diferenças | 2,67 | (0,56) | (1,83) | 0,28 |
| + Ajuste (– Soma/3) | (0,0926) | (0,0926) | (0,0926) | (0,28) |
| Média ajustada | 2,5741 | (0,6481) | (1,9259) | – |

Assim, os índices aditivos de sazonalidade a considerar para os quadrimestres 1, 2 e 3 seriam respectivamente iguais a 2,5741, – 0,6481 e – 1,9259. Em relação ao modelo de médias móveis, as vendas aumentam no quadrimestre 1, têm uma pequena queda no quadrimestre 2 e uma redução ainda maior no quadrimestre 3.

*Sazonalidade multiplicativa*

Na consideração de sazonalidade multiplicativa, é preciso analisar as médias das razões entre o ano analisado e a média móvel do período. Os cálculos das razões estão apresentados na tabela seguinte.

| Quadrimestre | Demanda | Média Móvel | Razão D/MM |
|---|---|---|---|
| 2000: 01 | 11 | | |
| 2000: 02 | 12 | 12 | 1,00 |
| 2000: 03 | 13 | 14,67 | 0,89 |
| 2001: 01 | 19 | 16,67 | 1,14 |
| 2001: 02 | 18 | 18,67 | 0,96 |
| 2001: 03 | 19 | 21 | 0,90 |
| 2002: 01 | 26 | 23 | 1,13 |
| 2002: 02 | 24 | 25 | 0,96 |
| 2002: 03 | 25 | | |

Após as razões terem sido obtidas, é preciso calcular as médias para cada um dos quadrimestres. A média para o segundo quadrimestre é igual a (1 + 0,96 + 0,96) ÷ 3, ou 0,97, aproximadamente. As médias estão apresentadas na tabela seguinte.

| Quadrimestre | 1 | 2 | 3 | Soma |
|---|---|---|---|---|
| Média das razões | 1,14 | 0,97 | 0,90 | 3,01 |

Neste caso, a soma das médias das razões de ajustes de sazonalidade feitos ao longo de um ano deveria ser igual a 3. Porém, em função dos cálculos das médias, a soma obtida foi igual a 3,01. Assim, podem-se ajustar os índices de sazonalidade aditiva para cada um dos quadrimestres, dividindo-se os índices por 3,01. Veja a tabela seguinte.

| Quadrimestre | 1 | 2 | 3 | Soma |
|---|---|---|---|---|
| Média das razões | 1,14 | 0,97 | 0,90 | 3,01 |
| ÷ Ajuste (÷ 3,01/3) | 3,01/3 | 3,01/3 | 3,01/3 | |
| Média ajustada | 1,14 | 0,97 | 0,90 | 3,00 |

Como a tabela apresenta os números com apenas duas casas decimais, o ajuste não é percebido. Os índices aditivos de sazonalidade a considerar para os quadrimestres 1, 2 e 3 seriam respectivamente iguais a 1,14, 0,97 e 0,90. De forma similar ao resultado obtido para a sazonalidade aditiva, em relação ao modelo de médias móveis, as vendas aumentam no quadrimestre 1, tem uma pequena queda no quadrimestre 2 e uma redução ainda maior no quadrimestre 3.

Quando um número de par de períodos é considerado em um ano, como doze meses, seis bimestres ou quatro trimestres, a análise da sazonalidade aditiva ou multiplicativa em modelos de médias móveis costuma envolver duas etapas distintas. Na primeira, deve-se calcular a média móvel dos períodos que formam um ano. Na segunda etapa, com o objetivo de centralizar o ponto da média móvel, calcula-se uma nova média móvel, de dois períodos da primeira etapa.[2]

*Sazonalidade em modelos de regressão*

Os modelos de regressão empregados na previsão de demanda precisam ser ajustados na presença da sazonalidade. A regressão fornece a tendência, mas é preciso efetuar correções para a sazonalidade.

---
[2] Stevenson (1981, p. 425).

Supondo que a fábrica de calçados Pisante, apresentada anteriormente, desejasse projetar sua demanda prevista com base no método de regressão, seria preciso obter os valores de $a$ e $b$. O cálculo dos somatórios está presente na tabela seguinte.

|   | x | y | x² | y² | xy |
|---|---|---|----|----|----|
|   | 1 | 11 | 1 | 121 | 11 |
|   | 2 | 12 | 4 | 144 | 24 |
|   | 3 | 13 | 9 | 169 | 39 |
|   | 4 | 19 | 16 | 361 | 76 |
|   | 5 | 18 | 25 | 324 | 90 |
|   | 6 | 19 | 36 | 361 | 114 |
|   | 7 | 26 | 49 | 676 | 182 |
|   | 8 | 24 | 64 | 576 | 192 |
|   | 9 | 25 | 81 | 625 | 225 |
| Soma | 45 | 167 | 285 | 3.357 | 953 |

A obtenção dos valores de a e b pode ser vista a seguir:

$$b = \frac{n\left(\sum xy\right) - \left(\sum x \sum y\right)}{n\left(\sum x^2\right) - \left(\sum x\right)^2} = \frac{9.(953) - (45.167)}{9.(285) - (45)^2} = 1,9667$$

$$a = \frac{\sum y - b \sum x}{n} = \frac{167 - 1,9667.45}{9} = 8,7222$$

Com os valores de $a$ e $b$ obtidos, é possível construir a reta de ajuste apresentada na figura seguinte (que também exibe o valor do coeficiente de determinação).

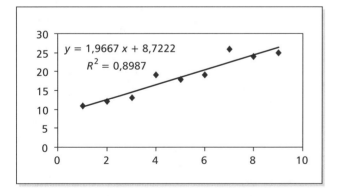

Porém, a reta de ajuste pelo método dos mínimos quadrados oferece uma previsão média – sem nada tratar da sazonalidade. Assim, torna-se necessário obter os índices de sazonalidade para cada quadrimestre analisado – o que pode ser feito mediante a consideração de sazonalidade aditiva ou multiplicativa.

Para obter os índices de sazonalidade aditiva e multiplicativa no modelo de regressão construído, é preciso projetar a demanda para todos os períodos da série analisada. Ou seja, é necessário empregar o modelo construído ($y = 1,9667x + 8,7222$) para prever as demandas para cada um dos períodos analisados.

As demanda previstas estão apresentadas a seguir:

| Período | Ano | Quadrimestre | Real | Previsto |
|---------|-----|--------------|------|----------|
| 1 | 2000 | 1 | 11 | 10,6889 |
| 2 | 2000 | 2 | 12 | 12,6556 |
| 3 | 2000 | 3 | 13 | 14,6222 |
| 4 | 2001 | 1 | 19 | 16,5889 |
| 5 | 2001 | 2 | 18 | 18,5556 |
| 6 | 2001 | 3 | 19 | 20,5222 |
| 7 | 2002 | 1 | 26 | 22,4889 |
| 8 | 2002 | 2 | 24 | 24,4556 |
| 9 | 2002 | 3 | 25 | 26,4222 |

*Sazonalidade aditiva*

Considerando fatores aditivos de sazonalidade, os índices para **cada** período são iguais à diferença entre o valor real e o previsto. Vide a tabela seguinte.

| Período | Ano | Quadrimestre | Real | Previsto | Índice de Sazonalidade (Real – Previsto) |
|---------|-----|--------------|------|----------|------------------------------------------|
| 1 | 2000 | 1 | 11 | 10,6889 | 0,3111 |
| 2 | 2000 | 2 | 12 | 12,6556 | – 0,6556 |
| 3 | 2000 | 3 | 13 | 14,6222 | – 1,6222 |
| 4 | 2001 | 1 | 19 | 16,5889 | 2,4111 |
| 5 | 2001 | 2 | 18 | 18,5556 | – 0,5556 |
| 6 | 2001 | 3 | 19 | 20,5222 | – 1,5222 |
| 7 | 2002 | 1 | 26 | 22,4889 | 3,5111 |
| 8 | 2002 | 2 | 24 | 24,4556 | – 0,4556 |
| 9 | 2002 | 3 | 25 | 26,4222 | – 1,4222 |

Assim, para fins de previsão, é preciso calcular e, posteriormente, utilizar as médias dos índices obtidos para cada especificação de período considerada – no caso, quadrimestres.

| Quadrimestre | Média dos índices de sazonalidade |
|---|---|
| 1 | 2,0778 |
| 2 | – 0,5556 |
| 3 | – 1,5222 |

A previsão da demanda para os próximos três períodos pode ser feita mediante a aplicação do modelo de regressão linear construído (previsão média, y = 1,9667x + 8,7222), sendo posteriormente ajustada pela soma do índice de sazonalidade.

| Valores previstos | Previsão média | Índice de Sazonalidade | Previsto |
|---|---|---|---|
| 10 | 28,3889 | 2,0778 | 30,4667 |
| 11 | 30,3556 | – 0,5556 | 29,8000 |
| 12 | 32,3222 | – 1,5222 | 30,8000 |

A tabela anterior ilustra a previsão com a incorporação da sazonalidade aditiva.

## Sazonalidade multiplicativa

Considerando fatores multiplicativos de sazonalidade, os índices de sazonalidade multiplicativa para **cada** período são iguais à relação entre o valor real e o previsto. Vide a tabela seguinte.

| Período | Ano | Quadrimestre | Real | Previsto | Índice de Sazonalidade (Real/Previsto) |
|---|---|---|---|---|---|
| 1 | 2000 | 1 | 11 | 10,6889 | 1,0291 |
| 2 | 2000 | 2 | 12 | 12,6556 | 0,9482 |
| 3 | 2000 | 3 | 13 | 14,6222 | 0,8891 |
| 4 | 2001 | 1 | 19 | 16,5889 | 1,1453 |
| 5 | 2001 | 2 | 18 | 18,5556 | 0,9701 |
| 6 | 2001 | 3 | 19 | 20,5222 | 0,9258 |
| 7 | 2002 | 1 | 26 | 22,4889 | 1,1561 |
| 8 | 2002 | 2 | 24 | 24,4556 | 0,9814 |
| 9 | 2002 | 3 | 25 | 26,4222 | 0,9462 |

Assim, para fins de previsão, é preciso calcular e, posteriormente, utilizar as médias dos índices obtidos para cada especificação de período considerada – no caso, quadrimestres.

| Quadrimestre | Média dos índices de sazonalidade |
|---|---|
| 1 | 1,1102 |
| 2 | 0,9665 |
| 3 | 0,9204 |

A previsão da demanda para os próximos três períodos pode ser feita mediante a aplicação do modelo de regressão linear construído (previsão média, y = 1,9667x + 8,7222), sendo posteriormente ajustada pela multiplicação do índice de sazonalidade.

| Valores previstos | Previsão média | Índice de Sazonalidade | Previsto |
|---|---|---|---|
| 10 | 28,3889 | 1,1102 | 31,5171 |
| 11 | 30,3556 | 0,9665 | 29,3400 |
| 12 | 32,3222 | 0,9204 | 29,7478 |

A tabela anterior ilustra a previsão com a incorporação da sazonalidade multiplicativa.

## Análise da qualidade da previsão com sazonalidade

A acurácia da previsão pode ser feita com base no desvio médio absoluto (DMA) e no erro quadrático médio (EQM).

### Sem considerar a sazonalidade

A tabela a seguir apresenta o cálculo das medidas de acurácia da previsão. Os valores para DMA e EQM foram respectivamente iguais a 1,3852 e 17,2687.

| Período | Real | Previsto | Diferença Absoluta | Diferença² |
|---|---|---|---|---|
| 1 | 11 | 10,6889 | 0,3111 | 0,0968 |
| 2 | 12 | 12,6556 | 0,6556 | 0,4298 |
| 3 | 13 | 14,6222 | 1,6222 | 2,6315 |
| 4 | 19 | 16,5889 | 2,4111 | 5,8134 |
| 5 | 18 | 18,5556 | 0,5556 | 0,3087 |
| 6 | 19 | 20,5222 | 1,5222 | 2,3171 |
| 7 | 26 | 22,4889 | 3,5111 | 12,3278 |
| 8 | 24 | 24,4556 | 0,4556 | 0,2076 |
| 9 | 25 | 26,4222 | 1,4222 | 2,0227 |
| Soma | | | 12,4667 | 155,4186 |
| Média | | | 1,3852 | 17,2687 |

## Considerando sazonalidade aditiva

O cálculo das medidas de acurácia da previsão considerando sazonalidade aditiva estão na tabela seguinte. Os valores para DMA e EQM foram respectivamente iguais a 0,4370 e 1,7190.

| Período | Real | Previsto | Sazonalidade Aditiva | Previsto | Diferença Absoluta | Diferença² |
|---|---|---|---|---|---|---|
| 1 | 11 | 10,6889 | 2,0778 | 12,7667 | 1,7667 | 3,1212 |
| 2 | 12 | 12,6556 | (0,5556) | 12,1000 | 0,1000 | 0,0100 |
| 3 | 13 | 14,6222 | (1,5222) | 13,1000 | 0,1000 | 0,0100 |
| 4 | 19 | 16,5889 | 2,0778 | 18,6667 | 0,3333 | 0,1111 |
| 5 | 18 | 18,5556 | (0,5556) | 18,0000 | – | – |
| 6 | 19 | 20,5222 | (1,5222) | 19,0000 | – | – |
| 7 | 26 | 22,4889 | 2,0778 | 24,5667 | 1,4333 | 2,0543 |
| 8 | 24 | 24,4556 | (0,5556) | 23,9000 | 0,1000 | 0,0100 |
| 9 | 25 | 26,4222 | (1,5222) | 24,9000 | 0,1000 | 0,0100 |
| Soma | | | | | 3,9333 | 15,4708 |
| Média | | | | | 0,4370 | 1,7190 |

## Considerando sazonalidade multiplicativa

O cálculo das medidas de acurácia da previsão considerando sazonalidade multiplicativa está na tabela seguinte. Os valores para DMA e EQM foram respectivamente iguais a 0,4883 e 2,1458.

| Período | Real | Previsto | Sazonalidade Multiplicativa | Previsto | Diferença Absoluta | Diferença² |
|---|---|---|---|---|---|---|
| 1 | 11 | 10,6889 | 1,1102 | 11,8668 | 0,8668 | 0,7514 |
| 2 | 12 | 12,6556 | 0,9665 | 12,2316 | 0,2316 | 0,0537 |
| 3 | 13 | 14,6222 | 0,9204 | 13,4583 | 0,4583 | 0,2100 |
| 4 | 19 | 16,5889 | 1,1102 | 18,4170 | 0,5830 | 0,3399 |
| 5 | 18 | 18,5556 | 0,9665 | 17,9340 | 0,0660 | 0,0044 |
| 6 | 19 | 20,5222 | 0,9204 | 18,8886 | 0,1114 | 0,0124 |
| 7 | 26 | 22,4889 | 1,1102 | 24,9672 | 1,0328 | 1,0667 |
| 8 | 24 | 24,4556 | 0,9665 | 23,6363 | 0,3637 | 0,1323 |
| 9 | 25 | 26,4222 | 0,9204 | 24,3190 | 0,6810 | 0,4638 |
| Soma | | | | | 4,3946 | 19,3125 |
| Média | | | | | 0,4883 | 2,1458 |

Com base nas medidas de acurácia calculadas, nota-se que o melhor modelo, que forneceu as menores medidas, foi o que considerou a sazonalidade aditiva.

Tabela 14.5 *Medidas de acurácia das previsões.*

| Modelo | DMA | EQM |
|---|---|---|
| Regressão sem análise de sazonalidade | 1,3852 | 17,2687 |
| Regressão com sazonalidade aditiva | 0,4370 | 1,7190 |
| Regressão com sazonalidade multiplicativa | 0,4883 | 2,1458 |

*Outro exercício com regressão*

Em outro exemplo, com dados apresentados a seguir, as Indústrias Repimboca Ltda. gostariam de prever suas vendas para o ano 2006.

Da análise dos anos, considerando a variável independente (*x*) igual a Tempo e dependente igual a Vendas (*y*), é possível obter o modelo linear $y = 3{,}8741x + 6{,}8182$ ($r^2 = 0{,}7159$).

| Ano | Quadrimestre | Tempo | Vendas |
|---|---|---|---|
| 2002 | 1 | 1 | 11 |
|  | 2 | 2 | 14 |
|  | 3 | 3 | 26 |
| 2003 | 1 | 4 | 20 |
|  | 2 | 5 | 19 |
|  | 3 | 6 | 41 |
| 2004 | 1 | 7 | 25 |
|  | 2 | 8 | 32 |
|  | 3 | 9 | 51 |
| 2005 | 1 | 10 | 41 |
|  | 2 | 11 | 36 |
|  | 3 | 12 | 68 |

Sem considerar a sazonalidade, seria possível calcular as medidas de acurácia. No caso, o DMA é igual a 7,1350 e o EQM é igual a 70,9667.

| Ano | Quadrimestre | Tempo | Vendas | Previstas |
|---|---|---|---|---|
| 2002 | 1 | 1 | 11 | 10,69 |
|  | 2 | 2 | 14 | 14,57 |
|  | 3 | 3 | 26 | 18,44 |
| 2003 | 1 | 4 | 20 | 22,31 |
|  | 2 | 5 | 19 | 26,19 |
|  | 3 | 6 | 41 | 30,06 |
| 2004 | 1 | 7 | 25 | 33,94 |
|  | 2 | 8 | 32 | 37,81 |
|  | 3 | 9 | 51 | 41,69 |
| 2005 | 1 | 10 | 41 | 45,56 |
|  | 2 | 11 | 36 | 49,43 |
|  | 3 | 12 | 68 | 53,31 |

As vendas previstas sem a análise de sazonalidade seriam:

**Ano 2006**

Quadrimentre 1 (período 13): 3,8741.(13) + 6,8182 = 57,1815

Quadrimentre 2 (período 14): 3,8741.(14) + 6,8182 = 61,0556

Quadrimentre 3 (período 15): 3,8741.(15) + 6,8182 = 64,9297

Caso a sazonalidade fosse analisada e incluída no modelo, novos cálculos precisariam ser feitos. Cálculos para a sazonalidade aditiva estão apresentados na Tabela 14.6.

Tabela 14.6 *Cálculo das diferenças.*

| Ano | Quadri-mestre | Tempo | Vendas | Previstas | R − P |
|---|---|---|---|---|---|
| 2002 | 1 | 1 | 11 | 10,69 | 0,31 |
|  | 2 | 2 | 14 | 14,57 | − 0,57 |
|  | 3 | 3 | 26 | 18,44 | 7,56 |
| 2003 | 1 | 4 | 20 | 22,31 | − 2,31 |
|  | 2 | 5 | 19 | 26,19 | − 7,19 |
|  | 3 | 6 | 41 | 30,06 | 10,94 |
| 2004 | 1 | 7 | 25 | 33,94 | − 8,94 |
|  | 2 | 8 | 32 | 37,81 | − 5,81 |
|  | 3 | 9 | 51 | 41,69 | 9,31 |
| 2005 | 1 | 10 | 41 | 45,56 | − 4,56 |
|  | 2 | 11 | 36 | 49,43 | − 13,43 |
|  | 3 | 12 | 68 | 53,31 | 14,69 |

Da tabela anterior, é possível extrair uma média das diferenças encontradas para cada um dos quadrimestres. Veja a Tabela 14.7. As sazonalidades aditivas para os quadrimestres 1, 2 e 3 são respectivamente iguais a – 3,875, – 6,75 e 10,625.

Tabela 14.7  *Análise das diferenças (real – previsto).*

| Quadrimestre | Ano |  |  |  | Média |
|---|---|---|---|---|---|
|  | 2002 | 2003 | 2004 | 2005 |  |
| 1 | 0,31 | – 2,31 | – 8,94 | – 4,56 | – 3,875 |
| 2 | – 0,57 | – 7,19 | – 5,81 | – 13,43 | – 6,75 |
| 3 | 7,56 | 10,94 | 9,31 | 14,69 | 10,625 |

As vendas previstas com a consideração de sazonalidade aditiva seriam:

**Ano 2006**

Quadrimente 1 (período 13): 3,8741.(13) + 6,8182 – 3,875 = 53,3065

Quadrimente 2 (período 14): 3,8741.(14) + 6,8182 – 6,75 = 54,3056

Quadrimente 3 (período 15): 3,8741.(15) + 6,8182 + 10,625 = 75,5547

Caso a sazonalidade multiplicativa fosse considerada, novas operações seriam necessárias. Os cálculos para a sazonalidade aditiva estão apresentados na Tabela 14.8.

Tabela 14.8  *Cálculo das razões.*

| Ano | Quadrimestre | Tempo | Vendas | Previstas | R/P |
|---|---|---|---|---|---|
| 2002 | 1 | 1 | 11 | 10,69 | 1,03 |
|  | 2 | 2 | 14 | 14,57 | 0,96 |
|  | 3 | 3 | 26 | 18,44 | 1,41 |
| 2003 | 1 | 4 | 20 | 22,31 | 0,90 |
|  | 2 | 5 | 19 | 26,19 | 0,73 |
|  | 3 | 6 | 41 | 30,06 | 1,36 |
| 2004 | 1 | 7 | 25 | 33,94 | 0,74 |
|  | 2 | 8 | 32 | 37,81 | 0,85 |
|  | 3 | 9 | 51 | 41,69 | 1,22 |
| 2005 | 1 | 10 | 41 | 45,56 | 0,90 |
|  | 2 | 11 | 36 | 49,43 | 0,73 |
|  | 3 | 12 | 68 | 53,31 | 1,28 |

A Tabela 14.9 apresenta os índices calculados para os quadrimestres. Os valores foram iguais a 0,8925, 0,8175 e 1,3175 para os quadrimestres 1, 2 e 3, respectivamente.

Tabela 14.9  *Análise das razões (Real ÷ Previsto).*

| Quadrimestre | Ano |  |  |  | Média |
|---|---|---|---|---|---|
|  | 2002 | 2003 | 2004 | 2005 |  |
| 1 | 1,03 | 0,9 | 0,74 | 0,9 | 0,8925 |
| 2 | 0,96 | 0,73 | 0,85 | 0,73 | 0,8175 |
| 3 | 1,41 | 1,36 | 1,22 | 1,28 | 1,3175 |

As vendas previstas com a consideração da sazonalidade multiplicativa seriam:

**Ano 2006**

Quadrimente 1 (período 13): [3,8741.(13) + 6,8182].(0,8925) = 51,0345

Quadrimente 2 (período 14): [3,8741.(14) + 6,8182].(0,8175) = 49,9130

Quadrimente 3 (período 15): [3,8741.(15) + 6,8182].(1,3175) = 85,5449

# Exercícios

## Médias móveis simples

1. A transportadora Tartaruga Veloz apresentou que as quantidades de cargas transportadas em cada um dos últimos três meses foram respectivamente igual a 110, 125 e 124 toneladas. Pede-se: (a) utilizando o método da média móvel de três meses, calcular a previsão para o quarto mês; (b) sabendo que a demanda real para o mês 4 acabou sendo de 131 toneladas, pede-se calcular a previsão para o quinto mês.

2. Com base no histórico de vendas a seguir, execute o que se pede: (a) calcular a previsão para o mês de janeiro seguinte, utilizando a média móvel dos últimos seis meses; (b) supondo que a demanda real de janeiro acabou sendo igual a 90, em vez do valor previsto para o período, calcular a previsão para fevereiro, pelo método da média móvel, considerando $n = 4$.

| Jan. | Fev. | Mar. | Abr. | Maio | Jun. | Jul. | Ago. | Set. | Out. | Nov. | Dez. |
|---|---|---|---|---|---|---|---|---|---|---|---|
| 92 | 83 | 66 | 74 | 75 | 84 | 84 | 81 | 75 | 63 | 91 | 84 |

3. Com os dados seguintes das Organizações Timbiras, pede-se: (a) calcular a previsão com base na média móvel simples de três meses para os meses 4, 5, 6 e 7; (b) calcular o desvio médio absoluto da previsão; (c) calcular o erro quadrático médio da previsão.

| Mês | 1 | 2 | 3 | 4 | 5 | 6 |
|---|---|---|---|---|---|---|
| Vendas | 67 | 75 | 43 | 50 | 77 | 65 |

4. Nos últimos três meses, a demanda de um produto foi de 250, 274 e 235 unidades. Pede-se: (a) Calcular a previsão da demanda do mês 4, com base na média móvel de três meses; (b) Se a demanda real do mês 4 for de 229 unidades, calcule a previsão para o mês 5.

5. Um hotel de turismo do Rio de Janeiro está preocupado com o nível de ocupação, que é bastante alto na época de férias. Por falta de previsão adequada, têm ocorrido problemas de falta de mantimentos para o café da manhã, e tem sido difícil prever a quantidade de gêneros alimentícios a adquirir para lanches, almoço e jantar.

   Estudos históricos mostram que a quantidade de alimentos que o hotel deve adquirir e manter em estoque é uma função da quantidade de hóspedes em cada semana e prevê esse número para a semana seguinte, utilizando o método de previsão de média móvel das últimas três semanas. A tabela seguinte apresenta o número de hóspedes das últimas três semanas. Pede-se: (a) qual a previsão de hóspedes para a semana 4? Se o número real de hóspedes da semana 4 for 415, pergunta-se: (b) qual o erro de previsão? (c) qual a previsão para a semana 5?

| Semana | 1 | 2 | 3 |
|---|---|---|---|
| Hóspedes | 400 | 380 | 411 |

6. O número das vendas da Sabão Alvinho Ltda. é considerado relativamente estável nos últimos períodos. Alguns dados da empresa são mostrados a seguir:

| Ano | Trimestre | Vendas |
|---|---|---|
| 1 | 1 | 132 |
|   | 2 | 139 |
|   | 3 | 136 |
|   | 4 | 140 |
| 2 | 1 | 134 |
|   | 2 | 142 |
|   | 3 | 140 |
|   | 4 | 139 |
| 3 | 1 | 135 |
|   | 2 | 137 |
|   | 3 | 139 |
|   | 4 | 141 |

Pede-se: (a) usar médias móveis para prever o número de vendas para o próximo trimestre, considerando $n$ igual a 2, 4 e 6; (b) quais dessas previsões exibe a melhor acurácia de previsão? Usar o desvio médio absoluto.

## Médias móveis ponderadas

1. A Céu Nublado S. A. costuma apresentar níveis estáveis de demanda nos últimos períodos. Os dados históricos da empresa estão apresentados a seguir:

| Período | 1 | 2 | 3 | 4 | 5 | 6 | 7 | 8 | 9 | 10 | 11 | 12 |
|---|---|---|---|---|---|---|---|---|---|---|---|---|
| Demanda | 7 | 5 | 9 | 10 | 3 | 7 | 8 | 6 | 4 | 5 | 6 | 11 |

Com base em um modelo de médias móveis, pede-se calcular: (a) a projeção de vendas para o próximo período, empregando médias móveis ponderadas com pesos iguais a 0,45, 0,30 e 0,25 para os períodos $t - 1$, $t - 2$ e $t - 3$, respectivamente; (b) o desvio médio absoluto do modelo.

2. A Mar e Sol Ltda. costuma apresentar níveis estáveis de demanda nos últimos períodos. Os dados históricos da empresa estão apresentados a seguir. Com base em um modelo de médias móveis, pede-se calcular: (a) a projeção de vendas para o próximo período, empregando médias móveis ponderadas com pesos iguais a 0,50, 0,30 e 0,20 para os períodos $t - 1$, $t - 2$ e $t - 3$, respectivamente; (b) o desvio médio absoluto do modelo.

| Período | 1 | 2 | 3 | 4 | 5 | 6 | 7 | 8 | 9 | 10 | 11 | 12 |
|---|---|---|---|---|---|---|---|---|---|---|---|---|
| Demanda | 5 | 3 | 7 | 4 | 1 | 5 | 6 | 4 | 2 | 3 | 4 | 7 |

## Alisamento exponencial

1. A previsão antiga da demanda do composto RK era de 100 unidades. A última demanda real foi de 85 unidades. Qual é a previsão exponencialmente nivelada para o próximo período? Alfa tem valor 0,2.

2. A área de suprimentos de uma indústria química efetuou uma previsão da demanda do seu principal insumo para o mês de fevereiro igual a 122 t. Porém, a demanda real foi de 130 t. Qual seria a previsão para março, se a constante de suavização alfa apresentar valor 0,15?

3. A Céu Nublado S. A., já apresentada anteriormente, registrou um nível estável de demanda nos últimos períodos. Os dados históricos da empresa estão apresentados a seguir.

| Período | 1 | 2 | 3 | 4 | 5 | 6 | 7 | 8 | 9 | 10 | 11 | 12 |
|---|---|---|---|---|---|---|---|---|---|---|---|---|
| Demanda | 7 | 5 | 9 | 10 | 3 | 7 | 8 | 6 | 4 | 5 | 6 | 11 |

Empregando um modelo de alisamento exponencial com alfa igual a 0,30, pede-se calcular: (a) a demanda projetada para o próximo período; (b) o desvio médio absoluto do modelo.

4. A rede de hotéis Dias de Sol e Mar Ltda. verificou que a demanda projetada para o mês de maio era de 220 *room nights* e a demanda real para o mesmo mês foi de 210 *room nights*. (a) considerando um modelo de alisamento exponencial e alfa (α) com valor 0,25, calcular a previsão para junho; (b) se a demanda de junho for de 222 *room nights*, calcular a previsão para julho.

5. As Lojas Barateiras Ltda. verificaram que o nível de vendas dos guarda-chuvas Lambança costuma manter uma oscilação média estável. A empresa utiliza o cálculo de média ponderada exponencial para realizar a previsão de suas vendas. Em 2001, a previsão de consumo para o ano seguinte era de 2.400 unidades, tendo o ajustamento um coeficiente de 0,20. Em 2002, o consumo real foi igual a 2.500. Qual a previsão de consumo para 2003?

6. A demanda semanal dos vasos Caco de Telha apresentou uma média de 100 unidades no ano passado. A demanda real para as próximas oito semanas é indicada a seguir. Considerando valores para alfa iguais a 0,20 e 0,30, calcular a previsão suavizada para cada semana e para a semana 9. Com base no desvio médio absoluto, qual a melhor previsão?

| Semana | 1 | 2 | 3 | 4 | 5 | 6 | 7 | 8 |
|---|---|---|---|---|---|---|---|---|
| Demanda real | 150 | 159 | 160 | 167 | 173 | 175 | 185 | 188 |

7. As últimas vendas da empresa Amoreiras Ltda. foram consideradas estáveis e seus números estão apresentados a seguir. Com base em um modelo de médias móveis, pede-se calcular: (a) a projeção de vendas para o próximo período, empregando médias móveis ponderadas com pesos iguais a 0,50, 0,25 e 0,25 para os períodos $t-1$, $t-2$ e $t-3$, respectivamente; (b) o desvio médio absoluto do modelo. Empregando um modelo de alisamento exponencial com alfa igual a 0,30, pede-se: (c) a demanda projetada para o próximo período; (d) o desvio médio absoluto do modelo; (e) determinar qual o melhor modelo: médias ponderadas ou alisamento exponencial.

| Período | 1 | 2 | 3 | 4 | 5 | 6 | 7 | 8 | 9 | 10 | 11 | 12 |
|---|---|---|---|---|---|---|---|---|---|---|---|---|
| Vendas (t) | 7 | 5 | 9 | 6 | 3 | 7 | 8 | 6 | 4 | 5 | 6 | 9 |

8. Usando os dados da Mar e Sol Ltda. (apresentados anteriormente) e empregando um modelo de alisamento exponencial com alfa igual a 0,40, pede-se: (a) a demanda projetada para o próximo período; (b) o desvio médio absoluto do modelo; (c) determinar qual o melhor modelo: o anterior (com médias ponderadas) ou o atual (com alisamento exponencial). Justifique a resposta neste quesito.

9. A Comercial Barateira Ltda. apresentou as seguintes vendas ao longo dos últimos anos. Com base nos números fornecidos, estabeleça uma previsão para o ano de 2001, considerando: (a) o método da média móvel para $n = 4$; (b) o método da média ponderada com os seguintes pesos em ordem decrescente: 5%, 10%,

10%, 15%, 20%, 40% (maior peso para o período mais recente); (c) o método da média com ponderação exponencial com um coeficiente de ajustamento de 0,40.

| Ano | Vendas (em $ mil) |
|---|---|
| 1995 | 87 |
| 1996 | 92 |
| 1997 | 105 |
| 1998 | 109 |
| 1999 | 95 |
| 2000 | 104 |

10. A demanda mensal nos últimos dez meses da Cia. dos Abacaxis está indicada a seguir. Pede-se calcular as previsões para os meses 4, 5, 6, 7, 8, 9, 10 e 11 empregando: (a) média móvel simples com $n = 3$; (b) média móvel ponderada com pesos iguais a 0,60, 0,30 e 0,10 para os períodos $t - 1$, $t - 2$ e $t - 3$, respectivamente; (c) suavização exponencial, com alfa igual a 0,35; (d) calcular o desvio médio absoluto das previsões anteriores e dizer qual o melhor modelo.

| Mês | 1 | 2 | 3 | 4 | 5 | 6 | 7 | 8 | 9 | 10 |
|---|---|---|---|---|---|---|---|---|---|---|
| Demanda real mensal (em mil unidades) | 102 | 91 | 95 | 105 | 94 | 100 | 109 | 92 | 101 | 98 |

## Modelos de regressão

1. O consumo de um componente das Fábricas Tronic nos últimos dez meses foi igual a 750, 680, 740, 710, 690, 640, 670, 720, 700 e 660 unidades. Calcular, com base em análise de regressão, a previsão de consumo para o 11º mês.

## Sazonalidade

1. A Indústria de Calçados Pisante Ltda. verificou uma demanda de 5.200 unidades no mês de junho e de 24.000 unidades em janeiro. Se o índice sazonal para junho foi igual a 0,5 e para janeiro igual 2,5, pede-se: (a) calcular a demanda desestacionalizada para os meses; (b) como os dois meses são comparados? Considerar sazonalidade multiplicativa.

2. A empresa de pescados Mar Aberto verificou que o filé de camarão Supimpa tem um comportamento sazonal de demanda. Os dados dos últimos três anos estão mostrados a seguir, em toneladas. Não há tendência, mas observa-se uma sazonalidade definida por trimestre. (a) Pede-se calcular os índices sazonais; (b) sabendo que está projetada uma demanda igual a 440 t para o ano 4, pede-se obter as demandas trimestrais. Considerar sazonalidade multiplicativa e aditiva.

| Ano | Trimestre 1 | Trimestre 2 | Trimestre 3 | Trimestre 4 | Total |
|---|---|---|---|---|---|
| 1 | 122 | 108 | 81 | 90 | 401 |
| 2 | 130 | 100 | 73 | 96 | 399 |
| 3 | 132 | 98 | 71 | 99 | 400 |
| Média | 128 | 102 | 75 | 95 | 400 |

3. O gerente comercial das Indústrias Phantom Ltda. estava analisando a sazonalidade das vendas da empresa. As vendas são consideradas estáveis e os dados de vendas trimestrais correspondentes aos três últimos anos parecem refletir de modo correto o padrão de saída sazonal que deve ser esperado no futuro. Pede-se calcular os índices de sazonalidade trimestrais. Considerar sazonalidade: (a) aditiva; (b) multiplicativa.

| Ano | Trimestre 1 | Trimestre 2 | Trimestre 3 | Trimestre 4 |
|---|---|---|---|---|
| 2003 | 520 | 730 | 820 | 530 |
| 2004 | 590 | 810 | 900 | 600 |
| 2005 | 650 | 900 | 1.000 | 650 |

4. A Sapucaia do Morro Ltda. apresentou os seguintes dados referentes às suas vendas históricas. Com base em um modelo de regressão e considerando a sazonalidade da empresa, pede-se: (a) estimar um modelo linear para ajustar as vendas por período. Quais os valores dos coeficientes do modelo? (b) determinar os índices de sazonalidade multiplicativa para cada um dos quadrimestres; (c) projetar a demanda dessazonalizada para os três quadrimestres de 2003; (d) projetar a demanda sazonalizada para os três quadrimestres de 2003. Considerar sazonalidade multiplicativa.

| Ano | 1º quadrimestre | 2º quadrimestre | 3º quadrimestre |
|---|---|---|---|
| 1998 | 6 | 8 | 9 |
| 1999 | 7 | 5 | 13 |
| 2000 | 9 | 11 | 13 |
| 2001 | 11 | 13 | 15 |
| 2002 | 11 | 15 | 19 |

5. A Cia. Samburá S.A. apresentou os seguintes dados referentes às suas vendas históricas. Com base em um modelo de regressão e considerando a sazonalidade da empresa, pede-se: (a) estimar um modelo linear para ajustar as vendas por período. Quais os valores dos coeficientes do modelo?; (b) determinar os índices de sazonalidade multiplicativa para cada um dos quadrimestres; (c) projetar a demanda dessazonalizada para os três quadrimestres de 2003; (d) projetar a demanda sazonalizada para os três quadrimestres de 2003. Considerar sazonalidade multiplicativa.

| Ano | 1º quadrimestre | 2º quadrimestre | 3º quadrimestre |
|---|---|---|---|
| 1998 | 9 | 10 | 11 |
| 1999 | 9 | 7 | 15 |
| 2000 | 11 | 13 | 15 |
| 2001 | 13 | 15 | 19 |
| 2002 | 13 | 17 | 21 |

# 15

# Conhecendo os recursos do Excel

*O que sabemos é apenas uma gota, mas o que não sabemos é um oceano.*

Isaac Newton

**Objetivos do capítulo**

O uso prático das técnicas da Estatística Aplicada à Gestão Empresarial torna-se facilitado com o uso de recursos eletrônicos como a calculadora HP 12C, apresentada ao longo do livro. A HP 12C permite calcular de forma fácil medidas como a média ou o desvio padrão, além de fornecer opções úteis para os cálculos de regressão e correlação.

Outro recurso importante é a planilha eletrônica Microsoft Excel, que permite realizar de forma simples e rápida muitos dos procedimentos da Estatística. Este capítulo apresenta a ferramenta, discutindo os seus possíveis usos em diferentes contextos.

Com o objetivo de tornar o aprendizado sobre as ferramentas e recursos apresentados ao longo do capítulo, o material de apoio ao livro disponível para *download* no *site* de apoio aos livros www.MinhasAulas.com.br, que traz os arquivos EstatisticaAplicadaExerciciosNoExcel.xlsx e EstatisticaAplicadaCasosNoExcel.xlsx, com muitas atividades práticas de aprendizagem.

**Conhecendo o Excel**

Uma das mais populares ferramentas e que muito facilita o uso do Excel aplicado à Gestão Empresarial é a planilha Microsoft Excel, cuja tela de abertura encontra-se representada na Figura 15.1.

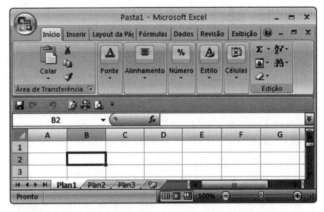

Figura 15.1  *Representação minimizada da tela de abertura do Excel.*

O Excel disponibiliza muitos recursos facilitadores para a aplicação da Estatística em análises reais ou didáticas. Diferentes alternativas estão disponíveis, como os recursos do menu Dados, as fórmulas ou funções estatísticas, além dos recursos de tabelas dinâmicas.

**PARA AUMENTAR O CONHECIMENTO ...**

**EXCEL APLICADO À GESTÃO EMPRESARIAL.** Adriano Leal Bruni e Roberto Brazileiro Paixão

O presente livro discute, apenas, os usos do Excel aplicados à Estatística. Descrições sintéticas são apresentadas ao longo deste capítulo. Caso deseje conhecer mais sobre a planilha, conheça o livro Excel Aplicado à Gestão Empresarial, que traz uma apresentação mais completa e detalhada do aplicativo, com exemplos em diferentes áreas. Para saber mais sobre o livro, visite www.MinhasAulas.com.br.

Alguns outros recursos do Excel são oferecidos por meio de suplementos. Assim, antes de pensar em usar o Excel em atividades relacionadas à Estatística, é preciso clicar sobre o botão Office, no canto superior esquerdo do Excel. A seguir, deve-se clicar sobre o botão "Opções do Excel", conforme apresentam os passos da Figura 15.2.

Figura 15.2   *Configurando opções do Excel.*

Após ter clicado sobre o botão de opções do Excel, deve-se clicar sobre a guia Suplementos. A seguir, deve-se manter a seleção Gerenciar "Suplementos do Excel", apresentada ao final da tela e clicar sobre o botão Ir, conforme apresenta a Figura 15.3.

Nas opções de suplementos do Excel, deve-se clicar sobre a opção Ferramentas de Análise, conforme apresenta a Figura 15.4.

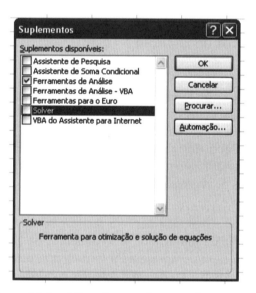

Figura 15.4   *Ativando o suplemento Ferramentas de Análise.*

A ativação do suplemento Ferramentas de Análise aumenta a quantidade de fórmulas ou funções disponibilizadas pelo Excel. Além disso, um conjunto de recursos específicos para análise de dados torna-se disponível no menu Dados, conforme apresenta a Figura 15.5.

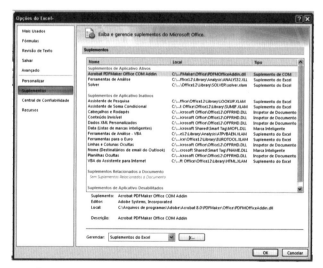

Figura 15.3   *Gerenciando suplementos do Excel.*

Conhecendo os recursos do Excel **329**

Figura 15.5  *Ferramentas de Análise disponibilizadas no menu Dados.*

O Excel muito facilita o uso de diferentes aplicações da Estatística em Gestão Empresarial, conforme apresentado a seguir.

### Análise exploratória de dados no Excel (Cap. 1)

O uso do Excel na análise exploratória de dados (apresentada no Capítulo 1) pode ser feito por meio de diferentes recursos, como as alternativas do menu Dados, as funções estatísticas e de contagem e o suplemento Ferramentas de Análise de Dados.

**MENU DADOS.** Os mais simples recursos do Excel disponíveis para a análise exploratória de dados podem ser vistos no menu Dados, a exemplo das opções de classificação e filtragem dos dados. Para ilustrar o uso dos recursos, considere a tabela apresentada na Figura 15.6, que apresenta as vendas da rede de lojas Fictícias.[1]

|   | A | B | C | D | E |
|---|---|---|---|---|---|
| 1 | Código | Filial | Região | Número de Funcionários | Vendas Anuais ($ mil) |
| 2 | 3 | SP | SE | 22 | 560 |
| 3 | 4 | RJ | SE | 16 | 384 |
| 4 | 10 | ES | SE | 9 | 210 |
| 5 | 8 | RS | S | 14 | 352 |
| 6 | 5 | SC | S | 10 | 271 |
| 7 | 6 | PR | S | 11 | 284 |
| 8 | 1 | BA | NE | 14 | 353 |
| 9 | 7 | PE | NE | 12 | 308 |
| 10 | 2 | CE | NE | 12 | 310 |
| 11 | 9 | SE | NE | 7 | 190 |

Figura 15.6  *Base de dados didática com vendas da rede de lojas Fictícias.*

---
[1] Todos os exemplos e exercícios deste capítulo estão contidos no arquivo EstatisticaAplicadaExemplosNoExcel.xlsx disponível para *download* no *site* <www.MinhasAulas.com.br>.

**Comando Classificar.** A construção do Rol no Excel é muito fácil. Caso desejássemos classificar os dados com base no código de cada uma das filiais, deveríamos clicar sobre uma das células da base de dados. A seguir, deveríamos clicar sobre a opção Classificar do menu Dados. Deveríamos ativar a caixa "Meus dados contêm cabeçalhos". A seguir, bastaria classificar por Código, do menor para o maior, conforme apresenta a Figura 15.7.

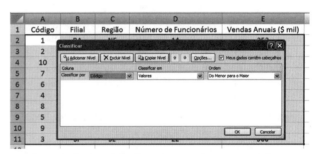

Figura 15.7  *Classificando com base no Código.*

O resultado da classificação está apresentado na Figura 15.8. Os dados foram ordenados de forma crescente com base nos valores apresentados na Coluna A (Código).

|   | A | B | C | D | E |
|---|---|---|---|---|---|
| 1 | Código | Filial | Região | Número de Funcionários | Vendas Anuais ($ mil) |
| 2 | 1 | BA | NE | 14 | 353 |
| 3 | 2 | CE | NE | 12 | 310 |
| 4 | 3 | SP | SE | 22 | 560 |
| 5 | 4 | RJ | SE | 16 | 384 |
| 6 | 5 | SC | S | 10 | 271 |
| 7 | 6 | PR | S | 11 | 284 |
| 8 | 7 | PE | NE | 12 | 308 |
| 9 | 8 | RS | S | 14 | 352 |
| 10 | 9 | SE | NE | 7 | 190 |
| 11 | 10 | ES | SE | 9 | 210 |

Figura 15.8  *Classificação feita com base no Código (crescente).*

A opção Classificar do menu Dados permite que o ordenamento ocorra em diferentes níveis. Por exemplo, poderíamos solicitar uma classificação com base na Região e, a seguir, com base na Filial, conforme apresenta a Figura 15.9.

Figura 15.9  *Classificação feita com base em níveis: Região (crescente) e, depois, Filial (crescente).*

O resultado da classificação pode ser visto na Figura 15.10. Os dados estão ordenados de forma crescente com base em Região e, a seguir, Filial.

| | A | B | C | D | E |
|---|---|---|---|---|---|
| 1 | Código | Filial | Região | Número de Funcionários | Vendas Anuais ($ mil) |
| 2 | 1 | BA | NE | 14 | 353 |
| 3 | 2 | CE | NE | 12 | 310 |
| 4 | 7 | PE | NE | 12 | 308 |
| 5 | 9 | SE | NE | 7 | 190 |
| 6 | 6 | PR | S | 11 | 284 |
| 7 | 8 | RS | S | 14 | 352 |
| 8 | 5 | SC | S | 10 | 271 |
| 9 | 10 | ES | SE | 9 | 210 |
| 10 | 4 | RJ | SE | 16 | 384 |
| 11 | 3 | SP | SE | 22 | 560 |

Figura 15.10  *Resultado da classificação com base em Região e Filial.*

**Comando Filtro.** Outra alternativa disponível no menu Dados para a análise exploratória de dados pode ser vista no Comando Filtro, apresentado na Figura 15.11 que permite visualizar apenas partes da base de dados em análise.

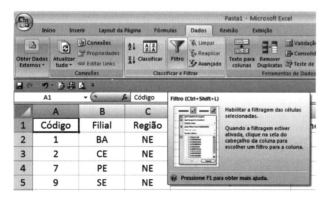

Figura 15.11  *Comando Filtro do menu Dados.*

Após clicar sobre o Comando Filtro, vamos ver a planilha conforme apresenta a Figura 15.12.

| | A | B | C | D | E |
|---|---|---|---|---|---|
| 1 | Código | Filial | Região | Número de Funcionários | Vendas Anuais ($ mil) |
| 2 | 1 | BA | NE | 14 | 353 |
| 3 | 2 | CE | NE | 12 | 310 |
| 4 | 7 | PE | NE | 12 | 308 |
| 5 | 9 | SE | NE | 7 | 190 |
| 6 | 6 | PR | S | 11 | 284 |
| 7 | 8 | RS | S | 14 | 352 |
| 8 | 5 | SC | S | 10 | 271 |
| 9 | 10 | ES | SE | 9 | 210 |
| 10 | 4 | RJ | SE | 16 | 384 |
| 11 | 3 | SP | SE | 22 | 560 |

Figura 15.12  *Planilha com Filtro ativado.*

Ao clicar sobre as setas que aparecem ao lado do nome de cada uma das variáveis conforme apresentado na Figura 15.13, podemos ativar diferentes opções de seleção.

Figura 15.13  *Selecionando parte dos dados.*

No exemplo apresentado na Figura 15.13, clicamos sobre a seta ao lado da palavra Região. As opções de filtragem dos dados estarão ativadas. No exemplo, desejamos exibir apenas os dados da região SE. Note que apenas a região SE está marcada na caixa de seleção. O resultado pode ser visto na Figura 15.14.

| | A | B | C | D | E |
|---|---|---|---|---|---|
| 1 | Código | Filial | Região | Número de Funcionários | Vendas Anuais ($ mil) |
| 9 | 10 | ES | SE | 9 | 210 |
| 10 | 4 | RJ | SE | 16 | 384 |
| 11 | 3 | SP | SE | 22 | 560 |

Figura 15.14  *Seleção ativa dos dados da região SE.*

Para desfazer a opção Filtro do menu Dados, basta clicar novamente sobre o Comando Filtro. As eventuais opções de filtragem serão removidas e toda a base de dados será novamente apresentada, conforme mostra a Figura 15.15.

| | A | B | C | D | E |
|---|---|---|---|---|---|
| 1 | Código | Filial | Região | Número de Funcionários | Vendas Anuais ($ mil) |
| 2 | 1 | BA | NE | 14 | 353 |
| 3 | 2 | CE | NE | 12 | 310 |
| 4 | 7 | PE | NE | 12 | 308 |
| 5 | 9 | SE | NE | 7 | 190 |
| 6 | 6 | PR | S | 11 | 284 |
| 7 | 8 | RS | S | 14 | 352 |
| 8 | 5 | SC | S | 10 | 271 |
| 9 | 10 | ES | SE | 9 | 210 |
| 10 | 4 | RJ | SE | 16 | 384 |
| 11 | 3 | SP | SE | 22 | 560 |

Figura 15.15   *Dados originais após a opção Filtro ter sido desativada.*

**Comando Subtotal.** Permite calcular subtotais de forma automática, conforme apresenta a Figura 15.16. É importante observar que para o correto funcionamento do comando, os dados da planilha devem ter sido organizados previamente.

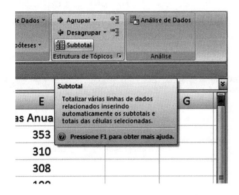

Figura 15.16   *Comando subtotal no menu Dados.*

Para ilustrar, imagine que desejássemos obter os subtotais das vendas por região. Para isso, precisaríamos organizar os dados por região. Após os dados terem sido organizados por região, bastaria configurar o comando subtotais conforme apresenta a Figura 15.17.

Figura 15.17   *Configurando o comando subtotal.*

O resultado está apresentado na Figura 15.18, com subtotais calculados para as vendas das diferentes regiões.

| | A | B | C | D | E |
|---|---|---|---|---|---|
| 1 | Código | Filial | Região | Número de Funcionários | Vendas Anuais ($ mil) |
| 2 | 1 | BA | NE | 14 | 353 |
| 3 | 2 | CE | NE | 12 | 310 |
| 4 | 7 | PE | NE | 12 | 308 |
| 5 | 9 | SE | NE | 7 | 190 |
| 6 | | | NE Total | | 1161 |
| 7 | 6 | PR | S | 11 | 284 |
| 8 | 8 | RS | S | 14 | 352 |
| 9 | 5 | SC | S | 10 | 271 |
| 10 | | | S Total | | 907 |
| 11 | 10 | ES | SE | 9 | 210 |
| 12 | 4 | RJ | SE | 16 | 384 |
| 13 | 3 | SP | SE | 22 | 560 |
| 14 | | | SE Total | | 1154 |
| 15 | | | Total geral | | 3222 |

Figura 15.18   *Dados com subtotais.*

O lado esquerdo da Figura 15.18 apresenta um útil recurso de agrupamento do Excel que permite regular o nível de detalhamento das informações apresentadas. Poderíamos, por exemplo, agrupar o detalhamento das informações sobre as regiões NE e S, exibindo apenas os dados da região SE.

| | A | B | C | D | E |
|---|---|---|---|---|---|
| 1 | Código | Filial | Região | Número de Funcionários | Vendas Anuais ($ mil) |
| 6 | | | NE Total | | 1161 |
| 10 | | | S Total | | 907 |
| 11 | 10 | ES | SE | 9 | 210 |
| 12 | 4 | RJ | SE | 16 | 384 |
| 13 | 3 | SP | SE | 22 | 560 |
| 14 | | | SE Total | | 1154 |
| 15 | | | Total geral | | 3222 |

Figura 15.19   *Regulando o nível de detalhamento da apresentação dos dados.*

Conforme apresenta a Figura 15.19, poderíamos apenas exibir os detalhes das partes desejadas da planilha.

**Funções de Planilha.** Representam alguns dos mais usuais recursos de Estatística Aplicada no Excel. Diferentes fórmulas prontas simplificam o cálculo das mais diversas medidas estatísticas. Para inserir uma função, podemos acessar o menu Fórmula > Inserir Função, conforme apresenta a Figura 15.20.

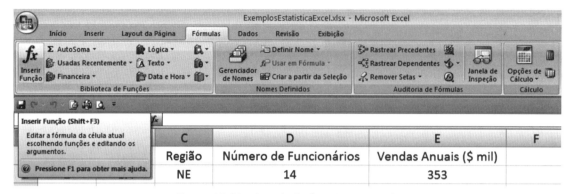

Figura 15.20  *Inserindo função no Excel.*

Outra alternativa envolveria o uso do atalho de Inserir Função, apresentado à esquerda da barra de edição do Excel, conforme apresenta a Figura 15.21.

Figura 15.21  *Atalho para inserir função na barra de edição.*

Ao solicitar a inserção de uma função, o Excel abre uma caixa de configuração conforme apresenta a Figura 15.22.

Nós podemos selecionar a categoria desejada da função. Naturalmente, além da categoria Estatística, temos diversas funções úteis na categoria Matemática e trigonométrica como, por exemplo, a função SOMA cuja inserção encontra-se apresentada na Figura 15.23.

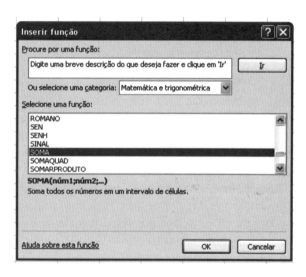

Figura 15.23  *Inserindo a função soma.*

Caso seja necessário obter mais informações sobre a função desejada, podemos clicar no link "Ajuda" sobre esta função, apresentado na Figura 15.23. Ao clicar, o Excel apresenta a ajuda sobre a função, conforme apresenta a Figura 15.24.

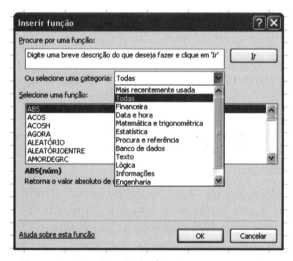

Figura 15.22  *Inserindo funções por categorias.*

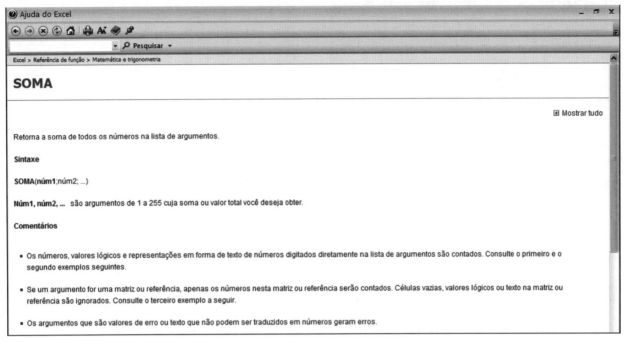

Figura 15.24   *Ajuda do Excel sobre a função soma.*

Além de descrever a função e os seus argumentos, a ajuda também apresenta exemplo sobre o uso da função, conforme apresenta a Figura 15.25.

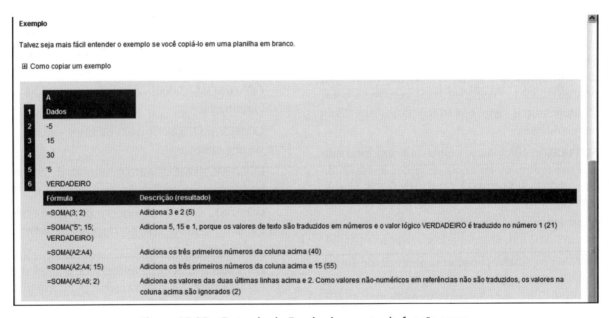

Figura 15.25   *Exemplo do Excel sobre o uso da função soma.*

Ao conhecer mais sobre o recurso e após ter feito a seleção de uma função específica, o Excel fornecerá um passo a passo para a correta inserção da fórmula, conforme apresenta a Figura 15.26.

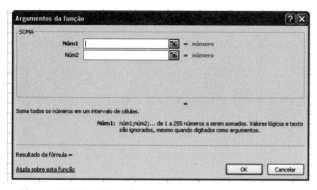

Figura 15.26  *Usando o recurso passo a passo para inserir função.*

Diferentes categorias de funções podem ser usadas na análise de dados.

**Funções matemáticas úteis.** Algumas funções matemáticas podem ser úteis no processo de análise exploratória de dados. Alguns exemplos estão apresentados a seguir.[2]

**SOMA.** Soma seus argumentos. Assim, caso inseríssemos a função =SOMA(D2:D11) na planilha com os dados das filiais, obteríamos o valor 127 e que representaria a soma do número de funcionários da empresa, já que o intervalo de células D2:D11 contém a quantidade dos funcionários de cada uma das filiais.

**SOMASE.** Adiciona as células especificadas por um determinado critério. A inserção da função =SOMASE(C2:C11; "=SE";D2:D11) resultaria o valor 47, indicando a soma dos funcionários das filiais da região sudeste.

**SOMASES.** Adiciona as células em um intervalo que satisfaz múltiplos critérios. Assim, a inserção da função =SOMASES(D2:D11;C2:C11;"=NE";E2:E11; ">310") permitiria somar o número de funcionários da região nordeste de filiais com vendas anuais superiores a $ 310 mil. O resultado da função seria 14.

As funções SOMA permitem construir, de forma fácil, tabelas de frequências. Exemplo com o uso das funções matemáticas pode ser visto na Figura 15.27.

| | A | B | C | D | E |
|---|---|---|---|---|---|
| 1 | Código | Filial | Região | Número de Funcionários | Vendas Anuais ($ mil) |
| 2 | 1 | BA | NE | 14 | 353 |
| 3 | 2 | CE | NE | 12 | 310 |
| 4 | 7 | PE | NE | 12 | 308 |
| 5 | 9 | SE | NE | 7 | 190 |
| 6 | 6 | PR | S | 11 | 284 |
| 7 | 8 | RS | S | 14 | 352 |
| 8 | 5 | SC | S | 10 | 271 |
| 9 | 10 | ES | SE | 9 | 210 |
| 10 | 4 | RJ | SE | 16 | 384 |
| 11 | 3 | SP | SE | 22 | 560 |
| 12 | | | | | |
| 13 | | 127 | =SOMA(D2:D11) | | |
| 14 | | 47 | =SOMASE(C2:C11;"=SE";D2:D11) | | |
| 15 | | 14 | =SOMASES(D2:D11;C2:C11;"=NE";E2:E11;">310") | | |

Figura 15.27  *Usando funções matemáticas na análise exploratória de dados.*

Outras funções matemáticas que podem ser usadas durante o processo de construção de classes de frequências permitem calcular o logaritmo ou a raiz quadrada de um determinado número.

**RAIZ.** Retorna uma raiz quadrada positiva.

**LN.** Retorna o logaritmo natural de um número.

**LOG.** Retorna o logaritmo de um número de uma base especificada.

**LOG10.** Retorna o logaritmo de base 10 de um número.

**Funções para contagem.** Permitem obter a contagem existente em um determinado intervalo de células. Alguns exemplos podem ser apresentados.

**CONT.NÚM.** Calcula quantos números há na lista de argumentos.

**CONT.VALORES.** Calcula quantos valores há na lista de argumentos.

**CONTAR.VAZIO.** Conta o número de células vazias no intervalo especificado.

**CONT.SE.** Calcula o número de células não vazias em um intervalo que corresponde a determinados critérios.

**CONT.SES.** Calcula o número de células não vazias em um intervalo que satisfazem múltiplos critérios.

As funções de contagem podem ser empregadas na construção de tabelas de frequência.

**Função para contagem de frequência de variável quantitativa.** Quando uma variável quantitativa está sendo analisada, uma forma simples para se construir um agrupamento em classes pode ser visto por meio da função FREQUÊNCIA.

---

[2] Buscando limitar o tamanho deste capítulo, optei por sempre fazer uma breve apresentação das funções do Excel, sem explicar as minúcias da sua configuração ou do seu uso. Caso deseje obter informações detalhadas sobre o uso da função e sobre seus argumentos, pressione a tecla [F1] no Excel ou use o recurso de inserir função passo a passo.

|   | A | B | C | D | E |
|---|---|---|---|---|---|
| 1 | Código | Filial | Região | Número de Funcionários | Vendas Anuais ($ mil) |
| 2 | 1 | BA | NE | 14 | 353 |
| 3 | 2 | CE | NE | 12 | 310 |
| 4 | 7 | PE | NE | 12 | 308 |
| 5 | 9 | SE | NE | 7 | 190 |
| 6 | 6 | PR | S | 11 | 284 |
| 7 | 8 | RS | S | 14 | 352 |
| 8 | 5 | SC | S | 10 | 271 |
| 9 | 10 | ES | SE | 9 | 210 |
| 10 | 4 | RJ | SE | 16 | 384 |
| 11 | 3 | SP | SE | 22 | 560 |
| 12 |   |   |   |   |   |
| 13 | 10 | =CONT.NÚM(A2:A11) |   |   |   |
| 14 | 10 | =CONT.VALORES(B2:B11) |   |   |   |
| 15 | 0 | =CONTAR.VAZIO(C2:C11) |   |   |   |
| 16 | 1 | =CONT.SE(B2:B11;"=BA") |   |   |   |
| 17 | 3 | =CONT.SES(C2:C11;"=NE";D2:D11;">11") |   |   |   |

Figura 15.28  *Usando funções de contagem.*

**FREQUÊNCIA.** Retorna uma distribuição de frequência como uma matriz vertical. É importante destacar que é uma função matricial. Após ser inserida na planilha é preciso que o usuário pressione a tecla F2 e, de forma conjunta, as teclas Control + Shift + Enter.

|   | A | B | C | D | E |
|---|---|---|---|---|---|
| 1 | Código | Filial | Região | Número de Funcionários | Vendas Anuais ($ mil) |
| 2 | 1 | BA | NE | 14 | 353 |
| 3 | 2 | CE | NE | 12 | 310 |
| 4 | 7 | PE | NE | 12 | 308 |
| 5 | 9 | SE | NE | 7 | 190 |
| 6 | 6 | PR | S | 11 | 284 |
| 7 | 8 | RS | S | 14 | 352 |
| 8 | 5 | SC | S | 10 | 271 |
| 9 | 10 | ES | SE | 9 | 210 |
| 10 | 4 | RJ | SE | 16 | 384 |
| 11 | 3 | SP | SE | 22 | 560 |
| 12 |   |   |   |   |   |
| 13 |   | Lim Sup | Fi |   |   |
| 14 |   | 5 | 0 | {=FREQUÊNCIA($D$2:$D$11;$B$14:$B$18)} |   |
| 15 |   | 10 | 3 | {=FREQUÊNCIA($D$2:$D$11;$B$14:$B$18)} |   |
| 16 |   | 15 | 5 | {=FREQUÊNCIA($D$2:$D$11;$B$14:$B$18)} |   |
| 17 |   | 20 | 1 | {=FREQUÊNCIA($D$2:$D$11;$B$14:$B$18)} |   |
| 18 |   |   | 1 | {=FREQUÊNCIA($D$2:$D$11;$B$14:$B$18)} |   |

Figura 15.29  *Usando a função FREQUÊNCIA.*

Um exemplo com uso da função FREQUÊNCIA pode ser visto na Figura 15.29. É preciso que os limites superiores das classes de frequência estejam na primeira coluna. A função precisa ser inserida na segunda coluna até uma linha abaixo dos limites superiores considerados. Após inserir a função =FREQUÊNCIA ($D$2:$D$11;$B$14:$B$18) na célula D14, é preciso copiá-la até a célula D18. Depois de inserir as funções, é preciso pressionar de forma conjunta as teclas Control + Shift + Enter. Aparecerão as chaves ("{ }") delimitando a função, que passará a funcionar.

**Funções estatísticas simples.** Permitem calcular os valores máximos e mínimos de um conjunto de dados, o que pode ser útil nos processos de construção de classes de frequência.

**MAIOR.** Retorna o maior valor k-ésimo de um conjunto de dados.

**MÁXIMO.** Retorna o valor máximo em uma lista de argumentos.

**MÁXIMO A.** Retorna o maior valor em uma lista de argumentos, inclusive números, texto e valores lógicos.

**MENOR.** Retorna o menor valor k-ésimo do conjunto de dados.

**MÍNIMO.** Retorna o valor mínimo em uma lista de argumentos.

**MÍNIMO A.** Retorna o menor valor em uma lista de argumentos, inclusive números, texto e valores lógicos.

As funções MÍNIMO e MÁXIMO permitem obter o maior e o menor valor, respectivamente. Quando acrescentamos a letra no final da função (MÍNIMO A e MÁXIMO A) podemos considerar outros argumentos além de números. Já as funções MENOR e MAIOR permitem obter os números ordenados (como, por exemplo, o primeiro maior, o segundo menor, o terceiro maior, ...).

**Tabela Dinâmica.** Os recursos de tabela dinâmica representam, possivelmente, os recursos mais polivalentes e úteis do Excel aplicado à Estatística. Para configurar e inserir uma Tabela Dinâmica, basta usar a opção Tabela Dinâmica no menu Inserir, conforme destaca a Figura 15.30.

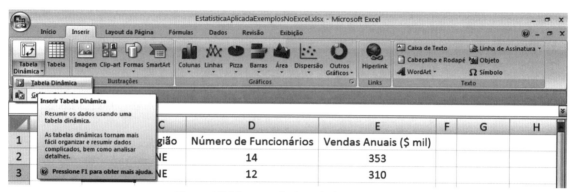

Figura 15.30  *Inserindo Tabela Dinâmica.*

O recurso Tabela Dinâmica permite criar relatórios customizados no Excel com grande facilidade e rapidez. Representa uma poderosa ferramenta para a análise exploratória de dados. Para usar o recurso, devemos clicar sobre uma célula da área de dados. A seguir, basta clicar sobre a alternativa Tabela Dinâmica no menu Iniciar.

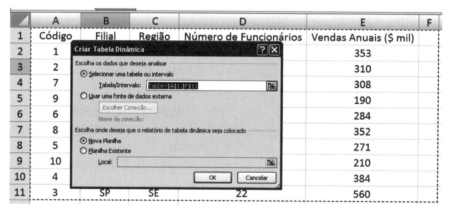

Figura 15.31  *Selecionando área para Tabela Dinâmica.*

A Figura 15.31 destaca que o Excel costuma selecionar automaticamente a área a usar na construção da Tabela Dinâmica.

O passo seguinte envolve a configuração do relatório que desejamos construir. Para isso, é preciso prencher os campos solicitados na Figura 15.32.

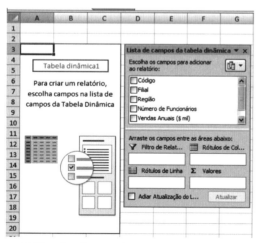

Figura 15.32  *Configurando campos na Tabela Dinâmica.*

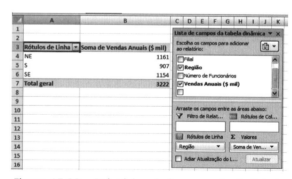

Figura 15.33  *Relatório criado por meio de Tabela Dinâmica.*

Um exemplo está apresentado na Figura 15.33, que apresenta relatório criado com o objetivo de apresentar a soma das vendas por região. Note que diferentes alternativas de configuração de relatórios poderiam ser empregadas. O recurso Tabela Dinâmica representa, talvez, a mais relevante aplicação do Excel para a análise de dados.[3]

**Suplementos para Análise de Dados.** Outro recurso do Excel pode ser apresentado por meio dos suplementos para análise de dados. Para acessá-los é preciso ativar o correspondente suplemento, conforme apresentaram os passos descritos no início deste capítulo.

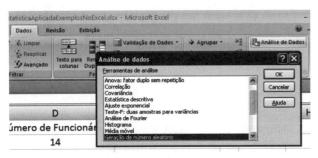

Figura 15.34  *Acionando o Suplemento Análise de Dados.*

Se o suplemento Ferramentas de Análise estiver ativado, pode-se acessá-lo por meio do menu Dados > Análise de Dados. Conforme apresenta a Figura 15.34, existem diferentes alternativas disponíveis. Em relação à análise exploratória de dados, discutida no Capítulo 1 do livro, podemos usar o recurso Histograma, que constrói agrupamentos em classes de frequência.

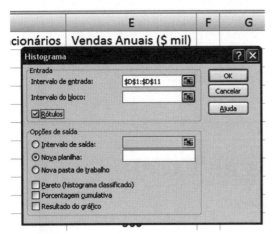

Figura 15.35  *Configurando o recurso para a criação de histogramas.*

O exemplo da Figura 15.35 apresenta uma construção de agrupamento em classes de frequência para a variável número de funcionários, contida no intervalo D1:D11. Como o rótulo foi incluído no intervalo, é preciso clicar sobre a opção Rótulos.

|   | A | B |
|---|---|---|
| 1 | *Bloco* | *Frequência* |
| 2 | 7 | 1 |
| 3 | 12 | 5 |
| 4 | 17 | 3 |
| 5 | Mais | 1 |

Figura 15.36  *Tabela de frequência criada.*

O resultado está apresentado na Figura 15.36. A primeira coluna apresenta o limite superior das classes criadas. É importante observar que o algoritmo do Excel não considera os procedimentos formais de construção de classes de frequência discutidos ao longo do capítulo. Caso desejássemos usar os procedimentos formais, deveríamos calcular os limites superiores antes, preenchendo-os na opção intervalo do bloco.

Para ilustrar, considere um dos exemplos do Capítulo 1, que traz os dados do Rol: {36; 40; 49; 49; 49; 50; 50; 51; 52; 52; 52; 52; 54; 59; 60; 60; 60; 60; 61; 61; 61; 61; 62; 62; 63; 64; 64; 65; 65; 65; 67; 68; 74; 77; 77; 81; 81; 83; 87; 90}. Naturalmente, para poder usar o recurso Histograma é preciso digitar os dados em uma planilha Excel.

Após os dados terem sido digitados, podemos calcular o número de classes (k) conforme discutido ao longo do Capítulo 1. Para isso, podemos usar fórmulas como RAIZ, CONT.NÚM ou LOG10, apresentadas anteriormente. Encontraríamos um valor aproximado para k igual a 6. Veja a representação da Figura 15.37.

Com o número de classes calculados, poderíamos construir os limites inferiores e superiores de cada uma das classes de frequência. Com os limites superiores calculados, poderíamos colocar suas referências no intervalo de bloco, presente na configuração da ferramenta histograma, conforme apresenta a Figura 15.37.

---

[3] Recomendo que aprofunde seus estudos sobre a Tabela Dinâmica. Faça os exercícios disponíveis nos recursos complementares do livro. O *download* pode ser feito por meio do *site* <www.MinhasAulas.com.br>.

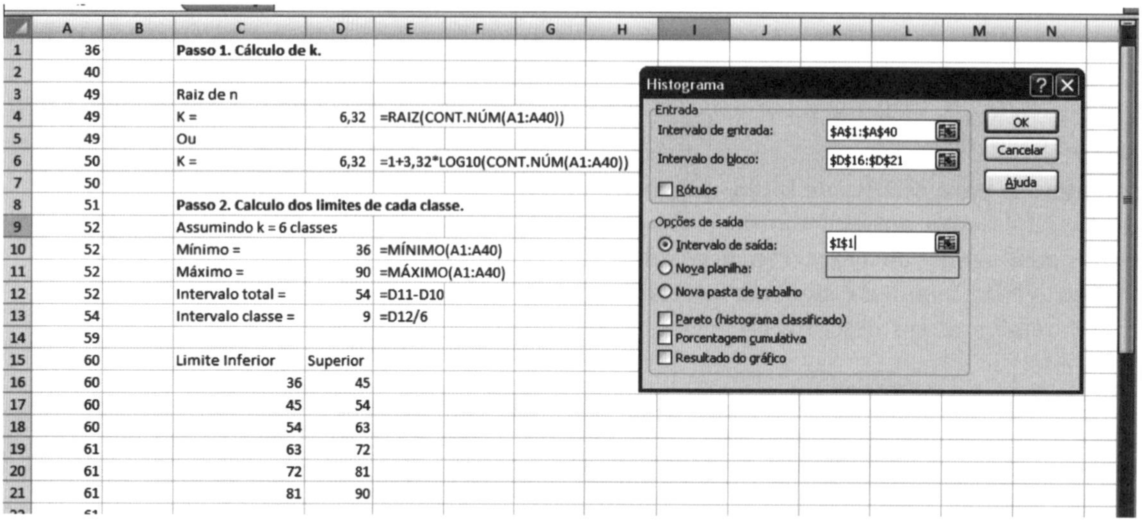

Figura 15.37  Criação de classes de frequência no Excel.

O resultado da criação de classes de frequência está apresentado na Figura 15.38.

| | I | J |
|---|---|---|
| 1 | Bloco | Frequência |
| 2 | 45 | 2 |
| 3 | 54 | 11 |
| 4 | 63 | 12 |
| 5 | 72 | 7 |
| 6 | 81 | 5 |
| 7 | 90 | 3 |
| 8 | Mais | 0 |

Figura 15.38  Resultado da tabulação de classes de frequência.

**Mão à obra!** Para aprender a usar os recursos do Excel sempre resolva os exercícios eletrônicos no Excel elaborados especialmente para este capítulo. Analise e proponha soluções para as atividades e casos propostos. Os exercícios e os casos estão disponíveis para *download* no *site* www.MinhasAulas.com.br.

Para fixar o uso dos recursos do Excel aplicados à análise exploratória de dados resolva as atividades propostas no arquivo EstatisticaAplicadaExerciciosNoExcel.xlsx (veja a Figura 15.39), disponível para *download* no *site* <www.MinhasAulas.com.br>.

Figura 15.39  Tela de abertura da planilha EstatisticaAplicadaExerciciosNoExcel.xlsx.

Conheça, também, os casos didáticos propostos no arquivo EstatisticaAplicadaCasosNoExcel.xlsx.

### Gráficos no Excel (Cap. 2)

A construção de gráficos no Excel é muito simples. Diversas opções de gráficos encontram-se disponíveis, a exemplo dos diagramas de colunas, barras, pizzas ou gráficos de dispersão. Para inserir um gráfico no Excel, basta acionar o menu Inserir > Gráficos. Conforme apresenta a Figura 15.40, diferentes opções encontram-se disponíveis.

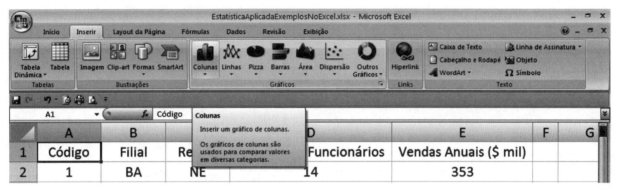

Figura 15.40   *Inserindo gráficos no Excel.*

Para ilustrar, considere a inserção de um gráfico de colunas para tabela de frequências da variável Região. Para inserir o gráfico, é preciso selecionar a área da planilha em que estão os dados. Depois, devemos acionar o menu Inserir > Gráfico > Colunas, conforme apresenta a Figura 15.41.

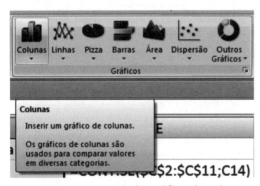

Figura 15.41   *Inserindo gráfico de colunas.*

Note que, conforme apresenta a Figura 15.42, antes de solicitar a inserção do gráfico foi preciso criar uma tabela de frequências no Excel. A criação desta tabela usou a função CONT.SE.

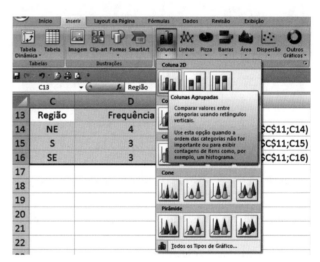

Figura 15.42   *Selecionando o tipo de gráfico de colunas.*

O resultado do gráfico de colunas criado pode ser visto na Figura 15.43.

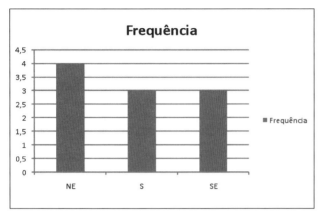

Figura 15.43  *Gráfico de colunas.*

O Excel oferece diversas opções para a criação de gráficos de frequência, como os gráficos de barras ou os gráficos de pizza. Outras opções para a representação do comportamento conjunto de duas variáveis podem ser representados por meio dos diagramas de dispersão, ilustrados na Figura 15.44.

Figura 15.44  *Construindo diagrama de dispersão.*

Em relação ao exemplo das filiais da rede Fictícia, poderíamos construir um diagrama de dispersão que apresentasse a relação entre as variáveis número de funcionários e vendas. A inserção do gráfico pode ser vista na Figura 15.45.

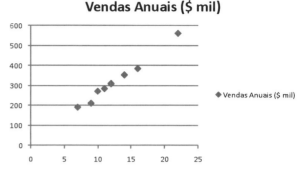

Figura 15.45  *Diagrama de dispersão.*

O diagrama de dispersão permite inserir equações de ajuste aos pontos, lineares ou não, conforme apresentado na seção deste capítulo que discute os usos das análises de regressão ou correlação.

Outra importante opção oferecida pelo Excel para a construção de gráficos pode ser vista por meio do menu Inserir > Tabela Dinâmica > Gráfico Dinâmico. É possível construir gráficos de forma simples, sem precisar construir tabelas de frequências. O uso do recurso está ilustrado na Figura 15.46.

Figura 15.46  *Inserindo gráficos dinâmicos.*

Após acionar a construção do gráfico dinâmico, o Excel disponibilizará as opções de configuração ilustradas na Figura 15.47.

**AVISO IMPORTANTE:** Apesar do Excel não ter uma opção automática para a criação de boxplots, o material de apoio ao livro disponível em <www.MinhasAulas.com.br> ensina a criar o gráfico.

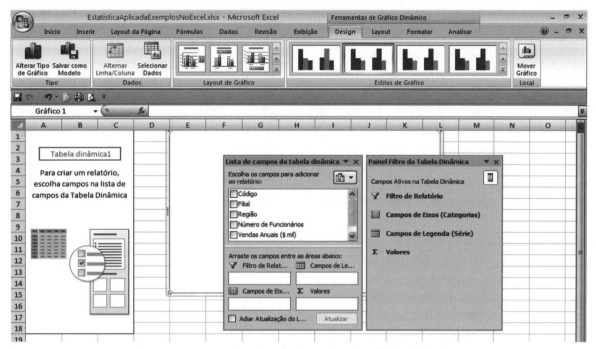

Figura 15.47  *Opções de configuração de gráficos dinâmicos.*

A Figura 15.48 apresenta gráfico dinâmico que mostra para a rede Fictícia o total de funcionários por região.

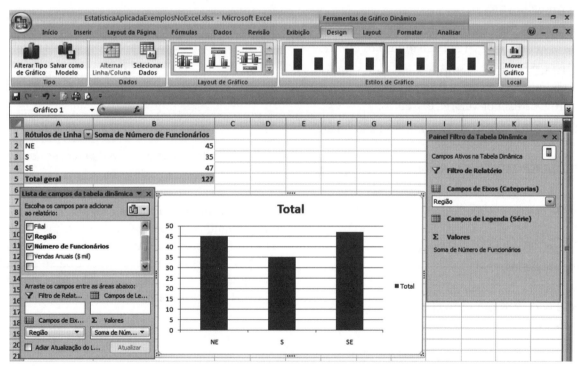

Figura 15.48  *Gráfico dinâmico construído.*

**Sugestão:** resolva os exercícios propostos no Excel. Faça *download* dos arquivos EstatisticaAplicadaExerciciosNoExcel.xlsx e EstatisticaAplicadaCasosNoExcel.xlsx, disponíveis no *sites* www.MinhasAulas.com.br. Conheça também as instruções e recursos para a criação de Boxplots no excel.

## Medidas de posição central (Cap 03)

A análise de variáveis quantitativas costuma ser feita com base no cálculo e interpretação de medidas ou estatísticas descritivas. As mais usuais medidas são de posição central, a exemplo da média ou da mediana. O Excel oferece diferentes alternativas para o cálculo de medidas.

**Funções de Planilha.** O cálculo de medidas de posição central é possível mediante o uso de funções estatísticas do Excel. Alguns exemplos podem ser apresentados:

**MÉDIA.** Retorna a média dos argumentos.

**MÉDIA A.** Retorna a média dos argumentos, inclusive números, texto e valores lógicos. Conforme já explicado no caso das funções MÍNIMO A e MÁXIMO A, a inclusão da letra A em uma função de estatística descritiva do Excel permite considerar outras informações além de números nos cálculos, como os valores lógicos FALSO ou VERDADEIRO.

**MÉDIASE.** Retorna a média (média aritmética) de todas as células em um intervalo que satisfazem um determinado critério.

**MÉDIASES.** Retorna a média (média aritmética) de todas as células que satisfazem múltiplos critérios.

**MÉDIA.INTERNA.** Retorna a média do interior de um conjunto de dados, expurgando os eventuais efeitos provocados por valores extremos.

**MÉDIA.HARMÔNICA.** Retorna a média harmônica.

**MÉDIA.GEOMÉTRICA.** Retorna a média geométrica.

**MED.** Retorna a mediana dos números indicados.

**MODO.** Retorna o valor mais comum em um conjunto de dados.

Exemplos com o uso de funções para o cálculo de medidas de posição central podem ser vistos na Figura 15.49.

| | A | B | C | D | E |
|---|---|---|---|---|---|
| 1 | Código | Filial | Região | Número de Funcionários | Vendas Anuais ($ mil) |
| 2 | 1 | BA | NE | 14 | 353 |
| 3 | 2 | CE | NE | 12 | 310 |
| 4 | 7 | PE | NE | 12 | 308 |
| 5 | 9 | SE | NE | 7 | 190 |
| 6 | 6 | PR | S | 11 | 284 |
| 7 | 8 | RS | S | 14 | 352 |
| 8 | 5 | SC | S | 10 | 271 |
| 9 | 10 | ES | SE | 9 | 210 |
| 10 | 4 | RJ | SE | 16 | 384 |
| 11 | 3 | SP | SE | 22 | 560 |
| 12 | | | | | |
| 13 | | 12,7 | =MÉDIA(D2:D11) | | |
| 14 | | 19 | =MÉDIASE(D2:D11;">15") | | |
| 15 | | 12,25 | =MÉDIA.INTERNA(D2:D11;0,75) | | |
| 16 | | 11,5961 | =MÉDIA.HARMÔNICA(D2:D11) | | |
| 17 | | 12,128 | =MÉDIA.GEOMÉTRICA(D2:D11) | | |
| 18 | | 12 | =MED(D2:D11) | | |
| 19 | | 14 | =MODO(D2:D11) | | |

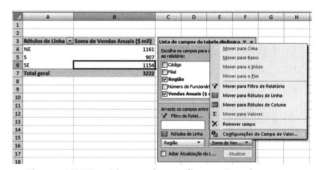

Figura 15.49 *Medidas de posição central calculadas no Excel.*

**Tabela dinâmica.** Outra opção simples para o cálculo de medidas de posição central é representada por meio das tabelas dinâmicas, já apresentadas na seção deste capítulo que discute a análise exploratória de dados com o uso do Excel.

Figura 15.50 *Ajustando configurações de campo de valor.*

Conforme destacado na Figura 15.50, para calcular medidas de posição central é preciso ajustar as Configurações do Campo de Valor. Para configurar, basta clicar sobre a seta para baixo ao lado de "Soma de Ven..". Depois, conforme apresenta a Figura 15.51, basta escolher a medida desejada.

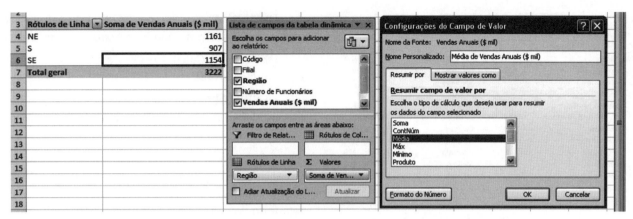

Figura 15.51  *Ajustando campo para cálculo da média.*

A Figura 15.51 apresenta as diversas possibilidades de medidas contidas no recurso Tabela Dinâmica do Excel.

| | A | B |
|---|---|---|
| 3 | **Rótulos de Linha** | **Média de Vendas Anuais ($ mil)** |
| 4 | NE | 290,25 |
| 5 | S | 302,33 |
| 6 | SE | 384,67 |
| 7 | **Total geral** | 322,20 |

Figura 15.52  *Resultado da tabela dinâmica com cálculo de médias.*

O resultado do cálculo das médias de vendas por região pode ser visto na Figura 15.52.

Suplemento para Análise de Dados. Outra forma rápida para a obtenção de medidas de posição central com o uso do Excel pode ser colocada em prática por meio do menu Dados > Ferramentas de Análise > Estatísticas Descritivas. Um exemplo de configuração de cálculo pode ser visto na Figura 15.53.

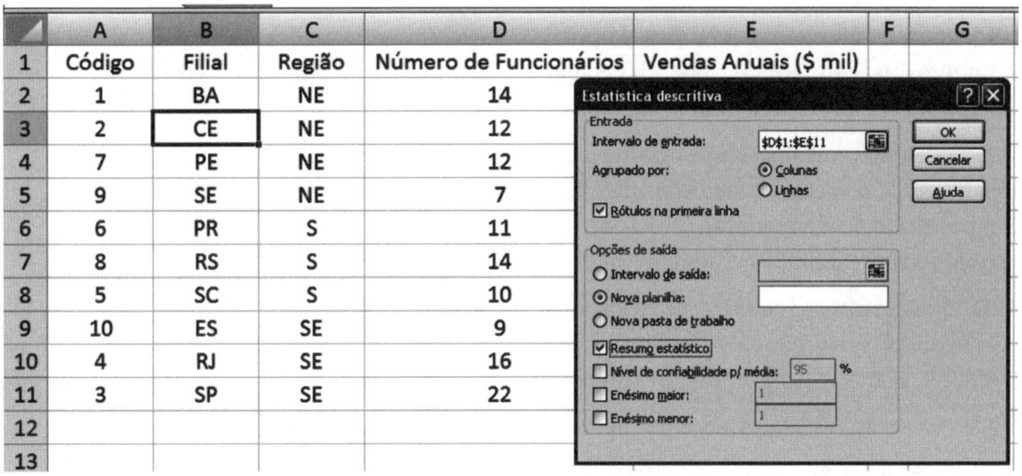

Figura 15.53  *Calculando estatísticas descritivas com o suplemento Análise de Dados.*

A Figura 15.53 destaca o cálculo de estatísticas descritivas para as variáveis Número de Funcionários e Vendas Anuais, contidas no intervalo D1:E11. Como o rótulo foi incluído, é preciso assinalar a opção correspondente. Também é preciso assinalar a alternativa Resumo estatístico, que calculará as principais estatísticas descritivas.

**344** Estatística aplicada à gestão empresarial • Bruni

| | A | B | C | D |
|---|---|---|---|---|
| 1 | Número de Funcionários | | Vendas Anuais ($ mil) | |
| 2 | | | | |
| 3 | Média | 12,7 | Média | 322,2 |
| 4 | Erro padrão | 1,32539302 | Erro padrão | 32,7789906 |
| 5 | Mediana | 12 | Mediana | 309 |
| 6 | Modo | 14 | Modo | #N/D |
| 7 | Desvio padrão | 4,19126075 | Desvio padrão | 103,65627 |
| 8 | Variância da amostra | 17,5666667 | Variância da amostra | 10744,6222 |
| 9 | Curtose | 1,9623343 | Curtose | 2,63109419 |
| 10 | Assimetria | 1,10082676 | Assimetria | 1,22477882 |
| 11 | Intervalo | 15 | Intervalo | 370 |
| 12 | Mínimo | 7 | Mínimo | 190 |
| 13 | Máximo | 22 | Máximo | 560 |
| 14 | Soma | 127 | Soma | 3222 |
| 15 | Contagem | 10 | Contagem | 10 |

Figura 15.54  *Estatísticas descritivas calculadas.*

O resultado pode ser visto na Figura 15.54. Diversas medidas estatísticas, além das medidas usuais de posição central, foram calculadas de forma rápida.

**Sugestão:** resolva os exercícios propostos no Excel. Faça *download* dos arquivos EstatisticaAplicadaExerciciosNoExcel.xlsx e EstatisticaAplicadaCasosNoExcel.xlsx, disponíveis no *site* www.MinhasAulas.com.br.

## Medidas de dispersão no Excel (Cap. 4)

A obtenção de medidas de dispersão no Excel pode ser feita usando procedimentos similares àqueles apresentados para o cálculo das medidas de posição central. Podemos usar funções de planilha, tabelas dinâmicas ou o suplemento para análise de dados.

Sobre as funções de planilha, é importante destacar que diferentes fórmulas prontas estão disponíveis no Excel para o cálculo de medidas de dispersão. Veja alguns exemplos apresentados a seguir.

**DESV.MÉDIO.** Retorna a média aritmética dos desvios médios absolutos dos pontos de dados a partir de sua média.

**DESVQ.** Retorna a soma dos quadrados dos desvios.

**VAR.** Estima a variância com base em uma amostra.

**VARA.** Estima a variância com base em uma amostra, inclusive números, texto e valores lógicos.

**VARP.** Calcula a variância com base na população inteira.

**VARPA.** Calcula a variância com base na população total, inclusive números, texto e valores lógicos.

**DESVPAD.** Estima o desvio padrão com base em uma amostra.

**DESVPADA.** Estima o desvio padrão com base em uma amostra, inclusive números, texto e valores lógicos.

**DESVPADP.** Calcula o desvio padrão com base na população total.

**DESVPADPA.** Calcula o desvio padrão com base na população total, inclusive números, texto e valores lógicos.

É importante observar que a inlusão da letra P em uma função para cálculo de medida de dispersão (como VARP, DESVPADP) faz com o que o cálculo seja feito considerando o universo, com a divisão da soma dos quadrados dos desvios por n (e não por n – 1, conforme executado nos cálculos para amostras). A inclusão da letra A (como VARPA ou DESVPADPA) permite considerar outras informações nos argumentos, como valores lógicos.

| | A | B | C | D | E |
|---|---|---|---|---|---|
| 1 | Código | Filial | Região | Número de Funcionários | Vendas Anuais ($ mil) |
| 2 | 1 | BA | NE | 14 | 353 |
| 3 | 2 | CE | NE | 12 | 310 |
| 4 | 7 | PE | NE | 12 | 308 |
| 5 | 9 | SE | NE | 7 | 190 |
| 6 | 6 | PR | S | 11 | 284 |
| 7 | 8 | RS | S | 14 | 352 |
| 8 | 5 | SC | S | 10 | 271 |
| 9 | 10 | ES | SE | 9 | 210 |
| 10 | 4 | RJ | SE | 16 | 384 |
| 11 | 3 | SP | SE | 22 | 560 |
| 12 | | | | | |
| 13 | | 3,04 | =DESV.MÉDIO(D2:D11) | | |
| 14 | | 17,5667 | =VAR(D2:D11) | | |
| 15 | | 15,81 | =VARP(D2:D11) | | |
| 16 | | 4,19126 | =DESVPAD(D2:D11) | | |
| 17 | | 3,97618 | =DESVPADP(D2:D11) | | |

Figura 15.55  *Medidas de dispersão calculadas no Excel.*

Além do cálculo de medidas de dispersão com o uso de funções de planilha, o Excel também permite obtê-las com o uso de tabelas dinâmicas ou do suplemento para análise de dados. Nestas duas últimas situações, os procedimentos seriam similares aos apresentados para o cálculo de medidas de posição central.

**Sugestão:** resolva os exercícios propostos no Excel. Faça *download* dos arquivos EstatisticaAplicadaExerciciosNoExcel.xlsx e EstatisticaAplicadaCasosNoExcel.xlsx, disponíveis no *sites* www.MinhasAulas.com.br.

## Medidas de ordenamento e forma no Excel (Cap. 5)

Medidas de ordenamento e forma podem ser calculadas de forma fácil no Excel com o uso de Funções de Planilha. Alguns exemplos estão apresentados a seguir.

**ORDEM.** Retorna a posição de um número em uma lista de números.

**ORDEM.PORCENTUAL.** Retorna a ordem percentual de um valor em um conjunto de dados.

**PERCENTIL.** Retorna o k-ésimo percentil de valores em um intervalo.

**QUARTIL.** Retorna o quartil do conjunto de dados.

**DISTORÇÃO.** Retorna a assimetria de uma distribuição.

**CURT.** Retorna a curtose de um conjunto de dados.

Exemplos com o uso das funções podem ser vistos na Figura 15.56.

|    | A      | B       | C      | D                    | E                    |
|----|--------|---------|--------|----------------------|----------------------|
| 1  | Código | Filial  | Região | Número de Funcionários | Vendas Anuais ($ mil) |
| 2  | 1      | BA      | NE     | 14                   | 353                  |
| 3  | 2      | CE      | NE     | 12                   | 310                  |
| 4  | 7      | PE      | NE     | 12                   | 308                  |
| 5  | 9      | SE      | NE     | 7                    | 190                  |
| 6  | 6      | PR      | S      | 11                   | 284                  |
| 7  | 8      | RS      | S      | 14                   | 352                  |
| 8  | 5      | SC      | S      | 10                   | 271                  |
| 9  | 10     | ES      | SE     | 9                    | 210                  |
| 10 | 4      | RJ      | SE     | 16                   | 384                  |
| 11 | 3      | SP      | SE     | 22                   | 560                  |
| 12 |        |         |        |                      |                      |
| 13 |        | 9       | =ORDEM(16;D2:D11;1) |        |                      |
| 14 |        | 0,888   | =ORDEM.PORCENTUAL(D2:D11;16) |  |                      |
| 15 |        | 9,8     | =PERCENTIL(D2:D11;0,2) |     |                      |
| 16 |        | 10,25   | =QUARTIL(D2:D11;1) |         |                      |
| 17 |        | 1,10083 | =DISTORÇÃO(D2:D11) |         |                      |
| 18 |        | 1,96233 | =CURT(D2:D11) |              |                      |

Figura 15.56  *Medidas de ordenamento e forma calculadas no Excel.*

O Suplemento para Análise de Dados também permite calcular medidas de ordenamento e posição, usando procedimentos de cálculo e de configuração similares aos empregados no cálculo das medidas de posição central.

**Sugestão:** resolva os exercícios propostos no Excel. Faça *download* dos arquivos EstatisticaAplicada-ExerciciosNoExcel.xlsx e EstatisticaAplicadaCasos-NoExcel.xlsx, disponíveis no *site* www.MinhasAulas.com.br.

## Probabilidade no Excel (Cap. 6)

O Excel apresenta algumas funções que podem ser empregadas nos cálculos com probabilidades. Veja alguns exemplos a seguir.

**FATORIAL.** Retorna o fatorial de um número.

**COMBIN.** Retorna o número de combinações de um determinado número de objetos.

**PERMUT.** Retorna o número de permutações de um determinado número de objetos.

**PROB.** Retorna a probabilidade de valores em um intervalo estarem entre dois limites.

Exemplos com o uso de funções de probabilidade podem ser vistas na Figura 15.57.

|    | A     | B                      |
|----|-------|------------------------|
| 1  | 40320 | =FATORIAL(8)           |
| 2  | 56    | =COMBIN(8;3)           |
| 3  | 336   | =PERMUT(8;3)           |
| 4  |       |                        |
| 5  | x     | Prob(x)                |
| 6  | 2     | 0,1                    |
| 7  | 5     | 0,3                    |
| 8  | 8     | 0,6                    |
| 9  |       |                        |
| 10 | 0,9   | =PROB(A6:A8;B6:B8;5;8) |

Figura 15.57  *Funções de probabilidade calculadas no Excel.*

É importante alertar, mais uma vez, que este capítulo descreve de forma suscinta as principais funções do Excel úteis na Estatística Aplicada à Gestão Empresarial. Para conhecer os detalhes de cada uma das funções é preciso usar o recurso de inserir função passo a passo do Excel ou consultar a ajuda do Excel.

## Variáveis aleatórias no Excel (Cap. 7)

As funções de planilha do Excel apresentam funções específicas para os cálculos com variáveis aleatórias. Veja alguns exemplos:

**DISTRBINOM.** Retorna a probabilidade de distribuição binomial do termo individual.

**CRIT.BINOM.** Retorna o menor valor para o qual a distribuição binomial cumulativa é menor ou igual ao valor padrão

**DIST.BIN.NEG.** Retorna a distribuição binomial negativa.

**POISSON.** Retorna a distribuição Poisson.

**PADRONIZAR.** Retorna um valor normalizado.

**DIST.NORM.** Retorna a distribuição cumulativa normal.

**DIST.NORMP.** Retorna a distribuição cumulativa normal padrão.

**INV.NORM.** Retorna o inverso da distribuição cumulativa normal.

**INV.NORMP.** Retorna o inverso da distribuição cumulativa normal padrão.

O uso de funções para operações com variáveis aleatórias está apresentado na Figura 15.58.

| | A | B |
|---|---|---|
| 1 | 0,278692 | =DISTRBINOM(3;8;0,4;FALSO) |
| 2 | 5 | =CRIT.BINOM(8;0,4;0,9) |
| 3 | 0,077414 | =DIST.BIN.NEG(3;5;0,4) |
| 4 | 0,966491 | =POISSON(6;3;VERDADEIRO) |
| 5 | 0,666667 | =PADRONIZAR(10;8;3) |
| 6 | 0,630559 | =DIST.NORM(7;6,4;1,8;VERDADEIRO) |
| 7 | 0,933193 | =DIST.NORMP(1,5) |
| 8 | 3,504973 | =INV.NORM(0,8;3;0,6) |
| 9 | 1,644854 | =INV.NORMP(0,95) |

Figura 15.58   *Funções para cálculos com variáveis aleatórias.*

Para saber mais sobre as funções apresentadas, consulte a ajuda do Excel ou o recurso de inserir função passo a passo.

## Amostragem no Excel (Cap. 8)

O Excel oferece diferentes alternativas para a execução de procedimentos de amostragem. Alguns destes procedimentos podem ser feitos mediante o uso das funções descritas a seguir.

**ALEATÓRIO.** Retorna um número aleatório entre 0 e 1.

**ALEATÓRIO ENTRE.** Retorna um número aleatório entre os números especificados.

As duas funções ajudar a sortear elementos a partir de um universo previamente conhecido. Para ilustrar, considere a população dos nomes apresentados na Figura 15.59.

| | A | B |
|---|---|---|
| 1 | Código | Nome |
| 2 | 1 | Alice |
| 3 | 2 | Alzira |
| 4 | 3 | Ana |
| 5 | 4 | Ana Paula |
| 6 | 5 | Anderson |
| 7 | 6 | Gabriela |
| 8 | 7 | Hugo |
| 9 | 8 | José |
| 10 | 9 | Luiz |
| 11 | 10 | Manoel |
| 12 | 11 | Marcela |
| 13 | 12 | Maria |
| 14 | 13 | Maurício |
| 15 | 14 | Pedro |
| 16 | 15 | Sabina |
| 17 | 16 | Tânia |
| 18 | 17 | Victor |

Figura 15.59   *Universo de nomes.*

Para extrair uma amostra aleatória poderíamos inserir uma coluna com a função =ALEATÓRIO(), conforme mostra a Figura 15.60.

| | A | B | C | D |
|---|---|---|---|---|
| 1 | Código | Nome | Aleatório | |
| 2 | 1 | Alice | 0,276419 | =ALEATÓRIO() |
| 3 | 2 | Alzira | 0,775557 | =ALEATÓRIO() |
| 4 | 3 | Ana | 0,608982 | =ALEATÓRIO() |
| 5 | 4 | Ana Paula | 0,477054 | =ALEATÓRIO() |
| 6 | 5 | Anderson | 0,749559 | =ALEATÓRIO() |
| 7 | 6 | Gabriela | 0,134297 | =ALEATÓRIO() |
| 8 | 7 | Hugo | 0,137888 | =ALEATÓRIO() |
| 9 | 8 | José | 0,564296 | =ALEATÓRIO() |
| 10 | 9 | Luiz | 0,698292 | =ALEATÓRIO() |
| 11 | 10 | Manoel | 0,798498 | =ALEATÓRIO() |
| 12 | 11 | Marcela | 0,83533 | =ALEATÓRIO() |
| 13 | 12 | Maria | 0,990903 | =ALEATÓRIO() |
| 14 | 13 | Maurício | 0,600619 | =ALEATÓRIO() |
| 15 | 14 | Pedro | 0,607207 | =ALEATÓRIO() |
| 16 | 15 | Sabina | 0,064269 | =ALEATÓRIO() |
| 17 | 16 | Tânia | 0,856532 | =ALEATÓRIO() |
| 18 | 17 | Victor | 0,990906 | =ALEATÓRIO() |

Figura 15.60   *Inserindo uma coluna com valores aleatórios.*

Após os números aleatórios terem sido incluídos (e calculados automaticamente pelo Excel), bastaria classificar os dados com base na coluna com os números aleatórios, conforme apresenta a Figura 15.61.

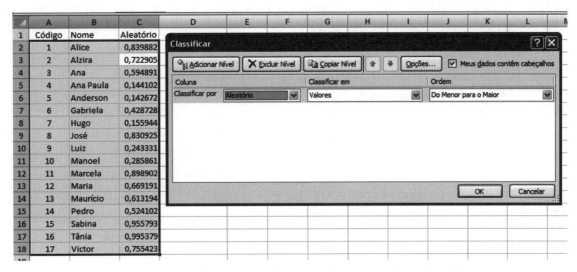

Figura 15.61 *Ordenando os dados com base nos valores aleatórios.*

Após a classificação com base nos números aleatórios, os dados estarão aleatoriamente ordenados, conforme apresenta a Figura 15.62. Assim, caso desejássemos uma amostra com n elementos, bastaria escolher os primeiros n elementos da base de dados aleatoriamente organizada.

| | A | B | C |
|---|---|---|---|
| 1 | Código | Nome | Aleatório |
| 2 | 5 | Anderson | 0,299966 |
| 3 | 4 | Ana Paula | 0,096093 |
| 4 | 7 | Hugo | 0,585104 |
| 5 | 9 | Luiz | 0,077208 |
| 6 | 10 | Manoel | 0,462994 |
| 7 | 6 | Gabriela | 0,659121 |
| 8 | 14 | Pedro | 0,796229 |
| 9 | 3 | Ana | 0,050408 |
| 10 | 13 | Maurício | 0,019215 |
| 11 | 12 | Maria | 0,268904 |
| 12 | 2 | Alzira | 0,778107 |
| 13 | 17 | Victor | 0,477048 |
| 14 | 8 | José | 0,752011 |
| 15 | 1 | Alice | 0,162579 |
| 16 | 11 | Marcela | 0,087539 |
| 17 | 15 | Sabina | 0,175112 |
| 18 | 16 | Tânia | 0,994133 |

Figura 15.62 *Dados ordenados aleatoriamente.*

Caso fosse preciso realizar uma amostragem estratificada, poderíamos executar o procedimento anterior usando uma classificação com múltiplos níveis.

Outra opção envolveria o uso da função ALEATÓRIO ENTRE, que permitiria sortear com reposição valores de uma relação específica. É importante observar que esta função apenas estará disponível caso o suplemento de Análise de Dados esteja ativado no Excel, conforme destacado no início deste capítulo. Para ilustrar seu uso, considere o exemplo da Figura 15.63, que apresenta a inserção de uma coluna com a função ALEATÓRIO ENTRE.

| | A | B | C | D | E |
|---|---|---|---|---|---|
| 1 | Código | Nome | | Códigos sorteados | |
| 2 | 1 | Alice | | 6 | =ALEATÓRIOENTRE(1;17) |
| 3 | 2 | Alzira | | 15 | =ALEATÓRIOENTRE(1;17) |
| 4 | 3 | Ana | | 7 | =ALEATÓRIOENTRE(1;17) |
| 5 | 4 | Ana Paula | | 15 | =ALEATÓRIOENTRE(1;17) |
| 6 | 5 | Anderson | | 17 | =ALEATÓRIOENTRE(1;17) |
| 7 | 6 | Gabriela | | 12 | =ALEATÓRIOENTRE(1;17) |
| 8 | 7 | Hugo | | 13 | =ALEATÓRIOENTRE(1;17) |
| 9 | 8 | José | | | |
| 10 | 9 | Luiz | | | |
| 11 | 10 | Manoel | | | |
| 12 | 11 | Marcela | | | |
| 13 | 12 | Maria | | | |
| 14 | 13 | Maurício | | | |
| 15 | 14 | Pedro | | | |
| 16 | 15 | Sabina | | | |
| 17 | 16 | Tânia | | | |
| 18 | 17 | Victor | | | |

Figura 15.63 *Valores sorteados com a função ALEATÓRIOENTRE.*

Os códigos sorteados, apresentados na Figura 15.63, foram 6, **15**, 7, **15**, 17, 12 e 13. Como o sorteio ocorre com reposição, o número 15 foi sorteado duas vezes, indicando a necessidade de substituição de um dos valores sorteados em duplicidade.

Outro importante recurso para a realização de amostragens no Excel pode ser obtido por meio da opção Amostragem do suplemento de Análise de Dados, disponível no menu Dados > Análise de Dados, conforme apresenta a Figura 15.64.

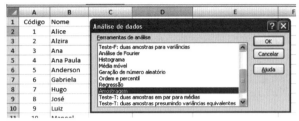

Figura 15.64 *Usando o Suplemento de Análise de Dados Amostragem.*

A caixa de configuração do recurso, apresentada na Figura 15.65, permite selecionar amostras a partir de um universo representado por meio de códigos numéricos. É importante destacar que obrigatoriamente o universo deve estar representado por meio de códigos numéricos. Caso essa premissa não seja respeitada, o recurso não funcionará. É importante destacar que o método de amostragem pode ser periódico ou aleatório. A opção configurada na Figura 15.65 solicita a extração de uma amostra aleatória.

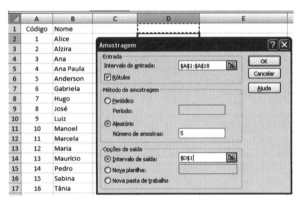

Figura 15.65 *Configurando o Suplemento para Amostragem aleatória.*

A amostra extraída encontra-se apresentada na Figura 15.66.

| | A | B | C | D |
|---|---|---|---|---|
| 1 | Código | Nome | | 1 |
| 2 | 1 | Alice | | 4 |
| 3 | 2 | Alzira | | 17 |
| 4 | 3 | Ana | | 6 |
| 5 | 4 | Ana Paula | | 12 |
| 6 | 5 | Anderson | | |

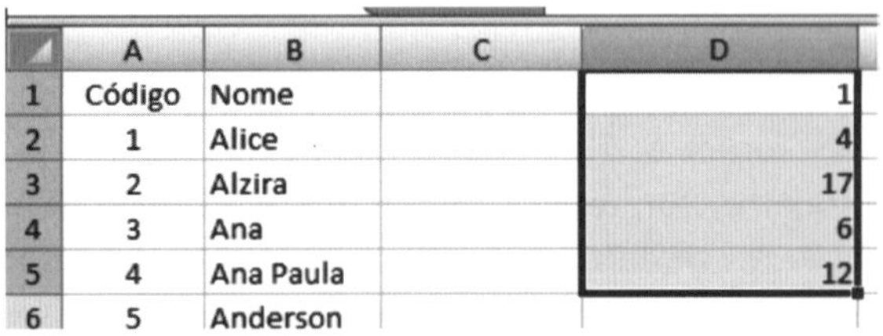

Figura 15.66 *Amostra aleatória extraída do universo.*

Outra alternativa poderia envolver uma amostragem periódica, conforme apresenta a configuração exibida na Figura 15.67.

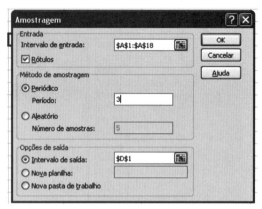

Figura 15.67 *Configurando o Suplemento para Amostragem periódica.*

A amostra periódica obtida está apresentada na Figura 15.68.

| | A | B | C | D |
|---|---|---|---|---|
| 1 | Código | Nome | | 3 |
| 2 | 1 | Alice | | 6 |
| 3 | 2 | Alzira | | 9 |
| 4 | 3 | Ana | | 12 |
| 5 | 4 | Ana Paula | | 15 |

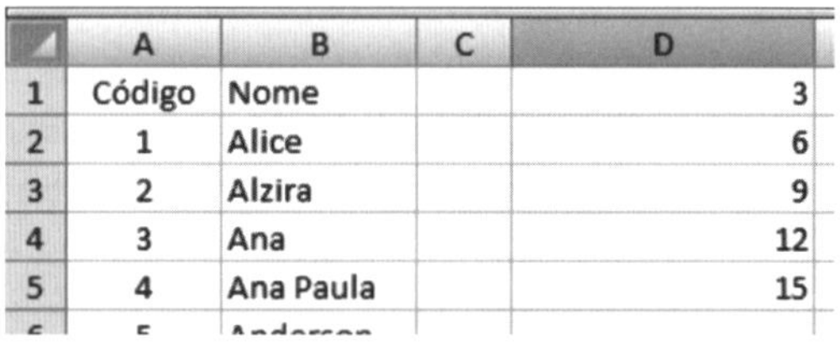

Figura 15.68 *Amostra periódica extraída do universo.*

Os exemplos apresentados ao longo do capítulo podem ser vistos na planilha EstatisticaAplicadaExemplosNoExcel.xlsx.

**Sugestão:** resolva os exercícios propostos no Excel. Faça *download* dos arquivos EstatisticaAplicadaExerciciosNoExcel.xlsx e EstatisticaAplicadaCasosNoExcel.xlsx, disponíveis no *site* www.MinhasAulas.com.br.

## Estimação no Excel (Cap. 9)

O uso de procedimentos de estimação no Excel pode ser feito com uso de diferentes funções. Algumas destas funções, como DIST.NORM, INV.NORM, DIST.NORMP e INV.NORMP já foram apresentadas na seção deste capítulo que discute o uso de variáveis aleatórias. Outras funções estão apresentadas a seguir.

**INT.CONFIANÇA.** Retorna o erro inferencial associado à média da população.

**DISTT.** Retorna a distribuição t de Student.

**INVT.** Retorna o inverso da distribuição t de Student.

Exemplos com os usos das funções podem ser vistos na Figura 15.69.

|   | A | B |
|---|---|---|
| 1 | 5,879892 | =INT.CONFIANÇA(0,05;30;100) |
| 2 | 0,210002 | =DISTT(1,3;18;2) |
| 3 | 2,109816 | =INVT(0,05;17) |

Figura 15.69  *Funções para estimação.*

## Testes paramétricos no Excel (Cap. 10)

Algumas fórmulas do Excel permitem realizar procedimentos de testes paramétricos de hipóteses no Excel. Veja os dois exemplos a seguir.

**TESTET.** Retorna a probabilidade associada ao teste t de Student.

**TESTEZ.** Retorna o valor de probabilidade uni-caudal de um teste-z.

Outra alternativa disponível para a aplicação de testes não paramétricos no Excel envolve o uso do Suplemento para Análise de Dados, que oferece diferentes alternativas, como mostra a Figura 15.70.

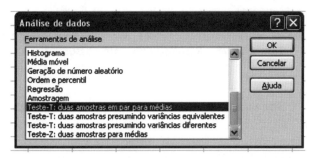

Figura 15.70  *Alternativas para testes paramétricos no Suplemento para Análise de Dados.*

As alternativas disponíveis correspondem ao teste z e ao teste t (com diferentes alternativas, envolvendo opções para amostras pareadas, para duas amostras com variâncias equivalentes e com variâncias diferentes).

**Teste z.** O recurso do suplemento do Excel permite a realização de testes de igualdade ou diferença de médias, desde que a variância da população seja conhecida. Observe o exemplo configurado da Figura 15.71.

Figura 15.71  *Executando um teste z.*

Os resultados do teste z feito com o Suplemento de Análise de Dados estão apresentados na Figura 15.72.

|   | A | B | C |
|---|---|---|---|
| 1 | Teste-z: duas amostras para médias | | |
| 2 | | | |
| 3 | | Amostra A | Amostra B |
| 4 | Média | 4,967391304 | 5,66304348 |
| 5 | Variância conhecida | 8,86 | 28,16 |
| 6 | Observações | 92 | 92 |
| 7 | Hipótese da diferença de média | 0 | |
| 8 | z | -1,09664952 | |
| 9 | P(Z<=z) uni-caudal | 0,136397316 | |
| 10 | z crítico uni-caudal | 1,644853627 | |
| 11 | P(Z<=z) bi-caudal | 0,272794631 | |
| 12 | z crítico bi-caudal | 1,959963985 | |

Figura 15.72  *Resultado do teste z.*

**Teste t para amostras pareadas.** Pode ser configurado conforme apresenta a Figura 15.73.

|   | A | B |
|---|---|---|
| 1 | Antes | Depois |
| 2 | 12 | 9 |
| 3 | 15 | 14 |
| 4 | 11 | 9 |
| 5 | 9 | 8 |
| 6 | 19 | 20 |
| 7 | 20 | 17 |
| 8 | 15 | 14 |

Figura 15.73  *Executando um teste t para amostras pareadas.*

O resultado do teste t para amostras pareadas pode ser visto na Figura 15.74.

| | A | B | C |
|---|---|---|---|
| 1 | Teste-t: duas amostras em par para médias | | |
| 2 | | | |
| 3 | | Antes | Depois |
| 4 | Média | 14,43 | 13,00 |
| 5 | Variância | 16,62 | 20,67 |
| 6 | Observações | 7 | 7 |
| 7 | Correlação de Pearson | 0,95 | |
| 8 | Hipótese da diferença de média | - | |
| 9 | gl | 6,00 | |
| 10 | Stat t | 2,71 | |
| 11 | P(T<=t) uni-caudal | 0,02 | |
| 12 | t crítico uni-caudal | 1,94 | |
| 13 | P(T<=t) bi-caudal | 0,04 | |
| 14 | t crítico bi-caudal | 2,45 | |

Figura 15.74  *Resultado do teste t para amostras pareadas.*

**Teste t para duas amostras com variâncias equivalentes.** Sua configuração está apresentada na Figura 15.75.

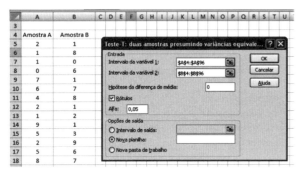

Figura 15.75  *Executando um teste t assumindo variâncias iguais.*

Os resultados estão apresentados na Figura 15.76.

| | A | B | C |
|---|---|---|---|
| 1 | Teste-t: duas amostras presumindo variâncias equivalentes | | |
| 2 | | | |
| 3 | | Amostra A | Amostra B |
| 4 | Média | 4,967391304 | 5,663043478 |
| 5 | Variância | 8,954968944 | 28,4676302 |
| 6 | Observações | 92 | 92 |
| 7 | Variância agrupada | 18,71129957 | |
| 8 | Hipótese da diferença de média | 0 | |
| 9 | gl | 182 | |
| 10 | Stat t | -1,090734591 | |
| 11 | P(T<=t) uni-caudal | 0,138415808 | |
| 12 | t crítico uni-caudal | 1,653269024 | |
| 13 | P(T<=t) bi-caudal | 0,276831616 | |
| 14 | t crítico bi-caudal | 1,973084036 | |

Figura 15.76  *Resultado do teste t assumindo variâncias iguais.*

**Teste t para duas amostras com variâncias diferentes.** A Figura 15.77 apresenta a sua configuração.

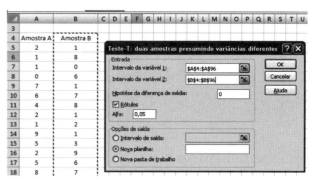

Figura 15.77  *Executando um teste t assumindo variâncias desiguais.*

Os resultados estão apresentados na Figura 15.78.

| | A | B | C |
|---|---|---|---|
| 1 | Teste-t: duas amostras presumindo variâncias diferentes | | |
| 2 | | | |
| 3 | | Amostra A | Amostra B |
| 4 | Média | 4,967391304 | 5,66304348 |
| 5 | Variância | 8,954968944 | 28,4676302 |
| 6 | Observações | 92 | 92 |
| 7 | Hipótese da diferença de média | 0 | |
| 8 | gl | 143 | |
| 9 | Stat t | -1,09073459 | |
| 10 | P(T<=t) uni-caudal | 0,138612073 | |
| 11 | t crítico uni-caudal | 1,655579144 | |
| 12 | P(T<=t) bi-caudal | 0,277224146 | |
| 13 | t crítico bi-caudal | 1,976692167 | |

Figura 15.78  *Resultado do teste t assumindo variâncias desiguais.*

**Sugestão:** resolva os exercícios propostos no Excel. Faça *download* dos arquivos EstatisticaAplicadaExerciciosNoExcel.xlsx e EstatisticaAplicadaCasosNoExcel.xlsx, disponíveis no *site* www.MinhasAulas.com.br.

### Testes não paramétricos no Excel (Cap. 11)

Algumas funções de planilha do Excel podem ser empregadas durante a realização de testes não paramétricos. Veja os exemplos apresentados a seguir.

**DIST.QUI.** Retorna a probabilidade unicaudal da distribuição qui-quadrada.

**INV.QUI.** Retorna o inverso da probabilidade uni-caudal da distribuição qui-quadrada.

**TESTE.QUI.** Retorna o teste para independência.

**DISTF.** Retorna a distribuição de probabilidade F.

**INVF.** Retorna o inverso da distribuição de probabilidades F.

Exemplos com o uso das funções podem ser vistos na Figura 15.79.

| | A | B |
|---|---|---|
| 1 | Fi real | Fi esp |
| 2 | 0,4 | 0,25 |
| 3 | 0,3 | 0,25 |
| 4 | 0,1 | 0,25 |
| 5 | 0,2 | 0,25 |
| 6 | | |
| 7 | 0,889326 | =DIST.QUI(8;14) |
| 8 | 7,789534 | =INV.QUI(0,9;14) |
| 9 | 0,977589 | =TESTE.QUI(A2:A5;B2:B5) |
| 10 | 0,027464 | =DISTF(4;14;8) |
| 11 | 3,025473 | =INVF(0,05;14;9) |

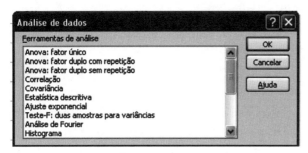

Figura 15.79 *Funções para testes não paramétricos.*

Outra alternativa disponível para a aplicação de testes não paramétricos no Excel envolve o uso do Suplemento para Análise de Dados, que oferece diferentes alternativas, como mostra a Figura 15.80.

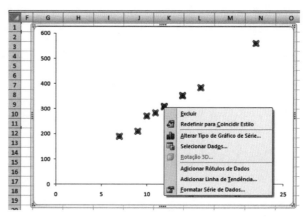

Figura 15.80 *Ferramentas de análise com testes não paramétricos.*

Conforme apresenta a Figura 15.80, existem alternativas para a realização de testes de análise da variância, Anova, de fator único e de fator duplo com e sem repetição. Também existe a possibilidade do teste F para a igualdade de variâncias. Para saber mais sobre os testes, consulte a ajuda do Excel.

## Correlação e regressão no Excel (Cap. 12)

Uma maneira simples para aplicar a análise de regressão e correlação no Excel consiste na inserção de equações de ajuste no próprio diagrama de dispersão, cuja inserção foi explicada na seção deste capítulo que discute o uso de gráficos. O diagrama de dispersão (sem rótulos e legendas) está apresentado na Figura 15.81.

Figura 15.81 *Adicionando linha de tendência.*

Para adicionar uma linha de tendência, basta clicar com o botão esquerdo sobre um dos pontos assinalados no diagrama de dispersão. Com os pontos iluminados, basta clicar no botão direito, chamando o atalho do Excel. Deve-se selecionar a alternativa Adicionar Linha de Tendência, conforme apresenta a Figura 15.81.

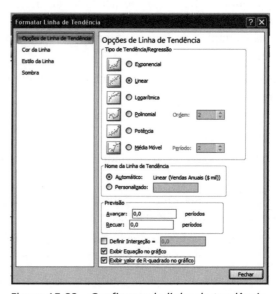

Figura 15.82 *Configurando linha de tendência.*

As opções de configuração da linha de tendência que se deseja inserir estão apresentadas na Figura 15.82. No exemplo, selecionamos um ajuste linear e pedimos a apresentação da equação e do R ao quadrado. Conforme destacado na Figura 15.82, existem outras opções não lineares disponibilizadas pelo Excel, a exemplo dos ajustes exponencial, logaritmico, polinominal, de potência e de média móvel.

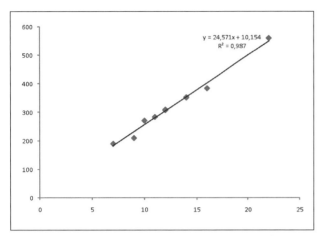

Figura 15.83 *Diagrama de dispersão com linha de tendência adicionada.*

| | A | B | C | D | E |
|---|---|---|---|---|---|
| 1 | Código | Filial | Região | Número de Funcionários | Vendas Anuais ($ mil) |
| 2 | 1 | BA | NE | 14 | 353 |
| 3 | 2 | CE | NE | 12 | 310 |
| 4 | 7 | PE | NE | 12 | 308 |
| 5 | 9 | SE | NE | 7 | 190 |
| 6 | 6 | PR | S | 11 | 284 |
| 7 | 8 | RS | S | 14 | 352 |
| 8 | 5 | SC | S | 10 | 271 |
| 9 | 10 | ES | SE | 9 | 210 |
| 10 | 4 | RJ | SE | 16 | 384 |
| 11 | 3 | SP | SE | 22 | 560 |
| 12 | | | | | |
| 13 | 24,5705 | =INCLINAÇÃO(E2:E11;D2:D11) | | | |
| 14 | 10,1543 | =INTERCEPÇÃO(E2:E11;D2:D11) | | | |
| 15 | 388,46 | =COVAR(D2:D11;E2:E11) | | | |
| 16 | 0,99349 | =CORREL(D2:D11;E2:E11) | | | |
| 17 | 0,98702 | =RQUAD(D2:D11;E2:E11) | | | |
| 18 | 0,99349 | =PEARSON(D2:D11;E2:E11) | | | |
| 19 | 452,424 | =PREVISÃO(18;E2:E11;D2:D11) | | | |
| 20 | 12,5247 | =EPADYX(E2:E11;D2:D11) | | | |

Figura 15.84 *Funções de regressão e correlação inseridas na planilha.*

A linha de ajuste inserida com a sua equação e o seu R ao quadrado podem ser vistos na Figura 15.83.

Outra alternativa oferecida pelo Excel para operações com análise de regressão e correlação envolveria o uso de funções de planilha. Algumas funções de planilha do Excel podem ser úteis na aplicação de técnicas de correlação e regressão no Excel. Veja alguns exemplos de funções simples apresentados a seguir.

**INCLINAÇÃO.** Retorna a inclinação da linha de regressão linear.

**INTERCEPÇÃO.** Retorna a intercepção da linha de regressão linear.

**COVAR.** Retorna a covariância, a média dos produtos dos desvios pares.

**CORREL.** Retorna o coeficiente de correlação entre dois conjuntos de dados.

**RQUAD.** Retorna o quadrado do coeficiente de correlação do momento do produto de Pearson.

**PEARSON.** Retorna o coeficiente de correlação do momento do produto Pearson.

**PREVISÃO.** Retorna um valor ao longo de uma linha reta.

**EPADYX.** Retorna o erro padrão do valor-y previsto para cada x da regressão.

Exemplos com usos das funções podem ser vistos na Figura 15.84.

Outras funções matriciais, mais elaboradas, também podem ser empregadas. Para ativar uma função matricial, é preciso editar a função (tecla F2), seguida do pressionamento conjunto das teclas Control + Shift + Enter.

**PROJ.LIN.** Retorna os parâmetros de uma tendência linear.

**TENDÊNCIA.** Retorna valores ao longo de uma tendência linear.

Exemplos com os usos destas duas funções matriciais podem ser vistos na ajuda do Excel.

Análises de regressão e correlação também podem ser conduzidas com o apoio do Suplemento para Análise de Dados, que oferece diferentes alternativas, conforme apresenta a Figura 15.85, que apresenta o uso da ferramenta Correlação.

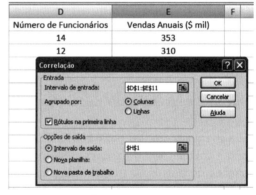

Figura 15.85 *Configurando a análise de correlação.*

A ferramenta retorna uma matriz de coeficientes de correlação das variáveis analisadas. Apesar do exemplo ilustrar o cálculo com apenas duas variáveis, o recurso permite efetuar cálculos com diversas variáveis. Os resultados estão apresentados na Figura 15.86.

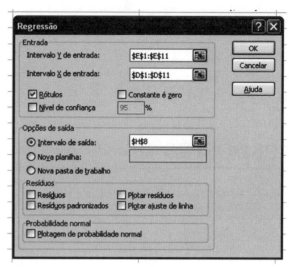

Figura 15.87 *Configurando a análise de regressão.*

|  | Número de Funcionários | Vendas Anuais ($ mil) |
|---|---|---|
| Número de Funcionários | 1 |  |
| Vendas Anuais ($ mil) | 0,993490093 | 1 |

Figura 15.86 *Resultados da análise de correlação.*

Além da ferramenta para o cálculo das correlações cruzadas, o Suplemento de Análise de Dados do Excel também permite efetuar o cálculo da matriz de covariâncias. Para saber mais sobre o recurso, consulte a ajuda do Excel.

Outra importante ferramente, apresentada na Figura 15.87, permite calcular modelos de regressão. Embora o exemplo apresente um modelo bivariado, a ferramenta permite trabalhar com modelos multivariados de forma rápida e simples.

O resultado, ilustrado na Figura 15.88, apresenta os coeficientes do modelo, sua qualidade mensurada pelo coeficiente de determinação, além dos testes de hipóteses apropriados.

| | | | | | | | | |
|---|---|---|---|---|---|---|---|---|
| **RESUMO DOS RESULTADOS** | | | | | | | | |
| | | | | | | | | |
| *Estatística de regressão* | | | | | | | | |
| R múltiplo | 0,993490093 | | | | | | | |
| R-Quadrado | 0,987022566 | | | | | | | |
| R-quadrado ajustado | 0,985400387 | | | | | | | |
| Erro padrão | 12,52466889 | | | | | | | |
| Observações | 10 | | | | | | | |
| | | | | | | | | |
| **ANOVA** | | | | | | | | |
| | *gl* | *SQ* | *MQ* | *F* | *F de significação* | | | |
| Regressão | 1 | 95446,66135 | 95446,66 | 608,4547 | 7,8E-09 | | | |
| Resíduo | 8 | 1254,938646 | 156,8673 | | | | | |
| Total | 9 | 96701,6 | | | | | | |
| | | | | | | | | |
| | *Coeficientes* | *Erro padrão* | *Stat t* | *valor-P* | *95% inferiores* | *95% superiores* | *Inferior 95,0%* | *Superior 95,0%* |
| Interseção | 10,1543327 | 13,25591159 | 0,766023 | 0,465662 | -20,4139 | 40,72252 | -20,4139 | 40,72252 |
| Número de Funcionários | 24,57052498 | 0,996093987 | 24,66687 | 7,8E-09 | 22,27353 | 26,86752 | 22,27353 | 26,86752 |

Figura 15.88 *Resultados da análise de regressão.*

**Sugestão:** resolva os exercícios propostos no Excel. Faça *download* dos arquivos EstatisticaAplicadaExerciciosNoExcel.xlsx e EstatisticaAplicadaCasosNoExcel.xlsx, disponíveis no *site* <www.MinhasAulas.com.br>.

# Respostas

## Capítulo 1

1. (a) Qualitativa nominal; (b) Quantitativa contínua; (c) Qualitativa nominal; (d) Qualitativa nominal; (e) Qualitativa nominal; (f) Quantitativa discreta; (g) Quantitativa contínua; (h) Qualitativa ordinal.

2. (a) rol: {1; 1; 1; 1; 1; 2; 2; 3; 3; 3; 4; 4; 4; 5; 5; 5; 5}

| $x_i$ | $F_i$ | $F_i\%$ | $FAc_i$ | $FAc_i\%$ |
|---|---|---|---|---|
| 1 | 5 | 29,41 | 5 | 29,41 |
| 2 | 2 | 11,76 | 7 | 41,18 |
| 3 | 3 | 17,65 | 10 | 58,82 |
| 4 | 3 | 17,65 | 13 | 76,47 |
| 5 | 4 | 23,53 | 17 | 100,00 |
| Soma (Σ) | 17 | 100,00 | | |

(b) rol: {0,0; 0,3; 0,7; 1,1; 2,1; 2,8; 3,0; 3,2; 3,2; 3,2; 3,4; 5,5; 5,8; 7,4; 7,6; 8,5; 10,0}

| $x_i$ | $F_i$ | $F_i\%$ | $FAc_i$ | $FAc_i\%$ |
|---|---|---|---|---|
| 0 | 1 | 5,88 | 1 | 5,88 |
| 0,3 | 1 | 5,88 | 2 | 11,76 |
| 0,7 | 1 | 5,88 | 3 | 17,65 |
| 1,1 | 1 | 5,88 | 4 | 23,53 |
| 2,1 | 1 | 5,88 | 5 | 29,41 |
| 2,8 | 1 | 5,88 | 6 | 35,29 |
| 3 | 1 | 5,88 | 7 | 41,18 |
| 3,2 | 3 | 17,65 | 10 | 58,82 |
| 3,4 | 1 | 5,88 | 11 | 64,71 |
| 5,5 | 1 | 5,88 | 12 | 70,59 |
| 5,8 | 1 | 5,88 | 13 | 76,47 |
| 7,4 | 1 | 5,88 | 14 | 82,35 |
| 7,6 | 1 | 5,88 | 15 | 88,24 |
| 8,5 | 1 | 5,88 | 16 | 94,12 |
| 10 | 1 | 5,88 | 17 | 100,00 |
| Soma (Σ) | 17 | 100,00 | | |

3. (a) 28; b) 140; (c) 12; (d) 25; (e) 114.

4. (a) 48; (b) 8; (c) 6; (d) 15 |– 21.

5. (a) 24; (b) 90; (c) 3,00; (d) 2,95; (e) 3,25 – 2,78/10 = 0,05; (f) 3,25 – 2,75 = 0,5; (g) (2,85 + 2,90) / 2 = 2,875; (h) 10; (i) 2 + 3 + 10 + 11 + 24 + 14 = 64; (j) 3 / 90 = 3,3%.

6.

| $x_i$ | $F_i$ | $F_i\%$ | $FAc_i$ | $FAc_i\%$ |
|---|---|---|---|---|
| 12 | 5 | 10 | 5 | 10 |
| 16 | 13 | 26 | 18 | 36 |
| 17 | 16 | 32 | 34 | 68 |
| 34 | 8 | 16 | 42 | 84 |
| 45 | 5 | 10 | 47 | 94 |
| 56 | 3 | 6 | 50 | 100 |
| Soma (Σ) | 50 | 100 | | |

7. (a) 20; (b) 10; (c) 9; (d) 60%; (e) 20%; (f) 33,33%.

8. (a) 1º Encontra-se k = $\sqrt{60}$ = aprox. 8. 2º Encontra-se h = (177,67 − 40,00)/8 = 17,2088. 3º Dividem-se as classes, utilizando o menor valor e somando ao valor de h. 4º Preenche-se a tabela, verificando a frequência dos números em cada classe.

| Classe | $F_i$ | $F_i\%$ | $FAc_i$ | $FAc_i\%$ |
|---|---|---|---|---|
| 40,0000 \|− 57,2088 | 8 | 13,33 | 8 | 13,33 |
| 57,2088 \|− 74,4176 | 10 | 16,67 | 18 | 30,00 |
| 74,4176 \|− 91,6264 | 6 | 10,00 | 24 | 40,00 |
| 91,6264 \|−108,8352 | 6 | 10,00 | 30 | 50,00 |
| 108,8352 \|− 126,0440 | 8 | 13,33 | 38 | 63,33 |
| 126,0440 \|− 143,2528 | 8 | 13,33 | 46 | 76,67 |
| 143,2528 \|− 160,4616 | 5 | 8,33 | 51 | 85,00 |
| 160,4616 \|− 177,6700 | 9 | 15,00 | 60 | 100,00 |
| Soma (Σ) | 60 | 100 | | |

(b)

| Classe | $F_i$ | $F_i\%$ | $FAc_i$ | $FAc_i\%$ |
|---|---|---|---|---|
| 10 \|− 50 | 5 | 8,33 | 5 | 8,33 |
| 50 \|− 100 | 23 | 38,33 | 28 | 46,67 |
| 100 \|− 150 | 20 | 33,33 | 48 | 80 |
| 150 \|− 200 | 12 | 20 | 60 | 100 |
| Soma (Σ) | 60 | 100 | | |

9. (a) 1º Encontra-se k = $\sqrt{49}$ = 7. 2º Encontra-se h = (179,12 − 135,00) / 7 = 6,3029. 3º Dividem-se as classes, utilizando o menor valor e somando ao valor de h. 4º Preenche-se a tabela, verificando a frequência dos números em cada classe.

| Classe | $F_i$ | $F_i\%$ | $FAc_i$ | $FAc_i\%$ |
|---|---|---|---|---|
| 135,0011 \|− 141,3029 | 8 | 16,33 | 8 | 16,33 |
| 141,3029 \|− 147,6058 | 6 | 12,24 | 14 | 28,57 |
| 147,6058 \|− 153,9087 | 8 | 16,33 | 22 | 44,90 |
| 153,9087 \|− 160,2116 | 7 | 14,29 | 29 | 59,18 |
| 160,2116 \|− 166,5145 | 8 | 16,33 | 37 | 75,51 |
| 166,5145 \|− 172,8174 | 5 | 10,20 | 42 | 85,71 |
| 172,8174 \|− 179,1500 | 7 | 14,29 | 49 | 100,00 |
| Soma (Σ) | 49 | 100,00 | | |

b)

| Classe | $F_i$ | $F_i\%$ | $FAc_i$ | $FAc_i\%$ |
|---|---|---|---|---|
| 130 \|−150 | 17 | 34,69 | 17 | 34,69 |
| 150 \|− 170 | 22 | 44,90 | 39 | 79,59 |
| 170 \|− 190 | 10 | 20,41 | 49 | 100 |
| Soma (Σ) | 49 | 100 | | |

10. (a) 1º Encontra-se k = $\sqrt{45}$ = aprox. 7. 2º Encontra-se h = (27,00 − 1,00)/7 = 3,7143. 3º Dividem-se as classes, utilizando o menor valor e somando ao valor de h. 4º Preenche-se a tabela, verificando a frequência dos números em cada classe.

| Classe | $F_i$ | $F_i\%$ | $FAc_i$ | $FAc_i\%$ |
|---|---|---|---|---|
| 1,00111 \|− 4,7143 | 11 | 24,44 | 11 | 24,44 |
| 4,71431 \|− 8,4286 | 9 | 20,00 | 20 | 44,44 |
| 8,42861 \|− 12,1429 | 5 | 11,11 | 25 | 55,56 |
| 12,1429 \|− 15,8572 | 6 | 13,33 | 31 | 68,89 |
| 15,8572 \|− 19,5715 | 6 | 13,33 | 37 | 82,22 |
| 19,5715 \|− 23,2858 | 4 | 8,89 | 41 | 91,11 |
| 23,2858 \|− 27,0000 | 4 | 8,89 | 45 | 100,00 |
| Soma (Σ) | 45 | 100,00 | | |

b)

| Classe | $F_i$ | $F_i\%$ | $FAc_i$ | $FAc_i\%$ |
|---|---|---|---|---|
| 0 − 5 | 11 | 24,44 | 11 | 24,44 |
| 5 \|− 10 | 10 | 22,22 | 21 | 46,67 |
| 10 \|− 15 | 8 | 17,78 | 29 | 64,44 |
| 15 \|− 20 | 8 | 17,78 | 37 | 82,22 |
| 20 \|− 25 | 4 | 8,89 | 41 | 91,11 |
| 25 \|− 30 | 4 | 8,89 | 45 | 100,00 |
| Soma (Σ) | 45 | 100,00 | | |

11. Rol: {10; 20; 30; 30; 30; 40; 50; 50; 60; 70; 70; 70; 70; 70; 80; 80; 110; 120; 120; 130; 130; 140; 140; 180; 190; 190; 200; 200; 210; 220}. Passos: 1º Encontra-se k = $\sqrt{30}$ = aprox. 5. 2º Encontra-se h = (220 − 10)/5 = 42. 3º Dividem-se as classes utilizando o menor valor e somando ao valor de h. 4º Preenche-se a tabela, verificando a frequência dos números em cada classe.

| Classe | $F_i$ | $F_i\%$ | $FAc_i$ | $FAc_i\%$ |
|---|---|---|---|---|
| 10 \|– 52 | 8 | 26,67 | 8 | 26,67 |
| 52 \|– 94 | 8 | 26,67 | 16 | 53,34 |
| 94 \|–136 | 5 | 16,67 | 21 | 70,01 |
| 136 \|– 178 | 2 | 6,67 | 23 | 76,68 |
| 178 \|– 220 | 7 | 23,33 | 30 | 100 |
| Soma (Σ) | 30 | 100,00 | | |

12. 1º Encontra-se k = $\sqrt{28}$ = aprox. 5. 2º Encontra-se h = (318,33 – 68,98) / 5 = 49,87. 3º Dividem-se as classes, utilizando o menor valor e somando ao valor de h. 4º Preenche-se a tabela, verificando a frequência dos números em cada classe.

| Classe | $F_i$ | $F_i\%$ | $FAc_i$ | $FAc_i\%$ |
|---|---|---|---|---|
| 68,98 \|– 118,85 | 4 | 14,29 | 4 | 14,29 |
| 118,85 \|– 168,72 | 6 | 21,43 | 10 | 35,72 |
| 168,72 \|– 218,59 | 11 | 39,29 | 21 | 75,01 |
| 218,59 \|– 268,46 | 2 | 7,14 | 23 | 82,15 |
| 268,46 \|– 318,33 | 5 | 17,86 | 28 | 100 |
| Soma (Σ) | 28 | 100,00 | | |

13. Analisando a tabela de frequências, pode-se concluir que a maior parte dos salários está entre $ 795,00 e $ 933,00 e que 65% das remunerações da empresa são iguais ou superiores a $ 795,00.

| Classe | $F_i$ | $F_i\%$ | $FAc_i$ | $FAc_i\%$ |
|---|---|---|---|---|
| 381,00 \|– 519,00 | 8 | 20 | 8 | 20 |
| 519,00 \|– 657,00 | 2 | 5 | 10 | 25 |
| 657,00 \|– 795,00 | 4 | 10 | 14 | 35 |
| 795,00 \|– 933,00 | 10 | 25 | 24 | 60 |
| 933,00 \|–1.071,00 | 7 | 17,5 | 31 | 77,5 |
| 1.071,00 \|–\| 1.209,00 | 9 | 22,5 | 40 | 100 |
| Soma (Σ) | 40 | 100,00 | | |

14. (a) Procedimentos: 1º Encontrar o valor de k ($\sqrt{40}$ = aprox. 6). 2º Encontrar o valor de h = (7.222,20 – 1.165,00)/6 = 1.009,533. 3º Montar o agrupamento das classes começando do menor valor e acrescentando o valor de h. 4º Preencher a tabela verificando a frequência dos números em cada classe.

| Classe | $F_i$ | $F_i\%$ | $FAc_i$ | $FAc_i\%$ |
|---|---|---|---|---|
| 1.165,001 \|– 2.174,533 | 22 | 55 | 22 | 55 |
| 2.174,533 \|– 3.184,066 | 6 | 15 | 28 | 70 |
| 3.184,066 \|– 4.193,599 | 7 | 17,5 | 35 | 87,5 |
| 4.193,599 \|– 5.203,123 | 0 | 0 | 35 | 87,5 |
| 5.203,123 \|– 6.212,665 | 2 | 5 | 37 | 92,5 |
| 6.212,665 \|–\| 7.222,20 | 3 | 7,5 | 40 | 100 |
| Soma (Σ) | 40 | 100 | | |

(b) Procedimentos: 1º Encontrar o valor de k ($\sqrt{70}$ = aprox 8). 2º Encontrar o valor de h = (7.222,20 – 820,20)/8 = 800,25. 3º Montar o agrupamento das classes começando do menor valor e acrescentando o valor de h. 4º Preencher a tabela verificando a frequência dos números em cada classe.

| Classe | $F_i$ | $F_i\%$ | $FAc_i$ | $FAc_i\%$ |
|---|---|---|---|---|
| 820,20 \|– 1.620,45 | 45 | 64,3 | 45 | 64,3 |
| 1.620,45 \|– 2.420,70 | 8 | 11,4 | 53 | 75,7 |
| 2.420,70 \|– 3.220,95 | 6 | 8,6 | 59 | 84,3 |
| 3.220,95 \|– 4.021,20 | 5 | 7,1 | 64 | 91,4 |
| 4.021,20 \|– 4.821,45 | 1 | 1,4 | 65 | 92,8 |
| 4.821,45 \|– 5.621,70 | 1 | 1,4 | 66 | 94,2 |
| 5.621,70 \|– 6.421,95 | 3 | 4,3 | 69 | 98,5 |
| 6.421,95 \|– 7.222,20 | 1 | 1,4 | 70 | 100 |
| Soma (Σ) | 70 | 100 | | |

(c) Procedimentos: 1º Encontrar o valor de k ($\sqrt{120}$ = aprox. 11). 2º Encontrar o valor de h = (7.222,20 – 507,00) / 11 = 610,473. 3º Montar o agrupamento das classes começando do menor valor e acrescentando o valor de h. 4º Preencher a tabela verificando a frequência dos números em cada classe.

| Classe | $F_i$ | $F_i\%$ | $FAc_i$ | $FAc_i\%$ |
|---|---|---|---|---|
| 507,00 \|– 1.117,473 | 78 | 65 | 78 | 65 |
| 1.117,473 \|– 1.727,946 | 17 | 14,2 | 95 | 79,2 |
| 1.727,946 \|– 2.338,419 | 7 | 5,8 | 102 | 85 |
| 2.338,419 \|– 2.948,892 | 6 | 5 | 108 | 90 |
| 2.948,892 \|– 3.559,365 | 5 | 4,2 | 113 | 94,2 |
| 3.559,365 \|– 4.169,838 | 2 | 1,7 | 115 | 95,9 |
| 4.169,838 \|– 4.780,311 | 0 | 0 | 115 | 95,9 |
| 4.780,311 \|– 5.390,184 | 1 | 0,8 | 116 | 96,7 |
| 5.390,784 \|– 6.001,257 | 1 | 0,8 | 117 | 97,5 |
| 6.001,257 \|– 6.611,730 | 2 | 1,7 | 119 | 99,2 |
| 6.611,730 \|–\| 7.222,20 | 1 | 0,8 | 120 | 100 |
| Soma (Σ) | 120 | 100 | | |

## Capítulo 2

1.
   - 3, 6
   - 4, 1289
   - 5, 1355789
   - 6, 126
   - 7, 67
   - 8, 1
   - 9, 4

2.
   - 1, 667888899
   - 2, 0111222223333333344444
   - 2, 5557788899
   - 3, 00112234

3.

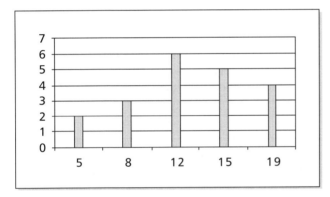

4. A grande maioria dos salários desta empresa está entre a faixa de R$ 200,00 e R$ 300,00.

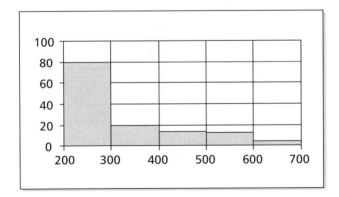

5.

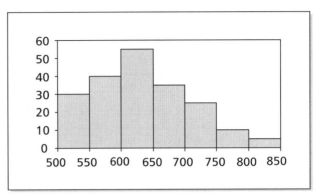

6.

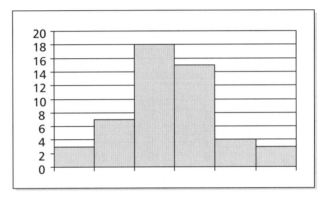

7.

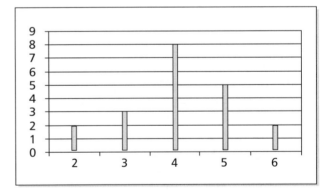

8.

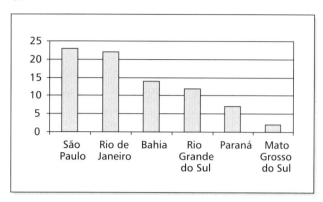

9.

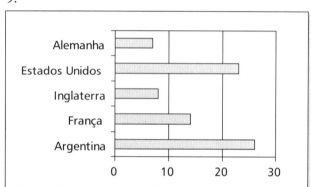

10.

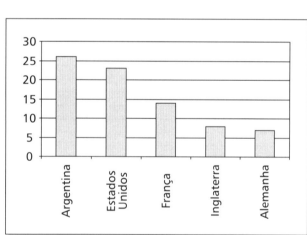

11.

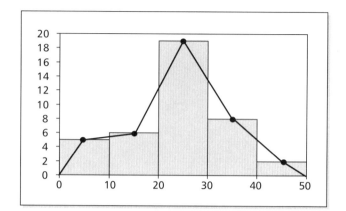

12. (a) o gráfico analisa o comportamento da variável quantitativa renda *versus* sexo. Nota-se que os indivíduos de sexo masculino apresentam uma renda mediana menor, porém com uma dispersão muito maior; (b) o gráfico analisa o comportamento da variável quantitativa preço *versus* versão. Nota-se que as versões têm preços medianos aproximadamente iguais. A versão *hatch* apresenta uma dispersão maior, embora a versão sedan apresente um valor extremo ou *outlier*, identificado como 13.

13.

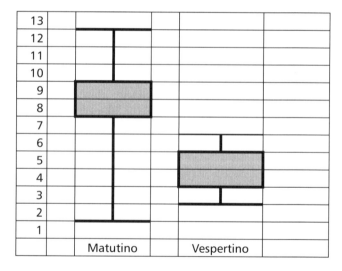

14.
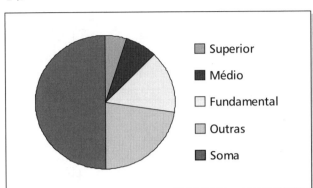

15.
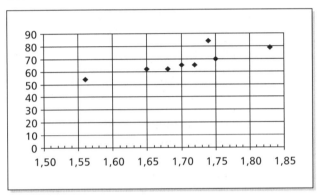

16. (a) aparentemente, existe uma relação negativa entre quilometragem (x) e preço (y). Quanto maior a quilometragem (x), menor o preço (y).

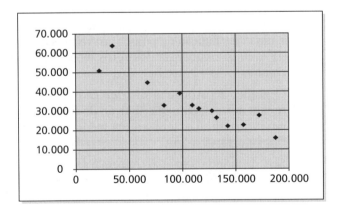

(b) aparentemente, existe uma relação positiva entre ano do modelo (x) e preço (y). Quanto maior o ano do modelo (x), maior o preço (y).

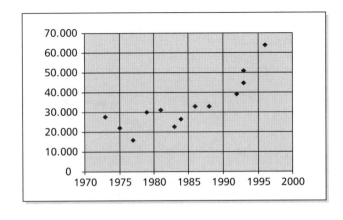

17.
Histograma e Diagrama de Frequências

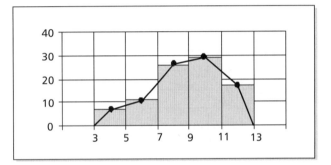

Diagrama de Barras

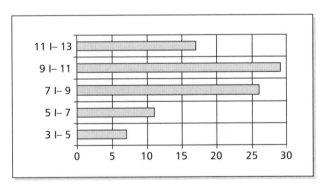

18.

Histograma e Diagrama de Frequências

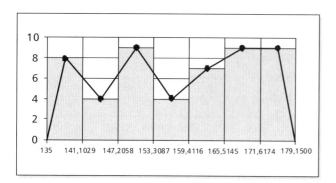

Ogiva de Galton

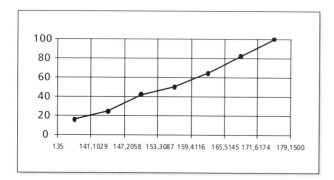

Diagrama de Barras

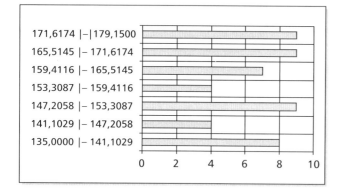

19.

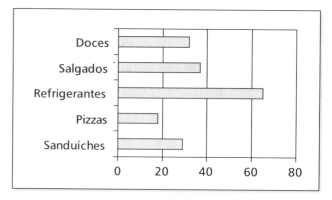

20.

(a) O curso de Computação apresenta menor dispersão e menor mediana. Os cursos de Sistemas e Psicologia apresentam maior dispersão. A mediana de Sistemas é maior. Existem *outliers* maiores nos cursos de Administração, Psicologia e Direito.

(b) As notas concentram-se entre 2 e 4.

(c) Existe uma distribuição de notas em que a amostra estudada apresenta de modo geral uma concentração de notas em valores baixos, indicando um resultado negativo na prova de matemática.

(d) O curso de Direito é o mais frequente na primeira opção do candidato ao passo de que Computação é o menos escolhido.

(e) Existe uma grande diferença entre a média de pontos e a moda de pontos. Isso se deve a uma grande concentração de pontos no valor zero e uma distribuição de pontos em valores entre 45 e 70. A frequência dos zeros mostra-se estranha.

(f) O gráfico mostra uma distribuição aparentemente normal, com distribuição de frequência em forma de sino, tendo a sua média em volta dos valores 48 a 56.

(g) Seis respondentes não informaram o sexo. Existem *outliers* positivos nas três categorias (masculino, feminino e não informado).

(h) O gráfico mostra uma tendência de que quanto mais novo o modelo do carro, mais caro ele será.

(i) O gráfico apresenta uma tendência de queda do preço do carro na medida em que aumenta a sua quilometragem.

# Capítulo 3

1. 5,5
2. 1.425 picolés
3. 6,1
4. 18.750
5. (a) a resposta óbvia envolveria a aplicação pura e simples da fórmula da média, o que resultaria no valor igual a $ 1.050,00. Porém, nota-se, claramente, a existência de um valor extremo ($ 4.200,00), assim, um cálculo mais cuidadoso da média não deveria incluir este valor. A nova média calculada seria igual a $ 262,50; (b) o salário igual a $ 330,00 pode ser considerado alto, por ser maior do que a média sem o valor extremo ($ 262,50).
6. $ 800,00.
7. 14,50.
8. 6,7778, o aluno foi reprovado.
9. 9,2.
10. 6,15.
11. $ 53,00.
12. 6.
13. 5,7.
14. As médias ponderadas para as duas cidades foram iguais a 5,65 e 7,10 para São Paulo e Rio de Janeiro respectivamente. Logo, a cidade do Rio de Janeiro deveria ser escolhida.
15. O peso deveria ser no mínimo igual a 3.
16. 17.
17. 20,25 anos.
18. 5,87.
19. 3,7922.
20. $ 31,4589.
21. 1,5136.
22. A velocidade média é igual a 53,33 km/h.
23. Aritmética = 7,8; geométrica = 6,9994; harmônica = 6,3733.
24. Geométrica = 4,1602; harmônica = 4,0000.
25. (a) Geométrica = 4; harmônica = 3,429; (b) Geométrica = 3,663; harmônica = 3,333.
26. Mediana = 9.
27. 6.
28. 50,50.
29. Média = 2.270,00 e mediana = 950,00. O valor extremo $ 8.000,00 distorce o cálculo da média. Um procedimento mais correto envolveria a sua eliminação da análise e o novo cálculo da média.
30. 27,43, aproximadamente.
31. 5 e 9 (bimodal).
32. É uma série bimodal apresentando como modas os números 3 e 7.
33. Junho: média = 8,4286; mediana = 8 moda = 12 Julho: média = 41,1667; mediana = 49,50; moda = 60 e 14 (a série é bimodal).
34. Média = 6,3333; moda = 2 e 8 (bimodal); mediana = 7.
35. Sem perda de informação: (a) 513,5556; (b) 512,0000; (c) 508,0000 e 511,0000 (bimodal).
36. Agrupados: Média = 513,5000; mediana = 511,7273; moda = classe 509 |– 515 sem agrupar.
37. Média = 7,76; moda (classe modal) = 2,0 – 4,4; mediana = 8,0.
38. Média = 15,75; moda = 15; mediana = 15.
39. Moda = 83; média = 86; mediana = 86,50.
40. Moda = 17; média = 21,65; mediana = 21.
41. Média = 1,74 m, moda = 1,70 m e mediana = 1,75 m.
42. (a) 3,75 e 3,5; (b) 8,3333 e 8; (c) 15 e 15.
43. (a) as idades médias de A e B são respectivamente iguais a 16,6363 e 17,5454. Logo, o time de maior média de idade é o time B; (b) time A: 16 anos; time B: 17, 18 e 19 anos; (c) medianas iguais a 16 e 18 para os times A e B, respectivamente.
44. Média: 1,6723, moda: 1,4766 |– 1,6049 (classe modal). Mediana: 1,6416.
45. Média igual a 7, moda igual a 5 e mediana igual a 6,5.
46. Média = 75.000; moda (classe modal) = 70000 |– 80000; mediana = 75.000.
47.

| Classe | $F_i$ | $F_i\%$ | $FAc_i$ | $FAc_i\%$ |
|---|---|---|---|---|
| 3 | 1 | 6,67 | 1 | 6,67 |
| 4 | 2 | 13,33 | 3 | 20 |
| 5 | 7 | 46,67 | 10 | 66,67 |
| 6 | 4 | 26,67 | 14 | 93,34 |
| 7 | 1 | 6,67 | 15 | 100 |
| Σ | 15 | 100 | | |

$\bar{x} = (3 \times 1 + 4 \times 2 + 5 \times 7 + 6 \times 4 + 7 \times 1) / 15 = 5{,}1333$; moda: classe 5; mediana: 5.

48. Média para dados agrupados em classe é igual a 23,1495. Para dados brutos é igual a 23,0256.

49. (a) Média: 15,1786, mediana: 15,1429, moda: (classe modal): 14 |– 16; (b) média = 0,6813, moda (classe modal) = 0,65 |– 0,70.

50. Média aritmética simples = 5,25; média ponderada = 4,75.

51. Ma = 4,375; Mg = 4,072; Mh = 3,7626.

52. Rol = 1; 3; 4; 5; 6; 7; 9; 10; 11; 11; 12; 17; média = 8; mediana = 8; moda = 11.

53. Média = 3,2; mediana = 3; moda = 3.

54. 9,75.

## Capítulo 4

1. (a) 9; (b) 2; (c) 6,67; (d) 2,58.
2. 1,50.
3. 0,44 e 0,6633.
4. 3500/14000 = 0,25.
5. (a) amplitude = 5, média = 7,1, desvio médio absoluto = 1,72; (b) variância = 3,89, desvio padrão = 1,97; (c) 0,2778
6. Média = 992,75; (a) 1004/20 = 50,2; (b) 70223,75/20 = 3511,1875; (c) $\sqrt{\frac{70223,75}{20}}$ = 59,2553; (d) 59,2553/992,75 = 0,0597.
7. (a) 15; (b) 4; (c) 27,6667; (d) 5,2599.
8. A média é igual a 10, o desvio médio absoluto é igual a 4,20, a variância populacional é igual a 23,20, a variância amostral é igual a 24,42, o desvio padrão populacional é igual a 4,82 e amostral é igual a 4,94.
9. (a) 9; (b) 3; (c) 14,7692 e 14,4000; (d) 3,8431 e 3,7947.
10. Média = 23,1522. (a) 4,707; (b) 33,2703; (c) 5,7680, (d) 0,2491.
11. I) média = 213,7222, (a) 7,8827; (b) 92,3117; (c) 9,6079; (d) 0,0450, II) média = 214,5000; (a) 8,0556; (b) 90,7500; (c) 9,5263; (d) 0,0444. As diferenças podem ser explicadas pela perda parcial de informação decorrente do agrupamento dos dados.
12. (a) 7,50; (b) 2,4495.
13. (a) 12,60; (b) moda: classe 11|– 15; (c) 12,6471; (d) 3,34; (e) 19,8400; (f) 4,4542.

14.

|  | Idade | Renda | Despesa Média |
|---|---|---|---|
| a) Média Aritmética | 40,86 | 1.658,57 | 67,14 |
| b) Média Geométrica | 37,9176663 | 838,8007 | 64,54222 |
| c) Média Harmônica | 35,4190341 | 632,9648 | 61,91646 |
| d) Mediana | 31 | 650 | 60 |
| e) Moda | 49 | 650 | 60 |
| f) Intervalo | 52 | 7.650 | 50 |
| g) Desvio Médio Absoluto | 14,122449 | 1811,837 | 16,73469 |
| h) Variância Amostral | 316,47619 | 7847248 | 390,4762 |
| i) Variância Populacional | 271,265306 | 6726212 | 334,6939 |
| j) Desvio Padrão Amostral | 17,7897777 | 2801,294 | 19,76047 |
| k) Desvio Padrão Populacional | 16,4701338 | 2593,494 | 18,29464 |

15. Média = 32; dma = 8,4; $var_p$ = 131; $desvpad_p$ = 11,4455; $var_a$ = 134,3590; $desvpad_a$ = 11,5913.

16. Média = 4,4444; mediana = 4; moda = 1 e 4; desvio padrão = 2,7912; variância = 7,7908; intervalo = 9; desvio médio absoluto = 2,3210.

17. Seria mais fácil fazer previsões sobre a série A, que apresenta menor dispersão.

| Estatística | Série A | Série B |
|---|---|---|
| Média | 4,531 | 9,209 |
| Mediana | 4,34 | 8,025 |
| Amplitude | 2,82 | 20,28 |
| DMA | 0,905 | 5,4988 |
| Variância | 1,1371 | 47,7166 |
| Desvio padrão | 1,0663 | 6,9077 |

18. É necessário apresentar outras medidas de posição central além da média, já que esta é afetada por valores extremos.

## Capítulo 5

1. **2004**: (a) 38; (b) 36,875; (c) amodal; (d) $Q_3$ = $x_{\left[\frac{3\times 8}{4}+\frac{1}{2}\right]}$ = $x_{6,5}$ = 39+58/2 = 48,50; (e) $D_7$ = $x_{\left[\frac{7\times 8}{10}+\frac{1}{2}\right]}$ = $x_{6,1}$ = 46,5; (f) $P_{52}$ = $x_{\left[\frac{52\times 8}{100}+\frac{1}{2}\right]}$ = $x_{4,66}$ = 38,32.

**2005:** (a) 29; (b) 29,4545; (c) 22; (d) $Q_3 = x_{\left[\frac{3\times 11}{4}+\frac{1}{2}\right]} = x_{8,75} = 35,75$; (e) $D_7 = x_{\left[\frac{7\times 11}{10}+\frac{1}{2}\right]} = x_{8,2} = 35,20$; (f) $P_{52} = x_{\left[\frac{52\times 11}{100}+\frac{1}{2}\right]} = x_{6,55} = 30,10$.

2. $Q_1 = x_{\left[\frac{1\times 18}{4}+\frac{1}{2}\right]} = x_5 = 163$; $Q_2 = x_{\left[\frac{2\times 18}{4}+\frac{1}{2}\right]} = x_{9,5} = 182,5$; $Q_3 = x_{\left[\frac{3\times 18}{4}+\frac{1}{2}\right]} = x_{14} = 196$.

3. $Q_1 = x_{\left[\frac{1\times 25}{4}+\frac{1}{2}\right]} = x_{6,75} = 15$  $Q_2 = x_{\left[\frac{2\times 25}{4}+\frac{1}{2}\right]} = x_{13} = 27$; $Q_3 = x_{\left[\frac{3\times 25}{4}+\frac{1}{2}\right]} = x_{19,25} = 36,25$.

4. a) $Q_1 = x_{\left[\frac{1\times 72}{4}+\frac{1}{2}\right]} = x_{18,5} = 0,645$; $Q_2 = x_{\left[\frac{2\times 72}{4}+\frac{1}{2}\right]} = x_{36,5} = 1,54$; $Q_3 = x_{\left[\frac{3\times 72}{4}+\frac{1}{2}\right]} = x_{54,5} = 3,46$

   b) $D_2 = x_{\left[\frac{2\times 72}{10}+\frac{1}{2}\right]} = x_{14,9} = 0,538$; $D_7 = x_{\left[\frac{7\times 72}{10}+\frac{1}{2}\right]} = x_{50,9} = 2,845$; $D_9 = x_{\left[\frac{9\times 72}{10}+\frac{1}{2}\right]} = x_{65,3} = 11,797$

   c) $P_{14} = x_{\left[\frac{14\times 72}{100}+\frac{1}{2}\right]} = x_{10,58} = 0,4858$; $P_{48} = x_{\left[\frac{14\times 72}{100}+\frac{1}{2}\right]} = x_{35,06} = 1,5106$; $P_{83} = x_{\left[\frac{83\times 72}{100}+\frac{1}{2}\right]} = x_{60,26} = 5,326$.

5. quartis: 155,50    175,00    186,50
   decis: 149,00    154,00    157,50    166,00    175,00    179,50    184,00    189,00    195,00.

6. $Q_1 = 9,25$, $Q_3 = 15,75$, $P_{10} = 1$, $P_{90} = 18$ e $K = \frac{15,75 - 9,25}{2(18-1)} = 0,1912$ (platicúrtica).

7. (a) Média = 12, moda inexistente (amodal), mediana = 5, $Q_1 = 2,25$, $Q_2 = 5$, $Q_3 = 21,50$, $AS = \frac{2,25 + 21,5 - 2(5)}{21,5 - 2,25} = 0,7143$. Como AS > 0 e média maior que moda, a distribuição é caracterizada por assimetria à direita; (b) Média = 12, moda inexistente (amodal), mediana = 14, $Q_1 = 9,25$, $Q_2 = 14$, $Q_3 = 15,75$, $AS = \frac{9,25 + 15,75 - 2(14)}{15,75 - 9,25} = -0,4615$. Como AS < 0 e média menor que moda, a distribuição é caracterizada por assimetria à esquerda.

8. $Q_1 = 5, Q_2 = 7, Q_3 = 13,25$, $AS = \frac{5 + 13,25 - 2(7)}{13,25 - 5} = 0,5151$ (à direita), $P_{90} = 19$, $P_{10} = 3,40$ e $K = \frac{13,25 - 5}{2(19 - 3,4)} = 0,2644$ (leptocúrtica).

9. Assim, $1 = \frac{57,1429 - 23}{26,3028} = 1,2981$ e $Q_1 = 28,5$; $Q_3 = 80,25$; $P_{90} = 91,4$; $P_{10} = 23$; $k = \frac{80,25 - 28,5}{2(91,4 - 23)} = 0,3783$.

10. $Q_1 = 135$; $Q_2 = 156$; $Q_3 = 194$; $P_{90} = 303,9$; $P_{10} = 120,3$.

    Assim, $1 = \frac{184,9375 - 156}{88,1203} = 0,3284$; assim, $2 = \frac{135 + 194 - 2(156)}{194 - 135} = 0,2881$; curtose = $\frac{194 - 135}{2(303,9 - 120,3)} = 0,1607$.

11. A figura apresenta uma distribuição assimétrica positiva à direita. Indica que muitos candidatos apresentam baixa idade e poucos candidatos apresentam idades mais altas.

# Capítulo 6

1. {1; 2; 3; 4; 5; 6}; a) 1/6; b) 5/6.

2. Espaço amostral = {Ouros A; 2; 3; 4; 5; 6; 7; 8; 9; 10; J; Q; K
   Copas A; 2; 3; 4; 5; 6; 7; 8; 9; 10; J; Q; K
   Espadas A; 2; 3; 4; 5; 6; 7; 8; 9; 10; J; Q; K
   Paus A; 2; 3; 4; 5; 6; 7; 8; 9; 10; J; Q; K}
   (a) 13/52; (b) 4/52; (c) 1/52

3. (a) {1c; 2c; 3c; 4c; 5c; 6c; 1k; 2k; 3k; 4k; 5k; 6k}; (b) i) {2k; 4k; 6k} ii) {1c; 3c; 5c} iii) {3c; 6c; 3k; 6k}; (c) i) 3/12 ii) 3/12 iii) 4/12.

4. (a) 180/1800 = 10%; (b) (560 − 340)/560 = 220/560.

5. (a) 0,60; (b) 0,40.

6. (a) 5/8; (b) 3/8.

7. (a) S = {5, 15, 25}, P (A ∩ B) = 3/30; (b) {1, 3, 5, 7, 9, 11, 13, 15, 17, 19, 21, 23, 25, 27, 29}, P (A U B) = 15/30; (c) S = {10, 20, 30}, P(A ∩ B$^c$) = 3/30.

8. 4/52.

9. 5/6.
10. 0%. Esta carta não existe.
11. (a) 5/9; (b) 2/3; (c) 2/9.
12. 1/9.
13. (a) ½; (b) 1/2.
14. (a) 2/52; (b) 28/52; (c) 39/52; (d) 39/52.
15. (a) 1/2704; (b) 17/18.
16. (a) 6/20; (b) 2/20; (c) 8/20; (d) 12/20.
17. (a) 4/100; (b) 4/90.
18. (a) 0,80; (b) 0,70.
19. (a) 0,1250; (b) 0,8750.
20. (a) 45,56%; (b) 12,22%; (c) 42,22%.
21. 6/56.
22. (a) {kk; kc; ck; cc}; (b) 6/16; (c) 6/16; (d) 10/16; (e) 15/16.
23. (a) Não, já que P(A) + P(B) é diferente de 100%; (b) 0,49; (c) 0,98; (d) 0,02
24. 0,0000075.
25. 0,3699.
26. (a) 0,492; (b) 0,072.
27. 22,5%.
28. 22,22%.
29. 1/676.
30. (a) P(H e ADM) = $\frac{45}{200}$; (b) P(M e PSIC) = $\frac{3}{200}$; (c) P(H e PSIC) = $\frac{29}{200}$.
31. (a) 0,5525; (b) 0,0525.
32. 85,71%.
33. (a) 6,4%; (b) 57,81%; (c) 4,29%; (d) 27,46%.
34. 40%.
35. (a) 80%; (b) 68%; (c) 24%; (d) 75%.
36. (a) 0,21%; (b) 0,21%; (c) 90,2%.
37. 12/33150.
38. (a) 15/24; (b) 5/24.
39. 1/12.
40. (a) 11/58; (b) 24/58; (c) 13/58; (d) 27/58.
41. (a) 44/82; (b) 26/82; (c) 0/82; (d) 44/82.
42. (a) não, já que P(AUB) é diferente de 1; (b) não, já que P (A e B) é diferente de zero; (c) 13/100 (d) 5/100.
43. (a) não, já que P(A ou B) é diferente de 100%; (b) não, já que P (A e B) é igual a 4/10, diferente, portanto, de 0; (c) 40%; (d) 90%.
44. (a) 30/350; (b) 320/350; (c) 140/350.
45. (a) 27/97; (b) 14/97; (c) 10/97; (d) 12/97.
46. (a) 16,95%; (b) 5,08%; (c) 6,78%.
47. (a) 0,25; (b) 0,15; (c) 0,50; (d) 0,575.
48. (a) 25/101; (b) 29/101; (c) 36/101; (d) 27/101; (e) 35/101.
49. (a) 26/118; (b) 43/118; (c) 35/118; (d) 29/118.
50. 1.320.
51. 306.
52. (a) 479.001.600; (b) 21.772.800; (c) 518.400
53. (a) 4.320; (b) 864.
54. 60.
55. 720.
56. 3/28.
57. 14.400.
58. 1.365.
59. 220.
60. 252.
61. 1/35.
62. 1/180.
63. 5.040
64. (a) 30; (b) 15
65. 120.
66. (a) 70; (b) 1680.
67. (a) 3.003; (b) 1.176; (c) 980; (d) 280; (e) 490.
68. 1/3.420.
69. 127.
70. (a) 60/376.992; (b) 210/1.947.792; (c) 1.287/376.992; (d) 54/7140.
71. 31.
72. (a) 12; (b) 144.
73. (a) 4.032; (b) 39.600; (c) 7.920; (d) 7.920; (e) 2.880.
74. (a) 158.184.000; (b) 78.624.000; c) 175.760.000.
75. 20.
76. (a) 60; (b) 36; (c) 12; (d) 24; (e) 36.

77. (a) 3.628.800; (b) 1.209.600; (c) 483.840; (d) 967.680.
78. 7/924.
79. (a) $C_{50,20} / C_{100,50}$; (b) $(2 \times C_{50,20} + C_{50,19} + C_{50,18} + C_{50,17} + C_{50,16}) / (C_{100,50})$.
80. (a) 504; (b) 80.
81. (a) 30%; (b) 25%; (c) 15%.
82. (a) 22%; (b) 18,18%.
83. (a) 0,89; (b) 0,0899.
84. (a) 50%; (b) 40%.
85. (a) 90%; (b) 15%.
86. 70%.
87. 40%.
88. 10%.
89. (a) 0,7292; (b) 0,4800.
90. (a) 20/47; (b) 20/36; (c) 34/61.
91. (a) 0,0960; (b) 0,1277.
92. Interseção igual a 40. Eventos dependentes, já que a probabilidade depende do número de funcionários que fizeram o treinamento em segurança no trabalho: o universo foi reduzido pela situação condicional.
93. (a) 0,0640; (b) 0,2160; (c) 0,40.
94. (a) 1/18; (b) 3/6 = 1/2 (são independentes).
95. (a) 42,86%; (b) 36,21%; (c) 55,75%.
96. (a) E(Jogo) = $ 125.000,00 > $ 100.000,00 => o jogo é melhor; (b) E(Jogo) = $ 9,00 > $ 0,00 => o jogo é melhor.
97. (a) 1/1.200 × 18.000 = $ 15,00.
98. (a) (5/20 × 1) + (5/20 × 3) + (5/20 × 5) = $ 3,50; (b) E(x) = (5/20 × 1) + (5/20 × 3) + (5/20 × 5) − 4 = − $ 0,50 => a expectativa seria negativa; logo, não valeria a pena.
99. (a) 0,5 × 20.000 = 10.000,00; (b) 0,65 × 20.000 = 13.000,00 e 0,35 × 20.000 = 7.000,00; (c) 0,85 × 20.000 = 17.000,00 e 0,15 × 20.000 = 3.000,00.
100. (a) (0,50 × 400.000) + (0,5 × 150.000) = 275.000,00; (b) (0,75 × 400.000) + (0,25 × 150.000) = 337.500,00.
101. As probabilidades associadas às fichas são respectivamente iguais a 0,50; 0,25; 0,10; 0,10 e 0,05. Ponderando os resultados pelas probabilidades, é possível obter o valor esperado: E(X) = 1 × 0,5 + 2 × 0,25 + 5 × 0,1 + 10 × 0,1 + 50 × 0,05 = 5,00.
102. 40,95.
103. 12,50%.
104. (a) $1/C_{48,6} = 8,1490 \times 10^{-8}$; (b) $1/C_{48,6} \times 32.000.000 = 2,6077$; (c) seriam justos, já que $C_{7,6} = 7$; $C_{8,6} = 28$; $C_{9,6} = 84$; $C_{10,6} = 210$.
105.

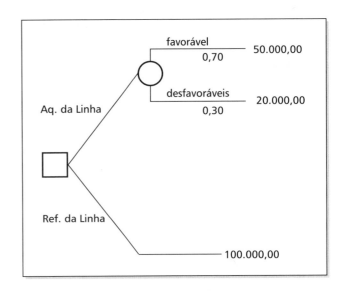

E(Reforma) = $ 50.000,00 e E(Aquisição) = (0,3 × − 20.000) + (0,7 × 100.000) = $ 64.000,00. Logo, pelo conceito de valor esperado seria melhor comprar uma linha nova.

106.

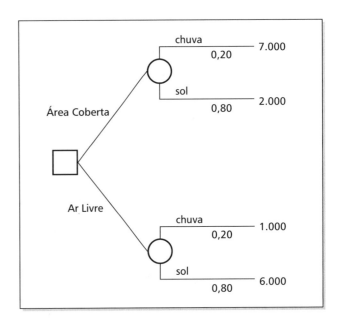

E(ar livre) = (0,2 × 1.00) + (0,8 × 6.000) − 2.000 = $ 3.000,00 e E(coberto) = (0,2 × 7.000) + (0,8 × 2.000) − 3.000 = $ 0,00. A melhor opção seria realizar o evento ao ar livre.

107.

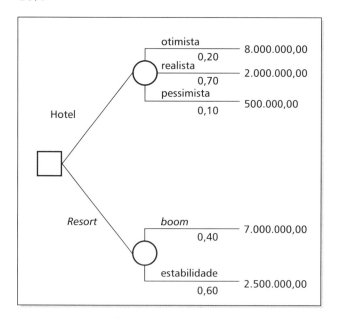

E(hotel) = (0,2 × 8.000.000) + (0,7 × 2.000.000) + (0,1 × 500.000) − 1.000.000 = 2,05 milhões e E(resort) = (0,4 × 7.000.000) + (0,6 × 2.500.000) − 1.500.000 = 2,80 milhões. O maior valor esperado seria do *resort*.

108.

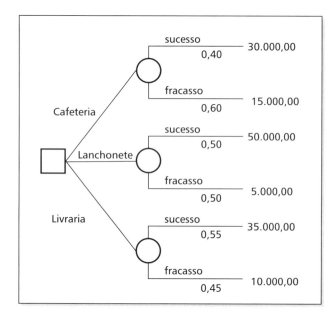

E(Cafeteria) = (0,4 × 30.000) + (0,6 × 15.000) − 20.000 = 1.000,00; E(Lanchonete) = (0,5 × 50.000) + (0,5 × 5.000) − 20.000 = 7.500,00; E(Livraria) = (0,55 × 35.000) + (0,45 × 10.000) − 20.000 = 3.750,00.

109.

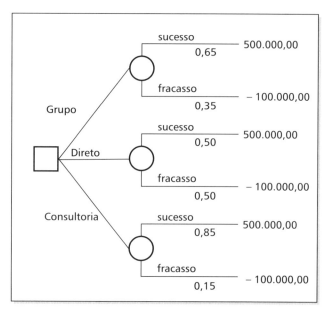

E(Reunir grupo) = (0,65 × 500.000) + (0,35 × − 100.000) − 50.000) = $ 240.000,00; E(Lançar direto) = (0,5 × 500.000) + (0,5 × − 100.000) = $ 200.000,00; E(Consultoria) = (0,85 × 500.000) + (0,15 × − 100.000) − 100.000 = $ 310.000,00, logo, a melhor alternativa (maior valor esperado) seria contratar a consultoria.

110.

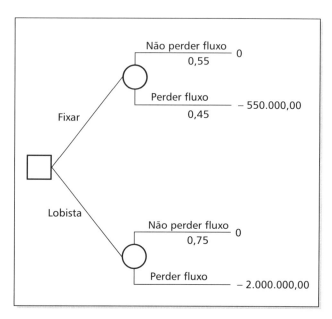

E(Fixar Preços Agressivos) = (0,45 × – 550.000) – 1.300.000 = (1,5475) milhão; E(lobista) = (0,25 × – 2.000.000) – 800.000 = (1,3) milhão. A melhor opção envolveria a contração do lobista.

111.

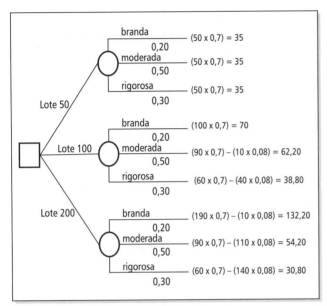

Os resultados são obtidos mediante a multiplicação da quantidade vendida vezes o lucro vezes a probabilidade. Quando ocorre o caso de haver unidades não vendidas, subtrai-se essa quantidade não vendida vezes o valor de 8 centavos (custo – preço de repasse). E(lote = 50) = 0,2 × 35 + 0,5 × 35 + 0,3 × 35 – 20 = $ 15,00, E(lote = 100) = 0,2 × 70 + 0,5 × 62,2 + 0,3 × 38,8 – 20 = $ 36,74 e E(lote = 200) = 0,2 × 132,2 + 0,5 × 54,2 + 0,3 × 30,8 – 20 = $ 42,78. Logo, a melhor opção envolveria a compra de um lote com 200 unidades.

112. (a) se não podem ser operados simultaneamente, a corrente deve "escolher" entre os caminhos C1, C3 e C4 ou C2, C3 e C4. Como as probabilidades de C1 e C2 funcionarem são iguais, pode-se igualar: P(C1) × P(C3) × P(C4) = P(C2) × P(C3) × P(C4) = 0,65. Substituindo os valores, tem-se que P(C3) = 0,45 / (0,80 × 0,70) = 0,8036 = 80,36%; (b) Já que os circuitos podem operar de forma independente, a corrente pode fazer o percurso A – B se apenas C1 funcionar, ou se apenas C2 funcionar ou se C1 e C2 funcionarem. A única forma de não passar a corrente seria C1 e C2 **não** funcionarem. Aplicando o teorema do complemento: [1 – P(C1)$^c$.P(C2)$^c$].P(C3).P(C4) = 0,45. Assim, P(C3) = 0,6696 = 66,96%.

113. (a) (0,2 × 0,3); + (0,35 × 0,2) + (0,45 × 0,5) = 35,50%; (b) 100%; (c) 1 – (0,35 × 0,5) + (0,45 × 0,2) + (0,45 × 0,5) = 51%.

114. (a) 0,7; (b) 0,25; (c) 0,75; (d) 0,88; (e) 0,175; (f) 0,5070.

115. (a) 0,64; (b) 0,04; (c) 0,96.

116. (a) 42/60; (b) 74/100; (c) 18/26.

117. (a) 5/30; (b) 7/30; (c) 10/30.

118. Os valores esperados são iguais a $ 1,89 (para soma 9) e 1,67 (para faces iguais a 4). É melhor apostar na soma igual a 9.

## Capítulo 7

### Distribuição binomial

1. 34,72%.
2. (a) 6,25%; (b) 25%; (c) 37,5%; (d) 25%; (e) 6,25%; (f) 100%.
3. (a) 8,03%; (b) 99,99%; (c) 89,84%.
4. (a) 29,66%; (b) 17,80%.
5. (a) 80,73%; (b) 28,82%.
6. (a) 93,75%; (b) 68,75%; (c) 31,25%.
7. (a) 39,55%; (b) 0,10%; (c) 8,79%; (d) 36,72%; (e) 76,27%.
8. (a) 32,81%; (b) 0,81%; (c) 0,046%; (d) 40,95%; (e) 7,29%.
9. (a) 62,64%; (b) 37,36%; (c) aproximadamente 0%.
10. (a) 18,69%; (b) aproximadamente zero; (c) 2,89%.
11. (a) 1,97%; (b) 37,70%.
12. (a) aproximadamente 100%; (b) 34,87%.
13. (a) 59,97%; (b) 6,69%; (c) 99,98%; (d) 40,03% (e) 92,68%.
14. $1 - (5/6)^n$.
15. 0,20%.
16. (a) 0,07%; (b) 4,86%; (c) 99,40%.
17. (a) 1,94%; (b) 17,77%.
18. (a) 38,95%; (b) 16,51%; (c) 99,81%; (d) 61,05%; (e) 80,37%.
19. (a) 6,56%; (b) 34,42%; (c) 23,76%.
20. (a) 23,04%; (b) 92,22%; (c) 31,74%.
21. (a) 14,06%, (b) 42,19%.

22. (a) 37,59%; (b) 17,46%; (c) aproximadamente 100%.
23. (a) 13,29%; (b) 42,22%; (c) 55,83%.
24. (a) 66,34% (b) aproximadamente zero; (c) aproximadamente 100%; (d) aproximadamente zero.
25. (a) 0,95%; (b) 6,67%; (c) 99,05%; (d) 30,65%.
26. (a) 8,79%; (b) 0,02%; (c) 17,06%; (d) 3,90%.
27. (a) 20,73%; (b) 99,86%; (c) 12,57%; (d) 87,43%.
28. (a) 33,30%; (b) 85,22%; (c) 14,78%.
29. (a) 0,02%; (b) 96,10%; (c) 1,97%.
30. (a) 0,06%; (b) 0, aproximadamente; (c) 99,94%.
31. (a) 13,23%; (b) 83,19%; (c) 16,81%.
32. Acertar na loteria esportiva = $(1/3)^{13}$ = 1/1.594.323 = 0,000000627; acertar na megasena = C6,4 / C60,6 = 15 / 50.063.860 = 1 / 3.337.591. É mais fácil ganhar na loteria esportiva.
33. (a) 0,000000627; (b) 0,994861769; (c) 0,000016935
34. (a) aproximadamente 5 borderôs; (b) aproximadamente 1 borderô.
35. (a) aproximadamente 48 famílias; (b) aproximadamente 190 famílias.
36. (a) 75; (b) 225; (c) 525; (d) 75.

## Distribuição de Poisson

1. (a) 22,40%; (b) 80,09%; (c) 4,98%.
2. (a) 99,88%; (b) 10,24%.
3. (a) 8,42%; (b) 26,57%.
4. (a) 18,53%; (b) 21,44%.
5. (a) 14,65%; (b) 90,84%; (c) 43,35%.
6. (a) 2 chamadas; (b) 13,53%; (c) 59,40%.
7. (a) 77,69%; (b) 25,10%.
8. (a) 19,54%; (b) 23,81%; (c) 56,65%.
9. 1,38%.
10. (a) 8,88%; (b) 8,46%; (c) 8.44%.
11. 0,42%.
12. 13,59%.
13. 9,39%.
14. 0,67%.
15. 7,33%.
16. 8,03%.
17. 6,61%.
18. (a) 1,83%; (b) 7,33%; (c) 14,65%; (d) 90,84%.
19. (a) 96,08%; (b) 0,08%.
20. (a) 14,65%; (b) 19,54%; (c) 43,35%.
21. (a) 17,38%; (b) 0,8992%; (c) 6,79%.
22. 19,54%.
23. 1,41%.
24. (a) 0,1680; (b) 0,4232.
25. (a) 0,15%; (b) 99,85%; (c) 98,87%; (c) 0 (impossível!).
26. (a) 16,65%; (b) 53,05%; (c) 91,76%.
27. 8,03%.
28. (a) 9,16%; (b) 82,64%.
29. (a) 40,66%; (b) 93,71%; (c) 93,71%; (d) 0,23%.
30. (a) 44,93%; (b) 14,38%.
31. (a) 22,40%; (b) 22,40%; (c) 64,72%;
32. 32,33%.
33. (a) 48; (b) 6,9282.
34. 0,0038%.
35. (a) 0,1265%; (b) 80,88%.
36. (a) 13%; (b) 39,75%.
37. 18,39%.
38. (a) 8; (b) 19,1%; (c) 90%.
39. (a) 13,39%; (b) 93,80%.
40. 44,05%.
41. (a) 19,54%; (b) 76,19%.
42. (a) 1,27%; (b) 65,28%.
43. 87,53%.

## Distribuição normal

1. (a) 2,5 e –1,88; (b) 71 e 87.
2. (a) 0,3907; (b) 0,4842; (c) 0,8712; (d) 0,0162; (e) 0,2177; (f) 0,0637; (g) 0,1561.
3. (a) 0,3944; (b) 0,2734; (c) 0,2266; (d) 0,1056.
4. (a) 0,7734; (b) 0,1587; (c) 0,2853; (d) 0,8457.

5. (a) 39,44%; (b) 14,8%; (c) 66,78%; (d) 18,94%; (e) 12,92%; (f) 22,28%; (g) 36,45%; (h) 1.086, aproximadamente; (i) limite mínimo igual a 2.312 kcal/dia.
6. Os limites são 250,4; 323,2 e 372.
7. 0,3413.
8. 0,1574.
9. (a) 0,3023; (b) 0,5328.
10. (a) 412; (b) 333.
11. (a) aproximadamente 1; (b) 0,8944; (c) 0,0062.
12. 0,5786.
13. 0,0668.
14. 0,2514.
15. 0,4247.
16. 0,7413.
17. 0,1151.
18. Aproximadamente 268 motores.
19. (a) 0,8023; (b) 0,8790.
20. (a) 6 (aproximadamente); (b) o teste deve ser resolvido em menos de 55,25 minutos.
21. (a) 0,2898; (b) 34,10; (c) $33,30 \leq x \leq 46,70$.
22. (a) 0,3085; (b) 0,0668; (c) 0,2417; (d) 448 e 552; (e) 335.
23. (a) 15.468 alunos. (b) 1,4432 e 1,8368.
24. 45,3054 t.
25. Os limites são iguais a: 0, 3,6236, 4,8564 e 5,4176 kg. Assim, entre 0 e 3,6236 kg serão classificados como pequenos; entre 3,6236 e 4,8564 kg serão classificados como médios; entre 4,8564 e 5,4176 kg serão classificados como grandes; acima de 5,4176 kg serão classificados como extras.
26. (a) 3,4040 anos; (b) 2,28%.
27. (a) 8,745 h; (b) 9,5250 e 14,4750 h.
28. (a) aproximadamente 74 candidatos; (b) completar em menos de 30,50 minutos.
29. (a) 0,2417; (b) 36,64; (c) $33,40 \leq \mu \leq 46,60$.
30. (a) 0,6915; (b) 0,2660; (c) 0,4098.
31. (a) 0,0062; (b) 0,4013; (c) 0,1747; (d) 0,6247.
32. (a) 8,00; (b) 6,35.
33. (a) 0,5948; (b) 0,6950; (c) 0,2556; (d) 0,1042.
34. (a) 7,80; (b) 7,21.
35. (a) 0,9207; (b) 09581; (c) 0,7462.
36. (a) 215,60; (b) 212,30.
37. (a) 0,8133; (b) 0,3601.
38. (a) 24,87 anos; (b) 27,15 anos.
39. 24 alunos devem ser aprovados.
40. (a) 0,3085; (b) 0,9332; (c) 96,4 minutos.
41. (a) 2.406; (b) $2.264 < x < 2.736$.
42. 98,8568; 143,9762 e 170,2688.
43. (a) 0,2810; (b) 0,5987; (c) 234,80.
44. (a) 0,8729; (b) 0,0136.
45. (a) 0,0418; (b) 0,3897; (c) 0,0163.
46. (a) 0,9750; (b) 0,8708; (c) 0,4709.
47. 5.681 candidatos.
48. (a) 0,9997; (b) aproximadamente zero.
49. 0,3409.
50. 0,1038.
51. (a) 0,3015; (b) 0,67.
52. (a) 0,2296; (b) 0,0465; (c) 0,8347.
53. 70,21%.

## Capítulo 8

1. Amostra representa uma parcela extraída da população, são os elementos extraídos desta, sem modificar as características essenciais da população, para representá-la em uma análise, daí a sua relação com população.
2. A teoria da amostragem é o estudo das relações existentes entre uma dada população e as amostras extraídas dela.
3. Amostragem com reposição é aquela em que cada elemento de uma população pode ser escolhido mais de uma vez, enquanto na amostragem sem reposição os elementos não podem ser escolhidos mais de uma vez.
4. Existem quatro planos de amostragem probabilística: aleatório, sistemático, estratificado e por conglomerado.
5. Amostragem probabilística é uma amostra no qual se conhece a probabilidade de todas as possíveis combinações amostrais, esta é objetiva, enquanto na amostragem não probabilística a variabilidade amostral não pode ser estabelecida com precisão.
6. No primeiro caso, trata-se de uma população finita, pois há num momento em que esses elementos chegam ao fim, podendo-se fazer a

contagem destes, enquanto no segundo trata-se de uma população infinita, pois ao se lançar a moeda um determinado número de vezes os valores obtidos foram extraídos de uma população, na qual não é possível fazer a contagem, já que a moeda deveria ser lançada infinitas vezes.

7. Representam uma maneira de se adquirir uma amostra representativa, na qual cada elemento da população tem a mesma chance de ser incluído na amostra.

8. A amostragem sistemática é uma amostra que necessita de uma lista dos elementos da população e onde a seleção dos elementos ocorre de forma sistemática e sequencial.

9. Para a população discreta, a amostra aleatória é aquela em que cada elemento da população tenha a mesma chance de ser selecionado para a amostra.

10. Para a população contínua, a amostra aleatória é aquela em que a probabilidade de qualquer intervalo de valor a ser incluído na amostra é igual à percentagem da população no intervalo.

11. (a) desconhecida, pois a população desta amostragem é infinita; (b) o número de vezes que "coroa" aparece, sobre o número de vezes que se lançou a moeda, logo: 10/20 = ½; (c) é similar à percentagem esperada na população, que neste caso é desconhecida.

12. Neste caso é preferível usar a amostragem, pois, tratando-se de uma grande população, analisar o número de pessoas contagiadas levaria muito tempo, seria custoso e, como todo mundo sabe, uma comunidade ao longo de sua existência tende a se modificar, provocando a alteração da comunidade original, ou seja, nesse período poderiam surgir diversas variáveis, como o alcance de um novo estágio da doença, alastramento e diferentes atuações nas regiões que provocassem uma combinação de populações devido à propagação da doença. Ou seja, as variáveis modificariam a população original, o que tornaria inválido o censo.

13. Não concordaria. Primeiro, por se tratar de uma população infinita (já que a empresa só deixará de produzir carros caso feche), seria impossível a utilização de um censo. Além disso, essa empresa necessita de informações do tipo capacidade/flexibilidade/resistência de um automóvel. No caso de uma empresa automobilística que produz milhares de carros constantemente (independentemente do fluxo), seria inviável testar um por um, já que se trata de um teste destrutivo. Neste caso, os carros possuem características iguais ou semelhantes de acordo com a sua linha de montagem. Por isso, a generalização seria mais prudente.

Supondo um teste com carros do modelo Corsa 1.0. A empresa produz 50.000 mil carros. Seria melhor fazer o teste com algumas unidades, por exemplo, e, a partir daí, generalizar.

14. Seria mais conveniente analisar essa amostra por conglomerados, pois, sem dúvida, se fosse analisada como uma amostra aleatória simples, seria incluindo proprietários de automóveis de localidades afastadas do estado, o que dificultaria a coordenação e a padronização na coleta de dados; por outro lado, se fosse analisada por conglomerados, conteria os proprietários de carros em áreas concentradas, ou seja, em áreas do estado apenas, o que reduziria o custo e a facilidade da coordenação. Além disso, selecionando aleatoriamente conglomerado em todo o estado, provavelmente se obterá um amostra mais representativa da população.

15. A melhor alternativa seria o uso da amostragem com reposição, já que é possível extrair o mesmo elemento mais de uma vez. Ou seja, o rato utilizado uma vez, e onde se detectou que o antídoto surtiu efeito, pode ser reutilizado para outros testes. Por se tratar de um teste do tipo destrutivo, não é possível testar reações e a possível cura em toda a população. O tipo de pesquisa permite a reposição dos animais estudados. A amostragem com reposição pode ser mais conveniente, permitindo a chance de repetidas extrações futuras de elementos envolvidos.

16. (a) a proporção amostral é medida utilizando a quantidade de caras aparecidas, sobre o total de vezes jogadas. Então a proporção amostral encontrada na jogada seria igual a 30/60 = 0,5 ou 50%; (b) a população da questão, considerando o universo teórico possível, seria formada por todas as futuras e possíveis jogadas, já que não foi informado o total de jogadas – mencionam-se apenas as que foram contadas para a amostra; (c) como não é definido o número de futuras extrações ou jogadas, a população é considerada infinita (∞); (d) o tamanho da população é 60, que foi o número que a moeda foi jogada no ar.

17. O censo é um processo de inferência em que se analisam todos os elementos de uma população. A amostragem é a análise de uma parte (amostra) do todo que seria a população. Uma das vantagens da amostragem é que, dependendo do tipo de informação requerida, pode ser mais atualizada. Também pode ser usada para testes destrutivos e população infinita. Como desvantagem, cita-se o perigo de erro da generalização. A depender das características dos elementos da população analisada, pode ocorrer a perda ou modificação das informações, tornando a amostra não representativa do todo.

18. Seria a amostragem por julgamento. Ao contrário de uma amostragem aleatória dos quatro locais do teste, a melhor opção é que o administrador ou dono na fazenda faça um "julgamento", um reconhecimento da melhor escolha, pois é preciso analisar características como: tamanho da fazenda; localização da área; quantidade das aves abatidas por dia; como cada fazenda utiliza as técnicas; lucratividade; custos da atual técnica de abate das aves; outros.

    Neste caso, a amostragem por julgamento pode ser mais rápida e menos custosa. Nem sempre este tipo pode permitir uma avaliação objetiva, mas para o fazendeiro seria mais vantajoso fazer uma amostragem a partir de um lugar previamente escolhido de onde certamente poderia dar resultados que possam ser estendidos às outras três fazendas espalhadas no interior do Nordeste.

19. (a) Poderíamos usar diferentes critérios; (b) a depender do critério, diferentes seriam os resultados; (c) as distribuições da média tenderiam a uma normal.

# Capítulo 9

## Inferência da média populacional – desvio padrão populacional conhecido e população infinita

1. $2.328,6956 \le \mu \le 2.811,3044$
2. $15.606,7459 \le \mu \le 24.393,2541$
3. $61,9420 \le \mu \le 94,0580$

## Inferência da média populacional – desvio padrão populacional desconhecido e população infinita

1. $1,6275 \le \mu \le 1,6785$
2. Da tabela: média amostral = 2.925,5556, desvio amostral = 345,9809, inferência: $2.684,4992 \le \mu \le 3.166,6120$.
3. $8,1283 \le \mu \le 9,5117$.
4. $3,82457 \le \mu \le 6,57543$ toneladas.
5. Considerando um erro bicaudal (não é o procedimento mais adequado): $ 75.046,6400 $\le \mu \le$ $ 84.953,3600. Para o ponto de menor faturamento, o lucro seria igual a $ 45.532,65, o que sugeriria a viabilidade do empreendimento.
6. (a) $2,1130 \le \mu \le 2,8870$; (b) 0,387.
7. $243,7286 \le \mu \le 256,2720$.
8. (a) $182,6013 \le \mu \le 217,3987$; (b) $177,8156 \le \mu \le 222,1844$; (c) 25,5532.
9. $9.705,3300 \le \mu \le 10.294,6700$.
10. (a) $7.443,2000 \le \mu \le 7.756,8000$; (b) $7.468,8000 \le \mu \le 7.731,2000$.
11. $7.488,0000 \le \mu \le 7.712,0000$.
12. $122,9901 \le \mu \le 129,0099$.
13. $92,6480 \le \mu \le 97,3520$.

## Amostragem de populações finitas

1. $77,7441 \le \mu \le 86,2559$.
2. $221,5602 \le \mu \le 304,4398$.
3. (a) $98.611,0231 \le \mu \le 101.388,9769$; (b) aproximadamente 92%.
4. (a) 13,6311; (b) 0,3121.
5. (a) $32,8824 \le \mu \le 33,9576$; (b) $19.729,44 \le$ Valor Total $\le 20.374,56$.
6.
   a) $\mu = \bar{x} \pm z \dfrac{\sigma_x}{\sqrt{n}} \sqrt{\dfrac{N-n}{N-1}}$;

   $\mu = 30 \pm 1,65 \dfrac{4}{\sqrt{200}} \sqrt{\dfrac{2000-200}{2000-1}}$;

   $\mu = 30 \pm 0,4426$;

b) $\mu = 45 \pm 1{,}65 \dfrac{6}{\sqrt{48}} \sqrt{\dfrac{600-48}{600-1}}$;

$\mu = 45 \pm 1{,}3717$;

c) $\mu = 10 \pm 1{,}65 \dfrac{2}{\sqrt{120}} \sqrt{\dfrac{840-120}{840-1}}$;

$\mu = 10 \pm 0{,}2790$.

7. Aplicando as fórmulas, tem-se que:

$\mu = \bar{x} \pm z \dfrac{\sigma_x}{\sqrt{n}}$; $\mu = 30 \pm 2{,}33 \dfrac{6}{\sqrt{60}}$;

$\mu = 30 \pm 1{,}8048$.

8. Média amostral = 5,1; $4{,}4812 \leq \mu \leq 5{,}7188$.
9. $1{,}6514 \leq \mu \leq 1{,}9486$.
10. (a) $7{,}7801 \leq \mu \leq 8{,}9599$; (b) $7{,}4728 \leq \mu \leq 9{,}2672$, mais amplo, já que a amostra foi menor.
11. $56{,}8819 \leq \mu \leq 58{,}3581$.
12. $36{,}3622 \leq \mu \leq 47{,}6378$.

### Intervalos de confiança unilaterais

1. 748,9815.

$\pm z \sqrt{\dfrac{(x/n)[1-(x/n)]}{n}} \sqrt{\dfrac{N-n}{N-1}} = 0{,}10 \pm 1{,}96 \sqrt{\dfrac{(0{,}10)[0{,}90]}{100}} \sqrt{\dfrac{1.000-100}{1.000-1}} = 0{,}10 \pm 0{,}0558$.

6. 30 pneus correspondem a 10% da amostra observada, resultando, portanto, em uma proporção amostral de 0,10. Como o nível de confiança é de 99%, pela tabela, tem-se Z igual a 2,58. Como $q = 1 - 0{,}10 = 0{,}90$. Aplicando as fórmulas, tem-se que:

$e = z \sqrt{\dfrac{(x/n)[1-(x/n)]}{n}}$; $e = 2{,}58 \sqrt{\dfrac{(0{,}10)[0{,}90]}{300}}$; $e = 0{,}04468$.

7. $0{,}3107 \leq P \leq 0{,}4493$.
8. $0{,}6641 \leq P \leq 0{,}7359$.

### Determinação do tamanho da amostra

1. 204.
2. 74.
3. 31.
4. 2.163.

2. 15,3664.
3. Como se tem $\sigma_x$ conhecido, deve ser usada a fórmula do limite superior:

$\bar{x} + z\sigma_{\bar{x}} = \bar{x} + z \dfrac{\sigma}{\sqrt{n}} = 30 + 1{,}96 \dfrac{7}{\sqrt{100}} = 30 + 1{,}372$.

4. Da tabela: média = 9,72; desvio = 1,2423. (a) $\mu \leq 10{,}2593$; (b) $9{,}1008 \leq \mu \leq 10{,}3392$; (c) divergiriam em função do posicionamento do nível de significância. Os cuidados envolveriam o emprego de limites unilaterais.
5. (a) 0,0985; (b) 0,0049; (c) 0,9950.
6. (a) $0{,}1660 \times 27 = 4{,}48$ = aproximadamente 4; (b) 0,7642.
7. (a) 42,2333; (b) $44{,}5000 \leq \mu \leq 55{,}5000$.

### Estimação da proporção em uma população

1. $0{,}5035 \leq P \leq 0{,}6599$.
2. $0{,}0221 \leq P \leq 0{,}0669$.
3. (a) $3940 \leq N \leq 6540$; (b) Min = 4090 Max = 6390.
4. (a) $0{,}3339 \leq P \leq 0{,}5279$; (b) $0{,}6094 \leq P \leq 0{,}7890$; (c) $0{,}1106 \leq P \leq 0{,}2634$.
5. Como o desvio padrão ($\sigma_x$) é 8,0 e o erro é 0,9 e queremos um intervalo de confiança de 95%, e Z = 1,96, teremos:

$n = \left[z \dfrac{\sigma_x}{e}\right]^2$; $n = \left[1{,}96 \dfrac{8}{0{,}9}\right]^2$; $n = 303{,}5338$.

6. $n = \left(z \dfrac{s_x}{e}\right)^2 = \left(1{,}64 \dfrac{42}{6}\right)^2 = 131{,}7904$. A amostra deveria ser formada por 132 elementos.

7. $n = \dfrac{1{,}96^2(28)^2 5.000}{1{,}96^2(28)^2 + 4^2(5.000-1)} = 181{,}4438.$

8. Como o problema não fornece informações sobre o tamanho da população ou sugestões sobre a proporção, os cálculos devem basear-se no intervalo mais amplo possível, então a proporção é 0,5. Como queremos o intervalo 98%, usamos $Z = 2{,}33$.

$$n = z^2\left\{\dfrac{(x/n)[1-(x/n)]}{e^2}\right\}; \; n = 2{,}33^2\left\{\dfrac{(0{,}5)[0{,}5]}{0{,}09^2}\right\}; \; n = 167{,}5586.$$

9. Já que nada é dito sobre $p$, assume-se que $p = q = 0{,}50$. (a) 642; (b) 379; (c) 0,0917; (d) 0,7924.
10. (a) 479; (b) 436; (c) 0,0899; (d) 0,9998.
11. (a) 601; (b) 517; (c) 589.

## Variados

1. $P = 0{,}15 \pm 0{,}0589$.
2. $\mu = 1.575 \pm 103{,}3825$.
3. $\mu = 56{,}98 \pm 1{,}8085$.
4. $\mu = 0{,}2529 \pm 0{,}0185$.
5. $n = 28{,}2 = 28$ elementos.
6. (a) $n = 1.168$ elementos; (b) a amostra deveria ser representativa da população.
7. (a) $\mu = 90{,}4375 \pm 13{,}6103$; (b) Formalmente, deveria ser empregada a distribuição $t$ (de Student), já que apenas o desvio padrão amostral ($s$) é fornecido e o número de elementos ($n = 16$) é menor que 30.
8. $\mu = 585 \pm 42{,}1165$.
9. Aproximadamente 959 farmácias deveriam ser analisadas.
10. (a) $41{,}0318 \leq \mu \leq 44{,}9682$; (b) $40{,}4115 \leq \mu \leq 45{,}5885$; (c) seriam mais amplos, já que o nível de significância foi menor.
11. A estimativa da média populacional de receitas estaria entre 3.251,13 e 3.852,65. No ponto de receita mínima ($ 3.251,13) o empreendimento seria lucrativo (lucro = $ 195,34), sendo assim, seria viável. Outra solução, mais correta, envolveria o cálculo de alfa unicaudal.
12. Cuidado! A variância é fornecida na questão, torna-se necessário encontrar o desvio padrão. $14{,}2268 \leq \mu \leq 15{,}7732$.
13. $\mu = 6.000 +/- 129{,}74$.
14. (a) não necessariamente, a amostra deveria ser representativa e seria preciso analisar o erro associado à estimativa; (b) os procedimentos de amostragem: a amostra deveria ser representativa da população. Para isso, poderiam ser empregadas diferentes técnicas como a amostragem estratificada, por conglomerados etc.
15. $562 +/- 23{,}3752$
16. Aproximadamente 68.
17. $n$ = aproximadamente 1.457. Os cuidados deveriam permitir a construção de uma amostra representativa da população.
18. $28{,}70 \leq \mu \leq 35{,}30$.
19. $140{,}328 \leq \mu \leq 195{,}6720$.
20. $382{,}0786 \leq \mu \leq 575{,}9214$.
21. $\mu \leq 857{,}8352$. Logo, como a impressora é mais pesada, não deveria ser transportada.
22. $0{,}9345 \leq P \leq 0{,}9697$.
23. $1.414{,}4217 \leq \mu \leq 1.575{,}5783$.
24.

| (a) | Amostragem | Censo |
|---|---|---|
| Vantagens | Mais rápida e mais barata | Não existe erro de inferência |
| Desvantagens | Existe o erro inferencial | Mais lento e mais caro |

(b) a amostra deveria ser representativa. As probabilidades de características da amostra e da população deveriam ser iguais; (c) metodologias: aleatória simples, sistemática, estratificada e por conglomerados.

25. $\mu \leq 63{,}5581$. Como o peso é superior, a corda não deveria ser utilizada.
26. $270{,}3478 \leq \mu \leq 289{,}6522$.
27. $16{,}2834 \leq \mu \leq 16{,}4966$.
28. A amostra deveria ter 471 componentes.
29. No mínimo, deveriam ser produzidos 142 colchões. Logo, deverão ser encomendados $142 \times 8 = 1.136$ m² de tecido.
30. $16.997{,}4877$.

31. (a) 17.118,4753; (b) 18000 +/− 942,2575.
32. 21.480,9534.
33. (a) 21.795,3797; (b) 23.000 +/− 1.372,5370.
34. 655,0208.
35. 40,1689.
36. 16.978,23 ≤ μ ≤ 19.021,77.
37. 51,4017 ≤ μ ≤ 70,4317.
38. 2.593.268,38.
39. 1,6087 ≤ μ ≤ 1,7223.
40. 20 elementos.
41. 1.713.794,27 ≤ μ ≤ 1.886.205,73.
42. 1,6076 ≤ μ ≤ 1,7430.
43. μ ≤ 3.750.666,67.
44. 136 lotes.
45. (a) μ ≤ 14,4513; (b) μ ≥ 21,5487

## Capítulo 10

### Teste de uma amostra para médias

1. (a) unilateral à direita (gráfico II);
   (b) unilateral à esquerda (gráfico III);
   (c) bilateral (gráfico I);
   (d) bilateral (gráfico I);
   (e) unilateral à direita (gráfico II);
   (f) unilateral à esquerda (gráfico III);
   (g) unilateral à esquerda (gráfico III);
   (h) bilateral (gráfico I);
   (i) unilateral à direita (gráfico II).

Gráficos:

I.

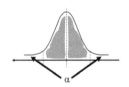

II.

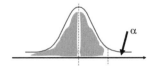

III.

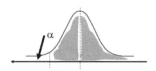

2. (a) $H_1: \mu \neq 7{,}6$; $Z_c = +/- 1{,}96$; $Z_t = -2{,}582$, rejeito $H_0$; (b) $H_1: \mu < 7{,}6$; $Z_c = -1{,}64$; $Z_t = -2{,}582$, rejeito $H_0$.
3. (a) $H_1: \mu < 58$; $t_c = -1{,}9829$; $t_t = -1{,}599$, aceito $H_0$; (b) $H_1: \mu < 58$; $Z_c = -1{,}88$; $Z_t = -2{,}867$, rejeito $H_0$.
4. $H_1: \mu > 15$; $t_c = 1{,}8553$; $t_t = 3{,}875$, rejeito $H_0$.
5. $H_1: \mu < 850$; $t_c = -2{,}05$; $t_t = -1{,}225$, aceito $H_0$.
6. $H_1: \mu < 1500$; $Z_c = -1{,}65$; $Z_t = -1{,}732$, rejeito $H_0$.
7. $H_1: \mu < 1450$; $Z_c = -2{,}05$; $Z_t = -14{,}3747$, rejeito $H_0$.
8. $H_1: \mu < 450$; $t_c = -2{,}1770$; $t_t = -4{,}082$, rejeito $H_0$.
9. $H_1: \mu < 10.000$; $Z_c = -1{,}65$; $Z_t = -0{,}422$, aceito $H_0$.
10. $H_1: \mu \neq 10$; $Z_c = +/- 1{,}96$; $Z_t = -1{,}3333$, aceito $H_0$.
11. $H_1: \mu < 100$; $Z_c = -1{,}88$; $Z_t = -7{,}746$, rejeito $H_0$.
12. $H_1: \mu < 14$; $Z_c = -2{,}05$; $Z_t = -1{,}5652$, aceito $H_0$.
13. $H_1: \mu < 1{,}90$; $Z_c = -2{,}33$; $Z_t = -3{,}1298$, rejeito $H_0$. É possível aceitar a hipótese da mudança ter reduzido substancialmente o tempo.
14. $H_1: \mu > 1500$; $Z_c = 1{,}65$; $Z_t = 3{,}354$, rejeito $H_0$.
15. $H_1: \mu < 1$; $Z_c = -2{,}33$; $Z_t = -0{,}885$, aceito $H_0$.
16. $H_1: \mu < 4$; $Z_c = -1{,}65$; $Z_t = -2{,}191$, rejeito $H_0$.
17. (a) alfa = 5%: $H_1: \mu < 20$; $Z_c = -1{,}65$; $Z_t = -7{,}818$, rejeito $H_0$; (b) alfa = 10%: $H_1: \mu < 20$; $Z_c = -1{,}28$; $Z_t = -7{,}818$, rejeito $H_0$.
18. (a) $H_1: \mu < 1000$; $Z_c = -1{,}65$; $Z_t = -2{,}828$, rejeito $H_0$; (b) sim; (c) erro do tipo I.

### Teste de uma amostra para proporção

1. $H_1: P > 0{,}03$; $Z_c = 1{,}65$; $Z_t = 1{,}3686$, aceito $H_0$.
2. $H_1: P < 0{,}19$; $Z_c = -2{,}33$; $Z_t = -0{,}3457$, aceito $H_0$.
3. $H_1: P > 0{,}02$; $Z_c = 1{,}65$; $Z_t = 0{,}9946$, aceito $H_0$.

4. (a) $H_1$: P > 0,06; $Z_c$ = 1,75; $Z_t$ = 2,1058, rejeito $H_0$; (b) (c)

5. $H_1$: P > 0,50; $Z_c$ = 1,55; $Z_t$ = 1,4213, aceito $H_0$. Não é possível supor a preferência de A.

6. $H_1$: P < 0,70; $Z_c$ = – 1,75; $Z_t$ = – 0,4857, aceito $H_0$.

7. $H_1$: P < 0,80; $Z_c$ = – 1,65; $Z_t$ = – 9,2431, rejeito $H_0$.

8. $H_1$: P < 0,70; $Z_c$ = – 1,88; $Z_t$ = – 2,0107, rejeito $H_0$.

9. $H_1$: P ≠ 0,50; $Z_c$ = +/– 2,17; $Z_t$ = 0,8951, aceito $H_0$.

10. $H_1$: P > 0,50; $Z_c$ = 1,65; $Z_t$ = 20,4124, rejeito $H_0$.

11. $H_1$: P < 0,80, $Z_c$ = –1,88, $Z_t$ = – 0,7007, aceito $H_0$.

12. $H_1$: P < 0,95; $Z_c$ = – 1,48; $Z_t$ = 3,9796, rejeito $H_0$.

13. $H_1$: P < 0,95; $Z_c$ = – 2,33; $Z_t$ = – 1,9767, aceito $H_0$.

14. (a) $H_0$: P = 0,03 $H_1$: P > 0,03 (b) 5,37%.

15. $H_1$: P < 0,25; $Z_c$ = – 1,65; $Z_t$ = – 1,2884, aceito $H_0$.

16. $H_1$: P < 0,70; $Z_c$ = – 1,88; $Z_t$ = – 2,2224, rejeito $H_0$.

17. $H_1$: P < 0,85; $Z_c$ = – 1,65; $Z_t$ = – 10,1697, rejeito $H_0$.

18. $H_1$: P > 0,50; $Z_c$ = 2,05; $Z_t$ = 22,3607, rejeito $H_0$.

19. (a) $H_1$: P > 0,50, $Z_c$ = 1,65 Zt = 3,1449, Rejeito $H_0$, aceitando a hipótese de "paranormalidade"; (b) basta substituir o valor de p no cálculo do p teste crítico. Acha-se p = 0,42 ou p = 0,58. Logo, para ser aceita a hipótese dos poderes "paranormais" do candidato, este deve acertar mais que 58 alternativas das 100 formuladas.

### Exercícios diversos com testes de uma amostra

1. Média é igual a 318, Desvio é igual a 44,7533. Tc = +/– 1,7613. Aceito $H_0$, é possível supor que a média do aumento de peso seja de 300 gramas.

2. $H_0$: P = 50%; $H_1$: P < 50%; Aceito $H_0$.

3. $H_0$: P = 50%; $H_1$: P > 50%; Aceito $H_1$, é possível supor que a Chapa Rumbora vença as eleições.

4. (a) $H_0$: P = 70%; $H_1$: P ≠ 70%; Rejeito $H_0$, pois não é possível supor que a proporção das pessoas que bebam vinho seja de 70%.

(b) $H_0$: P = 60%; $H_1$: P ≠ 60%; $Z = \dfrac{0,6428 - 0,6}{\sqrt{\dfrac{0,6428 \cdot 0.3571}{280}}} = -1,49$; Aceito $H_0$, é possível supor que a proporção das pessoas que bebam vinho tinto seja de 60%.

(c) $H_0$: P = 35%; $H_1$: P ≠ 35%; $Z = \dfrac{0,5428 - 0,35}{\sqrt{\dfrac{0,5428 \cdot 0,4571}{280}}} = 6,47$; Rejeito $H_0$, pois não é possível supor que a proporção de homens que bebam vinho seja de 35%.

5. $H_0$: μ = 18 ; $H_1$: μ < 18; $t = \dfrac{12-18}{\dfrac{4}{\sqrt{10}}} = -4,7434$; Rejeito $H_0$.

6. $H_0$: μ = 100; $H_1$: μ ≠ 100; Rejeito $H_0$, não é possível supor que a embalagem contenha 100 ml do repelente, isto é, o fabricante não está sendo honesto.

7. $H_0$: μ = 720; H: μ < 720; $t = \dfrac{698-720}{\dfrac{35}{\sqrt{28}}} = -3,326$; Rejeito $H_0$, não é possível aceitar a alegação do fabricante, então ele não esta sendo honesto ao afirmar que seus elevadores suportam 720 kg.

8. $H_0$: μ = 233; $H_1$: μ > 233; $Z_{teste} = \dfrac{231,5 - 233}{\dfrac{7,6}{\sqrt{50}}} = -1,3956$; Aceito $H_0$.

9. $H_1$: μ ≠ 6; $t_c$ = +/– 2,2010; $t_t$ = 0,8257, aceito $H_0$.

10. (a) $H_1$: μ < 11; $z_c$ = –1,88; $z_t$ = – 1,6667, aceito $H_0$; (b) 8,6980 dias < μ < 11,3020 dias.

11. (a) 52,86%; (b) 44,43%.

12. 611,5040.

13. (a) Teste unicaudal: rejeita-se a hipótese se passarem menos pessoas do que o alegado; (b) $H_0$: M = 1000; $H_1$: M < 1000 ; tabela t; $t_{crítico}$ = – 1,761; $t_{teste}$ = – 4,6476; Rejeita-se $H_0$.

14. $H_0$: M = 500; $H_1$: M < 500; $T_{teste}$ = – 2,86; Rejeito $H_0$, não é possível aceitar a afirmação do fabricante.

15. (a) $H_0$: P = 0,03; $H_1$: P > 0,03; $Z_{teste}$ = 0,8720; Aceito $H_0$; (b) Teste de hipóteses unicaudal, já que a preocupação consiste em encontrar P maior que o valor alegado.

16. $H_0$: M = 35000; $H_1$: M < 35000; $Z_{teste}$ = – 15,28, rejeito a hipótese de igualdade.

17. $H_0$: P = 90%; $H_1$: P < 90%; $Z_{teste}$ = – 1,51186, rejeito a hipótese de igualdade.

18. $H_0$: P = 0,80; $H_1$: P < 0,80; tabela z; $z_{crítico}$ = – 1,35; $z_{teste}$ = – 3,9598; Rejeita-se $H_0$.

19. Poderia ser resolvida de diferentes maneiras. No ponto de receita mínima ($ 901.633,94) o lucro é positivo ($ 321.307,16); logo, seria possível admitir a viabilidade do empreendimento.

20. $H_0$: M = 8; $H_1$: M ≠ 8; Zc = +/– 1,1,81, $Z_{teste}$ = – 2,02; Rejeito $H_0$, não é possível supor a igualdade.

21. $H_1$: M < 400 ml; $Z_c$ = – 1,88 $Z_t$ = 1,7143 Aceito $H_0$. Seria possível concordar com o fabricante.

22. $H_1$: P < 40% $Z_c$ = – 1,88 $Z_t$ = – 0,7439 Aceito $H_0$. É possível concordar com a alegação da instituição.

## Teste de igualdade de médias populacionais

1. $H_1$: $\mu_{AND} < \mu_{REL}$; $t_c$ = –1,9937; $t_t$ = – 0,7618; aceito $H_0$.

2. $H_1$: $M_f > M_c$, $Z_c$ = 2,05, $Z_t$ = 8,77, aceito $H_1$, seria possível concordar com a suposição de que a duração do fabricante é superior.

3. $H_1$: $\mu_A \neq \mu_B$; $Z_c$ = +/– 2,05; $Z_t$ = – 0,3607; aceito $H_0$.

4. $H_1$: $\mu_C > \mu_B$; $t_c$ = 2,1504; $t_t$ = 0,4600; aceito $H_0$.

5. (a) as hipóteses a serem formuladas seriam: $H_0$: $\mu_a = \mu_b$ e $H_1$: $\mu_a > \mu_b$; (b) o teste t deveria ser unicaudal, já que a preocupação está na verificação do fato da média de a ser **maior** que a média de b; c) $H_1$: $\mu_a > \mu_b$; $t_c$ = 2,3984; $t_t$ = 0,8257; aceito $H_0$.

6. $H_1$: $\mu_{Micro} > \mu_{Sala}$; $t_c$ = 1,7247; $t_t$ = 1,1794; aceito $H_0$.

## Teste de diferença de médias populacionais

1. Médias amostrais = 1,96 e 1,66; Desvios amostrais = 0,3134 e 0,2989. $H_1$: $\delta$ > 0,10; $t_c$ = 2,2137; $t_t$ = 1,4604; aceito $H_0$.

2. $H_1$: $\delta$ > 30; $t_c$ = 1,8495; $t_t$ = 0,8388; aceito $H_0$.

3. $H_1$: $\delta$ < 1000; $Z_c$ = – 1,88 ; $Z_t$ = – 1,9389; rejeito $H_0$.

4. $H_1$: $\delta$ > 36.000; $Z_c$ = 2,05; $Z_t$ = 0,7190; aceito $H_0$.

5. $H_1$: $\delta \neq 0$ (ou $\mu_a \neq \mu_b$); $Z_c$ = +/– 1,96; $Z_t$ = – 4,7881; rejeito $H_0$.

6. $H_1$: $\delta \neq 0$ (ou $\mu_n \neq \mu_v$); $t_c$ = 2,4851; $t_t$ = 3,1558; rejeito $H_0$.

7. $H_1$: $\delta \neq 0$ (ou $\mu_a \neq \mu_b$); $t_c$ = +/– 1,7171; $t_t$ = – 1,7548; rejeito $H_0$.

## Teste de igualdade de proporções populacionais

1. $H_1$: $P_n > P_v$; $Z_c$ = 1,34; $Z_t$ = 1,4006; rejeito $H_0$.

2. $H_1$: $P_s > P_t$; $Z_c$ = 2,33; $Z_t$ = 2,1222; aceito $H_0$.

3. $H_1$: $P_{BA} \neq P_{PE}$; $Z_c$ = +/– 1,88; $Z_t$ = – 3,6549; rejeito $H_0$.

4. $H_1$: $P_1 \neq P_2$; $Z_c$ = +/– 1,96; $Z_t$ = –2,3514; rejeito $H_0$.

5. $H_1$: $P_A \neq P_B$; $Z_c$ = +/– 1,65; $Z_t$ = 0,5990; aceito $H_0$.

6. $H_1$: $P_F \neq P_{NF}$; $Z_c$ = +/– 1,96; $Z_t$ = – 2,2799; rejeito $H_0$.

7. $H_1$: $P_{vídeo} > P_{sem\ vídeo}$; $Z_c$ = 1,88; $Z_t$ = 1,7678, aceito $H_0$.

## Teste de hipóteses: duas amostras para diferença de proporções

1. $H_1$: $\delta \neq 0$; $Z_c$ = +/– 1,96; $Z_t$ = 1,4575; aceito $H_0$.

## Exercícios diversos com duas amostras

1. $H_0$: $P_{sp} = P_{rj}$; $H_1$: $P_{sp} \neq P_{rj}$; $Z_{teste}$ = 2,1359; rejeito $H_0$, é possível supor a diferença de proporções na população.

2. $H_0$: $P_a = P_b$; $H_1$: $P_a > P_b$; $Z_{teste}$ = 4,2442; rejeito $H_0$, é possível supor que o desemprego na população de Salvador é maior.

3. Cálculos iniciais: Média de A = 7,56; desvio padrão de A = 0,88; Média de B = 6,22; desvio padrão de B = 1,56. (a) não. Em função da dispersão dos dados das amostras, os desempenhos médios nos universos devem ser analisados mediante o emprego de teste de hipóteses; (b) $H_0$: $M_a = M_b$; $H_1$: $M_a > M_b$; (c) Unilateral, em função de $H_1$; (d) $T_{teste} = 2,24$, aceito a hipótese de igualdade.

4. $H_0$: $P_a = P_b$; $H_1$: $P_a \neq P_b$; $Z_{teste} = 5,30$, rejeito a hipótese de igualdade.

5. $H_0$: $M_1 = M_2$; $H_1$: $M_1 \neq M_2$; $Z_{teste} = -5,4709$; rejeito $H_0$, não é possível supor a igualdade.

6. $H_0$: $M_I = M_{II}$; $H_1$: $M_I \neq M_{II}$; $Z_{teste} = 3,59$; rejeito $H_0$, não é possível supor a igualdade das médias populacionais.

7. $H_0$: $M_m = M_v$; $H_1$: $M_m < M_v$; $Z_{teste} = -16,31$; rejeito $H_0$. É possível supor que a média populacional do vespertino seja maior.

8. $H_0$: $M_a = M_b$; $H_1$: $M_a < M_b$; $Z_{teste} = -2,5763$; rejeito $H_0$, é possível supor que o consumo de B seja maior.

9. $H_0$: $P_a = P_b$; $H_1$: $P_a \neq P_b$; $Z_{teste} = -1,29014$, aceito a hipótese de igualdade.

10. Da tabela sabe-se que a média é igual a 472,6667 e o desvio amostral é igual a 23,1294. Obtém-se que: $H_1$: $M < 495$, $t_c = -2,0961$, $t_t = -3,3449$, rejeito $H_0$. Não é possível concordar com a alegação do fabricante.

11. $H_1$: $P < 0,96$, $z_c = -1,34$, $t_t = -1,7170$, rejeito $H_0$.

12. $H_1$: $P < 0,80$, $z_c = -1,75$, $z_t = 1,7971$, aceito $H_0$.

13. $H_1$: $P_{SE} \neq P_{CO}$, $z_c = +/-1,75$, $z_t = -1,2573$, aceito $H_0$.

14. $H_1$: $M_{SSA} < M_{REC}$, $t_c = -1,7171$, $t_t = -2,7561$, rejeito $H_0$.

15. $H_1$: $M_V < M_N$, $z_c = -1,28$, $z_t = -3,2237$, rejeito $H_0$.

16. $H_1$: $M_{AWZ} < M_{AXC}$, $z_c = -1,28$, $z_t = -1,0708$, aceito $H_0$.

17. $H_1$: $M_v < M_m$; $Z_c = -2,05$ $Z_t = -3,0324$. Rejeito $H_0$. Não é possível concordar os alunos.

## Capítulo 11

### Teste do qui-quadrado

1. A estatística do qui-quadrado foi igual a 2,2105, com um nível de significância aproximadamente igual a 0,5299. As diferenças nas frequências das respostas não foram consideradas significativas.

2. (a) a estatística do qui-quadrado foi igual a 262,795, com um nível de significância aproximadamente igual a zero (0,000). As diferenças nas frequências das respostas foram consideradas significativas; (b) a estatística do qui-quadrado foi igual a 410,1846, com um nível de significância aproximadamente igual a zero (0,000). As diferenças nas frequências das respostas foram consideradas significativas.

### Teste do qui-quadrado para independência ou associação

3. A estatística do qui-quadrado é igual a 6,858. O nível de significância é 0,009. Existe, portanto, associação significativa entre as variáveis.

4. A estatística do qui-quadrado é igual a 20,1258. O nível de significância é 0,7402. Não existe associação significativa entre as variáveis.

### Teste dos sinais

5. $H_1$: $P > 0,50$, $Z_c = 1,28$, $Z_t = 1,8856$. Rejeita-se $H_0$ e aceita-se $H_1$. Existe preferência significativa.

6. $H_1$: $P > 0,50$, $Z_c = 1,65$, $Z_t = 0,6882$. Rejeita-se $H_1$ e aceita-se $H_0$. Não existe preferência significativamente maior que 50% pelo *jingle* "Para frente e com força".

### Teste de Wilcoxon

7. As somas dos postos negativos e positivos foram respectivamente iguais a 36,50 e 54,50. O $Z_{teste}$ calculado foi igual a –0,636. Assim, aceita-se $H_0$. Não é possível supor uma diferença significativa no resultado.

8. As somas dos postos negativos e positivos foram respectivamente iguais a 14 e 91. $Z_{teste}$ foi igual a – 2,456. É possível rejeitar $H_0$ e aceitar $H_1$. Existe uma diferença significativa na média populacional do segundo grupo em relação ao primeiro. Supõe-se que o uso de recursos auxiliares melhorou, de fato, a *performance* dos alunos.

### Teste de Mann-Whitney

9. A amostra do matutino revelou n igual a 9 e uma soma dos postos igual a 85. A amostra

do noturno revelou n igual a 10 e soma dos postos igual a 105. A estatística u de Mann-Whitney foi igual a 40 e o valor de $Z_{cal}$ igual a 0,425. Assim, não é possível supor que a média populacional dos alunos do noturno seja maior que a do matutino.

### Teste da Mediana

10. $H_1$: Mediana$_{Sul}$ ≠ Mediana$_{Norte}$, $c_c^2$ = 2,71, $c_t^2$ = 0,5788. Aceita-se $H_0$. Não é possível supor que as populações tenham medianas diferentes.

### Teste de Kruskal-Wallis

11. As somas dos postos das regiões Norte, Sul, Leste e Oeste são respectivamente iguais a 65,5, 37, 49,5 e 101. A estatística crítica é $c_c^2$ = 7,81. A estatística teste H é igual a 2,266. Aceita-se $H_0$. É possível supor que as médias populacionais sejam iguais.

## Caítulo 12

1. (a) y = 0,8933x + 2,72; (b) $r^2$ = 0,7211, como o valor está próximo de 1, tem-se uma boa qualidade de ajuste; (c) 8,08.
2. (a) y = – 0,4778x + 56,472; (b) $r^2$ = 0,9291, alta qualidade de ajuste.
3. (a) y = 1,6537x + 30,097; (b) r = 0,9269; (c) 87,9762; (d) 35,4318
4. y = – 0,0085x + 72,901, $r^2$ = 2E-05. Como o coeficiente de determinação é aproximadamente igual a zero, pode-se dizer que não existe associação entre as variáveis.
5. y = 67x + 274, $r^2$ = 0,9909. Para ano 3, faturamento no modelo linear igual a 475.
6. (a) y = 5,5146 + 0,4946x; (b) $r^2$ = 0,9997 (alto, bom ajuste).
7. y = 67,238x – 196,38, $r^2$ = 0,927. (a) 247,3928; (b) é o próprio valor de $r^2$, 92,7%.
8. (a) Modelo para veículos 0 Km: y = – 21,4286x + 2306,4286 ($R^2$ = 0,1468); modelo para veículos usados: y = 4,3214x + 94,9286 ($R^2$ = 0,5547); (b) previsão para veículos 0 Km: 2.113,5714, 2.092,1429, 2.070,7143 e 2.049,2857; previsão para veículos usados: 9.228,5765, 9.135,9745, 9.043,3724 e 8.950,7704.
9. (a) y = 10,7143x + 439,2857 ($R^2$ = 0,9454); (b) os valores previstos para os três próximos meses são: 525,0000, 535,7143 e 546,4286.
10. (a) y = 2,8000x + 40,4727; (b) $R^2$ = 0,8853; (c) 74,0727 e 76,8727.
11. y (carros produzidos) = 17,6 + 3,4x (minutos descansados) $r^2$ = 0,9263.
12. Pode-se dizer que sim, já que o valor de $r^2$ foi consideravelmente alto.
13. y = 5,1214 + 1,3350x $r^2$ = 0,9922.
14. y = 46,2606 – 0,0042x $r^2$ = 0,0037. Em função do baixo valor de $r^2$ encontrado, pode-se dizer que não existe relação linear entre as variáveis.
15. y = – 60,462 + 3,3077x; $r^2$ = 0,9059.
16. Os consumos previstos para os veículos no modelo de ajuste linear foram iguais a 38,77; 55,31 e 61,92. Logo, o veículo B deveria ser mais utilizado em função de apresentar um consumo real inferior ao previsto.
17. y = 3,2927 + 3,2412x; $r^2$ = 0,9662.
18. y = 13,1539 + 0,4231x; $r^2$ = 0,0568.
19. y = 360,7031 + 0,6016x; $r^2$ = 0,0335.
20. (a) y = 20,5716 + 0,4582.x; (b) r = 0,982649303; $r^2$=0,965599652; (c) o percentual é igual a $r^2$; (d) erro padrão = 2,2765; (e) Para vendas iguais a $ 300,00, custos iguais a $ 158,0175. Para vendas iguais a $ 650,00, custos iguais a $ 318,3710; (f) Para custos iguais a $ 220,00, vendas iguais a $ 426,0242.
21. (a) com base no valor do coeficiente de correlação r (0,983998968, alto, próximo de 1), é possível supor que exista um crescimento linear do consumo; (b) a equação seria do tipo: y = 62,0357 + 3,6310.x . Para ano igual a 9, consumo previsto igual a 94,7143; para ano igual a 10, consumo previsto igual a 98,3452; (c) o erro padrão seria igual a 1,7395; (d) r = 0,9840; $r^2$ = 0,9683.
22. Mediante a aplicação da análise de regressão e correlação, nota-se um ajuste linear muito bom entre o tamanho da loja e suas vendas. O $r^2$ encontrado foi igual 0,8948; valor, portanto, alto.

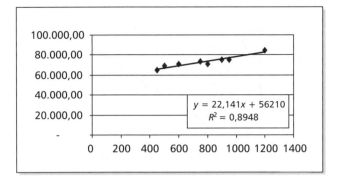

A aplicação dos dados na reta de ajuste encontrada (y = 22,141x + 56210) permitiria encontrar os valores previstos, destacados na tabela seguinte. Quando apurada a diferença entre os valores previstos e as vendas reais, nota-se que em três lojas (2, 4 e 6) a diferença foi negativa e expressiva. Assim, a análise de regressão indica que poderiam estar ocorrendo fraudes nestas lojas.

| Loja | Tamanho | Vendas | Previsto | Diferença |
|---|---|---|---|---|
| 1 | 1200 | 85.000,00 | 82.779,74 | 2.220,26 |
| 2 | 800 | 71.000,00 | 73.923,17 | (2.923,17) |
| 3 | 600 | 71.000,00 | 69.494,88 | 1.505,12 |
| 4 | 450 | 65.000,00 | 66.173,67 | (1.173,67) |
| 5 | 900 | 75.500,00 | 76.137,31 | (637,31) |
| 6 | 950 | 75.600,00 | 77.244,39 | (1.644,39) |
| 7 | 750 | 73.250,00 | 72.816,10 | 433,90 |
| 8 | 500 | 69.500,00 | 67.280,74 | 2.219,26 |

23. Linear: $y = 714{,}64x - 1124{,}3$; $R^2 = 0{,}9256$; Potência: $y = 88{,}927 x^{1{,}973}$; $R^2 = 0{,}9941$. Logo, o ajuste com base em um modelo de potência é melhor.

24. $y = 0{,}0052 \cdot x^{2{,}9955}$; $R^2 = $ aproximadamente 1.

25. (a)

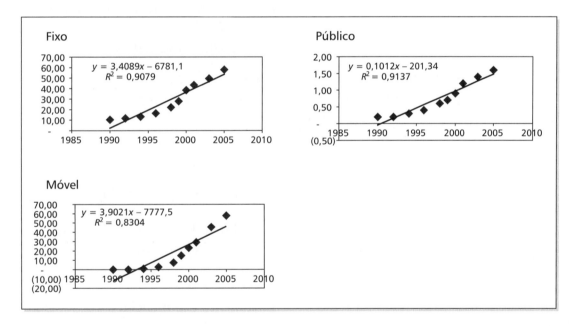

(b) aparentemente, segundo os diagramas de dispersão construídos, a premissa de aleatoriedade dos resíduos não foi assegurada.

(c) conforme exibido pela figura seguinte, o modelo exponencial, aparentemente, fornece um melhor ajuste.

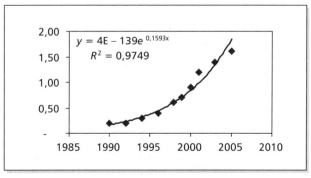

26. (a) Alcool *versus* gasolina: y = 0,9996x + 523,9, r² = 0,9969.

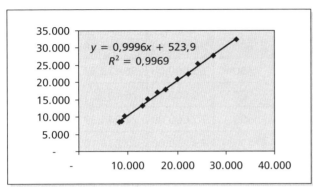

(b) Ano *versus* álcool: y = 2094,9x − 4E+06, r² = 0,9716.

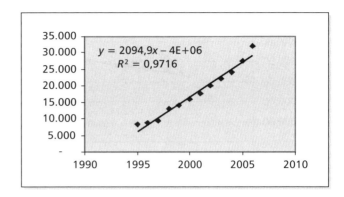

## Capítulo 13

1. 1,05 ou 105%.
2. 1.33 ou 133%.
3. 1,425 ou 142,500%.
4. 2,0 ou 200%.
5. 33.3%.
6. (a) 100%, 101%, 99%, 105,1%; (b) 100%, 105%, 109%, 89%.
7. 150%, 100%, 120% e 80%.

| 8. | Laspeyres | | | Paasche | | | Fischer | | |
|---|---|---|---|---|---|---|---|---|---|
| | 1997 | 1998 | 1999 | 1997 | 1998 | 1999 | 1997 | 1998 | 1999 |
| Preços | 100 | 142 | 103 | 100 | 104 | 100 | 100 | 121 | 101 |
| Quantidade | 100 | 184 | 180 | 100 | 184 | 175 | 100 | 184 | 177 |

9. (a) 169%; (b) 269%; (c) 213%; (d) 171%; (e) 123%.

## Capítulo 14

### Médias móveis simples

1. (a) 119,6667; (b) 126,6667.
2. (a) 79,6667; (b) 82.
3. (a) a previsão **para** os meses é igual a 61,6667, 56,0000, 56,6667 e 64,0000; (b) o desvio médio absoluto é 13,6667; (c) erro quadrático médio igual a 215,5185.
4. (a) 253; (b) 246.
5. (a) 397; (b) 18; (c) 402.
6. (a) 140, 138 e 138,5; (b) os DMAs foram respectivamente iguais a 2,6500, 2,5000 e 1,9444. A previsão com n igual a seis revelou-se a melhor.

### Médias móveis ponderadas

1. (a) 8; (b) 2,3056.
2. (a) 5,30; (b) 2,01.

### Alisamento exponencial

1. 97.
2. 123,20.
3. (a) 7,3260; (b) 2,0499.
4. (a) 220 + 0,25.(210 − 220) = 217,50; (b) 217,50 + 0,25.(222 − 217,50) = 218,625.
5. 2400 + 0,20.(2500 − 2400) = 2.420.
6. (a)

| alfa | 1 | 2 | 3 | 4 | 5 | 6 | 7 | 8 | 9 |
|------|---|---|---|---|---|---|---|---|---|
| 0,2 | 150 | 150 | 151,8 | 153,4400 | 156,1520 | 159,5216 | 162,6173 | 167,0938 | 171,2751 |
| 0,3 | 150 | 150 | 152,7 | 154,8900 | 158,5230 | 162,8661 | 166,5063 | 172,0544 | 176,8381 |

(b) para valores de alfa iguais a 0,20 e 0,30, os desvios médios absolutos são respectivamente iguais a 13,2969 e 11,1825. A melhor previsão é a que usa alfa igual a 0,30.

7. (a) 7,2500; (b) 1,9444; (c) 6,6568; (d) 1,7104; (e) o melhor modelo é que fornece o menor DMA, no caso, o modelo com alisamento exponencial.

| Período | 1 | 2 | 3 | 4 | 5 | 6 | 7 | 8 | 9 | 10 | 11 | 12 | 13 |
|---|---|---|---|---|---|---|---|---|---|---|---|---|---|
| Previsão (média ponderada) | | | | 7,5 | 6,5 | 5,25 | 5,75 | 6,5 | 6,75 | 5,5 | 5 | 5,25 | 7,25 |
| Diferença absoluta (média ponderada) | | | | 1,5 | 3,5 | 1,75 | 2,25 | 0,5 | 2,75 | 0,5 | 1 | 3,75 | |
| Previsão (alisamento) | 7 | 7 | 6,4 | 7,18 | 6,83 | 5,68 | 6,07 | 6,65 | 6,46 | 5,72 | 5,5 | 5,65 | 6,66 |
| Diferença absoluta (alisamento) | 0 | 2 | 2,6 | 1,18 | 3,83 | 1,32 | 1,93 | 0,65 | 2,46 | 0,72 | 0,5 | 3,35 | |

8. (a) 4,94; (b) 1,79; (c) o melhor modelo é que o apresente menor DMA, no caso, o modelo de alisamento exponencial.

| Previsão | 5 | 5 | 4,2 | 5,32 | 4,8 | 3,3 | 4 | 4,8 | 4,5 | 3,5 | 3,3 | 3,6 | 4,94 |
|---|---|---|---|---|---|---|---|---|---|---|---|---|---|
| Abs dif | 0 | 2 | 2,8 | 1,32 | 3,8 | 1,7 | 2 | 0,8 | 2,5 | 0,5 | 0,7 | 3,4 | |
| Média | 1,79 | | | | | | | | | | | | |

9. (a) 103,25; (b) 101; (c) 100,7024.

10. (a), (b) e (c).

| Previsão | 1 | 2 | 3 | 4 | 5 | 6 | 7 | 8 | 9 | 10 | 11 |
|---|---|---|---|---|---|---|---|---|---|---|---|
| Média móvel simples | | | | 112,00 | 113,00 | 114,00 | 115,67 | 117,00 | 116,33 | 116,67 | 113,00 |
| Média móvel ponderada | | | | 110,50 | 116,60 | 113,40 | 114,70 | 120,80 | 113,90 | 115,10 | 114,30 |
| Suavização exponencial | 118,00 | 118,00 | 114,15 | 113,05 | 115,83 | 113,79 | 114,56 | 118,22 | 114,64 | 115,47 | 114,95 |

(d) os desvios médios absolutos são respectivamente iguais a 18,58, 20,16 e 15,42. Assim, o melhor modelo é o de suavização exponencial.

## Modelos de regressão

1. 664,6667.

## Sazonalidade

1. (a) as demandas dessazonalizadas são iguais a 10.400 e 9.600; (b) embora as vendas em janeiro tenham sido maiores em termos sazonalizados, ao dessazonalizar a demanda, percebe-se uma queda da tendência em janeiro.

| 2. | Trimestre 1 | Trimestre 2 | Trimestre 3 | Trimestre 4 |
|---|---|---|---|---|
| a) Índices | | | | |
| Aditiva | 28 | 2 | −25 | −5 |
| Multiplicativa | 1,28 | 1,02 | 0,75 | 0,95 |
| b) Previsão | | | | |
| Aditiva | 138 | 112 | 85 | 105 |
| Multiplicativa | 140,8 | 112,2 | 82,5 | 104,5 |

| 3. Sazonalidade | Trimestre 1 | Trimestre 2 | Trimestre 3 | Trimestre 4 |
|---|---|---|---|---|
| a) Aditiva | −138,3333 | 88,3333 | 181,6667 | −131,6667 |
| b) Multiplicativa | 0,8092 | 1,1218 | 1,2506 | 0,8184 |

4. (a) y = 0,7107x + 5,3143; (b) para os três quadrimestres, os índices são respectivamente iguais a 0,8740, 0,9448 e 1,1898; (c) 16,6857, 17,3964 e 18,1071; (d) 14,5836, 16,4367 e 21,5434.

5. (a) y = 7,4857 + 0,7143x ($R^2$ = 0,6726); (b) 0,9025; 0,9379 e 1,1664; (c) 18,9143; 19,6286; 20,3429; (d) 17,0703; 18,4100 e 23,7273.

**Sugestão:** além de resolver os exercícios impressos no livro, solucione os exercícios eletrônicos propostos no Excel e disponíveis para *download* no *site* de apoio ao livro <www.MinhasAulas.com.br>.

# Anexo

## Fórmulas e tabelas básicas de estatística

> **OBSERVAÇÃO IMPORTANTE**
>
> O *download* desta relação de fórmulas e tabelas estatísticas pode ser feito no *site* do livro <www.MinhasAulas.com.br>. O leitor pode salvar o arquivo com as fórmulas e tabelas, imprimi-lo e usá-lo durante a leitura do livro e, principalmente, durante a solução dos exercícios propostos. Assim, não será necessário ficar folheando rotineiramente o livro em busca das fórmulas ou tabelas.

## FÓRMULAS

### Estatística descritiva e probabilidade

#### Tabulação de dados

Frequência Simples:

$$F_i\% = \frac{F_i}{\sum_{i=1}^{n} F_i} \cdot 100\%$$

Frequência Acumulada:

$$FA_{ci}\% = \frac{FA_{ci}}{\sum_{i=1}^{n} F_i} \cdot 100\%$$

Número de classes (K)

Se n <= 25 : K = 5

Se n > 25 : K = $\sqrt{n}$ ou

K = 1 + 3,22 log($n$)

Amplitude da classe (h)

$$h = \frac{\text{Maior} - \text{Menor}}{K}$$

### Medidas de posição central

Média aritmética simples

$$\mu = \frac{\sum_{i=1}^{n} x_i}{n} \quad \text{ou} \quad \bar{x} = \frac{\sum_{i=1}^{n} x_i}{n}$$

Média ponderada

$$\bar{x}_w = \frac{\sum_{i=1}^{n} (x_i \cdot F_i)}{\sum_{i=1}^{n} F_i}$$

Média geométrica

$$\bar{x}_g = \sqrt[n]{x_1 \cdot x_2 \dots x_n} = \sqrt[n]{\prod_{i=1}^{n} x_n}$$

Média harmônica

$$\bar{x}_h = \frac{n}{\dfrac{1}{x_1} + \dfrac{1}{x_2} + \dots + \dfrac{1}{x_n}} = \frac{n}{\sum_{i=1}^{n} \dfrac{1}{x_i}}$$

Mediana

Divide a série ordenada em duas partes iguais

Moda

Valor com maior número de repetições

## Medidas de dispersão

Amplitude total (R) = Maior − Menor

Desvio médio absoluto

$$DMA = \frac{\sum_{i=1}^{n} |x_i - \overline{x}|}{n}$$

Variância $\sigma^2 = \dfrac{\sum (x_i - \overline{x})^2}{n}$ ou

$$s^2 = \frac{\sum (x_i - \overline{x})^2}{n-1}$$

Desvio padrão $\sigma = \sqrt{\dfrac{\sum (x_i - \overline{x})^2}{n}}$ ou

$$s = \sqrt{\frac{\sum (x_i - \overline{x})^2}{n-1}}$$

Populacional: $\sigma = \sqrt{\dfrac{1}{n}\left[\sum x^2 - \dfrac{\left(\sum x\right)^2}{n}\right]}$

Amostral: $s = \sqrt{\dfrac{1}{n-1}\left[\sum x^2 - \dfrac{\left(\sum x\right)^2}{n}\right]}$

Coeficiente de variação

$$CV = \frac{\sigma}{\mu} \text{ ou } \frac{s}{\overline{x}}$$

## Medidas de ordenamento e posição

$$Q_{\text{Número do Quartil}} = x\left[\frac{\text{Número do Quartil} \times n}{4} + \frac{1}{2}\right]$$

$$D_{\text{Número do Decil}} = x\left[\frac{\text{Número do Decil} \times n}{10} + \frac{1}{2}\right]$$

$$P_{\text{Número do Percentil}} = x\left[\frac{\text{Número do Percentil} \times n}{100} + \frac{1}{2}\right]$$

## Medidas de forma da distribuição

Curtose

$$K = \frac{Q_3 - Q_1}{2 \cdot (P_{90} - P_{10})}$$

K = 0,263: mesocúrtica

k > 0,263: leptocúrtica

k < 0,263: platicúrtica

Assimetria

1º Coeficiente de Pearson: $AS = \dfrac{\overline{x} - Mo}{\sigma}$

2º Coeficiente de Pearson: $AS = \dfrac{Q_1 + Q_3 - 2Q_2}{Q_3 - Q_1}$

AS > 0 = assimetria à direita

AS < 0 = assimetria à esquerda

AS = 0 = simétrica

## Probabilidade

$$P = \frac{\text{N}^\circ \text{ de eventos favoráveis}}{\text{N}^\circ \text{ de eventos possíveis}} = \frac{\text{Eventos}}{\text{Espaço Amostral}}$$

Chance a favor = Número de eventos favoráveis ÷ Número de eventos desfavoráveis

Teoremas

$$P(E_1 \cup E_2) = P(E_1) + P(E_2) - P(E_1 \cap E_2)$$

$$P(E_1 \cap E_2) = P(E_1) * P(E_2 \mid E_1)$$

Permutações, arranjos e combinações

$$P_n = n!,\ A_{n,r} = \frac{n!}{(n-r)!},\ C_{n,r} = \frac{n!}{r!(n-r)!}$$

Probabilidade condicional

$$P(A \mid B) = \frac{P(A \cap B)}{P(B)}$$

Tabela de probabilidade condicional

|  | | Evento A | | |
|---|---|---|---|---|
| | | A | $A^c$ | Soma |
| Evento B | B | | | |
| | $B^c$ | | | |
| | Soma | | | 100% |

A soma de **todas** as probabilidades da tabela deve ser igual a 100%.

Valor esperado e dispersão em probabilidades

$$E(x_i) = \sum_{i=1}^{n} x_i P(x_i) \text{ e}$$

$$\sigma x_i = \sqrt{\sum_{i=...1}^{n}\{[x_i - E(x)]^2 P(x_i)\}}$$

## Variáveis aleatórias

Média de uma f.d.p.

$$E(x) = \int_{-\infty}^{\infty} x \cdot f(x)dx$$

Desvio padrão de uma f.d.p.

$$VAR(x) = \int_{-\infty}^{\infty} \{x - E(x)\}^2 \cdot f(x)dx$$

$$VAR(x) = E(x^2) - \{E(x)\}^2$$

onde $E(x^2) = \int_{-\infty}^{\infty} x^2 \cdot f(x)dx$

## Distribuições de probabilidade

Binomial

$$P(X) = C_{n,x} p^x q^{n-x}, \mu = np, \sigma = \sqrt{npq}$$

Poisson

$$P(x) = \frac{e^{-\lambda t}(\lambda t)^x}{x!}, \mu(x) = \lambda t, \sigma(x) = \sqrt{\lambda t}$$

Normal

$$z = \frac{x - \mu}{\sigma}$$

Estatística inferencial, correlação e números índices

## Inferência: estimação

Média

$$\mu = \bar{x} \pm z \frac{\sigma}{\sqrt{n}} \text{ ou } \mu = \bar{x} \pm z \frac{s}{\sqrt{n}} \text{ ou}$$

$$\mu = \bar{x} \pm t \frac{s}{\sqrt{n}}$$

Se n > 5% N, aplica-se o fator de ajuste ou de correção finita igual a $\sqrt{\frac{N-n}{N-1}}$

Proporção

$$P = p \pm erro = p \pm z \cdot \sigma_p = p \pm z \cdot \sqrt{\frac{\left(\frac{x}{n}\right)\left(1-\frac{x}{n}\right)}{n}}$$

Tamanho da amostra

Variáveis quantitativas

$$n = \left(z\frac{\sigma_x}{e}\right)^2 \text{ ou } n = \left(z\frac{s_x}{e}\right)^2 \text{ ou}$$

$$n = \frac{z^2 \sigma_x^2 N}{z^2 \sigma_x^2 + e^2(N-1)} \text{ ou}$$

$$n = \frac{z^2 s_x^2 N}{z^2 s_x^2 + e^2(N-1)}$$

Variáveis qualitativas

$$n = z^2 \frac{pq}{e^2} \text{ ou } n = \frac{z^2 pqN}{(N-1)e^2 + z^2 pq}$$

## Inferência: Testes de hipóteses

Uma amostra

$$z_t = \frac{\bar{x} - \mu_0}{\frac{\sigma}{\sqrt{n}}} \text{ ou } t_t = \frac{\bar{x} - \mu_0}{\frac{s}{\sqrt{n}}} \text{ ou } Z = \frac{p - p_0}{\sqrt{\frac{p \cdot q}{n}}}$$

Duas amostras

$$z_{teste} = \frac{\bar{x}_1 - \bar{x}_2}{\sqrt{\frac{\sigma_1^2}{n_1} + \frac{\sigma_2^2}{n_2}}} \text{ ou } t_{teste} = \frac{\bar{x}_1 - \bar{x}_2}{\sqrt{\frac{s_1^2}{n_1} + \frac{s_2^2}{n_2}}} \text{ ou}$$

$$t_{teste} \approx \frac{\bar{x}_1 - \bar{x}_2}{\sqrt{\left[\frac{(n_1-1)s_1^2 + (n_2-1)s_2^2}{n_1 + n_2 - 2}\right]\left(\frac{1}{n_1} + \frac{1}{n_2}\right)}}$$

Diferença alegada

$$z_{teste} = \frac{(\bar{x}_1 - \bar{x}_2) - \delta_o}{\sqrt{\frac{\sigma_1^2}{n_1} + \frac{\sigma_2^2}{n_2}}} \text{ ou } t_{teste} = \frac{(\bar{x}_1 - \bar{x}_2) - \delta_o}{\sqrt{\frac{s_1^2}{n_1} + \frac{s_2^2}{n_2}}}$$

$$\text{ou } t_{teste} \approx \frac{(\bar{x}_1 - \bar{x}_2) - \delta_o}{\sqrt{\left[\frac{(n_1-1)s_1^2 + (n_2-1)s_2^2}{n_1 + n_2 - 2}\right]\left(\frac{1}{n_1} + \frac{1}{n_2}\right)}}$$

Proporções: igualdade

$$z_{teste} = \frac{p_1 - p_2}{\sqrt{\bar{p}(1-\bar{p})\left(\frac{1}{n_1} + \frac{1}{n_2}\right)}}, \text{ onde } p_1 = \frac{x_1}{n_1},$$

$$p_2 = \frac{x_2}{n_2} \quad \text{e} \quad \bar{p} = \frac{x_1 + x_2}{n_1 + n_2}$$

Proporções: diferença

$$Z_{teste} = \frac{p_1 - p_2 - \delta}{\sqrt{\bar{p}(1-\bar{p})\left(\frac{1}{n_1} + \frac{1}{n_2}\right)}}$$

## Correlação e regressão

y = a + b.x

$$a = \frac{\sum y - b \sum x}{n}$$

$$b = \frac{n\left(\sum xy\right) - \left(\sum x \sum y\right)}{n\left(\sum x^2\right) - \left(\sum x\right)^2}$$

$$r = \pm \frac{n \sum xy - \sum x . \sum y}{\sqrt{\left[n \sum x^2 - \left(\sum x\right)^2\right].\left[n \sum y^2 - \left(\sum y\right)^2\right]}}$$

$$s_e = \sqrt{\frac{\sum y^2 - a \sum y - b \sum xy}{n-2}}$$

$$s_b = \frac{s_e}{\sqrt{(n-1).s_x^2}}$$

$$s_a = s_e \sqrt{\frac{1}{n} + \frac{\bar{x}^2}{(n-1) \cdot s_x^2}}$$

$$s_p = \sqrt{\frac{1-r^2}{n-2}}$$

## Números índices

Laspeyres ou Método do Ano Base

$$\text{PREÇO} = \frac{\sum p_n q_o}{\sum p_o q_o} \times 100\%$$

$$\text{QUANTIDADE} = \frac{\sum q_n p_o}{\sum p_o q_o} \times 100\%$$

$$\text{VALOR} = \frac{\sum p_n q_n}{\sum p_o q_o} \times 100\%$$

Paasche ou Método do Determinado ou Época Atual

$$\text{PREÇO} = \frac{\sum p_n q_n}{\sum p_o q_n} \times 100\%$$

$$\text{QUANTIDADE} = \frac{\sum p_n q_n}{\sum q_o p_n} \times 100\%$$

Fischer ou Método Ideal

$$IF_P = \sqrt{L_p \times P_p}$$

$$IF_Q = \sqrt{L_q \times P_q}$$

Marshall-Edgeworth ou Método Ideal

$$\text{QUANTIDADE} = \frac{\sum q_n (p_o + p_n)}{\sum q_o (p_o + p_n)} \times 100\%$$

$$\text{PREÇO} = \frac{\sum p_n (q_o + q_n)}{\sum p_o (q_o + q_n)} \times 100\%$$

## Tabelas

Curva Normal Padronizada – área entre a média e o valor de Z

| Z | 0,00 | 0,01 | 0,02 | 0,03 | 0,04 | 0,05 | 0,06 | 0,07 | 0,08 | 0,09 |
|---|---|---|---|---|---|---|---|---|---|---|
| 0,00 | (0,0000) | 0,0040 | 0,0080 | 0,0120 | 0,0160 | 0,0199 | 0,0239 | 0,0279 | 0,0319 | 0,0359 |
| 0,10 | 0,0398 | 0,0438 | 0,0478 | 0,0517 | 0,0557 | 0,0596 | 0,0636 | 0,0675 | 0,0714 | 0,0753 |
| 0,20 | 0,0793 | 0,0832 | 0,0871 | 0,0910 | 0,0948 | 0,0987 | 0,1026 | 0,1064 | 0,1103 | 0,1141 |
| 0,30 | 0,1179 | 0,1217 | 0,1255 | 0,1293 | 0,1331 | 0,1368 | 0,1406 | 0,1443 | 0,1480 | 0,1517 |
| 0,40 | 0,1554 | 0,1591 | 0,1628 | 0,1664 | 0,1700 | 0,1736 | 0,1772 | 0,1808 | 0,1844 | 0,1879 |
| 0,50 | 0,1915 | 0,1950 | 0,1985 | 0,2019 | 0,2054 | 0,2088 | 0,2123 | 0,2157 | 0,2190 | 0,2224 |
| 0,60 | 0,2257 | 0,2291 | 0,2324 | 0,2357 | 0,2389 | 0,2422 | 0,2454 | 0,2486 | 0,2517 | 0,2549 |
| 0,70 | 0,2580 | 0,2611 | 0,2642 | 0,2673 | 0,2704 | 0,2734 | 0,2764 | 0,2794 | 0,2823 | 0,2852 |
| 0,80 | 0,2881 | 0,2910 | 0,2939 | 0,2967 | 0,2995 | 0,3023 | 0,3051 | 0,3078 | 0,3106 | 0,3133 |
| 0,90 | 0,3159 | 0,3186 | 0,3212 | 0,3238 | 0,3264 | 0,3289 | 0,3315 | 0,3340 | 0,3365 | 0,3389 |
| 1,00 | 0,3413 | 0,3438 | 0,3461 | 0,3485 | 0,3508 | 0,3531 | 0,3554 | 0,3577 | 0,3599 | 0,3621 |
| 1,10 | 0,3643 | 0,3665 | 0,3686 | 0,3708 | 0,3729 | 0,3749 | 0,3770 | 0,3790 | 0,3810 | 0,3830 |
| 1,20 | 0,3849 | 0,3869 | 0,3888 | 0,3907 | 0,3925 | 0,3944 | 0,3962 | 0,3980 | 0,3997 | 0,4015 |
| 1,30 | 0,4032 | 0,4049 | 0,4066 | 0,4082 | 0,4099 | 0,4115 | 0,4131 | 0,4147 | 0,4162 | 0,4177 |
| 1,40 | 0,4192 | 0,4207 | 0,4222 | 0,4236 | 0,4251 | 0,4265 | 0,4279 | 0,4292 | 0,4306 | 0,4319 |
| 1,50 | 0,4332 | 0,4345 | 0,4357 | 0,4370 | 0,4382 | 0,4394 | 0,4406 | 0,4418 | 0,4429 | 0,4441 |
| 1,60 | 0,4452 | 0,4463 | 0,4474 | 0,4484 | 0,4495 | 0,4505 | 0,4515 | 0,4525 | 0,4535 | 0,4545 |
| 1,70 | 0,4554 | 0,4564 | 0,4573 | 0,4582 | 0,4591 | 0,4599 | 0,4608 | 0,4616 | 0,4625 | 0,4633 |
| 1,80 | 0,4641 | 0,4649 | 0,4656 | 0,4664 | 0,4671 | 0,4678 | 0,4686 | 0,4693 | 0,4699 | 0,4706 |
| 1,90 | 0,4713 | 0,4719 | 0,4726 | 0,4732 | 0,4738 | 0,4744 | 0,4750 | 0,4756 | 0,4761 | 0,4767 |
| 2,00 | 0,4772 | 0,4778 | 0,4783 | 0,4788 | 0,4793 | 0,4798 | 0,4803 | 0,4808 | 0,4812 | 0,4817 |
| 2,10 | 0,4821 | 0,4826 | 0,4830 | 0,4834 | 0,4838 | 0,4842 | 0,4846 | 0,4850 | 0,4854 | 0,4857 |
| 2,20 | 0,4861 | 0,4864 | 0,4868 | 0,4871 | 0,4875 | 0,4878 | 0,4881 | 0,4884 | 0,4887 | 0,4890 |
| 2,30 | 0,4893 | 0,4896 | 0,4898 | 0,4901 | 0,4904 | 0,4906 | 0,4909 | 0,4911 | 0,4913 | 0,4916 |
| 2,40 | 0,4918 | 0,4920 | 0,4922 | 0,4925 | 0,4927 | 0,4929 | 0,4931 | 0,4932 | 0,4934 | 0,4936 |
| 2,50 | 0,4938 | 0,4940 | 0,4941 | 0,4943 | 0,4945 | 0,4946 | 0,4948 | 0,4949 | 0,4951 | 0,4952 |
| 2,60 | 0,4953 | 0,4955 | 0,4956 | 0,4957 | 0,4959 | 0,4960 | 0,4961 | 0,4962 | 0,4963 | 0,4964 |
| 2,70 | 0,4965 | 0,4966 | 0,4967 | 0,4968 | 0,4969 | 0,4970 | 0,4971 | 0,4972 | 0,4973 | 0,4974 |
| 2,80 | 0,4974 | 0,4975 | 0,4976 | 0,4977 | 0,4977 | 0,4978 | 0,4979 | 0,4979 | 0,4980 | 0,4981 |
| 2,90 | 0,4981 | 0,4982 | 0,4982 | 0,4983 | 0,4984 | 0,4984 | 0,4985 | 0,4985 | 0,4986 | 0,4986 |
| 3,00 | 0,4987 | 0,4987 | 0,4987 | 0,4988 | 0,4988 | 0,4989 | 0,4989 | 0,4989 | 0,4990 | 0,4990 |
| 3,10 | 0,4990 | 0,4991 | 0,4991 | 0,4991 | 0,4992 | 0,4992 | 0,4992 | 0,4992 | 0,4993 | 0,4993 |
| 3,20 | 0,4993 | 0,4993 | 0,4994 | 0,4994 | 0,4994 | 0,4994 | 0,4994 | 0,4995 | 0,4995 | 0,4995 |
| 3,30 | 0,4995 | 0,4995 | 0,4995 | 0,4996 | 0,4996 | 0,4996 | 0,4996 | 0,4996 | 0,4996 | 0,4997 |
| 3,40 | 0,4997 | 0,4997 | 0,4997 | 0,4997 | 0,4997 | 0,4997 | 0,4997 | 0,4997 | 0,4997 | 0,4998 |
| 3,50 | 0,4998 | 0,4998 | 0,4998 | 0,4998 | 0,4998 | 0,4998 | 0,4998 | 0,4998 | 0,4998 | 0,4998 |
| 3,60 | 0,4998 | 0,4998 | 0,4999 | 0,4999 | 0,4999 | 0,4999 | 0,4999 | 0,4999 | 0,4999 | 0,4999 |
| 3,70 | 0,4999 | 0,4999 | 0,4999 | 0,4999 | 0,4999 | 0,4999 | 0,4999 | 0,4999 | 0,4999 | 0,4999 |
| 3,80 | 0,4999 | 0,4999 | 0,4999 | 0,4999 | 0,4999 | 0,4999 | 0,4999 | 0,4999 | 0,4999 | 0,4999 |
| 3,90 | 0,5000 | 0,5000 | 0,5000 | 0,5000 | 0,5000 | 0,5000 | 0,5000 | 0,5000 | 0,5000 | 0,5000 |

Observação importante: Valores gerados no Excel com a Função DIST.NORMP().

## Tabela "t" de Student

| Graus de liberdade (n – 1) | α Bicaudal ||||||||||
|---|---|---|---|---|---|---|---|---|---|---|
| | 0,10 | 0,09 | 0,08 | 0,07 | 0,06 | 0,05 | 0,04 | 0,03 | 0,02 | 0,01 |
| | α Unicaudal ||||||||||
| | 0,05 | 0,045 | 0,04 | 0,035 | 0,03 | 0,025 | 0,02 | 0,015 | 0,01 | 0,005 |
| 1 | 6,3137 | 7,0264 | 7,9158 | 9,0579 | 10,578 | 12,706 | 15,894 | 21,205 | 31,821 | 63,655 |
| 2 | 2,9200 | 3,1040 | 3,3198 | 3,5782 | 3,8964 | 4,3027 | 4,8487 | 5,6428 | 6,9645 | 9,9250 |
| 3 | 2,3534 | 2,4708 | 2,6054 | 2,7626 | 2,9505 | 3,1824 | 3,4819 | 3,8961 | 4,5407 | 5,8408 |
| 4 | 2,1318 | 2,2261 | 2,3329 | 2,4559 | 2,6008 | 2,7765 | 2,9985 | 3,2976 | 3,7469 | 4,6041 |
| 5 | 2,0150 | 2,0978 | 2,1910 | 2,2974 | 2,4216 | 2,5706 | 2,7565 | 3,0029 | 3,3649 | 4,0321 |
| 6 | 1,9432 | 2,0192 | 2,1043 | 2,2011 | 2,3133 | 2,4469 | 2,6122 | 2,8289 | 3,1427 | 3,7074 |
| 7 | 1,8946 | 1,9662 | 2,0460 | 2,1365 | 2,2409 | 2,3646 | 2,5168 | 2,7146 | 2,9979 | 3,4995 |
| 8 | 1,8595 | 1,9280 | 2,0042 | 2,0902 | 2,1892 | 2,3060 | 2,4490 | 2,6338 | 2,8965 | 3,3554 |
| 9 | 1,8331 | 1,8992 | 1,9727 | 2,0554 | 2,1504 | 2,2622 | 2,3984 | 2,5738 | 2,8214 | 3,2498 |
| 10 | 1,8125 | 1,8768 | 1,9481 | 2,0283 | 2,1202 | 2,2281 | 2,3593 | 2,5275 | 2,7638 | 3,1693 |
| 11 | 1,7959 | 1,8588 | 1,9284 | 2,0067 | 2,0961 | 2,2010 | 2,3281 | 2,4907 | 2,7181 | 3,1058 |
| 12 | 1,7823 | 1,8440 | 1,9123 | 1,9889 | 2,0764 | 2,1788 | 2,3027 | 2,4607 | 2,6810 | 3,0545 |
| 13 | 1,7709 | 1,8317 | 1,8989 | 1,9742 | 2,0600 | 2,1604 | 2,2816 | 2,4358 | 2,6503 | 3,0123 |
| 14 | 1,7613 | 1,8213 | 1,8875 | 1,9617 | 2,0462 | 2,1448 | 2,2638 | 2,4149 | 2,6245 | 2,9768 |
| 15 | 1,7531 | 1,8123 | 1,8777 | 1,9509 | 2,0343 | 2,1315 | 2,2485 | 2,3970 | 2,6025 | 2,9467 |
| 16 | 1,7459 | 1,8046 | 1,8693 | 1,9417 | 2,0240 | 2,1199 | 2,2354 | 2,3815 | 2,5835 | 2,9208 |
| 17 | 1,7396 | 1,7978 | 1,8619 | 1,9335 | 2,0150 | 2,1098 | 2,2238 | 2,3681 | 2,5669 | 2,8982 |
| 18 | 1,7341 | 1,7918 | 1,8553 | 1,9264 | 2,0071 | 2,1009 | 2,2137 | 2,3562 | 2,5524 | 2,8784 |
| 19 | 1,7291 | 1,7864 | 1,8495 | 1,9200 | 2,0000 | 2,0930 | 2,2047 | 2,3457 | 2,5395 | 2,8609 |
| 20 | 1,7247 | 1,7816 | 1,8443 | 1,9143 | 1,9937 | 2,0860 | 2,1967 | 2,3362 | 2,5280 | 2,8453 |
| 21 | 1,7207 | 1,7773 | 1,8397 | 1,9092 | 1,9880 | 2,0796 | 2,1894 | 2,3278 | 2,5176 | 2,8314 |
| 22 | 1,7171 | 1,7734 | 1,8354 | 1,9045 | 1,9829 | 2,0739 | 2,1829 | 2,3202 | 2,5083 | 2,8188 |
| 23 | 1,7139 | 1,7699 | 1,8316 | 1,9003 | 1,9783 | 2,0687 | 2,1770 | 2,3132 | 2,4999 | 2,8073 |
| 24 | 1,7109 | 1,7667 | 1,8281 | 1,8965 | 1,9740 | 2,0639 | 2,1715 | 2,3069 | 2,4922 | 2,7970 |
| 25 | 1,7081 | 1,7637 | 1,8248 | 1,8929 | 1,9701 | 2,0595 | 2,1666 | 2,3011 | 2,4851 | 2,7874 |
| 26 | 1,7056 | 1,7610 | 1,8219 | 1,8897 | 1,9665 | 2,0555 | 2,1620 | 2,2958 | 2,4786 | 2,7787 |
| 27 | 1,7033 | 1,7585 | 1,8191 | 1,8867 | 1,9632 | 2,0518 | 2,1578 | 2,2909 | 2,4727 | 2,7707 |
| 28 | 1,7011 | 1,7561 | 1,8166 | 1,8839 | 1,9601 | 2,0484 | 2,1539 | 2,2864 | 2,4671 | 2,7633 |
| 29 | 1,6991 | 1,7540 | 1,8142 | 1,8813 | 1,9573 | 2,0452 | 2,1503 | 2,2822 | 2,4620 | 2,7564 |
| 30 | 1,6973 | 1,7520 | 1,8120 | 1,8789 | 1,9546 | 2,0423 | 2,1470 | 2,2783 | 2,4573 | 2,7500 |
| 10000 | 1,6450 | 1,6956 | 1,7509 | 1,8121 | 1,8810 | 1,9602 | 2,0540 | 2,1704 | 2,3267 | 2,5763 |

## Tabela Qui-Quadrado

| Fi\Alfa | 0,995 | 0,99 | 0,975 | 0,95 | 0,9 | 0,75 | 0,5 | 0,25 | 0,1 | 0,05 | 0,025 | 0,01 | 0,005 |
|---|---|---|---|---|---|---|---|---|---|---|---|---|---|
| 1 | 0,000 | 0,000 | 0,001 | 0,004 | 0,016 | 0,102 | 0,455 | 1,323 | 2,706 | 3,841 | 5,024 | 6,635 | 7,879 |
| 2 | 0,010 | 0,020 | 0,051 | 0,103 | 0,211 | 0,575 | 1,386 | 2,773 | 4,605 | 5,991 | 7,378 | 9,210 | 10,597 |
| 3 | 0,072 | 0,115 | 0,216 | 0,352 | 0,584 | 1,213 | 2,366 | 4,108 | 6,251 | 7,815 | 9,348 | 11,345 | 12,838 |
| 4 | 0,207 | 0,297 | 0,484 | 0,711 | 1,064 | 1,923 | 3,357 | 5,385 | 7,779 | 9,488 | 11,143 | 13,277 | 14,860 |
| 5 | 0,412 | 0,554 | 0,831 | 1,145 | 1,610 | 2,675 | 4,351 | 6,626 | 9,236 | 11,070 | 12,833 | 15,086 | 16,750 |
| 6 | 0,676 | 0,872 | 1,237 | 1,635 | 2,204 | 3,455 | 5,348 | 7,841 | 10,645 | 12,592 | 14,449 | 16,812 | 18,548 |
| 7 | 0,989 | 1,239 | 1,690 | 2,167 | 2,833 | 4,255 | 6,346 | 9,037 | 12,017 | 14,067 | 16,013 | 18,475 | 20,278 |
| 8 | 1,344 | 1,646 | 2,180 | 2,733 | 3,490 | 5,071 | 7,344 | 10,219 | 13,362 | 15,507 | 17,535 | 20,090 | 21,955 |
| 9 | 1,735 | 2,088 | 2,700 | 3,325 | 4,168 | 5,899 | 8,343 | 11,389 | 14,684 | 16,919 | 19,023 | 21,666 | 23,589 |
| 10 | 2,156 | 2,558 | 3,247 | 3,940 | 4,865 | 6,737 | 9,342 | 12,549 | 15,987 | 18,307 | 20,483 | 23,209 | 25,188 |
| 11 | 2,603 | 3,053 | 3,816 | 4,575 | 5,578 | 7,584 | 10,341 | 13,701 | 17,275 | 19,675 | 21,920 | 24,725 | 26,757 |
| 12 | 3,074 | 3,571 | 4,404 | 5,226 | 6,304 | 8,438 | 11,340 | 14,845 | 18,549 | 21,026 | 23,337 | 26,217 | 28,300 |
| 13 | 3,565 | 4,107 | 5,009 | 5,892 | 7,042 | 9,299 | 12,340 | 15,984 | 19,812 | 22,362 | 24,736 | 27,688 | 29,819 |
| 14 | 4,075 | 4,660 | 5,629 | 6,571 | 7,790 | 10,165 | 13,339 | 17,117 | 21,064 | 23,685 | 26,119 | 29,141 | 31,319 |
| 15 | 4,601 | 5,229 | 6,262 | 7,261 | 8,547 | 11,037 | 14,339 | 18,245 | 22,307 | 24,996 | 27,488 | 30,578 | 32,801 |
| 16 | 5,142 | 5,812 | 6,908 | 7,962 | 9,312 | 11,912 | 15,338 | 19,369 | 23,542 | 26,296 | 28,845 | 32,000 | 34,267 |
| 17 | 5,697 | 6,408 | 7,564 | 8,672 | 10,085 | 12,792 | 16,338 | 20,489 | 24,769 | 27,587 | 30,191 | 33,409 | 35,718 |
| 18 | 6,265 | 7,015 | 8,231 | 9,390 | 10,865 | 13,675 | 17,338 | 21,605 | 25,989 | 28,869 | 31,526 | 34,805 | 37,156 |
| 19 | 6,844 | 7,633 | 8,907 | 10,117 | 11,651 | 14,562 | 18,338 | 22,718 | 27,204 | 30,144 | 32,852 | 36,191 | 38,582 |
| 20 | 7,434 | 8,260 | 9,591 | 10,851 | 12,443 | 15,452 | 19,337 | 23,828 | 28,412 | 31,410 | 34,170 | 37,566 | 39,997 |
| 21 | 8,034 | 8,897 | 10,283 | 11,591 | 13,240 | 16,344 | 20,337 | 24,935 | 29,615 | 32,671 | 35,479 | 38,932 | 41,401 |
| 22 | 8,643 | 9,542 | 10,982 | 12,338 | 14,041 | 17,240 | 21,337 | 26,039 | 30,813 | 33,924 | 36,781 | 40,289 | 42,796 |
| 23 | 9,260 | 10,196 | 11,689 | 13,091 | 14,848 | 18,137 | 22,337 | 27,141 | 32,007 | 35,172 | 38,076 | 41,638 | 44,181 |
| 24 | 9,886 | 10,856 | 12,401 | 13,848 | 15,659 | 19,037 | 23,337 | 28,241 | 33,196 | 36,415 | 39,364 | 42,980 | 45,559 |
| 25 | 10,520 | 11,524 | 13,120 | 14,611 | 16,473 | 19,939 | 24,337 | 29,339 | 34,382 | 37,652 | 40,646 | 44,314 | 46,928 |
| 26 | 11,160 | 12,198 | 13,844 | 15,379 | 17,292 | 20,843 | 25,336 | 30,435 | 35,563 | 38,885 | 41,923 | 45,642 | 48,290 |
| 27 | 11,808 | 12,879 | 14,573 | 16,151 | 18,114 | 21,749 | 26,336 | 31,528 | 36,741 | 40,113 | 43,195 | 46,963 | 49,645 |
| 28 | 12,461 | 13,565 | 15,308 | 16,928 | 18,939 | 22,657 | 27,336 | 32,620 | 37,916 | 41,337 | 44,461 | 48,278 | 50,993 |
| 29 | 13,121 | 14,256 | 16,047 | 17,708 | 19,768 | 23,567 | 28,336 | 33,711 | 39,087 | 42,557 | 45,722 | 49,588 | 52,336 |
| 30 | 13,787 | 14,953 | 16,791 | 18,493 | 20,599 | 24,478 | 29,336 | 34,800 | 40,256 | 43,773 | 46,979 | 50,892 | 53,672 |
| 31 | 14,458 | 15,655 | 17,539 | 19,281 | 21,434 | 25,390 | 30,336 | 35,887 | 41,422 | 44,985 | 48,232 | 52,191 | 55,003 |
| 32 | 15,134 | 16,362 | 18,291 | 20,072 | 22,271 | 26,304 | 31,336 | 36,973 | 42,585 | 46,194 | 49,480 | 53,486 | 56,328 |

*Observação importante:* valores gerados no Microsoft Excel com a função = INV.QUI().

## Tabela de Números Aleatórios

| | | | | | | | | |
|---|---|---|---|---|---|---|---|---|
| 3690 | 2492 | 7171 | 7720 | 6509 | 7549 | 2330 | 5733 | 4730 |
| 0813 | 6790 | 6858 | 1489 | 2669 | 3743 | 1901 | 4971 | 8280 |
| 6477 | 5289 | 4092 | 4223 | 6454 | 7632 | 7577 | 2816 | 9202 |
| 0772 | 2160 | 7236 | 0812 | 4195 | 5589 | 0830 | 8261 | 9232 |
| 5692 | 9870 | 3583 | 8997 | 1533 | 6466 | 8830 | 7271 | 3802 |
| 2080 | 3828 | 7880 | 0586 | 8482 | 7811 | 6807 | 3309 | 2729 |
| 1039 | 3382 | 7600 | 1077 | 4455 | 8806 | 1822 | 1669 | 7501 |
| 7227 | 0104 | 4141 | 1521 | 9104 | 5563 | 1392 | 8238 | 4882 |
| 8506 | 6348 | 4612 | 8252 | 1062 | 1757 | 0964 | 2983 | 2244 |
| 5086 | 0303 | 7423 | 3298 | 3979 | 2831 | 2257 | 1508 | 7642 |
| 0092 | 1629 | 0377 | 3590 | 2209 | 4839 | 6332 | 1490 | 3092 |
| 0935 | 5565 | 2315 | 8030 | 7651 | 5189 | 0075 | 9353 | 1921 |
| 2605 | 3973 | 0804 | 4143 | 2677 | 0034 | 8601 | 3340 | 8383 |
| 7277 | 9889 | 0390 | 5579 | 4620 | 5650 | 0210 | 2082 | 4664 |
| 5484 | 3900 | 3485 | 0741 | 9069 | 5920 | 4326 | 7704 | 6525 |
| 6905 | 7127 | 5933 | 1137 | 7583 | 6450 | 6558 | 7678 | 3444 |
| 8387 | 5323 | 3753 | 1859 | 6043 | 0294 | 5110 | 6340 | 9137 |
| 4094 | 4957 | 0163 | 9717 | 4118 | 4276 | 9465 | 8820 | 4127 |
| 4951 | 3781 | 5101 | 1815 | 7068 | 6379 | 7252 | 1086 | 8919 |
| 9047 | 0199 | 5068 | 7447 | 1664 | 9278 | 1708 | 3625 | 2864 |
| 7274 | 9512 | 0074 | 6677 | 8676 | 0222 | 3335 | 1976 | 1645 |
| 9192 | 4011 | 0255 | 5458 | 6942 | 8043 | 6201 | 1587 | 0972 |
| 0554 | 1690 | 6333 | 1931 | 9433 | 2661 | 8690 | 2313 | 6999 |
| 9231 | 5627 | 1815 | 7171 | 8036 | 1832 | 2031 | 6298 | 6073 |
| 3995 | 9677 | 7765 | 3194 | 3222 | 4191 | 2734 | 4469 | 8617 |
| 2402 | 6250 | 9362 | 7373 | 4757 | 1716 | 1942 | 0417 | 5921 |
| 5295 | 7385 | 5474 | 2123 | 7035 | 9983 | 5192 | 1840 | 6176 |
| 5177 | 1191 | 2106 | 3351 | 5057 | 0967 | 4538 | 1246 | 3374 |
| 7315 | 3365 | 7203 | 1231 | 0546 | 6612 | 1038 | 1425 | 2709 |
| 5775 | 7517 | 8974 | 3961 | 2183 | 5295 | 3096 | 8536 | 9442 |
| 5500 | 2276 | 6037 | 2346 | 1285 | 7000 | 5306 | 0414 | 3383 |
| 3251 | 8902 | 8843 | 2112 | 8567 | 8131 | 8116 | 5270 | 5994 |
| 4675 | 1435 | 2192 | 0874 | 2897 | 0262 | 5092 | 5541 | 4014 |
| 3543 | 6130 | 4247 | 4859 | 2660 | 7852 | 9096 | 0578 | 0097 |
| 3521 | 8772 | 6612 | 0721 | 3899 | 2999 | 1263 | 7017 | 8057 |
| 5573 | 9396 | 3464 | 1702 | 9204 | 3389 | 5678 | 2589 | 0288 |
| 7478 | 7569 | 7551 | 3380 | 2152 | 5411 | 2647 | 7242 | 2800 |
| 3339 | 2854 | 9691 | 9562 | 3252 | 9848 | 6030 | 8472 | 2266 |
| 5505 | 8474 | 3167 | 8552 | 5409 | 1556 | 4247 | 4652 | 2953 |
| 6381 | 2086 | 5457 | 7703 | 2758 | 2963 | 8167 | 6712 | 9820 |

# Bibliografia

ANDERSON, D. R.; SWEENEY, D. J.; WILLIAMS, T. A. *Statistics for business and economics*. Cincinnati (EUA): International Thomson Publishing, 1999.

ARNOT, A. C. *Estatística fácil*. 6. ed. São Paulo: Saraiva, 1989.

BERNSTEIN, P. L. *Desafio aos deuses*: a fascinante história do risco. Rio de Janeiro: Campus, 1997.

BUNCHAFT, G.; KELLNER, S. R. O. K. *Estatística sem mistérios*. Petrópolis (RJ): Vozes, 1997. v. I, II, III e IV.

COSTA, S. F. *Introdução ilustrada à estatística*. 3. ed. São Paulo: Harbra, 1992.

COSTA NETO, P. L. de O. *Estatística*. 2. ed. São Paulo: Edgard Blucher, 2002.

DOWNING, D.; CLARK, J. *Estatística aplicada*. São Paulo: Saraiva, 1998.

FONSECA, J. S.; MARTINS, G. A. *Curso de estatística*. 6. ed. São Paulo: Atlas, 1996.

FREUND, J. E.; SIMON, G. A. *Estatística aplicada*. Porto Alegre: Bookman, 2000.

HILL, C.; GRIFFITHS, W.; JUDGE, G. *Econometria*. São Paulo: Saraiva, 1999.

HOFFMANN, R.; VIEIRA, S. *Análise de regressão*: uma introdução à econometria. 3. ed. São Paulo: Hucitec, 1998.

JOHNSTON, J. *Métodos econométricos*. São Paulo: Atlas, 1971.

JORION, P. *Value at risk*. São Paulo: Cultura, 1998.

KAZMIER, L. J. *Estatística aplicada a economia e administração*. São Paulo: McGraw-Hill, 1982.

KLIMBER. *Cases in business statistics*. New York: Prentice Hall, 1997.

LAPPONI, J. C. *Estatística usando Excel 5 e 7*. São Paulo: Lapponi, 1996.

_____ . *Estatística usando Excel*. São Paulo: Lapponi, 2000.

LEVINE, D. M.; BERENSON, M. L. *Basic business statistics*. New York: Prentice Hall, 1997.

LOPES, P. A. *Probabilidade e estatística*. Rio de Janeiro: Reichmann & Affonso, 1999.

MAGALHÃES, M. N.; LIMA, A. C. P. *Noções de probabilidade e estatística*. São Paulo: Instituto de Matemática e Estatística da Universidade de São Paulo, 1999.

MICHAELIS. *Moderno dicionário da língua portuguesa*. São Paulo: Melhoramentos, 1998.

MOORE, D. *A estatística básica*: a sua prática. Rio de Janeiro: LTC, 2000.

NORUSIS, M. J. *SPSS 8.0 guide to data analysis*. New York: Prentice Hall, 1998.

PEREIRA, W.; KIRSTEN, J. T.; ALVES, Walter. *Estatística para as ciências sociais*. São Paulo: Saraiva, 1980.

SILVER, M. *Estatística para administração*. São Paulo: Atlas, 2000.

SPIEGEL, M. R. *Estatística*. 3. ed. São Paulo: Makron Books, 1993.

STEVENSON, W. J. *Estatística aplicada à administração*. São Paulo: Harbra, 1986.

TOLEDO, G. L.; OVALLE, I. I. *Estatística básica*. São Paulo: Atlas, 1985.

VIEIRA, S. *Princípios de estatística*. São Paulo: Pioneira, 1999.

WONNACOTT, T. H.; WONNACOTT, R. J. *Fundamentos de estatística*. Rio de Janeiro: LTC, 1980.

As notas biográficas mencionadas no livro foram obtidas no *The MacTutor History of Mathematics Archive*. Disponível em: <http://www-groups.dcs.st-and.ac.uk/~history/index.html>. Acesso em: 03 dez. 2006.

Referências bibliográficas complementares foram extraídas de:

IEZZI, G.; MURAKAMI, C.; MACHADO, N. J. *Fundamentos de matemática elementar*. 5. ed. São Paulo: Atual, 1998. v. 2 e 8.

MOORE, D. *A estatística básica*: a sua prática. Rio de Janeiro: LTC, 2000.

# Outros livros de Adriano Leal Bruni

O autor possui outros livros publicados pela Editora Atlas. Para saber mais sobre os livros, visite www.EditoraAtlas.com.br ou www.MinhasAulas.com.br.

### SÉRIE DESVENDANDO AS FINANÇAS

Os livros da série abordam da forma mais clara e didática possível os principais conceitos associados às finanças empresariais. Os volumes contêm grande diversidade de exemplos, exercícios e estudos de casos, integralmente resolvidos. Outros recursos importantes dos textos consistem em aplicações na calculadora HP 12C e na planilha eletrônica Excel.

### A ADMINISTRAÇÃO DE CUSTOS, PREÇOS E LUCROS

Apresenta os principais conceitos associados ao processo de registro e apuração de custos e formação de preços, enfatizando os aspectos gerenciais, relativos à tomada de decisão sobre custos e preços. Fornece uma ampla visão da contabilidade financeira dos custos, explorando com maior profundidade a contabilidade gerencial dos lucros e ganhos. Discute os efeitos dos impostos sobre custos, preços e lucros. Por fim, estabelece a relação do preço com o marketing e a estratégia do negócio. Para facilitar a aplicação dos conteúdos, apresenta inúmeros exemplos com o auxílio da calculadora HP 12C e da planilha eletrônica Microsoft Excel.

Capítulos: 1. Os custos, a contabilidade e as finanças. 2. Os custos e a contabilidade financeira. 3. Os custos e a contabilidade gerencial. 4. Os custos e seus componentes. 5. Os custos e a margem de contribuição. 6. Tributos, custos e preços. 7. Os custos, os preços e os lucros. 8. Os preços, o marketing e a estratégia. 9. O modelo CUSTOFACIL.xls.

## A CONTABILIDADE EMPRESARIAL

Ilustra os conceitos associados à Contabilidade, seus principais demonstrativos e informações relevantes no processo de tomada de decisões. Fornece uma visão geral nos números registrados pela Contabilidade e suas relações com o processo de Administração Financeira. Em capítulos específicos, discute o Balanço Patrimonial e a Demonstração de Resultado do Exercício. Traz uma grande variedade de exemplos e exercícios, com muitas questões objetivas. No último capítulo, ilustra alguns usos e aplicações da Contabilidade na planilha eletrônica Microsoft Excel.

Capítulos: 1. Conceitos. 2. O balanço patrimonial. 3. A demonstração do resultado do exercício. 4. Outros demonstrativos contábeis. 5. Contas, livros e registros. 6. Operações com mercadorias. 7. O modelo CONTAFACIL.XLS.

## AS DECISÕES DE INVESTIMENTOS

Apresenta e discute os conceitos básicos associados ao processo de avaliação de investimentos em Finanças. Começa com a definição do problema de tomada de decisões em Finanças, e avança pela construção do fluxo de caixa livre e da estimativa do custo médio ponderado de capital. Mostra as principais técnicas de avaliação disponíveis, incluindo *payback*, valor presente, futuro e uniforme líquido, e as taxas interna e externa de retorno, e a taxa interna de juros. Para facilitar a leitura e o processo de aprendizagem, diversos exercícios apresentam solução completa na HP 12C. Muitos exercícios também apresentam resolução com o apoio da planilha eletrônica Microsoft Excel. O final do livro traz o *software* Investfacil.xls, que simplifica as operações com o auxílio da planilha eletrônica Microsoft Excel.

Capítulos: 1. Conceitos iniciais, HP 12C, Excel e o modelo Investfacil.xls. 2. A estimativa dos fluxos futuros. 3. Custo de capital. 4. O processo de avaliação e análise dos prazos de recuperação do capital investido. 5. A análise de valores. 6. A análise de taxas. 7. A seleção de projetos de investimento. 8. O modelo Investfacil.xls.

## A MATEMÁTICA DAS FINANÇAS

Apresenta de forma simples e clara os principais conceitos da Matemática Financeira. Inicia com a definição dos diagramas de fluxo de caixa e avança pelos regimes de capitalização simples e composta. Discute, com muitos exemplos, as séries uniformes e não uniformes e os sistemas de amortização. Para tornar o aprendizado mais fácil, explica o uso da calculadora HP 12C, mostrando quase todos os exercícios solucionados com seu auxílio. Também aborda o uso da planilha eletrônica Microsoft Excel em Matemática Financeira, apresentado o *software* Matemagica.xls – que torna ainda mais simples as operações algébricas em finanças.

Capítulos: 1. Conceitos iniciais e diagramas de fluxo de caixa. 2. A HP 12C e o Excel. 3. Juros simples. 4. Desconto comercial e bancário. 5. Juros compostos. 6. Taxas nominais e unificadas. 7. Anuidades ou séries. 8. Sistemas de amortização. 9. Séries não uniformes. 10. A planilha Matemagica.xls.

## SÉRIE FINANÇAS NA PRÁTICA

Oferece uma ideia geral das Finanças, desmistificando as eventuais dificuldades da área. Aborda de forma prática, com muitos exemplos e exercícios, as principais tarefas associadas às Finanças.

## GESTÃO DE CUSTOS E FORMAÇÃO DE PREÇOS

Fornece ao leitor elementos de gestão de custos, com o objetivo de, principalmente, demonstrar como administrá-los. Além de identificar os componentes dos custos empresariais, os sistemas de custeio, o efeito dos tributos sobre preços e custos, focaliza os aspectos estratégicos que determinam a existência de custos em condições de minimizá-los e obter deles, quando controlados, os melhores benefícios. Dividido em 20 capítulos, inclui 150 exercícios resolvidos, a planilha CUSTOS.XLS e o conjunto de apresentações CUSTOS.PPT.

Capítulos: 1. Introdução à gestão de custos. 2. Material direto. 3. Mão de obra direta. 4. Custos indiretos de fabricação. 5. Custeio por departamentos. 6. Custeio por processos. 7. Custeio por ordens de produção. 8. Custeio-padrão. 9. Custeio baseado em atividades. 10. Custos da produção conjunta. 11. Custeio variável. 12. Custos para decisão. 13. Efeito dos tributos sobre custos e preços. 14. Formação de preços: aspectos quantitativos. 15. Formação de preços: aspectos qualitativos. 16. Custos e estratégia. 17. Métodos quantitativos aplicados a custos. 18. Aplicações da calculadora HP 12C. 19. Aplicações do Excel: usos genéricos. 20. Aplicações do Excel: usos em custos e preços.

## MATEMÁTICA FINANCEIRA COM HP 12C E EXCEL

Traz os principais conceitos de Matemática Financeira. Aborda tópicos referentes às operações com juros simples, compostos, descontos, equivalência de capitais e taxas, séries uniformes e não uniformes e sistemas de pagamento. Para facilitar o aprendizado, traz exercícios propostos, todos com respostas e vários com soluções integrais. Apresenta e discute ainda ferramentas aplicadas à Matemática Financeira, como a calculadora HP 12C e a planilha eletrônica Excel. Em relação ao Excel, diversos modelos prontos, com fácil utilização e aplicabilidade prática, estão na planilha MATFIN.XLS, apresentada ao longo do livro. Todos os modelos e as instruções para serem utilizados também estão disponíveis no decorrer do texto. Destaca-se também o conjunto de apresentações MATFIN.PPT, que ilustra com recursos audiovisuais alguns dos conceitos abordados no livro. Docentes poderão empregá-lo como material adicional das atividades de classe e estudantes poderão aplicá-lo na revisão dos conteúdos da obra.

Capítulos: 1. Matemática financeira e diagrama de fluxo de caixa. 2. Revisão de matemática elementar. 3. A calculadora HP 12C. 4. O Excel e a planilha MATFIN.xls. 5. Juros simples. 6. Juros compostos. 7. Operações com taxas de juros. 8. Séries uniformes. 9. Sistemas de amortização. 10. Séries não uniformes. 11. Capitalização contínua.

## AVALIAÇÃO DE INVESTIMENTOS COM HP 12C E EXCEL

Apresenta o processo de avaliação de investimentos de forma simples, com muitos exemplos e exercícios, facilitados por meio do uso da calculadora HP 12C e da planilha eletrônica Microsoft Excel. O texto discute inicialmente o papel e as decisões usuais em Finanças, apresentando em seguida a importância da projeção dos fluxos de caixa livres e do cálculo do custo de capital. Posteriormente, aborda o uso das diferentes técnicas, como as técnicas de avaliação contábil e as técnicas financeiras mais usuais, como o *payback*, o VPL e a TIR. Mais adiante, discute aspectos relativos à avaliação de empresa e ao estudo das decisões sob incerteza e risco. Ao final, o texto discute o processo de modelagem financeira no Excel, apresentando tópicos avançados, como o uso do método de Monte Carlo ou o uso de opções reais em avaliação de investimentos. Para tornar o aprendizado mais efetivo, diversos modelos prontos estão apresentados.

Capítulos: 1. Finanças, decisões e objetivos. 2. Entendendo o valor do dinheiro no tempo. 3. Estimativa dos fluxos futuros. 4. Custo de capital da empresa e taxa mínima de atratividade do projeto. 5. Técnicas de avaliação contábil. 6. Processo de avaliação e análise dos prazos de recuperação do capital investido. 7. Análise de valores. 8. Análise de taxas. 9. Seleção de projetos de investimentos. 10. Valor econômico adicionado. 11. O valor da empresa. 12. Incerteza e risco na avaliação de investimentos.

## OUTROS LIVROS

## ESTATÍSTICA APLICADA À GESTÃO EMPRESARIAL

Apresenta de forma clara e simples os principais conceitos de Estatística aplicada à gestão empresarial. Ilustra seus conceitos e usos com muitos exemplos fáceis e didáticos. Inicia com a apresentação da Estatística, suas definições e classificações. Avança pela tabulação dos dados e construção de gráficos. Discute as probabilidades e as distribuições binomial, de Poisson e normal com grande variedade de aplicações. Aborda inferências, estimações, intervalos de confiança e testes paramétricos e não paramétricos de hipóteses. Traz as análises de regressão e correlação, com muitas aplicações práticas. Por fim, discute os números índices e as séries temporais. Ao todo, propõe e responde mais de 650 exercícios.

Capítulos: 1. Estatística e análise exploratória de dados. 2. Gráficos. 3. Medidas de posição central. 4. Medidas de dispersão. 5. Medidas de ordenamento e forma. 6. Probabilidade. 7. Variáveis aleatórias e distribuições de probabilidades. 8. Amostragem. 9. Estimação. 10. Testes paramétricos. 11. Testes não paramétricos. 12. Correlação e regressão linear. 13. Números índices. 14. Séries e previsões temporais.

## EXCEL APLICADO À GESTÃO EMPRESARIAL

O livro apresenta o uso da planilha eletrônica Microsoft Excel aplicado à gestão empresarial, com muitos exemplos e aplicações práticas, incluindo uma grande variedade de exemplos prontos, construídos no Excel e disponíveis com os arquivos eletrônicos que acompanham o texto. O Excel se consolidou nos últimos anos como uma das mais importantes ferramentas quantitativas aplicadas aos negócios, oferecendo a possibilidade da realização de tarefas e procedimentos mais rápidos e eficientes. O bom uso da planilha nos permite economizar tempo e dinheiro. Os tópicos abordados e as aplicações ilustradas ao longo de todo o livro permitem que o leitor amplie seus conhecimentos sobre a planilha e melhore o seu desempenho profissional. Para ampliar as possibilidades de uso na empresa, são fornecidos diferentes exemplos, com aplicações em Finanças, Marketing, Logística e Gestão de Pessoas.

Capítulos: 1. Conhecendo o Excel. 2. Entendendo o básico. 3. Conhecendo os principais *menus*. 4. Trabalhando com fórmulas simples. 5. Inserindo gráficos. 6. Usando as funções matemáticas. 7. Trabalhando com funções de texto e de informação. 8. Empregando funções estatísticas. 9. Inserindo funções de data e hora. 10. Trabalhando com funções lógicas. 11. Usando funções de pesquisa e referência. 12. Operando as funções financeiras. 13. Aplicando formatação condicional. 14. Usando as opções do *menu* de dados. 15. Construindo tabelas e gráficos dinâmicos. 16. Facilitando os cálculos com o Atingir Meta e o Solver.

## LIVROS PARA CONCURSOS

## MATEMÁTICA FINANCEIRA PARA CONCURSOS

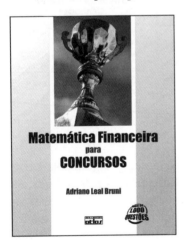

Ensina os principais conceitos relevantes de Matemática Financeira para Concursos, solucionando mais de 1.000 questões, boa parte especialmente selecionada a partir de questões de provas importantes anteriores, elaboradas pelas principais bancas selecionadoras. São propostas e solucionadas questões de importantes concursos, como os da Receita Federal, da Comissão de Valores Mobiliários, do Ministério Público da União, da Secretaria do Tesouro Nacional, do Ministério do Planejamento, Orçamento e Gestão, do Banco do Brasil, da Caixa Econômica Federal e de tantos outros. Muitas das questões apresentadas e resolvidas ao longo do livro foram elaboradas por importantes instituições, como CESPE, ESAF, CESGRANRIO e Fundação Carlos Chagas.

Capítulos: 1. Dinheiro, tempo e matemática financeira. 2. Juros simples. 3. Desconto comercial. 4. Juros compostos. 5. Operações com taxas. 6. Séries uniformes. 7. Sistemas de amortização. 8. Séries não uniformes.

## ESTATÍSTICA PARA CONCURSOS

O livro foi escrito com o cuidado e o propósito de ajudar o leitor a compreender a aplicação da estatística em concursos públicos. Buscando tornar o aprendizado seguro e tranquilo, todas as suas mais de 400 questões foram classificadas por assunto e estilo de solução. Todas elas são apresentadas com a sua respectiva resposta representada sob a forma de um código numérico presente no enunciado da questão. Para reforçar a qualidade do aprendizado, eliminando as eventuais dúvidas, além das respostas, o livro apresenta todas as soluções quantitativas de todas as questões. Todos os cálculos necessários para a obtenção das respostas estão apresentados no final do livro.

Capítulos: 1. Analisando dados e tabelas. 2. Gráficos. 3. Medidas de posição central. 4. Medidas de dispersão. 5. Medidas de ordenamento e forma. 6. Correlação e regressão linear. 7. Números índices.

## LIVROS PARA CERTIFICAÇÃO ANBIMA

## CERTIFICAÇÃO PROFISSIONAL ANBIMA SÉRIE 10 (CPA-10)

O livro apresenta de forma clara, didática e simples o conteúdo exigido pela Certificação Profissional Anbima 10, CPA 10. Sete dos oito capítulos discutem os conceitos exigidos pela prova, incluindo uma descrição do sistema financeiro nacional, conceitos de ética e regulamentação, noções de economia e finanças, tópicos relativos aos princípios de investimentos, aspectos de fundos de investimentos e conceitos relativos a outros produtos de investimentos e sobre tributação de produtos de investimento. A leitura e o aprendizado tornam-se fáceis graças às trezentas questões inspiradas na prova, todas com suas respectivas respostas, distribuídas em pré-testes, pós-testes e simulado.

Capítulos: 1. Sistema Financeiro Nacional. 2. Ética e Regulamentação. 3. Noções de Economia e Finanças. 4. Princípios de Investimento. 5. Fundos de Investimento. 6. Demais Produtos de Investimento. 7. Tributos. 8. Simulado geral.

## EXAME ANBIMA CPA-10

Apresenta atividades de aprendizagem que cobrem o conteúdo exigido pela Certificação Profissional Anbima 10, CPA 10, sob a forma de 400 questões respondidas. As questões estão apresentadas em seis capítulos que discutem os conceitos da prova, incluindo a descrição do Sistema Financeiro Nacional, os aspectos relativos à ética e à regulamentação dos mercados, as noções de economia e finanças, os princípios de investimentos, os fundos de investimentos, e por fim, os outros produtos de investimentos.

Capítulos: 1. Sistema Financeiro Nacional. 2. Ética e Regulamentação. 3. Noções de Economia e Finanças. 4. Princípios de Investimento. 5. Fundos de Investimento. 6. Demais Produtos de Investimento.